학교보건

과목 1

PART 01 학교보건의 이해
PART 02 학교 건강검사
PART 03 학교환경관리
PART 04 학교안전관리
PART 05 학교감염병 관리
PART 06 학교폭력

Part 01 학교보건의 이해

❶ 학교보건의 개요

1 학교보건의 정의 및 목적

정의	• 학교보건이란 학생, 교직원, 학부모, 지역사회를 보건교육, 환경관리, 보건서비스를 제공함으로써 대상자 스스로가 자기건강관리능력을 향상시켜 건강을 유지·증진하고 질병을 예방하여 신체적, 정신적, 사회적인 안녕상태에 이르게 하는 포괄적인 건강사업임
목표	• 학교보건은 학생과 교직원의 질병예방, 건강 유지·증진을 통하여 건강한 학교생활의 유지 및 학교교육의 능률화를 목표로 함
목적	학교보건법 제1조(목적) 이 법은 학교의 보건관리에 필요한 사항을 규정하여 학생과 교직원의 건강을 보호·증진함을 목적으로 한다

2 학교보건의 영역

(1) 학교보건의 협력적 접근모형 (미국 질병관리본부)

- 모든 학교, 모든 지역사회 모든 아동을 위한 모형으로 10가지 구성영역으로 구성
  (Whole School, Whole Community, Whole Child Model (WSCC Model))

  > ① 보건교육, ② 체육교육과 신체활동, ③ 급식환경과 서비스, ④ 건강서비스, ⑤ 상담·심리 및 사회적 지원, ⑥ 사회 및 정서 분위기, ⑦ 물리적 환경, ⑧ 교직원 건강, ⑨ 가족참여, ⑩ 지역사회 참여

- WSCC 모형은 아동들에게 집중하고, 학교전체 접근과 학습 및 건강을 중요시하고, 학교를 지역사회의 부분이며 반영하는 주체로 생각함

2026학년도
초·중등 보건교사
임용고시 대비

김이지 + 03
보건임용

학교보건(보건교육) 및 응급간호학·노인간호학

Preface
이 책의 머리말

본 교재는 보건교사 임용고시를 준비하는 예비보건교사들의 합격의 길잡이가 될 것으로 확신합니다.

김이지 전공보건 3권 학교보건(보건교육) 및 응급간호학·노인간호학 교재의 특징은 아래와 같습니다.

1. **최신의 엄선된 핵심 정보로 구성된 '함축 정리형 교재'**
   - 학교보건법의 최근 개정 사항, 보건교육의 새로운 패러다임, 응급간호 분야의 최신 임상지견 등 신뢰도 높은 자료만을 선별하여, 효율적인 학습을 위한 핵심 정리로 구성하였습니다.

2. **출제 가능성이 높은 쟁점들을 빠짐없이 담은 '출제 포인트 완전 수록 교재'**
   - 학교에서 자주 발생하는 응급상황, 학교보건사업의 핵심 이슈(학교안전, 학교폭력 등)를 포함하여, 최근 교육현장에서 강조되는 출제 예상 영역을 폭넓게 반영하였습니다.

3. **개념별 키워드와 사례 중심의 '이해 기반 서술형 대비 교재'**
   - 각 개념을 핵심 키워드, 논리적 설명, 실제 사례로 풀어내어, 주관식 서술형 평가에 최적화된 이해 중심 학습이 가능하도록 설계하였습니다.

4. **최신 기출을 반영한 '출제 트렌드 기반 교재'**
   - 최근 임용고시 기출문제를 정밀 분석하여, 다빈도 출제 영역의 핵심을 짚고, 향후 출제 가능성이 높은 주제만을 반영한 최신형 교재입니다.

5. **그림·표·도식화를 활용한 '시각적 구조화 교재'**
   - 복잡한 개념을 그림, 표, 도식화를 통해 한눈에 구조화하고, 개념 간 흐름을 머릿속에 시각적으로 정착시켜 시험일까지 오래 기억할 수 있도록 구성하였습니다.

교재의 내용 한글자 한글자를 집필할 때는 이 교재가 바로 여러분의 '시험지의 답안'이라고 생각하고, 쉽게 암기하면서도 고득점을 맞을 수 있는 방법을 고민하고, 또 고민해서 교재를 만들었습니다.

김이지 전공보건 **강의의 특징**은 다음과 같습니다.

> 1. '완벽한 이해'를 바탕으로 복습을 최소화하는 강의와 교재
>   - 암기와 인출은 이해가 바탕이 될 때 비로소 효과를 발휘합니다.
>   - 그래서 저는 수험생이 복습에 시간을 낭비하지 않도록, 한 번에 이해하고 오래 기억할 수 있는 강의와 교재를 지향합니다.
>
> 2. 장기간 기출 분석을 기반으로 한 '출제 예측 강의'
>   - 기출문제는 단순 반복이 아닌, 미래의 출제를 읽기 위한 가장 정밀한 자료입니다.
>   - 2024년과 2025년, 가장 높은 적중률로 증명했으며, 앞으로도 그 정확도를 계속 증명해나갈 것입니다.
>
> 3. '키워드 중심의 이론 정리'로 체계적 틀을 구축하는 강의
>   - 강의 중 반드시 기억해야 할 핵심 키워드는 명확하게 강조하며, 개념 간 연결을 통해 체계적인 이론의 틀을 만들어드립니다.
>
> 4. '반복 문제풀이'로 실제 시험 적응력을 높이는 강의
>   - 이해와 적용은 반복을 통해 완성됩니다.
>   - 사회 변화와 최신 간호 내용을 반영한 출제 예상 문제풀이를 통해, 실제 시험에 가장 가까운 적응력을 키워드릴 것입니다.

합격의 길은 막막하지 않습니다. 얼마든지 즐겁게 행복하게 공부할 수 있습니다. 딱 하루하루만 허들을 넘듯, 최선을 다해봅시다.
그럼, 어느순간 합격의 길에 여러분이 있을 것이라 확신합니다.

곧 여러분들은 학교의 보건실에서 사랑스럽고 귀여운 아이들을 따뜻하게 맞이하게 될 것입니다. 그날을 향해 나아가는 예비 보건교사 선생님들의 합격을 마음 깊이 응원합니다.

끝으로, 이 교재를 완성하도록 도움을 주신 해커스 임용고시 학원선생님들과 법률저널 출판사 관계자분들, 그리고 집필에 도움을 주신 배현자 연구원님과 김은진 연구원님께도 깊은 감사를 드립니다.

2025년 6월
저자 **김이지**

Contents 이 책의 차례

과목 1 학교보건 7

PART 01 학교보건의 이해 ········· 8
1. 학교보건의 개요 ················· 8
2. 학교보건인력의 배치와 의무 ······ 14

PART 02 학교 건강검사 ········· 17
1. 학생건강검사 개요 ··············· 17
2. 학교 건강검사의 내용 및 방법 ···· 23
3. 학교 건강검사의 실제 ············ 26
4. 별도검사 ························ 45

PART 03 학교환경관리 ·········· 50
1. 학교의 환경위생 및 식품위생 ····· 50
2. 학교환경관리기준 ················ 51
3. 교외환경 ························ 59

PART 04 학교안전관리 ·········· 63
1. 학교안전관리 및 학교안전사고 ···· 63
2. 학교안전사고 계획 수립 ·········· 64
3. 학교안전교육의 실시 ············· 65
4. 학교장의 교육활동 안전대책의 점검·확인 등 ························· 66
5. 안전조치 및 안전사고관리 지침 등 ······ 67
6. 아동의 안전에 대한 교육 ········· 72
7. 교직원 등 안전교육 ·············· 72
8. 공제급여 ························ 73
9. 학령기 아동에게 사고위험이 높은 이유 ··· 74
10. 학교 안전사고 예방 ············· 75

PART 05 학교감염병 관리 ········ 79
1. 감염병 ·························· 79
2. 학교 감염병 관련 법령 ··········· 97
3. 예방접종 ························ 98
4. 학교 예방접종 ·················· 103
5. 주요 감염병 종류 및 특징 ······· 108
6. 감염병 예방 및 관리 ············ 174
7. 학교감염병 관리 ················ 183

PART 06 학교폭력 ············· 193
1. 학교폭력의 이해 ················ 193
2. 학교폭력 대응 사안조사 ········· 201
3. 학교폭력 신고 및 접수 ·········· 214
4. 학교장 자체해결 및 관계회복 ···· 219
5. 분쟁조정 ······················· 221
6. 피해 및 가해학생 조치 ·········· 222
7. 조치에 대한 불복절차 ··········· 227
8. 학교폭력업무담당자 면책 ········ 229

과목 2 보건교육 231

PART 01 보건교육 이해 ········· 232
1. 보건교육의 이해 ················ 232

PART 02 보건교육 계획 ········· 234
1. 보건교육 계획의 순서 ··········· 234
2. 요구사정 ······················· 234
3. 우선순위 설정 ·················· 239
4. 학습목표 설정 ·················· 239
5. 수행계획 ······················· 246
6. 평가계획 ······················· 248

PART 03 보건교육방법 ·········· 249
1. 보건교육 방법 선정시 고려사항 ··· 249
2. 교육방법의 분류 ················ 250
3. 교육방법 ······················· 251

| PART 04 보건교육 매체활용 ··········· 287
1 교육매체의 종류 및 특성 ··········· 287
2 교육매체의 기능 ··········· 294
3 교육매체 선정 및 고려사항 ··········· 294
4 교육매체 선정 및 사용 시 유의사항 ······ 298

| PART 05 보건교육 수행 ··········· 299
1 도입단계 ··········· 299
2 전개단계 ··········· 300

| PART 06 보건교육 평가 ··········· 302
1 보건교육 평가의 목적 ··········· 302
2 보건교육 평가대상 ··········· 302
3 보건교육 평가단계 ··········· 303
4 평가기준에 따른 평가 분류 ··········· 303
5 참조기준에 따른 분류 ··········· 305
6 평가주체에 따른 분류 ··········· 306
7 평가시기에 따른 분류 ··········· 307
8 보건교육 평가방법 ··········· 308
9 평가도구가 갖추어야 할 조건 ··········· 317
10 보건교육 평가오류 ··········· 319

| PART 07 2022 보건교육과정 ··········· 322
1 2022 보건 교과 – 중학교 ··········· 322
2 2022 보건 교과 – 고등학교 ··········· 329

| PART 08 보건실 운영 ··········· 336
1 보건실의 설치기준 ··········· 336
2 시설 및 기구 ··········· 336
3 보건실 운영 원칙 및 이용절차 ··········· 337
4 물품관리 ··········· 338
5 약품관리 ··········· 340
6 예산관리 ··········· 343
7 문서관리 ··········· 343

과목 3 응급간호학   347

| PART 01 응급상황 이해 및 사정 ··········· 348
1 응급의료 관련 법률 ··········· 348
2 응급상황 발생 시 대처요령 및 행동지침 351
3 응급환자 사정방법 ··········· 354

| PART 02 응급환자 분류 ··········· 367
1 응급환자 분류방법 ··········· 367

| PART 03 재난간호 ··········· 369
1 재난간호 정의 ··········· 369
2 재난사태 선포 ··········· 370
3 위기경보의 발령 ··········· 371
4 재난관리단계 ··········· 372

| PART 04 심폐소생술 및 하임리히법 ··········· 377
1 심폐소생술 ··········· 377
2 이물질에 의한 기도폐색 ··········· 388

| PART 05 내과적 응급처치 ··········· 393
1 아나필락시스 ··········· 393
2 저혈당 ··········· 398
3 고혈당 ··········· 402
4 과다환기증후군 ··········· 405
5 실신 ··········· 406
6 경련 ··········· 408
7 내부출혈 ··········· 412
8 열손상 ··········· 413
9 한랭손상 ··········· 417

| PART 06 외과적 응급처치 ··········· 420
1 외부 출혈 ··········· 420
2 골절 ··········· 422

Contents 이 책의 차례

3	두부 손상	426
4	봉합이 필요한 상처	429
5	구강손상, 치아손상	431
6	비출혈	433
7	척추손상	435
8	눈손상	437
9	안구내 이물	437
10	안구둔상	438
11	교상	441
12	절단	445
13	중독	446
14	화상	447

2	의미	498
3	원인	498
4	분류	498

PART 05 치매 ········· 499
1	치매의 정의	499
2	가역성 치매	500
3	건망증과 치매	501
4	치매의 종류	502
5	알츠하이머병	503

과목 4 노인간호학   467

PART 01 노인 건강문제 및 사정 ········· 468
1	노인 관련 지표	468
2	정상적인 노화과정 및 건강문제	470
3	포괄적 노인사정	477

PART 02 노인학대 ········· 479
1	노인학대 정의	479
2	노인학대의 특성	479
3	노인학대 유형	479
4	노인학대 신고자	482

PART 03 노인관련 법적제도 ········· 483
1	노인장기요양보험제도	483
2	호스피스·완화의료	494

PART 04 노인증후군 ········· 498
| 1 | 정의 | 498 |

(2) WHO 건강증진학교 구성요소 및 사업내용

영역(구성요소)	내 용
① 건강한 학교 보건정책	• 학생, 교직원, 학부모 나아가 지역사회의 건강에 영향을 주고, 학생들의 교육결과를 향상시키는 보건정책을 문서화 및 실행함 예 학교보건위원회 구성, 금연, 금주, 금지된 향정신성 물질에 대한 예방정책, 운동, 응급처치 관련 정책 및 프로그램, 건강한 식품, 응급조치, 감염성 질환 관리, 건강식품 섭취에 관한 정책, 건강검진 및 요보호아동 건강상담제공건강검진 등
② 학교의 물리적 환경	• 안전한 환경 제공, 적절한 위생과 안전한 음료 제공, 학교시설물 보호지도 등 예 위생시설 및 급수, 공기정화시설, 건강한 교내 식당환경 조성, 교내외 건물, 운동장, 기구 등의 안전한 환경조성, 학습 최적환경 조성
③ 학교의 사회적 환경	• 교직원 간, 학생들 간, 교직원과 학생 간의 관계의 질에 영향을 받음 예 건강한 학교분위기, 학생과 교직원의 정신적 건강과 사회적 요구지원, 학생의 가치와 개별성 존중, 장애아동에 대한 지원과 도움, 학교활동에 학생참여 교사 및 부모의 교육적 요구사항에 경청 등
④ 지역사회 연계	• 학생과 학생가족간의 연계, 학교와 지역사회 주요단체 및 개인과의 연계를 포함함 예 정기적인 지역사회 행사 참여, 주민의 학교시설 공유, 지역 대중매체 기관과의 협력 등 예 물리적 지원 환경(교육청, 구청 연계), 아동안전지킴이(지역사회 주민), 학교금연(학교주변 담배판매업소), 학교보건요원(의사, 약사, 지역자원)
⑤ 개인의 건강기술과 활동능력	• 학생들이 연령별 지식, 기술 및 경험을 획득하여, 건강증진활동에 스스로 참여하여 행동할 수 있는 공식·비공식적 교과과정을 의미함 예 학생들에 적합한 건강문제 관련 교과과정 개설, 건강문제 해결 역량강화를 위한 교육과정 개설, 대중매체의 건강메시지 이해 및 분석능력 획득 등 예 흡연, 음주예방교육, 올바른 식생활교육, 손 씻기 교육 등 교육과정에 건강 관련 내용 포함
⑥ 학교건강증진 서비스 (학교보건서비스)	• 직접적으로 서비스를 제공하거나 혹은 학교 건강증진 관련 유관기관과의 파트너십을 구축하여 서비스를 제공함 예 학생 및 교직원 건강검진, 감염병 예방접종 안내, 신체검사 통계 등 건강증진 요구도에 근거한 서비스 제공 예 학교건강증진서비스의 적합성, 지역건강서비스 내 학교 건강프로그램에의 기여, 교사대상 훈련에의 기여

(3) 학교보건사업의 범주

- 보건봉사(학교보건서비스), 학교보건교육, 환경위생관리, 지역사회연계사업으로 구성됨

① 보건봉사 (학교보건서비스)

사 업	내 용
건강평가	• 신체발달상황검사, 신체능력검사, 건강조사 및 상담, 건강검진 → 학생의 성장발달을 감독하고, 건강이상자를 조기발견함
예방사업	• 감염병 예방 및 관리(예방접종 포함), 응급처치, 위생지도, 구강불소 도포, 안전관리 등
치료사업	• 통상 질환에 대한 일차보건의료 수준의 처치 및 투약, 상병자에 대한 지속관리, 결함의 교정, 재활 등
건강증진사업	• 건강한 생활양식의 습관화 및 건강증진활동의 실천, 학생 및 교직원의 자기관리능력 향상을 위한 활동 • 운동, 스트레스관리, 구강보건, 금연·금주, 성폭력 예방 등

② 보건교육

학생의 보건관리 (학교보건법 제 9조)	• 학교의 장은 학생의 신체발달 및 체력증진, 질병의 치료와 예방, 음주·흡연과 마약류를 포함한 약물 오용·남용의 예방, 성교육, 이동통신단말장치 등 전자기기의 과의존 예방, 도박 중독의 예방 및 정신건강 증진 등을 위하여 보건교육을 실시하고 필요한 조치를 하여야 한다.
보건교육 등 (학교보건법 제 9조의 2)	• 교육부장관은 「유아교육법」 제2조제2호에 따른 유치원 및 「초·중등교육법」 제2조에 따른 학교에서 모든 학생들을 대상으로 심폐소생술 등 응급처치에 관한 교육을 포함한 보건교육을 체계적으로 실시하여야 한다. 이 경우 보건교육의 실시 시간, 도서 등 그 운영에 필요한 사항은 교육부장관이 정한다.

마약류 중독·
오남용 예방
교육
(학교보건법
제 9조의 3)
	① 교육부장관은 매년 관계 중앙행정기관의 장과 협의하여 「마약류 관리에 관한 법률」 제2조제1호에 따른 마약류에 대한 중독·오남용 예방교육 추진계획(이하 "마약중독예방교육 추진계획"이라 한다)을 수립·시행하여야 한다.
	② 교육부장관과 교육감은 마약중독예방교육 추진계획에 따라 「초·중등교육법」 제2조에 따른 학교에서 학교의 장이 모든 학생들을 대상으로 마약류 중독·오남용 예방교육(이하 "마약중독예방교육"이라 한다)을 체계적으로 실시하도록 하여야 한다. 이 경우 마약중독예방교육은 다음 각 호의 교육과 연계하여 실시할 수 있다.
	  1. 제9조의2에 따른 보건교육
	  2. 「학교안전사고 예방 및 보상에 관한 법률」 제8조에 따른 학교안전교육
	  3. 「아동복지법」 제31조에 따른 아동의 안전에 대한 교육
	③ 교육부장관과 식품의약품안전처장은 「마약류 관리에 관한 법률」 제51조의4에 따른 실태조사에 학생의 마약류 중독·오남용에 대한 실태조사와 마약중독예방교육에 대한 효과성 평가가 포함되도록 적극 협력하여야 한다.
	④ 교육부장관은 마약중독예방교육 추진계획을 수립할 때 「마약류 관리에 관한 법률」 제51조의4에 따른 실태조사 결과를 반영하여야 한다.

	⑤ 마약중독예방교육 추진계획의 수립 절차 등에 필요한 사항은 대통령령으로 정하고, 마약중독예방교육의 실시 시기·방법 등에 관하여 필요한 사항은 교육부령으로 정한다. [본조신설 2025. 3. 18.] [시행일: 2025. 9. 19.]
응급처치 교육 (학교보건법 시행규칙 10조)	① 학교의 장이 법 제9조의2제2항에 따라 교직원을 대상으로 심폐소생술 등 응급처치에 관한 교육(이하 "응급처치교육"이라 한다)을 실시하는 경우 응급처치교육의 계획·내용 및 시간 등은 별표 9와 같다. ② 학교의 장은 응급처치교육을 실시한 후 해당 학년도의 교육 결과를 다음 학년도가 시작되기 30일 전까지 교육감에게 제출하여야 한다. ③ 학교의 장은 공공기관, 「고등교육법」 제2조에 따른 학교, 「교원 등의 연수에 관한 규정」 제2조제2항의 연수원 중 교육감이 설치한 연수원 또는 의료기관에서 교직원으로 하여금 응급처치교육을 받게 할 수 있다. 이 경우 예산의 범위에서 소정의 비용을 지원할 수 있다.

표. 응급처치교육의 계획·내용 및 시간 등(학교보건법 시행규칙 별표 9) 25 임용

1. 응급처치교육의 계획 수립 및 주기
   가. 학교의 장은 매 학년도 3월 31일까지 응급처치교육의 대상·내용·방법 및 그 밖에 필요한 사항을 포함하여 해당 학년도의 응급처치교육 계획을 수립해야 한다.
   나. 학교의 장은 교육계획을 수립하는 경우에는 모든 교직원이 매 학년도 교육을 받을 수 있도록 해야 한다. 다만, 해당 학년도에 다른 법령에 따라 심폐소생술 등 응급처치와 관련된 내용이 포함된 교육을 받은 교직원에 대해서는 응급처치교육을 면제할 수 있다.

2. 응급처치교육의 내용·시간 및 강사

	내용	시간	강사
가. 이론 교육	1) 응급상황 대처요령 2) 심폐소생술 등 응급처치 시 주의사항 3) 응급의료 관련 법령 25 임용	2시간	가) 의사(응급의학과 전문의를 우선 고려해야 한다) 나) 간호사(심폐소생술 등 응급처치와 관련된 자격을 가진 사람으로 한정한다) 25 임용 다) 「응급의료에 관한 법률」 제36조에 따른 응급구조사 자격을 가진 사람으로서 응급의료 또는 구조·구급 관련 분야(응급처치교육 강사 경력을 포함한다)에서 5년 이상 종사하고 있는 사람
나. 실습 교육	심폐소생술 등 응급처치	2시간	

※ 비고
1. 교육 여건 등을 고려하여 응급처치교육의 내용·시간을 조정할 수 있으나 실습교육 2시간을 포함하여 최소 3시간 이상을 실시해야 한다.
2. 심폐소생술에 대한 전문지식을 갖춘 사람을 실습교육을 위한 보조강사로 할 수 있다.

③ 환경위생관리

교내환경관리	물리적 환경	• 환기, 채광, 조명, 온도, 습도의 조절 • 유해중금속 등 유해물질의 예방 및 관리 • 상하수도, 화장실의 설치 및 관리 • 오염공기, 석면, 폐기물, 소음, 휘발성유기화합물, 세균, 먼지 등의 예방 및 관리 등
	사회심리적 환경	• 학교 내의 폭력이나 약물, 흡연, 음주 등의 오남용과 비행 등
교외환경관리	교육환경보호구역 지정·관리	〈 교육환경 보호에 관한 법률 제 1조 (목적) 〉 이 법은 학교의 교육환경 보호에 필요한 사항을 규정하여 학생이 건강하고 쾌적한 환경에서 교육받을 수 있게 하는 것을 목적으로 한다.

④ 지역사회 연계

긴밀한 연계	• 학교보건사업이 활성화되기 위해서는 지역사회와의 긴밀한 관계를 형성하여 사업이 제공될 필요가 있음
지역사회 시설	• 지역사회 주변 병원, 보건소 등과 긴밀한 연계
지역사회 인력 및 지도자	• 지역사회 지도자, 지역사회 인력, 학부모 등과의 연계

3 학교보건의 필요성(중요성) 02 임용

• 대상범위가 큼, 취약집단, 건강한 생활습관 형성, 효율성, 비용효과적, 보건교육의 용이성, 파급효과

① 대상범위가 큼	• 학교보건 대상자인 학생과 교직원은 전체 인구의 약 25~30%에 달하므로 학교보건 대상자의 건강을 향상시키는 것은 전 국민 건강수준 향상에 반드시 필요함
② 취약집단	• 학교에서 집단생활을 하는 학생들은 질병에 대한 감수성이 높은 취약집단임 • 감염에 대한 저항력이 약한 학령기의 집단생활은 감염병 발생의 근원이 됨
③ 건강한 생활습관 형성	• 학령기 및 청소년기는 행동변화가 용이가 시기로 이때 형성된 올바른 생활습관(건강에 대한 신념, 태도, 행위)은 장기적으로 건강한 일생을 보낼 수 있는 밑거름이 됨
④ 효율성	• 건강관리 중 가장 중요한 전략은 보건교육임. 보건교육을 학교교육과정 내에 통합시켜 제공할 수 있기 때문에 효율적으로 보건교육을 제공할 수 있음
⑤ 비용효과성	• 학령기는 성장발달시기로 질병을 조기발견하여 장애를 예방하고 적은 비용으로 큰 성과를 이룰 수 있음
⑥ 보건교육의 용이성	• 학교보건 대상자는 학교라는 장소에 모여 있고 또한 조직화되어 있어 보건사업을 추진하는데 유리한 여건을 가지고 있음
⑦ 파급효과	• 학교는 지역사회 중심조직이므로 학교에서 실시한 보건사업은 학생과 교직원을 통해 가족과 지역사회로 파급되는 효과가 큼

4 우리나라 학교보건의 역사

연도	내용
1953년	• 양호교사를 법제화 (교육법 개정으로 교사의 자격기준)
1961년	• 양호교사 임용(배치)
1967년	• 학교보건법 제정 (학교보건사업 본격화) 93 임용
1998년	• 양호실을 보건실로 명칭 변경 (학교보건법 개정)
2002년	• 양호교사를 보건교사로 명칭 변경
2007년	• 보건교육의 법적 근거 마련 (학교보건법 개정)
2009년	• 초·중등학교에서 체계적인 보건교육 실시 (17차시 이상)
2010년	• 초등학교 5,6학년 대상으로 창의적 체험활동시간을 활용하여 17차시 이상 보건교육 실시 • 중등학교에서 보건교과가 선택과목으로 지정
2011년	• 초등학교 1,2학년 창의적 체험활동시간에 보건교육 실시
2012년	• 초등학교 3,4학년 창의적 체험활동시간에 보건교육 실시
2013년	• 보건교사 '교감 승진법' 공포
2016년	• 학교보건법 및 시행령에 감염병 발생 현황에 대한 정보 공유와 감염병 예방대책 마련에 관한 조항 신설
2021년	• 보건교사 배치 필수 명시(모든 초·중·고등학교에 보건교사를 두어야 함) • 대통령이 정하는 일정규모(36학급) 이상의 학교에 2명 이상, 일정규모 이하 5학급 이하)의 학교에는 순회 보건교사를 배치

2 학교보건인력의 배치와 의무

1 학교에 두는 의료인·약사 및 보건교사 (학교보건법 제 15조, 학교보건법 시행령 23조)

학교보건인력의 배치와 의무	의료인, 약사	① 학교에는 대통령령으로 정하는 바에 따라 학생과 교직원의 건강관리를 지원하는 「의료법」 제2조제1항에 학교보건인력의 배치와 의무(학교보건법 15조, 학교보건법 시행령 23조) 따른 의료인과 「약사법」 제2조제2호에 따른 약사를 둘 수 있다. (학교보건법 제 15조 1항)
	학교장 위촉	② 법 제15조제1항에 따라 학교에 두는 의료인·약사는 학교장이 위촉하거나 채용한다. (학교보건법 시행령 23조 2항)
	학교의사	④ 법 제15조제1항에 따라 학교에 두는 의사(치과의사 및 한의사를 포함하며, 이하 "학교의사"라 한다) (학교보건법 시행령 23조 4항)
보건교사 배치	순회교사	② 학교(「고등교육법」 제2조 각 호에 따른 학교는 제외한다. 이하 이 조 및 제15조의2에서 같다)에 제9조의2에 따른 보건교육과 학생들의 건강관리를 담당하는 보건교사를 두어야 한다. 다만, 대통령령으로 정하는 일정 규모 이하의 학교에는 순회 보건교사를 둘 수 있다. (학교보건법 제 15조 2항)
	〈「고등교육법」 제2조 각 호에 따른 학교 〉 1. 대학, 2. 산업대학, 3. 교육대학, 4. 전문대학 5. 방송대학·통신대학·방송통신대학 및 사이버대학(이하 "원격대학"이라 한다) 6. 기술대학, 7. 각종학교	
	2명 이상 보건교사	③ 제2항에 따라 보건교사를 두는 경우 대통령령으로 정하는 일정 규모 이상의 학교에는 2명 이상의 보건교사를 두어야 한다. (학교보건법 제 15조 3항) ※ "대통령령으로 정하는 일정 규모 이상의 학교"란 36학급 이상의 학교를 말한다. (학교보건법 제 23조 3항)

2 학교보건인력의 의무

(1) 보건교사의 직무 06, 03, 99, 95, 92 임용

보건계획	• 학교보건계획의 수립
환경위생	• 학교 환경위생의 유지·관리 및 개선에 관한 사항
건강진단	• 학생과 교직원에 대한 건강진단의 준비와 실시에 관한 협조 • 학생과 교직원의 건강관찰과 학교의사의 건강상담, 건강평가 등의 실시에 관한 협조
보건지도	• 각종 질병의 예방처치 및 보건지도 • 신체가 허약한 학생에 대한 보건지도 • 보건지도를 위한 학생가정 방문
보건교육	• 교사의 보건교육 협조와 필요시의 보건교육 • 보건교육자료의 수집·관리
보건실	• 보건실의 시설·설비 및 약품 등의 관리
학생건강기록부	• 학생건강기록부의 관리
의료행위 (간호사 면허증 가진 사람만)	1) 외상 등 흔히 볼 수 있는 환자의 치료 2) 응급을 요하는 자에 대한 응급처치 3) 부상과 질병의 악화를 방지하기 위한 처치 4) 건강진단결과 발견된 질병자의 요양지도 및 관리 5) 1)부터 4)까지의 의료행위에 따르는 의약품 투여
보건관리	• 그 밖에 학교의 보건관리

표. 보건교사의 직무 (학교보건법 시행령 제 23조) 06, 03, 99, 95, 92 임용

가. 학교보건계획의 수립
나. 학교 환경위생의 유지·관리 및 개선에 관한 사항
다. 학생과 교직원에 대한 건강진단의 준비와 실시에 관한 협조
라. 각종 질병의 예방처치 및 보건지도
마. 학생과 교직원의 건강관찰과 학교의사의 건강상담, 건강평가 등의 실시에 관한 협조
바. 신체가 허약한 학생에 대한 보건지도
사. 보건지도를 위한 학생가정 방문
아. 교사의 보건교육 협조와 필요시의 보건교육
자. 보건실의 시설·설비 및 약품 등의 관리
차. 보건교육자료의 수집·관리
카. 학생건강기록부의 관리
타. 다음의 의료행위(간호사 면허를 가진 사람만 해당한다) 06, 99 임용
  1) 외상 등 흔히 볼 수 있는 환자의 치료
  2) 응급을 요하는 자에 대한 응급처치
  3) 부상과 질병의 악화를 방지하기 위한 처치
  4) 건강진단결과 발견된 질병자의 요양지도 및 관리
  5) 1)부터 4)까지의 의료행위에 따르는 의약품 투여
파. 그 밖에 학교의 보건관리

표. 투약행위 등 응급처치 등 (학교보건법 제15조의 2) | 20, 19 임용

제15조의2(응급처치 등)
① 학교의 장은 사전에 학부모의 동의와 전문의약품을 처방한 의사의 자문을 받아 제15조제2항 및 제3항에 따른 보건교사 또는 순회 보건교사(이하 이 조에서 "보건교사등"이라 한다)로 하여금 제1형 당뇨로 인한 저혈당쇼크 또는 아나필락시스 쇼크로 인하여 생명이 위급한 학생에게 투약행위 등 응급처치를 제공하게 할 수 있다. 19 임용
② 보건교사 등이 제1항에 따라 생명이 위급한 학생에게 응급처치를 제공하여 발생한 재산상 손해와 사상에 대하여 고의 또는 중대한 과실이 없는 경우 해당 보건교사 등은 민사책임과 상해에 대한 형사책임을 지지 아니하며 사망에 대한 형사책임은 감경하거나 면제할 수 있다. 20 임용
③ 학교의 장은 질병이나 장애로 인하여 특별히 관리·보호가 필요한 학생을 위하여 보조인력을 둘 수 있다. 이 경우 보조인력의 역할, 요건 등에 관하여는 교육부령으로 정한다.

표. 보조인력의 역할 등 (시행규칙 제 11조) | 20 임용

제11조(보조인력의 역할 등)
① 법 제15조의2제3항에 따른 보조인력은 같은 조 제1항에 따른 보건교사 등의 지시를 받아 질병이나 장애로 인하여 특별히 관리·보호가 필요한 학생에 대해서 보건교사등이 행하는 다음 각 호의 활동을 보조한다.
  1. 법 제15조의2제1항에 따른 투약행위 등 응급처치
  2. 각종 질병의 예방처치, 건강관찰 및 건강상담 협조 등의 보건활동
② 보조인력은 「의료법」 제7조에 따른 간호사 면허가 있어야 한다.

(2) 학교의사의 직무

가. 학교보건계획의 수립에 관한 자문
나. 학교 환경위생의 유지·관리 및 개선에 관한 자문
다. 학생과 교직원의 건강진단과 건강평가
라. 각종 질병의 예방처치 및 보건지도
마. 학생과 교직원의 건강상담
바. 그 밖에 학교보건관리에 관한 지도

(3) 학교약사의 직무

가. 학교보건계획의 수립에 관한 자문
나. 학교환경위생의 유지관리 및 개선에 관한 자문
다. 학교에서 사용하는 의약품과 독극물의 관리에 관한 자문
라. 학교에서 사용하는 의약품 및 독극물의 실험·검사
마. 그 밖에 학교보건관리에 관한 지도

Part 02 학교 건강검사

① 학생건강검사 개요

1 목적
- 학생에 대한 정기적인 건강검진을 통하여 질병을 예방하고, 건강이상자를 조기발견하여 적절한 대책을 강구하고, 질병 또는 신체이상이 발견된 학생에 대해서는 건강상담, 치료 및 보호 등 적절한 건강관리 대책을 강구하여 자기건강관리능력을 함양함

2 법적 근거

- 학교보건법 제7조(건강검사 등), 제7조의2(건강증진계획의 수립·시행), 제7조의3(건강검사기록)
- 학교건강검사규칙 제3조(건강검사의 실시), 제4조(신체의 발달상황에 대한 검사항목 및 방법)
- 제4조의2(건강조사의 항목 및 방법), 제4조의3(정신건강 상태 검사), 제5조(건강검진의 항목 및 방법)
- 제5조의2(건강검진의 절차 등), 제6조(별도의 검사)
  - 건강검진기본법 제14조(검진기관의 지정)
  - 국민건강보험법 제52조제4항 및 같은법 시행령 제25조 제5항
  - 건강검진 실시기준(보건복지부 고시 제2023-292호, 2023. 12. 29.)
  - 건강검진 운영세칙(국민건강보험공단 건강기획부-325호, 2023. 1. 18.)
  - 학교 건강검진 결과 판정 및 기재방법 등에 관한 기준
    (교육부 고시 제2022-37호, 2022. 12. 26.)

3 건강검사

구분	항목	검사내용	
학생 건강검사	신체발달 상황	• 키, 몸무게, 비만도	
	건강조사	• 병력, 식생활 및 건강생활행태 등 구조화된 설문지	
	건강검진	• 척추, 눈·귀, 귓병, 목병, 피부병, 구강, 병리검사 등	
	정신건강 상태검사	• ADHD, 우울, 자살, 불안 등 정서·행동문제	
	신체능력검사	필수	• 심폐지구력, 유연성, 근력·근지구력, 순발력, 비만
		선택	• 심폐지구력 정밀평가, 비만평가, 자기신체평가, 자세평가
별도검사	• 구강검사, 소변검사, 시력검사, 결핵검사		

(1) 건강검사의 정의

법 조항	내용
학교보건법 제 2조	• 건강검사란 신체의 발달상황 및 능력, 정신건강 상태, 생활습관, 질병의 유무 등에 대하여 조사하거나 검사하는 것을 말한다.
학교건감검사 규칙 제 3조	• 건강검사는 신체의 발달상황, 신체의 능력, 건강조사, 정신건강 상태 검사 및 건강검진으로 구분한다. 15, 95, 93 임용

(2) 건강검사의 실시계획 15, 95, 93 임용

법 조항	내용
학교건강검사 규칙 제2조	• 학교의 장은 건강검사를 원활하게 실시하기 위하여 건강검사에 필요한 소요예산을 포함한 구체적인 건강검사 실시계획을 매년 3월 31일까지 수립하여야 한다.

(3) 건강검사의 실시 15, 12, 09, 95, 93 임용

법 조항	내용
학교보건법 제 7조 09 임용	• 학교의 장은 학생과 교직원에 대하여 건강검사를 하여야 한다. 다만, 교직원에 대한 건강검사는「국민건강보험법」제52조에 따른 건강검진으로 갈음할 수 있다.
학교건강검사규칙 제3조 2~3	• 신체의 발달상황, 신체의 능력, 건강조사 및 정신건강 상태 검사는 해당 학교의 장이 실시하고, 건강검진은 지정된 검진기관에서 실시한다. • 건강검진을 실시하는 학생에 대한 신체의 발달상황에 대한 검사는 검진기관에서 실시할 수 있다. 15, 12, 95, 93 임용

(4) 건강검사의 연기 또는 생략 15 임용

법 조항	내용
학교보건법 제 7조 4	• 학교의 장은 제1항과 제2항에도 불구하고 천재지변 등 부득이한 사유로 관할 교육감 또는 교육장의 승인을 받은 경우에는 교육부령으로 정하는 바에 따라 건강검사를 연기하거나 건강검사의 전부 또는 일부를 생략할 수 있다. 15 임용 〈 학교건강검사 규칙 제 14조(건강검사실시의 예외) 〉 학교의 장은 법 제7조제4항의 규정에 의하여 당해연도에 건강검사를 실시 할 수 없는 경우에는 관할 교육감 또는 교육장의 승인을 얻어 신체의 발달상황 및 신체의 능력과 건강조사를 생략할 수 있고, 건강검진은 다음 학년도로 연기할 수 있다.
학교건강검사 규칙 제14조 (건강검사실시의 예외)	• 학교의 장은 법 제7조제4항의 규정에 의하여 당해연도에 건강검사를 실시할 수 없는 경우에는 관할 교육감 또는 교육장의 승인을 얻어 신체의 발달상황 및 신체의 능력과 건강조사를 생략할 수 있고, 건강검진은 다음 학년도로 연기할 수 있다.

(5) 건강검사 방법 등 필요한 사항

법 조항	내용
학교보건법 제 7조 7	• 건강검사의 시기, 방법, 검사항목 및 절차 등에 관하여 필요한 사항은 교육부령으로 정한다.

(6) 건강검사 사실 통보

법 조항	내용
건강검사 등 (학교보건법 제 7조 5~6)	• 건강검사를 한 검진기관은 교육부령으로 정하는 바에 따라 그 검사결과를 해당 학생 또는 학부모와 해당 학교의 장에게 알려야 한다. • 학교의 장은 제2조제1호의 정신건강 상태 검사를 실시할 때 필요한 경우에는 학부모의 동의 없이 실시할 수 있다. 이 경우 학교의 장은 지체 없이 해당 학부모에게 검사 사실을 통보하여야 한다.

(7) 건강검사 기록 및 관리 15, 10, 05, 96 임용

법 조항	내용
건강검사기록 (학교보건법 제 7조 3)	1. 학교의 장은 제7조에 따라 건강검사를 하였을 때에는 그 결과를 교육부령으로 정하는 기준에 따라 작성·관리하여야 한다. 2. 학교의 장이 제1항에 따라 건강검사 결과를 작성·관리할 때에 교육정보시스템을 이용하여 처리하여야 하는 자료는 다음과 같다. ① 인적사항 ② 신체의 발달상황 및 능력 ③ 그 밖에 교육목적을 이루기 위하여 필요한 범위에서 교육부령으로 정하는 사항 "교육부령으로 정하는 사항"이란 다음 각 호의 사항을 말한다. (학교건강검사규칙 제 9조 3) 1) 예방접종 완료 여부 2) 검진일자 및 검진기관명 3) 별도검사의 종류, 검사일자 및 검사기관명 3. 학교의 장은 소속 학교의 학생이 전출하거나 고등학교까지의 상급학교에 진학할 때에는 그 학교의 장에게 제1항에 따른 자료를 넘겨 주어야 한다.
건강검사 등의 실시결과 관리 (학교건강검사 규칙 제 9조) 15, 10, 05, 96 임용	1. 학교의 장은 법 제7조의3제1항에 따라 건강검사의 실시결과를 다음 각 호의 기준에 따라 작성·관리하여야 한다. 10 임용 ① 대상자가 학생인 경우 가. 신체발달상황 및 신체능력검사 결과 : 별지 제1호서식에 따른 학생건강기록부로 작성·관리 나. 건강검진 결과 : 검진기관이 통보한 자료를 학생건강기록부와 별도로 관리 ② 대상자가 교직원인 경우 : 「국민건강보험법」 제52조에 따른 건강검진의 결과를 관리 2. 학교의 장은 제6조에 따른 별도검사의 실시결과를 학생건강기록부와 별도로 관리하여야 한다. 3. 학교의 장은 법 제7조의3제2항 각 호의 사항(건강검사기록)을 교육정보시스템을 이용하여 처리하기 위하여 학생건강기록부에 기록해야 한다. 5. 고등학교의 장은 소속 학생이 고등학교를 졸업할 때 학생건강기록부를 해당 학생에게 교부하여야 한다. 15 임용 6. 학생이 중학교 또는 고등학교에 진학하지 아니하거나 휴학 또는 퇴학 등으로 고등학교를 졸업하지 못한 경우 그 학생이 최종적으로 재적하였던 학교는 학생건강기록부를 비롯한 건강검사 등의 실시결과를 학생이 최종적으로 재적한 날부터 5년간 보존하여야 한다. 15, 10, 05, 96 임용 7. 교육감은 신체능력검사 결과에 따라 학생 개인별 신체활동 처방을 제공하는 학생건강체력평가시스템을 교육정보시스템과 연계하여 구축하고, 학생·학부모가 조회할 수 있도록 관리하여야 한다.

(8) 건강검사실시 결과 조치 10 임용

① 법 조항 (결과 조치)

법 조항	내용
건강검사 등의 실시결과에 따른 조치 (학교건강검사 규칙 제 10조) 10 임용	1. 학교의 장은 건강검사 등의 실시결과에 따라 보건의료기관, 체육단체 및 대학 등의 협조를 받아 소속 학생 및 교직원에 대한 건강상담, 예방조치 및 체력증진 등 적절한 보호 또는 양호의 대책을 강구하여야 한다. 2. 학교의 장은 건강검사 등을 실시한 결과 수업면제·휴학·치료·보호 또는 교정 등을 필요로 하는 학생에 대해서는 본인 또는 그의 보호자에게 적정한 조치를 강구하도록 요청하여야 한다. 3. 학교의 장은 교직원에 대해서 건강검사 또는 「국민건강보험법」 제52조에 따른 건강검진을 실시한 결과 전염성질환 또는 신체의 심한 허약 등으로 복무에 지장이 있다고 인정되는 경우에는 휴직 기타 적절한 조치를 취하도록 임면권자에게 건의하여야 한다. 10 임용 4. 학교의 장은 건강검사 등을 실시한 경우에는 별지 제2호서식에 따른 통계표를 작성하여 해당 연도의 8월 31일까지, 별지 제4호서식에 따른 통계표를 작성하여 다음 연도의 2월 말일까지 관할 교육장을 거쳐 교육감에게 보고해야 한다. 5. 교육감은 법 제7조의2제1항에 따른 학생건강증진계획의 수립·시행을 위하여 필요한 경우에는 학교의 장에게 건강조사 결과 및 건강검진 결과에 관한 통계자료를 제출하도록 할 수 있다.
치료 및 예방조치 등 (학교보건법 제 11조)	1. 학교의 장은 건강검사의 결과 질병에 감염되었거나 감염될 우려가 있는 학생에 대하여 질병의 치료 및 예방에 필요한 조치를 하여야 한다. 2. 학교의 장은 정신건강 상태를 검사한 결과 필요하면 학생 정신건강 증진을 위한 다음 각 호의 조치를 하여야 한다. ① 학생·학부모·교직원에 대한 정신건강 증진 및 이해 교육 ② 해당 학생에 대한 상담 및 관리 ③ 해당 학생에 대한 전문상담기관 또는 의료기관 연계 ④ 그 밖에 학생 정신건강 증진을 위하여 필요한 조치 3. 교육감은 검사비, 치료비 등 제2항 각 호의 조치에 필요한 비용을 지원할 수 있다. 4. 학교의 장은 제1항 및 제2항의 조치를 위하여 필요하면 보건소장에게 협조를 요청할 수 있으며 보건소장은 정당한 이유 없이 이를 거부할 수 없다.
교직원의 보건관리 (학교보건법 제 13조)	학교의 장은 건강검사 결과 필요하거나 건강검사를 갈음하는 건강검진의 결과 필요하면 교직원에 대하여 질병 치료와 근무여건 개선 등 필요한 조치를 하여야 한다.

② 구체적인 결과 조치

- 이상 학생에 대한 적절한 처치나 건강지도
- 요구되는 재검사를 받도록 지시함
- 필요하면 전문가로부터 더 정밀한 진찰을 받도록 권고함
- 요양이 필요한 경우 소요기간 동안 학교를 쉬게 함
- 특수학교 편입에 대해 지도함
- 학급·운동의 경감, 정지, 변경 등을 함
- 운동경기, 학교행사 참가 등을 조정함
- 책상, 의자의 조정, 좌석 및 학급편제의 적정을 기함

(9) 건강검사 표본 학교의 지정 및 보고

법 조항	내용
건강검사 표본학교의 지정 및 보고 (학교건강검사규칙 제11조)	1. 교육부장관은 법 제2조의2에 따른 기본계획의 수립·시행과 시책 마련을 위하여 건강검사의 표본학교를 지정할 수 있다. 2. 교육부장관은 제1항에 따른 표본학교(이하 "표본학교"라 한다)에 대해서 이 규칙이 정한 검사항목 외의 검사항목을 추가한 건강검사를 실시하게 할 수 있다. 3. 표본학교의 장은 건강검사를 실시한 경우 그 결과를 교육부장관이 정하는 바에 따라 교육감을 거쳐 교육부장관에게 보고하여야 한다.

(10) 학생건강증진 시행계획 수립·시행

법 조항	내용
학교보건법 제2조 3 (학생건강증진 기본계획의 수립·시행)	1. 교육부장관은 5년마다 학생의 신체 및 정신건강 증진을 위한 기본계획을 수립·시행하여야 한다. 2. 기본계획에는 다음 각 호의 사항이 포함되어야 한다. 　① 학생의 건강증진을 위한 기본방향 및 목표 　② 학생의 건강증진을 위한 주요 추진과제 및 추진방법 　③ 그 밖에 학생의 건강증진을 위하여 필요한 사항 그 밖에 기본계획의 수립·시행에 필요한 사항은 대통령령으로 정한다.
학교보건법 제7조의 2 (학생건강증진 시행계획의 수립·시행 등)	1. 교육감은 기본계획에 따라 매년 지역의 여건 및 특색을 고려하여 학생의 신체 및 정신건강 증진을 위한 학생건강증진 시행계획을 수립·시행하여야 한다. 2. 제1항에 따른 계획에는 제11조에 따른 학교의 장의 조치를 행정적 또는 재정적으로 지원하는 방안을 포함하여야 한다. 3. 학교의 장은 제7조에 따른 건강검사의 결과를 평가하여 이를 바탕으로 학생건강증진계획을 수립·시행하여야 한다. 4. 학교의 장은 제3항에 따라 건강검사의 결과를 평가하고, 학생정신건강증진계획을 수립하기 위하여 제15조제1항에 따른 학교의사 또는 학교약사에게 자문을 할 수 있다.

② 학교 건강검사의 내용 및 방법

1 건강검사 종류 및 방법

검사항목	대상학년	실시기관	시기	검사항목 및 방법	
신체발달 상황	전학년	학교자체 (건강검진 대상학년은 검진기관에서 실시)	1학기 말까지	키, 몸무게 비만도	
건강조사	전학년	학교자체 (건강검진 대상학년은 검진기관에서 실시)	1학기 말까지	병력, 식생활 및 건강생활행태 등 구조화된 설문지 (건강검진 대상학년은 검진기관에서 작성한 문진표로 갈음할수 있음)	
건강검진	초 1,4 / 중·고 1 (구강검진은 초전학년)	검진기관	연중	척추, 눈·귀, 귓병, 목병, 피부병, 구강, 병리검사 등	
정신건강 상태검사	초1,4/중1/고1	학교자체	4월 중 연중	ADHD, 우울, 자살, 불안 등 정서·행동문제를 교육행정정보시스템 통해 온라인 검사(설문조사)	
신체능력	초 5~6/중·고 1~3 (초4는 학교장이 실시여부 결정) (심장질환 등으로 인한 신체허약자와 지체부자유자는 그 대상에서 제외할수 있음)	학교자체	필수평가 : 매학년 초 실시 선택평가 : 학교장이 학교여건에 따라 자율적 선택	필수항목	체력요소를 평가하여 신체의 능력등급을 판정 (심폐지구력, 유연성, 근력·근지구력, 순발력, 비만)
				선택항목	신체활동에 대한 인식정도 등 필수평가에 대한 심층평가
				필수평가 체력요소별 1개 항목과 학교장이 선택하는 선택항목을 실시	

표. 학교건강검사 대상 (학교보건법 제 7조)

법 조항	내용
학교보건법 제 7조	학교의 장은 제1항에 따라 건강검사를 할 때에 질병의 유무 등을 조사하거나 검사하기 위하여 다음 각 호의 어느 하나에 해당하는 학생에 대하여는 「국민건강보험법」 제52조에 따른 건강검진 실시 기관에 의뢰하여 교육부령으로 정하는 사항에 대한 건강검사를 한다. ① 「초·중등교육법」 제2조제1호의 학교와 이에 준하는 특수학교·각종학교의 1학년 및 4학년 학생. 다만, 구강검진은 전 학년에 대하여 실시하되, 그 방법과 비용 등에 관한 사항은 지역실정에 따라 교육감이 정한다. (초등학교) ② 「초·중등교육법」 제2조제2호·제3호의 학교와 이에 준하는 특수학교·각종학교의 1학년 학생 (중, 고등학교) ③ 그 밖에 건강을 보호·증진하기 위하여 교육부령으로 정하는 학생 ③ 학교의 장은 제2항에 따른 건강검사 외에 학생의 건강을 보호·증진하기 위하여 필요하다고 인정하면 교육부령으로 정하는 바에 따라 그 학생을 별도로 검사할 수 있다.
	학교의 장은 제2항에 따른 건강검사 외에 학생의 건강을 보호·증진하기 위하여 필요하다고 인정하면 교육부령으로 정하는 바에 따라 그 학생을 별도로 검사할 수 있다.

2 별도검사 08 임용

| 별도의 검사 (학교건강검사규칙 제 6조) | 1. 학교의 장은 법 제7조제3항에 따른 별도의 검사를 다음 각 호의 학생에 대하여 실시할 수 있다.
① 소변검사 및 시력검사 : 초등학교·중학교 및 고등학교의 학생 중 교육감이 지정하는 학년의 학생
② 결핵검사 : 고등학교의 학생 중 교육감이 지정하는 학년의 학생
③ 구강검사 : 중학교 및 고등학교의 학생 중 교육감이 지정하는 학년의 학생
2. 제1항의 규정에 의한 검사의 시기 및 방법 등 검사에 필요한 사항은 교육감이 정한다. |

구분	시력검사	소변검사	결핵검사	구강검사
검사대상	초·중·고등학교 전학년 (단, 건강검진 학년 제외)	초·중·고등학교 전학년 (단, 건강검진 학년 제외)	고등학교 전학년 (단, 건강검진 학년 제외)	중·고등학교 전학년 (단, 건강검진 학년 제외) 별도지정학년 없음
내용	시력 측정 • 공인시력표에 의한 검사 • 나안시력 (좌, 우) 검사 • 교정시력 (좌, 우) 검사	요단백, 요당, 요잠혈 • 요컵 또는 시험관 등 이용, 신선한 요 채취 후 시험지 사용측정	흉부 X-선 촬영	우식치아, 우식발생위험치아, 결손치아, 구내염 및 연조직 질환, 부정교합, 구강위생상태 등 검사 • 진찰 및 상담은 치과의사가 직접 실시
실시기관	학교자체 (교직원 실시)	검진기관 (출장검진)	검진기관 (출장검진)	검진기관

3 건강검사 실시 대상(전체 요약)

구분	신체발달 상황	건강조사	건강검진	별도검사
대상	전학년	전학년	초 1·4, 중·고 1학년 (구강검진[초 전체])	• 시력: 초 2·3·5·6학년, 중·고 2,3학년 • 소변: 초 2·3·5·6학년, 중·고 2,3학년 • 결핵: 고 2,3학년 • 구강: 중·고 2,3학년

4 건강검사 실시 대상 및 기관

구분	초등학교		중학교		고등학교	
	1,4학년	2,3,5,6학년	1학년	2,3학년	1학년	2,3학년
신체발달	검진기관	당해학교	검진기관	당해학교	검진기관	당해학교
건강조사	검진기관	당해학교	검진기관	당해학교	검진기관	당해학교
건강검진	검진기관	검진기관 (구강)	검진기관		검진기관	
별도검사		소변, 시력		소변, 시력, 구강		소변, 시력, 결핵, 구강

3 학교 건강검사의 실제

1 신체 발달상황

(1) 신체발달상황 실시 목적

① 성장 관심	• 학생들의 자신의 성장과 안녕에 관심을 가지도록 함
② 개인별 비교	• 학생들을 정상기준이나 다른학생과 비교하기보다는 자신의 상태 자체에 관심을 가지도록 함
③ 개인차	• 각 학생에게 정상적으로 개인차가 있음을 인식시킴
④ 건강관리	• 각 학생이 자신의 상태에 따라 개인에게 가장 적합한 건강관리를 할 수 있도록 함

(2) 검사대상 및 실시기관

검사항목	대상학년	실시기관	검사자	시기	검사항목 및 방법
신체발달 상황	전학년	학교자체 (건강검진 대상학년은 검진기관에서 실시)	당해 학교 교직원	1학기 말까지 (추가실시 가능)	키, 몸무게, 비만도

(3) 실시 전 준비사항 97, 95 임용

예산	• 검사기구 수리, 교체 비용 등 소요예산을 확보함
기구 점검	• 신체검사용 기구를 점검함(1차: 보건교사, 2차: 학교장 점검)
지정	• 측정자 및 측정장소를 지정함 • 각 종목별 정, 부 책임자(검사자와 검사보조자)와 기록자 정함
측정기구 배치	• 측정기구는 한 곳에 배치하여 빈번한 이동으로 인한 부정확성을 예방함
양식 준비	• 신체검사 일정표를 작성하며 신체검사표 등 소정양식을 준비함
가정통신문	• 가정통신문을 발송하여 보호자에게 연락함

(4) 측정자 교육

- 신체발육 통계의 중요성에 대해 교육함
- 집단건강 평가자료로 학교 지역사회의 건강수준을 파악할 수 있는 중요한 자료임을 인식시킴
- 검사의 객관성과 신뢰성을 높이는 교육을 함

(5) 검사항목 및 방법

법 조항	내용
학교건강검사 규칙 제 4조	1. 신체의 발달상황은 키와 몸무게를 측정한다. 2. 신체의 발달상황에 대한 검사의 방법은 별표 1과 같다. 3. 신체의 발달상황에 대한 검사는 매학년도 제1학기 말까지 실시해야 하며, 필요한 경우 추가로 실시할 수 있다.

표. 신체발달상황 검사항목 및 검사방법 (학교건강검사규칙 [별표 1]) ▎22, 14, 09, 01, 96, 95 임용

검사항목	측정단위	검사방법	
키	센티미터 (cm)	1. 검사대상자의 자세 　가. 신발을 벗은 상태에서 발꿈치를 붙일 것 　나. 등·엉덩이 및 발꿈치를 측정대에 붙일 것 　다. 똑바로 서서 두 팔을 몸 옆에 자연스럽게 붙일 것 　라. 눈과 귀는 수평인 상태를 유지할 것 2. 검사자는 검사대상자의 발바닥부터 머리끝까지의 높이를 측정	
몸무게	킬로그램 (kg)	• 옷을 입고 측정한 경우 옷의 무게를 뺄 것	
비만도 22, 14, 09, 96 임용	-	1. 비만도는 학생의 키와 몸무게를 이용하여 계산된 체질량지수(BMI, Body Mass Index: kg/m^2)를 성별·나이별 체질량지수 백분위수 도표에 대비하여 판정한다. 2. 비만도의 표기방법은 다음 각 목과 같다.	
		저체중	• 체질량지수 백분위수 도표의 5 미만인 경우
		과체중	• 체질량지수 백분위수 도표의 85 이상 95 미만인 경우
		비만	• 체질량지수 백분위수 도표의 95 이상인 경우
		정상	• 위의 규정에 해당되지 않는 경우 → 체질량지수 백분위수 도표의 5이상 ~ 84미만

※ 비고: 수치는 소수 첫째자리까지 나타낸다. (둘째자리에서 반올림)

(6) 검사 결과

① 성장발달 백분위수

개념		• 연령별(신생아~청소년), 성별로 키와 체중을 100등분하여 다른 아동과 비교하여 몇 번째에 해당하는지 나타내는 신체 성장발달 표임
해석		• 내 키가 85번째 백분위수라면 또래 아동 100명 중 85번째 키임
결과	정상	• 정상범위 : 3~97 백분위수
	비정상	• 비정상 범위 : 3미만 또는 97초과

② 비만도(Broca)

개념	• 신장(키)를 기준으로 표준체중 대비 실제 체중의 비율로 산출된 비만도	
계산공식	• 비만도 = $\frac{실제체중 - 표준체중}{표준체중} \times 100(\%)$	
표준체중	신장 160cm 이상인 경우	• 표준체중 = (신장-100) × 0.9
	신장 150.1~159.9cm의 경우	• 표준체중 = [(신장-150) / 2]+50
	신장 150cm 이하의 경우	• 표준체중 = 신장-100
해석	심한 저체중	• − 20% 미만
	저체중	• −10.1 ~ −19.9%
	정상	• −10.0 ~ +10.0%
	과체중	• +10.1 ~ +19.9% (10% 이상 20% 미만)
	경도비만	• +20 ~ +29.9% (20% 이상 30% 미만)
	중등도 비만	• +30 ~ +49.9% (30% 이상 50% 미만)
	고도비만	• +50% 이상

③ 대한비만학회 비만기준

㉠ 체질량지수 (kg/m²)

저체중	• BMI < 18.5 kg/m²
정상	• BMI 18.5~22.9 kg/m²
비만 전 단계 (과체중 or 위험체중)	• BMI 23-24.9 kg/m²
1단계비만	• BMI 25-29.9 kg/m²
2단계비만	• BMI 30-34.9 kg/m²
3단계비만(고도비만)	• BMI ≥ 35 kg/m²

㉡ 복부비만 기준 22 임용

허리둘레 (성인 남자)	• ≥ 90cm 22 임용
허리둘레 (성인 여자)	• ≥ 85cm

(7) 검사결과 기록

학생기록부	• 학생 건강기록부로 작성 및 관리함
키와 몸무게	• 키와 몸무게는 아라비아 숫자로 소수 첫째짜리까지 기록함
비만도	• 비만도는 키와 몸무게를 저장하면 자동 계산됨

(8) 검사결과 97 임용

가정통신문		• 가정통신문을 통하여 검사결과를 학부모에게 안내함
검사결과 활용	전년도와 비교 (건강상태 확인)	• 지난해와 비교하여 자신의 성장상태를 이해
	건강문제 확인, 건강문제 도출	• 극도의 체중미달, 비만 등 건강문제 도출
	기초 자료	• 학생 및 교직원의 건강증진을 계획하는데 기초자료가 됨
	지역사회 건강수준 평가	• 검사결과는 연령별, 성별, 신체발육 통계처리로 학교지역사회의 건강수준을 알 수 있음
검사결과 조치		• 결과에 책상, 걸상의 높이를 조정하며 좌석 및 학급 편제의 적정을 기하도록 함

2 건강조사 12 임용

(1) 검사대상 및 실시기관

검사항목	대상학년	실시기관	검사자	시기	검사항목 및 방법
건강조사	전학년	학교자체 (건강검진 대상학년은 검진기관에서 실시)	당해 학교의 장	1학기 말까지, (추가실시 가능)	병력, 식생활 및 건강생활행태 등 구조화된 설문지 (건강검진 대상학년은 검진기관에서 작성한 문진표로 갈음할 수 있음)

(2) 건강조사 항목 및 내용

법 조항	내용
학교건강검사 규칙 제 4조의 2	1. 건강조사는 병력, 식생활 및 건강생활 행태 등에 대해서 실시하여야 한다. 2. 건강조사의 항목에 따른 세부적인 내용 및 건강조사의 방법은 별표 1의2와 같다. 3. 건강조사는 매학년도 제1학기 말까지 실시해야 하며, 필요한 경우 추가로 실시할 수 있다.

표. 건강조사 항목 및 방법 (학교건강검사규칙 [별표 1의 2])

조사항목	pp조사내용
1. 예방접종/병력	가. 전염병 예방접종 나. 가족병력 다. 개인병력
2. 식생활/비만	가. 식습관 나. 인스턴트 및 그 밖에 식품의 섭취형태 다. 다이어트 행태
3. 위생관리	가. 손 씻기 나. 양치질

조사항목	pp조사내용
4. 신체활동	가. 근지구력 향상을 위한 운동 나. 심폐기능 향상을 위한 운동 다. 수면
5. 학교생활/가정생활	가. 가족 내 지지 정도 나. 학교생활 적응 정도 다. 교우관계
6. 텔레비전/인터넷/음란물의 이용	가. 텔레비전 시청 나. 인터넷 이용 다. 음란물에의 노출 여부 및 정도
7. 안전의식	가. 안전에 대한 인식 나. 안전사고의 발생
8. 학교폭력	가. 학교폭력에의 노출 여부 및 정도
9. 흡연/음주/약물의 사용	가. 흡연 나. 음주 다. 흡입제의 사용 여부 및 약물의 오·남용 여부 등
10. 성 의식	가. 성문제 나. 성에 대한 인식
11. 사회성/정신건강	가. 사회성(자긍심, 적응력 등) 나. 정신적 건강(우울, 자살, 불안증, 주의력 결핍 등)
12. 건강상담	가. 건강에 대한 상담의 요구 등

(3) 조사방법 ((학교건강검사규칙 [별표 1의 2]) 12 임용

구조화된 설문지	• 시·도교육감은 위 조사항목 및 내용을 포함한 구조화된 설문지를 마련함
조사	• 학교의 장을 통하여 조사할 수 있도록 함
시기	• 매학년도 제 1학기 말까지 실시해야 하며, 필요한 경우 추가로 실시 할 수 있음

(4) 조사결과 활용

- 건강조사 결과는 통계처리하여 학생 건강관리 참고자료로 활용함
  → 건강증진사업 평가하는 자료로 활용하거나 요보호 학생 선정 및 건강상담 자료로 활용

3 건강검진

(1) 검사대상 및 실시기관

검사항목	대상학년	실시기관	시기	검사항목 및 방법
건강검진	초 1,4 / 중·고 1 (구강검진은 초전학년)	검진기관	연중	척추, 눈·귀, 귓병, 목병, 피부병, 구강, 병리검사 등

(2) 건강검진 항목 및 방법

법 조항	내용
건강검진의 항목 및 방법 (학교건강검사규칙 제 4조의 2)	1. 건강검진은 척추, 눈·귀, 콧병·목병·피부병, 구강, 병리검사 등에 대하여 검사 또는 진단해야 한다. 2. 건강검진의 방법은 별표 2와 같다.

① 건강검진 항목 및 방법 (학교건강검사규칙 [별표 2]) 22, 11, 96, 93 임용

검진항목		검진방법(세부항목)
1. 척추		• 척추옆굽음증(척추측만증) 검사
2. 눈	가. 시력측정	1) 공인시력표에 의한 검사 2) 오른쪽과 왼쪽의 눈을 각각 구별하여 검사 3) 안경 등으로 시력을 교정한 경우에는 교정시력을 검사 22임용
	나. 안질환	• 결막염, 눈썹찔림증, 사시 등 검사
3. 귀	가. 청력	1) 청력계 등에 의한 검사 2) 오른쪽과 왼쪽의 귀를 각각 구별하여 검사
	나. 귓병	• 중이염, 바깥귀길염(외이도염) 등 검사
4. 콧병		• 코곁굴염(부비동염), 비염 등 검사 93 임용
5. 목병		• 편도선비대·목부위림프절비대·갑상샘비대 등 검사 93 임용
6. 피부병		• 아토피성피부염, 전염성피부염 등 검사
7. 구강	가. 치아상태	• 충치, 충치발생위험치아, 결손치아(영구치로 한정한다) 검사
	나. 구강상태	• 치주질환(잇몸병)·구내염 및 연조직질환, 부정교합, 구강위생상태 등 검사
8. 병리검사 등 11, 96 임용	가. 소변	• 요컵 또는 시험관 등을 이용하여 신선한 요를 채취하며, 시험지를 사용하여 측정(요단백·요잠혈 검사)
	나. 혈액	• 1회용 주사기나 진공시험관으로 채혈하여 다음의 검사 1) 혈당(식전에 측정한다), 총콜레스테롤, 고밀도지단백(HDL) 콜레스테롤, 중성지방, 저밀도지단백(LDL) 콜레스테롤 및 간 세포효소(AST·ALT) → 초등학교 4학년과 중학교 1학년 및 고등학교 1학년 학생 중 "비만"인 학생 2) 혈색소 → 고등학교 1학년 여학생

검진항목		검진방법(세부항목)
	다. 결핵	• 흉부 X-선 촬영 및 판독 → 중학교 1학년 및 고등학교 1학년 학생
	라. 혈압	• 혈압계에 의한 수축기 및 이완기 혈압
9. 허리둘레		• 줄자를 이용하여 측정 → 초등학교 4학년과 중학교 1학년 및 고등학교 1학년 학생 중 "비만"인 학생
10. 그 밖의 사항		• 제1호부터 제9호까지의 검진항목 외에 담당의사가 필요하다고 판단하여 추가하는 항목(검진비용이 추가되지 않는 경우로 한정한다)

※ 적용범위 및 판정기준
- 위 표에서 정한 건강검진 방법에 관하여 필요한 세부적인 사항 및 건강검진 결과의 판정기준은 교육부장관이 정하여 고시하는 기준에 따른다.
- 위 표 제1호부터 제10호까지의 검진항목 외의 검진항목에 대한 검진방법 및 건강검진 결과의 판정기준은 「국민건강보험법」 제52조제4항 및 같은 법 시행령 제25조제5항에 따라 보건복지부장관이 정하여 고시하는 기준에 따른다

② 건강검진 항목 및 방법 19 임용

표. 학교건강검진 실시방법·결과판정 및 기재방법에 등에 관한 기준
: 교육부 고시 제2022-37호(별표1)

검사항목	검사방법(세부항목)
문진, 진찰, 상담	※ 문진, 진찰, 상담은 반드시 의사가 실시하여야 한다.
1. 척추	〈 척추옆굽음증(척추측만증) 검사 〉 〈 그림. 뒤에서 시진 〉 〈 그림. Adam's Test 〉

		• 우선 똑바로 선 환자의 뒤에서 시진 • 양측 장골능(iliac crest)의 높이, 어깨선, 엉덩이나 견갑골의 돌출, 늘어뜨린 각각의 팔과 몸통과의 거리 비교 • 환자가 옷을 벗은 상태에서 양손을 몸 중앙선에서 잡고 앞으로 90도 허리를 구부리게 한 뒤 후부 흉곽의 대칭성을 보고(Adams test) 만일 한 쪽이 다른 쪽보다 높으면 측방만곡을 시사하며 scoliometer를 사용할 수도 있음 19 임용 • 10도 이상의 외측척추만곡을 척추측만증으로 진단 • 환자의 옆에서도 관찰하여 척추의 앞뒤 굴곡을 살펴봄
2. 눈	가. 시력측정	• 공인시력표에 의한 검사 • 오른쪽과 왼쪽의 눈을 각각 구별하여 검사 • 안경 등으로 시력을 교정한 경우에는 교정시력만 검사하고 교정시력 기록란에 기록 • 검사하지 않는 눈은 보이지 않게 확실히 가리고 측정 • 동일 줄에서 50% 이상을 맞추면 해당 시력 확인, 기재
	나. 안질환	• 결막염, 눈썹찔림증, 사시 등 검사 • 시진으로 외안부의 이상 유무를 확인함. 결막의 충혈이나 창백함, 눈곱 유무, 각막의 혼탁 여부를 손전등을 이용하여 관찰 • 안구 조절 마비 유무, 홍채의 색이나 침윤, 안구진탕, 안검(하수, 퇴축, 부종, 색소침착), 공막의 황달, 수정체 혼탁 유무 관찰 • 양측 동공의 크기가 대칭인지 대광반사가 즉시 유발되는지, 양쪽 눈의 동공의 위치가 같은지 관찰함. • 각막반사는 면봉 끝으로 각막을 살짝 건드려서 깜박이면 정상임. • cover test는 한 눈은 가리고 다른 눈은 약 3m 전방의 한 점을 고정 응시하도록 한 뒤 가렸던 눈의 가리개를 치워서 그 눈이 가리지 않았던 다른 쪽 눈과 같은 방향을 응시하는지 관찰하여 어떠한 안구의 움직임이라도 있으면 사시에 대한 정밀 검사 의뢰 • ophthalmoscope를 사용하여 망막의 optic disc와 혈관분포 관찰 • simultaneous red reflex test(Bruckner test)는 동공의 색, 크기, 투명도가 비대칭이면 비정상으로 보고 정밀검사 의뢰
3. 귀	가. 청력	• 순음청력검사 또는 귓속말검사 방법을 사용하여 검사 • 오른쪽과 왼쪽의 귀를 각각 구별하여 검사
	나. 귓병	• 외이의 모양, 위치, 외이와 외이도의 염증이나 종괴 유무 확인 • 고막은 귀를 외상방으로 당기면서 이경을 이용하여 관찰하며 고막의 천공이나 함몰, 고막 내 삼출물 등 확인
4. 콧병		• 코곁굴염(부비동염), 비염 등 검사 • 코의 모양, 분비물, 코에서 나는 냄새 등을 확인하고 코 점막의 충혈이나 이물, 종양 여부를 관찰
5. 목병		• 편도선비대, 목부위림프절비대, 갑상샘비대 확인 • 구개, 볼쪽 점막, 혀와 표면의 유두, 편도 비대나 삼출물, 후비루 등을 관찰 • 구강 내 염증, 감염, 출혈의 소견 유무를 관찰하며 청소년의 경우 치아 상태도 주의하여 관찰

6. 피부병		• 전염성 피부병, 기타 피부병을 포함하여 조사 • 흉터, 화상, 멍이 많은지, 위치와 각 손상 부위의 진행 단계를 관찰 • 건조하거나 인설, 삼출액 등의 아토피성피부염 소견이 있는지 연령을 감안하여 호발 부위 관찰 • 사춘기 남자는 피지 분비가 많아지므로 여드름 여부나 정도 검사 • 피부의 발진 여부, 색소 침착, 점이나 줄, 진균이나 세균의 감염 소견이 있는지 관찰
7. 구강	가. 치아상태	• 충치, 충치발생위험치아, 결손치아(영구치에 한정) 검사 • 진찰 및 상담은 치과의사가 직접 실시하여야 한다. • 종합소견 및 조치사항에 따라 구강 보건교육(잇솔질 교육) 실시
	나. 구강상태	• 치주질환(잇몸병)·구내염 및 연조직질환, 부정교합, 구강위생상태 등 검사
8. 병리 검사 등	가. 소변	• 요컵 또는 시험관 등을 이용하여 채취하여야 하며, 시험지(Urine Test Strip)을 사용하여 측정하며 요 채취 후 1시간 이내에 시행하여야 한다. • 1회 검사하여 검사에 이상이 발견 될 경우 동일 방법으로 재검 • 사춘기 여학생의 경우 월경이 없는 상태를 확인하고 검체를 접수

	나. 혈액	• 1회용 주사기나 진공시험관으로 채혈하여 다음의 검사
		   – 비만학생 : 혈당(식전에 측정한다), 총콜레스테롤, 고밀도지단백(HDL) 콜레스테롤, 중성지방, 저밀도지단백(LDL) 콜레스테롤(총콜레스테롤, HDL콜레스테롤, 중성지방 수치를 활용하여 계산한다.) 및 간 세포 효소(AST·ALT)
		   – 고1 여학생 : 혈색소
		• 비만학생의 혈액검사는 수검자의 공복상태(8시간 이상)를 확인 한 후 1회용 주사기나 진공시험관으로 채혈
		• 검진기관은 당일 채취한 검체를 당일 중 분석 완료하며, 혈당의 경우 자가 혈당측정기 측정 가능

	다. 결핵	• 흉부 X-선 촬영 및 판독
	라. 혈압	• 자동 진동혈압계와 수은 수동 혈압계를 같이 사용할 수 있지만 현재 우리나라에 제시된 소아 청소년 혈압 기준치가 자동 진동 혈압계를 통해 마련된 것이기 때문에 가능한 자동혈압계를 통한 계측결과 사용 • 자동 진동혈압계의 계측치가 수은 수동혈압계보다 수축기에는 7-10 mmHg 정도 높게 나올 수 있지만 이완기 혈압은 비슷하거나 오히려 낮게 나올 수 있다는 점을 감안 • 혈압 측정 전 5분간 수검자를 앉은 자세로 휴식 시킨 후, 우측 상박에서 5분 간격으로 총 2회 측정 • 자동 진동혈압계로 고혈압이 의심되면 수은 수동혈압계로 확인 • 혈압은 측정하는 방법이 중요하므로 피측정자는 앉은 자세에서 우측 상박을 심장 높이에 펴놓고 압박대는 상박의 길이 2/3 이상을 덮고 완전히 감싸는 것을 사용하여 측정 • 불안하면 혈압이 높아지기 쉬우므로 처음에 혈압이 높은 경우는 진찰 끝에 어느 정도 안정되면 다시 측정 • 혈압 측정치가 90백분위수 이상인 경우는 별개로 3번 측정하여 계속 높은지 확인한 뒤 판정 필요 • 혈압판정은 먼저 성장도표에서 키의 백분위를 먼저 확인하고 이후 해당 혈압도표에 맞는 위치를 확인하여 혈압의 백분위수를 구함

9. 허리 둘레	• 비만학생에 대한 허리둘레를 다음 방법으로 측정 • 양발 간격을 25~30cm 정도 벌리고 서서 체중을 균등히 분배 시킨 후 숨을 편안히 내쉰 상태에서 줄자를 이용하여 갈비뼈 가장 아래와 골반의 가장 윗부분(장골능)의 중간부위를 너무 조이거나 느슨하지 않도록 하여 0.1cm까지 측정
10. 그 밖의 사항	• 검사항목 제1호 내지 제9호 중 세부항목 외에 담당의사가 필요하다고 판단하여 추가하는 항목(검진비용이 추가되지 않는 경우에 한한다)

③ 학교검진결과 판정기준 참고치

표. 학교건강검진 실시방법·결과판정 및 기재방법에 등에 관한 기준: 교육부 고시 제2022-37호(별표2)

질환별	검진항목		단위	판정 기준	
				판정	참고치
척추	척추옆굽음증 (척추측만증)			정상	없음
				정밀검사 요함	있음
눈	시력			정상	양쪽 눈 모두 각각 나안시력이 0.8이상인 경우
				정밀검사 요함	한 쪽 눈이라도 나안시력 0.7이하인 경우
	안질환			정상	이상소견이 하나도 없는 경우
				정밀검사 요함	이상소견이 1개 이상인 경우
귀	청력	귓속말 검사	개수	정상	양쪽 귀 모두 각각 불러준 6개 숫자 중 3개 이상을 정확히 따라할 경우
				정밀검사 요함	한쪽 귀라도 6개 숫자 중 3개 미만을 맞출 경우
		순음 청력 검사	dB	정상	40dB 미만
				정밀검사 요함	40dB 이상
	귓병			정상	이상소견이 하나도 없는 경우
				정밀검사 요함	이상소견이 1개 이상인 경우
코	콧병			정상	이상소견이 하나도 없는 경우
				정밀검사 요함	이상소견이 1개 이상인 경우
목	목병			정상	이상소견이 하나도 없는 경우
				정밀검사 요함	이상소견이 1개 이상인 경우
피부	피부병			정상	이상소견이 하나도 없는 경우
				정밀검사 요함	이상소견이 1개 이상인 경우

질환별	검진항목	단위	판정 기준	
			판정	참고치
구강	치아상태		정상	검진결과 치아건강이 양호한 경우
			정상(경계)	충치는 없으나 예방치료가 필요한 경우
			정밀검사 요함	검진결과 치아 치료가 필요한 경우
	구강상태		정상	검진결과 구강건강이 양호한 경우
			정상(경계)	구강질환이 없으나 예방관리가 필요한 경우
			정밀검사 요함	구강질환이 의심되어 상담 또는 추적검사가 필요한 경우
신장	요단백		정상	음성 (−), 약양성 (±)
			정밀검사 요함	양성 (1+,2+,3+,4+), 양성과 신장 질환 증상 동반
	요잠혈		정상	음성 (−), 약양성 (±)
			정밀검사 요함	양성 (1+,2+,3+,4+), 양성과 신장 질환 증상 동반
혈액	총콜레스테롤	mg/dL	정상	〈 170
			정상(경계)	170 ~ 199
			정밀검사 요함	≧ 200
	고밀도지단백 (HDL) 콜레스테롤	mg/dL	정상	〉 45
			정상(경계)	40 ~ 45
			정밀검사 요함	〈 40
	중성지방 (TG)	mg/dL	정상	〈 90
			정상(경계)	90 ~ 129
			정밀검사 요함	≧ 130
	저밀도지단백 (LDL) 콜레스테롤 (계산값 제공)	mg/dL	정상	〈 110
			정상(경계)	110 ~ 129
			정밀검사 요함	≧ 130

요단백·요잠혈 동시 양성인 경우도 신장 질환의심

질환별	검진항목	단위	판정 기준		
			판정		참고치
간장질환	간세포효소 (AST) SGOT	U/L	10세 미만	정상	≦ 55
				정밀검사 요함	〉 55
			10세 이상	정상	≦ 45
				정밀검사 요함	〉 45
	간세포효소 (ALT) SGPT	U/L	정상		≦ 45
			정밀검사 요함		〉 45
빈혈증 질환	혈색소	g/dL	정상		≧ 12.0
			정밀검사 요함		〈 12.0
당뇨질환	혈당	mg/dL	정상		〈 100
			정상(경계)*		100 ~ 125
			정밀검사 요함		≧126
폐결핵	흉부방사선 촬영		정상		비활동성
			정밀검사 요함		정상 및 비활동성 이외의 자 (사진불량, 미촬영 등은 제외)
혈압 이상	혈압 - 수축기 - 이완기	mmHg	정상		수축기/이완기 혈압 성별, 연령별, 신장대비 90백분위수 미만
			정상(경계)**		수축기/이완기 혈압 성별, 연령별, 신장대비 90~95백분위수
					단, 90백분위 미만이라도 130/80 mmHg 이상인 경우 포함
			정밀검사 요함		95백분위수 초과

④ 건강검진 항목별 검진결과 기재요령

표. 학교건강검진 실시방법·결과판정 및 기재방법에 등에 관한 기준: 교육부 고시 제2022-37호(별표2의 별첨 2)

구분		작성요령
1. 신체의 발달 상황	판정기준일	• 생년월일과 측정년월일을 학교에 함께 통보해야 함
	키	• 검사 방법에 의거 cm 단위로 소수 첫째자리까지 기재
	몸무게	• 검사 방법에 의거 kg 단위로 소수 첫째자리까지 기재
	비만도	• 검사 방법에 의거 체질량지수를 구하고 구분 기재
2. 척추		• 척추 질환이 의심되는 경우 그 '이상 증상과 징후'를 기재 ※ 예시 : 척추 질환(전만, 측만, 후만 등)
3. 눈	시력	• 검사 방법에 의거 '나안' 및 '교정' 시력을 아라비아 숫자로 기재
	안질환	• 이상 유·무에 따라 '없음', '결막염', '사시', '기타 증상과 징후'를 좌·우 구분 기재
4. 귀	청력	• 이상 유·무에 따라 '정상', '이상'을 좌·우 구분 기재
	귓병	• 이상 유·무에 따라 '없음', '중이염', '외이도염', '기타 증상과 징후'를 좌·우 구분 기재
5. 콧병		• 이상 유·무에 따라 '없음', '코곁굴염', '비염', '기타 증상과 징후'를 좌·우 구분 기재
6. 목병		• 이상 유·무에 따라 '없음', '편도비대', '목부위림프절비대', '갑상샘비대', "기타 증상과 징후"를 기재
7. 피부병		• 이상 유·무에 따라 '없음', '아토피성피부염', '전염성피부염', '기타 증상과 징후'를 기재
8. 소변 검사	요단백	• '음성(-)', '약양성(±)' 또는 '양성(+1~+4)'으로 기재
	요잠혈	• '음성(-)', '약양성(±)' 또는 '양성(+1~+4)'으로 기재
9. 혈액 검사	혈당(식전)	• 검사치를 mg/dL 단위로 기재
	총콜레스테롤	• 검사치를 mg/dL 단위로 기재
	고밀도지단백(HDL) 콜레스테롤	• 검사치를 mg/dL 단위로 기재
	중성지방	• 검사치를 mg/dL 단위로 기재
	저밀도지단백(LDL) 콜레스테롤(계산값)	• 검사치를 mg/dL 단위로 기재
	간세포효소(AST)	• 검사치를 U/L 단위로 기재

구분		작성요령
	간세포효소 (ALT)	• 검사치를 U/L 단위로 기재
	혈색소	• 검사치를 g/dL 단위로 기재
10. 흉부방사선 검사		• 이상 유·무에 따라 '정상', '비활동성', '결핵의심', 기타 이상(심장비대, 척추측만)이 있을 경우 함께 기재
11. 혈압		• 수축기 및 이완기 혈압을 mmHg 단위로 기재
12. 허리둘레		• 측정방법에 의거 cm 단위로 소수 첫째자리까지 기재
13. 기타		• 담당의사가 필요하다고 판단하여 추가하는 검사항목(검진비용이 추가되지 않는 경우에 한함)에 대한 결과에 대해 '검사항목' 및 그 결과를 '정상' 또는 '이상 증상과 징후'를 기재
14. 진찰 및 상담		• 담당의사가 과거병력, 생활습관, 외상 및 후유증, 일반상태에 대해 적절히 기재
15. 종합소견 및 가정에서 조치할 사항		• 검진의사가 "문진표"·"진찰"·"상담"·"각종 검사 결과" 등을 최종 종합하여 – '정상', '정상(경계)' 또는 '정밀검사요함' 으로 기재하고, – 종합소견 및 가정에서 조치할 사항을 구체적으로 기재하되, '정밀검사요함'의 경우 해당 질환명이 아닌, 정밀검진이 필요한 증상과 징후에 대해 안내

(3) 학년별 건강검진 내용

구분	초등학교 1학년	초등학교 4학년	중학교 1학년	고등학교 1학년
기본 공통항목	척추, 눈·귀·코병목병·피부병, 구강, 소변검사, 혈압 (단, 구강은 초등학교 전학년)			
추가항목		비만학생: 허리둘레, 혈액검사(혈당, 총콜레스테롤, 고밀도지단백(HDL) 콜레스테롤, 중성지방, 저밀도지단백(LDL) 콜레스테롤 및 간 세포 효소(AST·ALT))		
			결핵검사	결핵검사 혈색소(여학생)

(4) 건강검진 절차 (학교건강검사규칙 제 5조) 16, 10 임용

1. 학교의 장은 학생의 건강검사를 실시하기 위하여 2개 이상의 검진기관을 선정하여야 한다. 다만, 검진기관을 2개 이상 선정할 수 없는 경우에는 관할 교육감의 승인을 얻어 1개의 검진기관만 선정할 수 있다. 16, 10 임용
2. 학교의 장은 제1항의 규정에 의하여 검진기관을 선정하고자 하는 때에는 학교운영위원회의 심의 또는 자문을 받을 수 있다. 10 임용
3. 학교의 장은 검진대상자가 검진기관을 방문하여 건강검진을 받도록 하여야 한다.
4. 학교의 장은 제1항 본문 및 제3항에도 불구하고 다음 각 호의 어느 하나에 해당하는 경우에는 1개의 검진기관만을 선정하여 검진기관이 검진대상자에 대한 출장검진을 하도록 할 수 있다. (교육감 승인하에)
   ① 학교가 소재한 지역(읍·면·동을 말한다)에 검진기관이 없는 경우
   ② 「장애인 등에 대한 특수교육법」에 따른 특수학교 및 특수학급의 학생을 대상으로 검진을 실시하는 경우
   ③ 그 밖에 부득이한 사유로 출장검진이 불가피하다고 교육감이 승인한 경우
5. 검진기관은 검진대상자 여부를 확인한 후 검진대상자에 대하여 신체의 발달상황에 대한 검사 및 건강검진을 실시하여야 한다.
6. 검진기관은 검진을 실시하기 전에 검진에 필요한 문진표를 비치하고, 검진대상자에게 필요한 문진표를 작성·제출하도록 하여야 한다.
7. 검진기관은 다음 각 호의 서류를 작성하여 검사결과를 검사일부터 30일 내에 해당 학생 또는 학부모와 해당학교의 장에게 각각 통보하여야 한다. 이 경우 검진결과 질환이 의심되는 학생 또는 정밀검사가 필요한 학생이 있는 경우에는 해당 학부모에게 반드시 통보하여야 한다.
   ① 학생건강검사 결과 통보서
   ② 학생구강검사 결과 통보서
8. 건강검진에 소요되는 비용의 범위는 「국민건강보험법」 제52조제4항 및 같은 법 시행령 제25조제5항에 따라 보건복지부장관이 정한 금액을 적용한다.

(5) 건강검진 결과 판정기준

구분	판정 기준
정 상	• 검진결과 건강이 양호한 자
정상(경계)	• 검진결과 건강에 이상이 없으나, 생활습관, 환경개선 등 자기관리 및 예방조치가 필요한 자 • 검진결과 질환으로 발전할 우려가 있어 추적검사가 필요한 자
정밀검사 요함	• 검진결과 질환 가능성이 높아 전문 의료기관을 통한 정확한 검진이 필요한 자

(6) 검진결과 처리 및 관리

- 검진결과에 따라 병원에서 건강검진 실시 후 이상자 명단을 보내오면 건강이상학생의 건강상담을 하고 재검사 의뢰서를 가정통신문으로 안내하고 지속적인 관리함

기관	내용
학교	• 검진결과에 따라 건강상담 및 질병의 예방조치 등의 관리 대책이 필요한 학생에 대해서는 학부모 상담 등을 통해 적절한 대책 마련 • 검진결과 긴급히 정밀검사를 요하거나 감염성질환(의심자 포함)이 있는 학생에 대하여는 정밀검진 또는 적절한 치료 등을 받을 수 있도록 본인 또는 그의 보호자에게 지체 없이 안내(가정통신문)하고 사후관리 철저 　※ 감염성질환자(의심자 포함, 특히 결핵)일 경우에는 바로 관할 보건소장에게 신고하고 질병관리본부 결핵관리 지침 중 "학교 내 결핵관리 체계" 철저히 준수 • 검진결과와 관련하여 학생 개인 신상에 관한 사항이 공개되지 않도록 보안관리를 철저히 하고, 특히 건강이상자에 대하여는 소외감과 좌절감을 갖지 않도록 상담 활동 등 특별대책 강구 • 검진기관으로부터 제출받은 학생 건강검사결통보서와 구강검진결과통보서를 보관하여 학생 건강관리 자료로 이용 • 학생 건강기록부 기록 및 관리 철저
검진기관	• 검진기관은 검사결과통보서에 검사결과, 종합소견, 조치사항, 검진일, 판정의사명, 검진기관명 등을 빠짐없이 기록 • 학생건강검진결과는 판정 구분 참고치를 적용 • 정밀검사 요함 또는 유소견자의 경우 치료 등의 적절한 조치를 취할 수 있도록 학생건강검사결과통보서와 학생구강검진결과통보서는 검진완료후 30일이내 • 학생 또는 보호자, 학교장에게 각각 통보·학생의 인적사항 및 검진자료 등의 개인정보 보호관리 철저

4 정신건강상태 검사

(1) 검사대상 및 실시기관

검사항목	대상학년	실시기관	시기	검사항목 및 방법
정신건강 상태검사	초1,4/중1/고1	학교자체	4월 중 연중	교육행정정보시스템 통해 온라인 검사(설문조사)

(2) 검사항목 및 내용

① 정신건강상태 검사

법 조항	내용
정신건강상태검사 (학교건강검사 규칙 제 4조의 3)	1. 정신건강 상태 검사는 설문조사 등의 방법으로 한다. 이 경우 설문조사 등의 시행과 그 결과 처리는 교육정보시스템을 통하여 할 수 있다. 2. 학교의 장은 정신건강 상태 검사를 실시하는 경우(법 제7조제6항에 따라 동의 없이 실시하는 경우를 포함한다)에는 검사와 관련한 구체적인 내용을 학부모에게 미리 알려야 한다. 〈 학교보건법 제 7조 6항 〉 학교의 장은 정신건강 상태 검사를 실시할 때 필요한 경우에는 학부모의 동의 없이 실시할 수 있다. 이 경우 학교의 장은 지체 없이 해당 학부모에게 검사 사실을 통보하여야 한다.

② 정신상태 검사 내용 및 응답자

- ADHD, 우울, 자살, 불안 등 정서·행동문제 전반내용 조사

대상	정신상태 검사내용	응답자
초등학생 1,4학년	• CPSQ(Child Problem-Behavior Screening Questionnaire)을 통해 주요 정서·행동문제 전반 내용 조사	• 해당 학년의 학부모
중학교 1학년, 고등학생 1학년	• AMPQ-Ⅱ(The Adolescent Mental Health & Problem Behavior Screening Questionnaire Ⅱ)을 통해 주요 정서·행동문제 전반 내용 조사	• 해당 학년의 학생

(3) 검사결과 처리

- 결과는 교육정보시스템을 통해 처리
- 검사결과 기준점 이상인 학생들은 관심군과 우선관리군으로 분류
- 각 위험수준별로 상담 및 관리, 전문상담기관 또는 의료기관 연계 등의 추후관리 시행

5 신체능력 10 임용

- 체력요소를 평가하여 신체의 능력등급을 판정하는 필수평가와 신체활동에 대한 인식정도 등 필수평가에 대한 심층평가를 하는 선택평가로 구분

(1) 신체능력 검사대상 및 실시기관

검사항목	대상학년	실시기관	시기	검사항목 및 방법	
신체능력	초 5~6/중·고 1~3 (초4는 학교장이 실시여부 결정) (심장질환 등으로 인한 신체허약자와 지체부자유자는 그 대상에서 제외할수 있음)	학교자체	필수평가 : 매학년 초 실시 선택평가 : 학교장이 학교여건에 따라 자율적 선택	필수항목	체력요소를 평가 하여 신체의 능력등급을 판정 (심폐지구력, 유연성, 근력·근지구력, 순발력, 비만)
				선택항목	신체활동에 대한 인식정도 등 필수평가에 대한 심층평가
				필수평가 체력요소별 1개 항목과 학교장이 선택하는 선택항목을 실시	

| 표. 학교건강검사규칙 제7조(신체능력검사의 대상 및 방법 등) |

1. 신체능력검사는 체력요소를 평가하여 제8조에 따른 신체의 능력등급을 판정하는 필수평가와 신체활동에 대한 인식정도 등 필수평가에 대한 심층평가를 하는 선택평가로 구분한다.
2. 학교의 장은 다음 각 호의 학생을 대상으로 신체능력검사를 실시한다. 다만, 심장질환 등으로 인한 신체허약자와 지체부자유자는 그 대상에서 제외할 수 있다.
   ① 초등학교 제5학년 및 제6학년 학생
   ② 중학교 및 고등학교 학생
3. 필수평가는 체력요소별로 1개의 검사항목을 선택하여 매 학년 초에 실시하는 것을 원칙으로 하되, 선택평가는 학교의 장이 해당 학교의 여건을 고려하여 검사항목, 검사주기 등을 자율적으로 결정하여 실시할 수 있다.
4. 제2항 및 제3항에도 불구하고 학교의 장은 해당 학교의 여건을 고려하여 초등학교 제4학년에 대한 필수평가 또는 선택평가의 실시여부를 자율적으로 결정할 수 있다.
5. 제1항에 따른 필수평가와 선택평가의 검사항목 및 검사방법은 별표 3과 같다.
6. 선택평가의 검사항목 중 자기신체평가 및 자세평가를 측정하기 위한 설문지는 별지 제1호의7 서식과 제1호의8 서식에 따라 작성하여야 한다

(2) 신체능력검사 항목 및 내용 (학교건강검사규칙 별표 3)

① 필수평가 10 임용

- 체력요소별로 1개의 건강항목을 선택하여 매 학년 초에 실시하며 검사항목은 5가지항목으로 심폐지구력, 유연성, 근력·근지구력, 순발력, 비만임

체력요소	검사항목
심폐지구력	1. 왕복오래 달리기
	2. 오래달리기 : 달리는 도중에 걷는 것도 허용

	3. 스텝검사
	  : 시간 간격이 정해진 신호음에 맞추어 스텝박스를 올라갔다 다시 내려옴
	    안정시 심박수를 3회 측정하여 기록지에 기록

유연성	4. 앉아윗몸앞으로굽히기
	5. 종합유연성 검사 : 어깨, 몸통, 옆구리, 하체 4부분으로 나누어 검사
근력·근지구력 10 임용	6-1. 팔굽혀펴기 (남)
	6-2. 무릎대고 팔굽혀펴기 (여)
	7. 윗몸말아올리기
	8. 악력
순발력	9. 50미터 달리기
	10. 제자리멀리뛰기
비만	11. 체질량지수(BMI)

② 선택평가
- 심폐지구력정밀평가, 비만평가, 자기신체평가, 자세평가

③ 필수항목 결과판정(신체의 능력등급)

법 조항	내용
신체의 능력등급 (학교건강검사 규칙 제 8조)	1. 신체의 능력등급은 제7조제3항에 따라 체력요소별로 선택하여 검사한 검사항목의 항목별 점수를 종합하여 별표 6의 신체의 능력등급 판정표에 따라 판정한다. 2. 제1항에 따른 검사항목의 항목별 점수는 별표 4의 신체능력검사(필수평가) 기준표와 별표 5의 신체능력검사(필수평가) 항목별 등급 및 점수 기준표에 따라 산정한다.

〈 학교건강검사규칙 [별표 6] 〉

구분＼등급	1 등급	2 등급	3 등급	4 등급	5 등급
신체의 능력점수	80~100	60~79	40~59	20~39	0~19

※ 항목별 20점 만점인 5개 요인의 점수를 합하여 100점 만점으로 산출함

(3) 검사 기록

항목별 등급 및 점수의 산출은 교육정보시스템의 자동산출기능에 따라 자동 처리됨

4 별도검사

- 건강검사 외에 기본적인 필요 검사 실시로 학생의 건강 보호·증진 도모

1 별도검사 개요

(1) 검사 항목 및 내용

구분	시력검사	소변검사	결핵검사	구강검사
검사대상	초·중·고등학교 전학년 (단, 건강검진 학년 제외)	초·중·고등학교 전학년 (단, 건강검진 학년 제외)	고등학교 전학년 (단, 건강검진 학년 제외)	중·고등학교 전학년 (단, 건강검진 학년 제외) 별도지정학년 없음
내용	시력 측정	요단백, 요당, 요잠혈	흉부 X-선 촬영	우식치아, 우식발생위험치아, 결손치아, 구내염 및 연조직 질환, 부정교합, 구강위생상태 등 검사
	• 공인시력표에 의한 검사 • 나안시력 (좌, 우) 검사 • 교정시력 (좌, 우) 검사	• 요컵 또는 시험관 등 이용, 신선한 요 채취 후 시험지 사용측정		• 진찰 및 상담은 치과의사가 직접 실시
실시기관	학교자체 (교직원 실시)	검진기관 (출장검진)	검진기관 (출장검진)	검진기관

(2) 별도검사 결과 관리 및 조치

학생건강기록부와 별도로 관리	• 학교의 장은 검사 결과를 학생건강기록부와 별도로 관리(별도검사의 종류, 검진일자, 및 검사기관명 명시)하고, 학생건강검진 실시에 따른 「별도검사 결과의 기록표」에 기재 관리
흉부 X-선 검사결과 유소견(폐결핵)	• 흉부 X-선 검사결과 유소견(폐결핵)자는 각 구 보건소에 등록을 원칙으로 하여 치료여부 확인 등 집중 지도·관리
소변·시력검사의 이상자	• 소변·시력검사의 이상자는 보호자에게 안내하여 정밀검진, 조기 치료 등이 이루어질 수 있도록 조치하고, 사후 관리 철저

(3) 별도검사 실시에 따른 협조 사항

학교의 장	• 학교의 장은 외부기관에서 실시하는 소변검사, 결핵검사에 적극 협조
별도검사(소변, 결핵) 실시 기관	• 별도검사(소변, 결핵) 실시 기관은 소변검사, 결핵검사 실시 시 학교 학사 업무에 차질이 없도록 학교장과 일정을 협의하고, 검사 당일 결석 등의 사유로 검사에 누락되는 학생이 없도록 조치
소변검사 실시 기관	• 소변검사 실시 기관은 소변검사 결과 이상자를 즉시 학교에 통보하고, 학교의 장은 검사결과에 따라 건강상담 및 질병의 예방조치 등의 관리가 필요한 학생에 대해서는 학부모 상담 등을 통해 적절한 대책 마련
결핵검사 실시 기관	• 결핵검사 실시 기관은 결핵검사 결과 결핵환자(의심자)를 즉시 관할 보건소에 신고 (보호자 통보)

2 세부검사 내용

(1) 시력검사

① **시력검사 목적**

시력장애 조기발견	• 최근 다양한 시청각 자료, TV, 컴퓨터 등을 장기간 사용하면서 시력장애를 가진 학생수 증가 → 시력장애의 조기발견이 무엇보다 중요함
약시 조기발견	• 특히 초등학교 입학 전 시력의 이상 유무를 검사하는 것이 바람직하며 약시를 조기발견하는 것이 매우 중요함
시력장애 악화방지	• 학교에서 시력검사를 실시하여 전문적인 시력검진을 요하는 학생을 규명함으로써 시력장애가 악화되지 않도록 해야함

〈 시력검사가 필요한 학생들에게서 관찰되는 행동 〉
- 눈을 지나치게 문지름
- 한 눈을 감거나 가리고 머리를 기울이거나 앞쪽으로 내밈
- 양 눈꺼풀을 가늘게 뜨거나 눈살을 찌푸림
- 칠판을 보려 하지 않고 옆 사람의 필기 내용을 봄
- 정밀한 일을 할 때 필요이상으로 눈을 깜빡임
- 작은 물체에 걸려 넘어짐

② **학생건강검사 결과 시력교정대상·교정 학생 시력관리 강화** 92, 96 임용
- 고도근시·저시력·기타 안과질환이 있는 학생에 대하여 연 1회 이상 안과 정밀검사를 받을 수 있도록 가정에 안내

㉠ 고도근시

근시 정의	• 나안시력(안경 없이 보는 시력)이 0.7 이하일 경우 보통 근시의심 대상으로 간주
증상	• 굴절이상 중 하나로, 빛의 초점이 망막의 앞쪽에 맺히는 상태 → 먼 거리는 흐릿하게 보이고, 가까운 것은 잘 보임 (원거리 시력 감소)
특징	• 망막 합병증, 망막박리 위험 증가
학교 대책	• 고도근시 학생의 경우 과중한 운동금지 → 망막박리 인한 실명의 원인 제공 → 고도근시는 안구 길이가 비정상적으로 길어져 망막이 얇아지고 약해짐 • 정기적인 안과 검진 및 보호자 안내문 발송

㉡ 저시력학생

저시력 기준	• 교정시력 0.04~0.3
특징	• 안경/렌즈로도 완전한 시력 회복이 어려움 시각장애등급 기준에도 적용됨 • 시야결손, 대비감도 저하 등이 동반될 수 있음
학교 대책	• 학습지도 대책 및 특수교육 연계 • 정기적인 안과 검진 및 보호자 안내문 발송

▌표. 저시력 vs 약시 ▌

구분	약시	저시력
시력 기준	• 교정시력 0.3 이하 • (안경 등으로 교정해도 시력 개선되지 않음)	• 0.04~0.3 (교정시력 기준)
원인	• 시각 발달 이상 (기질적 병변 없음)	• 망막병증, 백내장, 녹내장 등 기질적 병변 존재
발생 시기	• 주로 시각 발달기(소아기)	• 연령 무관, 소아~노년기 모두 가능
특징	• 주로 시각 발달기(소아기)에 조기 치료하면 회복 가능성 있음 • 성인 이후는 회복 어려움	• 기질적 손상에 의한 시력저하, 회복이 어려움 • 시각 보조기구 및 재활치료 중심의 지원 필요

▌표. 시력 정상 기준 ▌

정상	• 양쪽 눈 모두 각각 나안시력이 0.8이상인 경우
정밀검사 요함	• 한 쪽 눈이라도 나안시력 0.7이하인 경우

③ 추후관리

별도 관리	• 보건교사는 담임교사와 협의회를 가지고 그 결과를 기록함 • 「별도검사 결과의 기록표」에 기재 관리
가정통신문	• 더 정확한 시력검진을 받아야 하는 학생은 가정통신문을 발송하여 안과 정밀검진을 받도록 부모에게 의뢰
가정방문	• 만일 부모가 추후관리를 하지 않는 경우 보건교사나 담임교사에 의한 추후관리 방문을 계획함
보건교육	• 시력 보호·증진을 위한 보건교육을 실시함
좌석, 학급편제	• 책상·의자의 조정, 좌석 및 학급 편제의 적정을 기함

(2) 소변검사 00 임용

① 집단 뇨검사 실시 배경

만성신부전 예방, 조기발견	• 만성 신부전은 대부분 소아기부터 시작된 만성신장염이 서서히 진행되어 성인이 되어 만성신부전에 걸리기에, 만성신부전을 예방하기 위해 • 자각 증상이 없기에 집단 뇨검사 필요 → 조기발견, 조기치료, 예방
혈뇨, 단백뇨	• 만성신장염은 초기부터 현미경학적 혈뇨, 단백뇨의 소견을 보임

② 학교집단 뇨검사 00 임용

채뇨 시 주의사항	잠자기 전 소변	• 자기 전 배뇨를 하지 않는 경우 기립성 단백뇨가 있는 사람의 경우 아침소변에 위양성으로 나올 수 있기에 잠자기 전에 소변을 봄
	아침 첫 소변	• 아침소변은 농축되어 있으므로 신장의 농축 능력을 볼 수 있음 • 아침 첫 소변의 중간뇨를 받음 • 아침소변은 산성이라 여러 세포나 결정체를 잘 관찰 할 수 있음
요단백	음성	• 정상
	양성	• +1 이상 : 사구체 신염, 급만성 신우신염, 신부전, SLE, 당뇨병성 신증 등 〈 양성 단백뇨의 3가지 범주 〉 ① 기능성 : 고열, 추위에 노출, 정서적 스트레스, 격렬한 운동 ② 기립성 단백뇨 : 신장이나 요로에 이상이 없어도 장시간 서서 일을 한 뒤에는 양성으로 나타날 수 있음 → 기상직후 재검사 필요 ③ 원인불명의 일시성 단백뇨
요 잠혈	음성	• 정상
	양성	• 현미경 시야당 여자는 5개 미만, 남자는 3개 미만시 정상 • 신, 요로, 비뇨기계 종양, 방광암 등 • 사구체 신염 신우신염, 요로감염(방광염 등), 신결석, 생리시 정상 검출

③ **소변검사 양성자 관리** 00 임용

별도관리	• 「별도검사 결과의 기록표」에 기재 관리
가정통신문	• 가정통신문을 통해 양성판정 결과를 학부모에게 알림
의뢰	• 검진결과 정확한 진단을 위해 전문의료기관에 의뢰 조치함
수업 면제 등	• 학습의 경감, 수업 면제, 요양 등에 대한 필요한 조치 강구함

(3) X-선 유소견자 관리

별도관리	• 「별도검사 결과의 기록표」에 기재 관리
가정통신문	• 가정통신문을 통해 양성판정 결과를 학부모에게 알림
의뢰	• 검진결과 정확한 진단을 위해 전문의료기관에 의뢰 조치함
보고, 신고	• 결핵은 2급 감염병이므로 즉시 교육감을 거쳐 교육부 장관에게 보고, 관할 보건소장에게 신고, 보건소에 등록하여 치료받도록 관리함
등교중지	• 약물치료와 객담검사 결과 음성으로 전염력이 없어질때까지 등료중지함

Part 03 학교환경관리

① 학교의 환경위생 및 식품위생 (학교보건법 제4조) 07, 00, 99 임용

① 학교의 장은 교육부령으로 정하는 바에 따라 학교시설[교사대지·체육장, 교사·체육관·기숙사 및 급식시설, 교사대지 또는 체육장 안에 설치되는 강당 등을 말한다. 이하 같다]에서의 환기·채광·조명·온도·습도의 조절과 유해중금속 등 유해물질의 예방 및 관리, 상하수도·화장실의 설치 및 관리, 오염공기·석면·폐기물·소음·휘발성유기화합물·세균·먼지 등의 예방 및 처리 등 환경위생과 식기·식품·먹는 물의 관리 등 식품위생을 적절히 유지·관리하여야 한다. 07, 00, 99 임용

② 학교의 장은 제1항에 따라 학교시설에서의 환경위생 및 식품위생을 적절히 유지·관리하기 위하여 교육부령으로 정하는 바에 따라 연 2회 이상 점검하고, 그 결과를 기록·보존 및 보고하여야 한다. 이 경우 환경위생 점검을 위한 공기 질 점검 시 학교운영위원회 위원 또는 학부모가 참관을 요청하는 경우에는 이를 허용하여야 한다.

③ 학교의 장은 제2항에 따른 점검에 관한 업무를 교육부령으로 정하는 바에 따라 「환경분야 시험·검사 등에 관한 법률」 제16조에 따른 측정대행업자에게 위탁하거나 교육감에게 전문인력 등의 지원을 요청하여 수행할 수 있다.

④ 학교의 장은 제2항과 제3항에 따른 점검 결과가 교육부령으로 정하는 기준에 맞지 아니한 경우에는 지체 없이 시설의 보완 등 필요한 조치를 하고 이를 교육부장관 및 교육감에게 보고하여야 한다.

⑤ 교육부장관이나 교육감은 제1항에 따른 환경위생과 식품위생을 적절히 유지·관리하기 위하여 필요하다고 인정하면 관계 공무원에게 학교에 출입하여 제2항에 따른 점검을 하거나 점검 결과의 기록 등을 확인하게 할 수 있으며, 개선이 필요한 경우에는 행정적·재정적 지원을 할 수 있다.

⑥ 학교의 장은 제2항 및 제4항에 따른 환경위생 및 식품위생 점검 결과 및 보완 조치를 학교의 인터넷 홈페이지 또는 교육부장관이 운영하는 공시 관련 홈페이지를 통하여 공개하여야 한다. 이 경우 측정된 수치는 최초측정과 재측정 이력을 포함하여야 한다.

⑦ 학교의 장은 제2항에 따른 학교시설의 환경위생 점검을 실시하여 심각한 유해물질의 지속적 발생의 가능성이 확인된 경우 관할 교육감에게 특별점검을 요청하여야 하고, 교육감은 이에 특별점검을 실시하고 대책을 수립·실행하여야 한다.

표. 학교보건법 시행규칙 제 3조의 2 (검사요청 등)

① 법 제4조에 따른 학교시설에서의 환경위생 및 식품위생을 유지·관리하기 위하여 학교의 장이 제3조제2항에 따른 점검을 실시하는 경우에는 교육감 또는 교육장에게 점검방법의 지도 및 전문인력 등의 지원을 요청하거나 환경위생 및 식품위생의 상태를 전문적으로 점검하는 기관에 의뢰하여 오염의 정도를 측정하게 할 수 있다.

② 교육감 또는 교육장은 제1항에 따라 지원요청을 받은 경우에는 소속 공무원으로 하여금 관할학교에 대하여 오염물질을 직접 검사하게 하거나 환경위생 및 식품위생의 상태를 전문적으로 점검하는 기관에 의뢰하여 오염의 정도를 측정하게 할 수 있다.

표. 학교보건법 시행규칙 제 3조의 3 (환경위생관리자의 지정 및 교육)

① 학교의 장은 법 제4조에 따라 학교시설에서의 환경위생을 유지·관리하기 위하여 소속 교직원 중에서 환경위생에 관한 업무를 관리하는 자(이하 "환경위생관리자"라 한다)를 지정해야 한다.

② 교육감은 학교의 장이 지정한 환경위생관리자 및 환경위생의 유지·관리를 담당하는 소속 공무원의 전문성을 신장하기 위하여 필요한 교육을 실시하거나 환경위생의 유지·관리에 관한 교육을 전문적으로 실시하는 기관에 이들을 위탁하여 교육을 받을 수 있도록 하여야 한다.

2 학교환경관리기준

1 환기·채광·조명·온습도의 조절기준(학교보건법 시행규칙 [별표 2]) 14, 93, 92 임용

1. 환기
   가. 환기의 조절기준
      환기용 창 등을 수시로 개방하거나 기계식 환기설비를 수시로 가동하여 1인당 환기량이 시간당 21.6세제곱미터 이상이 되도록 할 것 14 임용
   나. 환기설비의 구조 및 설치기준(환기설비의 구조 및 설치기준을 두는 경우에 한한다)
      1) 환기설비는 교사 안에서의 공기의 질의 유지기준을 충족할 수 있도록 충분한 외부공기를 유입하고 내부공기를 배출할 수 있는 용량으로 설치할 것
      2) 교사의 환기설비에 대한 용량의 기준은 환기의 조절기준에 적합한 용량으로 할 것
      3) 교사 안으로 들어오는 공기의 분포를 균등하게 하여 실내공기의 순환이 골고루 이루어지도록 할 것
      4) 중앙관리방식의 환기설비를 계획할 경우 환기닥트는 공기를 오염시키지 아니하는 재료로 만들 것
2. 채광(자연조명)
   가. 직사광선을 포함하지 아니하는 천공광에 의한 옥외 수평조도와 실내조도와의 비가 평균 5퍼센트 이상으로 하되, 최소 2퍼센트 미만이 되지 아니하도록 할 것
   나. 최대조도와 최소조도의 비율이 10대 1을 넘지 아니하도록 할 것 14 임용
   다. 교실 바깥의 반사물로부터 눈부심이 발생되지 아니하도록 할 것
3. 조도(인공조명)
   가. 교실의 조명도는 책상면을 기준으로 300럭스 이상이 되도록 할 것 14, 93, 92 임용
   나. 최대조도와 최소조도의 비율이 3대 1을 넘지 아니하도록 할 것
   다. 인공조명에 의한 눈부심이 발생되지 아니하도록 할 것
4. 실내온도 및 습도 14, 92 임용
   가. 실내온도는 섭씨 18도 이상 28도 이하로 하되, 난방온도는 섭씨 18도 이상 20도 이하, 냉방온도는 섭씨 26도 이상 28도 이하로 할 것
   나. 비교습도는 30퍼센트 이상 80퍼센트 이하로 할 것

표. 환기횟수 계산 | 93, 94 임용

- 시간당 환기횟수 = $\dfrac{\text{실내의 사람수} \times \text{1인당 환기량}(21.6\text{m}^3)}{\text{실내 공기용적}}$

예 실내공기용적 300m³의 교실에 25명의 학생이 있는 경우, 시간당 환기 횟수는?

- $\dfrac{25 \times 21.6}{300} = 1.8$

표. 인공조명의 구비조건 | 03 임용

① 빛의 색이 일광에 가까워야 함, 빛은 작업상 좌우상방에서 비칠 것
② 그림자가 지지 않아야 함
③ 조명의 이상적인 3대 조건을 갖출 것 (충분한 광원, 광원은 적절하게 분포(균등분포), 눈부심이 없을 것)

2 유해중금속 등 유해물질의 예방 및 관리 기준(학교보건법 시행규칙 [별표 2의 2])

1. 체육장 등의 학교시설에 설치하는 인조잔디 및 탄성포장재는 「산업표준화법에 따른 인증을 받은 제품을 사용할 것
2. 제1호에 따라 설치한 인조잔디 및 탄성포장재의 파손 여부, 유해중금속 등 유해물질의 발생 여부를 주기적으로 점검하고, 필요한 조치를 할 것
3. 학교시설 중 「환경보건법에 따른 어린이활동공간에 대해서는 환경안전관리기준에 적합하게 유지·관리되고 있는지 확인할 것

3 상하수도·화장실의 설치 및 관리기준(학교보건법 시행규칙 [별표 3]) 93 임용

1. 상·하수도의 설치 및 관리기준
   「수도법」 및 「하수도법」의 관련규정에 의하여 설치·관리할 것
2. 화장실의 설치 및 관리기준
   가. 화장실의 설치기준 93 임용
      (1) 화장실은 남자용과 여자용으로 구분하여 설치하되, 학생 및 교직원이 쉽고 편리하게 이용할 수 있도록 필요한 면적과 변기수를 확보할 것
      (2) 대변기 및 소변기는 수세식으로 할 것(상·하수도시설의 미비 또는 수질오염 등의 이유로 인하여 수세식화장실을 설치하기 어려운 경우에는 제외한다)
      (3) 출입구는 남자용과 여자용이 구분되도록 따로 설치할 것
      (4) 대변기의 칸막이안에는 소지품을 두거나 옷을 걸 수 있는 설비를 할 것
      (5) 화장실안에는 손씻는 시설과 소독시설 등을 갖출 것
   나. 화장실의 유지·관리기준
      (1) 항상 청결이 유지되도록 청소하고 위생적으로 관리할 것
      (2) 악취의 발산과 쥐 및 파리·모기 등 해로운 벌레의 발생·번식을 방지하도록 화장실의 내부 및 외부를 4월부터 9월까지는 주 3회 이상, 10월부터 다음해 3월까지는 주1회 이상 소독을 실시할 것

4 폐기물 및 소음의 예방 및 처리기준 (학교보건법 시행규칙 [별표 4]) 14, 92 임용

1. 폐기물의 예방 및 처리기준
   가. 교지 및 교사는 청결히 유지하여 하며, 폐기물의 재활용 조치 등 폐기물의 발생을 예방하거나 감량화에 노력할 것
   나. 학교내에는 「폐기물관리법 시행규칙」제20조의2의 규정에 의한 폐기물소각시설을 설치·운영하지 아니하도록 할 것
   다. 폐기물을 배출할 때에는 그 종류 및 성상에 따라 분리하여 배출할 것
2. 소음의 기준 14, 92 임용
   교사내의 소음은 55dB(A) 이하로 할 것

5 공기의 질 유지·관리

공기 질의 유지·관리 특례 (학교보건법 제 4조의 2)	① 학교의 장은 공기 질의 위생점검을 상·하반기에 각각 1회 이상 실시하여야 한다. ② 학교의 장은 교사 안에서의 공기 질을 측정하는 장비에 대하여 교육부령으로 정하는 바에 따라 매년 2회 이상 정기적으로 점검을 실시하여야 한다.
공기정화설비 등 설치 (학교보건법 제4조의3)	• 학교의 장은 교사 안에서의 공기 질 관리를 위하여 교육부령으로 정하는 바에 따라 각 교실에 공기를 정화하는 설비 및 미세먼지를 측정하는 기기를 설치하여야 한다.

표. 공기질 등의 유지·관리기준 (학교보건법 시행규칙[별표 4의 2]) 14 임용

1. 유지기준

오염물질 항목	기준(이하)	적용 시설	비고
가. 미세먼지 14 임용	35μg/m³	• 교사 및 급식시설	• 직경 2.5μm 이하 먼지
	75μg/m³	• 교사 및 급식시설	• 직경 10μm 이하 먼지
	150μg/m³	• 체육관 및 강당	• 직경 10μm 이하 먼지
나. 이산화탄소 14 임용	1,000ppm	• 교사 및 급식시설	• 해당 교사 및 급식시설이 기계 환기장치를 이용하여 주된 환기를 하는 경우 1,500ppm이하
다. 폼알데하이드	80μg/m³	• 교사, 기숙사(건축 후 3년이 지나지 않은 기숙사로 한정한다) 및 급식시설	• 건축에는 증축 및 개축 포함
라. 총부유세균	800CFU/m³	• 교사 및 급식시설	
마. 낙하세균	10CFU/실	• 보건실 및 급식시설	
바. 일산화탄소	10ppm	• 개별 난방 교실 및 도로변 교실	• 난방 교실은 직접 연소 방식의 난방 교실로 한정

오염물질 항목	기준(이하)	적용 시설	비고
사. 이산화질소	0.05ppm	• 개별 난방 교실 및 도로변 교실	• 난방 교실은 직접 연소 방식의 난방 교실로 한정
아. 라돈	148Bq/㎥	• 기숙사(건축 후 3년이 지나지 않은 기숙사로 한정한다), • 1층 및 지하의 교사	• 건축에는 증축 및 개축 포함
자. 총휘발성 유기화합물	• 400㎍/㎥	• 건축한 때부터 3년이 경과되지 아니한 학교	• 건축에는 증축 및 개축 포함
차. 석면 14 임용	• 0.01개/cc	• 「석면안전관리법」 제22조제1항 후단에 따른 석면건축물에 해당하는 학교	
카. 오존	• 0.06ppm	• 교무실 및 행정실	• 적용 시설 내에 오존을 발생시키는 사무기기(복사기 등)가 있는 경우로 한정
타. 진드기	• 100마리/㎡	• 보건실	
파. 벤젠	• 30㎍/㎥	• 건축 후 3년이 지나지 않은 기숙사	• 건축에는 증축 및 개축 포함
하. 톨루엔	• 1,000㎍/㎥	• 건축 후 3년이 지나지 않은 기숙사	• 건축에는 증축 및 개축 포함
거. 에틸벤젠	• 360㎍/㎥	• 건축 후 3년이 지나지 않은 기숙사	• 건축에는 증축 및 개축 포함
너. 자일렌	• 700㎍/㎥	• 건축 후 3년이 지나지 않은 기숙사	• 건축에는 증축 및 개축 포함
더. 스티렌	• 300㎍/㎥	• 건축 후 3년이 지나지 않은 기숙사	• 건축에는 증축 및 개축 포함

2. 관리기준

대상 시설	중점관리기준
가. 신축 학교	1) 「실내공기질 관리법」 제11조제1항에 따라 오염물질 방출 건축자재를 사용하지 않을 것 2) 교사 안에서의 원활한 환기를 위하여 환기시설을 설치할 것 3) 책상·의자 및 상판 등 학교의 비품은 「산업표준화법」 제15조에 따라 한국산업표준 인증을 받은 제품을 사용할 것 4) 교사 안에서의 폼알데하이드 및 휘발성유기화합물이 유지기준에 적합하도록 필요한 조치를 강구하고 사용할 것
나. 개교 후 3년 이내인 학교	• 폼알데하이드 및 휘발성유기화합물 등이 유지기준에 적합하도록 중점적으로 관리할 것

대상 시설	중점관리기준
다. 개교 후 10년 이상 경과한 학교	1) 미세먼지 및 부유세균이 유지기준에 적합하도록 중점 관리할 것 2) 기존 시설을 개수 또는 보수하는 경우 「실내공기질 관리법」 제11조제1항에 따라 오염물질 방출 건축자재를 사용하지 않을 것 3) 책상·의자 및 상판 등 학교의 비품은 「산업표준화법」 제15조에 따라 한국산업표준 인증을 받은 제품을 사용할 것
라. 「석면안전관리법」 제22조제1항 후단에 따른 석면건축물에 해당하는 학교	• 석면이 유지기준에 적합하도록 중점적으로 관리할 것
마. 개별 난방(직접 연소 방식의 난방으로 한정한다) 교실 및 도로변 교실	• 일산화탄소 및 이산화질소가 유지기준에 적합하도록 중점적으로 관리할 것
바. 급식시설	• 미세먼지, 이산화탄소, 폼알데하이드, 총부유세균 및 낙하세균이 유지기준에 적합하도록 중점적으로 관리할 것
사. 보건실	• 낙하세균과 진드기가 유지기준에 적합하도록 중점적으로 관리할 것

6 대기오염 대응

(1) 대기오염 대응 매뉴얼의 작성 등

〈 학교보건법 제 5조 〉
① 교육부장관은 대기오염에 효과적으로 대응하기 위하여 환경부장관과의 협의를 거쳐 「대기환경보전법」 제7조의2의 대기오염도 예측결과에 따른 대응 매뉴얼(이하 "대기오염대응매뉴얼"이라 한다)을 작성·배포하여야 한다.
② 대기오염대응매뉴얼에는 대응 단계별 전파요령, 실외수업에 대한 점검 및 조치, 실내 공기질 관리를 위한 조치사항 등 대통령령으로 정하는 내용이 포함되어야 한다.
③ 학교의 장은 대기오염대응매뉴얼에 따라 학생 및 교직원의 세부 행동요령을 수립하고 학생 및 교직원에게 세부 행동요령에 관한 교육을 실시하여야 한다.
④ 그 밖에 대기오염대응매뉴얼의 작성·배포, 세부 행동요령의 수립에 필요한 사항은 대통령령으로 정한다.

〈 학교보건법 시행령 제3조 〉
① 법 제5조제2항에서 "대통령령으로 정하는 내용"이란 다음 각 호의 내용을 말한다.
  1. 대기오염 대응 업무 수행체계 및 관련 기관별 역할에 관한 사항
  2. 대응 단계별 전파요령에 관한 사항
  3. 대응 단계별 실외수업에 대한 점검 및 조치에 관한 사항
  4. 대응 단계별 실내 공기질 관리를 위한 조치에 관한 사항
  5. 그 밖에 교육부장관이 대기오염 대응에 필요하다고 인정하는 사항

② 교육부장관은 법 제5조제1항에 따라 작성한 대기오염대응매뉴얼을 전자적 파일이나 인쇄물의 형태로 배포할 수 있다.
③ 법 제5조제3항에 따른 학생 및 교직원의 세부 행동요령(이하 이 조에서 "세부 행동요령"이라 한다)에는 다음 각 호의 내용이 포함되어야 한다.
  1. 대기오염 대응 업무를 관리하는 교직원의 지정에 관한 사항
  2. 등교·하교 시간 조정, 수업시간 단축, 질환자 관리 등 대응 단계별 안전조치 이행에 관한 사항
  3. 교직원 비상연락망 유지, 학생·학부모에 대한 연락체계 구축 등 대응 단계별 전파요령에 관한 사항
  4. 체육활동, 현장학습, 운동회 등 실외수업의 실내수업 대체 등 대응 단계별 실외수업에 대한 점검 및 조치에 관한 사항
  5. 공기 정화 설비의 가동, 환기요령, 청소 등 대응 단계별 실내 공기질 관리를 위한 조치에 관한 사항
  6. 그 밖에 학교의 장이 학교의 사정 등을 고려하여 대기오염 대응에 필요하다고 인정하는 사항
④ 학교의 장은 세부 행동요령을 「학교안전사고 예방 및 보상에 관한 법률」 제4조제6항에 따른 학교안전사고 예방에 관한 학교계획에 포함하여 수립할 수 있다.

7 식기·식품 및 먹는물의 관리 등 식품위생에 관한 사항(학교보건법 시행규칙 [별표 5])

1. 식기·식품의 관리기준
   가. 식품 등을 취급하는 재료보관실·조리실 등의 내부는 항상 청결하게 관리하여야 한다.
   나. 식품 등의 원료 및 제품중 부패·변질이 되기 쉬운 것은 냉동·냉장시설에 보관·관리하여야 한다.
   다. 식품 등의 보관·운반·진열시에는 식품 등의 기준 및 규격이 정하고 있는 보존 및 보관기준에 적합하도록 관리하여야 하고, 이 경우 냉동·냉장시설 및 운반시설은 항상 정상적으로 작동시켜야 한다.
   라. 식품 등의 제조·조리·가공 등에 직접 종사하는 자는 위생복·위생모를 착용하는 등 개인위생을 철저히 관리하여야 한다.
   마. 식품 등의 제조·조리·가공에 직접 사용되는 기계·기구 및 음식기는 사용후에 세척·살균하는 등 항상 청결하게 유지·관리하여야 한다.
   바. 유통기한이 경과된 식품 등을 제공하거나 제공할 목적으로 진열·보관하여서는 아니 된다.
2. 먹는물의 관리기준
   가. 급수시설 설치
      (1) 상수도 또는 마을상수도에 의하여 먹는물을 공급하는 경우에는 저수조를 경유하지 아니하고 직접 수도꼭지에 연결하여 공급하여야 한다. 다만, 직접 수도꼭지에 연결하기가 곤란한 경우에는 제외한다.
      (2) 지하수 등에 의하여 먹는물을 공급하는 경우에는 저수조 등의 시설을 경유하여야 한다.
   나. 급수시설관리
      (1) 급수시설·설비는 항상 위생적으로 관리하여야 하며, 급수시설에서 사용중인 저수조는 「수도법 시행규칙」 제22조의3에 따른 청소 및 위생상태 점검을 실시하고, 외부인이 출입할 수 없도록 잠금장치 등의 조치를 하여야 한다.

   〈 저수조 : 수도법 시행규칙 제 22조의 3 〉
   반기 1회 이상 저수조를 청소해야 하고, 월 1회 이상 저수조의 위생상태를 점검해야 한다.

나. 급수시설관리
   (2) 지하수 등을 먹는물로 사용하는 경우에는 원수의 수질 안정성 확보를 위하여 필요 시 정수 또는 소독 등의 조치를 하여야 한다.
   (3) 급수설비 및 급수관은 「수도법」제33조 제2항 및 제3항에 따라 소독 등 위생조치, 수질검사 및 세척 등 조치를 실시하여야 한다.

다. 먹는물의 공급 등
   학생 및 교직원에게 공급하는 먹는물은 「먹는물관리법」 제5조에 따른 수질기준에 적합한 물을 제공하여야 한다.

라. 수질검사
   (1) 저수조를 사용하는 학교의 경우 「수도법 시행규칙」제22조의3제4항에 따라 수질검사를 실시하여야 한다.
   (2) 지하수는 「먹는물 수질기준 및 검사 등에 관한 규칙」제4조 제2항에 따라 수질검사를 실시하여야 한다.

〈 지하수의 수질검사(「먹는물 수질기준 및 검사 등에 관한 규칙」 제4조 제2항) 〉
- 연 4회 이상 수질 검사를 의뢰하고, 그 중 연간 1회 이상은 시·도 보건환경연구원에 의뢰하여 정밀검사 시행
- 매년 1회 이상 : 전 항목 검사
- 매 분기 1회 이상 : 일반세균, 총 대장균군, 대장균 또는 분원성 대장균군, 암모니아성 질소, 질산성 질소 및 과망간산칼륨 소비량에 관한 검사

마. 나목 및 라목에도 불구하고, 학교의 장은 학교의 규모 및 급수시설의 노후도 등을 고려하여 급수시설의 청소 및 위생상태 점검주기와 수질검사(수질검사 대상이 아닌 학교에서 실시하는 수질검사를 포함한다)주기를 단축할 수 있다.

8 학교시설에서의 환경위생 및 식품위생에 대한 점검의 종류 및 시기

(학교보건법 시행규칙 [별표 6])

점검종류	점검시기
일상점검	• 매 수업일
정기점검	• 매 학년 : 2회 이상. 다만, 제3조제1항 각 호의 기준에서 점검횟수를 3회 이상으로 정한 경우에는 그 기준을 따른다.
특별점검	• 전염병 등에 의하여 집단적으로 환자가 발생할 우려가 있거나 발생한 때 • 풍수해 등으로 환경이 불결하게 되거나 오염된 때 • 학교를 신축·개축·개수 등을 하거나, 책상·의자·컴퓨터 등 새로운 비품을 학교시설로 반입하여 폼알데하이드 및 휘발성유기화합물이 발생할 우려가 있을 때 • 그 밖에 학교의 장이 필요하다고 인정하는 때

※ 비고: 별표 4의2에 따른 오염물질 중 라돈에 대한 정기점검의 경우 최초 실시 학년도 및 그 다음 학년도의 점검 결과가 각각 유지기준의 50퍼센트 미만에 해당하는 기숙사(건축 후 3년이 지나지 않은 기숙사로 한정한다) 및 1층 교사에 대해서는 교육부장관이 정하는 바에 따라 정기점검의 주기를 늘릴 수 있다.

표. 영업에 종사하지 못하는 질병의 종류 (식품위생법 시행규칙 제 50조)

제50조(영업에 종사하지 못하는 질병의 종류)
1. 「감염병의 예방 및 관리에 관한 법률」 제2조제3호가목에 따른 결핵(비감염성인 경우는 제외한다)
2. 「감염병의 예방 및 관리에 관한 법률 시행규칙」 제33조제1항 각 호의 어느 하나에 해당하는 감염병
3. 피부병 또는 그 밖의 고름형성(화농성) 질환
4. 후천성면역결핍증(「감염병의 예방 및 관리에 관한 법률」 제19조에 따라 성매개감염병에 관한 건강진단을 받아야 하는 영업에 종사하는 사람만 해당한다)

표. 업무 종사의 일시제한 (감염병의 예방 및 관리에 관한 법류 시행 규칙 제 33조)

제33조(업무 종사의 일시 제한)
① 법 제45조제1항에 따라 일시적으로 업무 종사의 제한을 받는 감염병환자등은 다음 각 호의 감염병에 해당하는 감염병환자등으로 하고, 그 제한 기간은 감염력이 소멸되는 날까지로 한다.

> 1. 콜레라
> 2. 장티푸스
> 3. 파라티푸스
> 4. 세균성이질
> 5. 장출혈성대장균감염증
> 6. A형간염

② 법 제45조제1항에 따라 업무 종사의 제한을 받는 업종은 다음 각 호와 같다.
  1. 「식품위생법」 제2조제12호에 따른 집단급식소
  2. 「식품위생법」 제36제1항제3호 따른 식품접객업

3 교외환경 (교육환경 보호에 관한 법률: 교육환경법)

제 1조 (목적)	• 이 법은 학교의 교육환경 보호에 필요한 사항을 규정하여 학생이 건강하고 쾌적한 환경에서 교육받을 수 있게 하는 것을 목적으로 한다.
제 2조 (정의)	• "교육환경"이란 학생의 보건·위생, 안전, 학습 등에 지장이 없도록 하기 위한 학교 및 학교 주변의 모든 요소를 말한다.

1 교육환경보호구역의 설정 10, 09, 99 임용

〈 교육환경 보호에 관한 법률 제8조(교육환경보호구역의 설정 등) 〉 10, 09, 99 임용

① 교육감은 학교경계 또는 학교설립예정지 경계(이하 "학교경계등"이라 한다)로부터 직선거리 200미터의 범위 안의 지역을 다음 각 호의 구분에 따라 교육환경보호구역으로 설정·고시하여야 한다.

> 1. 절대보호구역: 학교출입문으로부터 직선거리로 50미터까지인 지역(학교설립예정지의 경우 학교경계로부터 직선거리 50미터까지인 지역)
> 2. 상대보호구역: 학교경계등으로부터 직선거리로 200미터까지인 지역 중 절대보호구역을 제외한 지역

② 학교설립예정지를 결정·고시한 자나 학교설립을 인가한 자는 학교설립예정지가 확정되면 지체 없이 관할 교육감에게 그 사실을 통보하여야 한다. 10 임용

③ 교육감은 제2항에 따라 학교설립예정지가 통보된 날부터 30일 이내에 제1항에 따른 교육환경보호구역을 설정·고시하여야 한다.

④ 제1항에 따라 설정·고시된 교육환경보호구역이 다음 각 호의 어느 하나에 해당하게 된 때에는 그 효력을 상실한다.
  1. 학교가 폐교되거나 이전하게 된 때(대통령령으로 정하는 바에 따른 학교설립계획 등이 있는 경우는 제외한다)
  2. 학교설립예정지에 대한 도시·군관리계획결정의 효력이 상실된 때
  3. 유치원이나 특수학교 또는 대안학교의 설립계획이 취소되었거나 설립인가가 취소된 때

⑤ 제1항에 따른 교육감의 권한은 대통령령으로 정하는 바에 따라 교육장에게 위임할 수 있다.

〈 교육환경 보호에 관한 법률 시행령 제21조 (교육환경보호구역의 설정 등) 〉

① 법 제8조제1항에 따른 교육환경보호구역(이하 "보호구역"이라 한다)의 고시는 다음 각 호의 사항을 포함하여야 한다. 10 임용

> 1. 보호구역 설정일자
> 2. 설정된 보호구역의 위치 및 면적
> 3. 설정된 보호구역이 표시된 지적도면

② 교육감은 보호구역을 설정한 경우 그 설정·고시에 관한 사항을 시장(특별자치시장 및 행정시의 시장을 포함한다)·군수 또는 구청장(자치구의 구청장을 말한다)에게 통보하여야 한다.

③ 교육감은 보호구역임을 알리기 위하여 교육부령으로 정하는 표지판을 설치할 수 있다.

④ 법 제8조제4항제1호에서 "대통령령으로 정하는 바에 따른 학교설립계획 등이 있는 경우"란 폐교 또는 이전이 완료되기 전에 폐교 또는 이전 대상 학교의 기존 학교 용지를 활용하여 다른 학교를 설립하거나 이전하려는 계획을 교육감에게 인정받은 경우로서 교육감이 그에 관한 사항을 정보시스템 또는 교육청의 인터넷 홈페이지에 게시하는 등의 방법으로 공표한 경우를 말한다.

⑤ 교육감(특별자치시 교육감은 제외한다)은 법 제8조제5항에 따라 같은 조 제1항에 따른 권한을 교육장에게 위임한다.

2 보호구역의 관리(교육환경 보호에 관한 법률 시행령 제24조) 10, 93, 92 임용

① 학교의 장은 해당 학교의 보호구역 내 교육환경에 대한 현황 조사 및 보호구역 내 금지행위의 방지 등을 위한 계도 등(이하 이 조에서 "관리"라 한다)을 한다. 다만, 학교가 개교하기 전까지의 관리는 보호구역을 설정한 자가 한다.
② 학교 간에 보호구역이 서로 중복되는 경우 그 중복된 보호구역에 대한 관리는 다음 각 호에 해당하는 학교의 장이 한다.
   1. 상·하급 학교 간에 보호구역이 서로 중복되는 경우에는 하급학교. 다만, 하급학교가 유치원인 경우에는 그 상급학교로 한다.
   2. 같은 급의 학교 간에 보호구역이 서로 중복될 경우에는 학생 수가 많은 학교
③ 제2항에도 불구하고 학교 간에 법 제8조제1항제1호에 따른 절대보호구역과 같은 항 제2호에 따른 상대보호구역이 서로 중복되는 경우 그 중복된 보호구역에 대한 관리는 절대보호구역이 설정된 학교의 장이 한다.

3 교육환경보호구역에서의 금지행위 등(교육환경 보호에 관한 법률 제9조) 99, 96 임용

누구든지 학생의 보건·위생, 안전, 학습과 교육환경 보호를 위하여 교육환경보호구역에서는 다음 각 호의 어느 하나에 해당하는 행위 및 시설을 하여서는 아니 된다. 다만, 상대보호구역에서는 제14호부터 제27호까지 및 제29호부터 제32호까지에 규정된 행위 및 시설 중 교육감이나 교육감이 위임한 자가 지역위원회의 심의를 거쳐 학습과 교육환경에 나쁜 영향을 주지 아니한다고 인정하는 행위 및 시설은 제외한다.

1. 「대기환경보전법」 제16조제1항에 따른 배출허용기준을 초과하여 대기오염물질을 배출하는 시설
2. 「물환경보전법」 제32조제1항에 따른 배출허용기준을 초과하여 수질오염물질을 배출하는 시설과 제48조에 따른 폐수종말처리시설
3. 「가축분뇨의 관리 및 이용에 관한 법률」 제11조에 따른 배출시설, 제12조에 따른 처리시설 및 제24조에 따른 공공처리시설
4. 「하수도법」 제2조제11호에 따른 분뇨처리시설
5. 「악취방지법」 제7조에 따른 배출허용기준을 초과하여 악취를 배출하는 시설
6. 「소음·진동관리법」 제7조 및 제21조에 따른 배출허용기준을 초과하여 소음·진동을 배출하는 시설
7. 「폐기물관리법」 제2조제8호에 따른 폐기물처리시설(규모, 용도, 기간 및 학습과 학교보건위생에 대한 영향 등을 고려하여 대통령령으로 정하는 시설은 제외한다)
8. 「가축전염병 예방법」 제11조제1항·제20조제1항에 따른 가축 사체, 제23조제1항에 따른 오염물건 및 제33조제1항에 따른 수입금지 물건의 소각·매몰지
9. 「장사 등에 관한 법률」 제2조제8호에 따른 화장시설·제9호에 따른 봉안시설 및 제13호에 따른 자연장지(같은 법 제16조제1항제1호에 따른 개인·가족자연장지와 제2호에 따른 종중·문중자연장지는 제외한다)
10. 「축산물 위생관리법」 제21조제1항제1호에 따른 도축업 시설
11. 「축산법」 제34조제1항에 따른 가축시장
12. 「영화 및 비디오물의 진흥에 관한 법률」 제2조제11호의 제한상영관
13. 「청소년 보호법」 제2조제5호가목7)에 해당하는 업소와 같은 호 가목8), 가목9) 및 나목7)에 따라 여성가족부장관이 고시한 영업에 해당하는 업소

14. 「고압가스 안전관리법」 제2조에 따른 고압가스, 「도시가스사업법」 제2조제1호에 따른 도시가스 또는 「액화석유가스의 안전관리 및 사업법」 제2조제1호에 따른 액화석유가스의 제조, 충전 및 저장하는 시설(관계 법령에서 정한 허가 또는 신고 이하의 시설이라 하더라도 동일 건축물 내에 설치되는 각각의 시설용량의 총량이 허가 또는 신고 규모 이상이 되는 시설은 포함하되, 규모, 용도 및 학습과 학교보건위생에 대한 영향 등을 고려하여 대통령령으로 정하는 시설의 전부 또는 일부는 제외한다)
15. 「폐기물관리법」 제2조제1호에 따른 폐기물을 수집·보관·처분하는 장소(규모, 용도, 기간 및 학습과 학교보건위생에 대한 영향 등을 고려하여 대통령령으로 정하는 장소는 제외한다)
16. 「총포·도검·화약류 등의 안전관리에 관한 법률」 제2조에 따른 총포 또는 화약류의 제조소 및 저장소
17. 「감염병의 예방 및 관리에 관한 법률」 제37조제1항제2호에 따른 격리소·요양소 또는 진료소
18. 「담배사업법」에 의한 지정소매인, 그 밖에 담배를 판매하는 자가 설치하는 담배자동판매기(「유아교육법」 제2조제2호에 따른 유치원 및 「고등교육법」 제2조 각 호에 따른 학교의 교육환경보호구역은 제외한다)
19. 「게임산업진흥에 관한 법률」 제2조제6호, 제7호 또는 제8호에 따른 게임제공업, 인터넷컴퓨터게임시설제공업 및 복합유통게임제공업(「유아교육법」 제2조제2호에 따른 유치원 및 「고등교육법」 제2조 각 호에 따른 학교의 교육환경보호구역은 제외한다)
20. 「게임산업진흥에 관한 법률」 제2조제6호다목에 따라 제공되는 게임물 시설(「고등교육법」 제2조 각 호에 따른 학교의 교육환경보호구역은 제외한다)
21. 「체육시설의 설치·이용에 관한 법률」 제3조에 따른 체육시설 중 무도학원 및 무도장(「유아교육법」 제2조제2호에 따른 유치원, 「초·중등교육법」 제2조제1호에 따른 초등학교, 같은 법 제60조의3에 따라 초등학교 과정만을 운영하는 대안학교 및 「고등교육법」 제2조 각 호에 따른 학교의 교육환경보호구역은 제외한다)
22. 「한국마사회법」 제4조에 따른 경마장 및 제6조제2항에 따른 장외발매소, 「경륜·경정법」 제5조에 따른 경주장 및 제9조제2항에 따른 장외매장
23. 「사행행위 등 규제 및 처벌 특례법」 제2조제1항제2호에 따른 사행행위영업
24. 「음악산업진흥에 관한 법률」 제2조제13호에 따른 노래연습장업(「유아교육법」 제2조제2호에 따른 유치원 및 「고등교육법」 제2조 각 호에 따른 학교의 교육환경보호구역은 제외한다)
25. 「영화 및 비디오물의 진흥에 관한 법률」 제2조제16호가목 및 라목에 해당하는 비디오물감상실업 및 복합영상물제공업의 시설(「유아교육법」 제2조제2호에 따른 유치원 및 「고등교육법」 제2조 각 호에 따른 학교의 교육환경보호구역은 제외한다)
26. 「식품위생법」 제36조제1항제3호에 따른 식품접객업 중 단란주점영업 및 유흥주점영업
27. 「공중위생관리법」 제2조제1항제2호에 따른 숙박업 및 「관광진흥법」 제3조제1항제2호에 따른 관광숙박업(「국제회의산업 육성에 관한 법률」 제2조제3호에 따른 국제회의시설에 부속된 숙박시설과 규모, 용도, 기간 및 학습과 학교보건위생에 대한 영향 등을 고려하여 대통령령으로 정하는 숙박업 또는 관광숙박업은 제외한다)
28. 삭제 〈2021. 9. 24.〉
29. 「화학물질관리법」 제39조에 따른 사고대비물질의 취급시설 중 대통령령으로 정하는 수량 이상으로 취급하는 시설
30. 「통계법」 제22조제1항에 따라 통계청장이 고시하는 한국표준산업분류에 따른 제조업 중 레미콘제조업(시멘트와 모래, 자갈 등의 광물성 물질 혼합물에 물을 첨가하여 굳지 아니한 상태로 구매자에게 공급하는 콘크리트용 비내화 혼합물을 제조하는 산업활동)
31. 「정신건강증진 및 정신질환자 복지서비스 지원에 관한 법률」 제3조제7호에 따른 정신재활시설 중 중독자재활시설(알코올 중독, 약물 중독 또는 게임 중독 등으로 인한 정신질환자등을 치유하거나 재활을 돕는 시설)
32. 「관광진흥법」 제3조제1항제5호에 따른 카지노업

4 교육환경보호구역에서의 금지행위 등에 대한 조치(교육환경 보호에 관한 법률 제10조) 96 임용

① 시·도지사 및 시장·군수·구청장(자치구의 구청장을 말한다. 이하 같다) 또는 관계 행정기관의 장(이하 "관계행정기관등의 장"이라 한다)은 제9조 각 호의 행위 및 시설(제9조 단서에 따라 심의를 받은 행위 및 시설은 제외한다. 이하 같다)을 방지하기 위하여 공사의 중지·제한, 영업의 정지 및 허가·인가·등록·신고의 거부·취소 등의 조치(이하 "처분"이라 한다)를 하여야 하며, 교육환경을 위해하여 철거가 불가피하다고 판단하면 사업시행자에게 해당 시설물의 철거를 명할 수 있다.
② 관계행정기관등의 장은 사업시행자가 제1항에 따른 철거명령을 이행하지 아니하는 경우 「행정대집행법」에서 정하는 바에 따라 대집행을 할 수 있다.
③ 교육감은 교육환경 보호를 위하여 관계행정기관등의 장에게 교육환경보호구역 내 제9조 각 호의 행위 및 시설에 대한 처분 및 시설물의 철거 명령을 요청할 수 있다.
④ 제3항에 따른 요청을 받은 관계행정기관등의 장은 특별한 사정이 없으면 요청에 따른 조치를 취하고, 그 결과를 교육감에게 요청받은 날부터 1개월 이내에 알려야 한다.
⑤ 제3항과 제4항에 따른 교육감의 권한은 대통령령으로 정하는 바에 따라 그 일부를 교육장에게 위임할 수 있다.

Part 04 학교안전관리

① 학교안전관리 및 학교안전사고

학생의 안전관리 (학교보건법 제 12조)	• 학교의 장은 학생의 안전사고를 예방하기 위하여 학교의 시설·장비의 점검 및 개선, 학생에 대한 안전교육, 그 밖에 필요한 조치를 하여야 한다.
학교안전사고 (학교안전사고 예방 및 보상에 관한 법률 제2조, 시행령 제3조)	• 교육활동 중에 발생한 사고로서 학생·교직원 또는 교육활동참여자의 생명 또는 신체에 피해를 주는 모든 사고 및 학교급식 등 학교장의 관리·감독에 속하는 업무가 직접 원인이 되어 학생·교직원 또는 교육활동참여자에게 발생하는 질병으로서 대통령령으로 정하는 것이다. 제3조(학교장의 관리·감독하의 질병) "대통령령이 정하는 것"이란 다음 각 호의 어느 하나에 해당하는 질병을 말한다. 　1. 학교급식이나 가스 등에 의한 중독 　2. 일사병 　3. 이물질의 섭취 등에 의한 질병 　4. 이물질과의 접촉에 의한 피부염 　5. 외부 충격 및 부상이 직접적인 원인이 되어 발생한 질병

2 학교안전사고 계획 수립

학교안전사고 예방 기본계획의 수립 (학교안전사고 예방 및 보상에 관한 법률 시행령 제 4조)	① 교육부장관은 법 제4조제1항에 따른 학교안전사고 예방에 관한 기본계획(이하 "기본계획"이라 한다)을 법 제4조의2에 따른 학교안전사고예방위원회의 심의를 거쳐 기본계획 개시연도의 전년도 10월 31일까지 확정하여야 한다. ② 교육부장관은 제1항에 따라 수립·확정된 기본계획을 관계 중앙행정기관의 장과 교육감에게 통보하여야 한다.

학교안전사고 예방 지역계획의 수립 (학교안전사고 예방 및 보상에 관한 법률 시행령 제 5조)	① 교육감은 법 제4조제5항에 따른 학교안전사고 예방에 관한 지역계획(이하 "지역계획"이라 한다)을 시행 전년도 12월 31일까지 수립하여야 한다.
	② 지역계획에는 다음 각 호의 사항이 포함되어야 한다.
	  1. 기본계획에 대한 세부 집행계획
	  2. 법 제4조제7항에 따른 학교계획 및 그 추진실적의 평가 결과에 대한 조치계획
	  3. 그 밖에 학교안전사고 예방과 관련하여 교육감이 필요하다고 인정하는 사항

학교안전사고 예방 학교계획의 수립 (학교안전사고 예방 및 보상에 관한 법률 시행령 제 6조)	① 학교장은 법 제4조제6항에 따라 학교안전사고 예방에 관한 학교계획(이하 "학교계획"이라 한다)을 「초·중등교육법」 제31조에 따른 학교운영위원회(유치원의 경우에는 「유아교육법」 제19조의3에 따른 유치원운영위원회를 말한다)의 심의를 거쳐 시행연도 2월 말일까지 수립하여야 한다.
	② 학교계획에는 다음 각 호의 사항이 포함되어야 한다.
	  1. 기본계획 및 지역계획에 대한 세부 집행계획
	  2. 법 제4조제7항에 따른 학교계획 및 그 추진실적의 평가 결과에 대한 조치계획
	  3. 그 밖에 학교안전사고 예방과 관련하여 학교장이 필요하다고 인정하는 사항

학교계획 및 추진실적의 평가 (학교안전사고 예방 및 보상에 관한 법률 시행령 제 7조)	① 법 제4조제7항에 따라 교육감이 학교계획 및 그 추진실적을 평가할 수 있도록 학교장은 해당 연도의 학교계획 및 지난해의 학교계획에 대한 추진실적을 매년 3월 31일까지 교육감에게 제출하여야 한다.
	② 교육감은 다음 각 호의 기준에 따라 학교계획 및 그 추진실적을 평가한 후 그 결과를 매년 6월 30일까지 교육부장관에게 제출하여야 한다.
	  1. 학교계획: 기본계획 및 지역계획에서 정한 내용의 반영 여부
	  2. 추진실적: 지난해의 학교계획에 따른 업무별 추진 실적
	  3. 그 밖에 교육감이 평가에 필요하다고 인정하는 사항

❸ 학교안전교육의 실시

1 학교안전사고 예방 및 보상에 관한 법률 제 8조

제8조(학교안전교육의 실시)
① 학교장은 학교안전사고를 예방하기 위하여 교육부령으로 정하는 바에 따라 학생·교직원 및 교육활동참여자에게 학교안전사고 예방 등에 관한 다음 각 호의 교육(이하 "안전교육"이라 한다)을 실시하고 그 결과를 학기별로 교육감에게 보고하여야 한다.

> 1. 「아동복지법」 제31조에 따른 교통안전교육, 감염병 및 약물의 오남용 예방 등 보건위생관리교육 및 재난대비 안전교육
> 2. 「학교폭력 예방 및 대책에 관한 법률」 제15조에 따른 학교폭력 예방교육
> 3. 「성폭력방지 및 피해자보호 등에 관한 법률」 제5조에 따른 성폭력 예방에 필요한 교육
> 4. 「성매매방지 및 피해자보호 등에 관한 법률」 제5조에 따른 성매매 예방교육
> 5. 「초·중등교육법」 제23조에 따른 교육과정이 체험중심 교육활동으로 운영되는 경우 이에 관한 안전사고 예방교육
> 6. 그 밖에 안전사고 관련 법률에 따른 안전교육

② 삭제〈2015. 1. 20.〉
③ 교육부장관 및 교육감은 다음 각 호의 사항이 포함된 안전교육에 필요한 교재와 프로그램을 개발·보급하고, 학교장의 요청이 있는 경우 교육부령으로 정하는 안전교육을 담당할 강사를 알선하는 등 안전교육에 필요한 지원을 하여야 한다.
 1. 안전사고 예방 및 대책에 관한 사항
 2. 재난대비 훈련 및 안전에 관한 사항
 3. 그 밖에 교육부장관이 필요하다고 인정하는 사항
④ 학교장은 필요에 따라 안전교육을 이론교육과 실습교육으로 병행하여 실시하되, 안전교육을 효율적으로 실시하기 위하여 교원 또는 교육활동참여자로 하여금 담당하게 하거나 교육부령으로 정하는 바에 따라 전문교육기관·단체 또는 전문가에 위탁하여 실시할 수 있다.

〈 실적보고 – [교육부 고시 제 2023–33호] 제 5조 〉
학교는 학기별 안전교육 실시결과를 매년 8월과 12월에 교육감에게 보고하여야 한다.

2 학교안전사고 예방 및 보상에 관한 법률 시행규칙 제 2조 23 임용

제2조(학교안전교육의 실시)
① 학교의 장(이하 "학교장"이라 한다)은 「학교안전사고 예방 및 보상에 관한 법률」(이하 "법"이라 한다) 제8조제1항에 따라 학생·교직원 및 교육활동참여자를 대상으로 다음 각 호의 교육을 하여야 한다. 이 경우 교육횟수·교육시간·강사 및 교육실적에 대한 보고방법 등은 교육부장관이 따로 정하여 고시한다. 23 임용
 1. 일상생활에서 발생할 수 있는 안전사고 예방을 위한 생활안전교육
 2. 교통수단 등으로 발생할 수 있는 안전사고 예방을 위한 교통안전교육
 3. 폭력예방 및 신변보호를 위한 안전교육
 4. 약물 및 사이버 중독 예방을 위한 안전교육

5. 화재·재난 등의 예방 및 대비를 위한 재난안전교육
6. 일터에서 발생할 수 있는 안전사고 예방을 위한 직업안전교육
7. 응급처치에 관한 교육
8. 그 밖에 안전사고 예방을 위하여 필요한 교육

② 삭제 〈2015. 7. 21.〉
③ 교육부장관 및 교육감은 학교장이 제1항에 따른 학교안전교육을 효율적으로 실시하게 하기 위하여 관련 분야의 전문가로부터 의견을 수렴하여 교육자료의 개발, 체험시설의 확충 및 관련 시설의 이용정보의 제공 등을 해야 한다.
④ 법 제8조제3항에서 "교육부령으로 정하는 안전교육"이란 제1항에 따른 안전교육을 말한다.
⑤ 학교장이 법 제8조제4항에 따라 안전교육을 위탁할 수 있는 전문교육기관·단체 또는 전문가는 다음 각 호와 같다.
  1. 국가·지방자치단체 소속의 안전교육 과정을 운영하는 교육기관(소속 직원을 포함한다. 이하 이 항에서 같다.)
  2. 「도로교통법」제120조에 따른 도로교통공단
  3. 「소방기본법」제40조에 따른 한국소방안전협회
  4. 그 밖에 교육부장관 및 교육감이 안전교육 운영에 적합하다고 인정하는 안전체험시설 및 안전교육기관

4 학교장의 교육활동 안전대책의 점검·확인 등

(학교안전사고 예방 및 보상에 관한 법률 제 8조의 2)

① 학교장은 교육활동을 직접 실시하는 경우 학교안전사고 예방을 위하여 안전대책을 점검·확인하는 등 필요한 조치를 강구하여야 한다.
② 학교장은 교육활동을 관련 기관 또는 단체 등에 위탁하여 실시하는 경우 학교안전사고 예방을 위하여 다음 각 호의 사항을 점검·확인하여야 한다.
  1. 위탁할 기관 또는 단체 등의 설립 인가·허가 등의 여부
  2. 교육활동 중에 발생하는 사고로 인한 손해배상 책임을 담보하기 위한 보험 등의 가입 여부
  3. 「청소년활동 진흥법」제10조제1호에 따른 청소년수련시설의 경우 같은 법 제36조에 따라 인증을 받은 청소년수련활동 프로그램을 실시하는지의 여부
  4. 「청소년활동 진흥법」제10조제1호에 따른 청소년수련시설의 경우 같은 법 제18조, 제18조의2, 제18조의3, 제19조 및 제19조의2에 따른 안전점검 및 안전교육 실시, 종합평가 결과 및 이에 따른 개선조치 이행 등의 여부
  5. 그 밖에 관계 법령에 따라 실시되는 교육활동 프로그램의 안전점검, 안전대책 등의 여부
③ 제2항에 따른 학교장의 점검·확인 요청을 받은 기관 또는 단체의 장, 지방자치단체의 장 등은 이에 따라야 한다.
④ 제1항부터 제3항까지의 규정에 따른 학교장의 교육활동 안전대책 점검·확인의 절차, 방법, 범위, 그 밖에 필요한 사항은 대통령령으로 정한다.

5 안전조치 및 안전사고관리 지침 등

(학교안전사고 예방 및 보상에 관한 법률 제 10조)

1 안전조치 및 안전사고관리 지침 등

③ 교육부장관은 학교 안팎의 교육활동 중에 발생한 사고와 위급상황에 효율적으로 대처하게 하기 위하여 교육활동에 따른 안전사고관리 지침을 제정하여 시·도교육청 및 학교에 보급하여야 한다.
④ 학교장 및 인솔교사는 교육활동 중 발생한 사고 및 위급상황에 대하여 안전사고관리 지침에 따라 즉시 안전조치를 취한 후 교육부장관 또는 교육감에게 즉시 보고하여야 하고, 교육부장관 또는 교육감은 지원 대책을 신속하게 수립·시행하여야 한다
⑤ 학교장 및 교직원은 학생에 대한 학교안전사고 예방 및 안전조치의무를 다한 경우에는 학교안전사고에 대하여 민사상·형사상 책임을 지지 아니한다. 〈신설 2024. 12. 20.〉 [시행일: 2025. 6. 21.]

2 학교밖 교육활동에 대한 안전 관리 및 지원 등

(학교안전사고 예방 및 보상에 관한 법률 제 10조 4)

① 학교장은 학생들의 안전한 학교 밖 교육활동을 보장하기 위하여 필요한 경우 학교 밖 교육활동이 이루어지는 장소 및 시설 등을 사전에 답사하는 등 관련 교육활동을 준비하는 단계부터 인솔교사를 보조하는 인력(이하 이 조에서 "보조인력"이라 한다)을 배치할 수 있다.
② 교육감은 보조인력의 배치에 필요한 행정적·재정적 지원을 하여야 한다.
③ 그 밖에 보조인력의 배치 기준·방법 등에 관한 세부적인 사항은 시·도의 조례로 정한다.

[본조신설 2024. 12. 20.] [시행일: 2025. 6. 21.]

3 학생 안전 교육(「학교안전교육 실시 기준 등에 관한 고시」 제3조(학생 안전교육))

① 학교의 장은 규칙 제2조제1항에서 규정하고 있는 학교안전교육 7대 영역에 해당하는 안전교육을 [별표 1]과 [별표 2]에 따라 계획을 수립·시행하여야 한다. 이 경우 학교의 장은 「아동복지법」, 「학교폭력예방 및 대책에 관한 법률」, 「성폭력방지 및 피해자보호 등에 관한 법률」, 「성매매방지 및 피해자보호 등에 관한 법률」 등 관련 법령에서 규정하는 안전 관련 교육 및 학교 교육과정과 연계·통합 실시할 수 있다.
② 안전교육은 이론과 실습교육으로 병행하되 다음 각 호 중 어느 하나에 해당하는 자가 실시하는 것으로 하여야 한다.
  1. 「유아교육법」제20조 제1항,「초·중등교육법」제19조 제1항,「평생교육법」제31조 제3항,「재외국민의 교육지원 등에 관한 법률」제23조 제1항 및 제2항에 따른 교원
  2. 규칙 제2조제5항 각호에 의하여 안전교육을 위탁할 수 있는 전문교육기관·단체 소속 직원
  3. 의사, 간호사, 응급구조사 등 해당 안전 영역과 관련된 자격증을 보유한 자
  4. 그 밖에 교육감이 영역별 전문 지식을 갖춘 것으로 인정하는 기준에 부합하는 자

4 안전교육 7대 표준안 「학교안전교육 실시 기준 등에 관한 고시」 - 교육부고시 제2023-33호 23, 21 임용

표. 학년별 학생 안전교육의 시간 및 횟수 [별표 1] (단위 : 단위활동, 차시)

구분		생활안전 교육	교통안전 교육	폭력예방 및 신변 보호교육	약물/ 사이버 중독 예방 교육	재난 안전 교육 23 임용	직업 안전 교육 21 임용	응급 처치 교육
교육 시간	유치원	13	10	8	5/5	6	2	2
	초등학교	12	11	8	5/5	6	2	2
	중학교	10	10	10	6/4	6	3	2
	고등학교	10	10	10	7/3	6	3	2
횟수		학기당 2회 이상	학기당 3회 이상	학기당 2회 이상	학기당 2회 이상	학기당 2회이상	학기당 1회이상	학기당 1회이상

표. 학생 안전교육 내용 및 방법 「학교안전교육 실시 기준 등에 관한 고시」 교육부고시 제2023-33호

구분		생활안전교육	교통안전교육	폭력예방 및 신변보호교육	약물 및 사이버 중독 예방 교육	재난안전교육	직업안전교육	응급처치교육
교육 내용	유치원	1. 교실, 가정, 등하굣길에서 안전하게 생활하기	1. 표지판 및 신호등의 의미 등 교통안전 규칙 알고 지키기	1. 내 몸의 소중함과 정확한 명칭 알기	1. 올바른 약물 사용법 알기	1. 화재의 원인과 예방법 알기	1. 일터 안전의 중요성 및 안전을 위해 지켜야 할 일 알기	1. 응급상황 알기 및 도움 요청하기
		2. 안전한 장소를 알고 안전하게 놀이하기	2. 안전한 도로 횡단법 알기	2. 좋은 느낌과 싫은 느낌 알기	2. 생활주변의 해로운 약물·화학제품 만지거나 먹지 않기	2. 화재 발생 시 유의사항 및 대처법 알기	2. 일터 안전시설 현장 체험하기	2. 119신고와 주변에 알리기
		3. 놀이기구나 놀잇감, 도구의 바른 사용법을 알고 안전하게 사용하기	3. 어른과 손 잡고 걷기	3. 성폭력 예방 및 대처방법 알기	3. T.V, 인터넷, 통신기기(스마트폰 등) 등의 중독 위해성을 알고 바르게 사용하기	3. 각종 자연재난 및 사고 적절하게 대처하는 방법 알기		3. 손씻기와 소독하기 등 청결유지 하기
		4. 실종, 유괴, 미아	4. 교통수단(자전거,	4. 나와 내 주변사람(가		4. 각종 재난 유형별 대		4. 상황별 응급처치 방

구분	생활안전교육	교통안전교육	폭력예방 및 신변보호교육	약물 및 사이버 중독 예방 교육	재난안전교육	직업안전교육	응급처치교육
	상황 알고 도움 요청하기 5. 몸에 좋은 음식, 나쁜 음식 알기	통학버스 등) 안전하게 이용하기	족, 친구 등)의 소중함을 알고 사이좋게 지내기 5. 아동학대 신고 및 대처방법 알기		비 훈련 실시		법 알기
초등학교	1. 안전하게 교실, 가정, 공공시설 이용하기 2. 학용품·놀이용품의 안전한 사용 및 식품안전 알기 3. 실험·실습 시 안전에 유의하기 4. 안전한 놀이활동 및 야외 활동 5. 유괴예방, 미아사고 예방과 대처	1. 안전한 통학로 알기 2. 교통수단(자전거, 대중교통 등)의 안전한 이용법 알기 3. 교통 표지판 등 도로교통 법규 알기	1. 학교폭력의 예방 및 대처법 알기 2. 학교폭력의 종류를 알고, 종류별 예방법 알기 3. 성폭력 예방 및 대처방안 알기 4. 내 몸의 소중함을 알기 5. 아동학대의 유형 및 대처방안 알기 6. 가족폭력의 개념과 대처방안 알기 7. 자살 예방 및 생명존중 교육	1. 약물 오남용의 위험성 및 올바른 약물 복용법 알기 2. 중독성물질을 알고 안전한 활용 방법 3. 건전한 사이버 통제 능력 배양 및 사용습관 형성하기	1. 화재의 원인 및 대피요령, 신고, 전파요령 알기 2. 화상 대처요령 알기 3. 각종 자연 재난과 안전한 행동 알기 4. 폭발 및 붕괴, 테러 위협 유형별 대처 요령 알기 5. 각종 재난 유형별 대비 훈련 실시	1. 일터에서 발생하는 산업 재해를 알기 2. 일터 안전 시설 현장 체험하기	1. 응급처치의 상황, 의미, 중요성, 신고·조치 방법 알기 2. 심폐소생술 및 자동제세동기의 사용법 알기 3. 상처의 종류와 응급처치 하기 4. 일생생활 속 응급처치 알기

구분		생활안전교육	교통안전교육	폭력예방 및 신변보호교육	약물 및 사이버 중독 예방 교육	재난안전교육	직업안전교육	응급처치교육
중학교		1. 공공시설 이용 시 안전과 에티켓 알기	1. 이륜차의 안전한 이용과 점검 방법 알기	1. 학교폭력의 유형과 현황 및 위험성 인식하기	1. 향정신성 물질에 대한 위험성·피해 알기	1. 화재의 원인 및 대피·대응요령, 신고, 전파요령 알기	1. 직업 안전 문화의 필요성	1. 응급처치의 상황, 의미, 중요성, 신고·조치 방법 알기
		2. 식품의 종류에 따른 안전한 보관 방법 알기	2. 자동차 사고의 원인과 예방방법 알기	2. 학교 폭력 유형별 신고·대처방법 알기	2. 중독성 물질에 대한 위험성·피해 알기	2. 화상 대처 요령 알기	2. 산업 재해의 의미·유형과 사례별 발생 현황 이해하기	2. 심폐소생술 및 자동제세동기의 사용법 알기
		3. 실험·실습실 및 체육·여가활동의 안전 규칙을 이해하고 바른 사용법 알기	3. 대중교통 이용 안전 수칙 알기	3. 자살예방 및 스트레스 점검과 해소 방법 알기	3. 인터넷 게임 사용 규칙 만들기 및 실천	3. 각종 자연 재난과 안전한 행동 알기	3. 안전장비의 올바른 사용방법 알기	3. 상처의 종류와 응급 처치 하기
		4. 실종, 유괴, 미아 상황 알고 예방하기		4. 가족과 올바른 의사소통방법과 가정폭력 피해자 지원 제도 알기(아동학대 포함)	4. 스마트폰의 건전한 사용 방법	4. 폭발 및 붕괴, 테러 위협 유형별 대처 요령 알기		4. 일상생활 속 응급처치 알기
				5. 성폭력 대처예방 및 대처법 알기		5. 각종 재난 유형별 대비 훈련 실시		
				6. 성매매의 위험성 인식하기				
				7. 자살 예방 및 생명존중 교육				
고등학교		1. 기호식품의 특성·유해성 및 전기·전자제품의 안전한 사용 방	1. 이륜차의 안전한 이용과 점검 방법 알기	1. 학교폭력의 유형과 현황 및 위험성 인식하기	1. 향정신성 물질에 대한 위험성·피해 알기	1. 화재의 원인 및 대피·대응요령, 신고, 전파요령 알기	1. 직업병의 진단, 예방 및 대처방안 알기	1. 응급처치의 상황, 의미, 중요성, 신고·조치 방법 알기

구분	생활안전교육	교통안전교육	폭력예방 및 신변보호교육	약물 및 사이버 중독 예방 교육	재난안전교육	직업안전교육	응급처치교육
	법 알기 2. 실험·실습 안전 수칙 이해 및 보호장구의 바른 사용법 알기	2. 자동차 사고의 원인과 예방방법 알기	2. 학교 폭력 유형별 신고·대처방법 알기	2. 중독성 물질에 대한 위험성·피해 알기	2. 화상 대처 요령 알기	2. 작업장의 안전수칙 및 보호장비 알기	2. 심폐소생술 및 자동제세동기의 사용법 알기
	3. 체육 및 여가활동의 안전한 활동 상해 시 대처방법 알기	3. 대중교통 이용 안전 수칙 알기	3. 성폭력 예방과 대처 방법 알기	3. 인터넷 게임 사용 규칙 만들기 및 실천	3. 각종 자연 재난과 안전한 행동 알기	3. 산업 재해의 의미·유형과 사례별 발생 현황 이해하기	3. 상처의 종류와 응급처치 하기
	4. 실종, 유괴, 미아 상황 알고 예방하기		4. 성매매의 위험성과 구조 및 신고 방법 알기	4. 스마트폰의 건전한 사용 방법	4. 폭발 및 붕괴, 테러 위협 유형별 대처 요령 알기		4. 일생생활 속 응급처치 알기
			5. 자신과 타인(가족 포함)의 소중함 인식하기		5. 각종 재난 유형별 대비 훈련 실시		
			6. 가정폭력 예방 지침을 알고, 보호하기 (아동학대 포함)				
			7. 자살 예방 및 생명존중 교육				
교육 방법	1. 학생 발달 수준을 고려한 전문가 또는 교원 설명 2. 학생 참여 수업 방법 연계 적용 (예시 : 역할극, 프로젝트 학습, 플립러닝 등) 3. 교내외 체험교육 또는 현장학습 4. 일상생활을 통한 반복 지도 및 부모 교육 연계						

6 아동의 안전에 대한 교육 (아동복지법 제 31조)

제31조(아동의 안전에 대한 교육)
① 아동복지시설의 장, 「영유아보육법」에 따른 어린이집의 원장, 「유아교육법」에 따른 유치원의 원장 및 「초·중등교육법」에 따른 학교의 장은 교육대상 아동의 연령을 고려하여 대통령령으로 정하는 바에 따라 매년 다음 각 호의 사항에 관한 교육계획을 수립하여 교육을 실시하여야 한다. 이 경우 그 대상이 「영유아보육법」 제2조제1호에 따른 영유아인 경우 아동복지시설의 장, 같은 법에 따른 어린이집의 원장 및 「유아교육법」에 따른 유치원의 원장은 보건복지부령으로 정하는 자격을 갖춘 외부전문가로 하여금 제1호의2에 따른 아동학대 예방교육을 하게 할 수 있다.

> 1. 성폭력 예방
> 1의2. 아동학대 예방
> 2. 실종·유괴의 예방과 방지
> 3. 감염병 및 약물의 오남용 예방 등 보건위생관리
> 4. 재난대비 안전
> 5. 교통안전

② 아동복지시설의 장, 「영유아보육법」에 따른 어린이집의 원장은 제1항에 따른 교육계획 및 교육실시 결과를 관할 시장·군수·구청장에게 매년 1회 보고하여야 한다.
③ 「유아교육법」에 따른 유치원의 원장 및 「초·중등교육법」에 따른 학교의 장은 제1항에 따른 교육계획 및 교육실시 결과를 대통령령으로 정하는 바에 따라 관할 교육감에게 매년 1회 보고하여야 한다.

7 교직원 등 안전교육

(학교안전교육 실시 기준 등에 대한 고시 제 4조 [교육부고시 제 2023-33호])

제4조(교직원 등 안전교육)
① 법 제2조제3호에 따른 교직원은 안전교육을 3년마다 15시간 이상을 이수하여야 한다.
② 3년 미만의 계약을 체결하여 종사하는 자는 매 학기 2시간 이상을 이수하여야 한다.
③ 법 제2조제5호에 따른 교육활동참여자는 매 학년도 1회 이상의 안전교육을 이수하여야 하며, 학교의 장은 교육활동참여자의 안전교육을 위한 계획을 수립·실시하여야 한다.
④ 제1항에서 제3항까지에도 불구하고 학교안전관련 국가자격이 신설되어 국가자격을 취득·유지할 경우에는 안전교육을 이수한 것으로 본다.

8 공제급여 (학교안전사고 예방 및 보상에 관한 법률(약칭 : 학교안전법))

공제 급여의 종류 (제34조)	• 공제회가 지급하는 공제급여의 종류는 다음 각 호와 같다. 1. 요양급여 2. 장해급여 3. 간병급여 4. 유족급여 5. 장례비
제35조(공제급여액의 결정)	① 공제회는 공제급여의 종류별로 제36조부터 제40조까지의 규정에 따라 공제급여액을 결정한다. ② 제1항에도 불구하고 법원의 판결 등으로 학교안전사고로 인하여 피공제자가 입은 피해에 대하여 공제가입자 또는 피공제자가 지급하여야 할 보상액 또는 배상액이 확정되는 경우 그 확정된 보상액 또는 배상액(지연배상금을 포함한다)은 이 법에 따른 공제급여액으로 보아 공제회가 이를 부담한다.

요양급여
(제36조)
21 임용
	① 요양급여는 학교안전사고로 인하여 피공제자가 부상을 당하거나 질병에 걸린 경우에 피공제자 또는 그 보호자등에게 지급한다.
	② 요양급여는 학교안전사고로 인하여 피공제자가 입은 부상 또는 질병의 치료에 소요된 비용 중 「국민건강보험법」 제44조에 따라 피공제자 또는 그 보호자등이 부담한 금액으로 한다. 다만, 법원의 판결 등으로 「국민건강보험법」 제58조에 따라 공단의 구상권 행사에 따른 손해배상액이 확정된 경우 학교의 장이 부담할 부분은 공제회가 부담한다.
	③ 제2항의 규정에 따른 요양급여의 범위는 다음 각 호와 같다.
	
	1. 진찰·검사
	2. 약제·치료재료의 지급
	3. 처치·수술 그 밖의 치료
	4. 재활치료
	5. 입원
	6. 간호
	7. 호송
	8. 삭제 〈2021. 9. 24.〉
	
	④ 제1항부터 제3항까지의 규정에도 불구하고 다음 각 호의 비용은 이 법에 따른 요양급여로 보아 공제회가 이를 부담한다.
	  1. 「학교폭력예방 및 대책에 관한 법률」 제2조제1호에 따른 행위로 인하여 같은 법 제16조제1항제1호부터 제3호까지의 조치를 이행하는 데 필요한 비용
	  2. 인공팔다리·틀니, 안경·보청기 등 「장애인복지법」 제65조제1항에 따른 장애인보조기구의 처방 및 구입 비용
	  3. 요양 중인 피공제자의 부상·질병 상태가 의학적으로 다른 사람의 간병이 필요하다고 인정되는 경우의 간병료
	⑤ 피공제자의 보호자등이 제4항제3호에 따른 간병을 하는 경우에는 같은 호에도 불구하고 간병에 소요되는 부대경비를 지급한다.
	⑥ 제1항부터 제5항까지의 규정에 따른 요양급여 및 부대경비의 지급기준 등에 관하여 필요한 사항은 대통령령으로 정한다.

장해급여 (제37조) 21 임용	① 장해급여는 제36조의 규정에 따른 요양급여를 받은 피공제자가 요양을 종료한 후에도 장해가 있는 때에는 「국가배상법」 제3조제2항제3호에서 정한 금액 및 같은 법 제3조제5항에서 정한 위자료를 피공제자 또는 그 보호자등에게 지급한다. ② 제1항의 규정에 따른 장해정도의 판정기준·장해급여액의 산정 및 지급방법 등에 관하여 필요한 사항은 대통령령으로 정한다.
간병급여 (제38조)	① 간병급여는 제36조의 규정에 따른 요양급여를 받은 사람이 치료를 받은 후에도 의학적으로 상시 또는 수시로 간병이 필요한 경우에 실제로 간병을 받는 피공제자 또는 그 보호자등에게 지급한다. ② 제1항의 규정에 따른 간병급여의 지급기준 등에 관하여 필요한 사항은 대통령령으로 정한다.
유족급여 (제39조)	① 유족급여는 피공제자가 학교안전사고로 인하여 사망한 경우에 「국가배상법」 제3조제1항제1호에서 정한 금액 및 같은 법 제3조제5항에서 정한 위자료를 피공제자의 상속인에게 지급하되, 사실상 혼인관계에 있던 사람을 포함하여 지급한다. ② 제1항의 규정에 따른 유족급여의 지급기준 등에 관하여 필요한 사항은 대통령령으로 정한다.
장례비 (제40조)	① 장례비는 피공제자가 학교안전사고로 인하여 사망한 경우에 「국가배상법」 제3조제1항제2호에서 정한 평균임금의 100일분을 그 장례를 행하는 자에게 지급한다. ② 제1항의 규정에 따른 장례비의 지급기준 등에 관하여 필요한 사항은 대통령령으로 정한다.

9 학령기 아동에게 사고위험이 높은 이유 05 임용

신체적 발달 미숙	• 균형감각, 근력, 조절 능력이 부족함
판단능력 부족	• 위험 상황을 빠르게 인식하고 적절히 대처하는 능력이 미숙함
활동량 증가	• 학령기는 활동량이 증가하는 시기임
호기심과 모험성	• 새로운 것에 대한 호기심이 많아 위험한 행동을 시도하는 경우가 많음
독립심과 자유의 욕구	• 독립심과 자유의 욕구가 커지고, 위험을 감수하는 행동을 함
또래 영향	• 또래 친구들의 영향을 많이 받아 무리한 행동을 하거나 위험한 놀이를 시도함

10 학교 안전사고 예방

1 복도 10 임용

복도 상황	조명	• 복도 끝에 비상등의 불이 들어오는지 점검함
	창틀	• 복도에 창틀이 파손되었는지 확인함
	복도폭	• 360cm
	물건	• 복도에 불필요한 물건, 안전유무를 확인함
복도 보행		• 우측으로 다녀 오가는 학생들의 충돌을 예방한다. • 어깨동무를 하고 다니다가 남을 쓰러뜨리지 않는다. • 뛰지 말고 발뒤꿈치를 들고 조용히 걷는다. • 통행에 방해되는 놀이로 갑자기 다리를 거는 행동을 하지 않는다. • 한 눈을 팔면서 뒷걸음질 하거나 되돌아 보면서 뛰지 않는다.

2 계단

조명		• 계단에 조명이 없을 때 관계자에게 알려 조치를 한다.
물기		• 계단에 물기가 있는지 확인 후 제거한다.
물건		• 계단에 불필요한 물건, 안전유무를 확인한다.
지지대		• 계단 난간의 지지대를 촘촘히 세워, 체구가 작은 저학년 학생이 바닥으로 떨어지지 않게 주의한다.
난간 안전		• 난간 사이에 머리, 다리를 넣지 않는다. • 난간에 매달리지 않는다. • 난간을 이용하여 미끄럼을 타지 않는다.
계단 설치 및 관리		• 계단 설계시 각각의 발판은 적어도 2~3cm의 눈에 띄는 돌출부나 디딤판 코를 가져야 한다. • 계단 높이가 3m를 넘는 경우 높이 3m마다 넓이 1.2m 이상의 계단참을 설치한다. • 높이가 1m 넘는 계단 및 계단참의 양 옆에는 난간을 설치 • 넓이가 3m가 넘는 계단에는 계단 중간에 너비 3m 이내마다 난간을 설치
계단을 다닐 때	우측 통행	• 우측으로 다녀 오가는 학생들의 충돌을 예방한다.
	주머니 손	• 계단을 이용할 때는 주머니에 손을 넣지 않는다.
	책, 음악	• 계단을 오르내리면서 책을 보거나 음악을 듣지 않는다.
	한 칸씩	• 계단은 한 칸씩 내려가고, 두세 칸씩 뛰어내리지 않는다.
	뛰지 않기	• 계단을 오르내리면서 뛰지 않고, 한칸씩 내려가기
	양손에 물건 X	• 양손에 물건을 들고, 발밑이 보이지 않는 상태에서 계단 통행하지 않는다.
	한꺼번	• 수업 시간 전후에 한꺼번에 계단으로 몰리지 않는다.

3 창가 안전사고 예방관리

안전장치	• 2층 이상 창문에 안전장치(안전망)를 설치한다. • 창문에 보호대와 난간이 없을 경우 안전을 위해 설치를 요청한다.
점검 및 수리	• 창틀이 덜컹거리지 않는지, 창문이나 출입문의 수리가 필요한지 확인한다. • 깨진 유리창이 방치되지 않은지 점검하여 금이 간 유리, 깨진 유리는 위험하여 즉시 테이핑 처리 후 교체를 요구한다.
매달리기	• 유리창에 몸을 기대거나 창문 밖으로 몸을 내밀지 않는다. • 창문에 올라가거나 매달리지 않는다.

4 교통사고 예방

길을 건널때	• 길을 건널때는 자동차가 완전히 지나갈때까지 기다림 • 길을 건너기 전에 좌우를 살피고 천천히 확인하고 건넘 • 뒤돌아 보며 걷거나 장난하지 않으며, 앞을 보고 살피며 다님
횡단보도 건널때	• 안전한 도로 횡단 5원칙 우선 멈춤 → 좌·우의 차 확인 → 횡단보도의 우측에서 운전자를 보며 손들 듦 → '차량 멈춤'을 확인함 → 건너는 동안 계속 차를 보면서 걸음 • 아동 보행자의 의복은 비오는 날, 어두운 날, 저녁에는 밝은 색 옷을 입히고, 우산과 우비도 노란색이나 하얀색 등의 밝은 색으로 입힘

5 자전거 안전수칙 12 임용

자전거 정비	• 브레이크 수시 점검, 바퀴의 공기, 체인의 이상을 점검한다. • 벨, 적당한 조명, 반사경 등을 점검한다. • 불필요한 장식물을 부착하지 않는다.
자전거 타기전 (보호대)	• 헬멧, 팔꿈치 보호대, 무릎 보호대를 착용한다.
자전거 탈때	• 차도에서 떨어 진곳, 사람 왕래가 적은 곳에서 자전거는 탄다. • 회전이나 정지하기전에 수신호를 하여 알려준다. • 내리막길에서 가속되어 위험하므로 자전거에서 내려 걸어온다.
차도운행	• 자동차 뒤를 바짝 붙어가지 않는다. • 자전거에 짐을 실을때는 중량은 3kg, 높이는 땅에서 2m, 넓이는 50cm 이내, 길이는 40cm 이내로 규정되어 있다. • 가다가 멈출때는 정지신호를 하고 인도 쪽으로 내린다. • 밤에 자전거를 타지 않는다.

6 전기사고 예방 05 임용

콘센트 구멍	• 교실 내 콘센트에 전열·전기 기구를 함부로 꽂지 않는다. • 콘센트 구멍에 물체를 집어넣는 것은 전기적 화상을 유발한다. • 머리핀 같은 것으로 콘센트 구멍을 쑤시고 노는 일을 하지 않는다. • 전기콘센트를 사용하지 않을 때는 플라스틱 보호덮개인 플라스틱 마개를 해두거나 가구로 막아 닿지 않게 해 둔다.
전기코드	• 플러그, 코드가 상했는지 조사로 전선의 피복이 손상되지 않도록 한다. • 껍질이 벗겨진 전선은 바로 교체한다. • 전선이 꼬이지 않도록 한다. • 전선이 쇠붙이나 움직이는 물체에 접촉되지 않도록 한다.
사용	• 전기기구를 문어발식으로 사용하지 않는다. • 전열을 이용한 전기기구에 연장코드를 사용하지 않는다.
플러그	• 사용할 때 먼저 코드를 기구에 끼운 후 플러그를 콘센트에 완전히 꽂는다. • 전기코드를 뺄 때 전선을 당기지 말고 플러그 몸체를 잡고 뺀다.
젖은 손	• 젖은 손으로 전기제품을 만지지 않는다.
개인용	• 개인용 전열기구를 사용하지 않는다.
보관	• 전기코드나 기구를 갖고 놀지 못하게 하며 손이 닿지 않게 보관한다. • 전기코드를 아동의 시야에서 보이거나 닿지 못하게 하여 아동이 씹지 않도록 한다. • 사용하지 않는 전기제품은 콘센트에서 플러그를 빼 놓아 보관한다.

7 화재사고 예방

소화기 보관	• 소화기는 햇빛, 습기 노출이 안 되는 곳, 잘 보이고 사용이 편리한 곳에 보관한다.
소화기 점검	• 소화기는 수시로 점검하여 파손, 부식 등을 확인한다. • 한 번 사용한 소화기는 다시 사용하도록 허가업체에서 약제를 채운다.
소화기 사용법	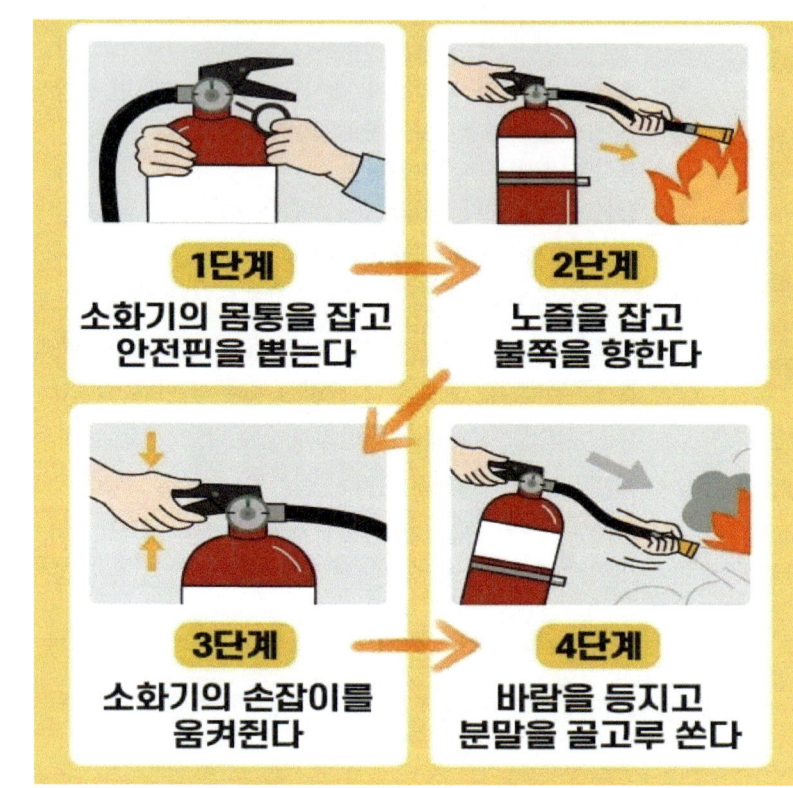 • 불에 접근하기 전에 소화기 손잡이 핀을 잡아당김 • 가볍게 손잡이를 당겨 소화기 작동을 확인 후 사용 • 불에 접근할 때는 몸을 낮은 곳에 위치시킴 • 불에 1.8~3m 이상 가까이 접근하지 말고, 항상 대피할 길을 남겨놓을 곳 • 몸을 낮게 해서 소화기를 단단히 잡고 화염이 생기는 곳의 중심부를 겨냥하여 화재지역을 청소하듯이 구석구석 뿌림 • 소화기를 사용한 후에는 그곳에서 빨리 뒤돌아서기
화재발생시 교육	• 비상구 위치를 확인하고, 화재 시에 대비하여 비상탈출 통로를 연습한다. • 화재발생시 피난 유도 요원의 유도에 따라 화재에서 떨어진 안전한 장소로 대피한다. • 화재시 높은데서 뛰어내리지 않도록 한다. • 119 신고하기 • 정전으로 갇힐 위험이 있으므로 엘리베이터 이용을 금지하며, 계단을 이용한다. • 대피할때는 사세를 낮추고 젖은 수건으로 코와 입을 보호한다. • 실내에 갇혀 있을때는 문을 닫고 문틈으로 연기가 새어 들어오는 곳을 담요, 시트, 양말로 막는다. • 문짝, 손잡이가 뜨거울 때 문 반대편에서 강한 화염이 있다는 뜻으로 갑자기 문을 열면 안된다.

Part 05 학교감염병 관리

1 감염병 이해 및 관리 (감염병의 예방 및 관리에 관한 법률)

1 법정 감염병의 분류기준 및 종류 25, 18, 13 임용

- "감염병"이란 제1급감염병, 제2급감염병, 제3급감염병, 제4급감염병, 기생충감염병, 세계보건기구 감시대상 감염병, 생물테러감염병, 성매개감염병, 인수공통감염병 및 의료관련감염병을 말한다.

구분	제1급감염병	제2급감염병	제3급감염병	제4급감염병
정의 (특성)	생물테러감염병 또는 치명률이 높거나 집단 발생의 우려가 커서 발생 또는 유행 즉시 신고, 음압격리와 같은 높은 수준의 격리가 필요한 감염병 (17종) 다만, 갑작스러운 국내 유입 또는 유행이 예견되어 긴급한 예방·관리가 필요하여 질병관리청장이 보건복지부장관과 협의하여 지정하는 감염병을 포함한다.	전파가능성을 고려하여 발생 또는 유행 시 24시간 이내에 신고, 격리가 필요한 감염병 (21종) 다만, 갑작스러운 국내 유입 또는 유행이 예견되어 긴급한 예방·관리가 필요하여 질병관리청장이 보건복지부장관과 협의하여 지정하는 감염병을 포함한다.	발생을 계속 감시할 필요가 있어 발생 또는 유행 시 24시간 이내 신고하여야 하는 감염병 (28종) 다만, 갑작스러운 국내 유입 또는 유행이 예견되어 긴급한 예방·관리가 필요하여 질병관리청장이 보건복지부장관과 협의하여 지정하는 감염병을 포함한다. 27. 엠폭스	유행 여부를 조사하기 위하여 표본감시 활동이 필요한 감염병 (23종) 다만, 질병관리청장이 지정하는 감염병을 포함한다. 23. 코로나바이러스 감염증-19 25 임용
종류	17종	21종	28종	23종
신고	즉시	24시간 이내	24시간 이내	7일 이내
보고	즉시	24시간 이내	24시간 이내	7일 이내
감시 방법	전수감시	전수감시	전수감시	표본감시

과목 1. 학교보건

구분	제1급감염병	제2급감염병	제3급감염병	제4급감염병
종류	1. 에볼라바이러스병 2. 마버그열 3. 라싸열 4. 크리미안콩고출혈열 5. 남아메리카출혈열 6. 리프트밸리열 7. 두창 8. 페스트 9. 탄저 10. 보툴리눔독소증 11. 야토병 12. 신종감염병증후군* 13. 중증급성호흡기증후군 (SARS) 14. 중동호흡기증후군 (MERS) 15. 동물인플루엔자 인체감염증 16. 신종인플루엔자 17. 디프테리아 * 신종감염병증후군 → 아직 널리 알려지지 않았거나 새롭게 발생한 감염병 → 급성출혈열증상, 급성호흡기증상, 급성설사증상, 급성황달증상 또는 급성신경증상을 나타내는 신종감염병증후군	1. 결핵 2. 수두 3. 홍역 4. 콜레라 5. 장티푸스 6. 파라티푸스 7. 세균성이질 8. 장출혈성대장균감염증 9. A형간염 10. 백일해 11. 유행성이하선염 12. 풍진 13. 폴리오 14. 수막구균 감염증 15. b형헤모필루스 인플루엔자 16. 폐렴구균 감염증 17. 한센병 18. 성홍열 19. 반코마이신내성 황색포도알균(VRSA) 감염증 20. 카바페넴내성 장내세균목(CRE) 감염증 21. E형간염	1. 파상풍 2. B형간염 3. 일본뇌염 4. C형간염 5. 말라리아 6. 레지오넬라증 7. 비브리오패혈증 8. 발진티푸스 9. 발진열 10. 쯔쯔가무시증 11. 렙토스피라증 12. 브루셀라증 13. 공수병 14. 신증후군출혈열 15. 후천성면역결핍증 (AIDS) 16. 크로이츠펠트-야콥병(CJD) 및 변종크로이츠펠트-야콥병(vCJD) 17. 황열 18. 뎅기열 19. 큐열 20. 웨스트나일열 21. 라임병 22. 진드기매개뇌염 23. 유비저 24. 치쿤구니야열 25. 중증열성혈소판감소증후군(SFTS) 26. 지카바이러스 감염증 27. 엠폭스 28. 매독	1. 인플루엔자 2. 회충증 3. 편충증 4. 요충증 5. 간흡충증 6. 폐흡충증 7. 장흡충증 8. 수족구병 9. 임질 10. 클라미디아 감염증 11. 연성하감 12. 성기단순포진 13. 첨규콘딜롬 14. 반코마이신내성장알균 (VRE) 감염증 15. 메티실린내성 황색포도알균(MRSA) 감염증 16. 다제내성녹농균 (MRPA) 감염증 17. 다제내성 아시네토박터 바우마니균 (MRAB) 감염증 18. 장관감염증 19. 급성호흡기감염증 20. 해외유입기생충감염증 21. 엔테로바이러스감염증 22. 사람유두종바이러스 감염증 23. 코로나바이러스 감염증-19

표. 전수감시와 표본감시

감시	• 감염병 발생과 관련된 자료, 감염병병원체·매개체에 대한 자료를 체계적이고 지속적으로 수집, 분석 및 해석하고 그 결과를 제때에 필요한 사람에게 배포하여 감염병 예방 및 관리에 사용하도록 하는 일체의 과정을 말한다. (감염병의 예방 및 관리에 관한 법률(약칭: 감염병예방법) 2조 16)
전수감시	• 감염병의 예방 및 관리에 관한 법률 제11조에 의하여 모든 의사, 치과의사, 한의사, 의료기관의 장, 부대장(군의관), 감염병병원체 확인기관의 장이 신고 의무를 갖는 감시체계임
표본감시	• 표본감시란 감염병 중 감염병환자의 발생빈도가 높아 전수조사가 어렵고 중증도가 비교적 낮은 감염병의 발생에 대하여 감시기관을 지정하여 정기적이고 지속적인 의과학적 감시를 실시하는 것을 말한다. (감염병 예방법 2조 16의 2) • 감염병의 예방 및 관리에 관한 법률 제16조 및 제11조제5항에 의하여 표본감시기관을 지정하고 지정된 기관에 한하여 신고를 받아 운영하는 감시체계임

2 기타 감염병 분류

분류	정의	대상감염병	근거
기생충 감염병 (7종)	기생충에 감염되어 발생하는 감염병	1. 회충증 2. 편충증 3. 요충증 4. 간흡충증 5. 폐흡충증 6. 장흡충증 7. 해외유입기생충감염증	감염병예방법 제2조제6호 질병관리청장이 지정하는 감염병의 종류(질병관리청 고시)
세계보건 기구 감시대상 감염병 (9종)	세계보건기구가 국제공중보건의 비상사태에 대비하기 위하여 감시대상으로 정한 질환	1. 두창 2. 폴리오 3. 신종인플루엔자 4. 중증급성호흡기증후군(SARS) 5. 콜레라 6. 폐렴형 페스트 7. 황열 8. 바이러스성 출혈열 9. 웨스트나일열	감염병예방법 제2조제8호 질병관리청장이 지정하는 감염병의 종류(질병관리청 고시)
생물테러 감염병 (8종)	고의 또는 테러 등을 목적으로 이용된 병원체에 의하여 발생하는 감염병	1. 탄저 2. 보툴리눔독소증 3. 페스트 4. 마버그열 5. 에볼라바이러스병 6. 라싸열 7. 두창 8. 야토병	감염병예방법 제2조제9호 질병관리청장이 지정하는 감염병의 종류(질병관리청 고시)

분류	정의	대상감염병	근거
성매개 감염병 (7종)	성접촉으로 전파되는 감염병	1. 매독 2. 임질 3. 클라미디아감염증 4. 연성하감 5. 성기단순포진 6. 첨규콘딜롬 7. 사람유두종바이러스 감염증	감염병예방법 제2조제10호 질병관리청장이 지정하는 감염병의 종류(질병관리청 고시)
인수공통 감염병 (12종)	동물과 사람 간에 서로 전파되는 병원체에 의하여 발생하는 감염병	1. 장출혈성대장균감염증 2. 일본뇌염 3. 브루셀라증 4. 탄저 5. 공수병 6. 동물인플루엔자 인체감염증 7. 중증급성호흡기증후군(SARS) 8. 변종크로이츠펠트-야콥병(vCJD) 9. 큐열 10. 결핵 11. 중증열성혈소판감소증후군(SFTS) 12. 장관감염증* * 살모넬라균 감염증, 캄필로박터균 감염증	감염병예방법 제2조제11호 질병관리청장이 지정하는 감염병의 종류(질병관리청 고시)
의료관련 감염병 (6종)	환자나 임산부 등이 의료행위를 적용받는 과정에서 발생하는 감염병	1. 반코마이신내성황색포도알균(VRSA) 감염증 2. 반코마이신내성장알균(VRE) 감염증 3. 메티실린내성황색포도알균(MRSA) 감염증 4. 다제내성녹농균(MRPA) 감염증 5. 다제내성아시네토박터바우마니균(MRAB) 감염증 6. 카바페넴내성장내세균목(CRE) 감염증	감염병예방법 제2조제12호 질병관리청장이 지정하는 감염병의 종류(질병관리청 고시)
감염병관리기관 등에 입원하는 감염병 (11종)	전파 위험이 높은 감염병으로서 감염병관리기관, 감염병전문병원 및 감염병관리시설을 갖춘 의료기관에서 입원치료를 받아야 하는 감염병	1. 결핵 2. 홍역 3. 콜레라 4. 장티푸스 5. 파라티푸스 6. 세균성이질 7. 장출혈성대장균감염증 8. A형간염 9. 폴리오 10. 수막구균 감염증 11. 성홍열 (1~11 2급 전염병)	감염병예방법 제41조제1항 질병관리청장이 지정하는 감염병의 종류(질병관리청 고시)

분류	정의	대상감염병	근거
관리대상 해외 신종감염병	기존 감염병의 변이 및 변종 또는 기존에 알려지지 아니한 새로운 병원체에 의해 발생하여 국제적으로 보건문제를 야기하고 국내 유입에 대비하여야 하는 감염병	질병관리청장과 보건복지부장관이 협의하여 지정	감염병예방법 제2조제20호
검역 감염병	외국에서 발생하여 국내로 들어올 우려가 있거나 우리나라에서 발생하여 외국으로 번질 우려가 있어 검역법에서 검역대상감염병으로 지정한 감염병	1. 콜레라 2. 페스트 3. 황열 4. 중증급성호흡기증후군(SARS) 5. 동물인플루엔자 인체감염증 6. 신종인플루엔자 7. 중동호흡기증후군(MERS) 8. 에볼라바이러스병 9. 그 외 질병관리청장이 긴급 검역조치가 필요 하다고 인정하여 고시하는 감염병* - 급성출혈열증상, 급성호흡기증상, 급성설사증상, 급성황달증상 또는 급성신경증상을 나타내는 신종감염병증후군 - 세계보건기구가 공중보건위기관리 대상으로 선포한 감염병 - 위 각호에 준하는 감염병으로 질병관리청장이 개별적으로 지정한 감염병 * 코로나19, 폴리오, 뎅기열, 치쿤구니야열, 지카바이러스감염증, 홍역(23.12월 기준)	검역법 제2조 질병관리청장이 긴급검역조치가 필요하다고 인정하는 감염병 (질병관리청 고시)

3 법정감염병 신고

(1) 법정감염병 환자 분류 기준

감염병 환자	• 감염병의 병원체가 인체에 침입하여 증상을 나타내는 사람으로서 진단기준에 따른 의사, 치과의사 또는 한의사의 진단이나 감염병병원체 확인기관의 실험실 검사를 통하여 확인된 사람
감염병 의사환자	• 감염병병원체가 인체에 침입한 것으로 의심이 되나 감염병환자로 확인되기 전 단계에 있는 사람
병원체 보유자	• 임상적인 증상은 없으나 감염병병원체를 보유하고 있는 사람
감염병 의심자	• 다음 각 목의 어느 하나에 해당하는 사람을 말한다. 가. 감염병환자, 감염병의사환자 및 병원체보유자(이하 "감염병환자등"이라 한다)와 접촉하거나 접촉이 의심되는 사람(이하 "접촉자"라 한다) 나. 「검역법」 제2조제7호 및 제8호에 따른 검역관리지역 또는 중점검역관리지역에 체류하거나 그 지역을 경유한 사람으로서 감염이 우려되는 사람 다. 감염병병원체 등 위험요인에 노출되어 감염이 우려되는 사람

(2) 병원체검사결과 신고범위

- 제1급감염병, 제2급감염병, 제3급감염병 '감염병환자등(감염병환자, 의사환자, 병원체보균자)'에 해당하는 병원체를 진단한 경우가 신고대상임
- '진단을 위한 검사기준'의 확인진단에서 양성인 경우 병원체검사결과를 신고함

(3) 법정감염병 신고방법 및 절차

① **신고목적**

① 감염병의 발생과 분포를 신속하고 정확하게 파악
② 유행 발생의 조기 발견 및 예측과 신속한 대처
③ 감염병 관리를 위한 효율적인 자원 배분

② 신고의무자

㉠ 의사 등 신고의무자

의사, 치과의사, 한의사, 의료기관의 장 / 군의관	감염병 병원체 확인기관의 확인기관의 장

• 의사, 치과의사 또는 한의사는 다음 각 호의 어느 하나에 해당하는 사실(표본감시 대상이 되는 제4급감염병으로 인한 경우는 제외한다.)이 있으면 소속 의료기관의 장에게 보고하여야 하고, 해당 환자와 그 동거인에게 질병관리청장이 정하는 감염 방지 방법 등을 지도하여야 한다. 다만, 의료기관에 소속되지 아니한 의사, 치과의사 또는 한의사는 그 사실을 관할 보건소장에게 신고하여야 한다. (감염병 예방법 제 11조의 1)
• 육군, 해군, 공군 또는 국방부 직할 부대에 소속된 군의관은 소속 부대장에게 보고하며, 소속 부대장은 관할 보건소장에게 신고한다.
 	
• 의사 등 → 소속의료기관의 장 보고
• 의료기관의 장
  → 질병관리청장 또는 관할 보건소장 신고
	• 감염병병원체 확인기관의 소속 직원은 실험실 검사 등을 통하여 감염병환자등을 발견한 경우 그 사실을 감염병병원체 확인기관의 장에게 보고하며, 감염병병원체 확인기관의 장은 질병관리청장 또는 해당 감염병병원체 확인을 의뢰한 기관의 관할 보건소장에게 신고한다.
	
	• 소속 직원 → 확인기관의 장 보고
	• 확인기관의 장
	  → 질병관리청장 또는 의뢰한 기관의 관할보건소장 신고

의사, 치과의사, 한의사, 의료기관의 장 /군의관	감염병 병원체 확인기관의 소속직원, 확인기관의 장

〈 발생 및 사망신고 〉
1. 감염병환자등*을 진단하거나 그 사체를 검안한 경우
   (*감염병환자 등: 감염병환자, 의사환자, 병원체보균자)
2. 예방접종 후 이상반응자를 진단하거나 그 사체를 검안한 경우
3. 감염병환자등이 제1급감염병부터 제3급감염병까지에 해당하는 감염병으로 사망한 경우
4. 감염병환자로 의심되는 사람이 감염병병원체 검사를 거부하는 경우
   (감염병 예방법 제 11조의 1)
 	
| 1급 | • 즉시 신고 |
| 2급 | • 24시간 이내 신고 |
| 3급 | • 24시간 이내 신고 |
| 4급 (표본감시기관) | • 7일 이내(1,2번만 해당) |
	〈 병원체 검사결과 신고 〉
	실험실 검사 등을 통하여 감염병 환자 등을 발견한 경우
	
	| 1급 | • 즉시 신고 |
	| 2급 | • 24시간 이내 신고 |
	| 3급 | • 24시간 이내 신고 |

ⓛ 그밖의 신고의무자 22, 21 임용

① 다음 각 호의 어느 하나에 해당하는 사람은 제1급감염병부터 제3급감염병까지에 해당하는 감염병 중 보건복지부령으로 정하는 감염병이 발생한 경우에는 의사, 치과의사 또는 한의사의 진단이나 검안을 요구하거나 해당 주소지를 관할하는 보건소장에게 신고하여야 한다.

> ① 법 제12조제1항 각 호 외의 부분 중에서 "보건복지부령으로 정하는 감염병"이란 다음 각 호의 감염병을 말한다.
> 1. 결핵, 2. 홍역, 3. 콜레라, 4. 장티푸스, 5. 파라티푸스, 6. 세균성이질
> 7. 장출혈성대장균감염증
> 8. A형간염

1. 일반가정에서는 세대를 같이하는 세대주. 다만, 세대주가 부재 중인 경우에는 그 세대원
2. 학교, 사회복지시설, 병원, 관공서, 회사, 공연장, 예배장소, 선박·항공기·열차 등 운송수단, 각종 사무소·사업소, 음식점, 숙박업소 또는 그 밖에 여러 사람이 모이는 장소로서 보건복지부령으로 정하는 장소의 관리인, 경영자 또는 대표자
3. 「약사법」에 따른 약사·한약사 및 약국개설자

② 제1항에 따른 신고의무자가 아니더라도 감염병환자등 또는 감염병으로 인한 사망자로 의심되는 사람을 발견하면 보건소장에게 알려야 한다.
③ 제1항에 따른 신고의 방법과 기간 및 제2항에 따른 통보의 방법과 절차 등에 관하여 필요한 사항은 보건복지부령으로 정한다.

③ 미신고시 벌칙 (제79조의4, 제80조 및 제81조)

제1급 감염병 및 제2급 감염병	• 「감염병의 예방 및 관리에 관한 법률」 제11조에 따른 보고 또는 신고 의무를 위반하거나 거짓으로 보고 또는 신고한 의사, 치과의사, 한의사, 군의관, 의료기관의 장, 감염병병원체 확인기관의 장 또는 위 보고자의 보고 또는 신고를 방해한 자는 500만원 이하의 벌금에 처한다
제 3급 감염병 및 제 4급 감염병	• 제11조에 따른 보고 또는 신고 의무를 위반하거나 거짓으로 보고 또는 신고한 의사, 치과의사, 한의사, 군의관, 의료기관의 장, 감염병병원체 확인기관의 장, 감염병 표본감시기관 또는 위 보고자의 보고 또는 신고를 방해한 자는 300만원 이하의 벌금에 처하며, 제12조 제1항에 따른 신고를 게을리한 자 또는 세대주, 관리인 등으로 하여금 제12조제1항에 따른 신고를 하지 아니하도록 한자는 200만원 이하의 벌금에 처한다.
결핵	• 결핵예방법 제8조제1항부터 제3항에 따른 보고 또는 신고의무를 위반한자는 500만원 이하의 벌금에 처한다. (결핵예방법 제33조 제1호])

4 법정감염병 보고(감염병 예방법 제 13조)

제13조(보건소장 등의 보고 등)
① 제11조 및 제12조에 따라 신고를 받은 보건소장은 그 내용을 관할 특별자치시장·특별자치도지사 또는 시장·군수·구청장에게 보고하여야 하며, 보고를 받은 특별자치시장·특별자치도지사는 질병관리청장에게, 시장·군수·구청장은 질병관리청장 및 시·도지사에게 이를 각각 보고하여야 한다.
② 제1항에 따라 보고를 받은 질병관리청장, 시·도지사 또는 시장·군수·구청장은 제11조제1항제4호에 해당하는 사람(제1급감염병 환자로 의심되는 경우에 한정한다)에 대하여 감염병병원체 검사를 하게 할 수 있다.

〈 감염병의 예방 및 관리에 관한 법률 시행규칙 제 10조 〉
1. 제1급감염병의 발생, 사망, 병원체 검사결과의 보고: 법 제11조 및 제12조에 따라 신고를 받은 후 즉시
2. 제2급감염병 및 제3급감염병의 발생, 사망 및 병원체 검사결과의 보고: 법 제11조 및 제12조에 따라 신고를 받은 후 24시간 이내
3. 제4급감염병의 발생 및 사망의 보고: 법 제11조 및 제12조에 따라 신고를 받은 후 7일 이내
4. 예방접종 후 이상반응의 보고: 법 제11조에 따라 신고를 받은 후 즉시

표. 신고와 보고

신고	• 의사, 치과의사, 한의사, 의료기관의 장 → 관할 보건소로 신고
보고	• 보건소장 → 특별자치시장·특별자치도지사 또는 시장·군수·구청장 → 질병관리청(특별자치시장·특별자치도지사), 질병관리청장 및 시·도지사에게 각각 보고(시장·군수·구청장)

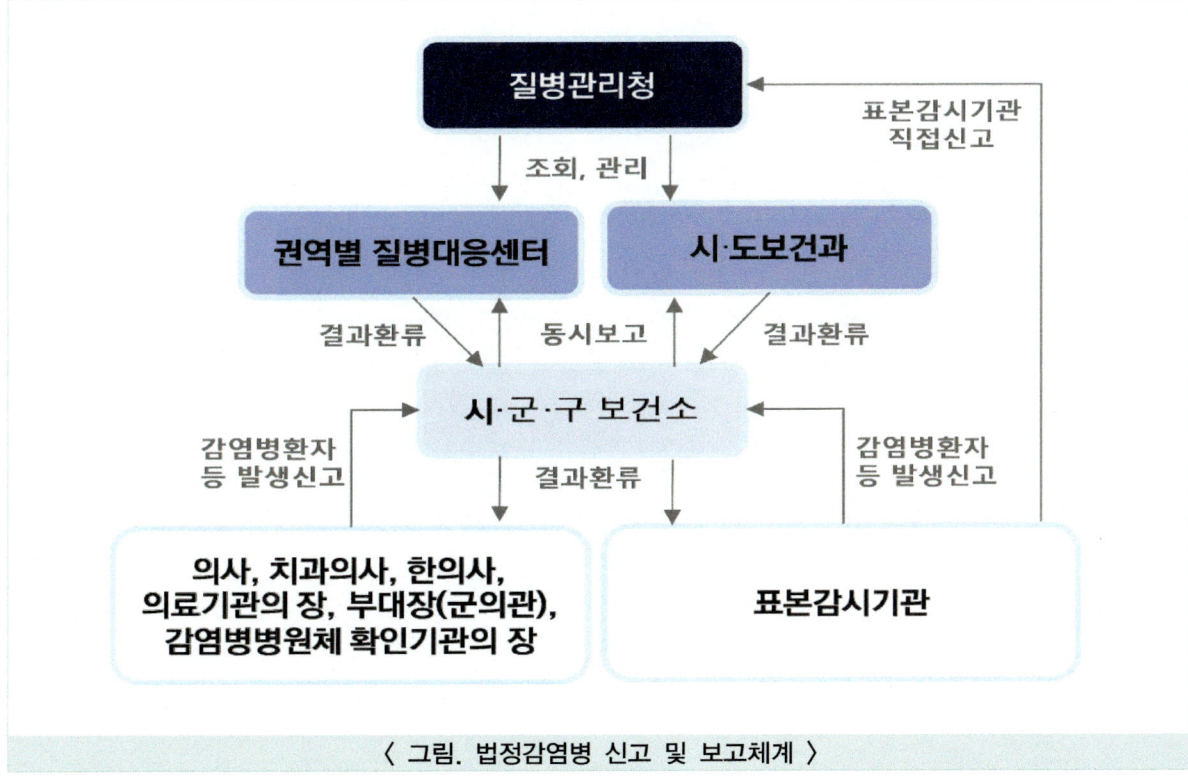

〈 그림. 법정감염병 신고 및 보고체계 〉

자료원. 질병관리청

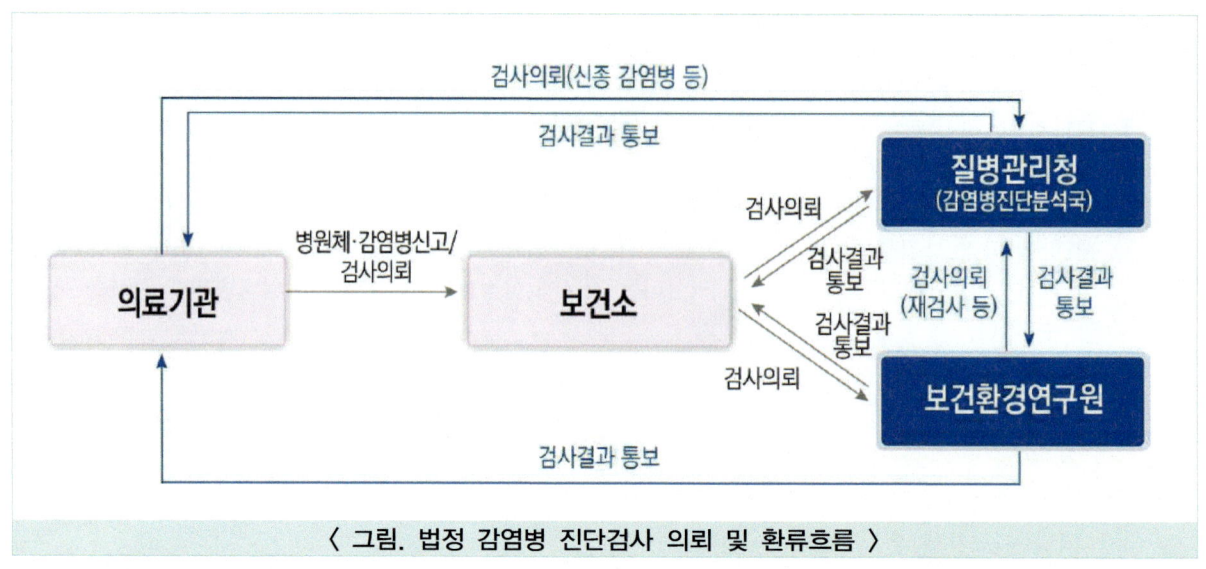

〈 그림. 법정 감염병 진단검사 의뢰 및 환류흐름 〉

자료원. 질병관리청

〈 시·도 보건환경연구원 〉
→ 시·도 단위 감염병 환자 실험실 확인진단 및 결과 환류
  시·도 단위 감염병 병원체 실험실 감시

5 인수공통감염병의 통보(제 14조)

① 「가축전염병예방법」 제11조제1항제2호에 따라 신고를 받은 국립가축방역기관장, 신고대상 가축의 소재지를 관할하는 시장·군수·구청장 또는 시·도 가축방역기관의 장은 같은 법에 따른 가축전염병 중 다음 각 호의 어느 하나에 해당하는 감염병의 경우에는 즉시 질병관리청장에게 통보하여야 한다.
  1. 탄저
  2. 고병원성조류인플루엔자
  3. 광견병
  4. 그 밖에 대통령령으로 정하는 인수공통감염병

  "대통령령으로 정하는 인수공통감염병"이란 동물인플루엔자를 말한다. (시행령 제 9조)

② 제1항에 따른 통보를 받은 질병관리청장은 감염병의 예방 및 확산 방지를 위하여 이 법에 따른 적절한 조치를 취하여야 한다.
③ 제1항에 따른 신고 또는 통보를 받은 행정기관의 장은 신고자의 요청이 있는 때에는 신고자의 신원을 외부에 공개하여서는 아니 된다.

6 표본감시

정의	• 감염병의 예방 및 관리에 관한 법률에 의하여 표본감시감염병으로 지정된 감염병에 대해 일부 표본기관을 지정하여 자료를 지속적으로 수집, 분석하여 감염병의 예방·관리에 활용하는 감시체계
목적	• 감염병 발생수준, 발생경향의 변동양상(유행 징후 조기 감지) 및 고위험군을 파악하고, 신속한 정보 제공을 하여 유행에 대비·대응
대상감염병	• 제4급감염병(23종)
관련 근거	• 질병관리청장은 감염병 발생의 의과학적인 감시를 위하여 질병의 특성과 지역을 고려하여 「보건의료기본법」에 따른 보건의료기관이나 그 밖의 기관 또는 단체를 감염병 표본감시기관으로 지정할 수 있음 • 질병관리청장, 시·도지사 또는 시장·군수·구청장은 제1항에 따라 지정받은 감염병 표본감시기관의 장에게 감염병의 표본감시와 관련하여 필요한 자료의 제출을 요구하거나 감염병의 예방·관리에 필요한 협조를 요청할 수 있음. 이 경우 표본감시기관은 특별한 사유가 없으면 이에 따라야 함 (감염병의 예방 및 관리에 관한 법률 제16조)
지정	• 질병관리청장은 지정기준을 충족하는 기관·시설·단체 또는 법인에 대해 시·도지사의 추천을 받아 감염병 표본감시기관을 지정할 수 있음 • (감염병의 예방 및 관리에 관한 법률 시행규칙 제14조)

역할	• 표본감시 감염병에 대한 신고 : 7일 이내 신
	• 표본감시 감염병 신고 대상 : 제4급감염
	  – 감염병환자등(감염병환자, 의사환자, 병원체보유자)을 진단한 경우
	  – 감염병환자등의 사체를 검안한 경우

분석 및 정보환류	• 표본감시기관이 신고한 자료를 체계적으로 분석하여 그 결과를 표본감시기관, 관련 기관·단체 및 국민에게 주기적으로 제공 • 주 1회 질병관리청 대표 홈페이지, 감염병누리집, 감염병 표본감시 주간소식지 등을 통해 정보 환류

7 역학조사

정의	감염병환자등이 발생한 경우 감염병의 차단과 확산 방지 등을 위하여 감염병환자등의 발생 규모를 파악하고 감염원을 추적하는 등의 활동과 감염병 예방접종 후 이상반응 사례가 발생한 경우나 감염병 여부가 불분명하나 그 발병원인을 조사할 필요가 있는 사례가 발생한 경우 그 원인을 규명하기 위하여 하는 활동을 말한다. (감염병 예방법 2조 17)

역학조사
(감염병
예방법
18조)
	① 질병관리청장, 시·도지사 또는 시장·군수·구청장은 감염병이 발생하여 유행할 우려가 있거나, 감염병 여부가 불분명하나 발병원인을 조사할 필요가 있다고 인정하면 지체 없이 역학조사를 하여야 하고, 그 결과에 관한 정보를 필요한 범위에서 해당 의료기관에 제공하여야 한다. 다만, 지역확산 방지 등을 위하여 필요한 경우 다른 의료기관에 제공하여야 한다.
	② 질병관리청장, 시·도지사 또는 시장·군수·구청장은 역학조사를 하기 위하여 역학조사반을 각각 설치하여야 한다.
	③ 누구든지 질병관리청장, 시·도지사 또는 시장·군수·구청장이 실시하는 역학조사에서 다음 각 호의 행위를 하여서는 아니 된다.
	  1. 정당한 사유 없이 역학조사를 거부·방해 또는 회피하는 행위
	  2. 거짓으로 진술하거나 거짓 자료를 제출하는 행위
	  3. 고의적으로 사실을 누락·은폐하는 행위
	④ 제1항에 따른 역학조사의 내용과 시기·방법 및 제2항에 따른 역학조사반의 구성·임무 등에 관하여 필요한 사항은 대통령령으로 정한다.

역학조사의 요청 (18조의 2)	① 「의료법」에 따른 의료인 또는 의료기관의 장은 감염병 또는 알 수 없는 원인으로 인한 질병이 발생하였거나 발생할 것이 우려되는 경우 질병관리청장 또는 시·도지사에게 제18조에 따른 역학조사를 실시할 것을 요청할 수 있다. ② 제1항에 따른 요청을 받은 질병관리청장 또는 시·도지사는 역학조사의 실시 여부 및 그 사유 등을 지체 없이 해당 의료인 또는 의료기관 개설자에게 통지하여야 한다. ③ 제1항에 따른 역학조사 실시 요청 및 제2항에 따른 통지의 방법·절차 등 필요한 사항은 보건복지부령으로 정한다.

역학조사의
내용
(시행령
12조)
	① 법 제18조제1항에 따른 역학조사에 포함되어야 하는 내용은 다음 각 호와 같다.
	  1. 감염병환자등 및 감염병의심자의 인적 사항
	  2. 감염병환자등의 발병일 및 발병 장소
	  3. 감염병의 감염원인 및 감염경로
	  4. 감염병환자등 및 감염병의심자에 관한 진료기록
	  5. 그 밖에 감염병의 원인 규명과 관련된 사항
	② 예방접종에 관한 역학조사에 따른 역학조사에 포함되어야 하는 내용은 다음 각 호와 같다.
	  1. 예방접종 후 이상반응자의 인적 사항
	  2. 예방접종기관, 접종일시 및 접종내용
	  3. 예방접종 후 이상반응에 관한 진료기록
	  4. 예방접종약에 관한 사항
	  5. 그 밖에 예방접종 후 이상반응의 원인 규명과 관련된 사항

역학조사의 시기 (시행령 13조)	질병관리청장이 역학조사를 하여야 하는 경우	가. 둘 이상의 시·도에서 역학조사가 동시에 필요한 경우 나. 감염병 발생 및 유행 여부 또는 예방접종 후 이상반응에 관한 조사가 긴급히 필요한 경우 다. 시·도지사의 역학조사가 불충분하였거나 불가능하다고 판단되는 경우
	시·도지사 또는 시장·군수·구청장이 역학조사를 하여야 하는 경우	가. 관할 지역에서 감염병이 발생하여 유행할 우려가 있는 경우 나. 관할 지역 밖에서 감염병이 발생하여 유행할 우려가 있는 경우로서 그 감염병이 관할구역과 역학적 연관성이 있다고 의심되는 경우 다. 관할 지역에서 예방접종 후 이상반응 사례가 발생하여 그 원인 규명을 위한 조사가 필요한 경우

8 국민과 의료인의 권리

국민의 권리와 의무 (감염병 예방법 제 6조)	① 국민은 감염병으로 격리 및 치료 등을 받은 경우 이로 인한 피해를 보상받을 수 있다. ② 국민은 감염병 발생 상황, 감염병 예방 및 관리 등에 관한 정보와 대응방법을 알 권리가 있고, 국가와 지방자치단체는 신속하게 정보를 공개하여야 한다. ③ 국민은 의료기관에서 이 법에 따른 감염병에 대한 진단 및 치료를 받을 권리가 있고, 국가와 지방자치단체는 이에 소요되는 비용을 부담하여야 한다. ④ 국민은 치료 및 격리조치 등 국가와 지방자치단체의 감염병 예방 및 관리를 위한 활동에 적극 협조하여야 한다.
의료인의 책무와 권리 (감염병 예방법 제 5조)	① 「의료법」에 따른 의료인 및 의료기관의 장 등은 감염병 환자의 진료에 관한 정보를 제공받을 권리가 있고, 감염병 환자의 진단 및 치료 등으로 인하여 발생한 피해에 대하여 보상받을 수 있다. ② 「의료법」에 따른 의료인 및 의료기관의 장 등은 감염병 환자의 진단·관리·치료 등에 최선을 다하여야 하며, 보건복지부장관, 질병관리청장 또는 지방자치단체의 장의 행정명령에 적극 협조하여야 한다. ③ 「의료법」에 따른 의료인 및 의료기관의 장 등은 국가와 지방자치단체가 수행하는 감염병의 발생 감시와 예방·관리 및 역학조사 업무에 적극 협조하여야 한다.

9 입원치료 (감염병 예방법 제 41조, 감염병환자 등의 관리)

① 감염병 중 특히 전파 위험이 높은 감염병으로서 제1급감염병 및 질병관리청장이 고시한 감염병에 걸린 감염병환자등은 감염병관리기관, 중앙감염병전문병원, 권역별 감염병전문병원 및 감염병관리시설을 갖춘 의료기관(이하 "감염병관리기관등"이라 한다)에서 입원치료를 받아야 한다.

🔟 감염병에 대한 강제처분(감염병 예방법 제 42조)

감염병 환자	① 질병관리청장, 시·도지사 또는 시장·군수·구청장은 해당 공무원으로 하여금 다음 각 호의 어느 하나에 해당하는 감염병환자등이 있다고 인정되는 주거시설, 선박·항공기·열차 등 운송수단 또는 그 밖의 장소에 들어가 필요한 조사나 진찰을 하게 할 수 있으며, 그 진찰 결과 감염병환자등으로 인정될 때에는 동행하여 치료받게 하거나 입원시킬 수 있다. 1. 제1급감염병 2. 제2급감염병 중 결핵, 홍역, 콜레라, 장티푸스, 파라티푸스, 세균성이질, 장출혈성대장균감염증, A형간염, 수막구균 감염증, 폴리오, 성홍열 또는 질병관리청장이 정하는 감염병 3. 삭제 4. 제3급감염병 중 질병관리청장이 정하는 감염병 5. 세계보건기구 감시대상 감염병
감염병 의사환자	② 질병관리청장, 시·도지사 또는 시장·군수·구청장은 제1급감염병이 발생한 경우 해당 공무원으로 하여금 감염병의심자에게 다음 각 호의 조치를 하게 할 수 있다. 이 경우 해당 공무원은 감염병 증상 유무를 확인하기 위하여 필요한 조사나 진찰을 할 수 있다. 1. 자가 또는 시설에 격리 1의2. 제1호에 따른 격리에 필요한 이동수단의 제한 2. 유선·무선 통신, 정보통신기술을 활용한 기기 등을 이용한 감염병의 증상 유무 확인이나 위치정보의 수집. 이 경우 위치정보의 수집은 제1호에 따라 격리된 사람으로 한정한다. 3. 감염 여부 검사 ③ 질병관리청장, 시·도지사 또는 시장·군수·구청장은 제2항에 따른 조사나 진찰 결과 감염병환자등으로 인정된 사람에 대해서는 해당 공무원과 동행하여 치료받게 하거나 입원시킬 수 있다. ④ 질병관리청장, 시·도지사 또는 시장·군수·구청장은 제1항·제2항에 따른 조사·진찰이나 제13조제2항에 따른 검사를 거부하는 사람(이하 이 조에서 "조사거부자"라 한다)에 대해서는 해당 공무원으로 하여금 감염병관리기관에 동행하여 필요한 조사나 진찰을 받게 하여야 한다.

11 업무 종사의 일시제한(감염병의 예방 및 관리에 관한 법류 시행 규칙 제 33조)

① 감염병환자등은 보건복지부령으로 정하는 바에 따라 업무의 성질상 일반인과 접촉하는 일이 많은 직업에 종사할 수 없고, 누구든지 감염병환자등을 그러한 직업에 고용할 수 없다. (제 45조)

제33조(업무 종사의 일시 제한) (시행규칙 제 33조)
① 법 제45조제1항에 따라 일시적으로 업무 종사의 제한을 받는 감염병환자등은 다음 각 호의 감염병에 해당하는 감염병환자등으로 하고, 그 제한 기간은 감염력이 소멸되는 날까지로 한다.

1. 콜레라
2. 장티푸스
3. 파라티푸스
4. 세균성이질
5. 장출혈성대장균감염증
6. A형간염

② 법 제45조제1항에 따라 업무 종사의 제한을 받는 업종은 다음 각 호와 같다.
1. 「식품위생법」 제2조제12호에 따른 집단급식소
2. 「식품위생법」 제36제1항제3호 따른 식품접객업

12 건강진단 및 예방접종 등의 조치(제 46조)

질병관리청장, 시·도지사 또는 시장·군수·구청장은 보건복지부령으로 정하는 바에 따라 다음 각 호의 어느 하나에 해당하는 사람에게 건강진단을 받거나 감염병 예방에 필요한 예방접종을 받게 하는 등의 조치를 할 수 있다.

1. 감염병환자등의 가족 또는 그 동거인
2. 감염병 발생지역에 거주하는 사람 또는 그 지역에 출입하는 사람으로서 감염병에 감염되었을 것으로 의심되는 사람
3. 감염병환자등과 접촉하여 감염병에 감염되었을 것으로 의심되는 사람

13 감염병 유행에 대한 방역 조치(제 47조)

질병관리청장, 시·도지사 또는 시장·군수·구청장은 감염병이 유행하면 감염병 전파를 막기 위하여 다음 각 호에 해당하는 모든 조치를 하거나 그에 필요한 일부 조치를 하여야 한다.

1. 감염병환자등이 있는 장소나 감염병병원체에 오염되었다고 인정되는 장소에 대한 다음 각 목의 조치

   > 가. 일시적 폐쇄
   > 나. 일반 공중의 출입금지
   > 다. 해당 장소 내 이동제한
   > 라. 그 밖에 통행차단을 위하여 필요한 조치

2. 의료기관에 대한 업무 정지
3. 감염병의심자를 적당한 장소에 일정한 기간 입원 또는 격리시키는 것
4. 감염병병원체에 오염되었거나 오염되었다고 의심되는 물건을 사용·접수·이동하거나 버리는 행위 또는 해당 물건의 세척을 금지하거나 태우거나 폐기처분하는 것
5. 감염병병원체에 오염된 장소에 대한 소독이나 그 밖에 필요한 조치를 명하는 것
6. 일정한 장소에서 세탁하는 것을 막거나 오물을 일정한 장소에서 처리하도록 명하는 것

14 감염병의 예방조치(제 49조)

① 질병관리청장, 시·도지사 또는 시장·군수·구청장은 감염병을 예방하기 위하여 다음 각 호에 해당하는 모든 조치를 하거나 그에 필요한 일부 조치를 하여야 하며, 보건복지부장관은 감염병을 예방하기 위하여 제2호, 제2호의2부터 제2호의4까지, 제12호 및 제12호의2에 해당하는 조치를 할 수 있다.

1. 관할 지역에 대한 교통의 전부 또는 일부를 차단하는 것
2. 흥행, 집회, 제례 또는 그 밖의 여러 사람의 집합을 제한하거나 금지하는 것

2의2. 감염병 전파의 위험성이 있는 장소 또는 시설의 관리자·운영자 및 이용자 등에 대하여 출입자 명단 작성, 마스크 착용 등 방역지침의 준수를 명하는 것

2의3. 버스·열차·선박·항공기 등 감염병 전파가 우려되는 운송수단의 이용자에 대하여 마스크 착용 등 방역지침의 준수를 명하는 것

2의4. 감염병 전파가 우려되어 지역 및 기간을 정하여 마스크 착용 등 방역지침 준수를 명하는 것

3. 건강진단, 시체 검안 또는 해부를 실시하는 것
4. 감염병 전파의 위험성이 있는 음식물의 판매·수령을 금지하거나 그 음식물의 폐기나 그 밖에 필요한 처분을 명하는 것
5. 인수공통감염병 예방을 위하여 살처분(殺處分)에 참여한 사람 또는 인수공통감염병에 드러난 사람 등에 대한 예방조치를 명하는 것
6. 감염병 전파의 매개가 되는 물건의 소지·이동을 제한·금지하거나 그 물건에 대하여 폐기, 소각 또는 그 밖에 필요한 처분을 명하는 것
7. 선박·항공기·열차 등 운송 수단, 사업장 또는 그 밖에 여러 사람이 모이는 장소에 익사를 배치하거나 감염병 예방에 필요한 시설의 설치를 명하는 것
8. 공중위생에 관계있는 시설 또는 장소에 대한 소독이나 그 밖에 필요한 조치를 명하거나 상수도·하수도·우물·쓰레기장·화장실의 신설·개조·변경·폐지 또는 사용을 금지하는 것
9. 쥐, 위생해충 또는 그 밖의 감염병 매개동물의 구제 또는 구제시설의 설치를 명하는 것
10. 일정한 장소에서의 어로(漁撈)·수영 또는 일정한 우물의 사용을 제한하거나 금지하는 것

11. 감염병 매개의 중간 숙주가 되는 동물류의 포획 또는 생식을 금지하는 것
12. 감염병 유행기간 중 의료인·의료업자 및 그 밖에 필요한 의료관계요원을 동원하는 것
12의2. 감염병 유행기간 중 의료기관 병상, 연수원·숙박시설 등 시설을 동원하는 것
13. 감염병병원체에 오염되었거나 오염되었을 것으로 의심되는 시설 또는 장소에 대한 소독이나 그 밖에 필요한 조치를 명하는 것
14. 감염병의심자를 적당한 장소에 일정한 기간 입원 또는 격리시키는 것

② 시·도지사 또는 시장·군수·구청장은 식수를 사용하지 못하게 하려면 그 사용금지기간 동안 별도로 식수를 공급하여야 하며, 위 조치를 하려면 그 사실을 주민에게 미리 알려야 한다.
③ 시·도지사 또는 시장·군수·구청장은 조치를 따르지 아니한 관리자·운영자에게 해당 장소나 시설의 폐쇄를 명하거나 3개월 이내의 기간을 정하여 운영의 중단을 명할 수 있다. 다만, 운영중단 명령을 받은 자가 그 운영중단기간 중에 운영을 계속한 경우에는 해당 장소나 시설의 폐쇄를 명하여야 한다.

15 비밀누설의 금지(감염병의 예방 및 관리에 관한 법률 제74조)

- 이 법에 따라 건강진단, 입원치료, 진단 등 감염병 관련 업무에 종사하는 자 또는 종사하였던 자는 그 업무상 알게 된 비밀을 다른 사람에게 누설하거나 업무목적외의 용도로 사용하여서는 아니 된다.

16 내성균 관리대책(제 8조의 3)

① 보건복지부장관은 내성균 발생 예방 및 확산 방지 등을 위하여 제9조에 따른 감염병관리위원회의 심의를 거쳐 내성균 관리대책을 5년마다 수립·추진하여야 한다.
② 내성균 관리대책에는 정책목표 및 방향, 진료환경 개선 등 내성균 확산 방지를 위한 사항 및 감시체계 강화에 관한 사항, 그 밖에 내성균 관리대책에 필요하다고 인정되는 사항이 포함되어야 한다.
③ 내성균 관리대책의 수립 절차 등에 관하여 필요한 사항은 대통령령으로 정한다.

표. 항생제 내성 정의

항생제	• 세균을 제거하거나, 세균 증식을 억제하는 작용을 하는 세균 감염 치료에 사용되는 약
항생제 내성	• '항생제 내성균'이란, 특정 항생제에 노출되어도 약물에 저항하여 생존할 수 있는 능력을 가지는 세균을 뜻함 → 항생제 내성균에 의한 감염이 발생할 경우, 항생제를 통한 감염증 치료가 어려워질 수 있으며, 의료비용 증가로 인한 사회 경제적 질병 부담이 증가할 수 있음

표. 항생제 내성 위험성

① 새로운 항생제가 개발되고 있지만 내성균의 발생 시기도 짧아지는 추세
② 항생제 내성이 있는 슈퍼 박테리아의 출현으로 인해 2050년 전 세계에서 1년 기준 1,000만명이 사망할 것으로 예측되며, 이는 암으로 인한 사망자 수를 웃도는 수치
③ 항생제 내성균으로 인해 사용할 수 있는 항생제가 줄어들면 간단한 세균 감염 질환만으로 사망에 이를 수 있음

표. 항생제 올바르게 사용하기

① 의사의 처방에 따른 항생제 복용법 준수
② 항생제 나눠먹기 또는 남은 항생제 먹기 금지
③ 항생제 복용법 의사와 약사에게 문의하기

표. 항생제 내성 예방수칙

① 의사가 처방한 항생제만 복용하며, 의사에게 별도로 항생제 처방을 요청하지 말 것
② 처방받은 항생제는 끝까지 복용하며, 항생제를 임의로 복용 중단하거나 복용을 중단한 항생제를 재복용하지 말 것
③ 손씻기, 예방접종 등을 통해 감염질환의 발생을 예방할 것

표. 항생제 내성균

① 요양병원의 높은 메티실린 내성 황색포도알균(MRSA) 내성률
  - MRSA 내성률은 48.6%('19)로 감소 성과거뒀으나, 고소득 국가 중 1위이고 요양병원은 내성률 86.0%('19)
② 항생제 내성균에 사용하는 주요 항생제 내성률 지속 증가추세

반코마이신 내성 장알균 (VRE)	• 반코마이신 내성 장알균(VRE) 내성률은 40.9%('19)로 지속 증가
카바페넴 내성 장내세균속균종 (CRE)	• 각종 질병에 항생제 사용이 늘어나면서 항생제 치료의 마지막 대안으로 여겨지는 카바페넴계 항생제에 대해서도 내성을 나타내는 감염증임 • 세계적으로 증가추세이며, '10년 국내 첫 보고이후 급증하고 있음 • 이 경우, . 여러 계열 항생제에 대부분 내성을 가지고 있기 때문에 폐렴, 요로감염, 패혈증 등의 증세가 호전되지 않아 치료가 어려움 → 슈퍼박테리아 감염 〈 카바페넴 내성 장내세균속균종(CRE) 전파 〉 • 의료 관련 감염병 또는 병원체 보유자와 직간접적으로 접촉하거나 오염된 기구·물품 및 환경 등을 통해 전파

2 학교 감염병 관련 법령

1 등교중지 (학교보건법 8조) 09, 94 임용

① 학교의 장은 제7조에 따른 건강검사의 결과나 의사의 진단 결과 감염병에 감염되었거나 감염된 것으로 의심되거나 감염될 우려가 있는 학생 또는 교직원에 대하여 대통령령으로 정하는 바에 따라 등교를 중지시킬 수 있다.

〈 학교보건법 시행령 22조 〉
① 학교의 장은 법 제8조에 따라 학생과 교직원 중 다음 각 호의 어느 하나에 해당하는 사람에 대하여 등교중지를 명할 수 있다.
  1. 「감염병의 예방 및 관리에 관한 법률」 제2조에 따른 감염병환자, 감염병의사환자 및 병원체보유자(이하 "감염병환자등"이라 한다). 다만, 의사가 다른 사람에게 감염될 우려가 없다고 진단한 사람은 제외한다.
  2. 제1호 외의 환자로서 의사가 감염성이 강한 질환에 감염되었다고 진단한 사람
② 학교의 장이 제1항에 따라 등교중지를 명할 때에는 그 사유와 기간을 구체적으로 밝혀야 한다. 다만, 질환증세 또는 질병유행의 양상에 따라 필요한 경우에는 그 기간을 단축하거나 연장할 수 있다

② 교육부장관은 감염병으로 인하여 「재난 및 안전관리 기본법」 제38조제2항에 따른 주의 이상의 위기경보가 발령되는 경우 다음 각 호의 어느 하나에 해당하는 학생 또는 교직원에 대하여 질병관리청장과 협의하여 등교를 중지시킬 것을 학교의 장에게 명할 수 있다. 이 경우 해당 학교의 관할청을 경유하여야 한다.
  1. 「검역법」 제2조제7호에 따른 검역관리지역 또는 같은 조 제8호에 따른 중점검역관리지역에 체류하거나 그 지역을 경유한 사람으로서 같은 조 제1호에 따른 검역감염병의 감염이 우려되는 사람
  2. 감염병 발생지역에 거주하는 사람 또는 그 지역에 출입하는 사람으로서 감염병에 감염되었을 것으로 의심되는 사람
  3. 「감염병의 예방 및 관리에 관한 법률」 제42조제2항제1호에 따라 자가(自家) 또는 시설에 격리된 사람의 가족 또는 그 동거인
  4. 그 밖에 학교 내 감염병의 차단과 확산 방지 등을 위하여 등교 중지가 필요하다고 인정되는 사람
③ 제2항에 따른 명을 받은 학교의 장은 해당 학생 또는 교직원에 대하여 지체 없이 등교를 중지시켜야 한다.

2 휴업, 휴교(14조)

① 학교의 장은 감염병 예방과 학교의 보건에 필요하면 휴업을 할 수 있다.
② 관할청은 감염병 예방과 학교의 보건에 필요하면 해당 학교에 대하여 다음 각 호의 어느 하나에 해당하는 조치를 명할 수 있다. 다만, 교육부장관은 제2조제3호가목의 학교의 경우에는 그 권한을 교육감에게 위임할 수 있다.
　1. 학년 또는 학교 전체에 대한 휴업 또는 등교수업일 조정
　2. 휴교(휴원을 포함한다)
③ 제1항 및 제2항에도 불구하고 감염병으로 인하여 「재난 및 안전관리 기본법」 제38조제2항에 따른 주의 이상의 위기경보가 발령되어 제1항 또는 제2항에 따른 조치를 하는 경우 학교의 장은 관할청의 동의를, 교육감은 교육부장관의 동의를 받아야 한다.

3 예방접종

1 백신의 종류

(1) 약독화된 생균 백신 95 임용

- 질병을 일으키지 못하도록 세균과 바이러스의 독력을 인위적으로 약화시켜 개발된 백신
- 1회 접종하여 장기간 면역이 지속됨 (부작용과 태아감염의 우려 있음)

바이러스	• MMR(홍역, 이하선염, 풍진), 소아마비(폴리오 사빈 백신), 황열, 수두 백신
세균	• 결핵 (BCG)
재조합	• 장티푸스

(2) 사균백신 (불활성화 백신)

- 화학제제로 세균을 죽이거나 바이러스를 불활성하여 개발된 백신
- 면역력이 지속되려면 추가접종이 필요함

바이러스	• 인플루엔자, 소아마비, 공수병, A형 간염, B형 간염, 사람유두종 바이러스 감염
세균	• 백일해, 장티푸스, 콜레라, 페스트, 수막염 구균, 헤모필루스 인플루엔자, 폐렴구균

(3) 톡소이드(toxoid)

- 세균의 독소를 약하게 만든 것으로, 무해하게 처리된 세균독소임
- 충분한 면역을 얻기위해 몇 번의 추가 접종 필요
- 종류 : 디프테리아, 파상풍, 보툴리눔 등

2 예방접종 관련 법령

(1) 필수예방접종 (감염병 예방 및 관리에 관한 법률 제 24조)

① 특별자치시장·특별자치도지사 또는 시장·군수·구청장은 다음 각 호의 질병에 대하여 관할 보건소를 통하여 필수예방접종(이하 "필수예방접종"이라 한다)을 실시하여야 한다.

> 1. 디프테리아, 2. 폴리오, 3. 백일해, 4. 홍역, 5. 파상풍, 6. 결핵, 7. B형간염
> 8. 유행성이하선염, 9. 풍진, 10. 수두, 11. 일본뇌염, 12. b형헤모필루스인플루엔자
> 13. 폐렴구균, 14. 인플루엔자, 15. A형간염, 16. 사람유두종바이러스 감염증
> 17. 그룹 A형 로타바이러스 감염증
> 18. 그 밖에 질병관리청장이 감염병의 예방을 위하여 필요하다고 인정하여 지정하는 감염병
>
> 〈 질병관리청장이 감염병의 예방을 위하여 필수예방접종이 필요하다고 인정하여 지정하는 감염병 〉
> 1. 장티푸스
> 2. 신증후군출혈열
>
> (총 20종)

② 특별자치시장·특별자치도지사 또는 시장·군수·구청장은 제1항에 따른 필수예방접종업무를 대통령령으로 정하는 바에 따라 관할구역 안에 있는 「의료법」에 따른 의료기관에 위탁할 수 있다.

③ 특별자치시장·특별자치도지사 또는 시장·군수·구청장은 필수예방접종 대상 아동 부모(아동의 법정대리인을 포함한다)에게 보건복지부령으로 정하는 바에 따라 필수예방접종을 사전에 알려야 한다. 이 경우 「개인정보 보호법」 제24조에 따른 고유식별정보를 처리할 수 있다.

(2) 임시예방접종 (감염병 예방 및 관리에 관한 법률 제 25조)

① 특별자치시장·특별자치도지사 또는 시장·군수·구청장은 다음 각 호의 어느 하나에 해당하면 관할 보건소를 통하여 임시예방접종을 하여야 한다.
  1. 질병관리청장이 감염병 예방을 위하여 특별자치시장·특별자치도지사 또는 시장·군수·구청장에게 예방접종을 실시할 것을 요청한 경우
  2. 특별자치시장·특별자치도지사 또는 시장·군수·구청장이 감염병 예방을 위하여 예방접종이 필요하다고 인정하는 경우

(3) 예방접종 내역의 사전확인 (감염병 예방 및 관리에 관한 법률 제26조의2)

① 보건소장 및 제24조제2항에 따라 예방접종업무를 위탁받은 의료기관의 장은 예방접종을 하기 전에 대통령령으로 정하는 바에 따라 예방접종을 받으려는 사람 본인 또는 법정대리인의 동의를 받아 해당 예방접종을 받으려는 사람의 예방접종 내역을 확인하여야 한다. 다만, 예방접종을 받으려는 사람 또는 법정대리인의 동의를 받지 못한 경우에는 그러하지 아니하다.

② 제1항 본문에 따라 예방접종을 확인하는 경우 예방접종통합관리시스템을 활용하여 그 내역을 확인할 수 있다.

(4) 예방접종증명서 (감염병 예방 및 관리에 관한 법률 제 27조)

① 질병관리청장, 특별자치시장·특별자치도지사 또는 시장·군수·구청장은 필수예방접종 또는 임시예방접종을 받은 사람 본인 또는 법정대리인에게 보건복지부령으로 정하는 바에 따라 예방접종증명서를 발급하여야 한다.
② 특별자치시장·특별자치도지사 또는 시장·군수·구청장이 아닌 자가 이 법에 따른 예방접종을 한 때에는 질병관리청장, 특별자치시장·특별자치도지사 또는 시장·군수·구청장은 보건복지부령으로 정하는 바에 따라 해당 예방접종을 한 자로 하여금 예방접종증명서를 발급하게 할 수 있다.
③ 제1항 및 제2항에 따른 예방접종증명서는 전자문서를 이용하여 발급할 수 있다.

(5) 예방접종 기록의 보존 및 보고 등 (감염병 예방 및 관리에 관한 법률 제 28조)

① 특별자치시장·특별자치도지사 또는 시장·군수·구청장은 필수예방접종 및 임시예방접종을 하거나, 제2항에 따라 보고를 받은 경우에는 보건복지부령으로 정하는 바에 따라 예방접종에 관한 기록을 작성·보관하여야 하고, 특별자치시장·특별자치도지사는 질병관리청장에게, 시장·군수·구청장은 질병관리청장 및 시·도지사에게 그 내용을 각각 보고하여야 한다.
② 특별자치시장·특별자치도지사 또는 시장·군수·구청장이 아닌 자가 이 법에 따른 예방접종을 하면 보건복지부령으로 정하는 바에 따라 특별자치시장·특별자치도지사 또는 시장·군수·구청장에게 보고하여야 한다.

(6) 예방접종에 관한 역학조사 (감염병 예방 및 관리에 관한 법률 제 29조)

질병관리청장, 시·도지사 또는 시장·군수·구청장은 다음 각 호의 구분에 따라 조사를 실시하고, 예방접종 후 이상반응 사례가 발생하면 그 원인을 밝히기 위하여 제18조에 따라 역학조사를 하여야 한다.
1. 질병관리청장: 예방접종의 효과 및 예방접종 후 이상반응에 관한 조사
2. 시·도지사 또는 시장·군수·구청장: 예방접종 후 이상반응에 관한 조사

(7) 예방접종 후 이상반응

① 정의

"예방접종 후 이상반응"이란 예방접종 후 그 접종으로 인하여 발생할 수 있는 모든 증상 또는 질병으로서 해당 예방접종과 시간적 관련성이 있는 것을 말한다. (감염병 예방 및 관리에 관한 법률 2조 18)

② 예방접종 후 이상반응에 대한 검사

① 「의료법」에 따른 의료인 및 의료기관의 장은 필수예방접종 또는 임시예방접종 후 혈소판감소성 혈전증 등 보건복지부령으로 정하는 이상반응이 나타나거나 의심되는 사람을 발견한 경우에는 질병관리청장에게 이상반응에 대한 검사를 의뢰할 수 있다.

"보건복지부령으로 정하는 이상반응"이란 혈소판감소성 혈전증을 말한다.

② 제1항에 따라 의뢰받은 질병관리청장은 검사를 실시하여야 한다.
③ 제1항 및 제2항에 따른 검사항목, 검사의뢰 방법 및 절차, 검사방법은 질병관리청장이 정한다. (감염병 예방 및 관리에 관한 법률 제 29조의 2)

(8) 예방접종 완료 여부의 확인 (감염병 예방 및 관리에 관한 법률 제 31조)

① 특별자치시장·특별자치도지사 또는 시장·군수·구청장은 초등학교와 중학교의 장에게 「학교보건법」 제10조에 따른 예방접종 완료 여부에 대한 검사 기록을 제출하도록 요청할 수 있다.
③ 특별자치시장·특별자치도지사 또는 시장·군수·구청장은 제1항에 따른 제출 기록 및 제2항에 따른 확인 결과를 확인하여 예방접종을 끝내지 못한 영유아, 학생 등이 있으면 그 영유아 또는 학생 등에게 예방접종을 하여야 한다.

(9) 예방접종 휴가 (제32조의2 감염병 예방 및 관리에 관한 법률)

① 사업주는 이 법에 따른 예방접종을 받은 근로자에게 유급휴가를 줄 수 있다. 이 경우 국가 및 지방자치단체는 필요한 경우 사업주에게 해당 유급휴가를 위한 비용을 지원할 수 있다.
② 국가 및 지방자치단체는 「고용보험법」 제2조제1호에 따른 피보험자 등 대통령령으로 정하는 사람으로서 제1항에 따른 유급휴가를 사용하지 못하는 경우 그 비용을 지원할 수 있다.
③ 제1항 및 제2항에 따른 예방접종 및 비용의 지원 범위, 신청·지원 절차 등에 필요한 사항은 대통령령으로 정한다.

(10) 예방접종 휴가 비용지원 대상 등 (감염병의 예방 및 관리에 관한 법률 시행령 제 21조의 2)

① 법 제32조의2제1항에 따른 유급휴가를 위한 비용지원 및 같은 조 제2항에 따른 유급휴가 미사용에 따른 비용지원을 위해서는 다음 각 호의 요건을 모두 충족해야 한다.
  1. 제1급감염병의 유행으로 인해 「재난 및 안전관리 기본법」 제38조제2항에 따른 심각 단계의 위기경보가 발령되었을 것
  2. 제2항에 따른 사업주가 법 제25조에 따른 임시예방접종을 받은 소속 근로자에게 유급휴가를 주었거나 제3항에 해당하는 사람이 법 제25조에 따른 임시예방접종을 받고 유급휴가를 사용하지 못하였을 것
② 법 제32조의2제1항 후단에 따른 비용지원 대상은 상시 4명 이하의 근로자를 사용하는 사업주로 한다.
④ 제2항에 따른 유급휴가를 위한 비용지원의 범위 및 유급휴가 미사용에 따른 비용지원의 범위는 1일의 유급휴가에 상당하는 비용으로 한정한다. 다만, 예방접종일 다음 날이 근무일 또는 노무제공일이 아닌 경우에는 비용을 지원하지 않는다.

(11) 국가 예방접종 19. 08 임용

표. 국가 예방접종(표준예방접종) (질병관리청고시 제2025-3호, 2025. 3. 7)

대상 감염병	백신 종류	횟수	출생 시	4주 이내	1개월	2개월	4개월	6개월	12개월	15개월	18개월	19~23개월	24~35개월	4세	6세	11세	12세
B형간염	HepB	3	1차		2차			3차									
결핵	BCG (피내용)	1		1회													
디프테리아 파상풍 백일해	DTaP	5				1차	2차	3차		4차					5차		
	Tdap	1															Tdap 6차
폴리오	IPV (주사용 불활성 백신)	4				1차	2차		3차 접종						4차		
b형 헤모필루스 인플루엔자	Hib	4				1차	2차	3차	4차								
폐렴구균 감염증	PCV (폐렴구균 단백결합 백신)	4				1차	2차	3차	4차								
	PPSV (폐렴구균 다당백신)	–											고위험군에 한하여 접종				
로타바이러스 감염증	RV1	2				1차	2차										
	RV5	3				1차	2차	3차									
홍역 유행성이하선염 풍진	MMR	2							1차						2차		
수두	VAR	1							1회								
A형 간염	HepA	2							1~2차 (1차는 12~23개월, 2차는 6개월 뒤)								
일본뇌염	IJEV (불활성화 백신)	5										1~2차	3차	4차		5차	
	LJEV (약독화 생백신)	2										1차	2차				
사람유두종 바이러스 감염증	HPV	2														1~2차	
인플루엔자	IIV (인플루엔자 불활성화 백신)								매년 접종								

4 학교 예방접종

1 예방접종 완료여부의 검사 95 임용

① 초등학교와 중학교의 장은 학생이 새로 입학한 날부터 90일 이내에 시장·군수 또는 구청장(자치구의 구청장을 말한다. 이하 같다)에게 「감염병의 예방 및 관리에 관한 법률」 제27조에 따른 예방접종증명서를 발급받아 같은 법 제24조 및 제25조에 따른 예방접종을 모두 받았는지를 검사한 후 이를 교육정보시스템에 기록하여야 한다.
② 초등학교와 중학교의 장은 제1항에 따른 검사결과 예방접종을 모두 받지 못한 입학생에게는 필요한 예방접종을 받도록 지도하여야 하며, 필요하면 관할 보건소장에게 예방접종 지원 등의 협조를 요청할 수 있다.

2 확인이 필요한 예방접종

구분	예방접종 종류
초등학교 신입생 (11종)	① BCG ② B형간염 3차 ③ DTaP 5차 ④ 폴리오 4차 ⑤ b형 헤모필로스 인플루엔자 4차 ⑥ 폐렴구균 4차 ⑦ MMR 2차 ⑧ 수두 1차 ⑨ A형 간염 2차 ⑩ 일본뇌염 사백신 4차 (또는 생백신 2차) ⑪ 인플루엔자(입학 전년도)
중학교 신입생 (3종)	① Tdap(또는 Td) 6차 ② HPV 1차(여학생만 대상) ③ 일본뇌염(불활성화 백신 5차 또는 약독화 생백신 2차)

3 예방접종 미확인(미접종) 실시 독려

- 예방접종 미확인 학생의 학부모 대상 안내사항

초등학교 신입생을 대상으로 국가예방접종 11종 중 7종을 완료하지 못한 학생의 예방접종 실시 독려

구분	예방접종 종류
필수접종 대상 (4종)	① DTaP 5차 ② 폴리오 4차 ③ MMR 2차 ④ 일본뇌염 사백신 4차 (또는 생백신 2차)
권고 대상 (3종)	① A형 간염 2차 ② B형 간염 3차 ③ 수두 1차

│ 표. 예방접종 금기자 │

① 백신 성분에 대해서 또는 이전 백신 접종 후 심한 알레르기 반응이 발생한 경우
② 백일해 백신 투여 7일 이내에 다른 이유가 밝혀지지 않은 뇌증이 발생한 경우
③ 면역결핍자 또는 면역억제제 사용자

4 예방접종(백신접종) 관련 주의사항

(1) 예방접종 후 이상반응

- 예방접종 후 이상반응은 반드시 보고해야 함

국소이상반응	• 주사부위 통증, 종창, 발적 등 (80% 나타남) → 대부분 저절로 호전됨
	• 심한 국소반응은 아르투스 반응(Arthrus reaction)임
	  → 파상풍 및 디프테리아 톡소이드 투여시 심함
	• 아르투스 반응은 알레르기 반응과는 달리 매우 고농도의 항체에 기인, 흔히 톡소이드의 접종 횟수가 과할 경우에 발생함 (면역복합체에 의한 면역반응)
	  → 파상풍 및 디프테리아 톡소이드를 자주 맞았거나, 최소접종 간격보다 짧은 간격으로 맞은 경우임 → 이 경우는 Td 백신 추가접종을 10년이내에 하지 않기
	
	〈 아르투스 반응(Arthrus reaction) 〉
	• 아르투스 반응은 항원-항체 복합체가 생성되어 진피에 염증을 발생하는 반응임
	• 주로 파상풍 및 디프테리아 톡소이드 접종이 과다할때임
	• 예방접종 후에 나타날 수 있는 국소반응으로, 저절로 회복되고 치료가 필요한 경우는 드묾
	• 주로 어깨부터 팔꿈치에 통증이 동반된 넓은 부위에 종창이 나타남

전신이상반응	• 발열, 권태감, 두통, 식욕감소 등 • 대개 생백신 접종 후 발열 또는 발진 등의 이상반응이 생김 (자연감염증과 비슷) 대개 경미하며, 접종 7~21일(즉, 백신 바이러스의 잠복기)이 경과한 후에 발생함
심한 알레르기반응	• 심한 알레르기반응 또는 아나필락시스 반응이 나타남

(2) 예방접종의 금기사항

┃ 표. 예방접종 금기자 ┃

① 백신 성분에 대해서 또는 이전 백신 접종 후 심한 알레르기 반응(아나필락시스)이 있는 경우
② 백일해 백신 투여 7일 이내에 다른 이유가 밝혀지지 않은 뇌증이 발생한 경우
③ 면역결핍자 또는 면역억제제 사용자

┃ 표. 백신 접종의 영구적인 금기사항 ┃

① 백신 성분에 대해서 또는 이전 백신 접종 후 심한 알레르기 반응(아나필락시스)이 발생했던 경우는 해당 백신은 금기임
② 백일해 또는 백일해 포함 백신 투여 7일 이내에 다른 이유가 밝혀지지 않은 뇌증이 발생한 경우는 백일해 또는 백일해 포함 백신은 금기임
③ 중증복합면역결핍 또는 장겹침증의 병력이 있는 경우는 로타바이러스 백신은 금기임

┃ 표. 생백신의 일시적인 금기사항 ┃

• 임신
• 면역저하

(3) 백신접종의 주의사항

급성기 질환		• 중등도 또는 중증의 급성기 질환은 발열 동반 여부와 관계 없이 백신 접종의 주의사항임
길랭-바레 증후군	파상풍 톡소이드 백신	• 이전에 파상풍 톡소이드 함유 백신을 접종받은 후 6주 이내에 길랭-바레 증후군(GBS)이 발생한 경우는 파상풍 톡소이드 함유 백신 접종의 주의사항임
	인플루엔자 백신	• 이전에 인플루엔자 백신을 접종받은 후 6주 이내에 길랭-바레 증후군이 발생한 경우는 인플루엔자 백신 접종의 주의사항임
혈소판감소 또는 혈소판감소 자반증	MMR 백신	• 혈소판감소 또는 혈소판감소 자반증의 병력이 있는 경우는 MMR 백신 접종의 주의사항임
면역저하, 만성위장관질환	로타바이러스 백신	• 중증복합면역결핍을 제외한 면역저하상태와 만성위장관질환은 로타바이러스백신의 주의사항임 ※ 중증복합면역결핍은 로타바이러스백신 접종의 금기사항임
항체 함유 혈액제제	주사용 생백신	• 최근에 항체 함유 혈액제제를 투여받은 경우에는 MMR과 수두 함유 백신 등 주사용 생백신의 접종 일정에 주의를 요함(대상포진 백신은 해당되지 않음)
아르투스 반응	디프테리아 톡소이드 또는 파상풍 톡소이드 백신	• 디프테리아 톡소이드 또는 파상풍 톡소이드 백신 접종 후 아르투스반응이 있었던 경우는 이들 백신 접종의 주의사항이며 이전 파상풍 톡소이드 함유 백신 접종으로부터 10년 이상 경과 후 접종하여야
진행성 신경계 질환	DTaP 및 Tdap	• 진행성 신경계 질환(영아연축, 조절되지 않는 뇌전증, 진행성 뇌병증 등)은 DTaP 및 Tdap 접종의 주의사항이며 해당 신경계 질환의 원인이 규명되고 신경학적으로 안정된 상태에서 접종 여부를 결정해야 함
임신 중 생물학적 반응조절 물질	생백신	• 임신 중 생물학적 반응조절 물질(Infliximab 등)을 투여받은 산모로부터 출생한 신생아는 생후 12개월(만 1세가 되는 생일)까지 생백신을 접종해서는 안됨 이러한 사례는 BCG, 로타바이러스 백신 접종을 권고하지 않음

(4) 백신 보관 95 임용

2-8℃	• 대부분의 백신 보관 온도는 2-8℃가 적절함
0℃ 이하 X	• 면역증강제로 알루미늄을 함유하고 있는 액상 백신의 경우 얼리게 되면 영구적으로 백신의 역가를 잃기 때문에 0℃ 이하의 온도에 보관해서는 안됨
백신별 적절한 온도	• 약독화 생백신은 살아있는 바이러스를 함유한 백신이므로 높은 온도에 노출될 경우 백신의 역가를 잃어버릴 수 있기 때문에 각 백신별로 적절한 온도에 보관하여야 함

(5) 급성백신반응에 대한 대처

- 아나필락시스 → 에피네프린, 기도유지
- 실진 (미주신경성 실신 등)

(6) 예방접종피해 국가보상제도

- 예방접종 후 이상반응 발생에 대한 국민의 과도한 불안감 등으로 인해 예방접종을 기피하게 되면 면역인구의 감소로 감염병의 유행이 생길 수 있고 이는 전체 국민의 건강을 위험에 처하게 할 수 있으므로 전 국민이 예방접종을 안전하게 받고 불가피하게 발생하는 이상반응에 대해 인과성이 인정되는 경우 국가가 보상하는 사회적 차원의 보호가 필요함
- 이에 따라 예방접종피해 국가보상제도를 도입하여 예방접종으로 인한 이상반응이 발생한 경우에 진료비와 장애 또는 사망에 대한 일시보상금을 지급하고 있음

(7) 예방접종 예진사항 98 임용

질문	내용
오늘 아픈 곳이 있습니까? 아픈 증상을 적어주십시오	• 급성 질환이 백신의 효능을 감소시키고 백신의 부작용을 증가시킨다는 증거는 없으나 중등도 또는 중증의 급성질환의 경우는 백신 접종의 주의사항으로서 백신 접종은 급성 질환이 호전된 이후로 미루어야 함
약이나 음식물(계란 포함) 혹은 백신 접종으로 두드러기 또는 발진 등의 알레르기 증상을 보인 적이 있습니까?	• 이전 백신 접종 또는 백신 성분에 의한 두드러기, 천명음 또는 호흡곤란 등의 아나필락시스 반응이나 순환허탈 또는 쇼크의 병력이 있으면 같은 백신의 추가적인 접종은 금기임 • 계란을 먹고 아나필락시스 반응을 경험한 적이 있는 사람은 금기임
과거에 예방접종 후 이상반응이 생긴 일이 있습니까? 있다면 예방접종명을 적어주십시오.	• 이전에 백신 접종 또는 백신 성분에 의한 아나필락시스 반응의 병력이 있으면 이후의 같은 백신 접종은 금기임 • TP 또는 DTaP 접종 후 7일 이내에 뇌증의 병력이 있다면 이후 백일해 성분이 포함된 백신의 추가적인 접종은 금기임
천식 및 폐질환, 심장질환, 신장질환, 간질환, 당뇨 및 내분비 질환, 혈액 질환으로 진찰받거나 치료받은 일이 있습니까? 있다면 병명을 적어 주십시오.	• 상기의 질환을 가진 소아는 인플루엔자 약독화 생백신 접종을 받지 않도록 하며, 반드시 인플루엔자 불활성화 백신을 접종받아야 한다.
경련을 한 적이 있거나 기타 뇌신경계 질환(길랭-바레 증후군 포함)이 있습니까?	• DTP/DTaP 접종 후 7일 내에 뇌증이 발생한 병력이 있으면 DTaP 및 Tdap 접종은 금기사항이다. 안정이 되지 않고 진행되고 있는 신경계 질환이 있는 경우는 신경학적 상태가 규명되고 안정될 때까지 DTaP 및 Tdap 접종을 연기함 • 길랭-바레 증후군(Guillain-Barré syndrome)의 병력은 파상풍이 포함된 백신 및 인플루엔자 백신 접종의 주의사항임

질문	내용
암, 백혈병 혹은 면역계 질환이 있습니까? 있다면 병명을 적어주십시오.	• 일반적으로 약독화 생백신(예: MMR, 수두, 로타바이러스, 비강 내 투여하는 인플루엔자 백신, 일본뇌염 생백신)은 면역저하 환자에게는 금기임 • 면역저하가 심한 환자는 MMR, 수두, 로타바이러스 또는 인플루엔자 생백신을 접종받아서는 안됨
최근 3개월 이내에 스테로이드제, 항암제, 방사선 치료를 받은 적이 있습니까?	• 생백신(예: MMR, 수두, 대상포진, 인플루엔자 생백신, 일본뇌염 생백신)은 항암치료 또는 장기간의 고용량 스테로이드 치료가 종료된 이후로 미루어야 함
최근 1년 동안 수혈을 받았거나 면역글로불린을 투여 받은 적이 있습니까?	• 일부 생백신(예: MMR 및 수두, 일본뇌염 생백신)은 혈액 함유제제의 종류와 투여 이후 경과한 기간에 따라 접종을 연기할 필요가 있음
최근 1개월 이내에 예방접종을 한 적이 있습니까? 있다면 예방접종명을 적어 주십시오.	• 불활성화 백신과 불활성화 백신 간에는 동시접종이 가능 • 불활성화 백신은 생백신과 동시접종이 가능 • 생백신끼리는 4주 이상의 간격을 두어야 함
(여성) 현재 임신 중이거나 또는 다음 한 달 동안 임신할 가능성이 있습니까?	**금기** • 생백신(예: MMR, 수두, 대상포진, 인플루엔자 생백신)은 바이러스가 태아에게 전파될 수 있는 위험성 때문에 임신 중에는 접종 금기임 • MMR 또는 수두 백신을 접종받은 경우 1개월 동안은 피임을 해야 함 **주의** • 임신은 폴리오 불활성화 백신의 주의사항임

(8) 접종 전·후 주의사항 01 임용

접종 전 주의사항	• 아이의 건강상태를 잘 알고 있는 사람이 데리고 옵니다. • 접종 전날 목욕을 시키고, 깨끗한 옷으로 입혀서 데리고 옵니다. • 집에서 아이의 온도를 측정하고 열이 없는 것을 확인하고 방문합니다. • 모자보건 수첩 또는 아기수첩을 지참하고 방문합니다. • 예방접종을 하지 않을 다른 아이는 가능하면 함께 데리고 방문하지 않습니다.
접종 후 주의사항	• 접종 후 20~30분간 접종기관에 머물러 아이의 상태를 관찰합니다. • 귀가 후 적어도 3시간 이상 주의깊게 관찰합니다. • 접종 당일과 다음날은 과격한 운동을 하지 않습니다. • 접종 부위에 발적, 통증, 부종이 생기면 찬 물수건을 대줍니다. • 접종부위는 청결하게 합니다. • 아이는 반드시 바로 눕혀 재웁니다. • 접종 후 최소 3일은 특별한 관심을 가지고 관찰하며 고열, 경련이 있을때는 곧 의사에게 진찰을 받도록 합니다.

5 감염병 예방접종의 시행

> 시장·군수 또는 구청장이 「감염병의 예방 및 관리에 관한 법률」 제24조 및 제25조에 따라 학교의 학생 또는 교직원에게 감염병의 필수 또는 임시 예방접종을 할 때에는 그 학교의 학교의사 또는 보건교사(간호사 면허를 가진 보건교사로 한정한다. 이하 같다)를 접종요원으로 위촉하여 그들로 하여금 접종하게 할 수 있다. 이 경우 보건교사에 대하여는 「의료법」 제27조제1항을 적용하지 아니한다

5 주요 감염병 종류 및 특징

표. 학교 내 빈발 감염병의 종류 및 특성

감염병	감염 가능 기간	등교 중지(격리) 기간	잠복기	밀접 접촉자 파악	임시적 격리	마스크 착용
결핵	• 약물 치료 시작 후 • 2주까지	• 약물 치료 시작 후 • 2주까지	수년까지 가능 (50% 2년 이내)	O	O	O
수두	• 발진 1-2일 전부터 모든 피부 병변에 가피가 생길 때까지	• 모든 수포에 가피가 형성될 때까지	10~21일 (평균 14~16일)	O	O	O
수족구병	• 발병 후 7일까지 가장 전염력 강함, 피부 병변(수포)에 가피가 생성될 때까지	• 수포 발생 후 6일까지 또는 가피가 형성될 때까지	3~7일	O	O	O
급성 출혈성 결막염	• 발병 후 4일~1주일	• 격리없음 (개인 위생수칙을 철저히 지킬 것을 권장)	8~48시간	X	X	O
유행성 각결막염	• 발병 후 14일까지	• 유증상 시 등교 중지 지침 적용 권장	5~7일	O	O	O
유행성 이하선염	• 이하선염 발현 3일전부터 5일후까지 일까지	• 증상 발생 후 5일까지	12~25일 (평균 16~18일)	O	O	O
감기군	• 이환기간 내내	• 등교 중지 안 함	병원체마다 다양 (보통 2~14일)	X	X	O

감염병	감염 가능 기간	등교 중지(격리) 기간	잠복기	밀접 접촉자 파악	임시적 격리	마스크 착용
인플루엔자 (유행성독감)	• 증상 발생 1일 전 부터 5일까지	• 유행차단을 위한 등교 중지는 의미 있지만 환자상태에 따라 실시	1~4일 (평균 2일)	O	X	O

① 질병관리청 매뉴얼의 환자격리기간을 지침으로 함
② 등교중지기간은 휴일을 포함
③ 잠복기는 감염 시작 시점부터 증상과 징후 발생 시점까지의 기간
④ 일시적 격리는 전파 우려가 있는 감염병 의심 학생이 의료기관에 진료를 받으러 가기전까지 격리하여 관찰하는 것
⑤ 인플루엔자는 방역당국의 '인플루엔자 관리 지침'이 있을 경우 그 지침의 등교 중지기간을 우선 적용

표. 그 외 학교 내 감염병의 종류 및 특성

감염병	감염 가능 기간	등교 중지(격리) 기간	잠복기	밀접 접촉자 파악	임시적 격리	마스크 착용
B형 헤모필루스 인플루엔자	• 호흡기 분비물에 균이 존재하는 동안 전파가능하므로, 적절한 항생제 투여 후 24시간까지 전파 가능	• 항생제 치료 시작 후 24시간까지	명확하지 않음	O	O	X
노로 바이러스	• 급성기부터 설사가 멈추고 48시간 이후까지	• 증상 소실 후 48시간까지	24~48시간 (평균 33시간)	O	O	O
백일해	• 2주간 전염력이 높으며, 발생 4주후에는 전염성이 소실	• 항생제 투여 후 5일까지	7~20일 (평균 5~10일)	O	O	O
성홍열	• 항생제 치료 시작 후 24시간까지	• 항생제 치료 시작 후 24시간까지	1~3일	O	O	O
폐렴구균 수막염	• 항생제 치료 시작 후 24시간까지	• 항생제 치료 시작 후 24시간까지	2~10일 (평균 3~4일)	O	O	O
풍진	• 발진 전 7일 전부터 발진 후 7일까지	• 발진 7일 전부터 발진 후 7일까지	12~23일 (평균 14일)	O	O	O
홍역	• 발진 4일 전부터 발진 후 4일까지	• 발진 4일 전부터 발진 후 4일까지	7~21일 (평균 10~12일)	O	O	O

1 B형 간염

표준접종시기		• 생후 0개월, 1개월, 6개월에 3회 접종을 실시함
접종방법		• 근육주사
모체가 B형간염 표면항원(HBsAg) 양성	B형간염 면역 글로불린(HBIG)	• 산모로부터 출생한 신생아는 12시간 이내 B형간염 면역글로불린(HBIG, hepatitis B immune globulin) 0.5㎖ 및 B형간염 백신 1차 접종을 동시에 각각 다른부위에 근육주사함 (2·3차는 생후 1개월, 6개월 실시)
	1차 백신	
모체의 B형간염 표면항원 검사를 알지 못할 경우		• 산모로부터 출생한 신생아는 12시간 이내 B형간염 백신 1차 접종을 동시에 접종을 실시하고, 모체의 검사 결과가 양성으로 밝혀지면 가능한 빠른 시기(늦어도 7일 이내)에 B형간염 면역글로불린((HBIG, hepatitis B immune globulin) 을 백신을 접종한 위치와 다른 부위에 접종한다. 이후 B형간염 2차와 3차 접종은 생후 1개월, 6개월에 실시한다
B형 간염 노출후 (혈액 또는 체액의 경피 및 점막 노출)		• HBIG 1회 + 백신 3회
법정 감염병		• 3급 감염병

② 항체검사 실시

• 건강한 소아나 성인의 경우 예방접종 후 항체가 생겼는지 알아보기 위한 검사는 필요하지 않음

〈 고위험의 경우 3회 예방접종 완료 후 항체검사 실시 〉
• B형간염 바이러스 보유자의 가족
• 혈액제제를 자주 수혈 받아야 하는 환자(예: 혈우병, 재생불량빈혈, 백혈병 등)
• 혈액 및 복막투석을 받는 환자
• 주사용 약물 중독자
• 의료기관 종사자(B형간염 환자나 바이러스가 오염된 체액에 노출되는 상황이 반복되는 경우)
• 수용시설의 수용자(예: 신체장애자, 구금자 등) 및 근무자
• 성매개질환의 노출 위험이 큰 집단
• B형간염 바이러스 보유자와의 성 접촉자
• B형간염 바이러스 보유자인 산모로부터 출생한 신생아
• C형간염, HIV 감염인 등 면역저하자
• 당뇨 환자 및 만성 간질환자

2 결핵

표준접종시기	• 생후 4주 이내의 모든 신생아에게 1회 접종
접종방법	• 피내주사
예방접종 금기사항	• 선천 면역결핍증, HIV 감염, 백혈병, 림프종 등 면역결핍 상태에 있는 경우 • 스테로이드, 항암제 치료, 방사선 치료 등으로 면역억제 상태에 있는 경우 • BCG를 접종할 부위에 심한 피부질환, 화상 등이 있는 경우 등
감염가능기간	• 약물 치료 시작 후 2주까지
등교중지(격리) 기간	• 약물 치료 시작 후 2주까지
잠복기	• 수년까지 가능 (50% 2년 이내)
법정감염병	• 2급 감염병

3 디프테리아

정의		• 독소형 디프테리아균(Corynebacterium diphtheriae) 감염에 의한 급성 호흡기 질환
법정감염병		• 1급 감염병
병원체		• 디프테리아균(Corynebacterium diphtheriae)
감염경로 (전파양식)	호흡기 흡입	• 대부분 호흡기로 배출되는 균의 흡입에 의해 전염 (비말감염)
	피부접촉	• 간혹 피부병변(진물, 농가진 등) 접촉
	비생물학적 매개체	• 물, 우유 등 비생물학적 매개체에 의해 전파
잠복기		• 1~10일(평균 2~5일)
전염기간		• 분비물에 독성원인균이 존재하는 동안 • 항생제 치료를 하지 않는 경우 2~6주 균 배출, 일부 만성보균자의 경우 6개월 이상
등교중지 (격리) 기간		• 항생제 치료 종료 후 24시간 이상이 경과한 이후로 총 2회(24시간 이상의 간격) 채취한 비강과 인두부위의 검체에서 모두 균이 배양음성일 때까지 • 배양이 어려울 경우 적절한 항생제 치료에 필요한 14일 기간 동안 격리
주요증상	초기증상	• 증상은 천천히 시작하며, 초기에는 피로, 인두통, 식욕감퇴, 미열 등

	위막	• 2~3일 후 인두, 편도 점막에 특징적인 회백색(흰색)의 위막을 형성
		  → 점점 커지면서 연구개까지 뒤 덮음 → 호흡곤란 발생, 위막이 기도를 막을 수 있음(사망)
		
		〈 위막 〉
		• 독소 때문에 점막에 궤양이 발생하고 세균과 죽은 세포, 백혈구, 섬유소 등의 삼출물 등이 모여 위막을 만듦
		
		• 위막은 단단하게 붙어 있어 억지로 떼내면 출혈발생
		  → 위막 건드리지 말고, 건드리지 말기 (대부분 5~10일 후 저절로 떨어짐)

	중증 (림프절 부종)	• 중증인 경우 중증인 경우 턱밑이 부어오르고, 전경부의 림프선 종대로 인해 bull neck(황소처럼 목덜미가 굵은 모습) 양상이 나타남 → 턱 부어올라 기도 막아 사망할 수도 있음
	호흡기 디프테리아	• 발열, 인후통, 편도와 인두 또는 비강의 위막병변으로 임상적 진단 가능 – 일차적 감염병소는 대부분 편도와 인두 – 병소 위치에 따라 화농성·혈성 분비물, 인후통, 기침, 연하곤란 등 발생 • 대부분 화농성 분비물 → 진행되면 혈성 분비물 • 후두부 디프테리아: 발열, 쉰 소리, 개 짖는 소리 등의 증상
	피부 디프테리아	• 손상된 피부에 이차적으로 발생하여 잘 치유되지 않는 궤양 형성 → 가운데 구멍이 있는 궤양
합병증		• 인후편도염, 후두염에 의한 기도폐색, 심근염, 신경염에 의한 마비, 신장염, 혈소판감소증 등 독소가 혈액을 통해 전신으로 퍼져서 여러장기에 영향 → 특히 심장근육 염증으로 사망, 신경염, 신장염
치사율		• 치료를 받을 경우 5~10% 사망 • 치료를 받지 않을 경우 약 50%까지 치사율 보임
환자 치료	항독소 치료	• 주로 대량의 항독소 치료 시행 (빨리 투여) → 아직 세포와 결합하지 않은 "혈중 독소를 중화"시켜 다른 세포에 결합할 수 없도록 하는 역할(질병 악화 예방), 조직에 침투된 독소에는 효과 없음
	항생제 치료	• 세균을 죽여 독소가 더 이상 생산되지 않도록 하는 역할 • 보조적으로 14일간 항생제 치료 • penicillin 항생제 보다 macrolide계 항생제(erythromycin, azithromycin) 우선 사용 권고 | erythromycin | • 14일간 경구 혹은 정맥주사 | | penicillin | • 14일간 정맥 또는 근육주사 |
	감염차단	• 직접 접촉 및 분비물을 통한 감염차단
	기도확보	• 호흡장애에 따른 기도확보 필요
밀접접촉자 관리		• 밀접 접촉자 : 가족 및 동거인, 환자의 비말에 직접·지속적으로 노출되는 자
	발병여부 감사	• 비강·인두 배양검사 후 10일간 발병여부 감시
	노출후 예방검사	• 백신 접종여부에 상관없이 예방약 투여 Penicillin 1회 주사 또는 Erythromycin 7~10일간 투여
	업무제한	• 균 음성 증명 시 까지 식품관련 업무종사, 소아 접촉 업무 등 제한

예방접종	• 생후 2·4·6·15~18개월, 4~6세 DTaP 백신(5차)으로 접종, 이후 11~12세에 Tdap백신(6차)으로 추가접종(Td 백신도 접종 가능) → 근육주사
	백일해 포함 백신(aP) 금기자의 경우, Tdap 백신을 해당 연령에 허가된 Td백신으로 대체 가능)
	• 11~12세 접종 완료 후 Td Tdap 또는 Td 백신으로 매 10년 마다 추가접종

DTaP	• 디프테리아, 파상풍, 백일해 백신
Tdap	• 성인형 파상풍, 디프테리아, 백일해 백신
Td	• 성인형 파상풍, 디프테리아 백신

• 디프테리아, 파상풍은 질환에 이환된 후 회복되어도 자연면역이 획득되지 않고, 백일해의 경우에도 자연면역이 장기간 지속되지 않는 문제점이 있음 → 10년마다 재접종

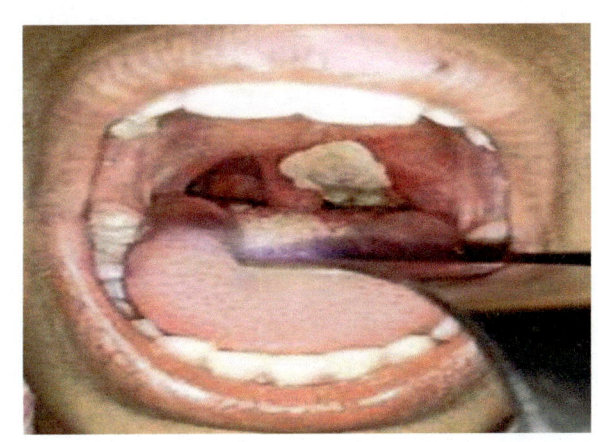 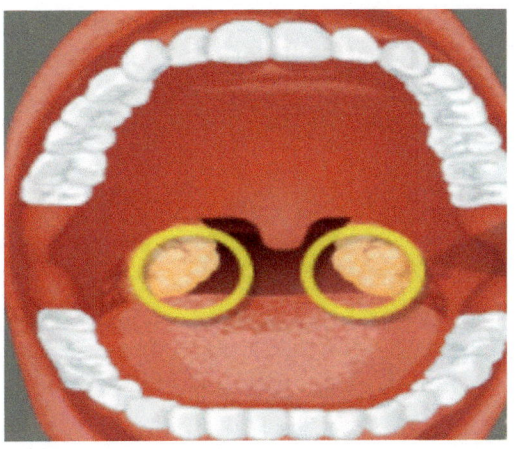

〈 그림. 디프테리아 위막 〉

4 파상풍 92 임용

정의		• 파상풍균(Clostridium tetani)이 생산하는 독소가 신경계를 침범하여 근육의 긴장성 연축을 일으키는 질환
법정감염병		• 3급 감염병
병원체		• 파상풍균(Clostridium tetani) : 파상풍독소(tetanospasmin)가 질병 유발
발병기전		• 균이 상처를 통해 인체에 유입되면 혐기상태에서 독소를 생성하고, 생성된 독소는 혈류와 림프관을 통해 다양한 신경조직에 작용
파상균 특징	토양, 흙	• 흙, 먼지, 동물의 대변 등에 포함된 파상풍균 포자가 피부 상처를 통해 체내에 유입되어 신경독소(파상풍 독소)를 생성 • 파상풍은 토양이 풍부한 고온다습 기후의 인구밀집 지역에서 흔히 발생하며, 토양과 인간 및 동물의 위장관에 생존함
	신경독소 근수축, 근경련, 근경직	• 신경독소로 신경세포에 작용함하여, 근경직이나 근경련 증상을 일으킴 • 골격근의 경직과 근육수축을 특징으로 하는 사망률이 높은 질병
	생존력	• 열에 약하고 산소가 있는 상태에서 사멸, 포자는 토양에서 수년 생존 가능
감염경로 (전파양식)	오염된 상처	• 흙, 먼지, 동물의 대변 등에 포함된 파상풍균의 포자가 피부의 상처를 통해 침투하여 전파됨
		• 수술, 화상, 중이염, 치주 감염, 동물의 교상, 유산이나 임신 후에도 감염 가능
잠복기		• 3~21일(평균 7일)
전염기간		• 사람 간 전파 없음
격리		• 필요 없음
접촉자 관리		• 필요 없음
주요증상 92 임용	경련성의 경직 마비	• 증상은 천천히 시작하며, 초기에는 피로, 인두통, 식욕감퇴, 미열 등
	전신형 파상풍	• 가장 흔함(80% 이상) • 근육의 수축: 개구불능(입벌림 장애, trismus, lockjaw) → 최초증상임 이로 인한 경련미소(비웃는 듯한 미소) • 이후 경부, 체부 및 사지 근육으로 하행 진행하며 수축이 일어나고, 전신에 과반사가 나타남, 특히 등 근육의 지속적인 수축으로 인해 활모양 강직(후궁반장)이 나타남, 호흡근육 경직에 의한 호흡곤란 등도 나타남 • 강직은 3~4주 유지되며 완전히 회복하는데 수개월이 소요됨 • 전신 경련은 사소한 외부 자극(빛, 소리 등 감각자극)에 의해서 유발될 수 있음
	국소형 파상풍	• 포자가 노출된 부위의 국소 긴장 • 상처 인접부의 근육경련으로 통증을 동반하며 수주에서 수개월까지 지속, 일반적으로 증상이 심하지 않고 자연회복하는 경우가 많음 • 전신 파상풍의 전구증상으로 나타나기도 함

	두부형 파상풍	• 매우 드물며, 안면신경, 외안근(안와) 마비로 국한된 증상을 보임 • 만성 중이염이나 두부손상과 관련해 발생하여 뇌신경 마비를 유발할 수 있음 • 전신 파상풍으로 진행될 수 있음
	신생아형 파상풍	• 출생 시 소독하지 않은 기구로 탯줄을 자르는 등 비위생적인 탯줄관리로 인해 발생 • 초기는 무력감만 보이나 후기는 근육경직이 나타남
환자 치료	항생제 (필수)	• 적절한 항생제 사용으로 독소 생성 차단 • Metronidazole(경구 또는 정주)이 효과적이며, 치료기간은 7-10일임 • 페니실린 사용(경련 증가로 처방 잘 하지 않음, Metronidazole을 쓸수 없을 때만 사용)
	상처부위 배농·절제 (필수)	• 상처부위 배농·절제로 독소 생성 차단
	파상풍 인간면역 글로불린 (TIG) 투여	• 항독소 작용으로 질병 이환기간과 중증도를 줄임 • 항독소인 파상풍 사람면역글로불린(tetanus immunoglobulin, TIG)은 질병 이환기간과 중증도를 줄일 수 있어 투여(근육주사), TIG 사용이 어려우면 정맥주사용 면역글로불린 사용 고려
	근육경련 억제	• benzodiazepine계의 약물(diazepam을 정맥주사 효과적), 근육억제제 등
	자극 X	• 조용하고, 조명이 밝지 않으며, 외부자극을 피할 수 있는 환경에서 치료
치명률	• 약 11% 사망률 보임	
예방접종	• 생후 2·4·6·15~18개월, 4~6세 DTaP 백신(5차)으로 접종, 이후 11~12세에 Tdap백신(6차)으로 추가접종(Td 백신도 접종 가능) → 근육주사 백일해 포함 백신(aP) 금기자의 경우, Tdap 백신을 해당 연령에 허가된 Td백신으로 대체 가능) • 11~12세 접종 완료 후 Td Tdap 또는 Td 백신으로 매 10년 마다 추가접종 • 파상풍은 질환에 이환된 후 회복되어도 자연면역이 획득되지 않으므로 치료 후 반드시 예방접종 실시	

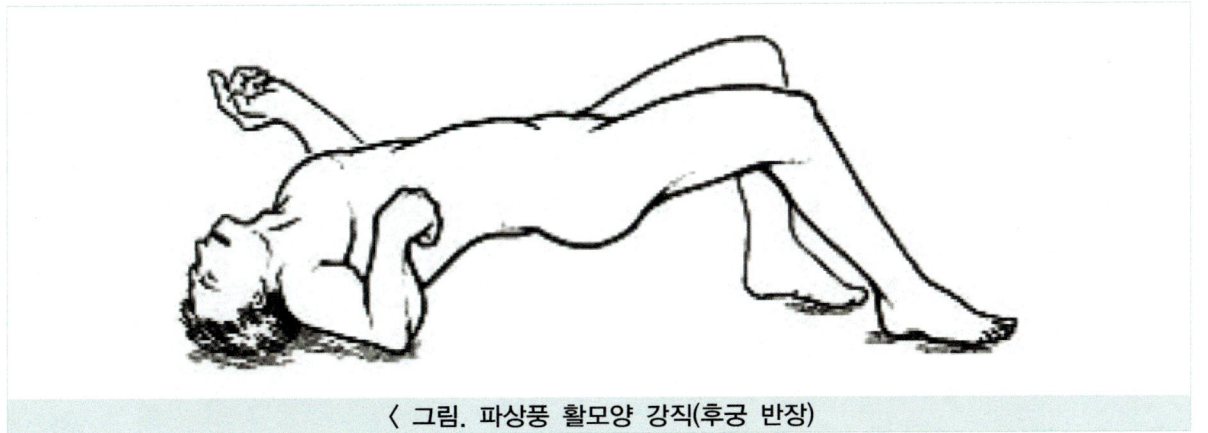

〈 그림. 파상풍 활모양 강직(후궁 반장) 〉

표. 파상풍 예방접종 실시

- 예방요법(노출 후) : 상처 발생 후 예방접종력 및 상처 오염도에 따라 Td 백신과(Tdap 백신 접종력이 없는 경우 Td보다 Tdap 백신 추천)과 TIG 접종 고려

과거 파상풍 접종 횟수	깨끗하고 작은 상처			기타 다른 상처 (토양, 분변, 오물, 타액 등에 오염된 상처 및 천자, 화상, 동상, 총상 등에 의한 상처 포함)		
	DTaP, Tdap 또는 Td		TIG	DTaP, Tdap 또는 Td		TIG
미상 또는 3회 미만	• 접종 필요	6세 까지	• DTaP 백신을 접종	접종 불필요	• 접종 필요	6세 까지	• DTaP 백신을 접종	접종 필요
		7세 이상	• 파상풍 단독 백신보다는 Td를 우선적으로 사용. 단, Tdap을 맞지 않은 청소년과 성인의 경우 Td 백신보다 Tdap 백신을 추천			7세 이상	• 파상풍 단독 백신보다는 Td를 우선적으로 사용. 단, Tdap을 맞지 않은 청소년과 성인의 경우 • Td 백신보다 Tdap 백신을 추천	
3회 이상	• 접종 불필요 • 마지막 접종을 한 후 10년 이상이 경과하였으면 Td 또는 Tdap 백신 1회 접종			접종 불필요	• 접종 불필요 • 마지막 접종을 한 후 5년 이상이 경과하였으면 Tdap 또는 Td를 1회 접종		접종 불필요

5 백일해

정의	• 백일해균(Bordetella pertussis) 감염에 의한 급성 호흡기 질환	
법정감염병	• 2급 감염병	
발생현황	• 소규모 유행은 지속됨. • 예방접종이 끝나지 않은 생후 6개월 미만의 소아 및 청소년·성인에서 백일해의 재유행이 있어 주의 필요 • 선진국에서도 2~5년 주기로 백일해 돌발유행이 반복되고 있으며, 백일해가 모든 연령에서 발현되는 양상을 보였음	
병원체	• 백일해균(Bordetella pertussis)	
감염경로 (전파양식)	비말감염	• 환자 또는 보균자의 비말 감염에 의해 전파, 호흡기 분비물로 전파
전염력	• 전염력이 강함	
잠복기	• 5~21일(평균 7~10일)	
전염기간	• 2주간 전염력이 높으며, 증상 발생 4주 후에는 전염성이 소실	
	항생제 투여 X	• 카타르기(약 1~2주) ~ 발작성 기침 시작 후 3주
	항생제 투여	• 카타르기(약 1~2주) ~ 항생제 투여 시작 후 5일

등교중지 (격리) 기간	\multicolumn{3}{l	}{• 항생제 투여 후 5일까지 격리 • (치료를 받지 않은 경우 기침이 멈출 때까지 최소한 3주 이상 격리)}
주요증상	\multicolumn{3}{l	}{• 발작적 기침(whooping cough)이 특징적 (발열은 심하지 않음)}
	카타르기	상기도 감염증상	• 콧물, 눈물, 경한 기침 등의 상기도 감염 증상이 1~2주간 나타남
		높은 전염성	• 백일해균의 증식이 가장 왕성하여 전염성이 제일 높은 시기
	발작기	\multicolumn{2}{l	}{• 이후 1~6주간 발작성 기침 있으며, "whooping cough"이 특징적임 → 발작성 기침은 야간에 심함 (매우 심한 기침) • 기침 후 구토, 무호흡 등 증상이 나타남 (호흡곤란으로 창색증 발생하기도 함) 〈 whooping cough 발생 이유 〉 • 점액질 배출이 어려워짐 → 심한 기침발작 후 좁아진 성대를 통해 강하게 숨을 들이쉴 때 특징적인 높은 톤의 "웁(whoop)" 소리발생 • 최근 확진환자들은 전형적인 백일해 임상 증상이 뚜렷하지 않고 가벼운 기침으로 발견되는 경우가 많았음}
	회복기	\multicolumn{2}{l	}{• 발작성 기침의 횟수나 정도가 호전 • 회복은 천천히 진행되고 2~3주 후 기침은 소실되지만 비발작성 기침은 수주 간 지속될 수 있음}
합병증	호흡기계	\multicolumn{2}{l	}{• 무기폐, 기관지 폐렴 등의 호흡기계 합병증 (더 흔함) → 폐렴 가장 흔함}
	신경계	\multicolumn{2}{l	}{• 경련이나 뇌증}
환자 치료	항생제 치료	\multicolumn{2}{l	}{• Azithromycin, Erythromycin, Clarithromycin이 권장항생제임}
접촉자 관리 (동거인, 고위험군, 고위험군에 전파 위험이 있는 집단)	예방적 항생제	\multicolumn{2}{l	}{• 연령, 예방접종력, 증상 발현 유무와 관계없이 예방적 항생제 복용 • 환자와 접촉 후 3주 이내 항생제 복용}
	예방접종	\multicolumn{2}{l	}{• 불완전한 예방접종력을 가진 사람의 경우 연령, 과거 접종력에 따라 예방접종}
	모니터링	\multicolumn{2}{l	}{• 마지막 접촉 후 21일까지 증상발생 모니터링}
	\multicolumn{3}{l	}{〈 고위험군 〉 • 생후 12개월 미만 영아, 면역저하자, 중등증 이상 천식 및 만성폐질환 〈 고위험군에 전파 위험이 있는 집단 〉 • 고위험군 동거인(부모, 형제, 조부모, 산모), 고위험군 접촉이 예상되는 청소년 및 성인(임신 3기 임신부, 의료종사자, 영유아 돌봄이, 산후조리원 근무자 등)}

| 예방접종 | • 생후 2·4·6·15~18개월, 4~6세 DTaP 백신(5차)으로 접종, 이후 11~12세에 Tdap백신(6차)으로 추가접종(Td 백신도 접종 가능) → 근육주사
  • 백일해 포함 백신(aP) 금기자의 경우, Tdap 백신을 해당 연령에 허가된 Td백신으로 대체 가능)
• 11~12세 접종 완료 후 Td Tdap 또는 Td 백신으로 매 10년 마다 추가접종

• 백일해의 경우에도 자연면역이 장기간 지속되지 않는 문제점이 있음 → 10년마다 재접종 |

DTaP	• 디프테리아, 파상풍, 백일해 백신
Tdap	• 성인형 파상풍, 디프테리아, 백일해 백신
Td	• 성인형 파상풍, 디프테리아 백신

∥ 표. 백일해 예방접종 금기 ∥

① 이전 Tdap/Td 백신 접종 후 아나필락시스(심한 알레르기) 반응이 있었던 경우
② Tdap/Td 백신 성분에 아나필락시스(심한 알레르기) 반응이 있었던 경우
③ 이전 백일해 포함 백신 접종 후 7일 이내에 원인을 알 수 없는 급성 뇌증(혼수, 의식수준 저하, 지속된 경련)을 보인 경우

∥ 표. 백일해 집단발생(유행) 시 추가조치 ∥

| 노출후 예방접종 | • 환자가 역학적, 임상적으로 확진 환자일 가능성이 높아 선제적 대응이 필요하다고 판단될시, 환자의 검사가 진행 중이라도 접촉자에게 노출 후 예방요법(항생제 투여) 가능
• 의사환자의 진단검사 결과 음성으로 확인되면, 항생제 투여 중단 |

〈 유행 시 단계별 예방접종 전략_예방접종의 실시기준과 방법 〉

	상 황	예방접종
1단계	• 지역사회(시군구 단위) 내 백일해 유행이 한 건 이상 발생 시 〈 유행 〉 • 역학적 연관성이 있는 2명 이상의 확진·의사환자가 발생한 경우(단, 확진환자를 반드시 1명 이상 포함)	• 유·소아 및 밀접접촉자 대상 적기접종 강조 및 미접종자 관리
2단계	• 역학적 연관성이 없는 유행 사례가 지역사회1)에서 두 건 이상 발생 시	• 유행 집단 또는 고위험군 등 대상 임시예방접종 발령 후 일제접종
3단계	1, 2단계 이행에도 불구하고 유행이 지속될 경우	• 유행 시 접종기준 중 가속접종 일정에 따라 대상자 가속접종

* 2단계 부터의 조치는 질병관리청에 공유

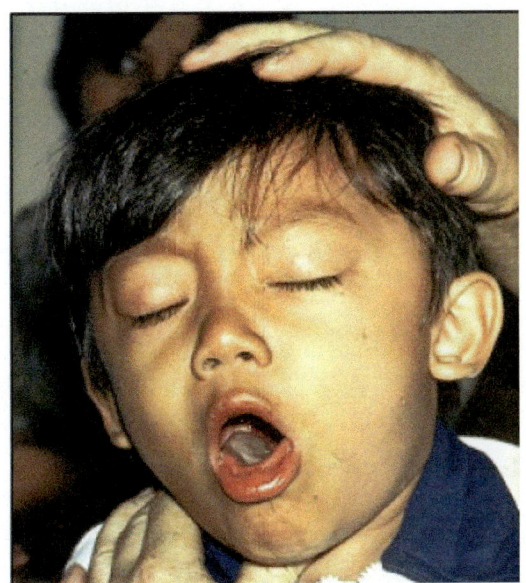

〈 그림. Whooping cough으로 호흡곤란을 보이는 모습 〉

자료원: CDC(미국질병통제센터)

6 폴리오(Poliomyelitis)

정의		• 폴리오바이러스(Poliovirus) 감염에 의한 급성 이완성 마비 질환
법정감염병		• 2급 감염병
병원체		• 폴리오바이러스(Poliovirus)
감염경로 (전파양식)	분변-경구	• 인체가 유일한 숙주로 대개 경구를 통해서 전파. 환경이 잘 정비된 나라에서는 인두, 후두 감염물로 전파
	사람간 전파	• 드물게 경구-경구 감염을 통해 전파(드물게 대변에 오염된 음식물을 통해서도 전파 가능)
전염력		• 전염력 매우 높음
잠복기		• 3~35일(비마비성 폴리오: 3~6일, 마비성 폴리오: 평균 7~21일)
전염기간		• 대변으로 발병 후 6주까지 바이러스 배출 가능
등교중지 (격리) 기간		• 매주 채취한 대변 검체에서 바이러스 배양검사 결과가 2회 연속 음성일 때까지
접촉자 격리		• 환자 마지막 접촉 후 3일 이상 지난 시점에서 24~48시간 간격으로 2회 연속 채취한 대변 검체에서 바이러스 분리·배양 음성으로 확인될 때까지 격리

주요증상	• 폴리오는 대부분 90~95%는 불현성 감염(무증상 감염) • 1% 미만에서 마비성 회백수염 발병	
	부전형 회백수염 (4~8%)	• 발열, 권태감, 인후통, 근육통, 두통(비특이적인 증상) 등을 보이나 대체로 3일 이내에 소실됨
	비마비성 회백수염 (1~2% 정도)	• 발열, 권태감이 먼저 나타난 후 수막염 증상이 나타남
	마비성 회백수염 (1% 미만)	• 발열, 인후통, 구역, 구토 등의 비특이적인 증상을 보이다가 수일간의 무증상기를 거친 후 비대칭성의 이완성마비가 나타남
		<table><tr><td>척추형 회백수염</td><td>• 경부, 복부, 체간, 횡격막, 흉곽, 사지 근육의 허약 등</td></tr><tr><td>구형 회백수염</td><td>• 뇌신경 지배 근육의 허약, 호흡·순환 장애 등</td></tr><tr><td>구척추형 회백수염</td><td>• 척추형과 구형 회백수염의 증상이 모두 나타남</td></tr></table>
치료	• 보존적 치료: 대증치료, 급성기 마비와 같은 합병증 발생 주의·관찰 • 특별한 치료법은 없으며 이환된 신경의 급성 증상에 대해서는 대증치료를 시행하고, 증상이 호전된 후에는 치유되지 않는 마비에 대한 재활치료를 함	
합병증	• 대다수는 무증상 감염이나 100명 중 1명에서 하지마비와 같은 영구장애 남김	
관리	청소 및 소독	• 화장실을 포함해 환자가 격리되었던 공간은 충분한 청소와 살균소독을 시행하며, 환자와 접촉한 모든 물체는 세척과 소독을 실시함
		• 환자를 격리하는 동안 검사결과에서 최종 음성 판정 시까지 대변, 체액 등 감염물에 대해 적절한 관리를 시행
	• 최종 음성 판정 시까지 대변, 체액 등 감염물에 대해 적절한 관리 시행	
예방접종	• 생후 2, 4, 6~18개월, 4~6세에 접종 (총 4차 접종) → 근육 또는 피하주사 • IPV(주사용불활성 백신) 사용 → 백신 연관 마비성폴리오(VAPP)는 경구용 약독화 백신(OPV) 접종 이후 발생	

7 b형 헤모필루스 인플루엔자(Hib)

정의	• b형 헤모필루스인플루엔자균(Haemophilus influenzae type b, Hib) 감염에 의한 침습성 질환	
법정감염병	• 2급 감염병	
특징	• 여러 가지 감염증 특히 후두개염, 폐렴 등 호흡기 감염을 유발하며, 특히 5세 미만의 소아에서 관절염, 세균성 수막염 등의 침습성 감염질환을 유발	
병원체	• b형헤모필루스인플루엔자(Haemophilus influenzae type b)	
감염경로 (전파양식)	비말감염	• 비말 감염, 또는 병원체보유자(환자 포함)의 호흡기 분비물과 직접 접촉
	직접접촉	
잠복기	• 명확하지 않으나 2~4일로 추정	
전염기간	• 호흡기 분비물에 균이 존재하는 동안 전파 가능	
등교중지 (격리) 기간	• 항생제 치료를 시작한 후 24시간까지	
주요증상	• Hib에 의한 침습 질환은 여러 장기를 침범할 수 있으며, 가장 흔한 형태는 수막염, 후두개염, 폐렴, 관절염 및 봉와직염, 패혈성 혈전 정맥염 등	
	수막염 (50~65%)	• 수막염이 가장 흔하며(50~65%) 중요 　• 수막염은 Hib에 의한 침습성 감염질환의 가장 흔한 유형 　• 발열, 의식저하, 경부 강직 등의 소견 　• 적절한 항생제 치료를 하더라도 사망률이 3~6% • 생존자의 15~30%에서 청력 소실 또는 다른 신경학적 후유증을 남김
	후두개염	• 후두개의 감염으로 호흡기 폐색을 일으킬 수 있음
	• 중이염, 급성 기관지염, 폐렴 • 화농성 관절염, 봉와직염	
치료	• 침습 Hib 질환(관절염, 세균성 수막염 등)이 의심되는 환자는 입원치료가 필요 • 항생제치료 즉시 시행 → 3세대 cephalosporin계 항생제 치료 즉시 시행 (세프트리악손, 세포탁심 등)	
접촉자 관리	가정 내 환자 접촉자	• 가정 내에 환자 접촉자가 속한 경우, 가족 구성원 모두 예방요법(리팜피신 투여) 실시 　• 기초접종을 받지 않은 12개월 미만의 소아가 있는 가정 　　- 4세 미만의 Hib 백신 미접종 또는 불완전 접종 소아가 1명이라도 있는 가정 　　- Hib 예방접종력에 관계없이 면역기능이 억제된 소아가 있는 가정
	학교, 유치원, 영유아 보육시설 등 내에서 접촉자 관리	• 60일 이내에 2명 이상의 침습 질환이 발생하고, 불완전하게 접종받은 소아가 다니고 있을 시 모든 소아 및 소아를 돌보는 직원들에 대한 예방요법(리팜피신 투여)을 고려
예방접종	• 생후 2, 4, 6, 12~15개월에 4회 접종 (근육주사)	

〈 참고! b형 헤모필루스 인플루엔자 항생제 〉	
감염자 치료약	• 3세대 cephalosporin계 항생제(세프트리악손, 세포탁심 등)
접촉자 예방적 항생제	• 리팜피신(rifampicin)

8 폐렴구균감염증

정의		• 폐렴구균(Streptococcus pneumoniae) 감염에 의한 침습성 질환
법정감염병		• 2급 감염병
병원체		• 폐렴구균(S. pneumoniae: pneumococcus)
감염경로 (전파양식)	비말감염	• 호흡기 비말을 통해 사람과 사람 간의 직접 접촉으로 전파되거나 상기도 보균자의 자가접종
	직접접촉	
잠복기		• 폐렴구균 폐렴은 보통 1~3일, 침습성 감염은 명확하지 않음
전염기간		• 호흡기 분비물에 균이 존재하는 동안은 전파가 가능 • 효과적인 항균치료를 시작한 경우 전염성은 24시간 미만인 것으로 추정
주요증상		• 중이염, 폐렴, 균혈증 및 수막염 등
	성인	• 성인에서의 폐렴구균 질환 중에는 폐렴이 가장 흔함
	소아	• 소아에서는 급성 중이염, 부비동염, 폐렴 및 균혈증, 결막염 등이 흔함
합병증		• 농흉, 심막염, 무기폐나 폐농양 등으로 인한 기관지 내 폐색, 사망 등
치료	항생제	• 감염부위, 중증도와 동정된 폐렴구균의 항생제 내성 양상에 따라 적절한 항생제 투여 • 페니실린의 내성정도와 감염부위를 고려하여 적절한 항생제를 투여
접촉자 관리	감시	• 의료기관(요양시설 포함), 보육시설 내 집단발생이 의심되는 경우, 최종 확진환자 보고일로부터 2주간 추가환자 발생 감시
	관리	• 일반적으로 접촉자 관리는 필요하지 않음
예방접종	소아	• 생후 2, 4, 6, 12~15개월에 폐렴구균 단백결합 백신(PCV)으로 4회 접종
	성인	• 65세 이상 노인에서 폐렴구균 다당 백신(PPSV)으로 1회 접종 • 위험군의 경우 연령, 접종력에 따라 접종일정 상이 〈 위험군 〉 • 만성 심혈관 질환자(고혈압 제외), 만성 폐 질환자, 만성 간 질환자, 당뇨병 환자, 인공 와우 이식상태, 뇌척수액 누출 환자, 겸상구 빈혈 또는 헤모글로빈증, 기능적·해부학적 무비증 환자, 면역저하자

9 로타바이러스 감염증(Rotavirus infection)

정의	• 그룹 A형 로타바이러스(Rotavirus A)의 감염에 의한 급성위장관염	
법정감염병	• 4급 감염병	
병원체	• Rotavirus 　• 그룹 A형 로타바이러스 감염증이 사람에게서 흔히 발생 　• 그룹 B형 로타바이러스 감염증은 어린 연령대에서는 잘 일어나지 않으나 중국에서는 집단발생한 사례 발생 　• 그룹 C형은 가끔 사람에게서 집단발생을 일으키는 것으로 알려져 있음	
감염경로 (전파양식)	• 분변-구강 감염 (주요 감염경로임) • 접촉감염 및 호흡기 감염 • 바이러스에 오염된 물을 통한 감염 • 매개물 감염 : 대변으로 오염된 가구 혹은 장난감과 같은 표면에서도 바이러스가 발견되기 때문에 매개물을 통하여 감염이 전파	
잠복기	• 24~72시간	
전염기간	• 대변 내 로타바이러스 배출은 임상 증상이 나타나기 전에 시작되어 대개 2주 이내에 전파가 가능 • 설사가 소실된 후 57일까지도 로타바이러스가 배출되기도 함	
주요증상	• 구토, 발열, 수양성 설사 • 보통 증상은 4~6일 정도 유지됨	
합병증	• 드물지만 탈수, 대사성산혈증, 신부전, 괴사성장염, 급성 뇌증 외에 여러 장기를 침범하여 사망 가능	
치료	대증치료	• 경구 또는 정맥으로 수분, 전해질 보충 • 대부분 회복함 (일부 심한 탈수)
환자 관리	물품 소독	• 증상이 없는 아이들과 구분 • 장내배설물에 오염된 물품 소독
접촉자 관리	감시	• 의료기관(요양시설 포함), 보육시설 내 집단발생이 의심되는 경우, 최종 확진환자 보고일로부터 2주간 추가환자 발생 감시
	관리	• 일반적으로 접촉자 관리는 필요하지 않음
예방접종	• 로타바이러스 경구용 백신	
	5가 백신(경구)	• 생후 2, 4, 6개월 3회 접종
	1가 백신(경구)	• 생후 2, 4개월 2회 접종
예방접종 금기	• 심한 알레르기, 중증복합면역결핍 또는 장겹침증의 병력이 있는 경우는 로타바이러스 백신은 금기임	
예방관리	손씻기	• 식사 전, 배변 후, 조리전, 외출 후 등 손씻기 • 흐르는 물에 30초 이상 손씻기
	안전한 음식섭취	• 음식은 익혀먹기 • 물은 끓여먹기
	환자 접촉 X	• 환자와의 접촉 최소화

10 홍역 19, 92 임용

정의	• 홍역 바이러스(Measles morbillivirus) 감염에 의한 급성 발열 및 발진성 질환		
법정감염병	• 2급 감염병		
병원체	• 홍역 바이러스(Measles morbillivirus		
감염경로 (전파양식) 19 임용	비말핵 공기매개전파	• 에어로졸화 된 비말핵 공기매개 전파, 호흡기 비말, 환자의 비·인두 분비물과 직접접촉	
	호흡기 비말		
	비·인두 분비물과 직접접촉		
전염력	• 전염력이 매우 높음(밀접 접촉 환경에서 노출된 감수성자의 2차 발병률은 90% 이상)		
잠복기	• 7~21일(평균 10~12일)		
전염기간	• 발진이 나타나기 4일 전부터 발진이 나타난 후 4일까지		
등교중지 (격리) 기간	• 발진 4일 전부터 4일 후까지 〈 격리기간 〉 • 발진 발생일을 0을로 하고, 계산함 • 발진 발생 후 4일 → 발진일 0일, +1, +2, +3, +4일까지 등교중지		
평생면역	• 홍역은 한 번 걸린 후 회복되면 평생 면역 획득, 재감염되지 않음		
주요증상 19 임용	• 급성 발열성 발진성 감염병		
	전구기 (3~5일간)	높은 전염력	• 전구기는 전염력이 강한 시기
		구강내 병변(Koplik's spot, 코플릭 반점)	• 구강내 1-2 mm 크기의 회백색 반점 〈 Koplik's spot, 코플릭 반점 〉 • 홍역 환자의 구강 점막에 나타나는 특징적인 병변(1-2mm 크기) • 중심부에 흰색을 띠는 밝은 붉은색 반점으로 발진 1-2일 전 나타나 발진 발생 1-2일 후 소실됨
		발열 기침 등	• 발열, 기침, 콧물, 결막염 증상
	발진기	증상 심한시기	• 발진기는 전반적인 증상이 가장 심한 시기임
		발진 (구진상 발진, 비수포성)	• 발진은 바이러스에 노출 후 평균 14일(7~18일)에 발생하며, 5~6일 동안 지속되고 7~10일 이내에 소실됨 • 발진은 3일 이상 지속되고 발진이 나타난 후 2-3일간 고열을 보임 • Koplik 반점이 나타나고 1~2일 후 홍반성 구진상 발진(비수포성)이 목 뒤, 귀 아래, 몸통, 팔다리, 손·발바닥에 발생

			〈 발진 특징 〉 • 구진상 발진(비수포성) : 붉고, 융기된 반점, 서로 융합되며 커지는 경향 있음 〈 발진 순서 〉 • 얼굴시작(목뒤, 귀아래) → 몸통으로 퍼짐(가슴, 등, 복부 등) → 사지로 확산(팔다리, 손·발바닥)
	회복기	색소침착	• 발진이 사라지면서 색소 침착을 남김 • 작은 겨 껍질 모양으로 벗겨지면서 7-10일 내에 소실됨 • 손과 발은 벗겨지지 않으며 이 시기에 합병증이 잘 생김
합병증	호흡기		• 중이염, 기관지염, 모세기관지염, 기관지폐렴, 크룹 등의 호흡기 합병증
	뇌염		• 급성뇌염, 아급성 경화성 뇌염
치료	대증치료, 보존적 치료		• 보존적 치료: 안정, 충분한 수분 공급, 기침·고열에 대한 대증치료
	비타민 A 투여		• WHO에서는 중증 급성 홍역 환자(특히, 입원이 필요할 정도로 심한 환자)에게 비타민 A 치료를 추천: 비타민 A를 투여하면 홍역의 중증도, 치사율 낮출 수 있음
접촉자 관리 (면역없는 감수성자) 92 임용	MMR 백신		• 백신접종 금기가 아니고, 홍역에 대한 면역력 증가 없는 경우 노출 후 72시간 이내에 MMR 백신 예방접종 실시
	면역글로불린		• 백신접종 금기자인 경우 노출 후 6일 이내에 면역글로불린 근육주사 투여 (12개월 이상시 정맥주사) 〈 백신접종 금기 〉 • 임산부, 6개월 미만 영아, 면역저하자(면역결핍증, 암환자, 항암제, 방사선 투여자, 면역억제제 투여자) 등
예방접종			• 생후 12~15개월, 4~6세에 MMR 백신으로 2회 접종 (피하주사, 제품에 따라 근육주사 가능)

표. 일반 접촉자의 연령 및 노출 경과시간에 따른 예방요법 | 92 임용

연령	홍역에 대한 면역상태	처음 노출로부터 경과한 시간에 따른 예방요법 및 조치		
		≤72시간	4~6일	>6일
6~11개월	• 면역없음 (MMR백신접종 권장시기 이전)	• MMR 백신접종 • (면역글로불린보다 • 백신을 권장함)	• 근육용 면역글로불린 주사	• 노출 후 예방요법 권장하지 않음
≥12개월	• 면역없음	• MMR백신접종	• 노출 후 예방요법 권장하지 않음 • 격리 종료 후 추가 노출 예방을 위해 MMR 접종	

▎표. 홍역 노출 후 감수성자(면역없는자) 조치 정리 표 ▎

대상	조치
6개월 미만	• 면역글로불린 주사
생후 6~11개월	• MMR 백신(금기 아닐 때), 필요시 면역글로불린
12개월 이상	• MMR 백신(금기 아닐 때)
임산부, 면역저하자	• 면역글로불린 주사

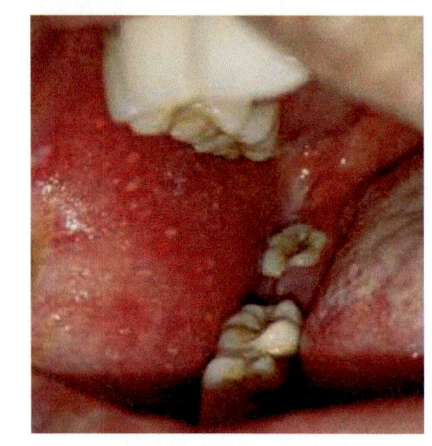

〈 그림. Koplik's spot 〉

자료원. CDC(미국질병통제센터)

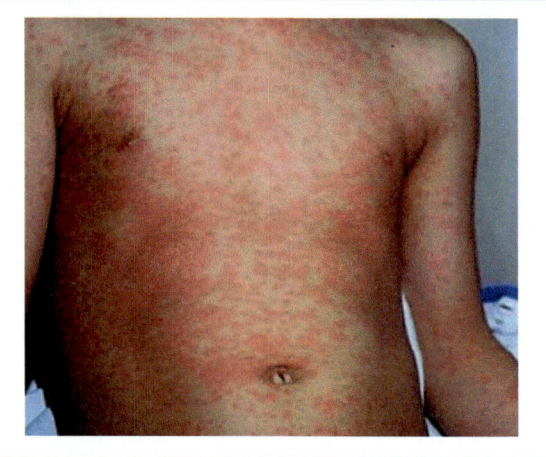

〈 그림. 홍역발진 〉

자료원. CDC(미국질병통제센터)

11 유행선이하선염 19, 15, 08, 96, 92 임용

정의	• 유행성이하선염 바이러스(Mumps orthorubulavirus) 감염에 의한 이하선 부종이 특징적인 급성 발열성 질환으로 '볼거리'라고도 함	
법정감염병	• 2급 감염병	
병원체 15, 08, 96 임용	• 유행성이하선염 바이러스(Mumps orthorubulavirus)	
감염경로 (전파양식) 08 임용	비말전파	• 비말 전파
	오염된 타액과 직접접촉	• 오염된 타액과 직접 접촉
잠복기	• 12~25일(평균 16~18일)	
전염기간 19, 08, 96 임용	• 이하선염 발현 3일 전부터 발현 후 5일까지	
등교중지 (격리) 기간	• 증상 발생 후 5일까지 (이하선염 발현(D-day) 후 5일까지 격리)	

주요증상	전구기	• 근육통, 식욕부진, 권태감, 두통, 미열 등 비특이적인 증상이 나타남
	이하선 부종(종창)과 통증	• 발열, 편측 혹은 양측 이하선의 종창·동통이 특징적임 • 이하선 부종은 2~3일 내에 최고에 달하며, 그 후 1주일 정도면 다른 증상과 함께 치유됨 → 악하선 및 설하선도 약 10%의 환자에서 침범 → 약 25%의 환자는 한쪽에만 증상이 나타남 • 약 20%는 무증상 감염자이며, 일반적으로 30~65%에서 이하선을 침범
	이하선염	• 이하선염이 가장 흔하여 한쪽 또는 양쪽을 침범할 수 있고, 하나의 침샘 혹은 여러 침샘을 침범할 수 있음
	회복	• 통상 1일 내지 3일째 가장 심한 증상을 나타내다가 3일 내지 7일 이내에 호전됨
합병증		• 약 1/3에서 무증상이거나 비특이적인 호흡기 증상만 나타남
	중추신경계 침범	• 무균성 수막염 형태의 중추신경계 침범: 가장 흔한 합병증 • 뇌염 발생
	고환염, 부고환염 96, 92 임용	• 발열과 함께 하부복통 동반. 불임이 되는 경우는 드묾
	난소염	• 사춘기 이후 여성 환자의 5%에서 발생. 불임과의 관계는 없음
	청력장애	• 청력소실은 80% 정도에서 편측성으로 나타남 (난청)
	췌장염	• 췌장염 발생 있음
	기타	• 심근염, 관절염, 신장염, 혈소판감소증, 난청이나 영구적인 청력손실 등
치료	대증치료	• 충분한 수분 공급, 고열·통증(진통제)에 대한 대증치료
간호	신음식 x	• 유행성 이하선염(볼거리)을 앓는 동안에는 신맛이 나는 음식은 피함 → 신 음식은 침샘을 자극하여 통증을 더 심하게 할 수 있음 → 부드러운 음식 섭취, 충분한 수분섭취 등
접촉자관리		• 면역력이 없는 사람(감수성자) : 예방접종 권고
예방접종 19, 08 임용		• 생후 12~15개월, 4~6세에 MMR 백신으로 2회 접종 (피하주사, 제품에 따라 근육주사 가능)

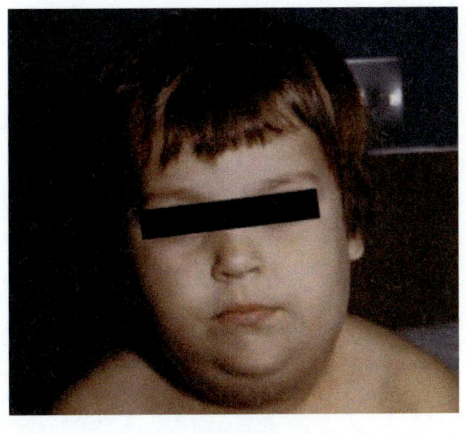

〈 그림. 유행성 이하선염 〉

자료원. CDC(미국질병통제센터)

12 풍진 96 임용

정의		• 풍진 바이러스(Rubivirus rubellae) 감염에 의한 급성 발열성 질환	
법정감염병		• 2급 감염병	
병원체 96 임용		• 풍진 바이러스(Rubivirus rubellae)	
감염경로 (전파양식)	비말전파	• 비말 전파, 직접 접촉, 수직감염(태반을 통한 태아 감염)	
		〈 수직감염 (태반) 〉	
	직접 접촉	임신 12주 이내	• 임신 초기 감염시 태아감염률 80~90%, 기형발생률 높음 (선천성 풍진증후군) • 기형, 유산, 사산, 자궁내 발육 부전 등
		임신 13~16주	• 태아감염률 50%, 기형 위험 감소하지만 여전히 있음
	수직감염	임신 20주 이후	• 태아감염은 가능하지만 선천성 기형 발생 드묾
잠복기 96 임용		• 12~23일(평균 14일)	
전염기간		• 발진 7일전부터 발진 7일후까지	
등교중지 (격리) 기간		• 발진 7일전부터 발진 7일후까지	
주요증상	선천성 풍진증후군	임신초기 (12주 이내)	• 임신 초기에 모체가 풍진에 이환되어 발생 • 모체 감염이 임신 초기에 가까울수록 태아 기형이 더 광범위하고 그 정도 또한 심함
		증상	• 선천성 백내장·녹내장, 선천성 심장기형(특히 동맥관 개존증, 폐동맥 협착 등), 선천성 청력소실(난청), 풍진 망막병증, 자반증, 비장비대, 황달, 소두증, 정신지체, 뇌수막염, 뇌염 등
	후천성 풍진	증상 경미	• 증상이 경미하거나 무증상
		림프절 비대 (통증)	• 귀 뒤, 목 뒤, 후두부
		발열 발진 (홍반성 구진)	• 발열과 발진: 홍역, 성홍열 등의 발진과 비슷 〈 풍진 발진 특징 〉 • 서로 융합되지 않으며, 색소침착도 없음 • 첫째날은 홍역의 발진과 비슷하며, 둘째날은 성홍열의 발진과 비슷하고, 셋째날은 사라지는 경우가 많음 〈 풍진 발진 순서 〉 • 얼굴, 목뒤 → 몸통(가슴, 배 등) → 사지로 몇시간안에 급속히 퍼짐

		결막염, 비카타르 등	• 피로, 결막염, 발열, 비카타르 등
			• 비카타르 : 콧속의 점막에 생기는 염증을 통틀어 이르는 말
합병증			• 관절통 및 관절염(가장 흔함) 혈소판 감소성 자반증, 뇌염(encephalitis), 신경염, 고환염 등
			• 합병증 거의 없이 예후 좋음
치료	대증치료		• 증상에 따른 대증치료 → 대다수가 자연 치유됨
환자관리	선천성 풍진		• 진단 : 특이 IgM 항체 검출 (혈액) • 생후 1년까지 격리 • 임산부와 접촉 금지
	후천성 풍진		• 진단 : 특이 IgM 항체 검출 (혈액) • 격리 • 임산부와 접촉 금지
접촉자관리	면역력이 없는 사람 (감수성자)		• 예방접종 권고 → 노출 후 백신 접종의 질환 발생 예방효과는 증명되지 않았음
	임산부		• IgM 항체 양성시 72시간 근육용 면역글로불린 투여고려 → 효과 불확실, 면역글로불린으로 풍진감염 여부 판정에 혼란 가져오므로 투여여부 신중히 결정
예방접종			• 생후 12~15개월, 4~6세에 MMR 백신으로 2회 접종 (피하주사, 제품에 따라 근육주사 가능)

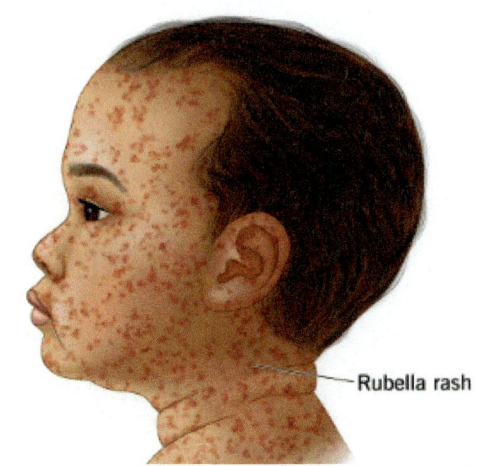

자료원. Cleveland Clinic Health Library

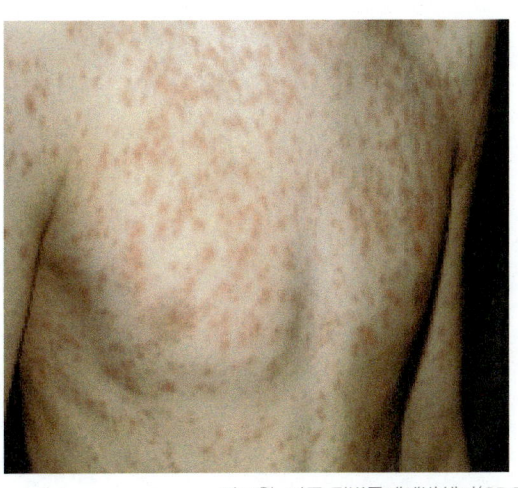

자료원. 미국 질병통제예방센터(CDC)

〈 그림. 풍진 발진 〉

13 수두 22, 13, 02, 95, 93, 92 임용

정의			• 수두 바이러스(Human alphaherpesvirus 3) 감염에 의한 급성 발진성 감염병
법정감염병 13 임용			• 2급 감염병
병원체			• 수두-대상포진 바이러스(Human alphaherpesvirus 3) → 피부 병변에 전염력이 있는 수두-대상포진 바이러스가 존재
감염경로 (전파양식) 22, 13, 02 임용	직접접촉		• 수두 환자의 수포액과 직접 접촉(피부 병변이 주요 감염 전파원
	호흡기 분비물 흡입 (비말핵, 공기매개전파)		• 수두 환자의 호흡기 분비물을 에어로졸(비말핵)로 흡입
	피부병변 수포액 에어로졸 흡입		• 급성 수두 또는 대상포진 환자의 피부병변 수포액을 에어로졸로 흡입
잠복기			• 10~21일(평균 14~16일)
전염력			• 전염성이 매우 높음(수두 환자의 감수성 있는 가족 접촉자의 2차 발병률은 61~90%)
전염기간 (감염가능기간)			• 발진 1~2일 전부터 모든 피부 병변에 가피가 생길 때까지
등교중지(격리) 기간 02 임용			• 모든 수포에 가피가 형성될 때까지
주요증상	• 감수성 있는 사람이 감염되면 거의 대부분 발진이 나타남(무증상 감염은 드묾)		
	선천성 수두	임신 20주 이내	• 임신 첫 20주 이내 임부의 원발성 수두 감염은 선천성 수두증후군과 관련 있음 (기형 위험은 2% 미만) 〈 선천성 수두증후군 〉 • 사지형성부전, 피부반흔(흉터), 국소 근위축, 뇌염, 피질위축, 맥락망막염, 소두증, 저체중 등 다양한 신생아 기형이나 이상소견
	후천성 수두	전구기	• 발진 시작 1~2일 전부터 열감, 권태감이 나타남 • 소아는 발진이 첫 증상인 경우가 많음
		발진기 13, 95, 93 임용	**발진 순서** • 보통 두피, 얼굴, 또는 몸통에 먼저 나타나고 사지로 퍼지는 양상
			발진 형태 • 발진이 전신화되고, 반점(macules), 구진(papules), 수포(vesicles), 농포(pustules), 가피(crust) 순으로 병변이 24시간 이내에 빠르게 진행됨 • 반점 : 1cm보다 크고, 편평하고 불규칙한 형태 • 구진 : 1cm 미만의 단단하고 융기된 형태
			소양감 • 발진은 가려움증 동반함
			• 감수성 있는 사람이 감염되면 거의 대부분 발진이 나타남 → 무증상 감염은 드묾
		회복기	• 모든 병변에 가피가 형성되면서 회복함

합병증		• 발진 부위의 2차 세균감염(가장 흔함), 폐렴, 뇌염, 라이 증후군 등 → 대부분은 경하고, 자가 지유되는 질환으로 합병증 발생하지 않음 〈 라이 증후군(Reye's syndrome) 〉 • 인플루엔자나 수두 등의 바이러스에 감염된 소아나 사춘기 청소년들이 치료 말기에 뇌압 상승과 간 기능 장애 때문에 갑자기 심한 구토와 혼수 상태에 빠져서 생명이 위험한 상태에까지 이르는 질환 • 원인은 소아에서 급성기에 아스피린을 투여받은 경우임 • 뇌압 상승, 혈중 암모니아 상승, 황달이 없는 간 효소 수치의 상승, 혈액 응고 시간의 연장 등이 특징적인 임상 소견임
치료	대증치료	• 합병증 없는 경우 대증치료
	중증화 위험	• 중증화 위험이 있는 경우 항바이러스제로 치료 • 항바이러스제인 아시클로비어(acyclovir)나 비다라빈(vidarabine)을 사용하면 증상이 경감 〈 항바이러스제는 증상이 심한경우에만 투여 〉 • 급성기 통증이나 발진이 호전되는 것을 반나절~이틀정도 앞당길뿐, 증상완화 효과는 없음
환자관리	격리	• 전염기 동안 격리(등교·등원 중지) 권장 • 수두에 걸린 예방접종을 받은 사람은 병변에 가피가 생기지 않을 수 있으며, 이 경우 24시간 동안 새로운 피부병변이 나타나지 않을 때까지 격리(등교·등원 중지 등 타인과 접촉 제한) 권장
		• 소양증 경감 피부간호
	아스피린 금지	• 라이증후군을 유발함
접촉자관리	수두백신 접종	• 백신 금기가 아닌 경우, 노출 후 가능한 3일(최대 5일)이내 예방접종 13 임용
	백신 예방접종 금기 22 임용	• 노출 후 수두-대상포진 면역글로불린(Varicella zoster immune globulin, VZIG)을 10일 이내에 1회 최대한 빨리 근육주사 22 임용 〈 백신접종 금기 〉 • 임산부, 미숙아, 면역저하자(면역결핍증, 암환자, 항암제, 방사선 투여자, 면역억제제 투여자) 등
예방접종		• 12~15개월에 수두백신 1회 접종 (피하주사) 13 임용

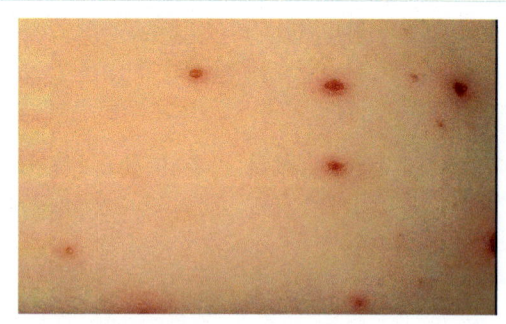
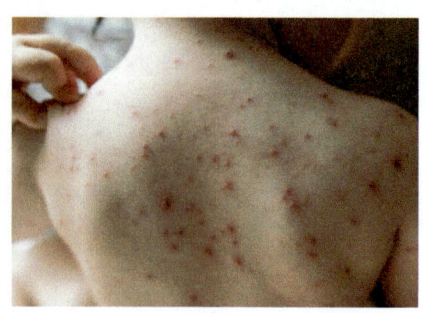

〈 그림. 수두 발진 〉

자료원. 미국 질병통제예방센터(CDC)

표. 수두와 대상포진

- 수두와 대상포진은 같은 바이러스에 의한 질환임
- 수두-대상포진 바이러스에 처음으로 감염되면 수두로 발병하며 바이러스는 평생 몸 안에 존재하게 됨 → 회복 후 바이러스가 감각신경절에 잠복해 있다가 재발 → 대상포진이 발병할 수 있음
- 수두에 걸렸던 사람의 30%는 대상포진이 나타날 수 있고, 대부분 50세 이상의 연령에서 발병하며 나이가 많을수록 빈도가 증가함

14 대상포진

개념		• 피부분절(dermatome)을 따라서 수포성 발진이 발생하는 질환으로, 수두 (varicella)의 원인 바이러스인 수두-대상포진 바이러스(Varicella-zoster virus: VZV)의 일차 감염 이후 감각신경절에 잠복해 있던 바이러스가 재활성화되어 발생
발병기전		• VZV에 처음 감염되면 수두가 발생하게 되고, 그 후 바이러스가 감각 신경을 따라 감각신경절로 이동하여 영구적으로 잠복하게 됨 • 잠복 상태에서는 바이러스 복제는 억제되며 감염력은 없으나, 바이러스가 재활성화
증상	피부분절에 국한	• 신경절에 잠복상태로 있던 VZV가 재활성화되면서 발생하므로, 해당 신경절의 감각신경이 분포하는 피부분절에 국한되어 나타남
	통증 및 감각이상	• 대부분의 환자에서는 발진이 나타나기 2-3일 전 통증 및 감각이상이 나타날 수 있음
	수포, 가피	• 피부분절을 따라 홍반성 구진이 발생하고 빠르게 수포가 형성됨 • 수포는 3-5일 동안 생성되며 7-10일후에 가피가 형성됨
	급성 통증	• 대상포진 발생 시 급성 통증이 동반됨 • 급성 통증은 발진이 발생하기 전부터 발생할 수 있고, 발진이 발생하면서 악화되거나 또는 호전되는 경우도 있음
	10~15일 지속	• 증상과 병변은 보통 10-15일이면 소실되나, 일부에서는 1개월 이상 지속되고 통증이 만성화되는 경우도 있음
	흔한 침범부위	• 흔한 침범부위는 흉부 또는 허리 피부분절이며, 그 외 침범한 신경절에 따라 증상이 다양하게 나타날 수 있음
	실명 (눈 대상포진 경우)	• 5번 뇌신경을 침범하는 경우, 피부병변이 얼굴, 입, 눈 등에 발생할 수 있고, 눈대상포진이 발생하는 경우 실명에 이를 수 있음

합병증	급성기	• 급성기에는 뇌수막염, 척수염, 망막염 등의 합병증이 발생할 수 있고, 그 외 피부병변 부위에 세균감염, 운동신경손상, 천골신경 침범 시 방광 또는 장운동 이상 등이 발생할 수 있음
	대상포진 후 신경통	• 대상포진의 병변이 사라진 후에도 그 부위에 통증이 장기간 지속되는 대상포진 후 신경통이 발생할 수 있음
치료	전신적 항바이러스제	• 항바이러스제를 도포하는 것은 효과가 없으며, 전신적 항바이러스제의 투여가 필요함
	항바이러스 제 효과	• 항바이러스의 투여는 질병기간 및 대상포진 후 신경통 발생 위험을 감소시키는 것으로 알려져 있음
	72시간 내 투여 (빨리)	• 항바이러스제 치료는 가능한 빨리 시작하여야 하는데, 발진 발생 후 72시간 이내에 투여하는 것이 권고됨 • 새로운 수포성 발진이 계속 생기고 있는 경우, 안구-피부 및 신경학적 합병증이 동반된 경우, 중증의 증상을 보이는 경우에는 72시간 이후라도 항바이러스제 투여가 권고됨
	항바이러스제 종류	• 경구용 acyclovir(1회 800mg, 하루 5회), famciclovir(1회 250-500mg, 하루 3회), valacyclovir(1회 1000mg, 하루 3회)등을 주로 사용함
격리	격리기간	• 피부발진이 시작된 후 최소 6일 또는 모든 병소에 가피가 앉을 때까지임
	격리이유	• VZV에 대한 면역력이 없는 사람이 대상포진 환자와 접촉하는 경우 VZV가 전파되어 수두를 일으킬 수 있음
예방접종		• 대상포진 약독화 생바이러스 백신 → 만 50세 이상의 성인 • 대상포진 재조합 백신 → 만 50세 이상의 성인

표. 홍역, 수두, 풍진 발진 비교

	발진 특징	발진 순서
홍역	• 구진상 발진(비수포성) : 붉고, 융기된 반점, 서로 융합되며 커지는 경향 있음	• 얼굴시작(목뒤, 귀아래) → 몸통으로 퍼짐(가슴, 등, 복부 등) → 사지로 확산(팔다리, 손·발바닥)
수두	• 반점 → 구진 → 수포 → 농포 → 가피	• 보통 두피, 얼굴, 또는 몸통에 먼저 나타나고 사지로 퍼지는 양상
풍진	• 홍반성 구진 • 서로 융합되지 않고, 색소침착은 없음	• 얼굴, 목뒤 → 몸통(가슴, 배 등) → 사지로 몇시간안에 급속히 퍼짐

15 A형 간염

정의		• A형간염 바이러스(Hepatovirus A)감염에 의한 급성 간염 질환
법정감염병		• 2급 감염병
병원체		• Hepatovirus A → 바이러스가 장관을 통과해 혈액으로 진입 후 간세포 안에서 증식하여 염증을 일으킴
감염경로 (전파양식)	분변-경구 (대부분)	• '분변-경구'감염경로로 직접 전파 (가장 흔함)
	오염된 물이나 식수	• A형간염 바이러스에 오염된 물이나 음식물 섭취를 통한 간접 전파
	주사기, 혈액제제	• 주사기를 통한 감염(습관성 약물 중독자)나 혈액제제를 통한 감염
	성접촉	• 성접촉을 통한 감염
잠복기		• 15~50일(평균 28~30일)
진단		• 검체(혈액)에서 특이 IgM 항체 검출
치명률		• 치명률은 0.3~0.6%로 알려져 있으나, 50세 이상에서 1.8%로 높아짐
전염기간 (감염가능기간)	황달 O	• 최초증상 발현 2주 전부터 황달이 있는 경우 황달 발생 7일까지 (6세 미만은 황달 대부분 없음)
	황달 X	• 최초증상 발현 2주 전부터 황달이 없는 경우 최초증상발생일로부터 14일간 (6세 이상은 황달 대부분 있음)
등교중지(격리) 기간		• 황달 발생 후 7일간 등교중지 가능
주요증상	간염 증상	• 발열, 식욕감퇴, 구역 및 구토, 어두운 색의 소변(dark urine), 권태감, 식욕부진, 복부 불쾌감, 황달 등
	전격감염	• 수주~수개월 후 대부분 회복하나 드물게 전격간염으로 진행될 수 있음 • 이전에 간경변증이 없던 환자에게 급성 간 손상의 증상이 발현한 이후 8주 이내에 혈액 응고 장애와 함께 간성 뇌증이 발생하는 것임 • 전격간염은 발병할 경우 3주 이내 사망률이 80% 정도에 이를 정도로 매우 급격하고 치명적인 질병임
	만성간염 X	• 만성 간염은 없으나, 감염 환자의 15%는 A형간염이 1년까지 지속 또는 재발할 수 있음
합병증		• 드물게 길랭-바레 증후군, 급성신부전, 담낭염, 췌장염, 혈관염, 관절염 등 • 소수에서 재발성 간염, 자가 면역성 간염, 담즙 정체성 간염 등의 비전형적인 임상증상이 나타날 수 있음 • 전격성 간염으로 인해 급성 간부전으로 진행되면 80% 정도가 사망에 이름

치료	대중치료	• 특이적 바이러스 치료제는 없으며 대중요법으로 대부분 회복됨 • 적극적 수분 및 영양 보충(경구 및 정맥주사)
	입원치료	• 전격성 간염 또는 구토로 인해 탈수된 환자는 입원치료 필요
	격리, 업무제한	• 보육시설·요양시설 종사자, 의료기관 종사자, 집단급식소 및 식품접객업소 종사자는 황달 발생 후 7일간 업무 종사의 일시 제한
접촉자 관리	예방접종	• A형간염의 과거 병력이나 백신 접종력이 없는 경우, 노출 후 2주 이내에 예방접종 또는 면역글로불린 투여
	면역글로불린	→ 백신과 면역글로불린의 효과가 유사하므로, 수동면역인 면역글로불린보다는 능동면역인 백신의 사용을 권장
예방접종	• 1차는 12~23개월(국가예방접종 사업 대상임), 2차는 6개월 이상 경과한 뒤 접종 (근육주사)	
예방	• 올바른 손 씻기의 생활화 : 흐르는 물에 비누로 30초 이상 손 씻기 → 특히 식사 전, 배변 뒤 • 음식익혀 먹기, 물 끓여 마시기 • 위생적으로 조리하기	

16 일본뇌염

정의	• 일본뇌염 바이러스(Japanese encephalitis virus) 감염에 의한 질환
법정감염병	• 3급 감염병
병원체	• 일본뇌염 바이러스(Japanese encephalitis virus)
병원소	• 사람, 돼지, 야생조류
매개체	• 주로 야간에 동물과 사람을 흡혈하는 Culex 속의 모기에 의해 전파됨 • 우리나라는 작은빨간집모기(Culex tritaeniorhynchus)에 의해 사람에게 전파 • 주로 돼지가 증폭숙주로서의 역할 • 매개모기는 바이러스에 감염된 증폭숙주의 피를 흡혈하고 몸속에서 바이러스가 충분히 증식 할 수 있는 시간(외적잠복기)을 거친 후 사람을 흡혈할 때 인체에 감염됨 • 이 때 감염된 사람은 종말숙주(dead-end host)로 더 이상 바이러스를 다른 숙주로 전달할 수 없는 상태임
감염경로	• 매개 모기에 물려 감염 – 사람이 감염된 초기에는 모기를 감염시킬 만큼 충분한 바이러스혈증이 발생하지 않음
잠복기	• 5~15일
격리	• 사람간 전파가 없어 격리 필요 없음
진단	• 검체(혈액)에서 특이 IgM 항체 검출
치명률	• 치명률은 0.3~0.6%로 알려져 있으나, 50세 이상에서 1.8%로 높아짐
합병증	• 인지장애(가장 많음), 마비, 언어장애, 운동장애, 정신장애 등

주요증상	무증상, 가벼운 증상	• 대부분 무증상이거나, 발열 및 두통 등 가벼운 임상 증상이 나타남
	뇌염 (드묾)	• 드물게 뇌염으로 진행되면 고열, 발작, 목 경직, 착란, 떨림, 경련, 마비 등의 증상이 나타나며 20~30%의 사망률을 보임 • 일반적인 소견은 소뇌 징후, 뇌신경 마비, 인지 및 언어장애가 나타날 수 있고 심한 경우에는 파킨슨 증상과 발작이 생길 수 있음
합병증		• 뇌염의 경우 회복되어도 환자의 30~50%는 다양한 신경계 합병증을 겪음
치사율		• 뇌로 감염이 퍼지게 되면, 이중 20~30%는 사망할 수 있음
치료	대증치료	• 특이적 바이러스 치료제는 없으며 대증요법으로 대부분 회복됨

예방접종	불활성화 백신	• 총 5회 접종
		  • 1~2차: 생후 12~23개월, 1개월 간격으로 2회 접종
		  • 3차: 24~35개월, 2차 접종 11개월 후 접종
		  • 4차: 만 6세 접종
		  • 5차: 만 12세 접종

	약독화 생백신	• 총 2회 접종
		  • 1차: 생후 12~23개월
		  • 2차: 1차 접종 12개월 후 접종

	접종방법	• 피하주사

┃ 표. 모기 예방수칙 ┃

- 야외 활동 시 밝은 색의 긴 바지와 긴 소매의 옷을 입어 피부노출을 최소화하고, 모기가 흡혈하지 못하게 품이 넓은 옷을 착용하는 것이 좋다.
- 노출된 피부나 옷, 신발 상단, 양말 등에 모기 기피제를 사용하고, 야외 활동 시 모기를 유인할 수 있는 진한 향수나 화장품 사용은 자제하는 것이 좋다.
- 가정 내에서는 방충망 또는 모기장을 사용하고, 캠핑 등으로 야외 취침 시에도 텐트 안에 모기 기피제가 처리된 모기장을 사용하는 것이 좋다.
- 매개모기 유충의 서식지가 될 수 있는 집주변의 물 웅덩이, 막힌 배수로 등에 고인 물을 없애서 모기가 서식하지 못하게 한다.

17 인플루엔자 18 임용

정의	• 인플루엔자바이러스(Iinfluenza A, B, C, D) 감염에 의한 급성호흡기질환	
병원체	• 인플루엔자바이러스(Iinfluenza A, B, C, D)	
법정감염병	• 4급 법정감염병 18 임용	
감염경로 (전파양식)	• 감염된 환자의 호흡기로부터 비말로 전파	
잠복기	• 1~4일 (평균 2일)	
전염기간	• 증상 발생 1일 전부터 발병후 5~7일까지 (단, 소아나 면역저하자에서는 바이러스 배출기간이 10일 이상 길기도 함)	
등교중지 (격리)기간	학교지침	• 유행차단을 위한 등교중지는 의미없지만, 환자상태에 따라 실시
	질병관리청 지침	• 증상 발생 후 감염력 소실(해열 후 24시간 경과)될때까지 등교, 등원, 출근하지 않고 집에서 휴식 권고 → 해열제 복용없이도 해열 된 후 최소 24시간 이상 경과를 관찰한 후 등교, 등원, 출근
주요증상	고열	• 고열(38~40도)
	호흡기증상	• 마른기침, 인후통 등 호흡기증상
	전신증상	• 두통, 근육통, 피로감, 쇠약감, 식욕부진 등 전신증상
	소화기 증상	• 주로 소아에서 구토, 오심, 설사 등 소화기 증상이 동반
	기타	• 그 외 콧물, 코막힘, 안구통, 구토, 복통, 흉통, 경련 등이 동반될 수 있음
	• 대부분 경증으로 자연치유되지만 노인, 영유아, 만성질환자, 임산부 등은 합병증 발생 또는 기저질환의 악화로 입원치료를 받을수도 있고, 일부는 사망에 이를 수 있음	
합병증	상부호흡기	• 부비동염, 중이염 등 상부호흡기 감염증이 흔함
	하부호흡기	• 모세기관지염, 기관지염, 폐렴 등 하부호흡기 감염증 • 가장 흔한 합병증 : 폐렴 → 노인, 만성질환 등에서 발생시 기저질환이 악화되거나 합병증으로 사망도 가능
	신경계	• 뇌염, 척수염, 갈랑-바레 증후군
	기타	• 횡단성 척수염, 심장합병증(심근염, 심남영) 근육염(횡문근 융해증), 기흉, 라이증후군 등이 발생할 수 있음
주요증상	고열	• 고열(38~40도)
	호흡기증상	• 마른기침, 인후통 등 호흡기증상
	전신증상	• 두통, 근육통, 피로감, 쇠약감, 식욕부진 등 전신증상
	소화기 증상	• 주로 소아에서 구토, 오심, 설사 등 소화기 증상이 동반
	기타	• 그 외 콧물, 코막힘, 안구통, 구토, 복통, 흉통, 경련 등이 동반될 수 있음
	• 대부분 경증으로 자연치유되지만 노인, 영유아, 만성질환자, 임산부 등은 합병증 발생 또는 기저질환의 악화로 입원치료를 받을 수도 있고, 일부는 사망에 이를 수 있음	

합병증	상부호흡기	• 부비동염, 중이염 등 상부호흡기 감염증이 흔함
	하부호흡기	• 모세기관지염, 기관지염, 폐렴 등 하부호흡기 감염증 • 가장 흔한 합병증 : 폐렴 → 노인, 만성질환 등에서 발생시 기저질환이 악화되거나 합병증으로 사망도 가능
	신경계	• 뇌염, 척수염, 갈랑-바레 증후군
	기타	• 횡단성 척수염, 심장합병증(심근염, 심낭염) 근육염(횡문근 융해증), 기흉, 라이증후군 등이 발생할 수 있음
치료	대증요법	• 안정, 충분한 수분섭취 • 해열진통제, 진해거담제 등의 복용으로 증상경감
	항바이러스제 치료	• 증상이 아주 심한 경우나 심각한 합병증 우려시 항바이러스 제제 사용
	항생제	• 중이염, 폐렴 합병증, 2차 감염 발생시 항생제 투여
접촉자 관리		• 고위험 시설(노인주거복지시설(양로시설), 노인의료복지시설(노인요양시설))에 인플루엔자 유행시에는 접촉자에 대한 예방적 항바이러스제 투여 고려
예방접종	〈 국가 표준예방접종 〉	
	접종 연령	• 생후 6개월 이상 9세 미만 소아
	백신 종류	인플루엔자 불활성화 백신
	접종 횟수 — 첫 해	• 인플루엔자 예방접종을 처음 받는 경우 최소 4주 간격으로 2회 접종
	접종 횟수 — 다음해부터	• 이듬해부터는 매년 1회 접종. 접종 첫 해에 1회만 접종 받았다면 다음 해에 4주 간격으로 2회 접종해야 함
	접종 방법	• 근육 주사
예방접종 주의사항		• 인플루엔자 백신 접종 후 6주 이내 갈랭-바레 증후군의 과거력이 있는 사람 • 중등도 또는 중증 급성 질환자는 증상이 호전될때까지 연기
예방접종 금기사항		• 생후 6개월 미만 영아 • 과거 인플루엔자 백신접종 후 중증(생명에 위협적인) 알레르기 반응이 있었던 경우 • 인플루엔자 백신의 성분에 중증 알레르기 반응이 있었던 경우
예방관리	올바른 손씻기	• 흐르는 물에 비누로 30초 이상 씻기
	기침 예절	• 기침이나 재채기 할 때 휴지나 옷소매 위로 입과 코를 가리고 하기
	눈,코,입 만지지 않기	• 씻지 않은 손으로, 눈, 코, 입 만지지 않기
	접촉 금지	• 급성호흡기 환자와 접촉하지 않기
	청소, 소독	• 환자 공동으로 사용하는 물건, 시설 등에 대한 청소, 소독하기

표. 인플루엔자 우선접종 대상자

- 매년 인플루엔자 유행시기 이전에 예방접종을 받기를 권장함
- 인플루엔자 백신 70~90%의 예방효과
- 노인: 독감 예방, 폐렴에 의한 입원 방지, 사망 예방

〈 인플루엔자 우선 접종 대상자 「예방접종의 실시기준 및 방법」(질병관리청 고시 2020-9호) 〉

1) 인플루엔자 바이러스 감염 시 합병증 발생이 높은 대상자(고위험군)

- 65세 이상 노인
- 생후 6개월~59개월 소아
- 임신부
- 만성폐질환자, 만성심장질환자(단순 고혈압 제외)
- 만성질환으로 사회복지시설 등 집단 시설에서 치료, 요양, 수용 중인 사람
- 만성 간 질환자, 만성 신 질환자, 신경-근육 질환, 혈액-종양 질환, 당뇨환자, 면역저하자(면역억제제 복용자), 60개월~18세의 아스피린 복용자
- 50~64세 성인

2) 고위험군에게 인플루엔자를 전파시킬 위험이 있는 대상자
- 의료기관 종사자
- 6개월 미만의 영아를 돌보는 자
- 만성질환자, 임신부, 65세 이상 노인 등과 함께 거주하는 자

3) 집단생활로 인한 인플루엔자 유행 방지를 위해 접종이 권장되는 대상자
- 생후 60개월~18세 소아 청소년
  - 코로나19 대응과 관련한 종사자도 인플루엔자 백신 우선접종 권장

18 사람(인간)유두종바이러스(HPV)

(1) 원인 및 임상양상

원인	• 사람유두종바이러스(Human Papillomavirus, HPV)
임상양상	• 감염은 대부분 무증상이고 자연적으로 소멸 • 지속적인 HPV 감염은 자궁경부암, 자궁경부 전암병변, 항문 생식기의 사마귀와 호흡기에 생기는 유두종 병변 등을 일으킴 • HPV 16, 18은 자궁경부암 원인의 70%를 차지하며, HPV 6, 11은 생식기 사마귀(첨형 콘딜로마) 원인의 90%를 차지함 • HPV 감염 후 자궁경부 전암병변을 거쳐 자궁경부암으로 발전하는데 평균 10년 이상의 시간이 걸림

(2) HPV 백신 예방접종

① 예방접종 대상

대상	• 만 11세~12세 여아(만 9세부터 접종가능)
접종횟수	• 총 2회 접종
접종간격	• 6~12개월 간격 (0, 6~12개월 간격)

표. 백신종류와 나이에 따른 예방접종

백신종류	첫 접종나이	접종횟수	접종일정
2가, 4가, 9가	만 9~14세	2회	0, 6~12개월
2가	만 15~25세	3회	0, 1, 6개월
4가	만 15~25세	3회	0, 2, 6개월
9가	여성 만15~45세 남성 만 15~26세	3회	0, 2, 6개월

② 국가예방접종 지원 대상 20 임용

대상	• 만 12세 여아 20 임용
접종횟수	• 총 2회
접종간격	• 6~12개월 간격 (0, 6~12개월 간격)
백신종류	• 2가, 4가 백신

19 수막구균성 감염증

정의	• 수막구균(Neisseria meningitidis, Meningococcus) 감염에 의한 급성 감염질환 (호흡기 감염증)
법정감염병	• 2급 감염병
병원체	• Neisseria meningitidis
병원소	• 사람
감염경로 (전파양식)	**비말감염** • 환자나 보균자의 비강, 인두의 호흡기 비말이나 분비물에 전파 **직접접촉** • 직접 접촉에 의해 전파 • 인구의 5-10%는 무증상 보균자로 대부분은 무증상 보균자에 의해 감염
잠복기	• 2일~10일 (평균 3~4일)
증상	• 대부분 수막염(50%), 패혈증(40%)이 발생함 **수막구균성 수막염 (가장흔함)** • 갑작스런 두통, 발열, 경부경직, 오심, 구토, 광선공포증(눈이 빛에 더 민감함), 정신상태변화, 의식저하 등 **수막구균 패혈증** • 수막염 없이 발생할 수 있음 • 혈액에 침투하여 감기와 같이 경증부터 발병 24시간 이내에 사망까지 다양 • 갑작스런 발열, 오한으로 시작 • 저혈압, 범발성 혈관내 응고증, 산증, 부신출혈, 신부전, 심부전, 혼수 등을 특징으로 하는 패혈성쇼크로 급속히 진행 가능 **점출혈, 자색반** • 점출혈 : 병의 전조, 수막구균혈증의 50-80%에서 발생 • 전격 자색반 : 점출혈 또는 자반이 진행된 증상 **기타 감염** • 폐렴, 관절염, 후두개염, 중이염, 심낭염, 결막염, 요도염, 직장염 등
합병증	• 10~20%는 영구 청력 상실, 지적 장애 또는 절단해야 할 수 있는 손가락, 발가락 혹은 사지 괴저를 포함한 혈류 감염 합병증
치명률	• 10~15% 내외, 수막염에서는 낮고, 패혈증에서는 40%까지 치명률 높음 • 회복 환자의 11-19%에서 청각장애, 인지 장애, 피부괴사, 신경계 질환 등 후유증
전염기간	• 항생제 치료 후 24시간까지
등교중지(격리) 기간	• 항생제 치료 후 24시간까지
치료	• 항생제 사용 : 3세대 세팔로스포린 등 (세프트리악손 또는 세포탁심) 사용
접촉자 관리	• 예방적 화학요법 실시 : 발열 등 초기증상 발생시 즉각적인 항생제 치료 • 의심 환자는 즉각 항생제를 투여해야 사망률과 후유증을 줄일 수 있음

예방접종	• 국가 예방접종 x • 필요시 수막구균 백신 접종 ① 보체 결핍 ② 해부학적(비장 절제 등) 또는 기능적 무비증 ③ HIV 감염증 ④ 신입 훈련병 ⑤ 수막구균을 취급하는 미생물 담당자 ⑥ 수막구균 유행지역 여행자 또는 체류자, 사우디아라비아 메카 순례 여행자 ⑦ 소속 집단 또는 거주지역에서 수막구균 감염 유행 시 ⑧ 예방접종증명서를 필요로 하는 경우

20 성홍열

정의	• A군 베타 용혈성 연쇄구균(Group A β –hemolytic Streptococci)의 발열성 외독소에 의한 급성 발열성 질환 (호흡기 감염병)	
법정감염병	• 2급 감염병	
병원체	• A군 베타용혈성 연쇄구균(Group A β –hemolytic Streptococci) – 발열외독소를 생산하는 Streptococcus pyogenes 〈 독소 〉 1. Streptolysin S, Streptolysin O • 세포의 세포막에 손상을 입혀 면역 세포를 용해시키고 용혈을 일으키는 독소 Streptolysin O에 대한 항체인 Anti-streptolysin O(ASO)측정으로 최근 감염 확인 2. 발열성 외독소 • 외독소 A, B, C는 모세혈관 벽에 손상을 가하여 성홍열 특유의 붉은 피부 발진을 야기 • 면역 저하와 세포사멸을 일으킴 • 가용성이며 1시간 동안 끓이면 파괴됨	
감염경로 (전파양식)	직접접촉	• 환자와 보균자의 호흡기 분비물과 직접 접촉
	간접접촉	• 환자와 보균자의 호흡기 분비물과 손이나 물건을 통한 간접 접촉
	• 긴밀한 접촉이 흔한 학교, 어린이 보호시설, 군대훈련소 등에서 유행 발생	
호발대상	• 5~15세	
계절성	• 일년 내내 발생하나 주로 늦은 겨울과 초봄에 많이 발생	
잠복기	• 1~7일	
전염기간	• 항생제 치료 시작 후 24시간까지 격리	
등교중지(격리) 기간	• 항생제 치료 시작 후 24시간까지 격리	

주요증상	인두염, 인두통, 발열	• 인두통에 동반되는 갑작스런 발열(발열과 인후통으로 시작) • 두통, 식욕부진, 오심, 구토, 인두염, 복통 등
	발진	• 1~2일 후면 작은 좁쌀 크기로 입주위 및 손발바닥을 제외한 전신에 나타나지만 발진은 병의 첫 징후로 나타나기도 함 • 발진은 3~4일(7일) 후에 사라지기 시작하며, 간혹 손톱 끝, 손바닥, 발바닥 주위로 피부 껍질이 벗겨지기도 함 〈 성홍열 발진 특징 〉 <table><tr><td>작은 좁쌀크기의 구진</td><td>• 작은 좁쌀 크기의 발진이 입주위(입주위는 창백)를 제외한 전신에 나타남</td></tr><tr><td>입주위는 창백</td><td></td></tr><tr><td>압박 시 퇴색 (압박 시 창백)</td><td>• 압박을 가하면 퇴색 (창백해짐)</td></tr><tr><td>햇볕에 탄 피부</td><td>• 햇볕에 탄 피부에 소름이 끼친 것 같이 보이기도 함</td></tr><tr><td>손, 발 피부 껍질 벗겨짐</td><td>• 발진은 보통 7일 후면 사라지며, 손톱 끝, 손바닥, 발바닥 주위로 피부 껍질이 벗겨지기도 함 • 환자의 1/3정도는 발진이 없어진 후 피부 껍질이 벗겨지며 흉터가 남을 수 있음</td></tr></table> 〈 성홍열 발진 순서 〉 • 목, 겨드랑이, 가슴, 사타구니, 몸통 등 상부에서 시작하여 팔다리로 퍼져나감
	붉은 얼굴 (입주위 창백)	• 얼굴은 홍조가 나타나나 입 주위는 창백
	혀 (딸기혀)	• 처음에는 회백색이 덮이고 돌기가 현저히 두드러지는 모양에 발병 후 2~3일 지나면 붉은색을 띠고 돌기가 붓는 딸기 모양으로 새빨간 혀가 됨 • 혀 백태 → 딸기혀
	• 편도선이나 인두 후부에 점액 화농성의 삼출액, 경부 림프절 종창 등	
합병증	화농성	• 중이염, 부비동염, 유양돌기염, 경부림프절염, 편도주위 농양, 인두후방 농양, 부비동염, 폐렴, 수막염, 골수염, 패혈증성 관절염 등
	비화농성	• 급성사구체신염, 류마티스열 등
치명율	• 1% 이하	
치료	항생제	• 아목시실린(Amoxicillin), 페니실린(Benzathine penicillin G)

예방		예방백신 없음	
	일반적 예방	올바른 손씻기	• 흐르는 물에 비누로 30초 이상 손씻기
		기침 예절	• 기침이나 재채기는 휴지나 옷소매 위쪽으로 입과 코를 가리고 하기 • 발열 및 호흡기 증상이 있으면 마스크 쓰기
		개인물품 공유x	• 수건, 물컵, 식기구 등 개인용품 공유하지 않기

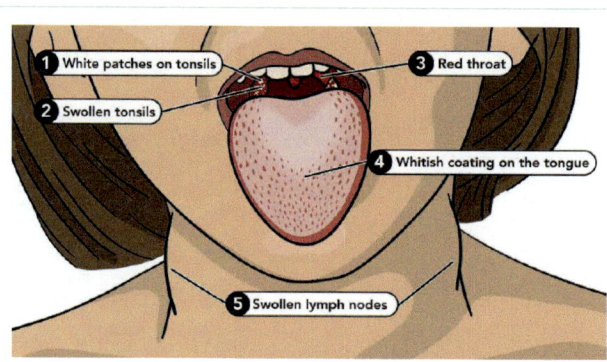

〈 그림. 초기, 회백색으로 덮인 돌기가 두드러진 흰 혀(White strawberry tongue) 〉

자료원. 미국 질병통제예방센터(CDC)

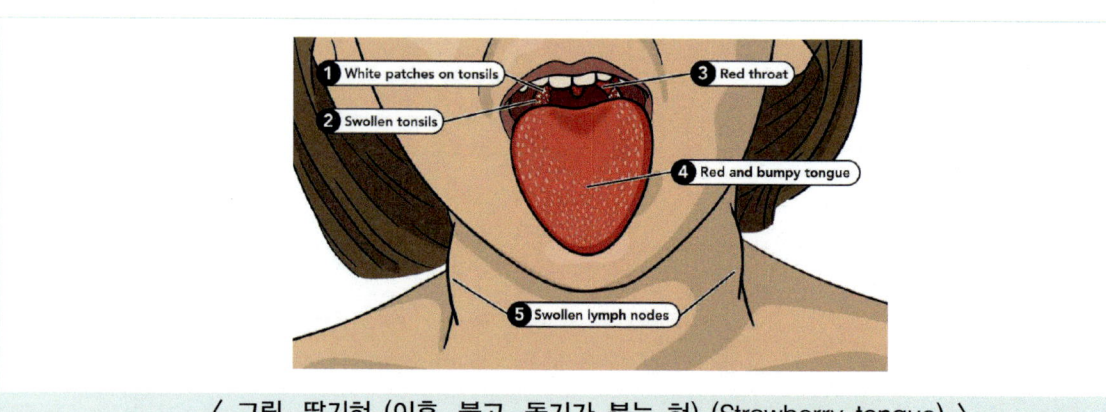

〈 그림. 딸기혀 (이후, 붉고, 돌기가 붓는 혀) (Strawberry tongue) 〉

자료원. 미국 질병통제예방센터(CDC)

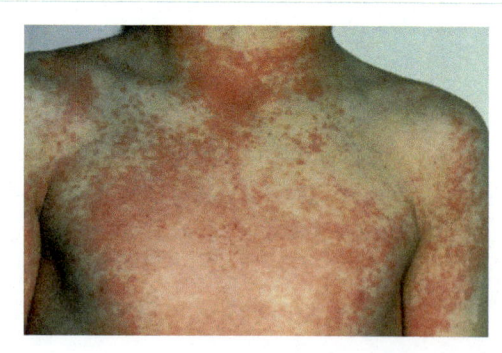 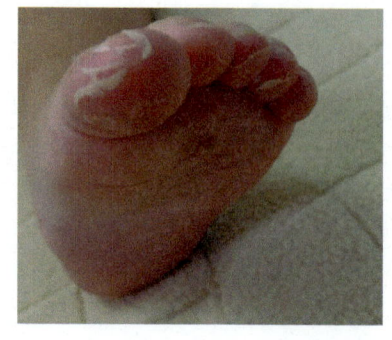

〈 그림. 성홍열 발진 〉

21 코로나 바이러스 감염증 25 임용

정의	• 코로나19(COVID-19)는 SARS-CoV-2에 의한 감염병으로 무증상감염부터 사망에 이르는 폐렴을 일으키는 등 다양한 임상경과를 유발하는 질환임
법정감염병	• 4급 감염병 25 임용
병원체	• 코로나비리데과에 속하는 코로나 19바이러스 → Severe Acute Respiratory Syndrome-Coronavirus-2 (SARS-CoV-2)
감염경로 (전파양식)	**호흡기 비말**: • 기침, 재채기, 말하기 등으로 인한 호흡기 비말 **표면접촉**: • 바이러스에 오염된 표면이나 물체를 만진 후 눈, 코, 입을 만지면 감염 **공기전파**: • 밀폐된 공간에서 공기전파(에어로졸) 가능 • 공기전파는 의료기관의 에어로졸 생성 시술, 밀폐된 공간에서 장시간 호흡기 비말을 만드는 환경 등 특정 환경에서 제한적으로 전파되는 것으로 알려짐 • 표면접촉: 감염된 사람과의 직접 접촉(악수 등) 또는 매개체(오염된 물품이나 표면)를 만진 후, 손을 씻기 전 눈, 코, 입 등을 만짐으로 바이러스 전파 • 에어로졸 생성 시술: 기관지 내시경 검사, 객담 유도, 기관삽관, 심폐소생술, 개방된 객담 흡입, 흡입기 등 • 밀폐된 공간에서 장시간 호흡기 비말을 만드는 환경: 환기가 부적절하게 이루어진 노래방, 커피숍, 주점, 실내 운동시설 등에서 감염자와 같이 있거나 감염자가 떠난 즉시 그 밀폐공간을 방문한 경우
잠복기	• 1~14일(평균 5~7일)
등교중지(격리) 기간	• 증상이 사라진 날부터 등교가능
치사율	• 전 세계 치명률 약 0.90% • 우리나라 치명률 약 0.10%
환자관리	• 표준주의, 접촉주의, 비말주의 준수 • 권고격리 기간 동안 스스로 건강관리하고 증상발현 시 신속하게 진료를 통한 조기치료
접촉자 관리	• 감염증상 발생 여부 관찰

주요증상	증상 다양		• 임상 증상은 무증상, 경증, 중등증, 중증(ARDS)까지 다양 • 일부 환자는 매우 경한 증상을 보이거나 증상이 나타나지 않음(무증상 많음) • 환자의 약 80%는 경증, 14%는 중증, 5%는 치명적임 • 환자의 중증도는 고령과 기저질환 유무와 관련이 있음
	증상	주요증상 (상기도 감염)	• 발열(37.5℃ 이상), 기침, 호흡곤란, 오한, 근육통, 두통, 인후통, 후각·미각소실 등이 있음
		폐렴	• 폐렴 발생시 전격성 경과를 밟는 경우가 흔함
		그 외 증상	• 그 외에 피로, 식욕감소, 가래, 소화기증상(오심, 구토, 설사 등), 혼돈, 어지러움, 콧물이나 코막힘, 객혈, 흉통, 결막염, 피부 증상 등이 다양하게 나타남
	심각한 증상	60세 이상	• 주로 60세 이상의 사람과 고혈압, 당뇨병, 비만, 암 등의 질병을 가지고 있는 사람이 중증으로 발전할 수 있고, 또한 예방접종을 받지 않을 경우 심각한 증상이 나타날 위험이 높음
		질환자	
		예방접종 미접종자	
합병증	• 정맥 혈전 색전증 • 심혈관계 합병증: 심근염, 심부전, 부정맥, 급성 관상동맥 증후군, 급사 등 • 급성 신장 손상, 급성 간 손상 • 신경계 합병증: 급성 뇌혈관 질환, 의식장애, 운동 실조증, 경련, 신경통, 골격근 손상, • 피질 척수 징후, 수막염, 뇌염, 뇌수막염, 횡단척수염, 정맥동혈전증 등 • 패혈성 쇼크, 파종성 혈관내 응고 • 급성호흡곤란 • 사이토카인 방출 증후군 -다발성 장기부전 • 소아 다기관 염증 증후군, 임신 관련 합병증(태아곤란, 조산, 신생아의 호흡곤란, 간기능 이상, 혈소판 감소증 등), 아스페르길루스증, 췌장손상, 자가면역용혈성빈혈, • 면역성 혈소판 감소증, 아급성 갑상선염 등		
치료	자율치료		• 자율치료 원칙, 입원치료 필요할 경우 입원가능
	항바이라스제		• 60세이상, 기저질환자·면역저하자 고위험군 대상으로 치료제(항바이러스제) 처방
환경관리	• 자주 만지는 표면과 물건 소독 • 코로나19 유행 시기에는 책상, 계단 난간, 문손잡이, 컴퓨터 키보드, 수도꼭지 손잡이, 전화기 및 장난감과 같이 자주 접촉하는 표면이나 물건을 소독액을 충분히 적신 수건이나 소독용 티슈 등으로 닦아 소독하는 등 매일 위생적으로 청소		
예방	예방접종		• 코로나 백신 접종하기
	손씻기		• 흐르는 물에 비누로 30초 이상 손씻기
	기침예절		• 기침이나 재채기 할 때 휴지나 옷소매 위쪽으로 입과 코를 가리고 하기
	마스크 착용		• 마스크 착용하기

22 수족구 감염증(Hand, foot and mouth disease)

정의	• 콕사키바이러스 등 엔테로바이러스 감염에 의해 발열 및 입안의 물집과 궤양, 손과 발의 수포성 발진을 특징으로 하는 질환
법정감염병	• 4급 감염병
호발대상	• 보통 10세 미만, 특히 5세 이하의 영·유아에서 자주 발생 • 성인도 발생 가능

병원체	• 엔테로바이러스 속(Enterovirus genus)에 해당하는 바이러스에 의해 발생
	  – 콕사키바이러스 A16형이 주 원인
	  – 엔테로바이러스 71형, 콕사키바이러스 A5, A6, A7, A9, A10, B2, B5형 등에 의해서도 발생

감염경로 (전파양식)	직접접촉이나 비말 (호흡기)	• 직접접촉이나 비말을 통해 사람 간 전파 • 감염자의 타액(침), 객담(가래), 콧물 등 호흡기 분비물 • 감염자의 수포안의 진물
	분변-경구	• 감염자의 대변 • 오염된 물을 마시거나 수영장에서도 전파 가능
	매개물	• 매개물을 통한 전파도 가능
	\multicolumn{2}{l}{• 증상이 사라진 후에도 전파가능}
	\multicolumn{2}{l}{• 무증상 감염자(특히 성인)도 다른 사람들에게 바이러스 전파가능}

잠복기	• 3~7일 • 증상의 발현 유무에 상관없이 감염 후에 호흡기로는 1~3주 이내, 분변을 통해서는 7~11주까지도 바이러스가 배출
전염기간	• 발병 후 7일간 가장 전염력 강함 • 전염기간 : 피부병변(수포)에 가피가 생성될때까지
등교중지(격리) 기간	• 수포 발생 후 6일간 또는 가피가 형성될 때까지

주요증상	발열 전신증상		• 발열, 식욕감소, 무력감 • 처음에는 발열(보통 24~48시간 지속), 식욕부진, 인후통, 무력감 등으로 시작
	구강내 통증성 피부병변		• 발열 1~2일 후 구강 내에 주로 입안의 볼 안쪽(뺨 안쪽), 잇몸, 혀, 입천장 등에 통증성 작은 붉은 반점이 나타남
	발진 (통증 동반)	수포	• 작고 붉은 반점으로 시작하여 수포(물집)이 되고 종종 궤양으로 발전
		입(구강), 손, 발	• 혀와 구강 점막, 인두, 구개, 잇몸, 입술 등에 수포가 발생해서 나중에 궤양을 형성하기도 함 • 주로 손, 발, 손목, 발목, 엉덩이, 사타구니 등에 홍반, 구진, 혹은 수포, 농포 양상을 보이며 통증을 동반 • 주로 손바닥, 발바닥 그리고 손등, 발등에도 나타남
		엉덩이, 사타구이	• 엉덩이에 비수포성 발진이 나타나기도 함 • 발진은 주로 입, 손, 발, 영유아의 경우 기저귀가 닿은 부위
	위장증상		• 설사, 구토
	탈수		• 영유아의 경우 구내염 통증으로 인해 타액을 삼킬 수 없는 경우 탈수 증상을 보임
	재감염		• 수족구병에 걸려 회복되어도 다시 재감염 가능
	• 증상은 보통 경미하며, 대개 7~10일 내에 저절로 없어짐		
치료	대중치료		• 해열 진통제로 증상을 완화, 탈수로 인한 수분보충 등 대증요법
합병증	• 뇌간 뇌척수염, 신경원성 폐부종, 폐출혈, 심근염, 심장막염, 쇼크 및 사망 • 뇌염이나 회색질 척수염와 같은 마비증상이 보이기도 함 • 엔테로바이러스 71형에 의한 수족구병은 합병증이 더 많이 발생하며, 콕사키 바이러스 A16형보다 더 심한 질병을 일으킴 • 콕사키바이러스 A16형도 심근염, 심장막염 및 쇼크 등이 간혹 발생		
예방	올바른 손씻기		• 흐르는 물에 비누로 30초 이상 손 씻기 • 외출 후, 배변 후, 식사 전·후, 기저귀 교체 전·후
	기침예절		• 기침할 때는 휴지나 옷소매 위쪽으로 입과 코를 가리고 하기
	철저한 환경관리		• 아이들의 장난감, 놀이기구, 집기 등을 청결(소독)하게 관리 • 환자의 배설물이 묻은 옷 등을 철저히 세탁하기
	• 수족구병이 의심되면 바로 병의원에서 진료를 받고 자가 격리하기, 환자와 접촉피하기 • 현재 백신 없음		

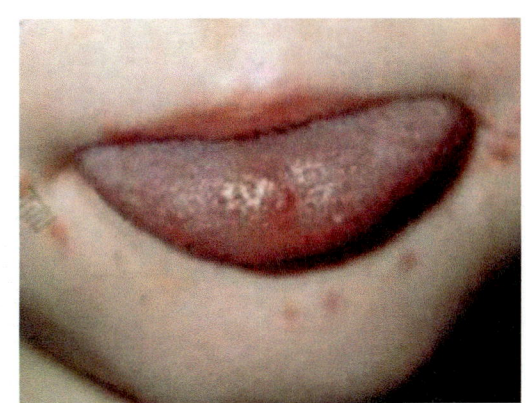
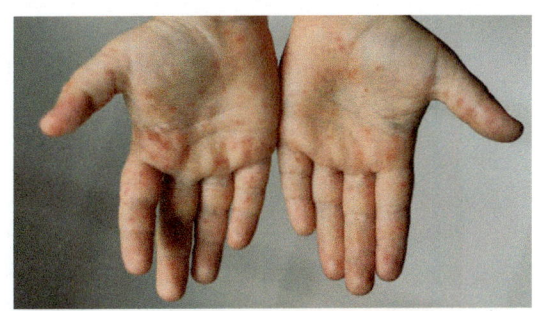
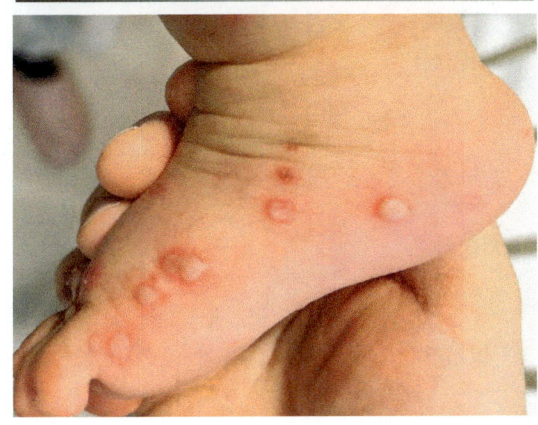

자료원. 자료원: NHS (영국 국민건강서비스)

자료원: Health.com. Stages of Hand, Foot, and Mouth Disease

〈 그림. 수족구병의 피부 발진〉

표. 감염성 질환 발진 비교

	발진 특징	발진 순서
홍역	• 구진상 발진(비수포성) : 붉고, 융기된 반점, 서로 융합되며 커지는 경향 있음	• 얼굴시작(목뒤, 귀아래) → 몸통으로 퍼짐(가슴, 등, 복부 등 → 사지로 확산(팔다리, 손·발바닥)
수두	• 반점 → 구진 → 수포 → 농포 → 가피	• 보통 두피, 얼굴, 또는 몸통에 먼저 나타나고 사지로 퍼지는 양상
풍진	• 홍반성 구진 • 서로 융합되지 않고, 색소침착은 없음	• 얼굴, 목뒤 → 몸통(가슴, 배 등) → 사지로 몇 시간 안에 급속히 퍼짐
성홍열	• 작은 좁쌀크기의 구진 발생 • 입주위는 창백 • 압박시 퇴색(압박시 창백해짐) • 발진이 사라지면서, 손, 발, 피부 껍질이 벗겨짐	• 목, 겨드랑이, 가슴, 사타구니, 몸통 등 상부에서 시작하여 팔다리로 퍼져나감
수족구병	• 주로 입(구강), 손, 발 위주의 수포성 발진 (엉덩이(비수포성도 있음), 사타구니 발진도 있음) • 발진은 통증이 있음	• 해당사항 없음

23 콜레라

정의		• 독소형 콜레라균(Vibrio cholerae O1 또는 O139) 감염에 의한 급성 설사 질환
법정감염병		• 2급 감염병
병원체		• Vibrio cholerae O1 또는 O139
병원소		• 주로 사람이며 환경에서는 기수 및 하구에 존재하는 요각류 또는 동물성 플랑크톤
감염경로 (전파양식)	식품매개	• 어패류 등의 해산물 식품매개로 전파 (주로 선진국)
	오염된 물	• 콜레라균에 감염된 사람의 분변처리가 잘 되지 않아 수로, 지하수 및 음용수 등에 오염되어 주변 사람들에게 전파 (주로 저개발국가)
	직접 접촉	• 드물게 환자 또는 병원체보유자의 대변이나 구토물과 직접 접촉에 의한 감염도 가능
잠복기		• 수시간~5일(보통 2~3일)
치명률		• 적절한 수액 치료 시 1% 미만 • 치료받지 않으면 50%에 이를 수 있음
전염기간		• 환자는 균 배출기간이 증상기부터 회복 후 약 2~3일 정도 • 무증상 환자의 대변 오염에 의한 감염가능 기간은 7~14일 정도이며 드문 경우에 수개월간 간헐적으로 균을 배출
격리	환자격리	치료하지 않은 경우: • 설사증상이 소실되고 48시간이 지난 이후 24시간 이상의 간격으로 2회 배양검사 음성 확인 후 격리해제 항생제 치료한 경우: • 항생제 치료를 완료하고 48시간이 지난 이후 24시간 이상의 간격으로 2회 배양검사 음성 확인 후 격리해제
	무증상 감염인 (병원체보유자)	• 병원체 보유를 확인하고 나서 48시간이 경과 후에(만일 항생제를 투여한 경우에는 항생제 치료 완료하고 48시간이 경과한 후에 검사) 24시간 이상의 간격 2회 배양검사 음성 확인 후 격리해제
주요증상	수양성 설사	• 처음에는 복통 및 발열 없이 수양성 설사가 갑자기 나타나는 것이 특징적이며 구토를 동반
	탈수 등	• 탈수 등으로 저혈량성 쇼크
	무증상 감염	• 무증상 감염이 많으며, 5~10%에서 심한 증상이 나타날 수 있음
치료	대중치료	• 경구 또는 정맥으로 수분, 전해질 신속히 보충
	항생제 치료	• 항생제 치료는 중증 탈수 환자에서만 권유
접촉자 관리		• 환자와 음식, 식수를 같이 섭취한 접촉자는 마지막 폭로 가능 시점부터 5일간 발병여부 감시
예방접종		• 콜레라 유행 또는 발생지역을 방문하는 경우 백신 접종을 권고함 → 경구용 사백신(기초접종 2~3회, 추가접종)
예방관리		• 올바른 손 씻기의 생활화 : 흐르는 물에 비누로 30초 이상 손 씻기 • 음식 익혀 먹기, 물 끓여 마시기 • 위생적으로 조리하기

24 장티푸스 95 임용

정의		• 장티푸스균(Salmonella Typhi) 감염에 의한 급성 전신성 발열성 질환
법정감염병		• 2급 감염병
병원체		• Salmonella Typhi → 소장의 장상피 세포층을 통과하여 림프절을 통해 전신으로 퍼짐
병원소		• 사람
감염경로		• 주로 환자나 보균자의 대변이나 소변에 오염된 음식이나 물에 의해 전파됨
잠복기		• 잠복기: 3-60일 이상(평균 8-14일)

증상	고열	• 발병 첫 주에 매일 서서히 상승하여 38.8-40.5℃에 이르는 지속적 발열이고 치료하지 않으면 4주 정도 발열이 지속됨
		
		〈 장티푸스 열 특징 〉
		• 서서히 단계적으로 열 상승(일주일 정도) → 지속열(고열)
		  → 해열(4주 이후)
		• 지속열(continuous fever)가 특징임
		  → 체온의 변화가 거의 없이 지속되는 열

	전신증상	• 두통, 오한, 기침, 식은땀, 식욕부진, 근육통, 권태감, 관절통 등의 증상이 먼저 나타날 수 있음
	소화기 증상	• 복통, 구역, 구토, 설사, 변비 등의 증상이 동반될 수 있음
	피부발진 (장미진)	• 발병 초기(1주 말)에 몸통에 일시적으로 피부발진(장미진)이 나타날 수 있음
		• 간비장 비대, 복부 압통, 상대적 서맥 등의 소견을 보이기도 함 • 적절한 치료를 받지 않을 경우에는 4주 정도 증상이 지속되다가 회복되고, 회복 후 2주 이내 재발도 10%에 이름
합병증	장출혈, 장천공	• 발병 3-4주에 장출혈, 장천공 등이 발생할 수 있고 이로 인해 사망에 이르기도 gka
	신경학적 합병증	• 뇌병증, 횡단척수염, 수막염, 운동실조, 길랭-바레 증후군 등의 신경학적 합병증이 발생할 수 있음
	전이화농 합병증	• 농흉, 골수염, 근육고름집, 혈관내감염, 심내막염 등이 생길 수 있음
전염기간 (감염가능기간)		• 증상소실 및 항생제 치료 완료 48시간 후 24시간 간격으로 3회 연속하여 배양검사에서 음성이 나왔을 때 격리
균 배출 (만성보균자)		• 치료받지 않은 환자들 중 10% 정도가 3개월까지 대변을 통해 장티푸스균을 배출하고 1-4%의 환자는 만성 보균자가 되어 소변이나 대변을 통해 1년 이상 균을 배출함
접촉자 관리		〈 접촉자 중 전파위험이 높은 종사자 〉 • 보육시설·요양시설 종사자, 음식취급자, 간호, 간병, 의료 종사자 • 24시간 간격으로 시행한 대변배양검사에서 2회 연속 음성이 나올 때까지 음식취급, 보육, 환자간호 등의 업무를 제한함
치료	항생제	• 항생제 ciprofloxacin을 가장 흔히 선택 → 내성 있을 시에 타 항생제 투여

예방접종	• 장티푸스 고위험군 대상으로 예방접종 권장
	〈 고위험군 대상자 〉 • 장티푸스가 유행하는 지역으로 여행하는 사람이나 체류자 • 장티푸스 보균자와 밀접하게 접촉하는 사람(가족 등) • 장티푸스균을 취급하는 실험실 요원
예방	올바른 손씻기	• 조리전, 음식 먹기전 손 위생 철저히
	물 끓여 먹기	• 물 끓여먹기
	오염 음식, 음료 섭취 X	• 오염되었을 가능성이 있는 음식이나 음료를 섭취하지 않기

25 세균성 이질 11. 00 임용

정의	• 이질균(Shigella dysenteriae, S. flexneri, S. boydii, S. sonnei) 감염에 의해 급성 염증성 장염을 일으키는 질환	
법정감염병	• 2급 감염병	
병원체	• 이질균(쉬겔라, Shigella spp.)	
병원소	• 사람	
감염경로 (전파양식)	오염된 물과 식품 (주로 감염)	• 오염된 식수와 식품매개로 주로 전파됨 • 분변에 직접 노출되어 식수나, 물놀이 용수가 오염될 수 있음
	분변-구강	• 분변에서 음식으로 균이 전파될 수 있음
	직접, 간접적인 접촉	• 환자나 병원체보유자와 직접·간접적인 접촉에 의한 감염 • 용변 후 손을 씻지 않고 다른 사람과의 접촉, 음식 접촉, 환경 접촉을 통해 전파
	• 남성간의 성 접촉으로 전파 가능	
잠복기	• 12시간~7일(보통 1~4일)	
전염기간	• 이환기간 및 증상 소실 후 대변에서 균이 검출되지 않을 때까지 전파 가능 • 보통 발병 후 4주 이내 전염력이 소실되며 드물지만 보균상태가 수개월 이상 지속	
격리기간	• 증상소실 후 48시간 • 항생제 치료 후 24시간 간격 2회연속 음성 확인시까지 업무·등원제한	
접촉자 관리	증상자	• 배양검사에서 음성이 확인될 때까지 격리조치
	무증상자	• 무증상자는 증상이 없어도 배양검사에서 음성임을 확인 후 업무 가능

주요증상	무증상, 가벼운 증상	• 보통 경미하거나 증상 없이 지나기도 함(무증상)
	설사 (혈변)	• 약 4일간의 잠복기 후 소량의 수양성을 자주 봄 • 대변은 대부분 혈변을 보며, 점액변이 동반될 수 있음 • 설사로 인한 탈수증상
	고열, 구토 등	• 고열, 구역질, 때로는 구토, 경련성 복통, 잔변감 등 나타남
	• 경증의 경우, 증상은 4~7일 후 저절로 호전 • 중증의 경우, 경련, 두통, 기면, 경부 강직, 환각 등 중추신경계 증상이 나타날 수 있음	
치사율	• 적절한 치료시 1% 내외 • 치료 받지 않으면 20%에 이를 수 있음	
치료	탈수	• 수분과 전해질 공급
	항생제 투여	• 항생제는 이환 기간과 중증도를 감소시키고, 세균 배설 기간을 단축시킴 • 1차 치료약 : 시프로플록사신(ciprofloxacin)
	• 감염자는 입원치료가 원칙임	
합병증	관절염	• 관절염 발생 – 수개월 또는 수년 지속될 수 있으며, 만성 관절염을 유발할 수 있음
	용혈성 요독증후군	• 용혈성요독증후군 발생 시 입원환자에서 20% 치사율 보임
	• 경련, 반응성 관절염, 폐렴, 수막염, 패혈증, 파종성 혈관내응고 등	
예방관리	올바른 손씻기	• 흐르는 물에 비누 또는 세정제 등을 사용하여 30초 이상 손 씻기 • 외출 후, 화장실을 다녀온 뒤, 조리 전, 기저귀를 사용하는 영유아를 돌본 뒤 등
	음식 익혀 먹기, 물 끓여 마시기	• 음식(어패류, 생선류 등)은 충분한 온도에서 조리하여 익혀 먹기 • 물 끓여 마시기
	위생적으로 조리하기	• 칼·도마는 소독하여 사용하기 • 조리도구(채소용, 고기용, 생선용)는 구분하여 사용하기
	• 설사 증상이 있는 경우는 음식 조리 및 준비 금지	

26 파라티푸스

정의	• 파라티푸스균(Salmonella Paratyphi A, B, C) 감염에 의한 급성 전신성 발열성 질환
법정감염병	• 2급 감염병
병원체	• Salmonella Paratyphi A, B, C → 장내세균과에 속하는 그람 음성 혐기성 막대균 • 소장의 장상피세포층을 통과하여 림프절을 통해 전신으로 퍼짐
병원소	• 사람
감염경로 (전파양식)	• 주로 환자나 보균자의 대변이나 소변에 오염된 음식물이나 물에 의해 전파됨
잠복기	• 1~10일
전염기간	• 수일에서 수주까지 대·소변으로 균이 배출될 수 있으나, 보통 회복 후 일주일가량 배출 • 치료하지 않는 경우 약 10%의 환자는 발병 후 3개월까지 균을 배출 • 1~4%는 만성 보균자가 됨
격리기간	• 증상이 소실되고, 항생제 치료 완료 후 최소 48시간 격리

주요증상	• 장티푸스와 증상이 비슷하나 경미함	
	고열 등	• 지속적인 고열(일주일 이상 지속적인 39℃ 이상의 고열), 오한, 두통, 권태감
	소화기증상	• 복통, 설사(또는 변비) 등
	기타	• 비장종대, 발진, 상대적 서맥 등
	만성보균자	• 1~4%는 대·소변으로 균을 배출하는 만성보균자가 됨

치사율	• 적절한 치료시 1% 내외 • 치료받지 않으면 10~20%에 이를 수 있음	

치료	대중치료	• 경구 또는 정맥으로 수분, 전해질 신속히 보충 → 전해질 불균형, 저혈당, 저칼륨혈증, 저나트륨혈증이 발생하므로 수액 치료
	항생제치료	• 시프로플록사신, 오플록사신 등
	• 감염자는 입원치료가 원칙임	

예방관리	올바른 손씻기	• 흐르는 물에 비누로 30초 이상 손 씻기
	음식 익혀 먹기, 물 끓여 마시기	• 음식익혀 먹기, 물 끓여 마시기 • 위생적으로 조리하기
	위생적으로 조리하기	• 칼·도마는 소독하여 사용하기 - 조리도구(채소용, 고기용, 생선용)는 구분하여 사용하기
	• 설사 증상이 있는 경우는 음식 조리 및 준비 금지	

표. 파라티푸스 환자 관리

격리	• 입원치료가 원칙 • 증상이 소실되고, 항생제 치료 완료 후 최소 48시간 격리	
오염된 물품 소독	• 환자, 보균자의 배설물에 오염된 물품 등 소독	
업무 종사의 일시 제한	• 조리종사자 및 음식 취급하는 자, 보건의료인, 보육시설 종사자, 학생 및 교사, 요양시설 종사자등 일시 업무 제한	
전파위험군	〈 전파위험군 〉 • 개인위생을 스스로 가리지 못하는 자(영·유아 등), 식품업객 종사자, 보육시설종사자, • 요양시설 종사자, 어린이집, 유치원 원생, 학생 및 교사 등 • 전파위험군의 경우 증상의 유무와 관계없이 의사환자 신고 후 최종 확인진단 결과 확인까지 격리 • 전파위험군이 양성 : 대변배양검사 2회연속 음성확인시까지 등원·업무종사 제한	
회복기 보균자	• 회복기 보균자 : 발병 후 3개월 이상 12개월 미만 동안 균을 배출하는 자 • 관할 보건소는 파라티푸스 보균자가 관리 해제 기준을 만족할 때까지 추적·관리	
	전파 위험직종 취업 제한	• 회복기 보균자는 전파위험직종 취업 제한 (보육시설·요양시설 종사자, 조리종사자를 포함한 요식업종사자, 간호, 간병, 의료 종사자 등)
	추적검사관리 해제 기준	• 항생제 치료 완료 후 1주일부터 한 달 간격으로 연속 2회 배양검사 • 결과 모두 음성
만성보균자	• 만성보균자 : 발병 후 12개월 이상 균을 배출하는 자	
	전파 위험직종 취업 제한	• 만성 보균자는 전파위험직종 취업 제한 (보육시설·요양시설 종사자, 조리종사자를 포함한 요식업종사자, 간호, 간병, 의료 종사자 등)
	추적검사관리 해제 기준	• 1개월 간격으로 3회 배양검사를 실시하여, 연속 2회 음성 결과 • 확인(검체 채취 전 48시간 전 항생제 미복용)

표. 파라티푸스 접촉자관리

접촉자	여행 동행자	• 여행으로 인한 감염이 의심되는 파라티푸스 환자와 여행에 동행하여 의심 감염원에 공동 노출된 사람	
		무증상자	• 1회 배양검사를 실시하여 균 검출 여부 확인, 격리 불필요
		증상자	• 배양검사를 실시하고, 검사결과 확인 전까지 환자로 간주하고 관리
	일상 접촉자	• 파라티푸스 환자와 같이 생활을 하거나, 화장실을 같이 사용하거나, 환자가 만든 음식을 먹은 사람 • 증상 있을 시 보건소에 신고하도록 교육, 배양검사 실시하고 검사결과 확인전까지 환자로 간주하고 관리	
발병여부 관찰	• 최대 잠복기간(10일)까지 발병여부 감시		
전파위험 높은군은 업무 제한	• 접촉자 중 전파위험이 높은 군은 증상이 없어도 24시간 이상의 간격으로 배양검사 • 2회 연속 음성일 때까지 음식 취급, 보육, 환자 간호 등 업무 제한 ※ 전파위험이 높은 군 : 보육시설·요양시설 종사자, 음식 취급자, 간호, 간병, 의료 종사자 등		

27 장출혈성 대장균 감염증

정의		• 장출혈성대장균 감염에 의하여 출혈성 장염을 일으키는 질환
법정감염병		• 2급 감염병
병원체		• 장출혈성대장균(Enterohemorrhagic Escherichia coli)
병원소		• 소가 가장 중요한 병원소이며, 양, 염소, 돼지, 개, 닭 등 가금류에서도 발견
감염경로 (전파양식)	오염된 식수, 식품 (특히, 소고기)	• 식수, 식품을 매개로 전파 • 가공된 소고기 섭취(덜익힌 소고기)후 발병되는 사례가 가장 많음 • 분변에 오염된 채소 또는 비살균 우유(치즈) 섭취로 인한 집단발생도 다수 보고
	사람-사람 간 전파	• 적은 양으로도 감염될 수 있어 사람-사람간 전파도 중요
잠복기		• 2~10일 (평균 3~4일)
전염기간 (감염가능기간)		• 이환기간 및 증상 소실 후 대변에서 균이 검출되지 않을 때까지 전파 가능하며, 보통 성인에서 1주일 이하, 어린이의 1/3은 3주가량 균 배출 • 드물지만 보균상태가 수개월에서 수년간 지속되기도 함
격리기간		• 증상소실 후 48시간 경과시 격리해제
접촉자 관리	증상자	• 배양검사에서 음성이 확인될 때까지 격리조치
	무증상자	• 은 증상이 없어도 배양검사에서 음성임을 확인 후 업무 가능 (보육시설·요양시설 종사자, 음식 취급자, 간호, 간병, 의료 종사자 등)
주요증상	설사	• 설사는 경증, 수양성 설사에서 혈성 설사까지 다양한 양상
	경련성 복통	• 심한 경련성 복통
	발열, 구토	• 발열(미열), 오심, 구토
	• 증상은 5~7일간 지속된 후 저절로 호전 • 질병의 중증도는 경증에서 생명을 위협할 수준까지 다양함	
합병증	용혈성 요독 증후군	• 용혈성 빈혈, 혈소판 감소증 또는 혈전성 혈소판감소성 자반증, 급성신부전 등을 특징으로 하는 용혈성요독증후군이 발생하기도 함 • 장출혈성대장균환자의 약 10%에서 용혈성 요독증이 발생하며, 10세 미만의 소아나 노인에서 흔함 〈 용혈성 요독 증후군 〉 • 대개 설사 시작 후 3~5일 후 발생하나, 최대 2주 후에 발생하기도 함 • 용혈로 인해 소변이 검붉어지고, 급성 신부전으로 핍뇨, 무뇨 발생 자반, 점막 출혈, 간비대 등의 소견도 관찰됨 • 신경학적 증상이 30~50% 관찰(무기력감, 경련, 혼수) • 대부분 적설한 치료로 후유증 없이 회복되나 소아에서 사망률이 3~5%로 높음
	혈전성 혈소판감소성 자반증	• 혈전성 혈소판감소성 자반증이 발생하기도 함

치사율		• 대부분 후유증 없이 회복되나 용혈성요독증후군 진행 시 치명률 3~5%
치료	대중치료	• 수분과 전해질 공급
	지사제 X	• 지사제 사용은 용혈성요독증후군 유발 위험으로 권장되지 않음
	항생제치료 X	• 장출혈성대장균감염증이 의심되는 경우 용혈성요독증후군 유발 위험으로 항생제 사용은 권장되지 않음
		• 급성 신부전 시 혈액 투석이 필요할 수 있음 • 감염자(환자)는 입원치료가 원칙임
합병증	관절염	• 관절염 발생 • (수개월 또는 수년 지속될 수 있으며, 만성 관절염을 유발할 수 있음)
	용혈성 요독증후군	• 용혈성요독증후군 발생 시 입원환자에서 20% 치사율 보임
		• 경련, 반응성 관절염, 폐렴, 수막염, 패혈증, 파종성 혈관내응고 등
예방관리	올바른 손씻기	• 흐르는 물에 비누 또는 세정제 등을 사용하여 30초 이상 손 씻기 • 외출 후, 화장실을 다녀온 뒤, 조리 전, 기저귀를 사용하는 영유아를 돌본 뒤 등

	음식 익혀
	먹기,
	물 끓여
	마시기
		• 음식은 충분한 온도에서 조리하여 익혀 먹기
		  • 비살균 우유, 날 육류 등은 피하기
		  • 소고기는 중심 온도가 72℃ 이상으로 익혀 먹기
		• 채소·과일은 수돗물에 깨끗이 씻어서 벗겨 먹기
		• 물 끓여 마시기

	위생적으로 조리하기	• 칼·도마는 소독하여 사용하기 • 조리도구(채소용, 고기용, 생선용)는 구분하여 사용하기
		• 설사 증상이 있는 경우는 음식 조리 및 준비 금지 • 강, 호수, 수영장에서 수영할 때 강물, 호숫물, 수영장 물 마시지 않기

28 말라리아 13 임용

정의	• 말라리아는 열원충에 속하는 원충감염에 의한 급성 발열성 질환		
법정감염병	• 3급 법정감염병		
병원체 (원충)	• Plasmodium vivax (삼일열원충, 토착형), Plasmodium falciparum (열대열원충), Plasmodium malariae (사일열원충), Plasmodium ovale (난형열원충), Plasmodium knowlesi(원숭이열원충)		
감염원	• 말라리아 원충에 감염된 얼룩날개모기속에 속하는 암컷 모기에 의해 전파		
감염경로 (전파양식)	모기 흡혈	• 열원충에 감염된 암컷 얼룩날개모기가 인체를 흡혈하는 과정에서 전파	
	헌혈	• 드물게 수혈이나 주사기 공동사용에 의해 전파	
	• 사람 간 직접 전파는 발생하지 않음		
모기 서식환경	• 논, 수풀, 습지 등의 깨끗한 물이 고인 지역		
유행시기	유행시기	• 4월~10월 사이	
	위험시간	• 일몰 직후~일출 직전	
잠복기	• 일반적으로 7~30일 • 삼일열원충, 난형열원충은 모기에 물린 후 몇 달 또는 몇 년 후에 증상이 나타날 수 있음 → 간 수면소체에 잠복하여 재발을 유발		
격리	• 격리필요 없음 (사람간 전파 X)		
증상	• 두통, 식욕부진, 오한과 고열		
관리	헌혈제한	• 혈액을 통한 수혈 전파 예방하기 위해 헌혈제한	
	말라리아 위험지역	해외	• 해외 토착지역 유입 → 감염확인후 치료 시작
		국내	• 인천, 경기, 강원 북부, 서울 일부 → 발열(37.5도) 시 감염확인
	임산부	수직감염	• 유산, 조산, 저체중 출생, 선천성 감염, 주산기 사망 → 즉시 치료
치사율	• 국내 삼일열말라리아의 경우, 적절한 치료를 받으면 완치되며 사망사례는 거의 없음 • 중증말라리아를 치료하지 않으면 사망률은 거의 100%이지만, 적절한 치료를 받을 때 10~20%로 떨어짐		
치료	• 클로로퀸 3일 + 프리마퀸 14일 • 클로로퀸을 치료제로 선택하고, 재발 방지를 위해 프리마퀸 치료를 병행함 • 말라리아 원충종류, 해외여행지역에 따른 내성 현황을 고려한 적절한 약제선택 • 열대열, 원숭이열 말라리아는 병증 진행속도가 빠르고 중증 또는 사망을 유발할 수 있으므로 적절한 치료를 신속하게 시작하는 것이 특히 중요		
예방	모기 기피	• 모기장 및 기피제, 방충망 점검 • 야외활동 시 모기물리지 않도록 주의 • 야간에 활동 X	
	여행 시 예방약 복용	• 여행 전, 중, 후 기간동안 적절한 예방약을 선택하여 충분한 기간 동안, 약제에 따라 정해진 복용수칙에 맞게 복용하는 것을 권장	
	조기발견, 조기치료	• 조기발견, 조기치료로 감염원(원충)을 없애는 것이 가장 중요	
	환자 헌혈금기	• 말라리아 환자 및 병력자의 경우 치료종료 후 3년간 헌혈금지	
	• 백신 없음		

표. 말라리아 종류별 주요 증상 및 특징 13 임용

종류	발열 주기	증상	증상 경중	특징
삼일열 말라리아 (토착형)	48시간 주기	48시간 주기로 오한, 발열, 해열 등이 반복적으로 나타남	대부분 증상 경함	삼일열은 국내말라리아 중 가장 흔함
난형형 말라리아				
사일열 말라리아	72시간 주기	72시간 주기로 오한, 발열, 해열 등이 반복하여 나타남	대부분 증상 경함	
열대열 말라리아	주기적 X (매일 발생)	• 발열 매일 발생 • 열이 주기적이지 않으며 오한, 기침, 설사 등의 증상 나타남	• 중증 증상 　황달, 응고 장애, 신부전, 간부전, 쇼크, 의식장애나 섬망, 혼수 등의 급성뇌증이 나타남 • 치료 하지 않고 방치하면 중증으로 발전하여 24시간 이내 사망할 수 있음 → 신속한 치료, 즉시 치료	
원숭이혈 말라리아	삼일형 말라리아와 유사한 증상		• 중증 증상 • 진행속도가 빠르고 중증 또는 사망 유발	최근 사람의 감염이 확인되어 중요성 부각

표. 모기 기피

모기 주 활동 장소 및 시간대의 활동 자제	• 모기가 많이 활동하는 4~10월에는 개인 보호 장비 없이 풀숲에 장시간 머물지 않도록 하며, 모기의 주 흡혈 시간대인 저녁 10시 이후 외출을 자제
기피제 사용	• 기피제는 옷에 처리하며, 완전 보호는 3~4시간 정도
모기장 이용 및 방충망 설치	• 모기 활동 장소 또는 모기가 침입할 가능성이 있는 장소에서 취침할 경우 사용 • 창문, 출입문과 같이 모기가 집안으로 들어올 수 있는 장소에 설치(방충망 설치)
옥내 살충제 사용	• 에어로졸 제제, 모기향, 전자매트 제제, 액체전자모기향 등 안전 확인대상 • 생활 화학제품 또는 살생물 제품은 환경부에서 허가 승인된 제품을 사용 • 모기가 침입하여 활동할 수 있는 공간 및 모기의 존재가 확인된 장소에 직접적 처리
흡혈방지 의복 착용	• 어두운색은 모기를 유인하므로 피하는 것이 좋으며, 야외활동 시에는 밝은색의 긴소매 상의와 긴 바지 착용 • 모기가 활동하는 시간이나 장소에서 장기간 활동할 경우, 피부와 의복 사이에 간격이 넓어 공간을 확보할 수 있는 품이 넓은 옷, 많은 면적의 피부를 덮을 수 있는 두꺼운 옷, 긴 소매 옷, 토시, 장화, 모자, 망사두건 등 착용 기피제 처리된 의복 착용

| 표. 모기기피와 관련된 오해와 진실 |

- 모기향은 개방된 장소에서 피울 때는 살충의 효과를 기대하기 어려워 WHO에서도 권고하지 않음
- 모기는 운동을 하지 않은 사람에 비해 운동을 마친 사람에게 더 많이 유인되므로 운동 후에는 반드시 샤워하는 것이 필요
- 임산부는 체온이 높고 대사량이 많아 일반인보다 비교적 모기가 더 많이 유인되므로 모기에 물리지 않도록 특별히 주의하는 것이 필요
- 모기는 검은색을 비롯해 어두운색에 더 많이 유인되므로 야간활동 시 가능한 밝은색의 옷을 입는것을 권고

29 쯔쯔가무시 12 임용

구분	내용
정의	• 쯔쯔가무시균(Orientia tsutsugamushi) 감염에 의한 급성 발열성 질환 • 쯔쯔가무시균에 감염된 털진드기의 유충에 물렸을 때, 혈액과 림프액을 통해 전신적 혈관염이 발생하는 것을 특징으로 하는 급성 발열성 질환
법정감염병	• 3급 감염병
병원체	• Rickettsiaceae과 Orientia tsutsugamushi (리케치아 쯔쯔가무시)
매개체	• 털진드기 유충
감염경로 (전파양식)	• 털진드기는 유충단계(시기)에만 사람을 물어 체액을 섭취하는 과정에서 털진드기 침샘에 있던 쯔쯔가무시균이 인체에 감염되어 질병을 일으킴 　• 직접 피를 흡혈하는 것이 아닌 깨뭄에 의해 생긴 상처에 체액을 섭취하는 과정에서 감염
서식환경	• 주로 경작지 주변의 풀숲 및 관목, 숲에 분포 (수풀환경)에서 서식
호발시기	• 9~11월 (가을철) 　• 털진드기 유충은 여름철에 산란된 알이 초가을에 부화를 시작하여, 늦가을에 정점
위험요인	• 직업과 관계없이 밭농사, 과수원, 목축업, 산일(밤 줍기) 등의 농림축산업 관련 작업에 참여한 경우 발생위험 증가 • 풀밭위에 누워서 휴식, 장갑 미착용, 풀밭에서 용변 보기, 상의 탈의 혹은 반팔, 반바지 착용으로 작업을 하는 행위 등은 감염위험을 높이는 행위
감수성	• 한 번 감염되면 동일 항원형에 대해서는 면역을 획득하나, 다양한 항원형 존재로 유행지역에서 다른 항원형에 의한 재감염은 가능
잠복기	• 10일 이내
호발대상	• 50대 이상
등교중지(격리) 기간	• 격리 필요 없음

주요증상 12 임용	주요증상		• 발열, 발진 및 가피, 림프절 부종(종창)
	발열 등		• 초기 증상으로 발열, 오한, 두통 등이 있다가 근육통, 기침, 구토, 복통 및 인후염이 동반됨
	발진	발진 크기	• 직경 5~20mm크기이며 털진드기 유충에 물린 부위에 형성
		발진 형태	• 반점상 구진
		발진 순서	• 몸통에서 사지로 퍼짐
	가피	가피	• 진드기 유충에 물진 부위에 가피형성이 특징적임(진단에 중요) • 피부가 겹치고 습한부위에 흔함 → 사타구니, 생식기, 겨드랑이, 무릎 뒤, 오금 등 • 복부(허리), 가슴 등 주로 몸통부위에 많이 발생
	림프절 부종		• 국소성 혹은 전신성 림프절 종대와 비장 비대가 나타남
합병증			• 폐질환: 간질성 폐렴, 심한 경우 급성호흡곤란증후군 • 심근염, 위장관 출혈, 급성 신부전, 수막뇌염, 패혈성 쇼크, 미만성 혈관 내 응고
치명률			• 국내 0.1~03% (심부전, 순환장애, 폐렴 등)
치료	항생제		• 독시사이클린, 테트라사이클린과 같은 항생제 치료
예방			〈 위험환경노출 회피 : 작업 및 야외활동 시에 털진드기에 물리지 않도록 주의 〉 • 풀밭 위에 앉거나 눕지 않기, 옷을 벗어두지 않기 • 작업·야외활동 시 적정 작업복(긴팔·긴바지, 모자, 목수건, 토시, 장갑, 양말, 장화) 착용 • 소매와 바지 끝을 단단히 여미고 장화 신기 • 농경지 및 거주지 주변 풀 제거, 풀숲에 옷을 벗어 놓지 않고 휴식 시 돗자리 사용 • 작업 및 야외활동 후 샤워나 목욕을 하고, 작업복, 속옷, 양말 등을 세탁하기

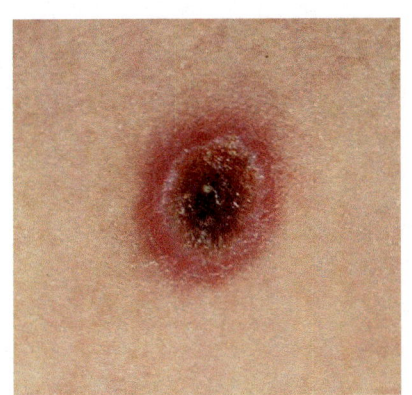

자료원. 오하이오 주립대학교(Ohio State University), Scrub typhus eschar

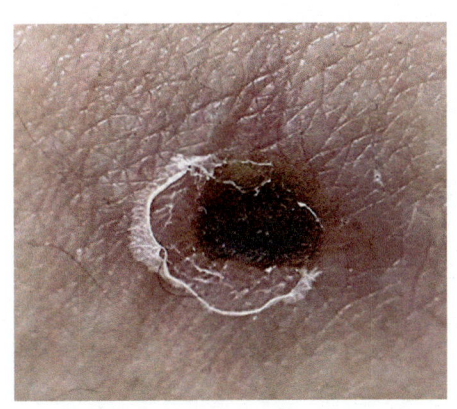

자료원. American Journal of Tropical Medicine and Hygiene

〈 그림. 쯔쯔가무시에 물린 후 가피 형성 〉

30 렙토스피라증 12 임용

정의	• 병원성 렙토스피라균(Leptospira interrogans 등) 감염에 의한 인수공통질환	
법정감염병	• 3급 감염병	
병원체	• 렙토스피라균(Leptospira spp.)	
매개체	• 쥐 등 설치류(특히 들쥐 10%)와 소, 돼지, 개 등의 일부 가축	
감염경로 (전파양식) 12 임용	• 주로 감염된 동물의 소변에 오염된 물, 토양, 음식물에 노출시 피부 상처난 부위를 통해 전파 → 렙토스피라균에 감염된 동물의 소변을 통해 주로 노출	
	직접전파	• 감염된 동물의 소변을 삼킴 • 동물의 소변에 피부 노출(창상(상처) 또는 점막)
	간접전파	• 감염된 동물의 소변에 오염된 물이나 토양을 통해 감염
잠복기	• 2일~4주	
호발시기	• 9~11월 (가을) • 추수 전 시기에 태풍, 홍수, 장마 등과 관련이 있어 9~11월에 집중(매년 11월에 가장 많이 발생)	
위험요인	야외 작업 또는 야외활동	• 대부분 농림·축산업 작업 또는 야외활동시 감염 • 렙토스피라균에 오염된 논, 밭에서 작업이나 흙, 물과 접촉이 있는 경우(논, 밭 작업시(젖은 흙), 등산, 산책, 낚시 등과 같은 야외활동 포함), 동물과의 접촉, 피부상처가있는 경우 등이 감염위험을 높이는 요인임
	동물 접촉	
	피부상처가 있는 경우	
격리	• 격리 필요 없음 (사람간 전파 X)	
주요증상 12 임용	• 무증상 또는 가벼운 감기증상부터 치명적인 웨일씨병까지 다양 • 90% 경증의 비황달형, 5~10% 웨일씨병(중증의 황달, 신부전, 간부전, 출혈, 수막염 등) • 고열, 두통, 오한, 근육통, 구토, 황달, 결막충혈(적안), 복통, 설사, 발진 등	
	1기 (패혈증기)	독감 유사증상	• 갑작스러운 발열, 오한, 결막충혈 및 부종, 두통, 근육통, 오심, 구토 등의 독감 유사증상이 4~7일간 지속
		폐침범 (흔함)	• 폐침범이 흔하며, 기침, 흉통이 주증상이며, 일부에서 객혈 동반됨 → 호흡기 증상
	2기 (면역기)	• 1일~2일의 열소실기를 거쳐 제2기로 들어감 • IgM 항체의 생성과 함께 혈액, 뇌척수액 등에서 렙토스피라증 발견되지 않음 • 뇌막자극증상, 발진, 포도막염, 근육통 등을 보임 • 15~80%가 무균성 수막염증상(다리의 저반사 또는 무반사)을 보임	
	뇌염 (드묾)	• 드물게 뇌염으로 진행되면 고열, 발작, 목 경직, 착란, 떨림, 경련, 마비 등의 증상이 나타나며 20~30%의 사망률을 보임 • 일반적인 소견은 소뇌 징후, 뇌신경 마비, 인지 및 언어장애가 나타날 수 있고 심한 경우에는 파킨슨 증상과 발작이 생길 수 있음	

	〈 증상의 2단계 〉	
	1단계	• 열, 오한, 두통, 근육통, 구토, 설사 등이 발생 후 한동안 회복되나 다시 증상이 발생할 수 있음
	2단계	• 두 번째 단계로 진행되면 신부전이나 간부전, 수막염 등 웨일씨 병이 나타날 수 있음
	• 호흡기증상, 결막충혈, 황달증상을 모니터링함	
합병증	• 간부전, 신부전, 급성호흡부전, 중증 출혈 등으로 사망	
치명율	• 적절한 치료를 하지 않는 경우 치명률은 5-15%에 이름	
치료	• 대증적 치료와 동시에 항생제 투여 • 항생제는 가능한 조기에 투여	
	경증	• 독시사이클린, 암피실린, 아목시실린 경구 투여
	중증	• 페니실린, 암피실린, 아목시실린, 에리스로마이신 정주
예방관리 (예방수칙)	• 예방접종 없음 〈 예방수칙 〉 • 고여 있는 물 등 균 오염이 의심되는 물에서 수영하지 않고, 고여 있는 물에서 작업을 할 경우 피부 보호를 위한 방수처리가 된 작업복(특히 장화)을 반드시 착용 • 상처부위는 방수밴드로 보호 • 추수, 들쥐 포획사업, 홍수 등 단시간 렙토스피라균에 오염된 물에 노출되었을 경우, 수일 후부터 발열 시 빠른 시간 내에 의료기관에서 진료를 받도록 함	

31 신증후군출혈열(유행성 출혈열) 12, 96, 92 임용

법정감염병	• 3급 감염병	
정의	• 신증후군출혈열(유행성출혈열)은 고열, 혈소판 감소증, 신부전 등을 특징으로 하는 급성 열성질환	
병원체	• 한탄 바이러스(Hantaan orthohantavirus) → 한탄 바이러스, 서울바이러스(한탄 바이러스 일종임)	
병원소	• 설취류(등줄쥐, 집쥐 등)	
	한탄바이러스 매개 숙주	• 등줄쥐 (우리나라) • 약 70% 차지함
	서울바이러스 매개숙주	• 한탄바이러스의 일종 • 비교적 경미하고, 무증상일수도 있음 • 집지, 애급쥐 등 (전세계)
감염경로 (전파양식) 12 임용	호흡기 전파	• 감염된 설취류(쥐) 분변, 소변(배설물), 타액 등으로 배출 → 공기중에 건조된 바이러스가 호흡기를 통해 전파
	직접 접촉	• 감염된 설취류(쥐) 분변, 소변(배설물), 타액 등으로 배출 → 상처난 피부, 눈, 코 또는 입에 직접 들어감
	• 사람간 전파 X	

잠복기	• 1~2주 (최대 8주)	
호발시기	• 10월~12월 집중 (연중 발생 가능)	
호발대상	• 농림 축산업 및 야외 활동한 적이 있는 사람	
격리	• 격리 불필요 (사람간 전파 X)	
주요증상	주요 3대 증상	• 발열, 출혈소견, 신부전
	5단계	• 발열기, 저혈압기, 핍뇨기, 이뇨기, 회복기의 특징적인 임상양상
	• 최근에는 비정형적인 임상양상을 보이는 경우도 있음 • 거의 모든 환자들이 발열기와 이뇨기를 경험하지만 저혈압기와 핍뇨기가 나타지 않을 수 있음	
주요증상 96, 92 임용	발열기 (3~5일)	• 발열, 오한, 허약감, 근육통, 배부통, 복통, 오심, 심한 두통, 안구통, 얼굴과 몸통의 발적, 결막 충혈, 출혈반, 혈소판 감소, 단백뇨 등을 보임
	저혈압기 (1~3일)	• 해열이 되면서 24~48시간동안 저혈압이 나타남 • 이중 절반 정도에서 쇼크가 나타남 • 배부통, 복통, 압통 등이 뚜렷해지고 출혈반을 포함하는 출혈성 경향이 나타남
	핍뇨기 (3~5일)	• 무뇨, 요독증, 신부전, 심한 복통, 배부통, 허약감, 토혈, 객혈, 혈변, 육안적 혈뇨, 고혈압, 뇌부종으로 인한 경련, 폐부종 등을 보임
	이뇨기 (7~14일)	• 신기능이 회복되는 시기로 다량의 배뇨가 있음. 심한 탈수, 쇼크 등으로 사망할 수 있음
	회복기 (3~6주)	• 전신 쇠약감이나 근력감소 등을 호소하나 서서히 회복됨
치료	절대안정	• 내과적 치료전 출혈이나 쇼크(shock)의 발생을 감소시키기 위해서 절대안정이 필요함
	임상단계별 치료	• 수분공급 및 전해질 균형, 혈압조절, 필요시 투석치료 등 〈 수액보충 과다 주의 〉 • 쇼크와 신부전에 대한 치료 시 수액 과다시 고혈압 유발, 뇌출혈 위험증가
	항바이러스	• 의사의 판단에 따라 Ribavirin 투여 → 질병 초기에 서울 바이러스 감염과 관련하여 질병의 중증도를 낮추고 사망률을 낮추는 것으로 알려짐
합병증	• 대부분 후유증 없이 회복 • 뇌출혈의 결과로 영구적인 신경학적 장애, 뇌하수체 기능저하증 등	
치사율	• 급성쇼크, 급성 신부전, 급성호흡곤란증, 폐출혈 등으로 사망할 수 있음	

예방접종	접종대상	〈 예방접종 대상자 〉 • 다음의 대상자 중 위험요인 및 환경을 고려하여 제한적으로 접종할 것을 권장 • 군인 및 농부 등 직업적으로 신증후군출혈열 바이러스에 노출될 위험이 높은 집단 • 신증후군출혈열 바이러스를 다루거나 쥐 실험을 하는 실험실 요원 • 야외활동이 빈번한 사람 등 개별적 노출 위험이 크다고 판단되는 자
	접종시기	• 1개월 간격으로 2회 기본 접종하고, 12개월 뒤에 1회 추가접종 함 → 즉, 0, 1,13개월 일정으로 3회에 걸쳐 접종
예방수칙		• 유행 지역의 산이나 풀밭에 가는 것을 피할 것(특히 10~12월) • 쥐와의 접촉을 피하고 설치류의 배설물, 타액 등의 접촉을 최소화 • 설치류의 증식을 억제하고 주위환경에 쥐가 서식하지 못하도록 차단 • 야외활동 후 귀가 시에는 옷을 즉시 세탁하고, 샤워나 목욕을 할 것 • 감염위험이 높은 사람은 적기에 예방접종을 받을 것

표. 가을철 발열성 질환

종류	병원체	매개체	감염경로	주요증상
쯔쯔가무시	• 리케치아 쯔쯔가무시	• 털진드기 유충	• 털진드기 유충 → 사람을 물어 체액 섭취 등	• 가피 (특징적임) • 발열, 발진, 림프부종 등
렙토스피라증	• 렙토스피라균	• 설취류(쥐), 소, 돼지, 개 등 동물	• 주로 감염된 동물의 소변 → 상처난 피부 등	• 무증상(감기)~웨일씨병까지 증상 다양 • 호흡기증상, 결막충혈, 황달증상을 모니터링
신증후군 출혈열	• 한탄 바이러스	• 설취류(쥐)	• 설취류 쥐 배설물 (소변, 대변), 타액 → 호흡기, 직접전파	• 발열기, 저혈압기, 핍뇨기, 이뇨기, 이뇨기, 회복기 → 신장 작용, 출혈 등

32 발진티푸스

정의	• 리케치아균(Rickettsia prowazekii) 감염에 의한 급성 발열성 질환
법정감염병	• 제 3급 감염병
병원체	• Rickettsia prowazekii(리케치아 프로와제키)
매개체	• 사람의 몸니(body louse, Pediculus humanus) → 리케치아균에 감염된 몸니는 약 3~4일 간 리케치아균을 배출하다 사멸함 • 날다람쥐의 벼룩이나 이 〈 몸니의 특성 〉 • 사람의 속옷, 의복 접합 안쪽 부분에 서식 • 최적 서식 온도는 30℃ 내외로, 숙주의 온도가 3~4℃ 증가하면 다른 숙주로 옮겨가는 습성이 있어 감염병 전파 가능성이 높음
감염경로 (전파양식)	**몸니 물린 상처 (대부분)**: • 사람은 몸니에게 물린 자리를 긁을 때 생긴 상처를 통해 몸니의 배설물에 들어있던 리케치아균이 몸 속으로 들어가 감염 • 몸니가 감염 환자의 혈액을 흡혈하는 과정에서 리케치아균에 감염되고, 이후 약 3~4일 간 리케치아균을 배출함 **호흡기**: • 균에 감염된 이의 배설물이 섞인 먼지를 흡입하여 감염되기도 함 • 날다람쥐 벼룩이나 이의 배설물 흡입 또는 점막 노출로 인해 사람에게 전염된다고 추정
잠복기	• 8~16일
호발시기	• 장마철, 겨울철
격리	• 격리 필요없음 (사람간 전파 없음)
임상증상	**발열**: • 심한 두통, 발열, 오한, 발한, 기침, 근육통이 갑자기 발생함 • 약 2주 후 빠르게 열이 내리며 상태가 호전됨 **발진**: 　발진형태 - 짙은 반점 형태로 발병 4~7일경 나타남 　가려움증 / 가피 X - 이에 물린 자리의 가려움증을 호소하며 긁은 상처가 있으나 가피는 없음 　발진순서 - 몸통과 겨드랑이에서 시작하여 사지로 퍼짐 　　　　　　• 손바닥이나 발바닥에는 발생하지 않음 **중증(사망)**: • 비장종대, 저혈압, 오심, 구토, 의식 혼란 등의 증상이 동반될 수 있음 • 증상이 심한 경우 폐부종, 뇌염이 발생할 수 있으며 사망할 수도 있음
치료	• 독시사이클린, 테트라사이클린 등 항생제 치료
치사율	• 1~20%(치료하지 않을 경우 10~40%), 특히 노인에서 높음
환자관리	• 환자, 환자나 접촉자의 침구, 의복 등에서 이 제거

예방 (환경 개선)	의복세탁	• 몸니의 박멸을 위해 의복 세탁이 중요함 → 환자 또는 접촉자의 침구, 의복 등에 내성 없는 살충제를 사용함 • 살충제를 사용한 방제는 인체의 독성 등으로 인해, 세탁이 가장 편리하고 간단함 ① 끓는 물(100℃)에 약 10~12분 동안 담그거나 ② 70℃ 이상에서 1시간 이상 처리하거나 ③ -20℃에서 4시간 처리하면 모두 사멸함 • 의복의 열처리나 세탁 방법은 3~4주에 한 번씩 실시함
	집단 발생시	• 노동력과 시간이 절약되는 분제 살충제 사용이 편리함 • 몸니가 서식할 수 있는 의복 안쪽 부분(목, 소매, 바지의 허리춤, 양말 등)에 살포하며, 살포 분제의 종류와 용법·용량은 식약처에 문의 후 구입하여 살포함

33 공수병

정의		• 공수병 바이러스의 감염에 의해 뇌염, 신경 증상 등 중추신경계 이상을 일으켜 발병 시 대부분 사망하는 대표적인 인수공통감염병 • 사람의 경우 공수병, 동물의 경우 광견병으로 지칭
법정감염병		• 제 3급 감염병
병원체		• 공수병 바이러스(Lyssavirus rabies)
병원소		• 1차적 병원소는 공수병 바이러스에 노출된 야생동물로 너구리, 오소리, 여우, 스컹크, 코요테, 박쥐 등이 대표적임 이들이 직접 사람과 접촉하여 감염을 시키거나 이들이 개, 고양이, 소 등 가축을 감염시키고 감염 가축이 다시 인간을 물어 감염시킴
감염경로	동물 교상 (대부분)	• 주된 감염경로는 동물교상으로 광견병에 감염된 동물이 사람을 물거나 할퀸 교상 부위에 바이러스가 함유된 타액이 침투하여 감염
		• 광견병에 감염된 박쥐가 집단 서식하는 동굴 내에서 연무질(에어로졸)을 통해서도 전파 가능 • 감염된 동물의 타액 또는 조직을 다룰 때 타액이 점막(눈, 코, 입)에 묻거나 상처를 통해 전파 • 사람 간 전파는 각막, 간, 신장, 폐 이식 등을 통한 사례가 보고됨
발병기전	공수병 (인체감염)	• 교상 부위 근육 세포에서 바이러스 증식이 이루어진 후 체내 이동을 하는데 이때 림프관으로는 이동하지 않고 신경섬유를 따라 이루어짐 • 뇌에 도달하면 급속히 바이러스가 증식하여 뇌 신경세포의 변성과 괴사를 초래함으로써 증상이 나타남
	광견병 (동물 감염)	• 뇌에서 바이러스 증식이 이루어진 후 신경섬유를 따라 원심성 이동을 하여 침샘, 부신, 신장, 점막, 각막, 피부 등으로 이동 • 특히 침샘에서 바이러스 증식이 왕성히 이루어져 배출되므로 전파가 용이해짐

잠복기	• 평균 2~3개월(1주~1년의 범위를 가짐) • 물린 곳이 중추신경과 가까울수록 잠복기는 더 짧음	
격리	• 격리 필요없음	
임상증상	〈 일반적 증상 〉	
	밝은 빛, 소음 민감 등	• 2~7일 정도는 신경학적 이상증상을 보이는데 점차 예민해지거나 불안 증세를 보이며 밝은 빛과 소음에 민감해지기 시작함
	고열	• 체온은 40℃를 넘는 경우가 많음
	자율신경계 이상	• 자율신경계의 이상으로 침과 눈물이 많아지며 기립성 저혈압, 발한 증세, 근육 긴장으로 인한 굳은 표정 등이 나타날 수 있음
	신경학적 이상	• 환각, 전신 경직, 간질, 국소 마비 등의 증세를 보이고 공격적인 행동을 하기도 함
	• 수일(평균 7~10일) 이내에 사망	
합병증	• 부적절항이뇨호르몬증후군(SIADH), 요붕증, 급성 호흡곤란 증후군, 부정맥, 위장관 출혈, 장 마비, 혈소판 감소 등	
치사율	• 적절한 치료를 받지 못한 경우 100%	
환자관리	분비물 접촉 X	• 환자 상처 및 화농성 분비물과 감염성 조직 및 그 분비물(눈물, 타액 등)과 접촉을 피하고, 오염된 물품은 소독
	헌혈 금지	• 공수병 백신 접종 후 24시간 이내 헌혈 금지, 치료 종료 후 1개월간 헌혈 금지
치료	상처세척	• 교상 후 즉시 비눗물로 씻고, 적어도 15분 동안 물로 세척 후 환부에 포비돈-요오드 용액을 도포
	면역글로불린과 백신 투여	• 교상 동물의 상태에 따라 결정
예방접종	• 공수병 백신(PVRV) 0.5ml를 총 2회(0일, 7일) 삼각근에 근육주사	

34 레지오넬라증

정의		• 병원성 레지오넬라균 감염에 의한 급성 호흡기 질환
법정감염병		• 제 3급 감염병
병원체		• 레지오넬라균(Legionella species)
병원소 (감염원)		• 냉각탑수, 온수욕조, 건물의 급수시설(샤워기, 수도꼭지), 가습기, 호흡기 치료기기, 온천 등과 같은 에어로졸 발생시설과 관련됨 • 가정용 배관시설, 식료품점 분무기, 자연 및 인공온천 등도 감염원이 될 수 있음
감염경로 (전파양식) 12 임용	비말전파	• 오염된 물(냉각탑수 등) 속의 균이 비말 형태로 인체에 흡입되어 전파됨 • 대형건물의 냉각탑수, 에어컨디셔너, 샤워기, 호흡기 치료기기, 수도꼭지, 장식분수, 분무기 등의 오염된 물에 존재하던 균이 비말형태로 인체에 흡입되어 전파됨
	공기전파 (비말핵)	• 레지오넬라균이 있는 직경 5㎛ 미만의 물 입자를 에어로졸을 통하여 호흡기로 흡입할 때 질병을 유발하는데, 이들 입자는 바람을 타고 종종 3.2~20km까지도 날아감 • 레지오넬라균은 이러한 환경에 이미 존재하고 있는 담조류, 아메바 등을 영양으로 증식하고 있다가 에어로졸이 발생하였을 때 사람의 호흡기를 통하여 폐포까지 들어가 증식하여 질병을 일으킴
		• 사람간 전파 X
검출	인공환경	• 온수시설, 샤워기, 와류욕(whirlpool, spa 등) 그리고 에어컨과 같은 냉방시설의 냉각탑수, 증발형 콘덴서, 가습기, 치료용 분무기, 호흡기 치료장치, 장식용 분수
	자연환경	• 하천, 호수, 토양 등
잠복기	레지오넬라 폐렴	• 2~10일 (일부 발병에서 최대 16일까지 소요)
	폰티악	• 몇시간~최대48시간(대부분 24~48시간)
격리		• 격리 불필요 (사람간 전파 X)

임상증상	레지오넬라
	폐렴
		• 종종 비특이적
		• 만성폐질환자, 흡연자, 면역저하환자 등에서 호발함
		
		     호흡기증상: 발열, 오한, 근육통, 마른기침이나 소량의 가래를 동반하는 기침, 객담이 없는 마른 기침 또는 가끔 피가 섞인 객담, 호흡곤란, 흉통
		     위장관증상: 설사, 구토, 오심 등
		     의식장애: 착란이나 섬망 같은 중추신경계 증상

	폰티악 열	• 유행시 발병률은 90% 이상으로 기저질환이 없는 사람에서 호발함 • 짧은 잠복기의 급성 발열성 질환. 특별한 치료 없이 2-5일 내 회복 • 독감과 유사한 증상 • 체력감소(무기력), 피로감, 고열과 오한, 근육통, 두통, 관절염, 설사, 구토, 오심, 호흡곤란과 마른 기침

고위험군		• 50세 이상 • 흡연자 및 과거 흡연력이 있는 자 • 만성폐질환 (만성폐쇄성폐질환, 폐기종 등) • 면역저하자, 면역억제제 복용자(장기이식 환자 등) • 암환자 • 만성질환자(당뇨, 신부전, 간부전 등)
치료	레지오넬라 폐렴	• 항생제 치료 – 퀴놀론(레보플록사신 등), 마크로라이드(아지스로마이신 등)
	폰티악 열	• 대증치료
합병증	레지오넬라 폐렴	• 호흡부전, 쇼크, 급성 신부전, 다발성 장기
	폰티악 열	• 거의 없음 • 1주일 안에 회복
치명률	레지오넬라 폐렴	• 일반적으로 5~10%, 치료를 받지 않은 면역억제환자의 경우 사망률은 40~80%로 높을 수 있음
	폰티악 열	• 사망자 없음
예방		• 냉각탑 및 급수시설 청소 및 소독 관리 • 필요시 의료기관 급수시스템 환경배양 검사 고려

35 유행성 각결막염

정의		• 아데노바이러스 감염에 의해 결막에 생긴 급성 염증성 결막질환 (법정 전염병 X)
병원체		• 아데노바이러스 (주로 8형, 19형, 37형)
감염경로 (전파양식)	직접 접촉	• 환자의 눈 분비물 등과 직접적 접촉
	간접 접촉	• 수건, 침구물, 세면기구 등 개인용품과 접촉
	물	• 수영장, 목욕탕 물을 통한 전파
잠복기		• 5~12일
호발시기		• 주로 여름에 유행하나 1년 내내 발생 가능
호발대상		• 어린이집, 유치원, 초·중·고등학교 등에서 집단 유행 위험있음
전염력		• 전염력 강함 • 발병 2주간 전염성 강함
전염기간		• 발병 후 14일까지
격리		• 격리없이 개인 위생수칙을 철저히 지킬 것을 권장

임상증상	일반증상	• 2~3주 지속	
		자각증상	• 충혈, 중등도의 통증(안통), 이물감, 눈곱, 눈물 흘림, 눈분비물
		겉으로 드러나는 증상	• 충혈, 결막부종, 여포, 안검 부종 등
		※ 여포란? 검결막의 국소림프증식으로 나타나는 증상으로, 검결막을 뒤집어 보았을 때 눈꺼풀 안쪽 결막에 분홍색의 좁쌀 크기 돌기 (깨알같은 작은 돌기)	
	기타	• 귓바퀴 앞 림프절 종창 및 압통 (이개전 림프절병증) • 각막 상피하 점상 혼탁	
	소아	• 고열, 인후통, 설사 등의 전신증상 동반	
	성인	• 눈에 국한	
합병증	시력저하	• 각막 상피하 혼탁이 남아 심해지는 경우 시력저하가 생길 수 있음	
	안구건조증	• 결막에 분비된 눈물보조세포나 점액분비 세포가 바이러스나 염증에 손상을 입으면서 안구 건조증 발생(보통 6개월 지속)	
	• 영구적인 결막 반흔, 눈꺼풀 처짐, 눈꺼풀과 결막의 유착 등		
	• 대부분 발병 후 2주내에 증상 사라짐		
치료	• 치료제 없음 • 안과 진료 : 각막혼탁으로 시력저하 발생위험으로 안과 진료보기		
	대증요법	• 증상완화를 위한 냉찜질	
	각막하 상피하 혼탁	• 점안 스테로이드	
	이차 세균 감염	• 이차적인 세균감염을 예방하기 위해 항생제 사용 → 항균제 안약 점안	
환자관리	외출 자체	• 환자는 외출 자제하기 • 특히 사람들이 많이 모이는 장소나 수영장에 가지 않기	
	타인과 접촉 X	• 눈병이 발생한 경우 다른 사람들과 접촉을 하지 않기	
	• 사용한 수건 등은 반드시 뜨거운 물과 세제에 세탁하기		
예방	올바른 손씻기	• 흐르는 물에 비누나 세정제로 30초 이상 손을 씻기	
	눈 만지지X	• 눈을 만지거나 비비지 않기	
	개인용품 공유 X	• 수건이나 베개, 화장품 등 개인 소지품을 다른 사람과 공유하지 않기	

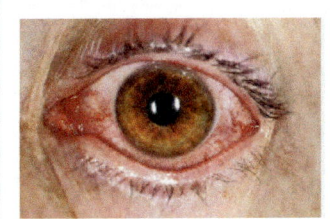 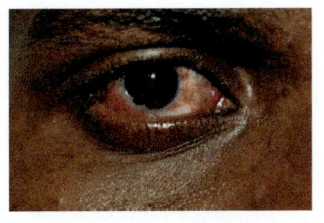 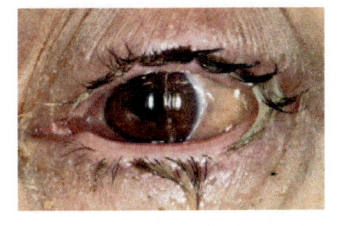

〈 그림. 유행성 각결막염 〉

자료원. DoveMed, EyeWiki(UNC Ophthalmic), CDC

36 급성 출혈성 결막염

정의		• 엔테로바이러스 70형, 콕사키바이러스 A24 Variant형 감염에 의한 안과질환 → 법정 전염병 X
병원체		• 엔테로바이러스 70형, 콕사키바이러스 A24 Variant형
감염경로 (전파양식)	직접 접촉	• 환자의 눈 분비물 등과 직접적 접촉
	간접 접촉	• 수건, 침구물, 세면기구 등 개인용품과 접촉
	물	• 수영장, 목욕탕 물을 통한 전파
잠복기		• 잠복기 1~2일
	엔테로바이러스 70형	• 24시간
	콕사키바이러스 A24	• 48~72시간
전염력		• 전염력 강함
호발시기		• 주로 여름에 유행하나 1년 내내 발생 가능
호발대상		• 어린이집, 유치원, 초·중·고등학교 등에서 집단 유행 위험있음
전염기간		• 발병 후 4일~1주일
격리		• 격리없이 개인 위생수칙을 철저히 지킬 것을 권장
임상증상		• 갑작스런 안통, 이물감, 안검 부종, 충혈, 결막하 출혈
	자각증상	• 충혈, 이물감, 눈물 흘림, 안통(유행성 각결막염 보다 심하지 않음) 등
	겉으로 드러나는 증상	• 결막하 출혈, 충혈, 결막부종, 여포, 안검(눈꺼풀) 부종 등
합병증		• 엔테로바이러스 70형은 발병 후 6~12개월 후에 사지마비 또는 뇌신경마비 드물게 발생 가능
치료		• 치료제 없음
	대증요법	• 증상완화를 위한 냉찜질
	이차 세균 감염	• 이차적인 세균감염을 예방하기 위해 항생제 사용 → 항균제 안약 점안
환자관리	외출 자제	• 환자는 외출 자제하기 • 특히 사람들이 많이 모이는 장소나 수영장에 가지 않기
	타인과 접촉 X	• 눈병이 발생한 경우 다른 사람들과 접촉을 하지 않기
예방		• 사용한 수건 등은 반드시 뜨거운 물과 세제에 세탁하기
	올바른 손씻기	• 흐르는 물에 비누나 세정제로 30초 이상 손을 씻기
	눈 만지지 X	• 눈을 만지거나 비비지 않기
	개인용품 공유 X	• 수건이나 베개, 화장품 등 개인 소지품을 다른 사람과 공유하지 않기

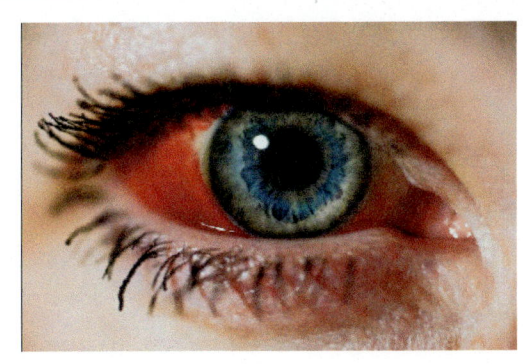 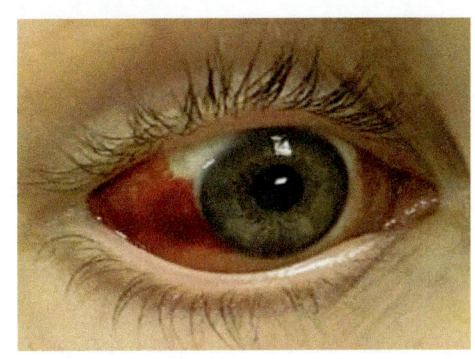

〈 그림. 급성 출혈성 결막염 〉

자료원. DoveMed, EyeWiki(UNC Ophthalmic), CDC

표. 눈병 예방수칙

손 씻기	• 눈을 만진 후에 손을 깨끗이 씻음 • 외출에서 돌아오면 즉시 손을 깨끗이 씻고, 무의적으로 눈을 비비기 때문에 자기 전에도 반드시 손씻기
렌즈 X	• 렌즈를 낀채로 수영하지 않음
수영장, 공중목욕탕 X	• 눈병이 유행할 때는 수영장이나 공중목욕탕 등 사람 많은 곳을 가지 않음
별도 물건사용	• 가족 중에 환자가 있을 때는 반드시 수건과 세수대야를 별도로 사용해야 함
환자 물건 접촉 X	• 환자가 만진 물건을 접촉하지 않도록 함
손이 눈 닿지 않기	• 눈이 가렵거나 눈물, 눈꼽이 많을때는 손이 닿지 않도록 휴지를 사용함
즉시 안과	• 눈병에 걸렸을 경우는 즉시 가까운 안과에서 치료를 받아야 함

6 감염병 예방 및 관리

1 감염병 예방수칙

(1) 호흡기 감염병 예방 5대수칙

① **기침 예절 실천**

- 호흡기 증상이 있을 시 마스크 착용하기
- 기침할때는 휴지와 옷소매로 입과 코 가리기
- 기침한 후에는 비누로 손씻기
- 사용한 휴지나 마스크는 바로 쓰레기통에 버리기

② **올바른 손씻기의 생활화**

- 흐르는 물에 비누로 30초 이상 손씻기 → 비누로 손 씻으면 호흡기 감염병 5명 중 1명만 예방가능
- 외출 전후, 식사 전후, 코풀거나 기침·재채기 후, 용변 후 손씻기

③ **씻지 않은 손으로 눈,코,입 만지지 않기**

④ **실내에서는 자주 환기**

- 2시간 마다, 10분씩 환기하기
- 학교, 어린이집 등 공공시설에서는 출입문과 창문을 동시에 열기

| 표. 환기의 필요성 |

- 5㎛ 이상의 비말(직접전파-간접접촉)은 대부분 1-2m에서 가라앉으나 5㎛이하의 에어로졸(간접전파-공기매개전파, 비말핵전파)는 공기 중 장시간 떠다니며 10m 이상 전파가 가능해 주기적인 환기가 필요함

| 표. 입자크기에 따른 전파 양상 및 관리 |

전파양상	입자크기	관리
비말감염 (직접전파-간접접촉, 비말전파)	5㎛ 이상으로 기침, 재채기, 대화 등으로 나오는 침방울 형태로 1~2m까지 퍼짐(1~2m에 가라앉음)	• 마스크 착용 • 사회적 거리두기 • 비말 차단 가림막 등
공기감염 (간접전파-공기매개 전파, 비말핵 전파)	• 5㎛ 이하 • 수분이 증발되어 미세한 먼지상태로 가벼워져 공기중에 장시간 떠다니며 10m 이상 전파가 가능	• 실내환기 • 공기청정기 (보조적 수난)

표. 기본 환기 3원칙

1. 1일 최소 3회(10분)이상 창문 열어 환기하기(밀집도가 높은 공간이라면 더 자주 환기)
2. 맞통풍이 일어나도록 문과 창문 동시에 여러 개 열기, 맞통풍을 유도해 신선한 공기가 실내에 들어오게 하고 창문을 열기 어려울 경우 지속 환기 시키기
3. 냉·난방 중에도 주기적으로 환기하기, 냉방 중에 환기하지 않으면 비말이 재순환 되면서 감염 확산 위험이 높아짐

⑤ 발열 및 호흡기 증상시 의료기관 방문하여 적절한 진료받기

(2) 소화기 감염병(수인성·식품매개 감염병) 6대 예방수칙

① 손씻기
- 흐르는 물에 비누로 30초 이상 올바른 손 씻기

② 물 끓여먹기

③ 음식 익혀먹기

④ 위생적인 조리과정 준수하기
- 칼, 도마 소독하여 사용하기
- 조리도구는 구분하여 사용하기
  (채소용·고기용·생선용)

⑤ 채소, 과일은 깨끗한 물에 씻어, 껍질 벗겨먹기

⑥ 설사 증상이 있는 경우는 음식 조리 및 준비 금지

2 전파경로별 주의 21 임용

- 표준주의 + 접촉주의 or 비말주의 or 공기주의

(1) 표준주의

정의	• 표준주의는 의료기관 내에서 환자를 대상으로 하는 모든 처치와 술기, 간호를 하는데 가장 기본적인 지침임 • 표준주의에 따라 환자를 진료하여 의료인 스스로를 보호하며 환자의 안전을 도모해야 함
대상	• 감염여부와 상관없이 모든 대상자에게 적용 • 혈액, 체액, 분비물, 배설물(혈액이 섞이지 않은 땀은 제외), 손상된 피부, 점막을 다룰 때 적용
중요성	• 표준주의 지침은 의료진의 안전을 보호하고, 환자에게 감염 위험을 줄여 의료관련감염 발생을 예방하는 데 필수적인 역할을 함
일반원칙	• 감염병 증상이 있는 환자는 전파 가능성이 있는지에 대해 적절한 시기에 평가함 • 모든 환자를 대상으로 표준주의를 준수함 • 의료기관은 의료종사자들을 대상으로 다음의 사항에 대해 정기적으로 교육함 → 전파의 위험도 평가, 개인보호구 선택과 사용, 효과적인 손위생 방법, 표준주의 지침

내용	• 손 위생, 개인 보호구, 호흡기 위생, 환자 배치, 환자 치료기구 및 물품, 환경관리, 세탁물 등
호흡기예절	• 의료종사자들은 환자와 가족, 방문객을 대상으로 손위생과 호흡기 예절에 대해 안내 • 병원 입구와 눈에 잘 띄는 장소에 호흡기 예절과 관련한 포스터를 게시함 〈 호흡기 예절 〉 • 기침이나 재채기를 할 때 입과 코를 휴지로 가리고, 사용한 휴지는 바로 휴지통에 버리고, 휴지가 없다면 옷소매를 이용하도록 함. • 마스크를 착용하고, 다른 사람으로부터 고개를 돌려 기침이나 재채기를 하도록 함 • 다른 환자와 1m 이상 거리를 유지함 • 병동과 외래의 대기 장소에는 손위생과 관련한 물품을 제공하고 손위생 방법을 안내
환자의 이동과 배치	• 다른 사람들에게 감염을 전파할 위험이 있는 환자의 경우 1인실에 두도록 함 • 1인실이 여유가 없는 경우에는 다음 사항을 고려하여 우선순위를 결정함 〈 1인실 우선순위 결정 〉 • 가능한 감염 전파경로 • 추가 주의조치가 필요한 감염 유무 • 환경오염 정도와 주의 조치를 지키기 어려운 상태의 정도 • 분비물 또는 배설물의 조절 가능 유무 • 다른 환자에게 전파될 경우 파급 효과의 크기 • 병실을 같이 사용할 수 있는 방법 • 의학적으로 필요한 경우를 제외하고 환자를 의료기관 내, 그리고 의료기관 간 이송하는 것을 되도록 피함
치료장비와 기구관리	• 혈액이나 체액으로 오염될 수 있는 장비와 기구의 설치, 이동, 관리에 대한 지침과 정책을 수립함 • 혈액이나 체액에 오염되었거나 오염이 의심되는 장비와 기구를 다룰 때에는 예상되는 오염 수준에 따라 개인보호구를 착용함
환경관리	• 환자의 접촉 수준과 오염 정도에 따라 환경 청소지침과 정책을 수립함 • 환자와 가까운 거리에 있거나 환자가 자주 만지는 물건과 환경 표면은 병원균으로 오염될 가능성이 높기 때문에 자주 청소하고 소독함

(2) 전파경로별 주의 21 임용

	접촉주의	비말주의	공기주의 21 임용
정의	• 환자나 그 주변환경과 직접 또는 간접적인 접촉으로 병원균의 전파	• 호흡기 비말(5㎛ 이상)이 기침, 재채기, 콧물, 대화 시 전파	• 호흡기 비말(5㎛보다 작은)이 공기의 흐름을 타고 먼거리를 이동하여 전파
일반원칙	• 표준주의 + 접촉주의	• 표준주의 + 비말주의 • 유행성 이하선염이나 풍진에 면역력이 없는 의료종사자는 이러한 감염을 앓고 있는 환자의 진료에 참여하지 않도록 함	• 표준주의 + 공기전파 주의 • 의학적으로 필요한 경우에만 시술 함
대상	• 콜레라, 장티푸스, 세균성 이질, 로타바이러스, 노로바이러스, 에볼라, 옴, A형간염, 다제내성균(VRE, CRE 등)	• 인플루엔자, 코로나 19, 유행성 이하선염, 풍진, 백일해, 디프테리아, 성홍열, 수막구균성 수막염, SAS 등	• 활동성 폐결핵, 홍역, 수두, 파종성 대상포진, 두창, SARS 등 21 임용
병실배치	• 1인실 또는 코호트 격리 〈 코호트 격리 〉 • 1인실이 여유가 없는 경우, 동일한 병원균에 감염되었거나 보균중인 환자들끼리는 한 병실에 입원	• 가능하면 1인실 〈 1인실 우선배치 〉 • 과도한 기침과 객담이 있는 환자 • 활동량이 많을 것으로 예상되는 환자 • 코호트를 구성할 때에는 동일한 병원체에 감염된 환자들로 배치 → 코호트 격리를 한 경우에는 병상 간 간격거리는 1m 이상 유지	• 음압격리실 • 음압격리실에 입원할 수 없는 경우 다른 공간과 공기의 흐름이 연결되지 않는 방에 배치 • 홍역이나 수두처럼 각 감염병마다 바이러스가 동일한 경우 코호트 격리 가능 (활동성 결핵 x)
개인 보호구	• 가운, 장갑 + 필요시 보호구 추가(손위생 후) • 코호트 격리를 하는 병실에서 개인보호구는 환자마다 교체하고 손위생을 수행	• 수술용 마스크 + 필요시 보호구 추가	• N95마스크 + 필요시 보호구 착용 • 수두: 직접 접촉이 있는 경우 가운/장갑 추가 (수포가 있는 감염병은 수포등에 대한 접촉주의와 손위생 철저)

	접촉주의	비말주의	공기주의 21 임용
환자이동	• 가능한 이동제한	• 가능한 이동제한 • (이동시 환자는 수술용 마스크 + 호흡기 예절준수)	• 이동 제한 (불가피하게 이동시 환자는 수술용 마스크 착용 + 호흡기 예절 준수)
물품관리	• 환자 물품을 다른 환자와 공유 X → 개별적 물품 사용		
환경관리	• 더 자주 청소하고 소독	• 비말주의가 필요한 환자 퇴원 후 병실청소 시, 공기 중에 에어로졸이 없어질 때까지 충분한 시간이 지난 후에 청소	• 공기주의가 필요한 환자가 퇴원 후 병실청소 시 공기 중에 에어로졸이 없어질 때까지 충분한 시간이 지난 후에 청소
	• 격리병실은 매일 소독제를 이용하여 청소 • 환자가 자주 만지는 표면은 자주 소독 • 공기주의 격리 환자 퇴실 시 충분한 시간 환기 후 청소 및 소독		

3 소독 및 멸균

(의료기관 사용기구 및 물품 소독 지침, 보건복지부고시 제2020-295호, 2020. 12. 18) 21 임용

(1) 정의 (의료기관 사용 기구 및 물품 소독 지침 2조)

세척 (Cleaning)		• 대상물로부터 모든 이물질(토양, 유기물 등)을 제거하는 과정
소독 (Disinfection)		• 생물체가 아닌 환경으로부터 세균의 아포를 제외한 미생물을 제거하는 과정
	낮은 수준 소독	• 10분 이내에 대부분의 영양성 세균과 일부 진균, 바이러스를 사멸시키나, 결핵균과 아포를 사멸시키지 못하는 것
	중간 수준 소독	• 결핵균과 영양성 세균, 대부분의 바이러스와 진균을 사멸시키나 아포는 사멸시키지 못하는 것
	높은 수준 소독	• 모든 미생물과 일부 세균의 아포를 사멸할 수 있는 것
멸균 (Sterilization) 21 임용		• 물리적, 화학적 과정을 통하여 모든 미생물을 완전하게 제거하고 파괴시키는 것 (법적 표현) • 모든 종류의 미생물과 아포를 완전히 사멸하는 것을 말함 (일반적 표현)

(2) 감염위험도에 따른 기구 분류 (의료기관 사용 기구 및 물품 소독 지침 3조)

기구분류	정의	종류	내용
고위험 기구	• 무균 조직이나 혈관에 삽입되는 기구로 어떤 미생물이라도 오염되면 감염의 위험이 매우 높음	• 수술기구, 혈관카테터, 이식물, 무균조직에 사용되는 초음파 프로브 등	• 멸균과정이 요구되며, 고온멸균법, 가스멸균법, 액체 화학멸균법 등을 이용 • 멸균된 채로 구매하거나 의료기관내에서 적절한 방법으로 멸균하여 사용하도록 하며, 사용 전에 멸균상태를 확인
준위험 기구	• 점막이나 손상이 있는 피부에 접촉하는 기구	• 호흡치료기구, • 마취기구, 내시경 등	• '높은 수준'의 소독이 요구되며 화학소독제를 사용한 경우 잔류 소독제가 없도록 멸균증류수로 깨끗하게 헹굼 • 열에 안전한 의료기구인 경우에는 고온 멸균을 이용함 • 수돗물을 사용해야만 하는 경우라면 사용 후 알코올로 헹구고 압력이 있는 공기로 건조함
비위험 기구	• 손상이 없는 피부와 접촉하지만 점막에는 사용하지 않는 기구	• 혈압측정기, 청진기, 심전도 도구, 방사선 촬영용 카세트 등	• '낮은 수준'의 소독을 적용하며, 사용한 장소에서 소독하여 재사용할 수 있음

(3) 소독의 종류와 특성

① 화학적 소독제에 의한 소독

	작용기전 및 살균범위	사용범위	주의사항
과산화수소 (Hydrogen peroxide)	• 세포막의 지질, DNA, 기타 세포 필수 구성 요소 등을 파괴하는 작용함 • 세균, 진균, 바이러스, 아포, 결핵균에 모두 유효함 • 6~25% 농도에서는 화학 멸균제로 사용 가능	• 3~6%의 농도로 콘텍트 렌즈, 인공호흡기, 리넨, 내시경 등을 소독	• 차광용기에 보관되어 있으면 일반 환경에서 안정적임 • 3% 농도 제품은 환경 표면 소독제로 사용 시 안정적이고 효과적임 • 3% 과산화수소로 인한 위막성 결장염이 발생하기도 함 • 사용 후 충분한 헹굼이 안 된 경우, 각막손상, 위막성 결장염 등이 보고

	작용기전 및 살균범위	사용범위	주의사항
과초산 (Peracetic acid)	• 유기물 제거 능력이 강하고 잔류물질이 없으며, 모든 미생물에 단시간 내에 효과가 있음 • 그람양성 및 그람음성균주, 곰팡이, 효모 등은 100ppm 미만의 농도에서 5분 이내에 불활성화시킬 수 있음 • 결핵균을 2~30분이면 사멸시킴	• 수술기구, 치과기구, 내시경 기구의 화학 멸균제로 사용	• 구리, 황동, 철 및 아연을 부 • 희석 시 불안정해짐
알코올 (Alcohol)	• 다제내성균(MRSA, VRE 등)을 포함한 증식형 그람양성 및 음성균, 결핵균, 다양한 바이러스에 효과적인 것으로 증명 • 세균에 대한 효과는 좋지만 세균의 아포, 원충의 난모세포, 비피막(비지질) 바이러스에 대해서는 효과가 떨어짐 • 피부에 적용 시 신속한 살균 효과를 가져오지만 잔류 효과가 없음 • 그러나 알코올 제제 사용 후는 미생물이 다시 자라는 속도가 지연됨	• 앰플/바이알 표면 • 물과 세제를 이용해 청소한 깨끗한 표면(예, 카트, 카운터, 검사실 벤치 등) • 일부 기구의 표면(예, 청진기, 심폐소생술 마네킹 등) • 일부 기구의 건조 • 주사 전 피부소독	• 증발이 쉽게 되고, 이로 인해 농도가 50% 이하로 되는 경우 살균력이 급격히 감소함 • 유기물이 남아 있을 시 비활성화되기 때문에 사전 세척 필수적임 • 세척제로는 좋지 않음 • 증발되고 난 후 잔존 효과가 없음 • 일반적으로 점막에 적용하지 않음 • 고무, 플라스틱 등의 물질은 손상되고, 안과기구 특히 렌즈 등은 깨질 수 있음 • 인화성 물질로 화기나 고열의 장소를 피해서 보관해야 하며, 휘발성이 있음
염소/ 염소화합물	• 광범위한 항균작용을 가지고 있으며, 독성이 잔존하지 않고, 표면에 남아 있는 세균이나 바이오 필름을 제거할 수 있지만, 경수, 잔존한 유기물질 등에 의해 비활성화됨	• 낮은 농도는 표면을 신속하게 청소 및 소독 유용 → 의료환경에서 환경 소독제로 사용 • 혈액이 쏟아지거나 묻은 곳에 사용 • 수치료 욕조, 세탁물, 치과기구, 혈액 투석에 사용하는 물, 기계 및 환경 표면 등에 주로 사용	• 유기물질에 의해 비활성화되기 때문에 사전 세척은 필수적임 • 염소 및 염소화합물은 천과 직물을 탈색 및 손상을 일으키고, 스테인리스 기구를 부식 시킬 수 있음 • 희석액은 실온 방치 시 30일이면 유효염소량이 40~50% 이상 감소하기 때문에 사용 시 바로 희석하는 것을 권장하고 희석액의 유효기간은 24시간 이내로 함 • 가격이 비싸지 않고, 살균 효과가 빠름

	작용기전 및 살균범위	사용범위	주의사항
요오드, 아이오도퍼 (Iodine and iodophor)	• 그람양성균, 그람음성균과 아포, 바이러스, 진균, 원충까지 살균의 범위가 넓음 • 진균이나 아포에 대한 살균 효과를 보려면 오랜 시간 침적이 요구됨 • 물품 소독제로는 효과가 적음	• 피부 및 점막 소독 • 농도에 따른 사용 범위 | 10% 용액	• 창상치료나 침습적 시술 전 피부준비
2% 용액	• 구강함수에 사용
7.5% 용액	• 수술실 전 손위생		• 부식 및 착색(금속을 부식, 고무나 플라스틱 제품을 손상, 착색이 되는 단점) • 알레르기 및 피부접촉염 (아이오도퍼는 아이오다인에 비하여 피부자극이나 알레르기 반응이 적으나 다른 소독제에 비하여 접촉성 피부염을 일으킬 수 있음) • 임부나 수유부에게 장기간 사용하지 않도록 하며, 요오드 과민증 환자, 갑상선 기능이상 환자, 신부전 환자 및 신생아에게 사용하지 않도록 함. • 자연분만 시 사용한 경우는 출생 직후 신생아의 눈을 멸균 증류수로 닦아 내도록 함
클로르헥시딘 글루코네이트 (Chlorhexidine gluconate)	• 그람양성균에 효과가 좋고 그람음성균과 진균에는 다소효과가 떨어지며 결핵균에 대해서는 최소 효과만 가짐 • 아포에는 효과를 발휘하지 못함 • 피막바이러스 (herpes-simplex virus, HIV, CMV, influenza virus, RSV 등)에 효과를 가지지만, 비피막바이러스 (rotavirus, adenovirus, enterovirus 등)에는 대체로 효과가 떨어짐	• 피부의 자극이 적고 피부에 잔류 효과가 있어 피부 소독제로 사용 • 4% 클로르헥시딘은 7.5% 포비돈 아이오다인에 비하여 세균감소 효과가 매우 높음 • 클로르헥시딘은 잔류 효과가 높음 • 알코올 제제에 저농도 (0.5~2.0%)의 클로르헥시딘을 섞으면 알코올 단독 제제보다 잔류 효과가 좋아짐	• 클로르헥시딘은 안전한 소독제임 • 매우 드물게 피부를 통한 흡수가 있을 수 있음 • 1% 이상 농도는 결막염이나 각막 손상을 발생할 수 있으므로 눈에 직접 접촉하지 않도록 주의해야 하며, 내이독성을 유발할 수 있음

② 물리적 소독방법

자외선 소독	• 세균사멸 효과가 가장 큼 • 음용수나 공기, 티타늄 임플란트, 콘택트렌즈 소독에 사용됨 • 지속 효과가 없고, 투과력이 낮으며 유리나 플라스틱, 금속에 흡수되므로 표면이나 액체 적용에 제한적임 • 피부 화상 및 눈 조직을 파괴하므로 적용에 신중을 기해야 함
마이크로파 (Microwave)	• 소프트 콘택트렌즈, 치과기구, 틀니, 우유, 간헐적 도뇨관 소독에 사용된다 • 세균, 결핵균, 바이러스, 아포 사멸에 대한 연구결과가 보고됨 • 간헐적 도뇨관 소독 방법으로 제안하고 있음
파스퇴르살균	• 병원성 미생물을 파괴하는 것이 목적이며 아포를 사멸하지 못하므로 멸균과정은 아님 • 의료기구 소독방법으로는 추천하지 않고, 우유나 식품의 소독방법으로 사용됨
끓이기(boiling)	• 대부분의 세균은 55~60℃에 사멸하지만 일부 아포의 경우 100℃에서도 사멸하지 않으므로 끓이는 것으로는 높은 수준의 소독은 가능하나 멸균은 기대할 수 없음

7 학교감염병 관리

1 목적 및 목표

목적	• 학교 감염병 예방·관리 및 위기대응 역량을 강화하여 신종 및 기존 감염병의 위협으로부터 학생과 교직원을 보호하고 안전하고 건강한 학교 기능 유지
목표	1) 학생과 교직원의 일상적인 감염병 예방 활동을 통해 감염병에 걸리는 것을 예방함 2) 학교 내 감염병을 조기 발견하고 사후 조치를 신속히 함으로써 유행 확산을 방지함 3) 학교 내 감염병 유행 시 체계적으로 대응함으로써 학교 기능을 유지하고 지역사회 전파를 차단함

2 학교내 평상시 대비(예방단계)

• 감염병 환자 발생에 대비하여 대응체계 구축(조직 구성, 계획 수립) 및 예방 활동 수행

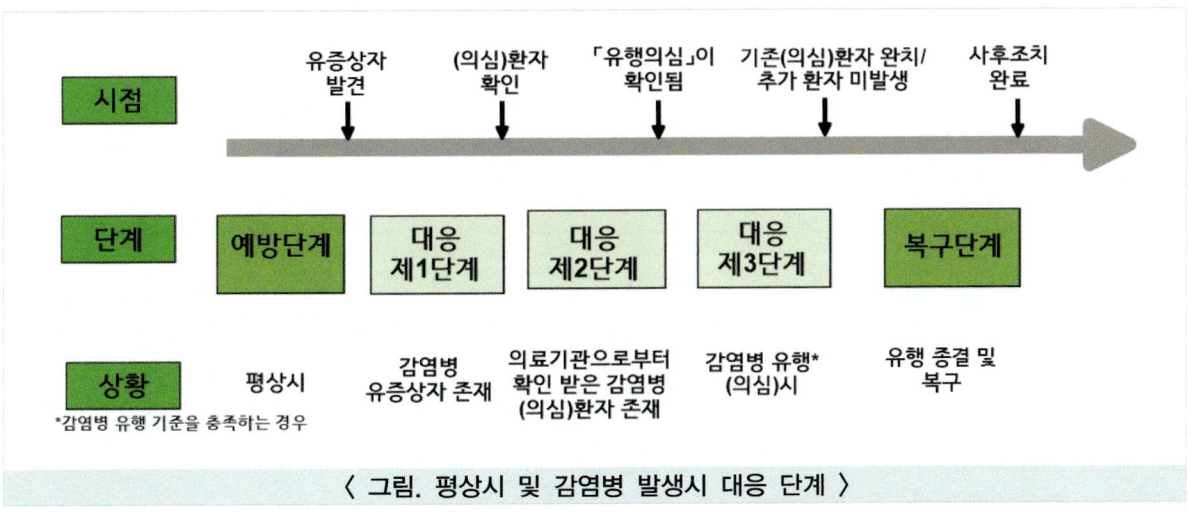

〈 그림. 평상시 및 감염병 발생시 대응 단계 〉

자료원. 교육부. 학교감염병 예방·위기대응 매뉴얼 2023

(1) 감염병 예방·관리 연간 계획 수립

시기	• 매년 3월 말까지
총괄	• 학교장
수립내용	① 학교 감염병 관리 조직 구성 ② 예방접종 관리 ③ 감염병 예방 교육 ④ 학교 내 감염병 발생 시 보고 및 대응 ⑤ 수동감시체계 운영 ⑥ 일시적 관찰실 지정 ⑦ 방역 활동

(2) 수동감시체계

정의	• 평소에 학생들을 관찰하거나 보건실 이용 과정을 통해 감염병 (의심)환자를 발견하는 것
담당 및 연락체계	• 보건(담당)교사: 보건실 이용 학생 중 감염병 (의심)환자 발견 시 담임교사에게 알림 • 담임교사: 담당 학급 학생에 대한 상시 관찰, 결석자 파악 등을 통해 감염병 (의심)환자 발견 시 보건(담당)교사에게 연락 • 교과담당 교사: 수업 중 감염병(의심)환자 발견 시 보건(담당) 및 담임교사에게 연락
방법	• 학생/학부모의 자발적 통지, 교사의 관찰, 보건실 이용 학생의 관찰 등을 통해 발견 • 월별로 감시가 필요한 감염병과 증상 정보를「감염병 감시 대상 정보 제공 요령」을 참고하여 발생감시팀에게 제공표2-1, 표 3-2, 표 3-3 참조 • 담임교사는 학생 및 학부모를 대상으로 감염병 진단 또는 의심증상 발생 시 즉시 임교사나 보건(담당)교사에게 알릴 수 있도록 교육

표. 수동감시체계 VS 능동감시체계

수동감시체계	능동감시체계
• 평소에 학생들을 관찰하거나 보건실 이용 과정을 통해 감염병 (의심)환자를 발견하는 것	• 유행이 의심되는 일정 기간 동안 증상 유무 묻기, 검사 등을 통해 감염병 (의심)환자를 적극적으로 파악하여 대응을 취하는 것
• 예방, 대응 제 1단계	• 대응 제 2단계 (일부만 실시) • 대응 제 3단계 (전체 학급으로 확대)

(3) 일시적 관찰실 지정

• 1층에 마련이 원칙
　→ 1층 마련이 어려운 경우 층간 이동을 최소화하고 신속한 귀가가 가능한 장소에 마련

　• 문을 닫을 수 있고 환기가 잘 되는 공간
　• 출입구에 안내문을 부착하여 다른 사람들의 접근 차단

※ 보건실 내 설치는 다른 사람과의 접촉 가능성이 있으므로 바람직하지 않으나 부득이한 경우 다른 침대와 2m 이상을 유지하거나 가림막(커튼, 파티션 등)으로 차단

(4) 방역활동

세부지침	적용 범위 및 방법

정기소독	• 「감염병 예방 및 관리에 관한 법률」 제 51조 제 2항 및 시행령 24조에 따라 아래 해당 학교 전체에 대해 주기적으로 실시
	   • 「초·중등교육법」 제 2조 및 「고등교육법」 제 2조에 따른 학교
	   • 「유아교육법」에 따른 유치원 중 50명 이상 수용 유치원
	• 4월~9월에는 2개월에 1회 이상, 10월~3월에는 3개월에 1회 이상 전문 소독업체에서 실시

임시 소독 (감염병 발생시)	• 학교 내 감염병 환자가 발생하였거나 유행시 해당 공간에 대해 실시 • 학교 전체 소독은 정기 소독에 준하여 실시 • 그 외 학교 다빈도 접촉 공간 및 물품 등에 소독제나 소독티슈를 사용하면 표면소독 실시 • 충분히 환기하기
보건실 소독	• 평상시 보건실의 공간, 장비 및 물품 등의 소독 시행 시
일시적 관찰시 소독	• 감염병(의심)환자를 격리, 관찰할 경우 해당 공간에 대한 소독 시행시

표. 심리적 피해예방교육

- 심리적 피해 예방 교육
- 보건교사, 담임교사 또는 상담교사는 감염병 (의심)환자의 낙인효과(비난받음, 따돌림 등)를 예방하기 위해 평소에 교육실시
- 교육 내용 (예시)
  - 감염병이 의심될 경우 자신과 다른 사람의 보호를 위한 다양한 조치(일시적 격리, 마스크 착용, 등교 중지 등)를 하는 것이 당연하다는 것을 보건교육 및 생활지도를 통해 평소에 알림
  - 일시적 관찰과 마스크 착용이 감염병 환자임을 의미하는 것이 아니며, 환자로 확인되기 전에 필요한 사전조치이므로 본인이나 주변 사람들이 불안해할 필요가 없음
  - 대부분의 감염병은 개인위생수칙, 영양섭취 등의 건강생활수칙 준수 시 충분히 예방 및 치료가가능하므로 지나치게 불안해하지 않도록 함
  - 감염병에 걸린 것이 자신의 잘못이 아니며, 누구나 감염될 수 있다는 것을 안내함

3 학교내 감염병 발생 시 대비 및 대응

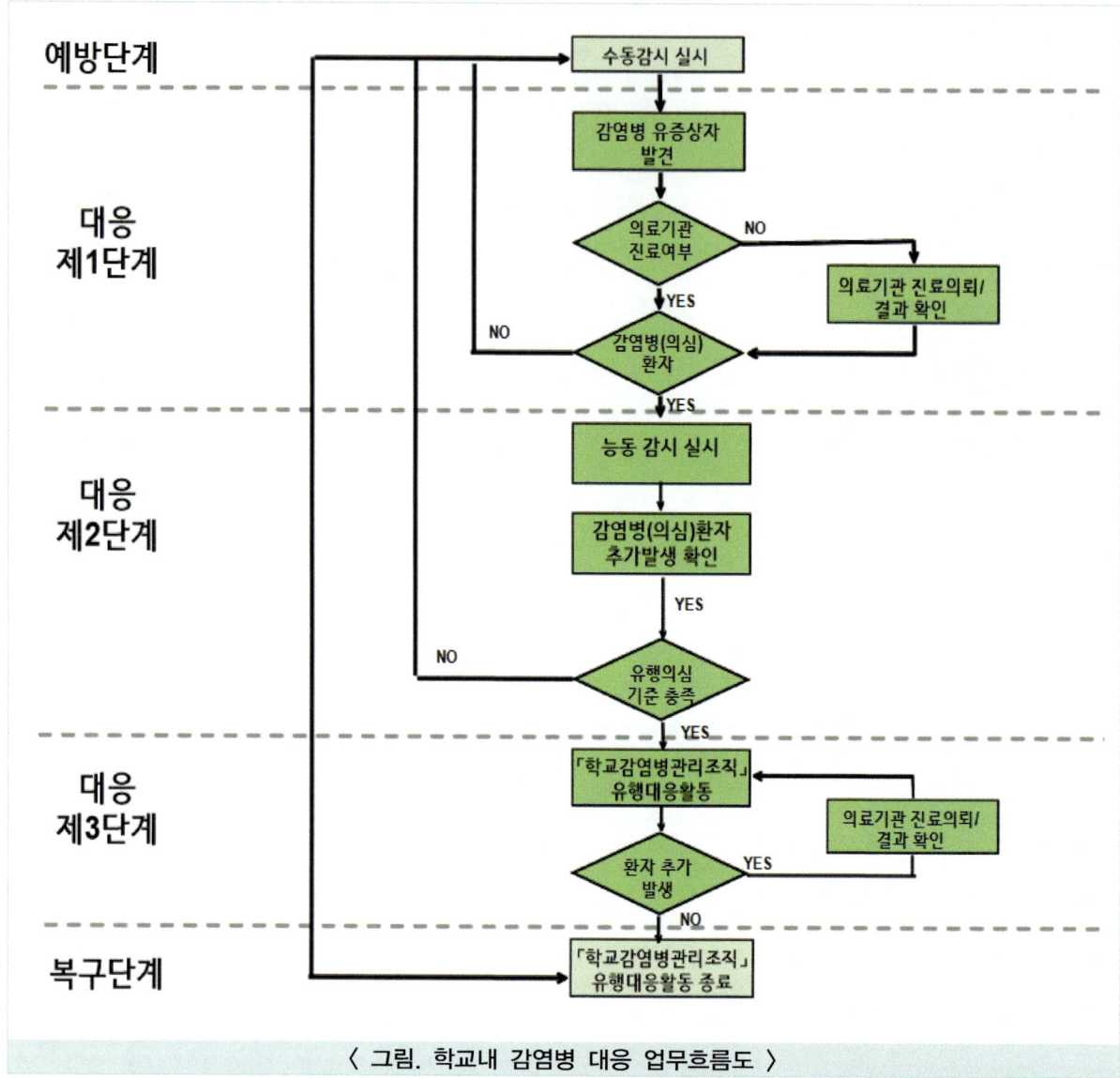

〈 그림. 학교내 감염병 대응 업무흐름도 〉

자료원. 교육부. 학교감염병 예방·위기대응 매뉴얼 2023

(1) 대응 1단계 : 감염병 유증상자 있음

• 감염병 유증상자를 발견하여 의료기관 진료를 통해 감염병(의심)환자 발생 여부를 확인하는 단계

① 대응 1단계의 상황 및 기간

상황	시작 시점	종료 시점	후속 조치
감염병 유증상자 존재	유증상자 발견	• 의료기관 진료 결과 감염병(의심)환자 발생을 확인	→ 대응 2단계
		• 감염병이 아닌 것으로 확인	→ 예방단계

② 조치사항

감염병 (의심)환자 이동 수칙	• 감염병 (의심)환자가 교내에서 혼자 이동하는 것은 원칙적으로 금지 • 이동 시에는 담임(담당) 교사가 동행하며 2m 정도의 거리 유지 • 담당 교사는 담임교사 권장 (만약 임신부 등 감염병 고위험군인 경우 다른 교사로 대체) • 필요시 감염병 (의심)환자와 이동 담당 교사 모두 마스크 착용
감염병 여부 확인 시 참고사항	• 감염병을 의심할 수 있는 증상인지를 확인하고 의료기관 진료 여부를 물어봄 • 발열을 호소하는 경우 체온을 측정하여 실제 발열 여부를 다시 확인 • 응급상황인 경우에는 즉시 적절한 조치 수행
일시적 관찰 필요성 판단 및 실시	• 학교 내 전파를 방지하기 위하여 감염 우려가 있는 학생이 의료기관에 진료를 받으러 가기 전까지 격리하여 관찰하는 학교 내 공간 • 격리된 학생에 대한 낙인효과를 우려하여 '격리' 대신 '관찰'이라는 용어 사용 권장
의료기관 진료 결과에 따른 조치	• 등교 중지가 필요한 감염병으로 확진된 경우 격리 기간 동안 등교 중지 • 등교 중지가 필요한 감염병이 의심되는 경우 확진 여부 확인 시까지 등교 중지 • 등교 중지가 필요 없는 감염병의 확진 또는 의심인 경우 학교에 복귀
교실 환기 및 소독	• 교실 등의 창문을 수시 개방하여 충분히 환기 • 감염병 발생에 따른 임시 소독 실시 • 감염병 유증상자가 속한 학급은 소독제를 이용해 오염 가능성이 높은 물체 표면을 닦음
위생수칙 교육 실시	• 해당 감염병의 정보 및 위생수칙 교육(손 씻기, 기침예절 등) • 해당 감염병 증상 발생 시 담임교사나 보건교사에게 알리도록 안내

표. 일시적 관찰실 설치 및 운영방안

구 분	내 용

장소	• 연초에 「학생 감염병 예방·관리 계획」 수립 시 장소 지정
	• 학교 학생에 맞게 탄력적으로 운영할 수 있지만 가급적 지정조건 준수 권고
	• 지정장소
	   • 1층에 마련(1층 마련이 어려운 경우 층간 이동을 최소화하고, 신속한 귀가가 가능한 장소에 마련)
	   • 문을 닫을 수 있고 환기가 잘 되는 공간
	   • 출입구에 안내문을 부착하여 다른 사람들의 접근 차단
	※ 보건실은 다른 사람과의 접촉 가능성이 있으므로 바람직하지 않으나, 부득이한 경우 다른 침대와 2m 이상을 유지하거나 가림막(커튼, 파티션 등)으로 차단

기간	• 의료기관 진료받으러 가기 전까지 한시적으로 격리
방법	• 관찰실 내에서 교사와 학생은 2m 이상의 거리 유지 • 유증상 학생이 있는 경우에는 복도 쪽 창문은 닫고 실외 쪽 창문은 모두 개방 • 최대한 학생을 안정시킨 상태에서 주의깊게 증상변화 관찰 • 필요시 학생과 담당교사가 마스크 착용 • 사용 시설은 격리 해제 후 즉시 환기, 소독 실시
심리지원	• 격리 학생의 불안감 해소 및 낙인효과 예방에 주의 • 필요시 심리지원 실시

(2) 대응 2단계 : 감염병 의심환자 존재

- 의료기관으로부터 확인받은 감염병 (의심)환자가 있어 감염병 (의심)환자의 추가 발생 및 유행 의심 여부를 판단하는 단계

① 대응 2단계의 상황 및 기간

상황	시작 시점	종료 시점	후속 조치
의료기관으로부터 확인받은 감염병(의심)환자 존재	• 의료기관 진료결과 • 감염병(의심)환자 • 발생 확인	• 추가(의심)환자 발생 확인을 통해 유행의심 기준을 충족	→ 대응 2단계
		• 기존(의심)환자가 완치되고 추가(의심) 환자가 미발생	→ 예방단계

② 조치사항

㉠ 신고가 필요한 법정감염병 22, 21 임용

법적근거	• 「감염병의 예방 및 관리에 관한 법률」 제12조 및 시행규칙 제8조
종류	• 콜레라, 장티푸스, 파라티푸스, 세균성이질, 장출혈성 대장균 감염증, A형간염, 홍역, 결핵

ⓛ 학교내 능동감시

정의	• 유행이 의심되는 일정 기간 동안 증상 유무 묻기, 검사 등을 통해 감염병 (의심)환자를 적극적으로 파악하여 대응을 취하는 것
운영시기	• 의료기관 진료 결과 학교 내 감염병 (의심)환자가 발견된 경우 • 대응 제 2, 3단계 • 시·도 교육청의 「학교유행경보」 발령 시 • 국가위기 상황 시 교육부(시·도 교육청)의 요청이 있는 경우
운영방법	• 능동감시 범위는 보건(담당)교사가 결정 <table><tr><td rowspan="3">대응 제 2단계</td><td>• 감염병 의심환자 1명 발생</td><td>• 일부만 조치 실시</td></tr><tr><td colspan="2">• 감염병 (의심)환자가 발생한 학급이 있는 동일한 층의 학급 • 이동식 수업 시 감염병 (의심)환자와 함께 수업을 들은 학생들 전원 • 수인성 및 식품매개 감염병의 경우 (의심)환자와 같은 음식을 먹은 학생들 전원</td></tr></table><table><tr><td>대응 제 3단계</td><td>• 감염병 (의심)환자 2명 발생 • (유행이 의심되는 상황 발생)</td><td>• 전체 학급으로 확대하여 실시</td></tr></table>
감시방법	• 학생/보호자에 대한 설문, 신체검사(발열 측정 등) 등 적절한 방법으로 매일 1회 이상 파악 ※ 전체 학생 대상의 발열 검사는 권장하지 않으며 발열 여부에 대한 감시가 필요한 경우, 각 학급별로 본인이 열이 있다고 한 학생들에 대한 선별적인 검사 권고
종료	• 마지막 (의심)환자 발생일로부터 해당 감염병의 최대 잠복기까지 추가 (의심) 환자가 발생하지 않는 경우

ⓒ 감염병 예방교육 실시

보건(담당)교사	• 해당 감염병에 대한 예방교육 자료를 제공하고 학급에서 감염병 예방교육 실시 안내 • 가정통신문을 작성하여 담임교사에게 제공 • 필요 시 학생 및 교직원 대상 감염병 예방 교육 실시
담임교사	• 학급 조·종례 시간 등을 이용하여 해당 감염병의 주요 증상과 예방법, 증상 발생 시 행동 요령 등에 대한 간단한 교육을 주기적으로 실시

• 해당 증상 발생 시 담임교사나 보건(담당)교사에게 알릴 것을 교육
• 가정통신문을 배부하여 보호자에게 학교 내 감염병 발생 사실을 알리고 자녀 생활지도 협조 요청(개인위생 관리, 외출 및 다중이용시설 출입 자제)

ⓔ 감염병 의심환자가 발생한 학급관리
- 특히, 학생 빈발 감염병인 인플루엔자·수두·유행성이하선염·수족구병 등은 증상 발생 전부터 감염성이 있으므로 밀접접촉자를 파악하고 관리하는 것이 매우 중요

〈 밀착 접촉자 〉
- 일반적으로 밀접접촉자는 보통 1~2미터 이내에서 접촉한 경우로 정의
- 학교매뉴얼에서는 의심환자가 포함된 학급 전체를 의미함
- 다만, 방역당국의 판단이 있을 경우 이를 우선적으로 따름

표. 밀착접촉자 일반적 관리

- 대부분의 감염병은 증상 발생 여부 감시만으로 충분함
  - 최대 잠복기 동안 (의심)환자 발생 여부 감시
  - 손 씻기, 마스크 사용, 기침 예절 등의 예방 교육 강화
  - 호흡기 전파 감염병의 경우 최대 잠복기 동안 마스크 착용

ⓜ 유행의심 여부 확인

① 최대 잠복기 이내에 동일 학급에서 의심 또는 확진 환자 2명 이상 발생한 경우
② 최초 (의심)환자와 동일 학급은 아니지만 추가 (의심)환자가 이동식 수업이나 급식 등 공통된 공간에 노출되어 관련성이 의심되는 경우

ⓗ 후속조치
- 유행의심 기준을 충족하는 경우 대응 제3단계로 격상
- 기존 (의심)환자가 완치되고 최대 잠복기 동안 추가 (의심)환자가 발생하지 않는 경우는 예방단계로 복귀

(3) 대응 3단계 : 감염병 (의심)환자가 2명 이상 존재

- 동일 학급에서 감염병 (의심)환자가 2명 이상 존재하는 것을 확인하여, 학생 감염병 관리 조직의 유행 시 대응활동을 통해 유행 확산을 방지하는 단계

① 대응 3단계의 상황 및 기간

상황	시작 시점	종료 시점	후속 조치
동일 학습에 감염병(의심) 환자 2명 이상 존재	추가 (의심)환자 발생 확인을 통해 유행의심 기준 충족	기존의 모든 (의심)환자가 완치되고, 추가(의심)환자가 미발생	→ 복구단계

② 관련 조치사항

㉠ 밀접접촉자 파악 및 관리

㉡ 환자 및 유증상자 관리

보건교사	• (의심)환자 및 유증상자 관리 총괄 • 담임교사를 통해 보호자에게 의료기관에서 진료받도록 안내
담임교사	• 보호자에게 학교 내 감염병 유행의심 상황을 알리고, 의료기관 진료받도록 안내 • 의료기관 진료 결과에 따라 등교 중지 실시
상담(담담)교사	• (의심)환자와 주변 학생의 불안감 해소 및 낙인효과가 발생하지 않도록 필요시 심리 지원실시

㉢ 고위험군 파악 및 관리

보건교사	• 보건학적 고위험군에 대한 관리 대책 수립 〈 보건학적 고위험군 〉 • 감염병 발생의 위험이 높거나 감염 발생 시 합병증, 사망의 위험이 상대적으로 높은 만성질환자, 면역저하자, 감염 시 태아에게 영향을 미칠 수 있 는 임신부 등을 말함 • 학년 초 담임교사를 통해 보건학적 고위험군 파악 (개인정보 보호 주의) • 담임교사에게 보건학적 고위험군 관리 요청 (환자/접촉자 관리, 위험 경고, 역격리 등)
담임교사	• 보건학적 고위험군 보호자에게 연락, 조치 결과를 보건(담당)교사에게 통보

㉣ 감염병 예방교육

㉥ 방역활동

학교전체 소독	• 학교 내 유행이 확산되었거나 방역당국의 요청이 있는 경우 방역·소독 활동지원, 방역물품 구입, 예산집행 및 행정지원
환기	• 교실 등의 창문을 수시 개방하여 충분히 환기
물체표면 소독	• 감염병 유증상자가 속한 학급에서는 소독제를 이용하여 오염 가능성이 높은 물체 표면 소독 실시

(4) 복구단계 : 학교내 유행 종결 및 복구

• 기존 (의심)환자가 모두 완치되고 최대 잠복기까지 추가 (의심)환자 발생이 없어 사후조치를 완료하고 유행을 종료하는 단계 (방역당국에서 역학조사를 실시한 경우 방역당국의 판단에 따름)

① 복구단계의 상황 및 기간

상황	시작 시점	종료 시점	후속 조치
유행 종결 및 복구	• 기존(의심)환자가 모두 완치되고, 최대 잠복기까지 추가(의심)환자 발생 없음	• 사후조치 완료	→ 복구단계

4 휴업, 등교중지 관련 조치

(1) 등교중지 출석인정

〈 기본 원칙(출석 인정 결석 대상) 〉
- 등교 중지가 필요한 감염병으로 확진된 경우 격리 기간 동안 등교 중지 실시(이때 격리 기간은 원칙적으로 의사의 소견을 따름)
- 등교 중지가 필요한 감염병이 의심되는 경우 확진 여부를 확인할 때까지 등교 중지 실시
- 진료 결과 감염병이 아니었다 하더라도 결과 확인까지의 기간은 출석으로 인정
- 신종감염병 유행 시 역학조사 실시 결과 자가격리 통보를 받은 경우(증상과 무관) 등교 중지 실시

(2) 휴업, 휴교조치 참고사항

- 천재지변 등의 경우 매학년 10분의 1 범위에서 수업일수를 줄일 수 있으며, 이 경우 다음 학년도 개시 30일 전까지 관할청에 보고하여야 한다. (초·중등교육법 시행령 제 45조)

5 국가의 감염병 위기 상황 시 대비 및 대응

구분	위기 유형		주요 대응 활동
	해외 신종 감염병	국내 원인불명·재출현 감염병	
관심 (Blue)	해외에서의 신종감염병 발생 및 유행	국내 원인불명·재출현 감염병	• 감염병 발생 동향 파악 • 환자 발생 감시체계 운영
주의 (Yellow)	해외 신종감염병의 국내 유입	국내 원인불명·재출현 감염병의 제한적 전파	• 환자 발생 감시체계 운영 • 환자 발생 지역의 전파 차단을 위한 예방활동
경계 (Orange)	국내 유입된 해외 신종감염병의 제한적 전파	국내 원인불명·재출현 감염병의 지역사회 전파	• 교육연속성계획(ECP) 수립 • 환자 발생 현황 파악 • 환자 발생 시 대응 • 의심 증상자 모니터링 • 각종 행사 연기 또는 취소 검토
심각 (Red)	국내 유입된 해외 신종감염병의 지역사회 전파 또는 전국적 확산	국내 원인불명·재출현 감염병의 전국적 확산	• 교육연속성계획(ECP) 내 '학교 비상대응계획' 조치 • 환자 발생 현황 파악 및 보고 • 수업 및 휴교 검토 • 위기소통체계 강화

Part 06 학교폭력 04, 03 임용

1 학교폭력의 이해

1 학교 폭력 개념과 유형

(1) 학교폭력 정의 (학교폭력예방법 제 2조 정의)

학교폭력	• 학교 내외에서 학생을 대상으로 발생한 상해, 폭행, 감금, 협박, 약취·유인, 명예훼손·모욕, 공갈, 강요·강제적인 심부름 및 성폭력, 따돌림, 사이버폭력 등에 의하여 신체·정신 또는 재산상의 피해를 수반하는 행위를 말한다.
따돌림	• 학교 내외에서 2명 이상의 학생들이 특정인이나 특정집단의 학생들을 대상으로 지속적이거나 반복적으로 신체적 또는 심리적 공격을 가하여 상대방이 고통을 느끼도록 하는 모든 행위를 말한다
사이버폭력	• 정보통신망을 이용하여 학생을 대상으로 발생한 따돌림, 딥페이크 영상 등(인공지능 기술 등을 이용하여 학생의 얼굴·신체 또는 음성을 대상으로 성적 욕망 또는 불쾌감을 유발할 수 있는 형태로 편집·합성·가공한 촬영물·영상물 또는 음성물을 말한다)을 제작·반포하는 행위 및 그 밖에 신체·정신 또는 재산상의 피해를 수반하는 행위를 말한다. 〈 개정 2025. 1. 31, 시행일 2025. 8. 1. 〉
가해학생	• 가해자 중에서 학교폭력을 행사하거나 그 행위에 가담한 학생을 말한다.
피해학생	• 학교폭력으로 인하여 피해를 입은 학생을 말한다.

(2) 학교폭력 유형

유형	예시 상황
신체 폭력	• 신체를 손, 발로 때리는 등 고통을 가하는 행위(상해, 폭행) 일정한 장소에서 쉽게 나오지 못하도록 하는 행위(감금) 강제(폭행, 협박)로 일정한 장소로 데리고 가는 행위(약취) 상대방을 속이거나 유혹해서 일정한 장소로 데리고 가는 행위(유인) 장난을 빙자한 꼬집기, 때리기, 힘껏 밀치기 등 상대방이 폭력으로 인식하는 행위
언어 폭력	• 여러 사람 앞에서 상대방의 명예를 훼손하는 구체적인 말(성격, 능력, 배경 등)을 하거나 그런 내용을 글로 인터넷, SNS 등으로 퍼뜨리는 행위(허위사실) ※ 내용이 진실이라고 하더라도 범죄이며, 허위인 경우에는 형법상 가중 처벌 대상이 됨 • 여러 사람 앞에서 모욕적인 언어(생김새에 대한 놀림, 별명, 비난 등 상대방을 비하하는 내용)를 지속적 또는 반복하거나 그런 내용을 인터넷, SNS 등으로 퍼뜨리는 행위(모욕) • 신체 등에 해를 끼칠 듯한 언행("죽을래" 등 문자메시지 등)으로 겁을 주는 행위(협박)

유형	예시 상황
금품갈취 (공갈)	• 돌려 줄 생각이 없으면서 돈을 요구하는 행위 • 옷, 문구류 등을 빌린다며 되돌려주지 않는 행위 • 일부러 물품을 망가뜨리는 행위
강요	• 숙직 뺑 서클, 와이파이 서클, 과제 대행, 게임 대행, 심부름 강요 등 의사에 반하는 행동을 강요하는 행위(강제적 심부름) • 폭행 또는 협박으로 상대방의 권리행사를 방해하거나 해야 할 의무가 없는 일을 하게 하는 행위(강요) • 돈을 걷어오라고 하는 행위
따돌림	• 집단적으로 상대방을 의도적이고 반복적으로 피하는 행위 • 싫어하는 말로 바보 취급 등 놀리기, 빈정거림, 만남거부, 접촉은 행등, 골탕 먹이기, 비웃기 • 다른 학생들과 어울리지 못하도록 막는 행위
성폭력	• 폭행·협박을 하여 성행위를 강제하기도 유사 성행위, 성기에 이물질을 삽입하는 등의 행위 • 상대방에게 폭행과 협박을 하면서 성적 모멸감을 느끼도록 신체적 접촉을 하는 행위 • 성적인 말과 행동을 함으로써 상대방이 성적 굴욕감, 수치감을 느끼도록 하는 행위
사이버폭력	• 사이버 명예훼손, 사이버 갈취, 사이버 스토킹, 사이버 따돌림, 사이버 영상 유포 등 정보통신기기를 이용하여 괴롭히는 행위 • 특정인에 대해 모욕적 언사나 욕설 등을 인터넷 게시판, 채팅, 카페 등에 올리는 행위, 특정인에 저격글이 그 한 형태임 • 특정인에 대한 허위 글이나 개인의 사생활에 관한 사실을 인터넷, SNS 등을 통해 불특정 다수에 공개하는 행위 • 성적 수치심을 주거나, 위협하는 내용, 조롱하는 글, 그림, 동영상 등을 정보통신망을 통해 유포하는 행위 • 공포심이나 불안감을 유발하는 문자, 음성, 영상 등을 휴대폰 등 정보통신 기기를 통해 반복적으로 보내는 행위

(3) 따돌림 대처방안 〉 04 임용

① 보건교육 차원의 대처방안

영역	내용
정신건강교육	• 감정 조절, 공감능력, 자존감 향상 프로그램 운영 • 피해 학생의 심리, 정서적 안정을 위한 상담 연계
스트레스 대처법 교육	• 따돌림 상황시 자신을 보호하고 감정을 표현하는 방법 교육 → 도와달라고 말하기, 분노 대신 긍정적으로 말하기 등
의사소통 기술 교육	• 거절하기, 도움요청하기, 자기주장훈련, 비폭력 대화법 교육
신체건강의 연계	• 따돌림으로 인한 신체증상(복통, 수면장애 등) 인식하여 건강문제로 연결되지 않도록 조기 인식 지도

② 학교차원의 대처방안

영역	내용
전교생 대상 예방교육	• 사이버 폭력을 포함한 따돌림 예방교육 정기적 실시
교직원 연수	• 따돌림 징후 조기발견, 대처법 연수강화 • 교사-보건교사-상담교사 연계 체계 구축
심리지원 강화	• 피해학생에 대한 정기적 면담, 상담, 전문 상담 연계 등
또래지지 프로그램 운영	• 또래 지지자 제도 도입 (또래 조력자 양성) → 친구를 관찰하고 도와주는 리더양성, 친구끼리 감정표현, 갈등조정 훈련 등
학생 참여 캠페인	• 존중, 공감, 협동의 문화를 만드는 교내 캠페인 활동
한 달에 한 번, 설문지 활용하기	• 익명으로 한 달 설문지 조사하기 → '이달에 친구들을 가장 존중하며 대해준 친구', '지난달보다 말과 행동이 좋아졌다고 생각하는 친구', '아직도 폭력적인 말이나 행동으로 힘들어하는 친구', '우리 반에 도움이 필요한 친구', '우리 반 친구 중에 속상한 마음이 남아있는 친구', '이달에 선생님에게 부탁하고 싶은 말' 등

③ 피해학생을 위한 개인 차원의 대처방법

대처법	내용
감정표현하기	• 억울함, 슬픔, 분노 등 글이나 그림, 말로 감정 표현하기
혼자 감당하지 않기	• 신뢰할 수 있는 교사나 부모에게 알리기
도움요청하기	• 교사나 부모에게 도움 요청하기
스트레스 해소 활동	• 스트레스 해소를 위한 운동, 활동적 취미 권장 • 긴장 이완을 돕는 이완법, 호흡법 등 교육
긍정적 자아인식 형성	• 자기 강점 알기, 긍정단어 쓰기 등 자존감 강화 활동 • 따돌림을 당한 것이 잘못이 아니라는 인식 확립

2 사안처리 및 심의위원회

(1) 사안처리 흐름도

학교			학교폭력제로센터	
사전예방 (상시)	생활지도 (상시)	학교폭력 접수 및 초기 사실확인	분석/ 조사관 배정	사안조사
• 예방교육 - 관리자 - 교직원 - 학생 - 학부모 • 예방활동 - 체험학습 - 캠페인 등 • 실태조사 - 학교단위 - 학급단위 등 • 상담/순찰 - 위(Wee)클래스 - 교내지도 - 교외지도	• 갈등조정 - 학업 및 진로 - 보건 및 안전 - 인성 및 대인관계 - 그밖의 분야 • 관계개선 - 학급활동 - 외부 전문가 초청 프로그램 • 학생지도 - 조언 - 상담 - 주의 - 훈육 - 훈계 - 보상	• 접수/초기대응 - 신고·접수대장 기록 - 피해·가해학생 상태확인 - 최초학생 작성 확인서 접수 - 접수보고서 작성 - 학교장 보고 - 보호자 및 해당 학교 통보 • 분리/긴급조치 (필요시) - 피해·가해학생 분리 - 피해학생 긴급조치 - 가해학생 긴급조치 • 교육(지원)청 보고 (사안접수보고서) - 신고 개요 - 피·가해학생 상태 - 분리 및 긴급조치 여부	• 접수내용 분석 - 조사의 긴급성 - 다문화·장애 여부 - 관련 학교 - 학생의 연령 등 • 조사관 배정 - 학교 방문일 확인 - 배정 적합성 검토 (저학년, 성별 등) - 배정 인원 (1명 또는 2명이상)	• 학교 방문 - 피·가해학생 및 학부모 면담 - 추가 학생 작성 확인서 접수 - 목격자 면담 (학생, 담임교사 등) - 증거 자료 인수 • 전문가 의견 청취 (필요시) - 의사, 변호사, 특수교육·상담전문가 등 • 보고서 작성 (사안조사보고서) - 사안개요, 경위 • 조사결과 보고 - 전담기구, 제로센터

자료원. 교육부. 학교감염병 예방·위기대응 매뉴얼 2023

(2) 학교폭력대책 지역 위원회

학교폭력대책 지역위원회의 설치 (학교폭력예방법 제 9조)	① 지역의 학교폭력 문제를 해결하기 위하여 시·도에 학교폭력대책지역위원회를 둔다. ② 특별시장·광역시장·특별자치시장·도지사 및 특별자치도지사는 지역위원회의 운영 및 활동에 관하여 교육감과 협의하여야 하며, 그 효율적인 운영을 위하여 실무위원회를 둘 수 있다. 〈개정 2025. 1. 21.〉 ③ 지역위원회는 위원장 1인을 포함한 11인 이내의 위원으로 구성한다. ④ 지역위원회 및 제2항에 따른 실무위원회의 구성·운영에 필요한 사항은 대통령령으로 정한다.
학교폭력대책 지역위원회의 기능 등 (학교폭력예방법 제 10조)	① 지역위원회는 기본계획에 따라 지역의 학교폭력 예방대책을 매년 수립한다. 이 경우 예방대책에 시행계획의 내용을 포함하여야 한다. 〈개정 2025. 1. 21.〉 ② 지역위원회는 전년도 예방대책에 따른 추진실적과 다음 연도 예방대책을 대통령령으로 정하는 바에 따라 매년 교육부장관에게 제출하여야 한다. 〈신설 2025. 1. 21.〉 ③ 그밖에 예방대책의 수립 및 시행 등에 필요한 사항은 대통령령으로 정한다. 〈신설 2025. 1. 21.〉 ④ 지역위원회는 해당 지역에서 발생한 학교폭력에 대하여 교육감 및 시·도 경찰청장에게 관련 자료를 요청할 수 있다. 〈개정 2025. 1. 21.〉 ⑤ 교육감은 지역위원회의 의견을 들어 제16조제1항제1호부터 제3호까지나 제17조제1항제5호에 따른 상담·치료 및 교육을 담당할 상담·치료·교육 기관을 지정하여야 한다. 〈개정 2025. 1. 21.〉 ⑥ 교육감은 제5항에 따른 상담·치료·교육 기관을 지정한 때에는 해당 기관의 명칭, 소재지, 업무를 인터넷 홈페이지에 게시하고, 그 밖에 다양한 방법으로 학부모에게 알릴 수 있도록 노력하여야 한다. 〈신설 2012. 1. 26., 2025. 1. 21.〉 [시행일: 2025. 5. 22.]

(3) 학교폭력대책 심의위원회

① 학교폭력대책심의위원회의 설치·기능 (학교폭력예방법 제 12조)

① 학교폭력의 예방 및 대책에 관련된 사항을 심의하기 위하여「지방교육자치에 관한 법률」제34조 및「제주특별자치도 설치 및 국제자유도시 조성을 위한 특별법」제80조에 따른 교육지원청(교육지원청이 없는 경우 해당 시·도 조례로 정하는 기관으로 한다. 이하 같다)에 학교폭력대책심의위원회(이하 "심의위원회"라 한다)를 둔다. 다만, 심의위원회 구성에 있어 대통령령으로 정하는 사유가 있는 경우에는 교육감 보고를 거쳐 둘 이상의 교육지원청이 공동으로 심의위원회를 구성할 수 있다.
② 심의위원회는 학교폭력의 예방 및 대책 등을 위하여 다음 각 호의 사항을 심의한다.

1. 학교폭력의 예방 및 대책
2. 피해학생의 보호
3. 가해학생에 대한 교육, 선도 및 징계
4. 피해학생과 가해학생 간의 분쟁조정
5. 그 밖에 대통령령으로 정하는 사항

③ 심의위원회는 해당 지역에서 발생한 학교폭력에 대하여 조사할 수 있고 학교장 및 관할 경찰서장에게 관련 자료를 요청할 수 있다.
④ 심의위원회의 설치·기능 등에 필요한 사항은 지역 및 교육지원청의 규모 등을 고려하여 대통령령으로 정한다.

② 심의위원회의 구성·운영ㅍ(학교폭력예방법 제 13조)

① 심의위원회는 10명 이상 50명 이내의 위원으로 구성하되, 전체위원의 3분의 1 이상을 해당 교육지원청 관할 구역 내 학교(고등학교를 포함한다)에 소속된 학생의 학부모로 위촉하여야 한다.
② 심의위원회의 위원장은 다음 각 호의 어느 하나에 해당하는 경우에 회의를 소집하여야 한다.

1. 심의위원회 재적위원 4분의 1 이상이 요청하는 경우
2. 학교의 장이 요청하는 경우
3. 피해학생 또는 그 보호자가 요청하는 경우
4. 학교폭력이 발생한 사실을 신고받거나 보고받은 경우
5. 가해학생이 협박 또는 보복한 사실을 신고받거나 보고받은 경우
6. 그 밖에 위원장이 필요하다고 인정하는 경우

③ 심의위원회는 회의의 일시, 장소, 출석위원, 토의내용 및 의결사항 등이 기록된 회의록을 작성·보존하여야 한다.
④ 제2항에 따라 회의가 소집되는 경우 교육장(교육지원청이 없는 경우 해당 시·도 조례로 정하는 기관의 장)은 가해학생·피해학생 및 그 보호자에게 다음 각 호의 사항을 통지하여야 한다.
1. 회의 일시·장소와 안건
2. 조치 요청사항 등 회의 결과
⑤ 심의위원회는 심의 과정에서 소아청소년과 의사, 정신건강의학과 의사, 심리학자, 그 밖의 아동심리와 관련된 전문가를 출석하게 하거나 서면 등의 방법으로 의견을 청취할 수 있고, 피해학생이 상담·치료 등을 받은 경우 해당 전문가 또는 전문의 등으로부터 의견을 청취할 수 있다. 다만, 심의위원회는 피해학생 또는 그 보호자의 의사를 확인하여 피해학생 또는 그 보호자의 요청이 있는 경우에는 반드시 의견을 청취하여야 한다.
⑥ 그 밖에 심의위원회의 구성·운영에 필요한 사항은 대통령령으로 정한다.

3 사전 예방활동

교육감의 의무 (학교폭력예방법 제 11조)	⑩ 교육감은 제14조제3항에 따른 전담기구 구성원의 학교폭력 관련 전문성 향상을 위한 교육 등을 실시할 수 있다. 〈신설 2023. 10. 24.〉 ⑬ 교육감은 학교의 장 및 교감을 대상으로 학교폭력 예방 및 대책 등에 관한 교육을 매년 1회 이상 실시하여야 한다. 〈신설 2023. 10. 24.〉
전문상담교사 배치 및 전담기구 구성 (학교폭력예방법 제14조)	⑤ 전담기구는 학교폭력에 대한 실태조사와 학교폭력 예방 프로그램을 구성·실시하며, 학교의 장 및 심의위원회의 요구가 있는 때에는 학교폭력에 관련된 조사결과 등 활동결과를 보고하여야 한다.
학교폭력 예방교육 등 (학교폭력예방법 제15조)	① 학교의 장은 학생의 육체적·정신적 보호와 학교폭력의 예방을 위한 학생들에 대한 교육(학교폭력의 개념·실태 및 대처방안 등을 포함하여야 한다)을 학기별로 1회 이상 실시하여야 한다. ② 학교의 장은 학교폭력의 예방 및 대책 등을 위한 교직원 및 학부모에 대한 교육을 학기별로 1회이상 실시하여야 한다. ③ 학교의 장은 학교폭력을 예방하기 위하여 교사·학생·학부모 등 학교구성원이 학교폭력에 대한 책임을 인식하고 실천할 수 있도록 필요한 사항을 정하여 운영할 수 있다. 〈신설 2023. 10. 24.〉 ④ 학교의 장은 제1항에 따른 학교폭력 예방교육 프로그램의 구성 및 그 운용 등을 전담기구와 협의하여 전문단체 또는 전문가에게 위탁할 수 있다. 〈신설 2023. 10. 24.〉 ⑤ 교육장은 제1항, 제2항 및 제4항에 따른 학교폭력 예방교육 프로그램의 구성과 운용계획을 학부모가 쉽게 확인할 수 있도록 휴대전화를 이용한 문자메시지 전송, 인터넷 홈페이지 게시 및 그 밖에 다양한 방법으로 학부모에게 홍보하여 참여가 활성화될 수 있도록 노력하여야 한다. ⑥ 교육부장관은 학교폭력 예방 및 대책 등에 관한 홍보영상을 제작하여 「방송법」 제2조제3호에 따른 방송사업자에게 배포하고 송출을 요청할 수 있다. 〈신설 2023. 10. 24.〉 ⑦ 그 밖에 학교폭력 예방교육의 실시와 관련한 사항은 대통령령으로 정한다.
학교의 장의 의무 (학교폭력예방법 제19조)	④ 학교의 장은 학교폭력 예방을 위하여 필요한 경우 해당 학교의 학교폭력 현황을 조사하는 등 학교폭력 조기 발견 및 대처를 위하여 노력하여야 한다.

학교폭력
예방교육
(학교폭력예방법
시행령 제 17조)
	① 법 제11조제13항에 따른 교육에는 다음 각 호의 사항이 포함되어야 한다. 〈신설 2024. 2. 27.〉
	  1. 법 제13조의2에 따른 학교의 장의 자체해결 요건 및 절차 등에 관한 사항
	  2. 법 제16조제1항 각 호외의 부분 단서에 따른 가해자(교사를 포함한다. 이하 제17조의2에서 같다)와 피해학생의 분리 및 피해학생에 대한 긴급 보호 조치에 관한 사항
	  3. 법 제 17조제5항 및 제6항에 따른 가해학생에 대한 조치에 관한 사항
	  4. 그 밖에 학교폭력 예방 및 대응에 필요한 학교의 장 및 교감의 역할에 관한 사항

② 학교의 장은 법 제15조제7항에 따라 학생과 교직원 및 학부모에 대한 학교폭력 예방교육을 다음 각 호의 기준에 따라 실시한다. 〈개정 2024. 2. 27.〉
1. 학기별로 1회 이상 실시하고, 교육 횟수·시간 및 강사 등 세부적인 사항은 학교 여건에 따라 학교의 장이 정한다.
2. 학생에 대한 학교폭력 예방교육은 학급 단위로 실시함을 원칙으로 하되, 학교 여건에 따라 전체 학생을 대상으로 한 장소에서 동시에 실시할 수 있다.
3. 학생과 교직원, 학부모를 따로 교육하는 것을 원칙으로 하되, 내용에 따라 함께 교육할 수 있다.
4. 강의, 토론 및 역할연기 등 다양한 방법으로 하고, 다양한 자료나 프로그램 등을 활용하여야 한다.
5. 교원에 대한 학교폭력 예방교육은 학교폭력 관련 법령에 대한 내용, 학교폭력 발생 시 대응요령, 학생 대상 학교폭력예방 프로그램 운영 방법 등을 포함하여야 한다.
6. 학부모에 대한 학교폭력 예방교육은 학교폭력 징후 판별, 학교폭력 발생 시 대응요령, 가정에서의 인성교육에 관한 사항을 포함하여야 한다.

표. 학교폭력 예방교육 방법

대상	횟수	방법
학생	• 학기별 1회 이상 (연 1회 이상)	• 학급 단위로 실시함이 원칙 (시행령 제 17조 제 2항 제 2호) • 강의, 토론, 역할연기 등 다양한 방법 활용 (시행령 제 17조 제 2항 제 4호) • 교과 및 창의적 체험활동 교육과정을 활용하여 실시
교직원	• 학기별 1회 이상 (연 2회 이상)	• 학교폭력 관련 법령에 대한 내용, 발생 시 대응요령, 학생 대상 예방프로그램 운영 방법 등을 포함 (시행령 제 17조 제 2항 제 5호)
보호자	• 학기별 1회 이상 (연 2회 이상)	• 학교폭력 징후 판별, 발생 시 대응요령, 가정에서의 인성교육에 관한 사항 포함 (시행령 제 17조 제 2항 제 6호)

※ 학교폭력 예방교육 시 장애학생 및 다문화학생의 인권보호 관련 내용을 포함함

표. 교원의 학생생활지도

- 학교장과 교원은 학생의 인권을 보호하고 교원의 교육활동을 위하여 필요한 경우에는 법령과 학칙으로 정하는 바에 따라 학생을 지도할 수 있다.(「초·중등교육법」 제20조의2)
- 위 학생생활지도의 범위에 '학교폭력 예방 및 대응, 학생 간의 갈등 조정 및 관계 개선'이 포함되므로(「교원의 학생생활지도에 관한 고시」 제7조), 학교장과 교원은 학교폭력에 적극적으로 대응하되* 학교폭력에 이르지 않는 학생 간 갈등에 대하여는 그 조정 및 관계 개선에 힘써야 한다.
    * 학교장은 학교폭력을 인지한 경우 피해 및 가해사실 여부에 대해 확인하여야 한다.(법률 제14조제4항)

② 학교폭력 대응 사안조사

1 학교폭력 감지·인지 노력

학교폭력의 신고의무 (학교폭력예방법 제20조)	④ 누구라도 학교폭력의 예비·음모 등을 알게 된 자는 이를 학교의 장 또는 심의위원회에 고발할 수 있다. 다만, 교원이 이를 알게 되었을 경우에는 학교의 장에게 보고하고 해당 학부모에게 알려야 한다.
전문상담교사 배치 및 전담기구 구성 (학교폭력예방법 제14조)	④ 학교의 장은 학교폭력 사태를 인지한 경우 지체 없이 전담기구 또는 소속 교원으로 하여금 가해 및 피해 사실 여부를 확인하도록 하고, 전담기구로 하여금 제13조의2에 따른 학교의 장의 자체해결 부의 여부를 심의하도록 한다.

| 표. 초기 감지·인지의 중요성 |

- 교사는 학교에서 많은 시간을 학생들과 같이 보내므로, 주의를 기울이면 학교폭력 발생 전에 그 징후를 발견할 수 있는 가능성이 많다. 교사는 학교폭력 상황을 감지·인지했을 때, 신속하고 적극적으로 개입해야 한다.

〈 감지 및 인지 〉

감지	• 학생들의 행동이나 교실 분위기 등을 보고 학교폭력이라고 느끼어 알게 되는 것
인지	• 학생 또는 학부모의 직접 신고, 목격자 신고, 제3자 신고, 기관통보, 언론 및 방송 보도, 상담 등으로 학교폭력 사안을 알게 되는 것

- 학교폭력이 감지·인지된 경우 학교장에 보고하여야 하며(법률 제20조제4항), 학교장은 지체 없이 전담기구 또는 소속 교원으로 하여금 사실 여부를 확인하도록 해야 한다(법률 제14조제4항).
- ※ 전담기구 또는 소속 교원을 통한 사실 여부 확인 후 조사관을 통한 사안조사 진행
- 학교는 학교폭력 예방을 위해 학교전담경찰관과 협력한다.

| 표. 학교폭력 감지·인지를 위한 학교 구성원의 역할 및 책임 |

유형	예시 상황
학교폭력 실태조사	• 학교폭력 실태조사 실시 • 학교·학급단위에서 자체적으로 설문조사 등 수시 실시
교내 학교폭력 신고	• 학교폭력 신고함, 학교홈페이지 비밀게시판, 담임교사의 문자·메일등 다양한 신고채널 마련 • 피해·목격학생등이 적극적으로 신고하도록 지도 • 학생, 학부모, 교사 대상 학교폭력 신고방법 안내(예방교육 시)
교사의 관찰 및 상담 실시	• 담임교사 등이 학교폭력 징후를 보이는 학생이 없는지 세심하게 관찰 • 담임교사, 전문상담교사·전문상담사 등의 상담
교내·외 순회지도	• 점심시간, 쉬는시간, 방과후 시간 등 취약시간 순회지도 • 학부모, 자원봉사자, 학생보호인력, 학교전담경찰관 등과 유기적 협력

2 학교폭력 징후 03 임용

- 학교폭력 징후는 교사뿐 아니라 보호자도 파악할 수 있다. 학교폭력 징후를 통해 학교폭력을 초기에 감지하여 차단할수 있음. 다만, 어느 한 가지 징후에 해당한다고 해서 학교폭력의 피해 및 가해학생으로 특정 지을 수는 없으며, 여러 가지 상황을 고려하여 판단해야 할 것임
- 최근 사이버폭력의 경우 학교 내외에서 시·공간의 제약 없이 발생하기 때문에 주변인의 세심한 관찰과 관심으로 징후를 파악할 수 있도록 해야 한다.

(1) 가정에서

- 표정이 어둡고 평소보다 기운이 없다.
- 이름만 불러도 놀라는 등 사소한 일에도 크게 반응하고 평소보다 예민하다.
- 학교 가는 것을 싫어하거나 두려워한다.
- 이유없이 결석을 하거나 전학시켜 달라고 말한다.
- 몸에 상처나 멍 자국이 자주 발견되고 혼자 있고 싶어 한다.
- 절망감(예: 죽고 싶다)이나 복수심(예: 죽어라)을 표현하는 낙서가 있다.

(2) 학교에서

- 친구들이 자신을 험담해도 반발하지 않는다.
- 모둠 활동이나 학급 내 다양한 활동 시 소외되거나 배제된다.
- 쉬는 시간, 점심시간에 친구들을 피해 종종 자신만의 공간(화장실 등)에 머문다.
- 옷이 망가지거나 준비물, 소지품을 잃어버리는 일이 잦다.
- 학교행사나 단체 활동에 참여하지 않으려고 한다.
- 특별한 사유 없이 지각, 조퇴, 결석하는 횟수가 많아진다.

(3) 사이버폭력 피해 징후

- 불안한 기색으로 정보통신기기를 자주 확인하고 민감하게 반응한다.
- 단체 채팅방에서 반복적으로 심리적 공격을 당한다.
- 용돈을 많이 요구하거나 온라인 기기의 사용요금이 지나치게 많다.
- 부모가 자신의 정보통신기기를 만지거나 보는 것을 극도로 싫어하고 민감하게 반응한다.
- 문자메시지나 메신저를 본 후에 당황하거나 정서적으로 괴로워 보인다.
- 사이버상에서 이름보다는 비하성 별명이나 욕으로 호칭되거나 야유나 험담이 많이 올라온다.
- SNS의 상태글귀나 사진 분위기가 갑자기 우울하거나 부정적으로 바뀐다.
- 컴퓨터 혹은 정보통신기기를 사용하는 시간이 지나치게 많다
- 잘 모르는 사람들이 자녀의 이야기나 소문을 알고 있다.
- 갑자기 휴대전화 사용을 꺼리거나 SNS 계정을 탈퇴한다

3 전담기구 구성 및 역할

전문상담교사 배치 및 전담기구 구성 (학교폭력예방법 제 14조)	③ 학교의 장은 교감, 전문상담교사, 보건교사 및 책임교사(학교폭력문제를 담당하는 교사를 말한다), 학부모 등으로 학교폭력문제를 담당하는 전담기구를 구성한다. 이 경우 학부모는 전담기구 구성원의 3분의 1 이상이어야 한다. ④ 학교의 장은 학교폭력 사태를 인지한 경우 지체 없이 전담기구 또는 소속 교원으로 하여금 가해 및 피해 사실 여부를 확인하도록 하고, 전담기구로 하여금 제13조의2에 따른 학교의 장의 자체해결 부의 여부를 심의하도록 한다. ⑤ 전담기구는 학교폭력에 대한 실태조사와 학교폭력 예방 프로그램을 구성·실시하며, 학교의 장 및 심의위원회의 요구가 있는 때에는 학교폭력에 관련된 조사결과 등 활동결과를 보고하여야 한다. ⑧ 전담기구는 성폭력 등 특수한 학교폭력사건에 대한 실태조사의 전문성을 확보하기 위하여 필요한 경우 전문기관에 그 실태조사를 의뢰할 수 있다. 이 경우 그 의뢰는 심의위원회 위원장의 심의를 거쳐 학교의 장 명의로 하여야 한다.
전담기구 운영 등 (학교폭력예방법 시행령 제16조)	① 법 제14조제3항에 따른 학교폭력문제를 담당하는 전담기구의 구성원이 되는 학부모는 「초·중등교육법」 제31조에 따른 학교운영위원회에서 추천한 사람 중에서 학교의 장이 위촉한다. 다만, 학교운영위원회가 설치되지 않은 학교의 경우에는 학교의 장이 위촉한다. ② 전담기구는 가해 및 피해 사실 여부에 관하여 확인한 사항을 학교의 장에게 보고해야 한다. ③ 제1항 및 제2항에서 규정한 사항 외에 전담기구의 운영에 필요한 사항은 학교의 장이 정한다.

표. 학교폭력전담기구(전담기구) 구성

전담기구 구성권자	• 학교의 장
전담기구 구성원	• 교감, 전문상담교사, 보건교사 및 책임교사(학교폭력 문제를 담당하는 교사), 학부모 등으로 학교폭력 문제를 담당하는 전담기구를 구성한다(법률 제14조제3항). 학부모는 구성원의 1/3 이상 이어야 함
전담기구를 구성하는 학부모	• 학교운영위원회에서 추천한 사람 중에서 학교장이 위촉한다
학교의 장	• 전담기구 심의방법, 전담기구 업무분장, 학부모 구성원 임기 등 전담기구 운영에 필요한 사항은 학교의 장이 정한다.

표. 학교폭력 전담기구 역할

사안접수 및 보호자 통보	• 전담기구는 학교폭력신고 접수대장을 비치하고 117 신고센터, 학교장, 교사, 학생, 보호자 등 학교폭력 현장을 보거나 그 사실을 알게 된 자 및 기관으로부터 신고 받은 사안에 대해 기록·관리한다. • 학교폭력신고 접수대장은 학교장, 교원의 학교폭력 은폐 여부를 판단하는 중요한 기초자료로 활용되므로, 사소한 폭력이라도 신고한 것은 접수하여야 한다. • 접수한 사안에 대해서는 즉시 관련학생 보호자에게 통보하고, 통보일자, 통보방법 등을 기록한다
학교폭력 사실 확인	• 학교폭력을 인지한 경우 피해 및 가해사실 여부에 대해 확인하여야 한다. (학교폭력예방법 제14조제4항)
교육(지원)청 보고	• 인지 후 48시간 이내에 교육(지원)청으로 사안 보고하는 것을 원칙으로 한다. 　- 긴급하거나 중대 사안(성폭력 사안 등)일 경우 유선으로 별도 보고 • 아동·청소년 대상 성범죄 사안은 반드시 수사기관에 신고한다. 　* 수사기관: 경찰청(112), 학교폭력 상담 및 신고센터(117) 　※ 학교전담경찰관(SPO)을 통한 '상담'은 신고로 볼 수 없음
학교장 자체해결 부의 여부 심의	• 학교장 자체해결의 객관적 요건 충족 여부 및 피해학생과 그 보호자의 학교폭력대책심의위원회 개최 요구 의사를 확인한다.
학교장 긴급조치 여부 심의	• 학교폭력예방법 제17조제6항에 따라 피해학생 측의 요청이 있는 경우에 가해학생에게 제17조제1항 제6호(출석정지) 또는 제7호(학급교체) 조치를 내릴지 여부를 심의한다.
집행정지 결정에 따른 '가해학생과 피해학생 분리' 심의	• 가해학생 조치에 대한 집행정지 신청이 인용되어 피해학생 측이 요청하는 경우에 전담기구 심의를 거쳐 가해학생과 피해학생을 분리해야 한다(학교폭력예방법 제17조의4제3항)
졸업 전 가해학생 조치사항 삭제 심의	• 학교폭력예방법 제17조제1항에 따른 가해학생 조치사항 제4호, 제5호, 제6호, 제7호의 삭제 심의 　※ 다만, 2023. 2. 28. 이전 신고된 학교폭력에 따른 가해학생 조치사항인 경우에는 제4호, 제5호, 제6호, 제8호의 삭제를 심의 • 심의대상자 조건을 만족할 경우 졸업과 동시에 삭제 가능 여부를 심의한다.
집중보호 또는 관찰대상 학생에 대한 생활지도	• 관련 학생 담임교사와 함께 지속적인 상담 및 기록을 진행한다. • 학교폭력 가해학생 조치 기재유보 사항 기록 및 관리
학교폭력 실태조사	• 학교폭력예방법 제14조제5항에 따라 학교폭력에 대한 실태조사를 실시한다. 　※ 학교장은 법률 제14조제7항에 따라 실태조사와 관련하여 행정적 재정적 지원을 할 수 있다.

4 학교폭력전담 조사관의 역할

교육감의 임무 (학교폭력예방법 제11조)	① 교육감은 시·도교육청에 학교폭력의 예방·대책 및 법률지원을 포함한 통합지원을 담당하는 전담부서를 설치·운영하여야 한다. ⑭ 제1항에 따라 설치되는 전담부서의 구성과 제8항에 따라 실시하는 학교폭력 실태조사, 제9항에 따른 전문기관의 설치 및 제13항에 따른 교육의 실시에 필요한 사항은 대통령령으로 정한다.

학교폭력 조사·상담 등
(학교폭력예방법
11조의2)
	① 교육감은 학교폭력 예방과 사후조치 등을 위하여 다음 각 호의 조사·상담 등을 수행할 수 있다.
	  1. 학교폭력 피해학생 상담 및 가해학생 조사
	  2. 필요한 경우 가해학생 학부모 조사
	  3. 학교폭력 예방 및 대책에 관한 계획의 이행 지도
	  4. 관할 구역 학교폭력서클 단속
	  5. 학교폭력 예방을 위하여 민간 기관 및 업소 출입·검사
	  6. 그 밖에 학교폭력 등과 관련하여 필요한 사항
	② 교육감은 제1항의 조사·상담 등의 업무를 대통령령으로 정하는 기관 또는 단체에 위탁할 수 있다.
	③ 교육감 및 제2항에 따른 위탁 기관 또는 단체의 장은 제1항에 따른 조사·상담 등의 업무 수행에 필요한 경우 관계기관의 장에게 협조를 요청할 수 있다.
	④ 제1항에 따라 조사·상담 등을 하는 관계 직원은 그 권한을 표시하는 증표를 지니고 이를 관계인에게 보여주어야 한다.
	⑤ 제1항제1호 및 제4호의 조사 등의 결과는 학교의 장 및 보호자에게 통보하여야 한다.

전담부서의 구성 등
(학교폭력예방법 시행령
제8조)
	① 법 제11조제1항에 따라 다음 각 호의 업무를 수행하기 위하여 시·도교육청 및 교육지원청에 과·담당관 또는 팀을 둔다.
	  1. 학교폭력 예방과 근절을 위한 대책의 수립과 추진에 관한 사항
	  2. 학교폭력 피해학생의 치료 및 가해학생에 대한 조치에 관한 사항
	  3. 학교폭력 피해학생과 가해학생 간의 관계 회복을 위하여 필요한 조치에 관한 사항
	  3의2. 학교폭력 피해학생을 위한 법률 자문 등 법률지원에 관한 사항
	  3의3. 학교폭력 관련 조사·상담에 관한 사항
	  4. 그 밖에 학교폭력의 예방·대책 및 통합지원과 관련하여 교육감이 정하는 사항
	② 교육감은 법 제11조의2에 따른 학교폭력 조사·상담 업무의 효율적인 수행을 위하여 필요한 경우에는 제1항에 따른 전담부서에서 학교폭력 조사·상담 관련 전문가를 활용하도록 할 수 있다. 〈신설 2024. 2. 27.〉
	③ 제2항에 따라 활용하는 학교폭력 조사·상담 관련 전문가의 역할, 요건, 수당 지급 등에 관한 세부 사항은 교육감이 정한다. 〈신설 2024. 2. 27.〉

표. 조사관 사안조사시 학교의 역할

- 학교장 자체해결 및 피·가해학생 간 관계개선·회복
- 피·가해학생 분리 실시, 필요시 피해학생 긴급보호조치 또는 가해학생 긴급조치
- 피해학생 면담을 통해 피해학생의 어려움과 필요한 도움을 파악하여 즉각적이고 안전한 보호 방안 마련
- 교육(지원)청에 사안접수 보고시, 관련학생의 조사가 가능한 시간과 장소 등을 기입
- 조사관의 사안조사시 책임교사 등 학교 관계자는 조사관의 사안조사 준비 지원
- 조사관의 사안조사시, 교원의 협력 방법(동석 등)은 관련학생의 심리적 상태, 나이, 성별, 사안의 성격 및 조사관의 요청 등을 고려하여 학교장이 판단
- 조사관이 학부모 면담 요청시, 장소 제공
- 조사관이 접수한 학생 확인서 원본 및 증빙자료 관리 및 조사관에게 사본 및 스캔본 제공
- ※ 관련 문서에 암호를 설정하거나 보안문서로 저장하는 등 보안에 유의

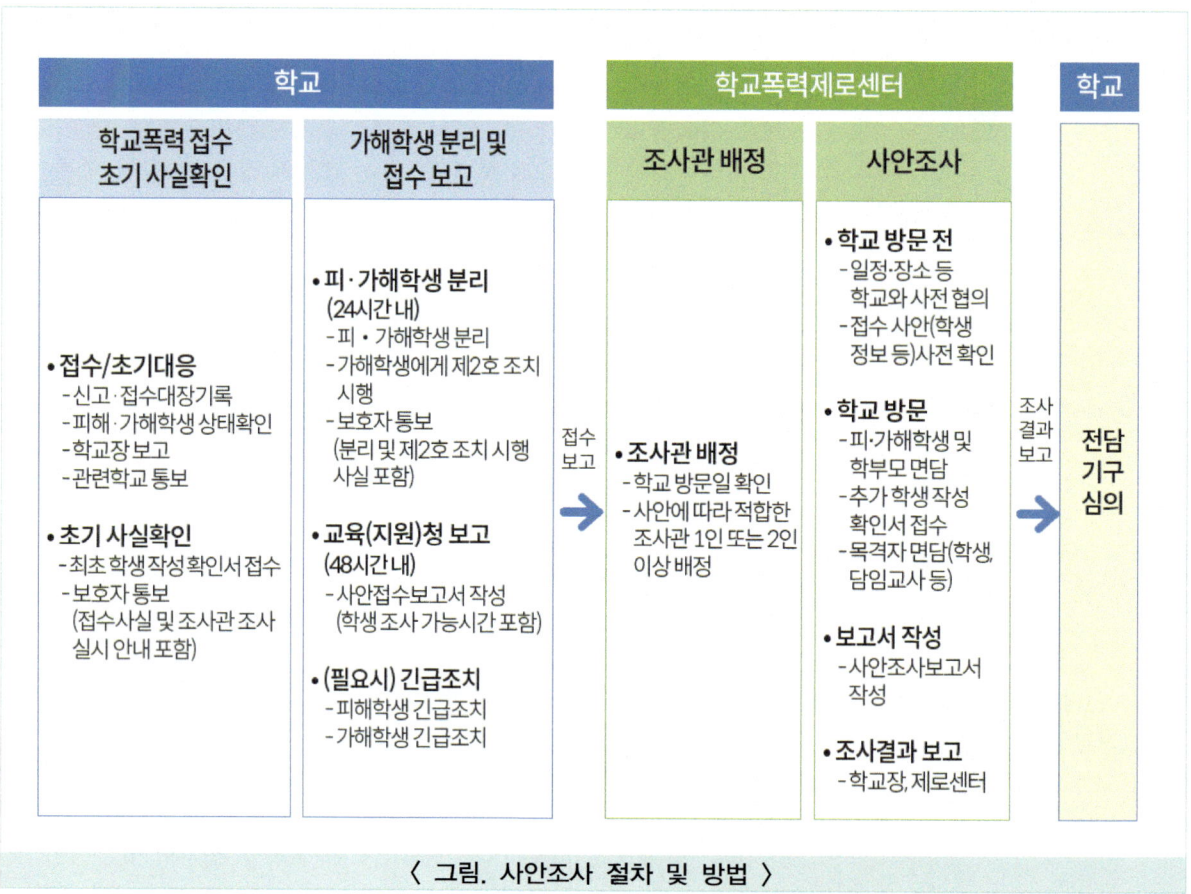

〈 그림. 사안조사 절차 및 방법 〉

자료원. 교육부. 학교감염병 예방·위기대응 매뉴얼 2023

표. 단계별 조치사항

단계	처리내용
학교 학교폭력 사건발생 인지	• 117 학교폭력 신고센터로부터의 통보 및 교사, 학생, 보호자 등의 신고 접수 등을 통해서 학교폭력 사건 발생 인지

단계	처리내용
학교 신고 접수 및 초기 사실 확인	• 신고 접수된 사안을 학교폭력신고 접수대장에 반드시 기록 • 학교장 보고 및 담임교사 통보 • 초기 사실확인 실시 –관련학생 확인서 작성 • 신고접수된 사안 관련학생 보호자 통보 • 가해자와 피해학생의 분리 • 가해학생에게 제2호 조치 시행 • 분리 및 조치 시행 사실을 관련 학생 및 그 보호자에게 통보 • 교육(지원)청에 48시간 이내에 보고

단계	처리내용
학교 즉시조치 (필요시 긴급조치 포함)	• 관련학생 안전조치(피해학생–보건실 응급처치·119 신고·병의원 진료 등, 가해학생–격리·심리적안정 등) • 피해학생의 신체적·정신적 피해를 치유하기 위한 조치 우선 실시 • 성범죄인 경우 「아동·청소년의 성보호에 관한 법률」에 따라 반드시 수사기관에 신고하고, 성폭력 전문상담기관 및 병원을 지정하여 정신적·신체적 피해 치유 • 사안처리 초기에 긴급한 필요가 있는 경우, 법률 제16조 제1항 및 제17조 제5항 및 제6항에 따라 긴급조치 실시 가능

단계	처리내용
제로센터 (조사관) 사안조사	• 피해 및 가해사실 여부 확인을 위한 구체적인 사안조사 실시 – 관련학생의 면담, 주변학생 조사, 설문조사, 객관적인 입증자료 수집 등 • 피해 및 가해학생 심층면담 • 조사한 결과를 바탕으로 육하원칙에 따라 사안조사 보고서 작성 • 성폭력의 경우, 비밀유지에 특별히 유의 • 장애학생, 다문화학생에 대한 사안조사의 경우, 특수교육 전문가 등을 참여시켜 장애학생 및 다문화학생의 진술 기회 확보 및 조력 제공 • 필요한 경우, 보호자 면담을 통해 각각의 요구사항을 파악하고 사안과 관련하여 조사된 내용을 관련 학생의 보호자가 충분히 이해할 수 있도록 안내* * 학교장 자체해결 동의시 관련 동의서를 전담기구에 제출할 수 있음을 포함

학교	• 법률 제13조의2제1항제1호~제4호의 요건에 해당하는지 여부를 서면으로 확인
학교장 자체해결 부의 여부 심의	- 2주 이상의 신체적·정신적 치료를 요하는 진단서를 발급받지 않은 경우 - 재산상 피해가 없거나 즉각 복구되거나 복구 약속이 있는 경우 - 학교폭력이 지속적이지 않은 경우 - 학교폭력에 대한 신고, 진술, 자료제공 등에 대한 보복행위가 아닌 경우 • 피해학생과 그 보호자의 학교장 자체해결 동의를 서면으로 확인 ※ 학교장은 자체해결 요건은 충족하나 피해학생 및 그 보호자가 자체해결에 부동의하는 사건에 대하여 관계회복을 위한 프로그램을 권유할 수 있음 (학교폭력예방법 제13조의2제3항)

↓ ↓

자체해결 사안
- [학교] 자체해결/관계회복
- 자체해결 통보
  - 학생·보호자 통보
  - 교육(지원)청 보고
- 관계회복 프로그램 운영
  - 상담
  - 프로그램 참여

학교장 자체 해결

자체해결 불가 사안
- [제로센터]사례회의/보완조사/관계개선 지원
- 사례회의 개최
  - 조사의 완결성·객관성 확인
  - 중대사안 수사 의뢰(필요시)
- 보완조사
  - 조사관 추가 조사
  - SPO 자문
- 관계개선 지원

심의위원회 심의·의결

학교폭력제로센터

학교폭력 사안조사	피해회복·관계개선 지원		법률 지원
• 학교폭력 전담조사관 • 학교폭력 사례회의	[피해학생 전담 지원관 (조력인)] (퇴직)교원·경찰, 심리상담전문가 등	[관계개선 지원단] 상담·복지전문가, 화해·분쟁조정 전문가 등	교육(지원)청 변호사, 지역 로펌, 마을변호사 등

※ 시·도교육청 여건에 따라 구성 및 운영은 달라질 수 있음
• 학교폭력 제로센터장은 교육감(장)이 임명

• 학교폭력 피·가해학생 간의 관계회복, 피해학생의 치유, 피해학생에 대한 법률자문 등 통합지원 업무를 수행하는 교육(지원)청 내 전담부서(시행령 제8조제1항)

〈 그림. 학교폭력제로센터 구성 및 역할 〉

자료원. 교육부. 학교감염병 예방·위기대응 매뉴얼 2023

표. 사안조사 중점파악 요소

학교폭력 유형	중점 파악 요소
신체적 폭력	• 상해의 심각성, 감금·신체적 구속 여부, 성폭력 여
경제적 폭력	• 피해의 심각성(액수, 빈도, 지속성), 반환 여부, 손괴 여부, 협박/강요의 정도
정서적 폭력	• 지속성 여부, 협박/강요의 정도, 성희롱 여부
언어적 폭력	• 욕설/비속어, 허위성, 성희롱 여부
사이버 폭력	• 명의도용, 폭력성/음란성, 유포의 정도, 사이버 성폭력 여부

표. 학교폭력 행위의 경중 판단 요소

〈 학교폭력예방 및 대책에 관한 법률 제16조의2, 제17조제2항〉
- 피해학생이 장애학생인지 여부
- 피해학생이나 신고·고발 학생에 대한 협박 또는 보복행위인지 여부

〈 학교폭력예방 및 대책에 관한 법률 시행령 제19조〉
- 가해학생이 행사한 학교폭력의 심각성·지속성·고의성
- 가해학생의 반성의 정도
- 해당 조치로 인한 가해학생의 선도 가능성
- 가해학생 및 보호자와 피해학생 및 보호자 간의 화해의 정도

표. 관계기관과의 협조 및 비밀누설금지 의무

관계 기관과의 협조 등 (학교폭력예방법 제11조의3)	① 교육부장관, 교육감, 지역 교육장, 학교의 장은 학교폭력과 관련한 개인정보 등을 경찰청장, 시·도경찰청장, 관할 경찰서장 및 관계 기관의 장에게 요청할 수 있다. ② 제1항에 따라 정보제공을 요청받은 경찰청장, 시·도경찰청장, 관할 경찰서장 및 관계 기관의 장은 특별한 사정이 없으면 그 요청을 따라야 한다. ③ 제1항 및 제2항에 따른 관계 기관과의 협조 사항 및 절차 등에 필요한 사항은 대통령령으로 정한다
비밀누설금지 의무	• 학교폭력의 예방 및 대책에 관련된 업무를 수행하거나 수행하였던 자는 그 직무로 알게 된 비밀 또는 피해 및 가해학생 및 제20조에 따른 신고자·고발자와 관련된 자료를 누설하여서는 아니된다(학교폭력예방법 제21조제1항). 이를 위반한 자는 1년 이하의 징역 또는 1천만원 이하의 벌금에 처한다(학교폭력예방법 제22조).

5 가해자와 피해학생의 분리

피해학생의 보호 (학교폭력예방법 제16조)	① 심의위원회는 피해학생의 보호를 위하여 필요하다고 인정하는 때에는 피해학생에 대하여 다음 각 호의 어느하나에 해당하는 조치(수 개의 조치를 동시에 부과하는 경우를 포함한다)를 할 것을 교육장(교육장이 없는 경우 제12조제1항에 따라 조례로 정한 기관의 장으로 한다. 이하 같다)에게 요청할 수 있다. 다만, 학교의 장은 학교폭력사건을 인지한 경우 피해학생의 반대의사 등 대통령령으로 정하는 특별한 사정이 없으면 지체 없이 가해자(교사를 포함한다)와 피해학생을 분리하여야 하며, 피해학생이 긴급보호를 요청하는 경우에는 제1호부터 제3호까지 및 제6호의 조치를 할 수 있다. 이 경우 학교의 장은 심의위원회에 즉시 보고하여야 한다. 1. 학내외 전문가에 의한 심리상담 및 조언 2. 일시보호 3. 치료 및 치료를 위한 요양 4. 학급교체 6. 그 밖에 피해학생의 보호를 위하여 필요한 조치
가해자와 피해학생 분리 조치의 예외 (학교폭력예방법 시행령 제17조의2)	법 제16조제1항 각 호 외의 부분 단서에서 "피해학생의 반대의사 등 대통령령으로 정하는 특별한 사정"이란 다음 각호의 경우를 말한다. 1. 피해학생이 반대의사를 표명하는 경우 2. 가해자 또는 피해학생이 「학교안전사고 예방 및 보상에 관한 법률」 제2조제4호에 따른 교육활동 중이 아닌 경우 3. 법 제17조제5항 및 제6항에 따른 조치로 이미 가해자와 피해학생이 분리된 경우

학교폭력 사안 인지(접수)
- 피해학생에게 분리의사반대의사 확인
- ※ 분리 의사 확인서 〈양식 1-2〉

→ **분리방법 결정** *24시간 이내 처리
- 분리 대상, 기간, 공간 등 분리방법 결정(전담기구 또는 소속교원 협의를 통해 학교장이 결정)
- ※ 학교장의 판단으로 협의 없이 분리가능

→ **가해자 분리**
- 최대 7일을 초과하지 않음
  ※ 가해학생 교육방법 운영
- 가해관련학생 및 보호자에게 통보 (유선통화 등)

※ 학교는 분리 시행 전 관련 학생들에게 제도의 취지, 기간, 출결, 이후 사안처리 절차 등에 대해 충분한 설명을 하여야 함

〈 그림. 가해자와 피해학생의 분리절차 〉

자료원. 교육부. 학교감염병 예방·위기대응 매뉴얼 2023

6 긴급조치

(1) 피해학생의 보호 (학교폭력예방법 제 16조)

① 심의위원회는 피해학생의 보호를 위하여 필요하다고 인정하는 때에는 피해학생에 대하여 다음 각 호의 어느하나에 해당하는 조치를 할 것을 교육장에게 요청할 수 있다. 다만, 학교의 장은 학교폭력사건을 인지한 경우 피해학생의 반대의사 등 대통령령으로 정하는 특별한 사정이 없으면 지체 없이 가해자(교사를 포함한다)와 피해학생을 분리하여야 하며, 피해학생이 긴급보호를 요청하는 경우에는 제1호부터 제3호까지 및 제6호의 조치를 할 수 있다. 이 경우 학교의 장은 심의위원회에 즉시 보고하여야 한다.

> 1. 학내외 전문가에 의한 심리상담 및 조언
> 2. 일시보호
> 3. 치료 및 치료를 위한 요양
> 4. 학급교체
> 6. 그 밖에 피해학생의 보호를 위하여 필요한 조치

③ 제1항에 따른 요청이 있는 때에는 교육장은 피해학생의 보호자의 동의를 받아 7일 이내에 해당 조치를 하여야 한다.

(2) 가해학생에 대한 조치 (학교폭력예방법 제17조)

① 심의위원회는 피해학생의 보호와 가해학생의 선도·교육을 위하여 가해학생에 대하여 다음 각 호의 어느 하나에 해당하는 조치(수 개의 조치를 동시에 부과하는 경우를 포함한다)를 할 것을 교육장에게 요청하여야 하며, 각 조치별 적용 기준은 대통령령으로 정한다. 다만, 퇴학처분은 의무교육과정에 있는 가해학생에 대하여는 적용하지 아니한다.

> 1. 피해학생에 대한 서면사과
> 2. 피해학생 및 신고·고발 학생에 대한 접촉, 협박 및 보복행위(정보통신망을 이용한 행위를 포함한다)의 금지
> 3. 학교에서의 봉사
> 4. 사회봉사
> 5. 학내외 전문가, 교육감이 정한 기관에 의한 특별 교육이수 또는 심리치료
> 6. 출석정지
> 7. 학급교체
> 8. 전학
> 9. 퇴학처분

② 제1항에 따라 심의위원회가 교육장에게 가해학생에 대한 조치를 요청할 때 그 이유가 피해학생이나 신고·고발 학생에 대한 협박 또는 보복행위(정보통신망을 이용한 행위를 포함한다)일 경우에는 같은 항 제6호부터 제9호까지(6. 출석정지
   7. 학급교체, 8. 전학, 9. 퇴학처분의 조치)를 동시에 부과하거나 조치 내용을 가중할 수 있다.
③ 제1항 제2호부터 제4호까지 및 제6호부터 제8호까지(2. 피해학생 및 신고·고발 학생에 대한 접촉, 협박 및 보복행위의 금지, 3. 학교에서의 봉사, 4. 사회봉사, 6. 출석정지, 7. 학급교체, 8. 전학의 처분을 받은 가해학생)은 교육감이 정한 기관(대안교육기관을 포함한다)에서 특별교육을 이수하거나 심리치료를 받아야 하며, 그 기간은 심의위원회에서 정한다.

④ 학교의 장은 학교폭력을 인지한 경우 지체 없이 제1항 제2호(피해학생 및 신고·고발 학생에 대한 접촉, 협박 및 보복행위의 금지)의 조치를 하여야 한다. 〈신설 2023. 10. 24.〉
⑨ 제1항에 따른 요청이 있는 때에는 교육장은 14일 이내에 해당 조치를 하여야 한다
⑮ 제1항 제2호부터 제9호까지의 처분을 받은 학생이 해당 조치를 거부하거나 기피하는 경우 심의위원회는 제7항(학급교체)에도 불구하고 대통령령으로 정하는 바에 따라 추가로 다른 조치를 할 것을 교육장에게 요청할 수 있다.
⑯ 피해학생 및 그 보호자는 제9항, 제10항 및 제15항에 따른 조치 또는 징계가 지연되거나 이행되지 아니할 경우 교육감에게 신고할 수 있으며, 신고하는 경우 교육감은 지체 없이 사실 여부를 확인하기 위하여 대통령령으로 정하는 바에 따라 교육장 또는 학교의 장을 조사하여야 한다.
⑰ 가해학생에 대한 조치 및 제11조 제6항에 따른 재입학 등에 관하여 필요한 사항은 대통령령으로 정한다.
⑤ 학교의 장은 피해학생의 보호와 가해학생의 선도·교육이 긴급하다고 인정할 경우 우선 제1항 제1호, 제3호, 제5호부터 제7호까지의 조치를 각각 또는 동시에 부과할 수 있다. 이 경우 심의위원회에 즉시 보고하여 추인을 받아야 한다.

> 1. 피해학생에 대한 서면사과, 3. 학교에서의 봉사,
> 5. 학내외 전문가, 교육감이 정한 기관에 의한 특별 교육이수 또는 심리치료
> 6. 출석정지, 7. 학급교체

⑥ 학교의 장은 피해학생 및 그 보호자가 요청할 경우 전담기구 심의를 거쳐 제1항 제6호(출석정지) 또는 제7호(학급교체)의 조치를 할 수 있다. 이 경우 심의위원회에 즉시 보고하여 추인을 받아야 한다.
⑦ 제5항 및 제6항에 따라 학교의 장이 부과하는 제1항 제6호(출석정지)조치의 기간은 심의위원회 조치결정시까지로 정할 수 있다.
⑩ 학교의 장이 제4항부터 제6항(4. 사회봉사, 5. 학내외 전문가, 교육감이 정한 기관에 의한 특별교육이수 또는 심리치료, 6. 출석정지)까지에 따른 조치를 한 때에는 가해학생과 그 보호자에게 이를 통지하여야 하며, 가해학생이 이를 거부하거나 회피하는 때에는 학교의 장은 「초·중등교육법」 제18조에 따라 징계하여야 한다.

> • 초·중등교육법 시행령 상 징계조치(초·중등교육법 시행령 제31조)
> • 학교 내의 봉사·사회봉사·특별교육·출석정지(1회 10일 이내, 연간 30일 이내)·퇴학처분

(3) 가해학생에 대한 우선 출석정지 등 (학교폭력예방법 시행령 제21조)

① 법 제17조제5항 전단 및 제6항 전단에 따라 학교의 장이 출석정지 또는 학급교체 조치를 할 수 있는 경우는 다음 각 호와 같다. 〈개정 2024. 2. 27.〉

> 1. 2명 이상의 학생이 고의적·지속적으로 폭력을 행사한 경우
> 2. 학교폭력을 행사하여 전치 2주 이상의 상해를 입힌 경우
> 3. 학교폭력에 대한 신고, 진술, 자료제공 등에 대한 보복을 목적으로 폭력을 행사한 경우
> 4. 학교의 장이 피해학생을 가해학생으로부터 긴급하게 보호할 필요가 있다고 판단하는 경우
> 5. 피해학생 및 그 보호자가 가해학생과의 분리를 요청하는 경우

② 학교의 장은 제1항에 따라 출석정지 또는 학급교체 조치를 하려는 경우에는 해당 학생 또는 보호자의 의견을 들어야 한다. 다만, 학교의 장이 해당 학생 또는 보호자의 의견을 들으려 하였으나 이에 따르지 아니한 경우에는 그러하지 아니하다.

표. 피해학생 보호를 위한 긴급 조치

긴급조치 결정권자	• 학교의 장
긴급조치 사유	• 학교장은 피해학생이 긴급보호를 요청하는 경우에는 학교장 자체해결 혹은 심의위원회 개최 요청전에 학교폭력예방법 제 16조 제1호, 제2호, 제3호 및 제6호의 조치를 할 수 있다. ※ 다만, 학교장은 피해학생 보호 및 가해학생 선도를 위하여 심의위원회 개최 요청 이후라도 심의위원회의 조치결정(심의위원회 의결) 전까지 긴급조치를 할 수 있음
긴급조치 범위	• 학내외 전문가에 의한 심리상담 및 조언(제 16조 1호) • 일시 보호(제 16조 2호) • 치료 및 치료를 위한 요양(제 16조 3호) • 그 밖에 피해학생의 보호를 위하여 필요한 조치(제 16조 6호)
심의의원회 보고	• 피해학생에 대한 긴급조치는 심의위원회에 즉시 보고하여야 한다

표. 가해학생에 대한 우선 출석정지 및 학급교체 조치

① 법 제17조제5항 전단 및 같은 조 제6항 전단에 따라 학교의 장이 출석정지 또는 학급교체 조치를 할 수 있는 경우는 다음 각 호와 같다. 〈개정 2024. 2. 27.〉

> 1. 2명 이상의 학생이 고의적·지속적으로 폭력을 행사한 경우
> 2. 학교폭력을 행사하여 전치 2주 이상의 상해를 입힌 경우
> 3. 학교폭력에 대한 신고, 진술, 자료제공 등에 대한 보복을 목적으로 폭력을 행사한 경우
> 4. 학교의 장이 피해학생을 가해학생으로부터 긴급하게 보호할 필요가 있다고 판단하는 경우
> 5. 피해학생 및 그 보호자가 가해학생과의 분리를 요청하는 경우

② 학교의 장은 제1항에 따라 출석정지 또는 학급교체 조치를 하려는 경우에는 해당 학생 또는 보호자의 의견을 들어야 한다. 다만, 학교의 장이 해당 학생 또는 보호자의 의견을 들으려 하였으나 이에 따르지 아니한 경우에는 그러하지 아니하다. 〈개정 2024. 2. 27.〉

3 학교폭력 신고 및 접수

1 관련 법령

학교의 장의 의무 (학교폭력예방법 제19조)	③ 학교의 장은 교육감에게 학교폭력이 발생한 사실과 제13조의2에 따라 학교의 장의 자체해결로 처리된 사건, 제16조, 제16조의2, 제17조 및 제18조에 따른 조치 및 그 결과를 보고하고, 관계 기관과 협력하여 교내 학교폭력 단체의 결성예방 및 해체에 노력하여야 한다. ④ 학교의 장은 학교폭력 예방을 위하여 필요한 경우 해당 학교의 학교폭력 현황을 조사하는 등 학교폭력 조기 발견및 대처를 위하여 노력하여야 한다.
학교폭력의 신고의무 (학교폭력예방법 제20조)	① 학교폭력 현장을 보거나 그 사실을 알게 된 자는 학교 등 관계 기관에 이를 즉시 신고하여야 한다. ※ 학교장은 피해학생 또는 그 보호자가 신고하지 않더라도 학교폭력 사실을 알게 된 경우 전담기구 또는 소속교원을 통해 사실 여부를 확인해야 함 ※ 전담기구 또는 소속 교원을 통한 사실 여부 확인 후 조사관을 통한 학교폭력 사안조사가 진행됨 ※ 학교의 장은 학교폭력 예방을 위하여 필요한 경우 해당 학교의 학교폭력 현황을 조사하는 등 학교폭력 조기 발견 및 대처를 위하여 노력하여야 함 (학교폭력예방법 제19조제4항) ② 제1항에 따라 신고를 받은 기관은 이를 가해학생 및 피해학생의 보호자와 소속 학교의 장에게 통보하여야 한다. ③ 제2항에 따라 통보받은 소속 학교의 장은 이를 심의위원회에 지체 없이 통보하여야 한다. ④ 누구라도 학교폭력의 예비·음모 등을 알게 된 자는 이를 학교의 장 또는 심의위원회에 고발할 수 있다. 다만, 교원이 이를 알게 되었을 경우에는 학교의 장에게 보고하고 해당 학부모에게 알려야 한다. ⑤ 누구든지 제1항부터 제4항까지에 따라 학교폭력을 신고한 사람에게 그 신고행위를 이유로 불이익을 주어서는 아니 된다.
비밀누설금지 등(학교폭력예방법 제21조)	① 이 법에 따라 학교폭력의 예방 및 대책과 관련된 업무를 수행하거나 수행하였던 사람은 그 직무로 인하여 알게 된 비밀 또는 가해학생·피해학생 및 제20조에 따른 신고자·고발자와 관련된 자료를 누설하여서는 아니 된다.
비밀의 범위 (학교폭력예방법 시행령 제33조)	법 제21조제1항에 따른 비밀의 범위는 다음 각 호와 같다. 1. 학교폭력 피해학생과 가해학생 개인 및 가족의 성명, 주민등록번호 및 주소 등 개인정보에 관한 사항 2. 학교폭력 피해학생과 가해학생에 대한 심의·의결과 관련된 개인별 발언 내용 3. 그 밖에 외부로 누설될 경우 분쟁당사자 간에 논란을 일으킬 우려가 있음이 명백한 사항

신고 및 접수 절차

신고접수자 - 학교폭력 신고 접수
- 다양한 경로를 통해 사안 접수

업무 담당자 - 신고 접수 대장 기록
- 신고 내용을 신고접수 대장에 기재하여 보관
- 접수 사실을 신고자에게 통보
- 피해 및 가해학생 상태 확인

업무 담당자 - 접수 보고
- 학교장 보고 및 담임교사 통보
- 최초 학생 작성 확인서 작성
- 가해학생 제2호 조치 시행
- 가해자와 피해학생의 분리
- 보호자 통보
- 다른 학교와 관련된 경우 해당 학교에 통보
- 교육(지원)청 보고 (인지 후 48시간 이내)

〈 그림. 신고 및 접수 절차 〉

자료원. 교육부. 학교감염병 예방·위기대응 매뉴얼 2023

〈 참고: 비밀보장 〉

1. 왜 학생들은 신고하지 않을까?

    첫째, 보복이 두려워서이다. 학생들은 자신의 신고 사실을 가해학생과 그 친구들이 알게 되면 보복을 당할 수도 있다는 두려움을 가지고 있다. 신고자를 절대 노출하지 않아야 하며, 가해학생이 물어도 끝까지 이야기해서는 안된다.

    둘째, 신고를 해도 교사나 부모들이 학교폭력 사실을 심각하게 받아들이지 않고, 제대로 대처해주지 못할것이라고 생각하기 때문이다.

2. 비밀보장에 대해 학생들에게 꼭 알려주어야 한다.

    피해학생이나 사안을 인지·목격한 학생이 신고했을 때, 교사들이 꼭 비밀보장을 할 것이며, 최선을 다해서 적절한 대처를 해주겠다는 것을 인식시켜 주어야 한다. 특히 구두, 이메일, 홈페이지, 핸드폰 등으로 신고를 받을 때는 더욱 그러하다.

2 학교의 대응요령

(1) 학교폭력 발생시 대응 순서

학교폭력 사안발생 → 관련학생 안전조치 → 보호자 연락 →
- 학교폭력 전담기구 또는 소속교원의 사실확인
- 교육(지원)청 학교폭력 사안 접수 보고
- 조사관 사안조사
- 피해·가해학생 상담

자료원. 교육부. 학교감염병 예방·위기대응 매뉴얼 2023

(2) 유형별 초기대응 요령

① 신체폭력

- 교직원의 신속한 응급조치
- 응급상황 발생 시 역할을 분담하여 신속하게 조치한다.
- 사안을 가장 먼저 인지한 교직원은 신속히 학교폭력 전담기구 소속교사에게 이를 알린다.
- 피해학생의 위급상황을 발견한 교직원은 보건교사에게 이를 알리거나 119에 연락하여 도움을 청한다.

보건교사 역할	• 119 등 응급의료센터에 연락하여 지시대로 응급조치를 취하며, 관리자와 해당 교사에게 이를 알린다.
현장자료 유지 및 보관	• 현장에 있던 모든 증거자료는 섞거나 없애지 말아야 한다. 관련 자료들은 추후 법적, 의료적 분쟁이 있을 시 중요한 근거 자료가 될 수 있으므로 학교에서 응급조치한 내용은 빠짐없이 기록한다.

② 언어폭력

- 언어폭력은 상대방의 명예를 훼손하는 구체적인 말을 하거나 인터넷, SNS, 문자메시지 등으로 퍼뜨리는 행위이므로 증거를 확보해 놓음

피해학생 조치	• 핸드폰 문자로 욕설이나 협박성 문자가 오면 어떠한 응답도 하지 않도록 한다. • 인터넷 상에서 게시판이나 안티카페 등에서 공개적인 비방 및 욕설의 내용은 그 자체로 저장해두도록 한다. • 보호자에게 알리고 전문상담교사·전문상담사에게 상담을 받도록 권한다.
가해학생 조치	• 언어폭력을 했는지 사실여부와 이유 등을 확인한다. • 장난으로 한 욕설이라도 피해학생이 고통받을 수 있음을 인식시킨다

③ 금품갈취

- 아무리 적은 금액이라도 다른 사람에게 돈을 빼앗겼을 경우에는 반드시 담임교사에게 사실을 알려 피해가 커지지 않도록 평소에 예방교육을 철저히 한다.

피해학생 조치	• 초등학교 저학년 학생은 500원, 1000원을 빼앗겨도 두려워하고 불안해할 수 있으므로 교사는 이를 무시하거나 가볍게 여기지 않고 반드시 도와주겠다는 것을 학생에게 약속하여 학교를 신뢰하도록 한다. • 적은 금액을 빼앗겼을 때 피해학생의 경우 교사에게 얘기하기를 주저할 수 있다. 하지만 교사는 금품갈취금액보다는 금품갈취 당했다는 사실에 대해 주목하고 이에 대해 학생의 심정을 공감하고 해결을 위해 노력한다
가해학생 조치	• 가해학생과의 면담을 통하여 사실을 확인한다. • 아무리 적은 금액이라도 남의 돈을 빼앗는 행위는 폭력에 해낭한다는 사실을 인식시킨다. • 보호자에게 사실을 알린다. • 방임·빈곤아동일 경우, 경제적 도움을 줄 수 있도록 사회복지사나 지역주민자치센터에 연계하여 지원을 돕는다

④ 강요·강제적 심부름

- 강요 등은 폭력서클과 연계하여 일어날 수 있으므로 즉시 신고하도록 평소에 지도한다.

학생의 행동 감지	• 다음과 같은 행동 변화가 있을 경우 학생을 불러서 상담하고 보호자에게도 확인한다. • 친구를 대신하여 심부름을 한다. • 친구를 대신하여 과제를 하거나 책가방을 들어준다. • 친구에게 음식물을 제공하고 옷 등을 빌려준다.
피해학생 조치	• 상담을 통하여 어느 정도 피해를 받았는지, 다른 폭력 피해는 없는지 확인을 한다. • 당분간 보호자가 등·하교 길에 동행한다.
가해학생 조치	• 단순가담 학생들은 상담을 통해 지도한다. • 보호자에게 알리고 재발하지 않도록 지도한다.

⑤ 따돌림

- 따돌림은 괴롭힘과 함께 이루어지는 경우가 많지만, 대부분의 교사들이 학교폭력으로 인식하지 못하는 경우가 많으므로 특별히 주의를 요한다

2차 피해 주의하기	• 피해학생 의사에 반하여 피해사실이 공개되지 않도록 주의한다. • 피해사실이 확인되고 난 후 이를 바로 공개하면, 피해학생이 당황하고 난처해질 수 있다. 교사는 피해학생과 상담을 깊이 있게 하여 피해학생이 필요로 하는 사항을 파악하여 대처한다. • 가해학생을 바로 불러서 야단치면, 가해학생은 교사에게 일렀다는 명목으로 피해학생을 더욱 심하게 괴롭히고 따돌리는 경우가 많다. • 반 전체 앞에서 피해 및 가해학생의 이름을 지목하며 따돌림에 대해 훈계하면 피해 및 가해학생 '모두에게' 혹은 '모두가' 낙인이 찍혀 문제해결에 효과적이지 않다.
신고를 두려워하는 피해학생 돕기	• 심각한 피해일 경우, 피해학생을 설득하여 신고하도록 독려한다. 만약 따돌림 정도가 심한데 피해학생이 보복이 두려워 사안의 공개나 조치를 반대하면 아래의 이유 등을 예로 들어 피해학생을 설득한다. 예 피해를 당했을 때 아무 조치를 취하지 않으면 폭력은 점점 심해지고 지속된다. – 따돌리는 학생은 자신이 폭력을 행사하는 줄 모르기 때문에 이를 알려주어야 가해행동이 멈춘다. • 담임교사는 학교폭력 전담기구에 이를 알려 사안을 처리한다.
피해 및 가해학생 함께 만나지 않게 하기	• 피해 및 가해학생들을 강제로 한 자리에 불러 모아 화해시키거나 오해를 풀도록 하면 안 된다. • 학생들끼리 얘기하라고 교사가 자리를 비우는 경우도 있는데 이는 적절치 않다. 따돌린 학생 다수와 따돌림당한 학생 1명이 한 공간에 있게 되면 피해학생은 더욱 심한 공포심과 위압감을 느끼게 된다. 피해 및 가해학생은 교사가 따로 불러 상담을 한다.
피해학생 조치	• 피해학생이 정신적 피해를 심하게 입어 학교에 나오지 못하는 경우, 집에서 휴식을 취하거나, 병원 또는 상담센터에서 상담을 받도록 안내한다. • 학교에 출석하지 못하는 동안 담임교사는 학생의 학습 상황을 수시로 점검하여 학습능력이 뒤쳐지지 않도록 신경을 쓴다.

가해학생 조치	• 가해학생은 실제 자신이 무엇을 잘못했는지 모르는 경우가 많다. 그러므로 가해학생의 따돌림 행동이 명확한 학교폭력이라는 것을 인식시킨다. • 담임교사나 상담교사가 수시로 가해학생을 만나 지속적으로 상담을 한다

⑥ 사이버폭력

평소 예방교육	• 핸드폰 문자로 욕설이나 협박성 문자가 오면 어떠한 응답도 하지 않도록 지도한다. • 인터넷의 게시판이나 안티카페 등에서 공개적인 비방 및 욕설의 내용은 그 자체로 저장하도록 지도한다. • 모든 자료는 증거 확보를 위해 저장하도록 안내한다
피해학생 조치	• 불특정 다수에게 공개되는 사이버 폭력으로 인해 피해학생은 명예훼손, 모함, 비방 등을 당하여 심각한 정신적 피해를 입을 수 있다. 그러므로 피해학생을 상담교사나 상담센터와 연계하여 상담을 받도록 한다. ※ 사이버폭력 발생 시, 증거 확보 후 피해학생·보호자가 정보통신서비스 제공자에게 관련 정보의 차단·삭제를 요청할 수 있음.(「정보통신망 이용촉진 및 정보보호 등에 관한 법률」 제44조의2)
가해학생 조치	• 교사가 증거를 철저하게 확보한 후, 사이버폭력을 지속하지 않도록 지도한다

⑦ 성폭력

학교장 및 교직원의 즉시 신고의무	• 학교장을 비롯해 교직원은 직무상(학생과의 상담 과정, 학교폭력신고 접수 등) 아동·청소년대상 성범죄의 발생사실을 알게 된 때에는 즉시 수사기관(112, 117)에 신고하여야 한다. • 피해학생 측의 의사와는 관계없이 반드시 신고하여야 하므로, 피해학생 측에 신고의무의 당위성을 설명하고, 신고과정에서도 수사기관에 피해학생 측의 의사를 충분히 전달한다
피해학생의 비밀보호 철저	• 성폭력에 관하여는 피해학생의 프라이버시가 특별히 보호되어야 한다. 따라서 학교장 및 관련 교원을 제외하고는 이와 관련된 사실을 알지 못하도록 철저하게 비밀을 보호하여 2차 피해를 방지한다.
피해학생 조치	• 증거가 소멸되지 않도록 주의하여 가능한 빨리 의료기관에 이송한다. • 피해학생이 정신적 피해를 심하게 입어 학교에 나오지 못하는 경우, 관련 상담센터에서 상담을 받게 한다
가해학생 조치	• 학교장의 긴급조치를 통해 피해학생과 분리한다.

4 학교장 자체해결 및 관계회복

1 학교장 자체해결

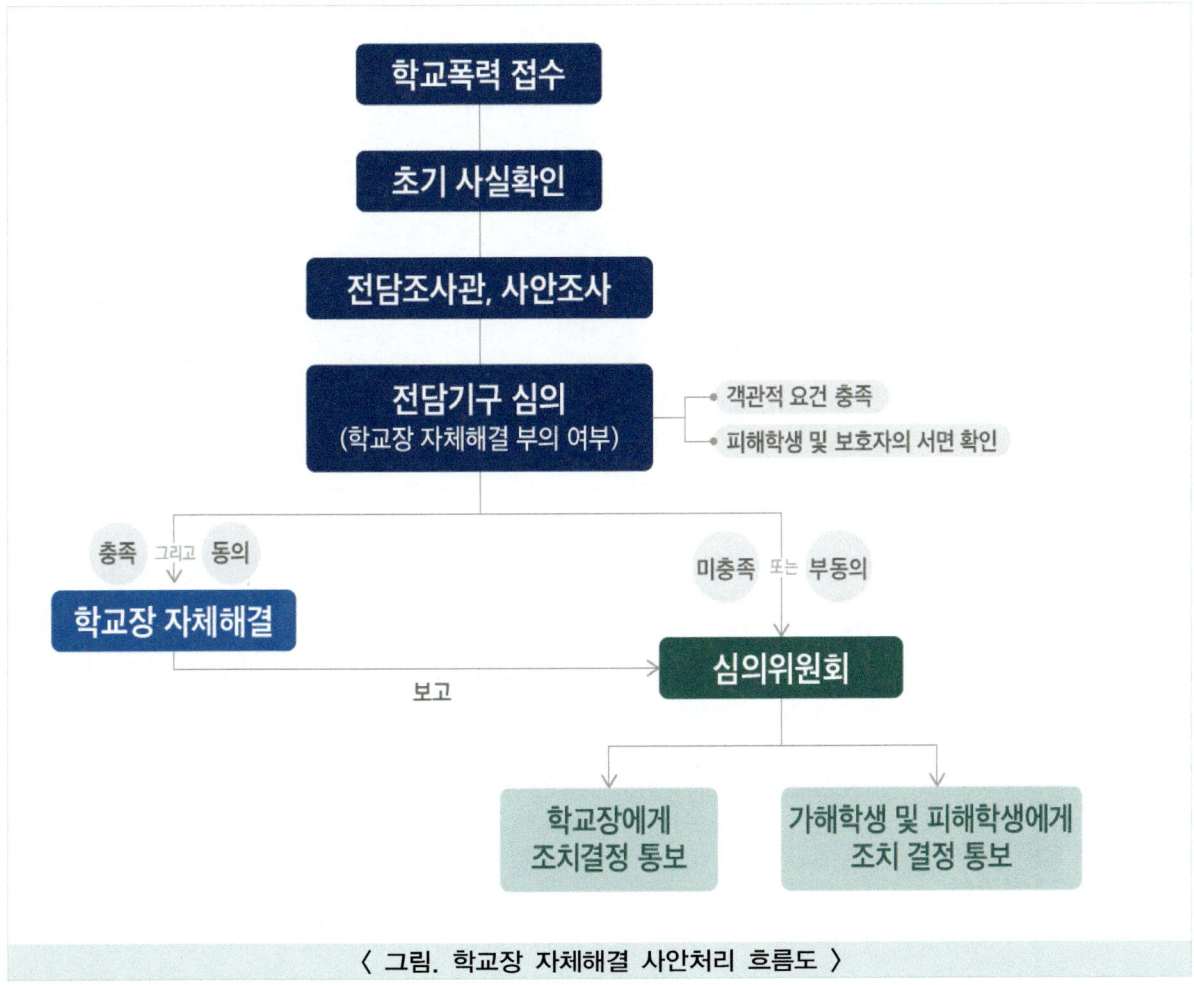

⟨ 그림. 학교장 자체해결 사안처리 흐름도 ⟩

자료원. 교육부. 학교감염병 예방·위기대응 매뉴얼 2023

2 학교장 자체해결 사안

학교의 장의 자체해결 (학교폭력예방법 제 13조의 2)	① 제13조제2항제4호 및 제5호에도 불구하고 다음 각 호에 모두 해당하는 경미한 학교폭력에 대하여 피해학생 및 그 보호자가 심의위원회의 개최를 원하지 아니하는 경우 학교의 장은 학교폭력사건을 자체적으로 해결할 수 있다. 이경우 학교의 장은 지체 없이 이를 심의위원회에 보고하여야 한다.
	
	1. 2주 이상의 신체적·정신적 치료가 필요한 진단서를 발급받지 않은 경우
	2. 재산상 피해가 없는 경우 또는 재산상 피해가 즉각 복구되거나 복구 약속이 있는 경우
	3. 학교폭력이 지속적이지 않은 경우
	4. 학교폭력에 대한 신고, 진술, 자료제공 등에 대한 보복행위(정보통신망을 이용한 행위를 포함한)가 아닌 경우
	
	② 학교의 장은 제1항에 따라 사건을 해결하려는 경우 다음 각 호에 해당하는 절차를 모두 거쳐야 한다.
	  1. 피해학생과 그 보호자의 심의위원회 개최 요구 의사의 서면 확인
	  2. 학교폭력의 경중에 대한 제14조제3항에 따른 전담기구의 서면 확인 및 심의

학교장의 자체해결 (학교폭력예방법 시행령 제14조의3)	학교의 장은 법 제13조의2제1항에 따라 학교폭력사건을 자체적으로 해결하는 경우 피해학생과 가해학생 간에 학교폭력이 다시 발생하지 않도록 노력해야 하며, 필요한 경우에는 피해학생·가해학생 및 그 보호자 간의 관계회복을 위한 프로그램을 운영할 수 있다
관계회복 (학교폭력예방법 제 13조의 2)	③ 학교의 장은 제1항에 따른 경미한 학교폭력에 대하여 피해학생 및 그 보호자가 심의위원회의 개최를 원하는 경우 피해학생과 가해학생 사이의 관계회복을 위한 프로그램(이하 "관계회복 프로그램"이라 한다)을 권유할 수 있다. 〈신설 2023. 10. 24.〉 ④ 국가 및 지방자치단체는 관계회복 프로그램의 개발·보급 및 운영을 위하여 필요한 경우 행정적·재정적 지원을 할 수 있다. 〈신설 2023. 10. 24.〉 ⑤ 그 밖에 학교의 장이 학교폭력을 자체적으로 해결하는 데에 필요한 사항은 대통령령으로 정한다.

5 분쟁조정

분쟁조정
(학교폭력예방법
제 18조)
	① 심의위원회는 학교폭력과 관련하여 분쟁이 있는 경우에는 그 분쟁을 조정할 수 있다.
	② 제1항에 따른 분쟁의 조정기간은 1개월을 넘지 못한다.
	③ 학교폭력과 관련한 분쟁조정에는 다음 각 호의 사항을 포함한다.
	   1. 피해학생과 가해학생간 또는 그 보호자 간의 손해배상에 관련된 합의조정
	   2. 그 밖에 심의위원회가 필요하다고 인정하는 사항
	④ 심의위원회는 분쟁조정을 위하여 필요하다고 인정하는 때에는 관계 기관의 협조를 얻어 학교폭력과 관련한 사항을 조사할 수 있다.
	⑤ 심의위원회가 분쟁조정을 하고자 할 때에는 이를 피해학생·가해학생 및 그 보호자에게 통보하여야 한다.
	⑥ 시·도교육청 관할 구역 안의 소속 교육지원청이 다른 학생 간에 분쟁이 있는 경우에는 교육감이 직접 분쟁을 조정한다. 이 경우 제2항부터 제5항까지의 규정을 준용한다.
	⑦ 관할 구역을 달리하는 시·도교육청 소속 학교의 학생 간에 분쟁이 있는 경우에는 피해학생을 감독하는 교육감이 가해학생을 감독하는 교육감과의 협의를 거쳐 직접 분쟁을 조정한다. 이 경우 제2항부터 제5항까지의 규정을 준용한다.

분쟁조정의 개시 (학교폭력예방법 시행령 제27조)	① 심의위원회 또는 교육감은 제25조에 따라 분쟁조정의 신청을 받으면 그 신청을 받은 날부터 5일 이내에 분쟁조정을 시작해야 한다. ② 심의위원회 또는 교육감은 분쟁당사자에게 분쟁조정의 일시 및 장소를 통보해야 한다. ③ 제2항에 따라 통지를 받은 분쟁당사자 중 어느 한 쪽이 불가피한 사유로 출석할 수 없는 경우에는 심의위원회 또는 교육감에게 분쟁조정의 연기를 요청할 수 있다. 이 경우 심의위원회 또는 교육감은 분쟁조정의 기일을 다시 정해야 한다. ④ 심의위원회 또는 교육감은 심의위원회 위원 또는 지역위원회 위원 중에서 분쟁조정 담당자를 지정하거나, 외부 전문기관에 분쟁과 관련한 사항에 대한 자문 등을 할 수 있다.

6 피해 및 가해학생 조치

1 피해학생 조치

(1) 피해학생의 보호 (학교폭력예방법 16조)

> ① 심의위원회는 피해학생의 보호를 위하여 필요하다고 인정하는 때에는 피해학생에 대하여 다음 각 호의 어느하나에 해당하는 조치(수 개의 조치를 동시에 부과하는 경우를 포함한다)를 할 것을 교육장에게 요청할 수 있다. 다만, 학교의 장은 학교폭력사건을 인지한 경우 피해학생의 반대의사 등 대통령령으로 정하는 특별한 사정이 없으면 지체 없이 가해자(교사를 포함한다)와 피해학생을 분리하여야 하며, 피해학생이 긴급보호를 요청하는 경우에는 제1호부터 제3호까지 및 제6호의 조치를 할 수 있다. 이 경우 학교의 장은 심의위원회에 즉시 보고하여야 한다.
>
>> 1. 학내외 전문가에 의한 심리상담 및 조언
>> 2. 일시보호
>> 3. 치료 및 치료를 위한 요양
>> 4. 학급교체
>> 5. 삭제
>> 6. 그 밖에 피해학생의 보호를 위하여 필요한 조치
>
> ② 심의위원회는 제1항(학내외 전문가에 의한 심리상담 및 조언)에 따른 조치를 요청하기 전에 피해학생 및 그 보호자에게 의견진술의 기회를 부여하는 등 적정한 절차를 거쳐야 한다.
> ③ 제1항(학내외 전문가에 의한 심리상담 및 조언)에 따른 요청이 있는 때에는 교육장은 피해학생의 보호자의 동의를 받아 7일 이내에 해당 조치를 하여야 한다.
> ④ 제1항의 조치(학내외 전문가에 의한 심리상담 및 조언) 등 보호가 필요한 학생에 대하여 학교의 장이 인정하는 경우 그 조치에 필요한 결석을 출석일수에 포함하여 계산할 수 있다.
> ⑤ 학교의 장은 성적 등을 평가하는 경우 제3항에 따른 조치로 인하여 학생에게 불이익을 주지 아니하도록 노력하여야 한다.
> ⑥ 피해학생이 전문단체나 전문가로부터 제1항 제1호부터 제3호(1. 학내외 전문가에 의한 심리상담 및 조언, 2. 일시보호, 3. 치료 및 치료를 위한 요양)까지의 규정에 따른 상담 등을 받는 데에 사용되는 비용은 가해학생의 보호자가 부담하여야 한다. 다만, 피해학생의 신속한 치료를 위하여 학교의 장 또는 피해학생의 보호자가 원하는 경우에는 「학교안전사고 예방 및 보상에 관한 법률」제15조에 따른 학교안전공제회 또는 시·도교육청이 부담하고 이에 대한 상환청구권을 행사할 수 있다.
> ⑦ 학교의 장 또는 피해학생의 보호자는 필요한 경우 「학교안전사고 예방 및 보상에 관한 법률」 제34조의 공제급여를 학교안전공제회에 직접 청구할 수 있다.
> ⑧ 피해학생의 보호 및 제6항에 따른 지원범위, 상환청구범위, 지급절차 등에 필요한 사항은 대통령령으로 정한다.

(2) 피해학생 지원 조력인 (학교폭력예방법 16조의 3)

> ① 교육감 또는 교육장은 피해학생 지원을 위하여 피해학생이 필요로 하는 법률, 상담, 보호 등을 위한 서비스 및 지원기관을 연계하는 조력인(이하 "피해학생 지원 조력인"이라 한다)을 지정할 수 있다.
> ② 교육감 또는 교육장은 피해학생 지원 조력인의 운영을 위한 행정적·재정적 지원을 하여야 한다.
> ③ 피해학생 지원 조력인의 지정 및 운영에 관한 사항은 대통령령으로 정한다.
> [본조신설 2023. 10. 24.]

(3) 사이버폭력의 피해자 지원 (학교폭력예방법 제16조의4)

① 국가는 사이버폭력에 해당하는 촬영물, 영상물, 음성물, 복제물, 편집물, 합성물, 가공물, 개인정보, 허위사실 등(이하 이 조에서 "촬영물등"이라 한다)이 정보통신망에 유포되어 피해(촬영물등의 대상자가 되어 입은 피해를 말한다)를 입은 학생에 대하여 촬영물등의 삭제를 위한 지원을 할 수 있다. 〈개정 2025. 1. 31.〉
② 제1항에 따른 피해학생, 그 보호자 또는 피해학생이나 보호자가 지정하는 대리인은 국가에 촬영물등의 삭제를 위한 지원을 요청할 수 있다. 이 경우 피해학생이나 그 보호자가 지정하는 대리인은 대통령령으로 정하는 요건을 갖추어 삭제지원을 요청하여야 한다.
③ 제1항에 따른 촬영물등 삭제지원에 소요되는 비용은 사이버폭력의 가해학생 또는 그 보호자가 부담한다.
④ 국가가 제1항에 따라 촬영물등 삭제지원에 소요되는 비용을 지출한 경우 사이버폭력의 가해학생 또는 그 보호자에게 상환청구권을 행사할 수 있다.
⑤ 제1항 및 제2항에 따른 촬영물등 삭제지원의 내용·방법, 제4항에 따른 상환청구권 행사의 절차·방법 등에 필요한 사항은 대통령령으로 정한다.
[본조신설 2023. 10. 24.] [시행일: 2025. 8. 1.]

(4) 피해학생의 지원범위 등 (학교폭력예방법 시행령 제18조)

① 법 제16조제6항 단서에 따른 학교안전공제회 또는 시·도교육청이 부담하는 피해학생의 지원범위는 다음 각호와 같다.
  1. 교육감이 정한 전문심리상담기관에서 심리상담 및 조언을 받는 데 드는 비용
  2. 교육감이 정한 기관에서 일시보호를 받는 데 드는 비용
  3. 「의료법」에 따라 개설된 의료기관, 「지역보건법」에 따라 설치된 보건소·보건의료원 및 보건지소, 「농어촌 등 보건의료를 위한 특별조치법」에 따라 설치된 보건진료소, 「약사법」에 따라 등록된 약국 및 같은 법 제91조에 따라 설립된 한국희귀·필수의약품센터에서 치료 및 치료를 위한 요양을 받거나 의약품을 공급받는 데 드는 비용
② 제1항의 비용을 지원 받으려는 피해학생 및 보호자가 학교안전공제회 또는 시·도교육청에 비용을 청구하는 절차와 학교안전공제회 또는 시·도교육청이 비용을 지급하는 절차는 「학교안전사고 예방 및 보상에 관한 법률」 제41조를 준용한다.
③ 학교안전공제회 또는 시·도교육청이 법 제16조제6항에 따라 가해학생의 보호자에게 상환청구를 하는 범위는 제2항에 따라 피해학생에게 지급하는 모든 비용으로 한다.

표. 피해학생 치료비 부담

- 피해학생이 전문단체나 전문가로부터 제1항 제1호부터 제3호까지의 규정에 따른 상담 등에 사용되는 비용은 가해학생의 보호자가 부담하여야 한다. 다만, 피해학생의 신속한 치료를 위하여 학교의 장 또는 피해학생의 보호자가 원하는 경우에는 학교안전공제회 또는 시·도교육청이 부담하고 이에 대한 상환청구권을 행사할 수 있다(법률 제16조제6항)

- 지원 범위(시행령 제18조)

	구분	내용	인정가능기간
1호	학내외 전문가에 의한 심리상담 및 조언	교육감이 정한 전문심리 상담기관에서 심리상담 및 조언을 받는 데 드는 비용	2년(보상심의위원회 심의로 1년 범위에서 연장 가능)
2호	임시보호	교육감이 정한 기관에서 임시보호를 받는 데 드는 비용	30일
3호	치료 및 치료를 위한 요양	「의료법」에 따라 개설된 의료기관, 「지역보건법」에 따라 설치된 보건소·보건의료원 및 보건지소, 「농어촌 등 보건의료를 위한 특별조치법」에 따라 설치된 보건진료소, 「약사법」에 따라 등록된 약국 및 같은 법 제91조에 따라 설립된 한국희귀·필수의약품센터에서 치료 및 치료를 위한 요양을 받거나 의약품을 공급받는 데 드는 비용	2년(보상심의위원회 심의로 1년 범위에서 연장 가능)

표. 학교안전사고 예방 및 보상에 관한 법률 시행규칙 제9조의3 (집행 기준 등)

① 법 제53조제2항에 따라 학교폭력 피해학생의 상담 및 치료기간은 2년으로 하고, 일시보호의 기간은 30일로 한다.
   다만, 추가적인 치료 등을 위하여 학교폭력 피해학생 및 보호자가 요청하는 경우에는 법 제58조제1항에 따른 학교안전공제보상심사위원회의 심의를 거쳐 1년의 범위에서 상담 및 치료기간을 연장할 수 있다.
② 제1항에 따른 학교폭력 피해학생 및 보호자는 별지 제4호서식에 따라 치료비 등 청구서를 작성하여 공제회에 제출하여야 한다.
③ 공제회는 학교폭력 피해학생에 대한 치료비 등의 지급을 결정하기 전에 학교장이 작성하여 제출한 자료 등을 통하여 사실관계를 확인하여야 하고, 필요한 경우에는 관련 전문가의 자문을 받을 수 있다.
④ 공제회는 학교폭력 피해학생에 대한 치료비 등의 지급을 결정한 때에는 지급하기 전에 학교폭력 가해학생 및 보호자에게 알려야 한다.

| 표. 피해학생 추가적인 보호 및 지원 |

출석일수 산입	• 피해학생 보호조치(법률 제16조제1항) 등 보호가 필요한 학생에 대하여 학교의 장이 인정하는 경우 그 조치에 필요한 결석을 출석일수에 포함하여 계산할 수 있다.(법률 제16조제4항)
불이익 금지	• 보호조치를 받았다는 사실 자체가 성적평가 등에서 불이익으로 작용하지 않도록 해야 하며(법률 제16조제5항), 피해학생이 결석하게 되어 부득이하게 성적평가를 위한 시험에 응하지 못하게 된 경우에도 학교학업성적관리규정에 의거하여 불이익이 없도록 조치해야 한다.

2 가해학생 조치

(1) 가해학생에 대한 전학 조치 (학교폭력예방법 제 17조)

① 심의위원회는 피해학생의 보호와 가해학생의 선도·교육을 위하여 가해학생에 대하여 다음 각 호의 어느 하나에해당하는 조치(수 개의 조치를 동시에 부과하는 경우를 포함한다)를 할 것을 교육장에게 요청하여야 하며, 각조치별 적용 기준은 대통령령으로 정한다. 다만, 퇴학처분은 의무교육과정에 있는 가해학생에 대하여는 적용하지 아니한다.

1. 피해학생에 대한 서면사과
2. 피해학생 및 신고·고발 학생에 대한 접촉, 협박 및 보복행위(정보통신망을 이용한 행위를 포함한다)의 금지
3. 학교에서의 봉사
4. 사회봉사
5. 학내외 전문가, 교육감이 정한 기관에 의한 특별 교육이수 또는 심리치료
6. 출석정지
7. 학급교체
8. 전학
9. 퇴학처분

⑦ 제5항 및 제6항에 따라 학교의 장이 부과하는 제1항 제6호(출석정지) 조치의 기간은 심의위원회 조치결정시까지로 정할 수 있다.
⑧ 심의위원회는 제1항 또는 제2항에 따른 조치를 요청하기 전에 가해학생 및 보호자에게 의견진술의 기회를 부여하는 등 적정한 절차를 거쳐야 한다.
⑩ 학교의 장이 제4항부터 제6항까지에 따른 조치를 한 때에는 가해학생과 그 보호자에게 이를 통지하여야 하며, 가해학생이 이를 거부하거나 회피하는 때에는 학교의 장은 「초·중등교육법」 제18조에 따라 징계하여야 한다.
⑪ 제1항제2호의 처분을 받은 가해학생의 보호자는 가해학생이 해당 조치를 적절히 이행할 수 있도록 노력하여야 한다.
⑫ 가해학생이 제1항제3호부터 제5호까지의 규정에 따른 조치를 받은 경우 이와 관련된 결석은 학교의 장이 인정하는 때에는 이를 출석일수에 포함하여 계산할 수 있다.
⑬ 심의위원회는 가해학생이 특별교육을 이수할 경우 해당 학생의 보호자도 함께 교육을 받게 하여야 하며, 피해학생이 장애학생일 경우 장애인식개선 교육내용을 포함하여야 한다. 및시행령
⑭ 가해학생이 다른 학교로 전학을 간 이후에는 전학 전의 피해학생 소속 학교로 다시 전학을 수 없도록 하여야 한다.

① 교육장은 심의위원회가 법 제17조제1항에 따라 가해학생에 대한 전학 조치를 요청하는 경우에는 그 사실을 해당학생이 소속된 학교의 장에게 통보해야 한다. 이 경우 해당 통보를 받은 학교의 장은 교육감 또는 교육장에게 해당학생이 전학할 학교의 배정을 지체 없이 요청해야 한다.
② 교육감 또는 교육장은 가해학생이 전학할 학교를 배정할 때 피해학생의 보호에 충분한 거리 등을 고려하여야 하며, 관할구역 외의 학교를 배정하려는 경우에는 해당 교육감 또는 교육장에게 이를 통보하여야 한다.
③ 제2항에 따른 통보를 받은 교육감 또는 교육장은 해당 가해학생이 전학할 학교를 배정하여야 한다.
④ 교육감 또는 교육장은 제2항과 제3항에 따라 전학 조치된 가해학생과 피해학생이 상급학교에 진학할 때에는 각각 다른 학교를 배정하여야 한다. 이 경우 피해학생이 입학할 학교를 우선적으로 배정한다

(2) 가해학생의 조치 거부·기피에 대한 추가 조치 (학교폭력예방법 시행령 제 22조)

② 교육감이 법 제17조제16항에 따라 교육장 또는 학교의 장을 조사해야 하는 경우는 다음 각 호와 같다. 이 경우 서면으로 조사하는 것을 원칙으로 하되, 필요한 경우에는 대면으로 조사할 수 있다.
  1. 법 제17조 제1항(피해학생에 대한 서면사과)에 따라 심의위원회가 교육장에게 조치를 요청했으나 같은 조 제9항(퇴학처분)에 따라 교육장이 14일 이내에 해당 조치를 하지 않은 경우
  2. 법 제17조 제4항부터 제6항(4. 사회봉사, 5. 학내외 전문가, 교육감이 정한 기관에 의한 특별교육이수 또는 심리치료, 6. 출석정지)까지의 규정에 따라 학교의 장이 조치를 했으나 가해학생이 이를 거부하거나 회피한 경우로서 같은 조 제10항에 따라 학교의 장이 징계하지 않은 경우
  3. 법 제17조 제15항에 따라 심의위원회가 교육장에게 추가로 다른 조치를 할 것을 요청했으나 교육장이 이를 지연 하거나 이행하지 않은 경우

7 조치에 대한 불복절차

1 행정심판

행정심판 (학교폭력예방법 제17조의2)	① 교육장이 제16조제1항 및 제17조제1항에 따라 내린 조치에 대하여 이의가 있는 피해학생 또는 그 보호자는 「행정심판법」에 따른 행정심판을 청구할 수 있다. ② 교육장이 제17조제1항에 따라 내린 조치에 대하여 이의가 있는 가해학생 또는 그 보호자는 「행정심판법」에 따른 행정심판을 청구할 수 있다. ③ 행정심판위원회는 피해학생 또는 그 보호자 및 피·가해학생의 소속 학교에 제2항에 따른 행정심판의 청구사실을 통지하고 「행정심판법」 제20조에 따른 심판참가에 관한 사항을 문서로 안내하여야 한다. ④ 제1항 및 제2항에 따른 행정심판청구에 필요한 사항은 「행정심판법」을 준용한다.
집행정지 (학교폭력예방법 제17조의4)	① 행정심판위원회 및 법원이 제17조제1항에 따른 조치에 대하여 「행정심판법」 제30조 또는 「행정소송법」 제23조에 따른 집행정지 결정을 하려는 경우에는 피해학생 또는 그 보호자의 의견을 청취하여야 한다. 다만, 피해학생 또는 그 보호자가 의견진술의 기회를 포기한다는 뜻을 명백히 표시한 경우 등에는 의견청취를 아니할 수 있다. ② 교육감 또는 교육장은 행정심판위원회 또는 법원으로부터 집행정지 신청 사실 및 그 결과를 통보받은 경우 피해학생 또는 그 보호자 및 피·가해학생의 소속 학교에 그 사실 및 결과를 통지하여야 한다. ③ 제17조제1항에 따른 조치에 대한 집행정지 신청이 인용된 경우, 피해학생 및 그 보호자는 학교의 장에게 가해학생과의 분리를 요청할 수 있고, 학교의 장은 전담기구 심의를 거쳐 가해학생과 피해학생을 분리하여야 한다. ④ 제1항에 따른 의견청취의 절차, 방법, 예외 등에 필요한 사항은 「행정심판법」 제30조에 따른 집행정지의 경우에는 대통령령으로 정하고, 「행정소송법」 제23조에 따른 집행정지의 경우에는 대법원규칙으로 정한다. [본조신설 2023. 10. 24.]

피해학생
진술권 보장
(학교폭력예방법
시행령 제24조)
	① 행정심판위원회가 법 제17조의4제1항 단서에 따라 의견청취를 하지 않을 수 있는 경우는 다음 각 호와 같다.
	  1. 피해학생 또는 그 보호자가 의견진술의 기회를 포기한다는 뜻을 명백히 표시한 경우
	  2. 피해학생 또는 그 보호자가 이미 해당 사건에 관하여 충분히 의견을 진술하여 다시 진술할 필요가 없다고 인정되는 경우
	  3. 그 밖에 행정심판위원회가 피해학생 또는 그 보호자의 의견청취가 현저히 곤란하다고 인정하는 경우
	② 행정심판위원회는 법 제17조의4제1항 본문에 따라 피해학생 또는 그 보호자의 의견을 청취하려는 경우에는 피해의 정도 및 결과, 가해학생에 대한 조치에 관한 의견, 그 밖에 해당 사건에 관한 의견을 진술할 기회를 주어야 한다.
	③ 행정심판위원회는 피해학생 또는 그 보호자가 가해학생 또는 그 보호자를 대면하여 진술할 경우 충분히 진술할 수 없다고 인정하는 경우에는 가해학생 또는 그 보호자를 퇴장하게 한 후 진술하게 하거나 피해학생 또는 그 보호자에게 서면으로 의견을 제출하게 할 수 있다.
	[본조신설 2024. 2. 27.]

┃ **표. 집행정지 인용결정에 따른 피해학생의 분리 요청권** ┃

- 가해학생 조치에 대한 집행정지 신청이 인용된 경우, 피해학생 및 그 보호자는 학교장에게 가해학생과의 분리를 요청할 수 있고, 학교장은 전담기구 심의를 거쳐 가해학생과 피해학생을 분리하여야 함 (학교폭력예방법 제17조의4제3항)

2 행정소송

행정소송 (학교폭력예방법 제17조의3)	① 교육장이 제16조제1항 및 제17조제1항에 따라 내린 조치에 대하여 이의가 있는 피해학생 또는 그 보호자는 「행정소송법」에 따른 행정소송을 제기할 수 있다. ② 교육장이 제17조제1항에 따라 내린 조치에 대하여 이의가 있는 가해학생 또는 그 보호자는 「행정소송법」에 따른 행정소송을 제기할 수 있다. ③ 교육장은 피·가해학생 또는 그 보호자 및 피·가해학생의 소속 학교에 제1항 및 제2항에 따른 행정소송의 제기 사실을 통지하고 「행정소송법」 제16조에 따른 소송참가에 관한 사항을 문서로 안내하여야 한다. ④ 제1항 및 제2항에 따른 행정소송 제기에 필요한 사항은 「행정소송법」을 준용한다. [본조신설 2023. 10. 24.]
집행정지	① 행정심판위원회 및 법원이 제17조제1항에 따른 조치에 대하여 「행정심판법」 제30조 또는 「행정소송법」 제23조에 따른 집행정지 결정을 하려는 경우에는 피해학생 또는 그 보호자의 의견을 청취하여야 한다. 다만, 피해학생 또는 그 보호자가 의견진술의 기회를 포기한다는 뜻을 명백히 표시한 경우 등에는 의견청취를 아니할 수 있다. ② 교육감 또는 교육장은 행정심판위원회 또는 법원으로부터 집행정지 신청 사실 및 그 결과를 통보받은 경우 피해학생 또는 그 보호자 및 피·가해학생의 소속 학교에 그 사실 및 결과를 통지하여야 한다. ③ 제17조제1항에 따른 조치에 대한 집행정지 신청이 인용된 경우, 피해학생 및 그 보호자는 학교의 장에게 가해학생과의 분리를 요청할 수 있고, 학교의 장은 전담기구 심의를 거쳐 가해학생과 피해학생을 분리하여야 한다. ④ 제1항에 따른 의견청취의 절차, 방법, 예외 등에 필요한 사항은 「행정심판법」 제30조에 따른 집행정지의 경우에는 대통령령으로 정하고, 「행정소송법」 제23조에 따른 집행정지의 경우에는 대법원규칙으로 정한다. [본조신설 2023. 10. 24.]

8 학교폭력업무담당자 면책

학교폭력예방법 제11조의4(학교폭력 업무 담당자에 대한 지원 및 면책)

① 학교의 장은 제14조제3항에 따른 책임교사의 활동을 지원하기 위하여 수업시간을 조정하는 등 필요한 조치를 하여야 한다.

② 교육부장관 및 교육감은 학교폭력 예방 및 대응 업무를 수행하는 교원의 활동을 지원하기 위하여 「교원의 지위향상 및 교육활동 보호를 위한 특별법」 제14조의2에 따른 법률지원단을 통하여 학교폭력과 관련된 상담 및 민사소송이나 형사 고소·고발 등을 당한 경우 이에 대한 상담 등 필요한 법률서비스를 제공할 수 있다.

③ 학교의 장 및 교원이 학교폭력 예방 및 대응을 위하여 「초·중등교육법」 등 관계 법령에 따라 학생생활지도를 실시하는 경우 해당 학생생활지도가 관계 법령 및 학칙을 준수하여 이루어진 정당한 학교폭력사건 처리 또는 학생생활지도에 해당하는 때에는 학교의 장 및 교원은 그로 인한 민사·형사상 책임을 지지 아니한다.

보건교육

과목 2

PART 01 보건교육 이해

PART 02 보건교육 계획

PART 03 보건교육방법

PART 04 보건교육 매체활용

PART 05 보건교육 수행

PART 06 보건교육 평가

PART 07 2022 보건교육과정

PART 08 보건실 운영

Part 01 보건교육 이해

1 보건교육의 이해

1 보건교육의 정의

세계보건기구(WHO)	• '개인과 지역사회 건강을 향상시키고자 그들의 지식을 증가시키거나 태도에 영향을 미치기 위하여 고안된 다양한 형태의 학습경험의 조합'으로 정의
미국 보건교육 용어 제정위원회	• '개인 또는 집단의 건강에 관여하는 지식, 태도, 행동에 변화가 오도록 영향을 주는 모든 경험의 총합'으로 정의
우리나라의 「국민건강증진법」	• '보건교육이라 함은 개인 또는 집단이 건강에 유익한 행위를 자발적으로 수행하도록 하는 교육'으로 정의

2 보건교육의 필요성(중요성)

• 보건교육은 질병을 예방·관리하며 건강을 증진시키기 위한 필수수단이 됨

질병구조의 변화	• 질병양상이 급성질환에서 만성질환으로 변화(주요 3대 사망원인이 암, 뇌혈관질환, 심장질환) • 만성질환의 대부분이 흡연, 음주, 운동부족, 식사습관과 관련있으므로 보건교육을 통한 만성질환의 예방관 관리를 위한 생활습관의 변화 유도함 → 국민의료비 절감
인구구조의 변화	• 노인인구 증가(평균 수명의 증가), 장애인구 증가(만성질환에 따른 사망률 감소와 더불어), 독거노인의 증가 → 건강한 노인은 자가건강관리에 대한 교육, 질병있는 노인은 지속적인 질병관리, 독거노인은 지역사회 관계망을 통한 상호작용이 필요함 • 기대수명(83.5세)와 건강수명(66.3세)의 격차가 큼 → 젊을 때부터 건강행위를 실천하여 건강수명을 연장하고 노년에 건강하게 지낼수 있게 보건교육 필요함
건강개념의 변화	• 오늘날 건강개념은 질병치료나 예방에 국한하지 않고 건강증진과 삶의 질 향상에 초점을 두며, 건강정보이해력이 높은 사람들은 스스로 건강의 위해요인들을 감소시키거나 제거하기 위한 노력을 하고 좋은 건강을 위한 활동에 적극적으로 참여함 → 보건교육을 통한 건강정보이해력 향상으로 건강증진과 삶의 질 향상을 위한 노력 증대

3 보건교육의 목적

WHO가 주최한 제 제1차 보건교육 전문위원회에서 규정	• 개인이나 집단이 자신의 건강을 스스로 관리할 수 있는 능력을 갖도록 돕는 것 • 지역사회 구성원의 건강은 중요한 자산임을 인식하도록 하는 것 • 지역사회가 자신들의 건강문제를 인식하고 스스로 해결함으로써 지역사회 건강을 증진시키도록 하는 것
보건교육이 목적과 목표(김명 외, 2019)	• 보건교육 프로그램 참여 → 건강행동 실천에 대한 인식개선 → 건강지식과 건강행동 기술 습득 → 건강행동 실천에 대한 태도와 믿음의 변화 → 건강행동 실천을 위한 환경 지원 → 건강행동 실천 • 건강위험요인 감소 → 건강향상, 질병의 이환율/사망률 감소 → 삶의 질 향상

4 보건교육의 활동

보건교육을 통한 건강증진	• 개인과 집단이 삶을 위해 새로운 기술을 습득하고 자신의 삶을 통제할 수 있도록 돕고, 행동을 변화시키는데 구체적인 역할을 함으로써 건강에 대한 긍정적인 잠재력을 확장시키는 활동임
보건교육을 통한 질병예방	• 환경적 위험 또는 위험요소로 규명된 것이 있을 때 건강에 위해한 위험요소를 변화시키는 것임 • 즉, 개인, 가족, 지역사회내에서 특정한 질병이나 장애, 불구가 발생하는 것을 줄이기 위한 직접적인 활동을 말함
보건교육을 통한 건강관리	• 건강문제를 가진 상황에서 심각성 정도를 감소시켜 개인으로 하여금 신속하게 정상적인 기능을 수행할 있도록 돕는 활동임

Part 02 보건교육 계획

1 보건교육 계획의 순서

- 보건교육 계획은 요구사정, 우선순위 설정, 목표설정, 수행계획, 평가계획의 5단계로 구성됨

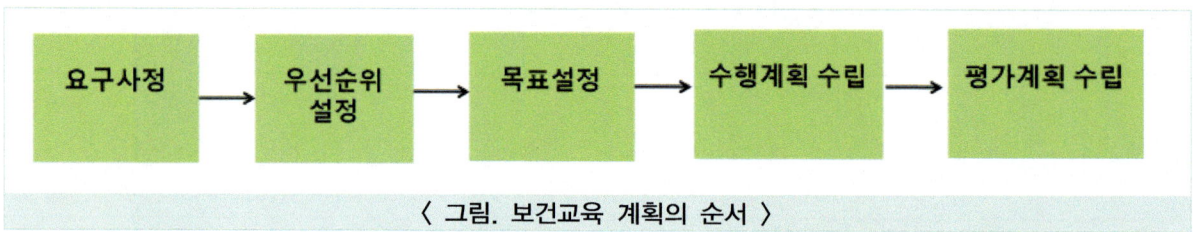

〈 그림. 보건교육 계획의 순서 〉

〈 WHO 보건교육전문위원회의 보건교육 계획과 추진 시 권장지침 〉
- 보건교육은 전체 보건사업 계획의 일부로서 처음부터 함께 계획되어야 함
- 지역사회 진단이 선행되어야 함
- 보건교육계획에 교육대상자들이 참여해야 함
- 보건교육은 뚜렷한 목표가 있어야 하며, 목표달성을 위하여 구체적인 계획을 세워야 함
- 소규모의 시범사업으로부터 시작하여, 점차 확대하는 방법이 바람직함
- 모든 보건요원은 보건교육 사업수행을 위하여 보건교육전문가의 자문을 받음
- 보건교육에는 예산이 요구되며, 이 예산은 사업의 우선순위에 따라 사용되어야 함

2 요구사정

1 요구사정 의미

보건교육 요구	• 대상자가 건강 관련 문제에서 바라는 바와 실제 수행수준 간에 존재하는 차이임 • 요구: 현재상태와 기대되는 미래상태 혹은 바람직한 상태와의 차이임 • 이 차이는 특정 건강문제에 대한 지식, 태도, 기술의 부족이므로 보건요구를 사정하여, 어느부분이 부족한지 파악하여야 함
요구사정 의미	• 보건교육을 개발하기 위한 첫 번째 단계로 교육을 통해 대상자가 변화되어야 할 건강 관련 문제가 무엇인지를 찾아내는 단계임 • 대상자의 요구도는 프로그램의 목적과 목표를 설정하는 근거가 됨 • 프로그램 종결 시 변화를 측정, 평가할 수 있는 기초가 됨

(1) Bradshaw의 교육요구 유형

유형	의미	요구사정방법
규범적 요구	• 지역사회 보건의료전문가(보건소 간호사)의 전문적인 판단에 의해 규정되는 요구임 • 보건전문가가 자신의 경험과 지식에 비추어 바람직하다고 판단되는 요구로 학습자에 대한 사전정보 없이 보건교육을 기획할 때 유용함 • 표준이나 준거에 의해 설정되고 제시되며, 교육대상자의 주관적 느낌이나 생각과는 차이가 날 수 있음	전문가 협의회, 이차자료 분석
	예) 가장이 폐결핵으로 실직한 영유아기 가족을 대상으로 지역사회 보건소 간호사가 보건교육 요구를 파악하여 보건교육을 실시하려고 한다.	
내면적 요구	• 학습자가 원하는 요구로 학습자의 개인적인 생각이나 느낌에 의하여 인식되는 요구로, 학습자가 말이나 행동으로 표현하기 이전에 내면상으로 바라고 있는 요구임 • 교육자는 대상자의 내면적 요구를 잘 파악해야 실제적인 서비스를 제공할 수 있음	설문조사
	예) 당뇨환자들을 대상으로 설문지 조사를 통해 대상자에게 직접 확인하는 방법으로 대상자의 개인적인 생각을 통해 당뇨환자들의 간호요구를 파악하였다.	
외향적 요구	• 학습자의 내면적 요구에서 비롯되어 말이나 행동으로 나타난 상태의 요구로 질문이나 행위, 교육에 대한 요청 등을 통해 나타냄	보건교육 참여, 의료시설 이용도 조사
	예) 75세 할머니가 치매로 진단받은 남편의 간호방법에 대해 알고 싶다고 말하였다.	
상대적 요구	• 특정집단이 가지고 있는 고유한 특성에서 비롯되는 요구로 사회적 상황 및 배경으로부터 도출됨 • 목표인구와 타집단을 비교하여 타 집단 혹은 평균치보다 높거나 낮을 때 문제가 존재하는 것으로 봄	전체 집단 평균과 비교

(2) 요구사정의 단계

1단계	기준이나 표준의 설정	• 과거에 어떠한 문제가 있었는지 확인하여 기준이나 표준을 정하는 것 • 기준이나 표준은 그 지역의 건강특성이나 건강문제를 나타내는 지표 포함
2단계	자료의 결정	• 자료의 종류 출처, 수집 방법 등을 결정하는 단계
3단계	자료수집과 분석	• 기존자료 조사, 직접 또는 전화 면담, 직접 관찰, 설문지 조사, 대표자회의 개최 등 다양한 자료 수집방법 중에서 적합한 방법 선택 • 수집된 자료는 분석 할 수 있도록 지표화되어야 함
4단계	문제의 본질과 내용기술	• 정확한 자료가 있어야 주어진 문제의 확인 및 해석에 도움이 됨 • 보건교육자는 사정한 자료로부터 도출된 문제를 정확히 이해해야 함

2 요구사정방법

관찰	• 보고, 듣고, 느끼는 것을 통해 정보를 수집하는 것임
자가보고서	• 행동목록표(checlist)가 가장 많이 사용됨 • 요구에 대한 신념, 가치와 태도, 지식과 인구학적 변수들에 대해 좋은 정보를 얻을 수 있음 • 타당도와 신뢰도를 고려하여 비율척도를 사용하면 효과적임 • 대부분 무기명으로 응답하므로 비밀이 보장됨
면접 (면담조사)	• 교육 요구사정을 위해 필요한 정보를 얻고자 하는 목적이 있는 대화로서 주로 구조화된 설문지로 면담하기도 하고, 비공식적 대화로 면담하기로 함 • 면담자는 판단하지 않는 태도를 취하는 것이 중요함
	장점 • 높은 참여도와 응답률을 얻음
	단점 • 면접기술이 필요 • 학습자가 비밀노출을 우려하거나 불안감이 있으면 기대한만큼의 효과를 얻기 어려움 • 시간과 경비가 많이 소요됨
설문조사	• 건강상태에 대한 정보를 체계적으로 얻을 수 있는 방법으로 대상자의 건강요구를 파악하고, 대상자가 원하는 중재를 확인할 수 있음 • 면접조사, 우편조사, 전화조사 등
초점집단회의 (Focus Group interview)	• 특정한 주제에 대한 경험이 유사한 사람들이거나, 연령이나 성별로 대상자를 대표하는 초점집단을 구성하여 주제와 관련된 개방식 질문에 대해 자유로운 토론을 통해 필요한 정보를 수집하는 방법임 • 보통 6명 내지 12명의 유사한 특성을 가진 사람들을 대상으로 질적인 자료수집을 하며, 자신의 문제에 관심이 높은 사람들로 소집단을 구성하여, 문제의 중요한 부분들에 대해 논리적인 결론을 끌어내도록 하여 정보를 수집함
델파이기법	• 다단계 설문조사기법으로 아직 알려지지 않았거나 일정한 합의점에 도달하지 못한 내용에 대해 여러차례 전문가들의 의견조사를 통해 합의된 내용을 얻는 방법임 • 통상 10명 내지 15명의 전문가가 참여하는 집단으로 거리와 시간상 한 장소에 모이기 어려운 경우에 활용되며 주로 이메일 또는 우편방법이 이용됨 • 처음에는 1~2개의 정도의 광범위한 질문을 보낸 후 회신받아 분석하고, 두번째는 조금 더 구체적인 내용의 질문을 작성하고 보내고, 동일한 절차를 걸쳐 3~5번 정도의 조사를 시행하여 원하는 합의점에 도달함
명목집단기법	• 건강주제에 관련한 지식이나 정보를 가지고 있는 5~7명의 집단을 대상으로 관련된 질문에 대한 의견을 종이에 적도록 한 후, 돌아가면서 자신의 의견을 발표하도록 하는데, 이때 다른 사람들은 발표자의 의견에 논의나 평가를 하지 않음 • 전원이 의견발표를 마치면 발표된 결과를 정리한 후, 투표를 통해 우선순위 주제를 선정함 • 명목집단은 소수의 의견이나 갈등의견도 모두 수용할 수 있으며, 대상자 모두가 공평하게 참여할 수 있다는 장점이 있음
시험	• 학습 전 특정한 주제에 대한 대상자의 지식과 요구를 파악하는 데 도움이 되며, 학습후에 학습결과를 평가하는 근거가 됨
기록과 문서의 검토	• 병원에서의 환자 진료 일지 및 간호기록, 퇴원계획서, 보건소 방문일지, 학교의 학생 출결 상황자료, 건강기록부, 신문기사, 보건의료 관련 내용 및 보고서 등 검토

3 요구사정 내용

(1) 보건교육 주제 선정

- 보건교육주제는 학습자의 관심과 흥미를 유발할 수 있는 것으로 선정함

제목식	• 교육의 주제를 명사의 형태로 기술하는 방식 예 스마트폰 중독 예방
방법식	• '무엇을 하자'라고 능동식으로 기술하는 방식 예 '스마트폰 중독을 예방하자.'
문제제기식	• 질문형태로 기술하는 방식 예 '스마트폰 중고 이대로 좋은가?'

(2) 학습자의 학습요구사정

- 보건교육을 계획할 때 학습자들이 우선적으로 배우고 싶어 하는 것이 무엇인지를 알아내는 것이 중요함

표. 학습요구를 사정하는 단계

1단계	학습자 특성	• 학습자의 특성을 사정함
2단계	자료 수집	• 학습자의 건강문제에 대한 자료를 수집함
3단계	동기부여	• 학습자를 정보원으로 포함시켜 스스로 문제와 요구를 찾도록 동기를 부여함
4단계	다른 의료요원들과 협조	• 학습자의 학습요구를 파악하기 위해 다른 의료요원들과 협조함
5단계	우선순위	• 학습요구의 우선순위를 정함
6단계	자원 파악	• 이용가능한 자원을 파악함

(3) 학습자의 준비상태 (PEEK) 08 임용

- 주어진 학습에 참여할 대상자의 준비성은 학습에 큰 영향을 주게되며, 만약 준비상태가 미비하여 학습에 집중 할 수 없다면 교육성과를 기대하기 어려움

신체적 준비정도 (Physical readiness)	• 학습자의 성별, 기능정도, 건강상태 등의 신체적 준비정도임 • '학습자의 신체적 기능정도가 건강행위를 수행할 수 있는가?', 또는 '학습자의 건강수준이 복잡한 건강행위 시범을 따라 할 수 있는가?'에 대한 준비임
정서적 준비정도 (Emotional readiness)	• 학습을 하게 되는 여러 심리적 요인들로 동기, 불안수준, 태도와 신념, 지지체계, 마음상태 등임 • 이 중 가장 중요한 것은 동기이며, 동기가 높을수록 교육의 효과는 극대화됨 • 동기는 행동에 활력을 주며, 어떤 목표를 향하도록 방향을 제시하고, 목표달성을 위해 효과적인 행동을 하게 함 • '교육의 효과에 영향을 주는 학습자의 태도, 신념으로 건강행위에 필요한 노력을 하려는 학습자의 동기가 있는가?'

경험적 준비정도 (Experience readiness)	• 새로운 학습과 관련된 교육 이전의 경험이나 훈련으로서 학습자가 가지고 있는 배경, 문화적 배경, 성공경험, 과거의 대처기전, 기술과 태도, 내·외적 통제위, 지향 점 등임 • '이전 경험이나 훈련이 새로운 학습과 어떠한 관련이 있는가?'
지식적 준비정도 (knowledge readiness)	• 학습자의 지식기반, 학습능력 정도, 선호하는 학습유형으로 지식정도, 인지적 능력, 학습장애, 학습 유형 등이 포함됨 • '학습자의 지식, 인지능력 등에서 학습장애는 없는가?'

4 교육환경 사정

교육자	• 교육자 자신이 생물, 심리, 사회, 문화적으로 대상자에게 영향을 주는 환경이 됨 • 교육자는 대상자의 학습요구를 사정하고, 부족한 영역과 잠재력이 있는 영역을 분석하며, 보건교육을 계획하여 다양한 상황에서 보건교육을 하며, 학습결과와 과정을 평가할 수 있는 준비가 되어야 함 • 교육자의 자기효능감이 높을 때 도전적인 수업활동을 통해 학습자로 하여금 부과된 과제들을 성취하도록 더 잘 도울수 있으며, 교육자의 기대는 교육자 자신의 신념뿐 아니라 학습자의 행동양식에도 영향을 미침
교육자-학습자 관계	• 교육자-학습자 관계는 학습의 성공 여부에 크게 영향을 미침 • 교육자는 따뜻하고 돌보는 분위기, 상호존중하는 분위기, 성공적인 분위기를 창출해야 함 • 작은 성취일지라도 학습자가 성취했음을 인정해 주는 것이 효과적임
물리적인 학습 환경	• 학습이 촉진될 수 있도록 공간, 온도, 조명, 시각·청각·후각적 자극, 기구, 자원, 가구의 배치, 신체적 편안함, 시간 등의 물리적 환경을 고려함 • 편안하고 충분히 넓으며, 소음, 온도, 조명이 잘 되는 장소인지, 편안한 의자인지, 배치는 적절한지 등을 고려함

5 건강정보 이해능력(문해력) 사정

개념	• 개인이 의료와 관련된 적절한 결정을 스스로 내리는 데 필요한 기본적인 서비스를 얻고, 처리하고, 이해하는 능력 (미국의학협회 정의 2004) → 개인이 보건의료서비스 이용 시 적절한 의사결정을 내릴 수 있도록 건강관련 정보를 얻고, 생각하고, 이해하는 능력임
건강에 미치는 영향	• 건강정보 이해능력이 낮으면 건강관련 정보에 대한 접근성이 떨어지며, 획득한 정보에 대한 이해도 낮고, 이를 활용한 의사결정이 제대로 이루어지지 못함 • 따라서 적합한 보건의료 제공자를 만나는 것이 어려워지고, 보건의료 이용의 실수, 환자의 안전에 대한 위협 등의 부작용 발생, 치료나 중재의 효과나 효율성이 저하됨

③ 우선순위 설정

보건문제의 범위	• 많은 사람들에게 영향을 미치는 문제
대상 집단	• 개인, 가족, 특정집단, 지역사회 전체, 정책 결정자 등
연령	• 영유아, 청소년, 성인, 노인 등
보건문제의 효율성	• 경제적 측면과 인력 자원을 고려한 효율성이 높은 문제
대상집단의 접근 가능성	• 교육 대상의 관심과 자발성 정도가 높은 문제
이용 가능한 자원	• 문제를 해결하는 데 필요한 지식이나 기술, 즉 효과적인 교육방법
전문가협조	
윤리적 문제	

④ 학습목표 설정

1 학습목표 설정의 원리

학습자 중심 기술	• 교육목표의 주어는 학습자가 되어야 하고, 성취해야 할 교육목표는 학습자의 종합적인 행동으로 기술되어야 함 • 보건교육을 통해 변화되어야 하는 행동은 눈으로 볼 수 있는 행동뿐 아니라 행동의 원동력이 되는 가치, 태도 등을 포함하는 학습자 중심의 행동으로 기술되어야 함
학습 결과 기술	• 학습의 과정이 아닌 학습의 결과에 대해서 기술함 • 학습의 결과로 나타난 학습자의 수행능력을 강조하여 목표를 기술해야 함
하나의 결과 기술	• 하나의 학습목표에는 한 가지의 행동을 포함함
행위동사 사용	• 명시적 용어(측정가능하고, 행동으로 나타내는 것)으로 구체적인 학습결과를 관찰할 수 있는 학습자의 반응을 나타내는 행위 동사로 나타내어야 함 • 행동을 확인 할 수 있는 동사로 명확하게 기술함

표. 행위동사가 갖추어야 할 조건

R	Realistic	실제적이어야 함
U	Unambiguous	모호하지 않음
M	Measurable	측정 가능함
B	Behavioral	행동적이어야 함
A	Achievable	성취 가능함

2 학습목표 기술 기준

구체성	• 구체적이고 명료한 행동용어로 진술되어야 함
관련성	• 변화하고자 하는 하는 목적과 관련있게 기술함
논리성	• 논리적으로 기술함
실현 가능성	• 학습을 통해 실현가능하게 기술함 예 100% 금연달성은 현실적으로 불가능한 목표임
관찰 가능성	• 교육 후 목표도달 여부를 관찰 할 수 있도록 기술함
측정 가능성	• 목표 도달상태를 측정할 수 있도록 기술함
대상자 규명	• 학습자의 특성을 명확하게 기술함
행위 동사로 표현	• 반드시 행위동사로 명확하게 목표를 설정함
수정 가능성	• 목표의 수정 가능성으로 주기적인 검토와 수정과 보완이 가능함

표. SMART 목표 설정 기준

S (Specific)	구체성	• 목표는 구체적으로 기술되어야 함
M (Measurable)	측정가능성	• 목표는 측정가능해야 함
A (Aggressive & Achievable)	적극성 및 성취가능성	• 목표는 성취가능한 수준이여야 하되, 별 노력없이 성취가능한 소극적 목표가 되서는 안됨
R (Relevant)	연관성	• 목적 및 문제해결과 직접 관련성이 있어야 함
T (Time limited)	기한	• 목표달성을 위한 기한이 명시되어야 함

3 학습목표의 구성요소(Mager)

• 행위, 조건, 범주의 세 요소로 구성됨 17, 07, 93 임용

(1) 행위(Performance)

행위동사	• 학습자가 최종적으로 해야 할 행동으로, 목표의 달성여부가 관찰될수 있는 행위동사를 사용하여 진술함
명시적 동사	• '잘못 해석될 여지가 없는' 구체적으로 명시할 수 있는 '행동 용어를 사용하여 진술하야여 함'

표. 암시적 동사와 명시적 동사의 예

암시적 동사 (잘못 해석될 여지기 있는 애매한 동사)	명시적 동사 (잘못 해석될 여지가 없는 구체적 동사)
• 알다. • 깨닫다. • 흥미를 가지다. • 비판적으로 생각하다. • 이해하다. • 믿다. • 느끼다. • 생각하다.	• 확인하다. • 열거하다. • 비교하다. • 해석하다. • 이름을 붙이다. • 고르다. • 분류하다. • 진술하다. • 시범하다.

(2) 조건(Condition)

조건	• 학습자가 그 행동을 수행해야 하는 상황이나 조건임 • 조건은 꼭 명시해야 하는 것은 아니지만 적절한 때에 제시함으로써 더욱 분명하게 목표를 진술할 수 있음
조건 예	• ~도구가 주어진다면 • ~까지

표. Mager의 학습목표 진술방법의 예

조건	준거	행동
감염병 예방을 위해 필요한 손씻기 방법을 요구하였을 때	'올바른 손 씻기 5단계'를 순서대로	시범 보일수 있다.
10개의 1차 방정식 문제가 주어졌을때	40분 이내에 모든 문제를	풀 수 있다.

(3) 성취기준(Criteria, 범주)

성취기준 (범주)	• 학습 후 기대되는 행동이 어느정도까지 변화되어야 성공적이라고 할 수 있는지를 나타냄 • 학습자가 행동을 얼마나 잘 수행해야 하는지를 나타냄
성취기준 (범주 예)	• 인슐린 주사를 준비할 때 "옆 사람의 도움없이" 스스로 할 수 있다.

표. Mager의 목표 진술 (State Objectives)

지식, 기술, 태도	• 수업 후 수업결과로 습득해야 할 지식, 기술, 태도를 명확하게 진술하는 것임

표. 메이거(Mager)의 ABCDE 목표진술 방법 17, 07, 93 임용

A	Audiences	대상	학습대상자	• 목표 진술의 대상자는 학습 대상자로 기술
B	Behaviors	행동	목표행동	• 목표의 핵심은 학습 후 성취하게 될 능력을 관찰가능한 행동적 용어로 진술할 것
C	Condition	조건	학업성취에 필요한 조건	• 목표 진술은 수행이 관찰되어야 할 조건 포함 • 목표도달에 사용하는 자원 및 자원의 조건, 시간을 제시
D	Degree	정도 (판단기준)	학업성취의 판단기준	• 바람직한 성과여부를 판단할 준거 제시 • 목표 도달 여부를 판단할 기준 제시

표. 메이거(Mager)의 ABCD 목표진술 사례

〈 사례 1. 심폐소생술(CPR) 교육 목표진술 〉

A	Audiences	대상	교직원 대상
B	Behaviors	행동	성인 가슴압박과 인공호흡 수행
C	Condition	조건	CPR 모형과 타이머 사용
D	Degree	정도 (판단기준)	압박속도 100~120회/분, 가슴압박과 인공호흡을 30:2 비율로 2분간 지속

→ "학교 교직원 대상으로 CPR 모형과 타이머를 활용하여, 압박속도 100~120회/분, 가슴압박과 인공호흡을 30:2 비율로 2분간 심폐소생술을 수행할 수 있다."

〈 사례 2. 휴대용 혈압측정 교육 목표진술 〉

A	Audiences	대상	고혈압 진단 성인 환자
B	Behaviors	행동	혈압계 사용하여 혈압 측정
C	Condition	조건	의료진 설명과 시범 후
D	Degree	정도 (판단기준)	± 5mmg 오차내로 두차례 반복 측정

→ "성인 고혈압 진단환자 대상으로 의료진의 설명과 시범 후, 휴대용 혈압계로 두 차례 측정 시 ± 5mmg 오차내로 두차례 반복 측정 할 수 있다."

4 학습 목표의 영역과 수준(Bloom) 04 임용

(1) 인지적 영역

- 가장 낮은수준부터 가장 높은 수준까지 지식, 이해, 적용, 분석, 종합, 평가의 여섯 수준으로 분류됨
- 인지적 영역의 수준이 증가할수록 그 지식의 사용능력이 증가함

지식 04 임용	• 이미 배운 내용(사실, 개념, 원리, 방법 등)을 기억해 내는 능력으로 가장 단순한 정보 재생능력, 암기수준 • 실용성이 낮고 오래가지 못하므로 인지적 영역 중에서 가장 낮은 수준의 목표임 〈 행동적 용어 〉 • 정의하다. 나열하다. 기억하다. 서술하다. 진술하다. 분류하다. 연결하다. 말하다. 예 대상자는 고혈압의 발생원인을 서술한다. 예 대상자는 이유식을 시작해야할 시기를 진술한다. 예 학생은 AIDS 원인균의 이름을 말 할 수 있다. 04 임용

이해 04 임용	• 지식을 바탕으로 자료의 의미를 파악하는 능력임 • 자료나 기호, 언어의 의미를 파악하는 능력으로, 사물이나 현상을 해석하거나 판단하는데 필요한 지식수준으로, 여러가지 현상을 비교 분석하거나 적절한 방법을 선택 또는 결정할 수 있으며, 번역, 해석, 추리 등이 포함됨	
	〈 행동적 용어 〉 • 설명하다. 추론하다. 구분하다. 요약하다. 번역하다. 보고하다.	
	예 대상자는 혈압이 높아졌을 때 어떤 증상이 나타나는지 설명한다. 예 대상자는 이유식이 필요한 이유를 말한다. 예 학생은 AIDS 증상을 설명할 수 있다. 04 임용	
적용	• 과거에 학습한 내용을 구체적이고 특수한 상황에 사용할 줄 아는 능력임 • 구체적 사태에 추상개념(개념, 원리, 방법, 이론, 학설)을 적용하여 문제를 해결할 수 있는 능력	
	〈 행동적 용어 〉 • 해석하다. 증명하다. 응용하다. 시범하다. 연습하다. 변형하다. 예측하다. 채택하다.	
	예 대상자는 일상생활 중 고혈압의 변화를 예측한다. 예 대상자는 아기의 치아발달에 알맞은 이유식 준비방법을 채택한다.	
분석	• 주어진 자료를 부분으로 분해하고, 부분 간 상호관계와 그것이 조직되는 원리를 발견하는 능력임 • 즉, 자료를 여러개의 구성요소로 나누고 각 부분간의 관계와 조직된 방법을 발견하는 것임	
	〈 행동적 용어 〉 • 분류하다. 구별하다. 비교하다. 비판하다. 검증하다. 구별하다. 추론하다. 대조하다.	
	예 대상자는 생활습관과 연계하여 고혈압 증상을 구별한다. 예 대상자는 현재 실시하고 있는 이유식 식단의 영양을 다섯가지 기초식품군과 비교한다.	
종합	• 여러 요소와 부분을 전체로서 하나가 되도록 묶는 능력으로 이전에 경험한 부분들을 잘 통합된 전체로 구성된 새로운 자료로 창안해 내는 창의적인 능력임 • 지식과 지식을 논리적으로 통합하여 새로운 과학적 근거를 찾아내는 상위수준의 목표임	
	〈 행동적 용어 〉 • 계획하다. 구성하다. 설계하다. 조립하다. 수집하다. 측정하다. 관리하다. 작성하다.	
	예 대상자는 올바른 생활습관을 계획한다. 예 대상자는 다섯 가지 기초식품군과 평상시 가족이 사용하는 식품재료를 참고하여 이유식 식단을 작성한다.	
평가	• 주어진 목표에 대하여 자료나 방법이 지닌 가치를 판단하는 것으로 자료와 방법이 평가 기준을 충족시키는지 질적·양적으로 판단할 수 있음 • 비판적 사고의 과정을 거쳐 새로운 논리적 준거를 만들어 낼 수 있는 최고 수준의 지식임	
	예 대상자는 자신의 일상생활을 계획하며 그 결과를 평가한다. 예 대상자는 자신이 만든 이유식 식단을 준비의 용이성, 경제성에 따라 실천 가능성을 평가한다.	

(2) 정의적 영역 04 임용

- 대상자의 느낌이나 감정, 태도가 변화하여 대상자의 성격과 가치체계로 통합하는 과정으로 정의적 영역의 수준이 올라갈수록 성격과 가치체계의 통합이 증가함 04 임용
- 내면화의 수준에 따라 감수, 반응, 가치와, 조직화 및 인력화의 5단계로 구분하며, 내적인 변화를 겪는 과정이기에 측정 가능한 목표를 기술하기 어려움

감수 (수용)	• 어떤 현상이나 자극에 대하여 의식적으로 주의를 기울이는 행동임(주의집중) • 주의집중 하여 인지적으로 받아들이는 것으로 받아들이는 의식과 주의집중과 동기가 필요 • 경청이나 관심을 나타내는 것으로 표현될 수 있음
	예 대상자는 담배연기로 죽어가는 쥐를 관찰한다. 예 대상자는 고혈압 클리닉에 참석한다.
반응	• 어떤 현상이나 자극에 대해 주의를 기울이는 것을 넘어서 적극적으로 반응하는 단계임 • 만족스런 느낌으로 표현하거나 활기찬 정서적 반응 등으로 자연스럽게 나타나므로 교육자가 민감하게 관찰해야 함
	예 대상자는 담배가 자신이나 가족에게 해롭다는 것에 동의한다. 예 대상자는 흡연이 고혈압에 해롭다고 표현한다.
가치화	• 어떤 현상이나 사태에 대해 의미와 가치를 부여하여 내면화하는 단계임 • 학습자가 가치를 가지고 있음을 타인이 확인할 수 있는 수준으로 이 수준에 다다르면 행동의 변화를 나타내기가 훨씬 수월함
	예 대상자는 금연계획을 세우고 금연서약서를 자신이 보이는 곳에 붙여 놓는다. 예 대상자는 금연계획을 세우고 흡연을 줄이려고 시도한
조직화	• 복합적인 가치를 적절히 분류하고 순서를 매겨 체계화하며 여러 종류의 가치를 통합하여 자기 나름대로 일관성 있는 가치체계를 확립하는 단계임 • 여러 가지 가치의 비교, 연관을 통해 가치를 종합하고 일관된 가치체계를 확립함
	예 대상자는 금연을 위해 생활양식을 체계적으로 변화시킨다. 예 대상자는 금단증상을 극복할 수 있는 방법을 체계적으로 실행한다.
인격화	• 가치체계를 바탕으로 확고한 행동이나 생활양식으로 발전하여 인격의 일부가 되는 것임 • 개인의 독특한 생활방식이 형성되는 단계로 정의적 영역 중 가장 높은 수준의 목표임
	예 대상자는 지역사회 금연운동 봉사활동을 지속한다. 예 대상자는 금연성공사례의 지역사회 금연지도사로 활동한다.

(3) 심동적 영역 04 임용

- 교육을 통해 생각하고 판단하고 시행하는 기술을 획득하는 것으로 관찰이 가능하기 때문에 확인하고 측정하기가 용이함
- 행동을 다루는 영역으로 근신경의 협조, 신체기능, 건강생활 실천에 관계되는 영역

지각	• 시각, 청각, 촉각 등의 감각적 자극이나 단서를 통하여 알게 되는 과정으로, 지각을 통해 아이디어가 생기고 통찰 할 수 있음
	예) 대상자는 간호사가 시범보이는 모바일 헬스케어 사용방법을 관찰 후 기술한다.
태세	• 특정한 행동이나 경험을 위한 준비를 의미하며, 신체적, 정신적, 정서적인 것을 포함함 • 정서적 준비가 먼저 이루어지고, 그 후 수행해야 할 활동에 필요한 신체적 준비가 이루어지고, 활동에 대한 태도의 형성과 관련된 정서적 준비상태 됨
	예) 대상자는 자신이 모바일 헬스케어 사용방법을 직접 해보겠다고 자원한다..
유도반응 (안내에 따른 반응)	• 교육자의 안내하에 학습자가 외형적인 행위를 하는 것임 • 교육자의 안내에 반응을 하고 적절한 반응을 선택하여 행동함 • 지시에 따른 모방과 시행착오가 포함됨
	예) 대상자는 간호사의 도움을 받아 모바일 헬스케어를 직접 사용한다. 예) 대상자는 간호사의 도움을 받아 장루를 세척할 수 있다.
기계화	• 학습된 반응이 습관화되는 단계로, 이 단계에서 학습자는 행동 수행에 자신감을 갖게 됨
	예) 대상자는 간호사의 도움없이 가정에서 모바일 헬스케어를 사용한다. 예) 대상자는 간호사의 도움없이 장루주머니가 새는 일 없이 완전하게 장루간호를 한다.
복합외적 (외형)반응	• 학습자가 고도의 기술을 습득하여 복잡한 동작을 최소한의 시간과 노력으로 자연스럽고 효과적으로 표현하게 되는 것을 말함 • 행동을 함에 있어 불확실 것이 없고 매우 쉬우며, 정교한 기술을 자동적으로 수행하게 됨
	예) 대상자는 모바일 헬스케어에 대한 다양한 기능을 적절하게 수행한다.
적응	• 신체적 반응이 필요한 새로운 상황에 대처할 수 있는 단계로 신체적 반응이나 활동을 변경하여 수행하는 것을 의미함
	예) 대상자는 고혈압 관리를 위해 주 4회 이상 매일 40분씩 유산소 운동을 실시한다. 예) 대상자는 출장시에도 장루간호를 할 수 있다.
창조	• 학습자가 심동적 영역에서 발달한 이해, 능력, 기술로 새로운 활동이나 자료를 다루는 방안을 창안해 내는 것을 의미함
	예) 대상자는 장루주머니가 없을 때에도 집에 있는 다른 재료를 이용하여 장루간호를 한다.

표. McQuire의 학습목표 영역별 행동용어

- 일반적인 교육과정에는 Bloom의 학습목표를 분류하지만, 보건교육과정에서는 사실의 기억(암기수준), 자료의 해석(이해 수준), 문제해결의 3가지 수준으로 단순화시킨 McQuire의 방법이 이용되는 경우도 많음

학습 목표의 영역	암기수준	이해수준	문제해결 수준
행동용어	정의하다 확인하다. 이름을 대다. 진술하다. 열거하다.	비교하다. 식별하다. 예를 들어 설명하다. 토의하다. 해석하다.	결정하다. 사용하다. 분류하다. 창작하다. 비평하다. 연관시키다.

5 수행계획

1 학습내용의 선정 및 조직

(1) 학습내용의 선정 원리 97 임용

학습목표와의 부합성	• 학습내용은 학습목표를 달성하기 위한 것으로 학습목표에서 제시하고 있는 범위내에서 설정되어야 관련된 경험과 기회를 제공함으로써 목표를 달성할 수 있음 • 즉, 목표와 관련있는 내용이어야 함
학습목표에의 타당성과 유의미성	• 학습내용이 그 학문 분야에서 얼마나 본질적이고 기본적이며, 그러한 본질적인 내용을 얼마나 포함하고 있느냐를 따지는 문제임 → 보건교육의 내용은 대상자의 건강향상에 꼭 필요하고 중요한 내용이어야 함 • 즉 학습자에게 꼭 필요하며 중요한 내용이여야 함
학습내용의 유용성	• 학습내용은 현실의 삶 속에서 쓸모있고 가치있게 활용될 수 있어야 한다는 것으로 보건교육은 학습자의 건강관리를 위해 현재와 미래에 기여하는 내용이어야 함
학습내용의 참신성과 신뢰성	• 누구나 알고 있는 진부한 내용을 되풀이하는 학습 내용을 선정하지 않도록 하며, 학습 내용을 위한 자료는 출처가 분명하고, 과학적 근거가 뒷받침 되어야 함 • 새로운 지식과 기술이 증가하고, 지식의 수명주기가 점점 단축되는 상황에서 학습내용의 참신성과 신뢰성을 유지하는 것이 학습내용의 선정에 매우 중요한 과제임 → 새롭고 참신한 내용이어야 함

최신의 내용	• 가장 최신의 이론, 지식, 기술을 선정해야 함
범위와 깊이 균형	• 내용의 범위와 깊이의 균형이 적절해야 함
학습자와의 적합성	• 학습내용은 학습자의 능력과 흥미, 필요에 맞는 것이여하며, 학습자의 학습능력을 고려하지 않았더나 학습흥미와 필요를 느끼지 않는 것이라면 효과적인 학습이 이루어지기 어려움 • 학습자에게 꼭 필요하며, 중요한 내용이어야 함
다목적의 동시적 학습경험	• 한가지 학습경험을 통해 여러 형태의 학습성과를 통합적으로 달성할 수 있도록 하는데 관심을 가지고, 동시에 학습목표에 부정적으로 작용하는 것이 있는지도 확인함
가정과 지역사회 요구	• 학습자의 가정과 지역사회 여건에서 요구되고 허용되는 내용이어야 함

(2) 학습내용의 조직원리 08 임용

• 보건교육 내용의 조직은 이미 알고 있는 것에서 모르는 것으로, 직접적인 것에서 간접적인 것으로, 쉬운것에서 어려운 것으로, 구체적인 것에서 추상적인 것으로 이행되도록 배열함

계속성의 원리	• 선정된 내용 및 학습경험의 조직에 있어서의 종적 관계를 표시하는 원칙으로 학습자의 경험속에 정착되기 위해서는 일정기간 동안 계속적인 반복학습이 이루어져야 한다는 원리임
계열성의 원리 08 임용	• 계열성은 논리적 구조에 따라 교육내용 배열 시 고려해야할 사항임 08 임용 • 단순히 똑같은 내용을 반복하기 보다는 좀 더 발전적으로 심화되고 확대된 내용으로 교육내용이 조직되어야 한다는 원칙임 → 확대, 심화 • 계열화를 구성하기 위해서는 선행학습에 기초해서 그 다음단계의 교육내용은 단순한 것에서 좀 더 복잡한 것으로, 구체적인 사실에서 추상적인 이론으로, 부분에서 전체적인 것으로 또는 전체에서 부분적인 것으로 논리적인 진행방향(논리적 선행요건), 추상성 증가에 따라 학생들의 심리적 발달에 맞추어 단계적으로 알맞게 내용이 선정되고 조직되어야 함 → 발달단계에 맞추어 계열화해야 함 08 임용
통합성의 원리	• 학습내용의 선정과 조직은 단편적인 지식들이 아니라 서로 관련되는 지식들이 보완적이며 또한 통합적으로 작용할 수 있도록 이루어져야 한다는 원칙임 • 따라서 여러 가지 학습 내용들은 수평적인 관계에서 서로가 서로를 보강하고 강화할 수 있도록 조직되어야 하며, 학습자는 여러곳에서의 경험을 통하여 모순되이나 단절됨이 없어 통합된 의미를 발견하고 행동에도 통일성을 이룰수 있게 됨

| 목표에 따른 학습내용의 선정과 조직의 예 |

폐결핵 치료를 시작한 지 2개월 만에 결핵약의 부작용으로 약물복용을 중지한 학생 대상
학습진단: 결핵치료에 대한 지식부족

목표 1. 대상자는 결핵치료약에 관하여 설명한다.
목표 2. 대상자는 의사가 중지하라고 할 때까지 결핵약을 복용하겠다고 말한다.

학습내용의 선정	학습내용의 조직
• 결핵약의 종류, 부작용, 약물의 작용, 병합치료, 진단, 결핵균의 특성, 정기적인 검사	• 폐결핵이란? • 폐결핵의 원인 • 결핵의 진단 • 약물치료(결핵균의 특성, 약의 종류, 작용과 부작용, 병합치료의 원리) • 추후관리 및 검사

자료원. 보건교육 건강증진 연구회. 건강증진을 위한 보건교육학(2023). 현문사

2 교육방법 선정

- 학습자의 연령 및 수준, 흥미정도, 대상 집단의 크기, 교육내용과 목적, 교육시간, 교육 시기, 교육장소를 고려하여 선정함
- 보건교육의 방법별로 장점과 단점을 파악하여 적합한 방법을 선택하는 것이 필요함

3 보건교육 매체활용

- 학습목표, 매체의 특성, 학습자의 특성, 교육자의 매체활용능력, 물리적 환경 등에 따라 달리 선정함
- 사용 목적에 따라 적절한 교육매체를 활용하여야 하며, 매체별 장점과 단점을 파악하는 것이 중요함

6 평가계획

1단계	• 보건교육프로그램 목표의 구체화
2단계	• 보건교육프로그램 평가기준 결정
3단계	• 보건교육프로그램 평가모형 선택
4단계	• 자료수집 계획
5단계	• 분석 및 보고 계획

Part 03 보건교육방법

① 보건교육 방법 선정시 고려사항 09 임용

1 교육내용

교육내용이 요구하는 필요능력	• 지식, 태도, 기술
교육내용이 요구하는 결과유형	• 정답, 다양한 의견, 바람직한 해결방안 등
교육내용의 수준	• 일반적, 전문적

2 학습자

학습자의 능력 및 성숙정도	• 학습자의 인지적·사회적·기능적 수준에 맞게 교육방법을 적용함 • 학습자의 수준보다 너무 낮거나 너무 어려운 경우에는 학습 효과가 떨어짐
학습목적	• 학습자가 최종적으로 성취하고자 하는 학습목적을 달성하기 위해 적절한 교육방법으로 선정해야 함 • 학습 목적의 영역이 지식·태도·행위 중 어느 영역에 해당하는지 또는 학습이 학습자의 지식·이해를 목적으로 하는지, 분석력·평가능력 등 고차원적인 인지작용을 목적으로 하는지를 고려해서 선정함
학습자의 요구도	• 교육방법은 학습자의 흥미 및 관심, 학습 요구도에 적합한 교육방법으로 선정해야 함 • 학습자의 요구에 맞고, 동기를 유발하고, 만족감을 불러일으킬 교육방법을 고려해야 최대의 효과를 얻을 수 있음
학습자의 수	• 학습자가 대규모인지 소규모인지 개인인지에 따라서 적절한 교육방법이 고려되어야 함
학습효과에 대한 기대	• 학습자의 건강관리 역량을 향상시킬 기회를 제공할 수 있으므로 학습자가 자율적으로 문제를 해결할 수 있는 방법인지 확인해야 함 • 또한 선정된 교육방법이 학습자에게 긍정적인 결과를 가져올 학습방법인지 확인해야 함

3 교수자

교수자의 학습지도능력	• 교수자의 학습 지도기술과 능력을 고려하여 교육방법을 선정함 • 교수자는 효과적인 교육을 위해 자신의 장단점을 인식하여 효과적이고 능숙하게 활용할 수 있는 교육방법 지도기술을 개발하는 것이 필요함
교수자의 지식 및 흥미와의 적합성	• 교수자의 지식, 흥미정도는 학습과정에 영향을 미치므로 교수자의 지식 및 흥미와 적합해야 함

4 교육환경(자원)

시간과 장소	• 교육할 시간과 장소에 제약이 있는지 고려함 • 시간이 적절한지, 장소는 적당한지 등의 요인을 고려함
물리적 조건	• 교육환경과 관련한 온도, 습도, 소음, 조명 등의 물리적 조건이 교수-학습에 영향을 미칠 수 있으므로, 물리적 조건이 학습효과를 방해하거나 증진할 수 있음
가용 자원의 다양성	• 학습에 필요한 자원이 충분히 확보되어 있는지, 이용하는데 제한점이나 방해요인은 없는지에 다라 교육방법 선정에 영향을 미칠 수 있음
교과목과의 연계성	• 선정하고자 하는 교육방법이 해당 교과목의 교수 학습 목표달성을 위해 적절하고 도움이 되며 연계성이 있을 때 유용한 교육방법이라고 할 수 있음

5 조직의 기대

- 조직이 선호하는 교육방법
- 조직의 구체적인 교육목표
- 조직의 특정 평가방법 또는 측정방법

2 교육방법의 분류

1 교육과정의 주체에 따른 분류

교육자 중심형	• 주로 강의식 교육방법(개인교육, 강의, 발표 등)
학습자 중심형	• 학습 대상자의 생활과 학습방법에 관심을 두고, 대상자들이 잘 준비되고 검증된 자료로 스스로 진도를 맞게 학습해 나가는 교육방법임 (협동학습, 문제기반 학습, 팀기반 학습, 프로젝트 학습 등)
혼합형	• 교육자 중심형과 학습자 중심형의 혼합형태(토의나 토론, 견학, 실습 등)

2 교육 대상자의 크기에 다른 분류

개별석 방법	• 상담, 개인교육 등
집단적 방법	• 강의, 토의, 포럼, 패널 토의, 협동학습, 견학 등
대중적 방법	• 방송, 전시, 포스터 등

3 교육방법

개별적 방법	• 상담, 개인교육 등
집단적 방법	• 강의, 토의, 포럼, 패널 토의, 협동학습, 견학 등
대중적 방법	• 방송, 전시, 포스터 등

1 상담

개념 (목표)	• 대화를 통하여 내담자 스스로 자신의 문제를 인식하고, 문제의 원인을 탐색하여, 스스로 문제해결 방안을 찾도록 돕는 방법임	
장점	교육효과가 높음	• 개별적으로 진행되어 교육효과가 높음(큼) • 실천가능한 변화를 유도하여 교육효과가 큼
	대상자 이해 용이	• 대상자의 이해가 용이함
	상호작용 많음	• 교육자와 대상자 간의 상호작용이 많음
	내밀한, 사적(비밀) 건강문제 해결	• 대상자의 내밀한, 사적(비밀)인 건강문제를 해결하는 데 도움이 됨
	행정적인 노력X	• 공간적 제약이 적어 별도의 행정적인 노력이 필요 없음 • 교육 수행시 장소, 시간 등의 제한을 받지 않음
	보건현장 어디서나 적용가능	• 특별한 계획없이 간단히 수행가능하므로 보건현장 어디서나 적용할 수 있음
단점	비경제적임	• 개인을 대상으로 이루어지므로, 시간,인력, 비용에 있어 비경제적임
	집단 상호작용 적음	• 집단 상호작용, 지지를 제공할 수 없음 • 집단을 통한 공감 및 지지가 필요한 교육에는 적합하지 않음 • 타인을 보고 학습하거나 비교할 수 있는 기회가 줄어듦
	별도의 공간 필요	• 상담을 위한 별도의 공간이 필요함

표. 상담의 단계 5단계

관계형성 및 경청 (초기)	① 관계형성단계	라포형성	• 내담자와의 관계(라포)형성하는 단계임 • 내담자를 충분히 이해해야 하며, 상담자는 내담자를 믿고 건강문제를 표면화하여 문제를 제대로 인식하고 정확하게 파악할 수 있는 관계를 형성하는 단계임
	② 경청단계	내담자 문제파악	• 서로 공감대를 형성하고, 상담자는 내담자의 입장에서 상황을 이해하려고 노력하고 건강문제와 관련된 정보를 탐색하면서 내담자 문제를 파악함
탐색과 직면 (활동)	③ 탐색과 직면 단계	자신 문제 파악, 인식	• 내담자가 자신의 문제에 대해 파악하고 인식하여 자신의 문제를 인정하도록 하는 단계임
	④ 참여단계	문제 해결	• 내담자 스스로 직면한 건강문제에 대해 긍정적 태도를 갖고, 문제해결을 할 수 있는 방향을 설정하여 문제를 해결함
종결 단계	⑤ 정리단계		• 상담을 통해 내담자가 자신의 건강문제에 대해 긍정적으로 행동의 변화를 가져오도록 돕고 상담자와 내담자가 만족하면서 상담을 마무리함

표. 상담의 단계 3단계

1단계	탐색단계	• 상담자는 내담자의 언어적·비언어적인 말과 행동에 주의를 기울임 • 내담자가 스스로 자신의 사고를 탐색하도록 감정을 개방할 수 있게 격려함
2단계	통찰단계	• 상담자는 내담자에게 개방형 질문을 하고 그것을 해석하면서 내담자 스스로 자신의 문제를 알고 통찰할 수 있도록 도움
3단계	실행단계	• 내담자가 변화된 사고를 깊이 탐색하도록 돕고, 스스로 바람직한 변화를 위해 실행계획을 세우고 이를 실행할 수 있도록 도움

표. 상담시 유의사항

긍정적 태도	• 대상자에 대한 긍정적인 태도를 가짐
편안한 분위기	• 대상자가 자유롭게 의사표현하도록 편안한 분위기를 조성함
수용	• 대상자가 부정적으로 반응하더라도 충분한 감정을 표현할 수 있도록 수용함
기다림	• 대상자가 스스로 말할때까지 여유를 갖고 기다림
무비판적 태도	• 대상자에 대해 지시, 명령, 훈계, 설득 등을 피함
경청, 개방형 질문	• 경청과 개방형 질문을 통해 대상자 스스로 문제를 확인하도록 도움
비밀엄수	• 상담 중 알게 된 내용에 대해서는 비밀을 엄수함

2 동기강화상담

- 동기강화상담은 대상자의 양가감정을 탐색하고 해결하여, 대상자 내면의 변화동기를 강화시킴
- 대상자가 변화에 대한 저항을 적게 느끼면서, 동시에 변화가 필요하다고 여길 수 있도록 동기를 고취시켜 자신의 삶에 대한 주체성을 인식하고 발휘할 수 있도록 돕는 것임

표. 동기강화상담의 기본원리

원리	내 용
저항 수용 (저항과 함께 구르기)	• 변화저항에 논쟁하거나 맞서지 않고, 저항을 표현하도록 함 • 변화를 강요하지 말고, 변화를 유도함
대상자의 동기 이해 (불일치감 만들기)	• 대상자가 주체가 되어 변화에 대해 이야기하도록 함 (상담자 주체 X) • 변화의 동기는 현재의 행동과 개인의 가치관 사이에 불일치감을 느낄 때 생기므로 불일치감을 확인하도록 함 → 대상자의 양가감정을 파악하여 변화의 필요성을 느끼게 함
경청과 공감표현	• 비난하지 않고 존중하는 태도로 경청함 • 대상자가 양가감정을 느끼는 것은 정상이라고 공감해줌 • 대상자의 관점에서 상황을 보고 공감함으로써 신뢰관계를 형성함 • 대상자를 있는 그대로 수용해주면 변화가 촉진됨
자기효능감 지지	• 개인의 변화자신감이 중요한 동기요인이 되므로 지지해줌 • 대상자의 변화능력에 대한 상담자의 믿음이 대상자의 자기효능감에 도움을 줌

3 면접(면담, interview) 20, 99, 93 임용

개념 (목표)	• 면접(면담)은 두 사람이 의도한 목적을 위해 생각이나 정보를 교환하는 과정임 • 면접자는 전문영역에 대한 충분한 지식과 이해가 있어야함 → 전문직업적인 대화임
장점	• 시간과 장소의 제약 없이 할 수 있음
단점	• 많은 인원과 시간이 소요됨

(1) 면접의 방법

관찰	• 면담하는 동안 계속되는 과정으로 의사소통, 비언어적 의사소통을 주의깊게 관찰함
경청	• 상담자는 대상자의 문제, 상황, 감정, 문제해결능력 등을 탐색할 수 있음 • 경청 시 대상자는 상담자를 문제에 대한 동반자로 여겨 문제해결에 대한 용기를 가짐
질문	• 대상자가 자신의 문제를 인식하고, 문제를 발견하도록 적절한 질문을 함

(2) 효과적인 경청을 위해 고려해야 할 사항 99 임용

- 대상자가 중간에 잠깐씩 중단하는 지점에 관심을 기울임
- 지나치게 간섭하거나 무관심한 태도를 피함
- 대상자의 말을 경청하고 있음을 알도록 대상자를 정면으로 보며 자세, 얼굴 표정 및 제스쳐 등을 취함

(3) 면접시 올바른 질문방법 93 임용

개방형 질문	• "예-아니오"로 대답을 유도하는 것보다 설명을 요하는 질문을 함 • 대상자의 의견을 자유롭게 표현하도록 묻고 대상자의 자유로운 반응을 유도하여 많은 정보를 수집함
적정량 질문	• 지나치게 많은 질문을 대상자를 혼돈에 빠트리고, 너무 적은 질문은 대상자에게 관심이 없어 보이므로 적정량의 질문을 하도록 함
관심과 친절	• 관심과 친절한 언어를 사용함

(4) 면접의 유형

① 개별면접

방법	• 한명의 지원자를 한명의 면접관이 개별적으로 질의응답하는 방식임
장점	• 개인에 대한 많은 정보를 파악할 수 있음
단점	• 시간과 비용이 많이 소요됨

② 패널면접 20 임용

방법		• 여러명의 면접관이 한 명의 지원자를 평가함
장점		• 다양한 관점 반영, 공정성 확보 • 질문을 하지 않은 면접관은 지원자의 비언어적 행동을 효과적으로 관찰 할 수 있음
단점		• 지원자 입장에서는 심리적 위축, 긴장감이 큼

③ 집단면접

방법		• 여러명이 면접관이 동시에 여러명의 지원자를 평가하는 방식임
장점	시간절약	• 같은 질문을 여러명의 지원자에게 함으로써 시간을 절약할 수 있음
	평가 객관성	• 똑같은 질문으로 다른 대답을 하여 평가의 객관성을 유지할 수 있음
	비교 용이	• 같은 질문을 통해 다른 후보자들을 비교할 수 있음
단점	답변 기회 제한	• 답변 기회가 제한적일 수 있음
	긴장감	• 비교 당하는 분위기에서 긴장감이 큼

④ 집단토론면접

방법		• 일정한 주제나 과제가 제시되고, 여러명의 지원자가 하나의 주제로 함께 토론함
장점	종합적 판단	• 협업능력, 커뮤니케이션 능력, 리더십, 논리력, 소통능력, 경청태도 등을 종합적으로 판단
	실무 유사	• 실무에 가까운 상황 가정 가능
단점	편차 발생	• 토론주제, 조 구성에 따라 결과가 편차 발생
	말 기회 제한	• 강한 성향의 사람에게 말 기회 뺏기기 쉬움

⑤ 블라인드면접

방법		• 면접 내에서 이력서의 내용(학력, 출생지, 가족, 나이 등)이 반영되지 않은 면접으로 지원자의 스펙관련 정보 없이 편견 없는 공정한 평가, 역량 중심 평가를 위한 면접임
장점	공정성	• 학벌, 출생지, 가족, 나이 등에 대한 선입견을 배제한 공정한 평가가능
	역량중심 채용	• 스펙보다 직무 적합성에 집중할 수 있음
	다양성 확보	• 다양한 배경의 인재채용 가능(지방대 등)
	사회적 신뢰성	• 채용의 투명성과 기업 이미지 향상 등 사회적 신뢰성 향상
단점	역차별	• 일부 고학력자나 경력자의 경우 스펙이 무시된다고 느낄 수 있음
	면접관 역량 의존	• 면접관의 질문이나 역량에 따라 평가 편차 발생 가능
	준비 어려움	• 면접관이 사전정보없이 지원자 파악이 어려울 수 있음

⑥ 구조화 면접

방법	• 동일한 질문을 모든 지원자에게 제시하여, 동일기준 적용
장점	• 지원자간 비교 용이(비교가능성), 평가의 일관성 확보 • 공정성 확보
단점	• 유연성 부족 • 창의성 부족, 개성 반영 어려움

⑦ 비구조화 면접

방법	• 자유로운 질문과 대화 형식으로 질문이 유동적임
장점	• 지원자의 개성, 태도, 자연스러운 반응(성향 파악) 관찰됨
단점	• 평가의 일관성 부족, 편향 위험

4 코칭(coaching)

개념	• 학습자가 과제를 수행하는 과정에서 교육자가 학습자를 관찰하며, 상황에 따라 도움을 주는 것임
방법	• 교육자는 학습자 스스로가 목표를 정하고 달성할 수 있도록 경청과 질문 중심의 대화법을 사용함 • 피코치자와 코치자는 신뢰관계를 갖고, 수평적 파트너십을 가지고, 피코치자가 스스로가 해결방안을 찾도록 도와줌

5 프로그램 학습(programmed learning, 컴퓨터 보조학습 Computer assisted instruction CAI) 03 임용

개념		• 학습자 스스로가 학습을 진행할 수 있도록 사전에 전문가에 의해 고안되고 개발된 자료를 가지고 학습하는 교육방법으로 미리 제작된 소책자(워크북, 인쇄물 등) 등을 매체로 학습하는 것을 프로그램 학습, 컴퓨터를 활용하는 경우는 컴퓨터 보조학습이라 함 • 논리적으로 배열된 문항에 학습자가 직접적인 반응을 하고, 그 반응에 따라 피드백을 주어 학습자 스스로 자기수준에 맞는 목표에 도달하도록 함 • 사전 경험이 충분한 교육자가 계획·구성하고 교육효과를 최대한 고려하여 제작한 매우 논리적이며, 체계적으로 운영되는 교육방식임
특징	프로그램 학습	• 학습 내용을 작은 단위로 나누고, 학습자가 단계적으로 학습하면서 즉각적인 피드백을 받는 체계적인 학습법
	컴퓨터 보조학습	• 컴퓨터 기술을 이용해 학습을 보조하거나 주도적으로 학습하게 하는 교수방법
방법		• 학습자는 출발점이 서로 다르며 서로 다른 학습 욕구와 학습 준비도를 가지고 있으므로, 이런 다양한 차이를 고려하여 학습자의 출발점 행동과 수업 진행에 있어서 적합한 환경을 제공하는 것이 가능함 • 일정한 순서와 피드백을 따라 자율적으로 학습 진행됨 • 대상자를 적절한 수준에 배치하기 위한 진단평가를 하여 개별 학습자에게 적절한 학습자료를 제공. 이후 교사나 동료 학습자들의 도움을 받아 학습을 진행하며, 마지막으로 학습 목표를 완전히 성취했는지 평가함 진단평가 → 학습자료 제공 → 학습 진행 → 학습목표 성취 평가
장점 03 임용	수준에 맞는 교육	• 학습자가 스스로의 학습속도와 수준에 맞게 선택할 수 있음
	단계별 교육	• 학습자의 성취에 대해 진단과 평가를 함으로써, 단계별로 학습자의 요구에 맞는 교육진행이 가능함
	상호작용	• 교육자와 학습자 간 상호작용이 계획적으로 이루어질 수 있음
	흥미, 동기유발	• 학습자의 수준에 맞는 학습을 통해 흥미와 동기유발이 가능함
	적극적인 참여 유도	• 학습자가 컴퓨터에 익숙하여 두려움 없이 교육이 가능하며 상호작용함으로써, 적극적으로 참여를 유도할 수 있음
	반복학습	• 학습자 자신의 학습속도대로 반복적이고 자율적으로 학습할 수 있음
	즉각적인 피드백	• 프로그램 진행단계마다 학습자의 학습능력이 평가되어 계속 진행 혹은 반복학습으로 회환이 가능함 • 즉각적인 피드백을 제시할 수 있음

단점	단계별 교육	• 학습자의 성취에 대해 진단과 평가를 함으로써, 단계별로 학습자의 요구에 맞는 교육진행이 가능함
	시간, 노력	• 프로그램 개발을 위한 시간, 비용, 노력이 많은 듦 (CAI)
	비인간적	• 사고의 기회가 적어지며 인간적인 상호작용이 적음 (CAI)
	다른 내용은 학습 X	• 계획된 프로그램 외에는 다른 내용을 학습 할 수 없음
	효과 감소	• 학습자의 능력평가가 제대로 이루어지지 않는 경우 효과가 적음
	사전 준비	• 학습을 위한 프로그램 준비, 컴퓨터 파일의 다운로드 등을 사전에 준비해야함
	컴퓨터 기술	• 학습자가 프로그램이나 컴퓨터를 다루는 기술이 있어야만 가능함 (CAI)

6 개별처방교육방법(Individual Prescribed Instruction, IPI)

개념	• 교육현장에서 처방을 중요시 하는 교육방법으로 모든 학습대상자가 적정한 수준에 배치되는 교육방법으로 학습자의 진단결과에 따라 학습자의 개별특성(능력, 성취수준)에 따라 맞춤형 교육처방을 제공하는 방법임 • 즉, 학습자의 진단결과에 따라 맞춤형 교육처방을 제공하는 방법임
방법	• 모든 학습자가 적정한 수준에 배치되도록 먼저 진단평가를 하고, 그 결과에 따라 적절한 수준의 학습자료를 제공하며, 교사나 동료들의 도움을 받아 학습을 진행하며, 대상자들은 학습을 시작하기전, 학습 중, 학습을 마친 후 반드시 테스트를 받은 후 그 결과에 따라 대상자의 출발수준이 결정되고 처방됨 • 즉 개별처방 방법은 단원별로 진단처방 평가과정을 두고, 대상자를 완전학습에 이르게 하는 교육방법임 (진단 → 처방 → 지도) 진단평가 → 학습자료 제공 → 학습 진행 → 학습목표 성취 평가 → 다음단원 (평가기준에 미치지 못하면 다시 학습)
교사 역할	• 진단자 및 처방자, 개인별 계획 조정
예	• 학생 A는 수학개념 부족 → 기초반 수업, 학생 B는 심화문제 풀이 제공 등
장점	• 학습자 수준에 맞추어 학습 할 수 있음 • 반복해서 학습하여 완전학습에 이르게 함
단점	• 진단평가가 제대로 이루어지지 못하면 효과성이 떨어짐

표. 개별처방 교육방법 vs 프로그램 학습방법

개별처방 교육방법	• 학습자의 진단결과에 따라 맞춤형 교육처방을 하는 방법임 → 유연하고 개별적인 계획 수립 (맞춤형 수업)
프로그램 학습방법	• 미리 설계된 프로그램에 따라 학습자가 스스로 학습하는 방법임 → 순서화된 학습자료나 소프트 웨어에 기반함

7 인지적 재구성

개념	• 왜곡된 사고와 신념, 비합리적 신념들을 찾아 합리적 사고와 신념으로 변화시키는 것임	
단계	1단계	• 인지적 재구성의 일반적 원리를 설명함
	2단계	• 내담자의 유형에 따라 각자의 비합리적 사고를 탐구하도록 함
	3단계	• 내담자 스스로 문제를 분석하고, 해결방법을 찾아보도록 함
	4단계	• 행동의 실천과 실제 연습을 통해 합리적인 대처행동을 일으키는 방법을 학습하도록 함

8 강의 10 임용

개념		• 중요한 지식이나 기능을 대상자에게 이해시키기 위해 교육자의 설명(언어)를 통해 전개하는 교수 방법임 • 언어를 통해 학습자에게 정보를 전달 및 의견에 영향을 주고 생각을 자극하며, 비판력을 개발하는 것으로 역사적으로 가장 오래된 교육법 중 하나임
장점 10 임용	경제적	• 동시에 많은 사람을 교육할 수 있음로 경제적임
	많은 정보	• 다수의 사람들에게 짧은 시간 내에 많은 정보를 전달할 수 있음
	교육자 조절 가능	• 교육자가 자신이 준비한 자료를 조절하여 교육할 수 있음 • 교육내용의 가감, 삭제, 보충이 용이함
	긴장감 적음	• 다른 교육방법에 비해 대상자들의 긴장감이 적음
	학습자 준비 X	• 학습자의 특별한 준비 없이도 교육을 실시 할 수 있음
	기본지식 없을 때	• 학습자가 기본지식이 없을 때 적합함
단점 10 임용	개인차 (개별화) X	• 개인차(개별화)를 간과할 수 있음 • 개인차를 다 고려할 수 없기 때문에 대상자 모두를 만족시킬 수 없음 10 임용
	능동적 참여 X	• 대상자들이 능동적으로 참여할 수 없고 수업태도가 수동적이기 쉬움
	문제해결 능력 X	• 학습자의 참여가 없으면 태도나 행동의 변화, 문제해결능력, 사고능력, 고등 정신능력을 기를 수 없음
	동기유발 X	• 학습자들의 학습에 대한 동기유발이 어려움
	회환 부족	• 학습자로부터 회환이 부족함
	기억 오래 X	• 정보량이 과다하여 제공된 교육내용을 학습자가 다 기억하기 어려우며 기억에 오래 남아 있지 않음
	교수자의 절대적 영향	• 수업의 질이 교수자의 능력과 준비에 따라 절대적인 영향을 받게됨
	교육효과 낮음	• 학습자의 이해수준이 다른 경우 교육효과가 매우 낮아짐
	요점파악 곤란	• 추상적인 개념전달로 학습능력이 낮은 대상자는 요점파악이 곤란함

〈 참고! 표. 좋은 강의를 위해 고려할 점 〉

강의준비시	• 강의의 목표를 분명히 함 • 청중을 분석함 • 주어진 시간안에 강의가 행해질 수 있도록 준비해야 함
강의를 조직할 때	• 주제에 맞추어서 강의내용을 조직해야 함 • 시청각 자료를 시간내에 효과적으로 제시해야 함 • 말과 신체적 언어를 적절히 사용하여 청중의 주의와 흥미를 집중시킴 • 아이디어들을 모아 관련된 것을 적절하게 분류하여 몇 개의 그룹으로 만들면 기억에 도움이 됨 • 강의의 개요를 작성함 • 교육자 자신의 이야기를 함 • 청중의 주의를 사로잡는 다른 방법은 집단에게 특별한 의미가 있는 통계를 가지고 강의를 시작하는 것임
강의 전달시	• 강의 내용을 전달하는 언어수준이 청중에게 적합해야 함 • 적절한 말의 속도를 유지해야 함 • 강의 전개를 변화있게 함으로써 주의집중을 유지할 수 있도록 함 • 목소리가 분명하고, 충분히 커야하며, 대화하듯 해야 함 • 대상자와 눈 맞추기는 매우 중요함 • 교육자의 외모가 주제 및 청중과 어울려야 함 • 강의전에 연습을 하는 것이 중요함 • 강의를 통해 대상자들의 사고과정을 활성화시킴
강의중에 해야할 행동	• 중요한 요점을 강조함 • 강의중에 웃고, 움직임 • 강의 주제에 대해 자신이 전문가임을 알게함 • 시각적인 자료를 적절히 사용함 • 신뢰의 분위기를 보여줌 • 청중과 눈을 마주침

9 시범 00 임용

개념 (특징)	• 이론과 아울러 시각적으로 볼 수 있는 모든 실물을 사용하거나 실제 장면을 만들어 내어, 지도하는 교육방법임 • 교육자가 학습자에게 바람직한 행동양식을 보여줌으로써 이를 관찰하고, 모방하여 새로운 기술 행위를 학습하는 보건교육방법임 • 교육자가 건강문제해결 기술을 실제 적용해보거나 나타내 보이는 것으로, 언어로 설명하기 어려운 기술영역의 학습에 유용한 방법임 (예 모유수유 교육, 심폐소생술 교육 등)	
효과 증진	• 시범장면을 녹화하여 여러번 반복학습을 하거나 비디오로 여러번 반복하여 보여주고, 학습자 스스로 시범을 보이면 학습 목표 도달에 도움이 됨 • 행위에 대한 시범을 보일 때 인지적 측면과 정의적 측면에 대한 학습이 함께 진행되어 학습효과가 증진됨	
장점	흥미	• 눈으로 직접 보므로, 흥미를 불어일으킴
	주의집중, 동기유발	• 주의집중, 동기유발이 용이함
	실무 적용	• 배운 내용을 쉽게 실무에 적용할 수 있음
	쉽게 배움 (학습목표 도달 용이)	• 대상자 수준이 다양하더라도 쉽게 배울 수 있음 • 학습자가 직접 시행해봄으로써 학습목표 도달이 용이함
	개별화	• 즉시 행동수정과 개별화가 가능함
	반복가능	• 여러번 반복해서 비디오로 보여줄 수 있고, 필요시 교사가 반복할 수 있음
	다양하게 적용	• 집단의 요구나 문제에 따라 다양하게 적용시킬수 있음
단점	비효율적 (비경제적)	• 소수 대상자에게만 적용가능하므로 비용효과면에서 비효율적임
	다양한 교육자료	• 시범 교육을 위한 다양한 교육자료와 학습환경이 필요함 • 효과적인 시범을 위해 충분한 도구가 준비되어야 함
	교수자에 따라 다름	• 교수자의 기술과 준비 정도에 따라 학습효과가 달라짐
	대규모 X	• 대규모 집단을 대상으로 실시하기 어려움
	교육자 준비 시간	• 교육자는 교육준비에 시간을 많이 투자해야 함 (준비시간이 많이 필요함)
	비용 많이 듦	• 시범에 필요한 장비의 구입, 유지 및 교체에 드는 비용을 고려해야 함

표. 시범시 유의사항(좋은 시범을 보이기 위해 고려해야할 사항) 00 임용

숙지	• 시범을 실시하기 전에 전체 시행절차를 숙지함
연습	• 올바른 방법으로 시범되도록 사전에 충분한 연습을 하여 익숙하게 진행함
기구	• 학습자에게 유용한 기구를 준비하고, 시범 실시 전 기구가 잘 작동하는 지 사전 점검함
최신의 깊은 지식	• 시행해야 할 절차에 관련하여 최신의 깊은 지식을 가지고 있어여 함
긍정적인 접근법	• '무엇을 하지 말라'보다는 '무엇을 해야한다'는 것을 강조하는 긍정적인 접근법을 사용함
장소	• 교육장소의 준비는 모두가 볼 수 있도록 교육대상자보다 약간 높은 위치로 선택함
설명	• 시범 보이는 것에 대상자가 집중할 수 있도록 유창하게 설명하며, 불필요한 말은 삼감
실제상황	• 가능한 한 실제 상황을 사용함
반복	• 시범 중 오류를 범하기 쉬운 어려운 동작이나 강조할 동작 등은 반복해서 보여줌
실습(연습)기회	• 시범을 보인후 학습자들이 실습을 할 기회를 줌
피드백	• 교육자는 학습자의 실습장면을 관찰하여 피드백을 주어 교정하도록 함
재시범	• 교육자가 시범을 실시한 후에는 대상자들이 완전히 이해했는지 확인하기 위해 재시범을 실시하도록 하여 미숙한 부분을 교정함
토의시간	• 시범 후 토의시간을 가짐으로써 재강조, 질문, 재생, 평가 및 요약할 기회를 줌

10 토의(토론)

개념(특징)	• 토의란 비교적 다수의 집단이 어떠한 문제를 해결할 때 서로의 의견을 교환함으로써 학습이 이루어지는 방법임 • 집단 사고의 과정에서 자유롭게 의견을 발표하고, 타인의 의견을 받아들여 문제를 해결해 나가는 능력과 비판력을 기르는 자기 주도적인 학습압법임
목적	• 학습자의 참여를 유도하여 자유로운 토론을 통해 사고와 분석에 대해 흥미를 유발하고, 사실에 대한 판단력과 비판력을 기르며, 새로운 태도를 개발하거나 기존의 태도를 변화시키고자 하는데 목적이 있음
필요	• 토의는 일정한 규칙과 단계에 따라 이루어져야 하며, 개방적인 의사소통, 협조적인 분위기, 구성원들간의 민주적 태도가 필요함
종류	• 원탁식 토의(집단토론), 배심토의, 분단토의, 공개토의, 심포지엄, 세미나, 브레인스토밍 등

표. 토의법의 주요 단계

1단계	계획 및 수립	• 토의 목적을 수립하고 토의순서나 범위를 결정함 • 학습자에게 토의 준비를 하게 하고, 토의의 중요성에 대해 충분히 인식할 수 있도록 함 • 좌석 배치, 주위 환경 점검 등 물리적 환경을 점검함 • 논의해야 할 토의사항, 교육자가 관찰해야할 기본 내용을 정리해둠 • 토의 활동에 필요한 모든 정보와 자료를 수집해 둠
2단계	시작과 진행	• 토의 목적을 학습자에게 설명함 • 토의 주제를 학습자에게 제시하거나 브레인스토밍을 통해 주제를 정함 • 토의될 사항들을 제시함 • 세부적인 절차에 따라 토의에 참여하게 함 • 토의에 가능한 한 다양하고 많은 학습자가 참여할 수 있도록 함 • 토의에서 논의된 주요 사항들을 반드시 기록해둠 • 토의가 논쟁보다는 협조적으로 진행될 수 있도록 함 • 토의 중 주제에서 벗어나지 않도록 필요에 따라 방향을 조정함
3단계	마무리	• 토의에서 논의된 주요 사항들을 종합하고 요약함 • 토의과정에서 논의된 것 중 가장 타당한 것을 선택하여 결론을 도출함 • 초기에 설정해 둔 토의 목적을 어느정도 달성했는지 평가함 • 토의 활동 이후 전개할 사후활동들을 계획함
4단계	사후활동	• 참가자들에게 토의결과를 요약, 정리하여 배포함 • 토의활동에 대해 발표할 기회를 제공함 • 선택된 해결책을 실제로 적용해봄

표. 토의법 장·단점

장점	능동적 참여	• 학습자가 교육목표 도달에 능동적으로 참여할 수 있음
	의사표현 능력	• 자신의 생각을 논리적이고 간결하게 표현할 수 있는 능력을 가지게 됨
	의견교환 활발	• 교육자와 학습자 간의 의견교환이 원활하게 이루어지고, 상호이해도가 높아짐
	학습의욕	• 학습자 스스로 문제해결을 의식하고, 지식과 경험에 대한 필요성을 인식하게 되어 학습의욕을 높여줌
	집단의식, 사회성	• 구성원 상호간에 많은 것을 배우며 집단의식과 고유능력을 향상시킬 수 있고, 사회성을 기를 수 있음
단점	비경제적	• 학습내용에 따라 인원이 결정되므로 경제성이 떨어짐
	참여하지 않는 학습자	• 소수의 의견이 무시되거나 경시될 수도 있고, 토의에 참여하지 않는 학습자가 생길수 있음
	형식적인 토의	• 형식적인 토의는 비생산적인 활동이 될 수 있음
	예측못하는 상황	• 철저한 사전분비와 관리에도 예측하지 못한 상황이 발생할 수 있음
	효과적 토의 어려움	• 친숙하지 않거나 잘 이해가 되지 않는 사실과 개념은 효과적으로 토의하기 어려움

(1) 집단 토의 (원탁식 토의, 그룹 토의, 집단 토론) 99 임용

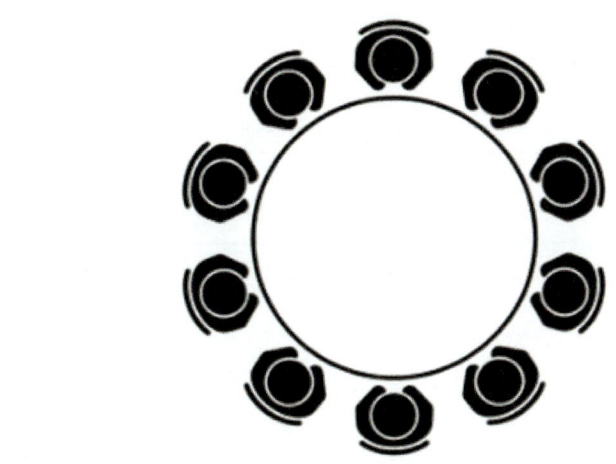

개념 (특징)	• 집단내의 참가자들이 둘러 앉아 어떤 특정 주제에 대한 의문점, 개념 혹은 문제점에 대해 목표를 설정하고 자유로운 입장에서 상호 의견을 교환하고 결론을 내리는 방법임 • 서로 대등한 관계로 형식에 구애되지 않은 자유로운 토론이 가능하며, 허용적인 분위기로 동등한 발언과 기회가 있음
인원수	• 5~10(15)명이 정도의 참가자가 적당하며, 그룹의 참가자가 크며 클수록 참가자의 토론 참여는 적여짐
교육자 (사회자)	• 교육자는 토의 시 한두 사람에 의해 토의가 집중되지 않고, 상호 협조적인 태도로 진행될 수 있도록 조정자 역할을 하는 것이 필요함 • 참가자 전원이 자신의 생각을 마음껏 발표할 수 있는 분위기를 유도하고 침묵하거나 소외되는 참가자들이 없도록 전체 분위기를 조성함
주의점	• 참가자 모두가 발언할 수 있도록 기회를 적절하게 제공해야 함

표. 토의법 장점 및 단점

장점 99 임용	자유로운 발언	• 모든 참가자가 자유로운 발언이 가능함
	균등한 발언기회	• 균등한 발언기회를 얻음
	능동적 참여	• 학습자들이 학습목표 도달 정도에 능동적으로 참여할 수 있는 기회를 경험할 수 있음
	의사전달능력	• 자신들의 의사를 전달 할 수 있는 의사전달능력이 배양됨
	반성적(비판적) 사고	• 다른 사람들의 의견을 존중하고 반성적(비판적) 사고능력이 생김
	사회성	• 다수의 의견에 소수가 양보하고 더불어 협력하는 사회성이 길러짐
	경청능력	• 다른 사람의 말을 잘 들어주는 경청능력이 길러짐
	민주적 운영 능력	• 그룹을 민주적으로 운영할 수 있는 능력을 가지게 됨
	학습의욕	• 학습자 스스로 자신의 지식과 경험을 활용하게 되므로 학습의욕이 높아짐

단점 99 임용	방향과 목적상실	• 비형식적이기에 토의의 방향 및 목적이 상실될 우려가 있음
	산만, 초점벗어남	• 초점에서 벗어나는 경우가 많음 • 진행과정이 산만할 수 있음
	비경제적	• 소수에게만 적용할 수 있으므로 비경제적임
	시간	• 시간이 많이 걸림 • 진행자(사회자)의 토의진행 기술이 부족할 경우 시간낭비에 그칠 수 있음
	소극적인 참여자	• 지배적인 참여자와 소극적인 참여자가 있을 수 있음

(2) 배심 토의 (패널 토의) 18, 11, 09, 07, 99 임용

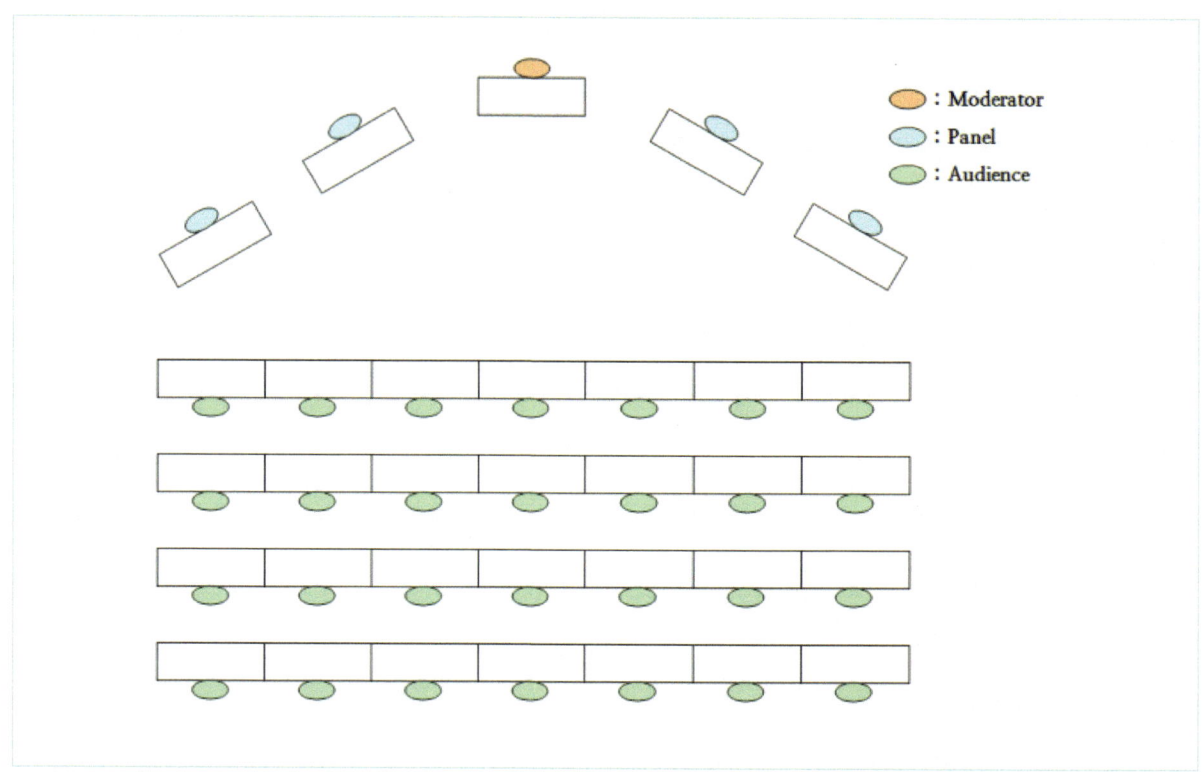

개념 (특징)	상반된 견해 (전문가)	• 토의할 문제에 대해 사전에 충분한 지식을 가진 소수(4~7명)의 배심원(토론자)가 일반 청중 앞에서 특정 주제에 대해 상반되는 견해를 사회자의 진행에 따라 토의하는 형태임
	다각적 관점	• 토의에 참석할 전문가는 토의주제에 대해 각기 다른 의견을 발표하면서 다각적 관점에 대해 문제를 다루게 되므로 토의과정을 통해 청중은 주제 대해 관심을 가지게 되고 다양한 의견을 수용하여 합리적인 결정을 할 수 있는 능력을 배양함
	다양하고 빈번한 의견 교환	• 배심원(토론자)는 자신에게 배정된 시간(2~3분(5~7분))만큼 자신의 의견을 발표함으로써 다양하고 빈번한 의견교환을 하게 됨

		• 배심원(토론자)가 발표한 후 사회자의 진행에 따라 질의응답으로 토의를 하여 필요한 경우 청중을 토의에 참여시켜 질문이나 발언기회를 줌
	배심원(토론자)	• 전문가
	청중	• 비전문가, 일반인도 가능
	사회자	• 전문가일 필요 없음
장점 07, 99 임용	다각도 의견	• 일정한 주제에 대해 다각도의 의견을 들을 수 있고 앞으로도 예측할 수 있음
	비판하는 능력	• 청중은 타인의 의견을 듣고 비판하는 능력이 배양됨 • 판단력 및 분석력, 합리적인 결정을 할 수 있는 능력을 기를 수 있음
	높은 수준 토론	• 청중은 비교적 높은 수준의 깊이있는 토론을 경험하게 됨
	자유로운 의사교환	• 청중과 토론자간에 자유로운 의사교환이 가능함
	흥미 유발	• 흥미유발이 가능함
	의견 정리	• 토론을 들으며 청중이 자신의 의견을 정리할 수 있음
단점 07, 99 임용	논쟁	• 논쟁이 커져 예기치 않은 문제가 발생할 수 있음
	청중 참여도	• 청중의 참여도가 낮아질수 있음
	토의내용 이해어려움	• 토의주제에 대해 기존 지식이 없으면 청중이 토의 내용이 이해하기 어려움
	사회자 역량	• 사회자의 역량에 따라 성패가 좌우되고 배심원의 발표시간 제한이 필요함
	전문가 선정	• 전문가 선정이 어려울 수 있음 • 일정한 시간에 여러명의 전문가를 초빙하므로 경제적 부담이 됨 • 토의시 중복되는 이야기나 통상적인 발표가 되기 쉬움
	경제적 부담	• 일정시간에 많은 수의 전문가를 초빙하므로 주최측의 경제적 부담
	발표시간 통제	• 발표에 소요되는 시간을 통제하기 어려움
	사회자	• 유능한 사회자를 구하기가 어려움

| 예 배심토의 사례 |

- 대한의학회는 '보건의료 데이터 활용을 위한 전문가 토의'를 개최했다.
- 이번 토의에는 정부, 학계, 의료계, 산업계, 법조계, 언론계 인사 등 50여명의 관계자들이 참석하였다.
- 이날 토의는 6명의 참석한 전문가들이 각기 다른 의견을 발표하면서 다각적 관점에서 문제를 다루었고, 정해진 시간만큼 발표한 후 질의응답식으로 토의를 진행하였다.
- 토론자는 1회에 5분(최대 7분)이상의 시간을 소요하지 않는 범위내에서 간결하게 의견을 개진함으로써 다양하고 빈번한 의견교환이 이루어지도록 한다.

(3) 심포지엄 (단상 토의, 강연식 토의) 94, 93 임용

개념 (특징) 94,93 임용	2~5명 전문가 발표	• 폭넓은 문제를 주제로 하며, 동일한 정해진 문제의 여러면을 하나하나 다루기 위해 2~5명의 전문가가 각자의 의견을 1인당 차례로 짧게 10~15분 정도 발표하고, 사회자가 청중을 공개토론의 형식으로 참여시키는 교육방법임
	청중 공개 토론	• 전문가는 서로 다른 입장에서 각각 다른 주제에 대해 공식 발표함) → 2~5명의 전문가가 연이어 발표한 뒤에 청중의 공개 토론 참여
	\multicolumn{2}{l}{• 심포지엄에 참석한 전문가, 사회자, 청중 모두 특정 토의 주제에 대해 전문적인 지식과 정보, 경험을 갖고 있어 주제에 대해 다양한 측면을 다룰 수 있음}
	전문가(토론자)	• 전문가
	사회자	• 전문가
	청중	• 전문가
적용		• 심포지엄은 주로 어떤 분야에 문제가 있다고 생각될 때, 해결방법을 분석하고자 할 때, 정책이나 제도의 변화를 시도할 때 사용됨
장점	밀도있는 접근	• 특정주제에 깊이 있는, 밀도 있는 접근이 가능함
	흥미	• 전문가(연자)가 계속 바뀌므로 무료하지 않고, 흥미롭고 다채로움
	다양한 지식과 경험	• 전체적인 파악은 물론 각 부분까지 이해할 수 있음 • 다양한 지식과 경험을 획득할 수 있음
	많은 청중	• 강의때보다 더 많은 청중참여가 가능함
단점	중복	• 연자의 발표내용이 중복 될 수 있음
	소수의 청중참가	• 질문시간이 3~4분으로 짧아 소수의 청중만의 참가할 수 있음
	전문가 사전준비	• 전문가의 사전분비가 부족할 경우 청중에게 실망감을 주고, 효과가 낮을 수 있음
	배경지식	• 청중이 배경지식이 없거나 주제에 대해 정확한 윤곽을 알지 못하면 효과가 적음
	집단 구성 어려움	• 청중도 전문가, 발표자도 전문가이므로 집단 구성이 쉽지 않음

| 심포지엄 사례 |

- "국민건강증진종합계획(HP2030) 수립현황 및 실효성 강화 방안"에 대해 토론회를 한다. 토론 시간에는 국민건강증진종합계획(HP2030)의 수립위원장을 맡고 있는 한양대학교 최OO 교수의 진행(사회자)으로 '지속 가능한 HP2030을 위한 실효성 제고 방안 모색'에 대한 논의가 이루어질 예정이다.
- 세부 토론내용은 ▲건강수명지표의 지속산출방안(경희대학교 예방의학과 오OO 교수), ▲HP2030 실효성 강화를 위한 재정투입 및 평가방안(한국보건사회연구원 고OO 박사), ▲HP2030과 지역보건의료계획 연계방안(경남 거제시 보건소 정OO 소장), ▲HP2030 내 건강 형평성 반영현황 및 제언(한국건강형평성학회 김OO 회장)으로 폭넓은 주제로 토론이 진행된다.
- 지역보건소 관계자, 보건 관련 교수, 보건관련 각종 학회 및 협회 관계자들이 청중으로 참여되며 토론 후에 청중들의 공개토론이 시행된다.

(4) 분단 토의 (buzz sesstion, 와글와글 학습) 21 임용

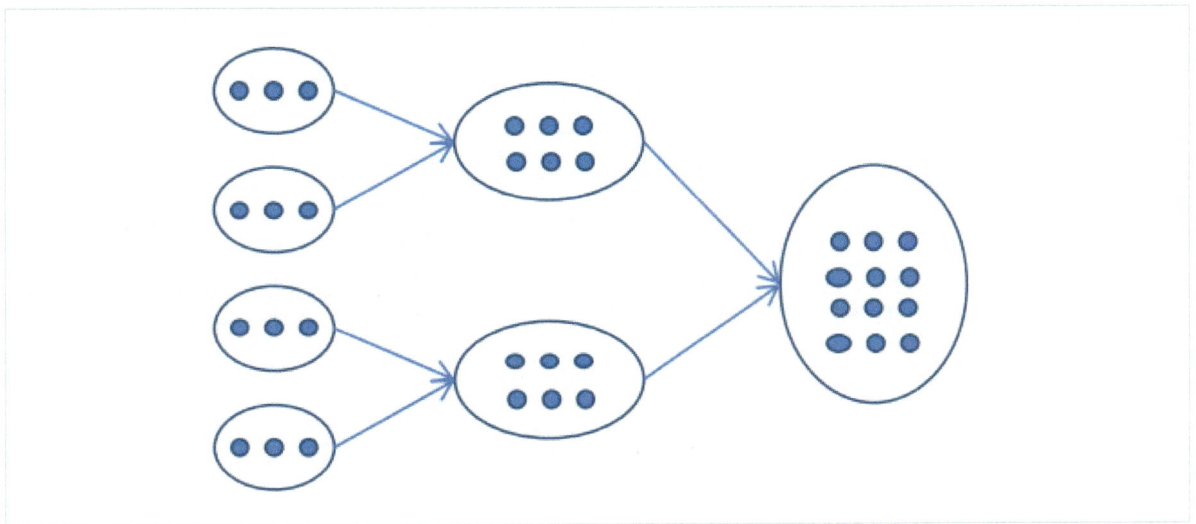

개념 (특징)		• 내용이 흥미가 있고, 참가자가 다수(많을 경우) 전체를 여러 개의 분단으로 나누어 소그룹으로 토의시키고, 다시 전체 회의에서 종합하는 방법임 • 대상자 전체의 의견을 반영하거나 분위기가 침체되었을 때 실시하는 방법임
방법	소그룹 토의	• 각 분단은 3~6명으로 구성되는 소집단 토의활동으로 한 주제에 대해 6명씩 구성된 각 그룹이 6분 정도 토의함 (6·6 방법)
	유사 그룹간 토의	• 먼저 소집단끼리 토의한 후 토의가 끝나면 사회자는 전체의 토의 결론을 보고받고, 비슷한 집단끼리 묶어 다시 토의하도록 하며, 최종적으로 전체 집단이 토의 결과를 모아 결론을 내림
	전체 토의	
	토의내용 발표	• 각 그룹의 사회자와 기록자를 선정하여 토의 내용을 정리하고 발표할 수 있도록 함
지도		• 다른팀 발표를 경청할 수 있도록 지도 필요
장점	전체 의견	• 전체의 의견을 모두 교환할 수 있고, 대상자들에게 참여기회가 주어짐
	참석인원 많음	• 참석인원이 많아도 진행가능함
	적극적인 토의유도	• 대상자가 각자 자유롭게 발언할 수 있어 적극적인 토의 유도를 할 수 있음
	반성적 사고, 사회성	• 다른 집단과 토의 결과를 공유하여 반성적 사고력과 사회성이 함양됨 • 집단사고, 협동학습, 공동체험 등 반성적 사고능력, 사회성이 함양됨
	다각적 분석, 해결	• 어떤문제를 다각적으로 분석·해결 할 수 있음
단점	부담감	• 소심한 사람에게는 부담스러울 수 있음
	소수의 의견	• 주장이 강한 소수의 의견이 그룹 전체의 의견이 될 수 있음 • 소수의견이 무시될 수 있음
	준비에 따라 효과 X	• 참여자들이 준비가 되어 있지 않을때는 효과가 없음
	진행 어려움	• 토의시간이 짧고 인원이 너무 많으며, 시설 제한 등을 이유로 진행이 어려울 수 있음

(5) 공개 토의 (forum, 포럼, 공개토론회)

유래	• 고대 로마시대의 도시광장을 의미했던 '포룸(forum)'에서 유래된 것으로 로마시민들은 포룸에 모여 자신의 생각을 다른 사람들에게 자유롭게 발표하거나 토론하였음
개념 (특징)	• 1~3인 정도의 전문가가 10~20분간 공개적인 연설을 한 후, 사회자의 진행에 따라 청중과 질의응답하는 방식으로 토의가 진행됨 (전문가(토론자) 의견발표 후 청중 질문) • 청중이 직접 토의에 참가하여 공식적으로 연설자에게 질의를 하거나 받을수 있어, 토론자 간 혹은 청중과 토론자간에 의견교류가 매우 활발함
장점	• 청중의 직접 토의에 참여하여 연설자에게 질의응답할 수 있음
단점	• 사회자가 연설, 질의시간, 발언횟수를 조절해야 함 • 청중의 질의가 없으면 무미건조한 토의가 될 수 있음

❚ 공개토의(포럼) vs 심포지엄 ❚

공통점	• 전문가(토론자) 의견발표 후 청중 질문
공개토의(포럼)	• 청중과 토론자간에 의견교류가 매우 활발하여 의견충돌과 합의가 형성됨
심포지엄	• 소수의 청중만이 참여하며, 의견교류가 활발하지는 않음

(6) 세미나

개념 (특징)		• 토론 구성원이 해당 주제에 관한 전문가나 연구자로 이루어졌을 때 주제발표자가 먼저 발표를 하고, 토론참가자가 이에 대한 토론을 하는 방법임 • 참가자 모두가 토의 주제에 대해 권위 있는 전문가들로 구성된 소수집단 형태이며, 발표자가 먼저 발표를 하고 토론 참가자들이 이에 대해 토론을 하는 방법임 • 세미나를 실시하기 전 토론자들에게 발표해야할 과제를 알려 발표내용을 깊이 있게 준비하여 전문화된 지식이나 정보를 가지고 토론을 하는 방법임 　→ 참여자 전체가 해당 주제에 관련한 지식이나 정보를 심도있게 토의하기 위해 사전에 철저한 연구와 준비를 해야함 (사전에 충분한 지식) • 주제 발표자의 공식적인 발표에 참가자들이 사전에 준비한 의견을 개진하거나 질의하는 방식임
장점	전문적인 정보교류	• 참여자가 전문가이므로 주제에 대해 전문적인 정보교류가 됨
	심층적, 전문연구	• 토의 주제에 대해 심층적 연구와 전문 연구의 기회가 됨 • 높은 전문성을 보이는 토론임
	흥미, 관심	• 전문적이고 다양한 토의와 발표를 통해 참가자의 흥미와 관심을 끌 수 있음
	능동적 참여	• 능동적 참여가 가능함
	비판적 사고력	• 비판적 사고력을 기를 수 있음
	자료 상호교환	• 보고서 형식의 간단한 자료를 상호교환할 수 있음
단점	일반인 X	• 해당 분야에 대한 전문적 식견과 정보, 배경이 없는 구성원에게 활용할 수 없음 → 일반인을 대상으로는 한계가 있음
	사전 지식	• 참가자들이 문제에 대한 충분한 지식을 사전에 갖고 있어야 함

(7) 워크숍 (Workshop)

개념 (특징)	• 세미나와 비슷하지만 세미나보다 규모가 작은 전문적인 소집단 회동임 • 참가자들이 전문가의 조언을 받으면서 이론을 배우고 실제로 적용해보면서 문제를 해결하기 위한 연구집회 혹은 강습회라고도 함
활용	• 워크숍은 교육자의 전문적인 성장을 위하여 주로 학교교육이나 사회교육에서 학자나 교사를 위해 열리는 합동연구 모임에 많이 활용됨
절차 및 구성	• 문제에 따라 다르지만 문제제기, 문제해결을 위한 조언, 문제해결법의 강구와 해결, 잠정적 결론의 형성 등으로 나뉨 • 워크숍의 전체 내용 구성은 교육 20%, 상호토론 80%로 이루어짐

(8) 브레인스토밍 (brainstorming)

개념 (특징)		• 묘안착상법, 팝콘회의라고도 하며, 갑자기 떠오르는 생각을 종이에 기록하거나 말로 표현해 본 후 글로 기록하거나 기록된 문장을 정리·정돈하면서 생각을 논리화하는 방법임 • 보통 12~15명의 단체에서 쓰이며 10~15분 정도 단기토의를 원칙으로 함
목적		• 어떤 계획을 세우고자 할 때, 창조적인 아이디어가 필요할 때, 집단원들의 의견과 생각을 끌어내어 발전시키고자 할 때 사용함
주의점 (원칙)	비판, 칭찬 금지	• 발표되는 어떤 의견에 대해서도 비판이나 칭찬을 삼가고, 특정인의 독점적 발언을 삼감
	자유로운 분위기	• 모든 구성원이 자유로운 분위기에서 우수하고 다양한 의견이 나올 수 있도록 유도하는 기술이 필요하기에 사회자 선정이 매우 중요함
	아이디어 공유	• 가능하면 둥글게 앉아 칠판이나 커다란 종이에 아이디어를 나열하여 모두 볼수 있도록 하는 것이 좋음
	아이디어 통합	• 더 이상 새로운 아이디어가 나오지 않을 때 토의를 종결하거나 필요하다면 공통된 주제나 아이디어를 통합해 정리하는 단계로 토의를 진행함
절차	첫째	• 창의적인 아이디어를 모두 나열함 • 각자 떠오르는 아이디어를 모두 제시하고 종이나 칠판을 이용하여 아이디어의 목록을 적음
	둘째	• 아이디어를 모두 나열한 후 이를 통합함 • 여러 아이디어 중에서 모든 사람이 찬성하는 아이디어를 걸러내어 좀 더 정돈된 아이디어의 목록을 통합함
	셋째	• 아이디어의 우선순위를 정함

| 표. 브레인스토밍 장·단점 |

장점	모든 주제	• 재미있으며, 어떤 문제든지 주제로 다룰 수 있음
	창조적인 아이디어	• 창조적인 아이디어나 구성원들의 의견과 생각을 이끌어내고자 할 때 유용함 • 참가자들 간 상호자극과 창의성 발달을 유도할 수 있음
	새로운 방법 (다양한 아이디어)	• 새로운 방법을 고안할 수 있음 • 다양한 아이디어를 얻을 수 있음
	협력적인 분위기	• 협력적인 분위기 조성이 가능함 • 대상자들간의 관계형성으로 상호존중하는 분위기를 조성할 수 있음
	인정	• 자신의 의견을 인정받는 경험을 할 수 있음
	의미있는 결과	• 기대하지 않았던 의미있는 결과를 얻을 수 있음
단점	고도의 기술	• 토론을 성공적으로 이끌기 위해서는 고도의 기술이 필요함
	시간 소모	• 시간소모가 많음
	결과 예측 어려움	• 결과를 예측하기 어려움 • 기대했던 결과가 나오지 않을 수도 있음
	부담	• 대상자들이 즉흥적이고 계속적으로 아이디어를 제시해야 하는 부담이 있음
	소극적 참여	• 대상자들이 소극적으로 참여하는 경우 원활한 진행이 어려움 • 소극적으로 참여하는 참가자가 생길 수 있음

11 역할극 22, 05, 01 임용

개념 (특징)	• 학습자들이 직접 실제 상황 중의 한 인물로 등장하여 연기를 하면서 실제 그 상황에 처한 사람들의 입장이나 상황을 이해하고 상황분석을 통해 해결방법을 모색하는 방법임 • 역할극을 통해 학습자들에게 실제 상황을 객관화시키고 탐구할 기회를 마련해줌 • 역할극은 사람들이 타인의 행동에 어떻게 영향을 미치는 가를 이해하는 데 도움을 주며, 학습자 자신의 관점과 의견을 더욱 확실히 알게되는 계기가 됨 → 가치와 태도에 대한 이해를 증진시키는데 효과적임 • 역할극이 끝내고 출연자와 관중이 함께 자유롭게 토론할 시간을 갖음

표. 역할극 장·단점

장점 01 임용	흥미, 동기유발	• 자신들이 직접 참여하므로 흥미 있고, 동기유발이 잘됨
	사회성 개발	• 학습자들의 사회성이 개발됨 • 상대방의 입장이 되어봄으로써 대인관계 효과에 효과적임
	교육기교 개발	• 교육기교가 개발됨
	기술습득 용이	• 실제로 활용이 가능한 기술 습득이 용이함 • 알고 있는 사실을 행동으로 표현하며 실제 적용능력이 개발됨
	대상자 수 많아도 적용	• 대상자의 수가 많아도 적용할 수 있음
	태도, 가치관, 정서적 문제해결	• 태도와 가치관 및 정서적 문제해결에 유용한 방법임
	관점 넓어짐	• 문제에 대해 보는 관점이 넓어짐
	심리적 정화	• 극중 역할을 통해 심리적 정화를 경험함
단점	준비시간	• 준비시간이 많이 소요됨
	역할 배정	• 대상자에 대한 역할 배정이 쉽지 않음 • 극중 인물을 선택하기 쉽지 않음
	참여도	• 대상자의 참여도에 따라 학습효과가 차이가 있음
	괴리감	• 역할극을 수행하는 사람이나 보조 및 주변 환경이 사실과 거리감이 있을때는 대상자들에게 교육효과가 나타나지 않아 시간낭비만 가져올 수 있음
	시간, 비용	• 시간과 비용이 많이 듦

12 시뮬레이션 학습 05 임용

개념 (특징)	실제와 유사한 상황이나 과정	• 학습자에게 실제와 유사한 상황이나 과정을 압축 혹은 단순화하여 동일하게 재현함으로써, 실제에 있을 수 있는 위험부담 없이 교육할 수 있는 환경을 말함
	동일하게 재현	
	위험부담 없이 교육	
	기본적이고, 매우 중요한 요소 선별	• 현실속에서 발생 가능한 것들 중 가장 기본적이고, 매우 중요한 요소만을 선별하여 단순명료화하여, 그 상황과 동일하게 재현함으로써 그 상황에 필요한 기술과 능력을 발휘하도록 교육하는 것임
	단순명료화	
	상황에 필요한 기술과 능력	

표. 시뮬레이션 장·단점

장점 05 임용	실제와 유사한 환경	• 실제와 유사한 환경(조건하)에서 학습함으로써 실생활 적용 용이
	안전한 수행	• 위험한 활동을 안전하게 수행할 수 있음 • 위험 부담없이 주요한 부분을 집중적으로 학습 가능
	의사결정 기술	• 학습자의 의사결정 기술을 개발하는 데 도움이 됨
	즉각적인 피드백	• 학습자의 행위나 결정에 대한 즉각적인 피드백이 가능함
	흥미, 동기유발	• 흥미유발과 동기유발이 쉬움
	자발성 조장	• 학습자의 참여와 자발성을 조장할 수 있음
	태도, 기술훈련	• 발견학습이나 태도, 기술훈련에 유용함
	비판적 사고배양	• 비판적 사고배양
	어려운 학습내용	• 어려움 학습내용에 활용하면 효과적임
	팀 훈련	• 팀 훈련에 활용할 수 있음
	평가도구로 활용	• 임상기술에 대한 평가도구로 사용할 수 있음
단점	많은 시간소요	• 시행착오를 경험하는 학습자의 경우 문제점을 해결하기 위해 많은 시간이 필요함
	너무 단순화할 때 이해 X	• 실제 상황을 너무 단순화하여 표현함으로써 학습자가 실제 상황을 제대로 이해하지 못하거나 잘못된 개념을 가질 수 있음
	시설, 준비물품	• 별도의 시설과 준비물품에 제약이 있음
	비용	• 시뮬레이션 상황을 구현하는데 비용이 많이 소모됨
	교육자 숙련된 운영 및 평가능력	• 사용방법과 조작이 어려우므로 교육자의 숙련된 운영능력과 평가능력이 필요함

표. 디프리핑 개념 및 효과

정의 (개념)	• 시뮬레이션 활동이 끝난 후(마지막 단계)로 구조화된 질문지를 통해 시뮬레이션 활동 후에 자기 성찰을 통해 자신의 경험으로 스스로를 분석하고 점검할 수 있게 함 • 학습자와 교육자가 함께 사건을 재검토하고, 무엇을 잘했는지, 개선할 점은 무엇인지 그리고 왜 그런행동을 했는지를 분석함
목표	• 비판적 사고, 임상적 판단력, 자기 인식을 향상시키는 것임
주의점	• 비난하지 않는 분위기 속에서 진행 • 학습자의 적극적인 참여를 유도함
효과	• 임상적 판단력, 문제해결 능력 증진 • 자신감 증가 (스트레스, 불안 감소) • 커뮤니케이션 향상 • 자기성찰 능력 향상 등

표. 시뮬레이션 예시

- 코로나 19 상황과 유사한 상황을 제시하여 간호대학교 3학년 학생들을 대상으로 "음압병실에 입원중인 호흡곤란과 불안을 호소하는 김OO 환자" 대상으로 간호사 역할을 맡은 학생은 레벨 D 개인보호구를 착용한 상태에서 간호를 제공하고, 그 외 팀원들은 간호사, 보조간호사, 보호자, 관찰자 등 역할을 부여한 후 김태환(가명) 환자 시나리오 상황의 문제를 해결할 수 있도록 하였다.
- 이외에도 환자, 보호자와의 의사소통 및 의사에게 환자상황 보고 등을 할 수 있도록 하였고 20분 내외로 진행 하였다.
- 이후 마지막 단계로 구조화된 질문지를 통해 간호학생의 자기 성찰을 통해 스스로를 분석하고 점검할 수 있는 시간을 가지게 되었다.

13 견학 (현장학습, 현장답사)

개념 (특징)		• 현장을 직접 방문하여 관찰하고 배우는 교육활동임 • 사건이나 장소를 보거나 사람들을 방문하는 것으로 많은 것을 배울수 있으며 산 경험을 주는 것임 • 견학은 교실에서 간접적으로 재창조 할 수 없는 경우에 사용하며 가장 효과적인 교육방법 중의 하나임
견학 전	견학 목적 알림	• 견학 전에는 반드시 견학목적을 명확히 알려주어야 하며, 견학 장소의 사전답사와 사전계획이 잘 짜여져야 하고, 견학의 목적을 달성하기 위해서 견학지침서를 작성하는 것이 좋음
	사전답사	
	사전계획	
	견학지침서	
견학 후	토의 (평가시간)	• 견학 후에는 짧게라도 토의시간을 마련하여 견학목적이 달성되었는지 평가하는 시간을 갖고 부족한 부분은 교육자가 보충 설명하는 것이 좋고, 보고서를 제출하여 자신이 관찰한 내용을 정리할 수 있도록 함
	보고서체출	
장점	사물 관찰	• 직접 관찰 할 수 있으므로 사물을 관찰하는 능력이 배양됨 • 교육 시 실제 활용자료로 유용함
	다각도 경험	• 다각도의 경험을 하게 되므로 태도 변화가 용이함
	실제 적용	• 다양한 경험 습득과 적용능력 함양이 가능함 • 배운 내용을 실제에 적용할 수 있음
	흥미, 동기유발	• 흥미와 동기유발이 가능함
단점	시간, 경비	• 시간과 경비가 많이 소요됨
	장소선택 어려움	• 장소 선택에 어려움이 있음
	사고가능성	• 예측불허의 사고가능성이 있음
	계획, 평가 필요	• 세심한 계획과 평가가 필요함 • 사전계획이 미비하면 투입비용 대비 효과가 적을 수도 있음

14 건강캠페인

개념 (특징)		• 건강상식과 기술을 증진시키거나 특별한 건강문제에 대한 태도나 가치판단을 증진시키기 위해 단기간내 집중적인 반복과정을 통해 많은 사람들이 교육내용을 알도록 하는데 활용되는 방법임 • 하나의 주제나 문제점을 둘러싸고 계획되며 캠페인 기간은 수일에서 1개월까지 표면적으로 활용되며, 보조자료는 포스터, 팸플릿, 라디오, TV 등을 사용함
장점	단시간 많은사람 전달	• 새로운 지식과 정보를 가장 빨리 시간 내에 많은 사람에게 전달 할 수 있음
	건강 경각심	• 건강에 대한 경각심을 높일 수 있음
	어디서나 활용가능	• 학교, 의료기관, 보건소, 산업장 등 어디서나 활용 가능함
단점	일방적인 전달방법	• 일방적인 전달방법이기 때문에 의미전달이 불확실하고 정확하지 않을 수 있음
	복합적인 행위변화	• 복합적인 행위변화가 필요한 경우에는 적합하지 않음
	정보이해능력 차이	• 대상자의 지식수준에 따라 전달되는 정보의 이해능력에 차이가 있을수 있음
	대중관심 감소	• 캠페인이 끝난 후 대중의 관심이 감소될 수 있음
	사전준비	• 장소, 예산, 인력 등 사전준비가 많이 필요함

15 건강전시회

개념 (특징)	• 보건교육이 필요한 대상자들에게 특정 장소를 활용하여 일정한 기간동안 건강에 관련된 내용을 전시함으로서 대상자들이 건강에 대한 관심을 가질 수 있도록 하는 방법임 • 실물, 모형, 포스터 등으로 다양하게 활용될 수 있음
장점	• 대상자의 흥미 유발을 통해 주의 집중이 용이함 • 핵심적인 교육내용을 함축적으로 보여줄 수 있어 학습자의 이해를 도움 • 많은 시간을 들이지 않아도 수시로 보면서 학습목표에 도달 할 수 있음
단점	• 창의적인 전시물과 시선을 끌수 있는 전시계획, 진열이 기획되어야 함 • 전시 장소를 섭외하기 어려움 • 전시물을 자주 교체해주어야 학습자들의 흥미을 유발할 수 있음

16 사례연구 (case study)

개념 (특징)		• 사례연구는 특정 학습주제를 가르치기 위해 기존의 여러사례들을 이용하는 방법임 • 학습자는 사례들을 수집, 비교, 분석하여 해결방안을 모색하거나 일반적인 원리를 파악하는 과정에서 새로운 지식을 습득함
장점	대상자 활동	• 대상자 활동이 많음
	분석적 사고력	• 문제해결에 필요한 분석적 사고력이 향상됨
	다양한 해결책	• 특정 문제에 대해 다양한 해결책이 있음을 알게됨
단점	지도경험	• 교수자의 지도경험이 부족한 경우 예기치 않은 결과를 초래함

17 팀 중심 학습 (TBL, team-based learning)

개념	• 공동의 목표를 달성하기 위해 구성원들이 비전을 공유하고 효율적인 의사소통 체계를 갖추어 상호작용함으로써 성과를 달성하는 팀 체제에 바탕을 둔 학습방법임 • 소규모 팀을 이루어 미리 학습한 내용을 바탕으로 문제를 해결하고 피드백을 받아 학습함 • 능동적 학습, 문제중심학습(PBL)의 일환으로 보기도 함	
특징	• 사전 학습(수업 전 미리 숙지) → 소규모 팀 구성(4~6명) → 실제상황 중심의 문제제시 → 학생 참여 → 발표 및 피드백	
장점	문제해결능력, 창의력	• 개인의 문제해결능력과 창의력을 신장시킴
	협동심 등	• 상호배려, 협동심, 응집력, 만족감 등을 높임
	의사소통 능력	• 학습에 대한 자기통제감과 의사소통 능력 향상
	반성적 사고능력	• 상대방의 다양한 관점을 수용하거나 비판함으로써 반성적 사고능력이 배양됨
	성장과 발전	• 적절한 피드백으로 개인과 팀의 성장과 발전을 가져옴
단점	팀 적응 X	• 팀에 적응하지 못할 경우 학습능력이 저하될 수 있음
	동료의식 X	• 동료의식이 없으면 팀원 사이의 시너지 효과를 기대하기 어려움
	소수 참여자	• 주도적 소수 참여자에게만 학습이 제한될 수 있음
	교육자 역량	• 과제 제시, 적절한 피드백의 평가 등 교육자의 역량이 요구됨
	팀 구성 어려움	• 이질적이되 응집력이 높은 팀을 구성하기 어려움
	학습자 수준차	• 학습자가 사전에 준비를 하지 않았을 경우 학습자 사이의 수준차가 생길 수 있음

| 사례. 팀 중심학습(TBL) 예 |

• 주제 : 감염병 발생 시 대응 전략 수립	
사전학습	감염병 감염경로, 감염병 대응 전략 등
퀴즈 및 토론	• 개인 퀴즈 • 팀별 퀴즈 및 정답 토론
활동(적용 과제)	• 학교에서 신종감염병이 발생했을 때 보건소의 역할과 대응전략 수립
발표 및 피드백	• 각 팀 전략 발표, 피드백

18 프로젝트 학습 11, 09 기출

개념 (특징)	스스로 주제 선정, 자료 수집, 계획, 수행, 평가	• 교육자가 학습목적을 제시하고 지침을 주면, 소집단인 팀별로 스스로 주제(문제) 선정, 수집, 계획, 수행, 평가를 함으로써 문제해결방안을 찾는 자기주도형 교육방법임
	해결방안 찾음	
	자기주도형 교육방법	
	탐구활동	• 스스로 구성한 주제에 대한 탐구활동을 통해 프로젝트를 완성하는 학습이며, 프로젝트를 완성하는 과정에서 학습경험이 이루어짐
	프로젝트 완성	
	현장조사, 심층적 연구	• 실제상황속에서 학습자 스스로 구성한 주제(문제)에 대하여 다양한 참고자료 및 현장 경험을 통해 학습자 스스로 깊이 있게 공부하는 학습형태를 말함 → 현장실습이나 심층적 연구가 필요한 과제에 적용시 매우 효과적임 → 현장조사나 자료수집 과정에서 학생들의 의사결정능력과 관찰능력이 배양됨
	학습자가 실제적인 결과물(프로젝트)를 만들기 위해 주제를 정하고 계획하고 조사, 협업, 제작, 발표까지 수행하는 학습법임 → 구체적인 결과물 제작 및 과정 중심의 학습	
교수자	• 대상자 중심의 능동적인 학습활동이지만, 교수자는 대상자들이 학습활동을 하는 동안 수시로 점검하고 그들이 도움을 필요로 할 때 언제든 지원할 수 있어야 함 → 촉진자, 조력자 역할	
장점	문제해결력	• 실생활과 관련이 높아 실제 문제 해결력이 향상됨
	창의력, 탐구력 형성	• 자신 스스로 혹은 팀원과 함께 의사를 결정하고 문제를 해결하는 탐구력, 창의력, 협동심, 공동체 의식이 형성됨
	협동심 등	
	높은수준의 학습	• 학습의 전이가 잘됨
	학습의 전이	• 높은 수준의 학습에 유용함
	자기주도력, 성취감	• 학습자의 자발적인 참여로 자기 주도력, 성취감이 향상됨
	사고의 유연성	• 사고의 유연성 기름
	동기유발	• 학습에 대한 동기유발이 용이함
	자율성(자주성), 책임감	• 자기주도적 학습방법으로 자율성(자주성), 책임감 발달 • 스스로 교육의 주체가 되므로 자율성, 책임감 발달
	전인적 발달	• 프로젝트와 관련된 지식, 기술, 성향, 감정 등이 균형있게 발달할 수 있음
	태도변화	• 주제에 대한 학습자의 태도변화가 용이함

단점	시간소요	• 많은 시간이 소요됨
	우수한 구성원 독점	• 학습자가 선호도와 개인차로 우수한 구성원에 의해 독점되는 경향이 있음
	평가의 신뢰도, 객관성 저하	• 평가의 신뢰도, 객관성이 저하됨
	능력, 의욕 부족시 목표달성 어려움	• 능력과 의욕이 부족한 경우 목표달성이 어려움
	평가 어려움	• 평가의 표준 설정이 어려움 • 세밀한 계획과 평가기술이 필요함 • 세부적인 교육계획이 없으면 단계마다 학습목표 달성 정도를 측정하기 어려움
	부담	• 수동적인 대상자에게는 부담스러울 수 있음
	실패가능성	• 문제해결을 위한 자료나 정보가 부족할 경우 실패할 가능성이 있음
	시간, 노력 낭비	• 가 방법에 익숙하지 않은 학생들에게는 시간 및 노력의 낭비를 초래함

표. 사례. 프로젝트 학습법 예

주제 : 학교 내 감염병 예방 홍보 프로젝트
학습목표 : 감염병의 감염 경로와 예방법을 이해하고, 학교 내 감염병 예방을 위한 홍보자료를 제작한다.

〈 프로젝트 활동 〉
- 감염병 감염경로 관련 자료수집
- 주요 감염병 예방법, 예방수칙 자료 수집
- 학생들 대상 '예방수칙 지식 및 실천' 관련 설문조사
- 예방을 위한 홍보 캠페인 기획
- 포스터, 리플렛, UCC 제작 기획

〈 프로젝트 완성(산출물) 〉
- 감염병 예방 포스터, 감염병 예방 리플릿
- 감염병 홍보 UCC 및 동영상 제작

19 문제중심학습 (PBL, 문제기반학습)

개념 (특징)		• 학습자에게 해결해야할 해결해야 할 문제와 문제해결의 실마리가 될 정보를 제시하여, 학습자는 직면한 문제점과 한계를 발견하고, 비판적 사고를 통한 문제해결과정을 통해 학습이 자연스럽게 이루어지도록 하는 방법임 학습자가 실제 또는 가상의 문제를 해결하는 과정을 통해 지식과 사고력을 기르는 학습법 → 문제해결 과정속에서 탐구력, 비판적 사고력 기르기
	가상의 시나리오	• 실제 사례를 만나는 것과 같은 가상의 시나리오를 체계적으로 구성하여 학생들에게 단계적으로 제공하면 학생들은 사례가 가지는 문제점을 스스로 발견하고 그러한 문제를 해결하기 위한 과정을 찾아감으로써 유사한 사례에 대한 통합적인 문제해결능력을 함양하도록 하는 학습방법임 • 개인을 대상으로 수행하기도 하지만 대개의 경우 소집단 구성원들이 협력하여 수행하도록 함으로써 상호간에 각자의 관점을 이해하여 반성적인 사고를 하는 데 도움을 줌
	문제해결 과정	
	문제해결 능력	
	탐구력, 비판적 사고, 반성적 사고	
효과		• 문제해결 과정에서 관련된 개념과 원리를 배우고, 필요한 정보를 수집, 분석, 처리, 종합, 정리함으로써 문제해결능력을 기르게 됨
진행 절차 (과정)	문제 제시 (문제 확인)	• 문제 제시 • 문제를 발견하고 인식하여 학습동기를 유발하는 단계임 • 문제의 내면화 • 문제에 대한 충분한 설명이 필요함
	자료수집 단계	• 팀을 구성하고, 발견하고 인식된 문제를 해결하기 위해 필요한 자료를 계획하는 단계 • 학습자료의 선정, 수집, 검토
	해결방안 계획	• 문제해결을 위한 방법을 계획하는 단계로 해결방법과 과정을 정하고 과제를 분담하는 것이 필요함 • 하위 목표 해결을 위한 학습과제의 규명과 분담
	문제해결 (실행단계)	• 계획한 것을 기초로 하여 실제 문제해결 활동을 수행하는 단계이며, 학습자의 주도하에 자유로운 분위기에서 자율적으로 이루어지며, 교육자는 조언과 지원의 역할을 함 • 가능한 해결안에 대한 브레인스토밍과 정교화 • 해결안 결정 및 보고서 작성
	발표 및 토의 (평가단계)	• 팀별로 종합적인 결과를 정리하여 발표하는 단계임 • 팀별 결과에 대한 집단 토의 • 교육자는 문제해결의 과정과 결과를 평가하고 지속적인 발전이 있도록 격려함
	정리단계	• 결과에 대한 일반화와 정리 • 자기 성찰

장점	문제해결능력 강화	• 실제적 상황을 통해 학습하므로 문제해결능력이 강화됨 • 생활속에서 일어나는 실제적인 문제해결 능력의 기회를 제공함
	사고력, 판단력, 창의력	• 문제해결과정을 통해 사고력, 판단력, 창의력이 증진됨
	자기주도적 학습	• 자기주도적 학습능력이 향상됨
	자율성, 적극성, 능동성	• 학습자의 자율성, 적극성, 능동성이 함양됨
	전인적 발달	• 지식, 기술, 태도 등의 전인적 발달을 가져옴
	의사소통 기술	• 의사소통 기술을 배양함
	민주적 생활태도	• 협동학습을 통한 민주적 생활태도 배양
	지식을 융통성 있게 활용	• 문제해결을 통해 지식을 학습하게 되고, 단순 암기에 비해 학습의 능률이 오르며 지식을 융통성 있게 활용할 수 있음
	대인관계	• 협동학습을 통해 대인관계 기술이 배양됨
	학습동기	• 학생들의 학습동기를 유발함
	추론능력	• 필요한 새로운 지식을 자율적으로 습득할 수 있는 능력이 함양됨 • 임상에서 발생하는 다양한 상황에 대한 추론능력이 길러짐
단점	시간소요	• 시간이 많이 소요됨
	기획, 문제설계 복잡	• 문제 개발 과정이 어려움 • 교육과정의 기획과 문제설계가 복잡함
	사전교육, 준비	• 교수의 경우 학생교육에 많은 시간을 들여 사전교육과 준비가 필요함
	다양한 학습매체	• 충분하고 다양한 학습매체가 준비되어야 함
	학습의욕(동기) 저하	• 해결능력이 떨어지는 경우 학습의욕이 저하됨 • 학습자의 수준과 맞지 않을 경우 학습동기가 저하됨
	충분한 교실확보	• 소집단 토의를 위한 충분한 교실확보가 필요함
	총괄평가에 적절 X	• 기말고사나 국가고시와 같은 총괄평가에는 적절하지 않음 → 문제해결에 대한 참여도, 성취도 등 형성평가가 이루어지므로
	기초학력 배양	• 충분한 기초학력 배양이 어려움
	필수 지식 X, 불필요한 학습	• 학습자의 경우 반드시 습득해야 할 지식이나 수기를 빠뜨리거나 불필요한 것을 학습할 수도 있음

표. 사례. 문제중심학습 예

1. 문제제시: 지역사회 중학생 흡연률이 증가하고 있을 시, 내가 보건교사라면 이 문제를 어떻게 해결할 것인가?
   • "학교급식에서 나오는 음식물 쓰레기를 줄이려면 어떻게 해야할까?"
   • "우리반 친구들이 수업에 집중하지 못하는 것을 어떻게 해결할까?"
2. 자료수집
3. 해결방안 계획
4. 문제해결
   • 문제해결활동, 해결안 결정
5. 발표 및 토의 (평가단계)
   • 팀별로 종합적인 결과를 정리하여 발표하는 단계임
   • 팀별 결과에 대한 집단 토의

20 액션러닝

개념(특징)	• 학습자들의 과제해결을 위해 모여서 실제 과제를 해결하거나 해결안을 도출하는 과정에서 학습자들 상호간에 질문과 성찰을 통해 학습이 이루어지는 교육법임 • 교수자 중심에서 벗어나 학습자들이 소집단을 구성하여 팀워크를 바탕으로 교육기간동안 꼭 해결해야 할 중대하고 심도 높은 과제를 직접 해결하는 것을 목적으로 함 • 학습팀의 구성원 모두가 한 가지 과제를 감당할 수 있고, 또는 각자 개인이 자신의 과제를 해결하는 과정에서 서로 도움을 줄 수 있음
교육자 역할	• 조력자, 촉진자, 분위기 조성자, 과정 상담자
특징	• 강의식 학습법에 비해 실무경험을 통합하고 자신의 개인적 가치관에 도전하게 되어 전문직관 정립 및 전문능력이 향상됨

표. 액션러닝 vs 문제중심학습(PBL)

	액션러닝	문제중심학습
공통점	• 문제를 중심으로 학습이 전개됨 • 문제해결력을 기르고 자기 주도적 학습을 지향	
정의	• 실제 조직이나 현장에서 발생한 실제 문제를 해결하면서 학습	• 학습과제가 실제상황과 유사한 상황(가상상황, 문제 상황)을 해결하며, 문제해결력 기름
목적	• 문제해결과 조직이나 실생활에 직접기여	• 학습과정에서 지식 습득 및 비판적 사고력 향상
결과물	• 현장 적용가능한 해결책	• 문제에 대한 이해와 해결방안 중심

표. 액션러닝 장·단점

장점	질문, 피드백, 성찰	• 질문, 피드백, 성찰 등을 통해 문제해결과정을 학습함
	팀워크	• 팀워크를 향상시킴(협동학습)
	문제해결	• 문제해결과정에서 지식을 습득시킴
단점	가상 문제 X	• 실제 문제에 적용하므로 가상의 문제에는 사용할 수 없음
	사전준비	• 사전 준비 및 학습 활동이 필요함
	노력 요구	• 액션러닝 프로그램과 학습지원환경을 유기적으로 구축하는 노력이 필요함
	학습자 노력에 따른 효과 다름	• 학습자의 능력에 따라 학습효과가 달라질 수 있음
	학습효과 감소	• 문제해결에만 초점이 맞춰질 경우 학습효과가 떨어짐

| 표. 액션러닝 사례 |

- 주제 : 우리반 친구들이 스마트폰 과다 사용이 건강에 미치는 영향을 줄이기 위한 실질적인 해결책 제시
- 활동
  1) 실제 학교보건 통계나 상담 사례 수집 (실제 사례에서 자료 수집)
  2) 팀별로 학생, 보건교사 대상으로 인터뷰
  3) 원인분석 및 해결방안 도출
- 스마트폰 사용 가이드라인, 앱 사용 제한 캠페인 등
  4) 실제 학교에서 적용가능한 정책 및 캠페인 제안 등

21 하브루타 (havruta)

개념 (특징)	짝	• 두명의 학습자(친구, 동료 등)가 서로 짝을 지어 함께 공부하는 것으로, 짝을 지어 서로 질문하고 대화를 거듭하고 토론하고 수용하며, 비판을 통해 서로의 생각을 확장될 수 있도록 하는 공부법임
	질문	
	토론	
	생각 확장	
주요 활동	• 질문을 하는 것이 가장 중요한 활동이며, 좋은 질문을 통해 토론이 이루어지며, 보다 넓은 생각이 도출됨	
장점	대인관계	• 대인관계 능력이 향상됨
	깊은 이해	• 학습 내용을 깊이 있게 이해할 수 있음
	토론 능력	• 토론 및 논쟁능력이 향상됨
	비판적 사고 능력	• 창의력 및 비판적 사고능력이 향상됨
	자기표현능력	• 자기표현능력이 향상됨
단점	사전준비	• 교수자와 학습자의 사전준비가 많이 필요함
	시간 소요	• 수업시간이 많이 소요됨
	수업 계획	• 수업을 철저히 계획하지 않으면 학습 목표 도달이 어려움

22 플립러닝

개념	• '거꾸로 학습', '역전 학습', '반전 학습'이라고 함 • 기존의 교육방식을 뒤집어 집에서 교사가 제작한 강의를 듣고 학교에서 교사 및 학생들과 토론하면서 퀴즈, 프로젝트 활동, 질의응답 등을 통해 문제를 해결하는 교육방법임	
	교수자	• 강의 비디오 제작 및 제공
	학습자	• 수업 전 강의비디오 예습 (이론학습)
	수업시간	• 이론학습 점검 : 퀴즈, 토론, 프로젝트 활동, 질의 응답, 사례 공유 등
특징	• 질문을 하는 것이 가장 중요한 활동이며, 좋은 질문을 통해 토론이 이루어지며, 보다 넓은 생각이 도출됨	
장점	능동적, 활발한 학습자	• 학습자는 수동적인 수강자에서 능동적이며 활발한 학습자로 바뀌게 됨
	예습, 복습	• 학습자의 수준에 따라 예습과 복습이 가능(동영상 강의로 반복학습 가능) → 학업 성취도가 높아짐
	실력, 편차 감소	• 학습자 들간의 실력과 편차가 감소함
	자기효능감	• 자기주도적인 학습을 통해 효과적인 문제해결을 통한 자기효능감 증진됨
	선행학습 가능	• 학습내용을 학습자 수준에 맞게 교실 수업전에 미리 선행학습이 가능함
	소통 강화	• 교수자와 학습자 간의 소통 강화
	학업 성취도 낮은 학생	• 학업 성취도가 낮은 학생들에게 도움이 됨
	투명한 수업운영	• 투명한 수업운영이 가능함
단점	수업 준비도	• 교수자와 학습자의 수업 준비도의 비중이 큼
	산만한 수업	• 플립러닝 방식에 익숙하지 않으면 산만한 수업이 될 수 있음
	소외된 학습자	• 플립러닝에 소외된 학습자가 발생하고, 자발적인 참여가 이루어지지 않고, 수업이 진행된다면 실패할 수 있고, 과제수행에 적극적이지 못한 학습자는 의문을 해결할수 없고, 효과적인 학습이 이루어지지 않음

┃ 표. 플립러닝 사례 ┃

• 고등학생을 대상으로 '약물 중독과 약물 오·남용'에 대한 보건교육을 실시하고자 한다.
• '약물 중독과 약물 오·남용'에 대한 온라인동영상을 집에서 제공하여 수업전에 온라인 동영상을 시청하도록 하고, 이후 수업에서는 학생들과 토론하면서 퀴즈, 질의 응답, 프로젝트 활동 등을 통해 약물중독이 신체에 미치는 영향에 대해 교육하였다.

23 블렌디드 러닝

개념	• 온라인 수업의 장점과 오프라인 수업의 장점을 적절히 혼합하여 학습효과를 높이기 위한 수업방법임 → 온, 오프라인 교육을 혼합하는 교육임
교육 형태	• 교육의 형태는 오프라인 중심 온라인 보충형, 온라인 오프라인 병행형, 오프라인 보조형, 온라인 중심형 등 다양함 예) 월,화,수 온라인 & 수, 금 오프라인 / 온라인 교육 & 시험은 오프라인 / 대면학습 들으면서 온라인 교육 일부 선택 등 형태는 다양함

장점	〈 최근 주목받는 이유(장점) 〉 1) 온라인 교육의 인간적인 접촉 상실이나 홀로 학습에 대한 두려움, 이로 인한 동기유발 저하 등을 면대면 교육으로 보완할 수 있다는 장점 2) 면대면 교육이 가진 시간적, 공간적 제한점을 온라인 학습의 장점을 통해 보완할 수 있음 3) 학습자가 주도하는 개인 맞춤형 교육이 가능함	
	자기주도적 학습	• 자기주도적 학습을 촉진하고, 다양한 학습요구에 부합함
	비용, 시간 절감	• 비용과 시간을 절감할 수 있음
단점	사전계획	• 교수자의 분명한 사전계획과 의도가 있어야 한다는 어려움
	산만한 수업	• 블렌디드 방식에 익숙하지 않으면 산만한 수업이 될 수 있음
	• 전통적인 교수법을 온라인으로 옮겨 놓은 것에 지나지 않음	

표. 사례. 블랜디드러닝 예

〈 주제 : 스트레스로부터 나의 정신건강을 지키자 〉	
① 온라인 수업	• 유투브, 구글폼, EMS 등을 통해 스트레스 원인과 스트레스가 인체에 미치는 영향 동영상 시청, 구글폼으로 간단한 스트레스 관련 퀴즈 풀기, 앱을 통해 나의 감정일기 기록하기
② 오프라인 수업	• 나만의 스트레스 해소법 발표, 친구와 감정 나누기, 스트레스 원인 및 대처 등에 토론하기 등

24 메타버스 교육

개념 (특징)		• Meta(초월한) + Universe(세계)로 가상현실(VR), 증강현실(AR) 등 3D 가상공간 등을 활용해 학생들이 가상공간속에서 활동하고, 몰입하여, 실제처럼 상호작용하며 학습하는 교육방식임
특징 (장점)	몰입감	• 몰입감 있는 학습이 가능
	실재감	• 현실감 있는 정보와 체험을 할 수 있음 → 생생한 실재감
	쌍방향 참여	• 친구들과 함께 실시간 토론, 미션 수행 가능
	장소제약 X	• 집, 교실, 어디서든 접속 가능
	현실체험 어려운 것도 가능	• 인체 내부 관찰, 병원 체험, 응급처치 시뮬레이션 등 현실체험 어려운 것도 가능함
	자기표현능력	• 자기표현능력이 향상됨

(1) 가상현실 (VR)

개념 (특징)		• 컴퓨터 그래픽으로 가상의 사이버 공간을 구축하여 3D 공간에 들어가서 체험하는 방식임 • VR 기기(고글 등)을 착용하고, 현실세계와 연계가 없는 가상의 세계를 체험함
장점	시공간 제약 X	• 시공간의 제약이 없어, 집, 교실, 어디서든 접속 가능
	개별학습	• 개별학습이 가능함
	쌍방향 참여 (학습자 간 상호작용)	• 학습자 간 상호작용, 소통하여 쉽게 질문하며 피드백 할 수 있음
	실재감	• 현실감 있는 정보와 체험을 할 수 있음 → 생생한 실재감
	현실체험 어려운 것도 가능	• 인체 내부 관찰, 병원 체험, 응급처치 시뮬레이션 등 현실체험 어려운 것도 가능함
	완전한 몰입	• 다양한 감각을 통해 가상공간에 완전히 몰입할 수 있음
	종합적 사고력, 문제해결력	• 전략적, 종합적 사고력이나 문제해결력 향상이 가능함
단점	디지털 기반기기	• 교육자–학습자 모두 디지털 기반 기기를 갖춰야 함
	교육용 컨텐츠	• 메타버스 기반 교육용 컨텐츠가 개발되어야 함
사례		예 응급처치 상황에서 CPR 체험 예 치매환자의 기억력 등 인지능력저하 체험 등

(2) 증강현실 (AR)

개념 (특징)		• 현실 위에 디지털 정보를 겹쳐서 보여주는 방식임 → 실제 환경에 가상의 사물이나 정보를 합성하여 보이게 하는 기술임 • 현실세계에 가상의 물체를 덧씌워 대상을 입체적이고 실재감 있게 보여줌
장점	지각력, 몰입감	• 다양한 감각적 표현을 바탕으로 지각력을 높이고 학습에 대한 몰입감을 제공함
	능동적인 학습	• 학습상황에 사용자가 적극적으로 개입하게 하는 상호작용을 유도함으로써 능동적인 학습이 가능함
사례		예 인체의 구조와 해부생리 등을 눈앞에서 관찰하며 학습함 예 카메라로 책을 비추면 심장이 3D로 떠오르고 움직임이 보임

(3) 라이프로깅 (life-logging)

개념 (특징)	• 사물과 사람에 대한 일상적인 경험과 정보를 캡쳐, 저장 및 공유하는 기술을 의미함 • 스마트 기기를 통해 자신의 일상을 인터넷이나 SNS에 남김 → 신체, 감정, 경험, 움직임 등 이용자의 사적인 데이터들을 디지털화하여 디지털 공간에 기록하는 방식임 라이프 로깅 : 개인의 일상 생활을 다양한 형태로 기록하고 공유하는 행위
장점	• 학습 관련 분석 데이터를 바탕으로 학습을 성찰하고 개선할 수 있음 • 학습자의 학습로그 데이터를 바탕으로 맞춤형 학습 방향을 지도할 수 있음
사례	예 페이스북, 인스타그램, 트위터, 카카오톡 등과 같은 SNS 예 애플워치, 삼성헬스, 나이키 플러스 등 예 웨어러블 디바이스를 통해 달린 거리나 시간, 소모 칼로리를 측정하고 기록 및 저장하여 대상자의 동기부여 및 목표달성에 기여함

(4) 거울세계 (mirror world)

개념 (특징)		• 실제 세계를 그대로 반영하되 외부 환경의 정보를 통합하여 제공하는 기술을 말함 → 실제 환경을 가상 공간에 그대로 옮겨 놓아, 마치 거울처럼 현실 세계를 반영하는 학습 환경을 제공
장점		• 교수 학습의 공간적, 물리적 한계성을 극복하고 거울 세계의 메타버스 안에서 학습이 가능해짐 • 온라인 실시간 수업이 가능해짐
교육방법	화상회의 플랫폼	예 ZOOM, Webex, Google Meet, MS Teams
	3D 지도활용	예 구글어스(Google Earth) 및 네이버 지도(Naver Map)
	과거 시간 경험	예 구글 스트리트뷰(Street View)와 타임랩스(Time lapse)
	세계적 명소	예 구글 보이저(Voyager)
사례		예 국내외 병원의 시설 구현, 그안의 의료진 및 환자 체험, 지역사회 보건 의료 시설 탐방 등

25 마이크로 러닝 (micro learning)

개념 (특징)	작은 단위	• 교육 내용을 효과적으로 전달하기 위해 지식, 정보, 콘텐츠를 요약하여 작은 단위의 형태로 전달하는 것으로 학습 시간이 짧고(5~15분) 간단하고 작은 주제 단위의 내용을 담고 있음
	짧은 시간 (5~15분)	
	핵심, 집중력	• 보통은 5~15분 정도 분량의 콘텐츠를 제공하며, 하나의 학습 목표를 달성하는데 필요한 학습 내용을 담은 작은 콘텐츠를 의미함 → 영상, 퀴즈, 카드뉴스, 미니 게임 등 간편하고 반복 가능한 콘텐츠 사용 → 핵심만 전달, 짧고 집중력 있는 학습
장점	반복 학습	• 언제 어디서나 반복적으로 학습할 수 있음
	집중도	• 학습자 요구에 맞는 내용으로 집중도를 올릴 수 있음
	폭넓은 지식	• 짧은 시간 안에 빠르게 폭넓은 지식 습득이 가능함
단점	전체적인 맥락 X	• 학습 내용의 전체적인 맥락을 파악하기 힘듦
	편향, 지엽적	• 편향적이고 지엽적인 학습이 될 수 있음
	인터넷	• 인터넷이 없거나 인터넷 사용능력이 없으면 사용이 불가능함
	학습 콘텐츠	• 활용할 수 있는 학습 콘텐츠가 마련되어야 함

표. 사례. 마이크로러닝 예

교육주제	교육내용
성교육	• 2분 성교육 애니메이션으로 사춘기 2차 성징 보기 → 짧은 테스트하기
스트레스	• 스트레스 해소법 3가지 숏폼 영상 보기 + 내 감정 선택 카드
흡연예방	• 담배 1개비가 주는 신체 영향 짧은 슬라이드 → 금연 슬로건 만들기

Part 04 보건교육 매체활용

1 교육매체의 종류 및 특성

1 실물

장점	흥미	• 흥미롭고, 쉽게 교육목표에 도달할 수 있음
	쉽게 교육목표 도달	
	즉시 활용	• 교육 후 실생활에서 즉시 교육내용을 활용할 수 있음
	의사소통	• 단기간 내에 교육자와 학습자 간의 의사소통이 이루어질수 있음
단점	구하기 어려움	• 교육목표에 맞는 실물이나 실제상활을 구하기 어려움 • 시간적, 계절적 제한이 있어 항상 가능하지는 않음
	경제적 부담	• 실제 현장에 가서 봐야하므로 경제적 부담감 생김
	보관 어려움, 손상	• 보관하기가 어려우며, 실물이 손상되기 쉬움
	소규모	• 소규모 집단 교육에는 적합하나 대규모 집단교육에는 제한

2 모형 및 유사물

개념		• 실물을 삼차원적으로 표현한 것으로 교육목적에 따라 실물보다 크기를 조절할 수 있음 • 실물을 사용하기 어려운 경우 실물을 나타나기 위해 인위적으로 만든 입체 자료를 말함
장점	실제상황 비슷한 효과	• 실물이나 실제상황과 거의 비슷한 효과를 낼 수 있음
	반복 관찰 등	• 반복적인 검사나 관찰을 할 수 있음
	모형 제작	• 교육목적에 맞게 모형을 제작할 수 있음
	재사용	• 운반할 수 있고, 재사용이 가능함
	실물 축소, 단면화 등	• 실물을 축소시키거나 단면화하므로 세부적인 부분까지 볼수 있음
	소규모	• 소규모 집단 교육에는 적합하나 대규모 집단교육에는 제한
단점		• 경제적 부담 • 파손되기 쉬움 • 실제로 적용할 수 있도록 전문적인 기술을 습득하기가 어려운 면도 있음

3 모바일 및 스마트 기기

장점	시간, 장소 제약없음	• 언제 어디서든 내용에 접근할 수 있음 → 시간, 장소 제약 없음
	학습자 중심	• 학습자 중심 학습을 할수 있음
	즉시 학습 가능, 복습	• 즉각적인 학습과 내용 복습에 편리함
	개별화	• 학습자 요구와 특성에 따라 학습자 개별화가 가능함
	상호작용 증진	• 교사와 학습자 간 상호작용을 증진 → 다양한 의사소통 방식으로 협업할 수 있음
	문화적 장벽 줄임	• 학생들이 선호하는 학습도구 사용으로 교사와 학생의 문화적 장벽을 줄일 수 있음
	실시간 전달	• 관련 정보를 실시간 전달하여 많은 사람들과 공유할 수 있음
단점	스마트폰 사용	• 스마트폰 사용방법을 모르는 경우 활용하기 어려움
	기술	• 관련 앱 개발을 위해 기술을 익혀야 함
	무선 인터넷	• 무선 인터넷을 활용하지 못하는 지역에서는 정보의 접근에 제한 받음

4 LMS 플랫폼

개념	• 학사운영 플랫폼으로 컴퓨터 온라인을 통해 학생들의 성적과 수업진도는 물론 학습 콘텐츠 개발과 전달, 평가, 관리까지 교수학습의 전반적 과정을 통합적으로 운영함
예	• ZOOM, 구글 클래스룸 등

5 슬라이드

개념		• 35mm 필름을 한 프레임(frame)씩 잘라 한 장씩 차례로 보여줄수 있는 고안된 투사 매체 → 컴퓨터 사용이 보편화되어 활용 감소
특징		• 제작, 개선, 저장의 재배치 가능
장점	쉽게 제작, 조작	• 일반 카메라로 쉽게 제작, 프로젝트 조작 쉬움
	보급 용이	• 다량의 복사 가능하여 보급이 매우 용이
	저렴	• 필름 가격이 저렴함
	순차적 학습, 재배치 가능	• 순차적인 내용의 학습에 효과적임 • 다양한 순서로 재배치 가능
단점	동적인 내용 X	• 동적인 내용에 활용되기 어려움
	순서 뒤바뀜, 분실 우려 등	• 슬라이드 순서가 뒤바뀌거나 분실 우려 있음
	출력기기 필요	• TV, 컴퓨터 모니터, 프로젝션과 같은 출력기기가 필요
	선명도 떨어짐	• 상이 커질수록 선명도가 떨어짐

6 인쇄물(인쇄매체)

개념		• 주로 문자를 중심으로 구성된 가장 오래되고 기본적인 교육매체
특징		• 지식과 정보전달에 효과적 • 친화력이 높은 매체
장점	대량제작 가능	• 대량 제작 가능
	휴대의 간편성	• 리플릿, 소책자의 경우 휴대하기 간편함
	경제성	• 다른 매체에 비해 상대적으로 저렴
	사용 편리	• 사용이 쉽고 편리함
	반복이용	• 반복적으로 이용가능함
	사용 구애 X	• 학습장소나 학습유형에 구애받지 않고 사용할 수 있음
	다양한 주제	• 다양한 주제에 대해 사용할 수 있음
단점	자료 갱신 어려움	• 분실이나 파손시 자료 갱신 어려움
	창의적, 심동적 영역 X	• 창의적 및 심동적 정보전달의 어려움
	수동적 태도	• 일방적인 전달이므로 학습자는 수동적 자세 가질 우려 있음
	흥미 유발, 주의집중 X	• 흥미유발, 주의집중 어려움

7 포스터

개념		• 포스터는 관련 정보를 대상자들이 인상적으로 느끼게 하여 그 내용을 기억에 남게 하고자 할 때 사용함
특징		• 주의 환기 • 요약 내용 전달
장점	대상자 수준별 제작	• 대상자 수준별 제작이 가능함
	다양한 제작기법	• 그림 등 다양한 제작기법이 가능함
	많은 사람	• 많은 사람이 볼 수 있음
	계속 사용	• 한번 만들면 계속 사용 가능함
	쉽게 보관	• 보관이 용이함
단점	정보전달 제한	• 정보전달이 제한됨
	오래 부착시 무시	• 잘못 부착되거나 오랫동안 부착될 경우 포스터를 무시할 수 있음

8 그림, 사진

특징		• 명확한 요점 전달
장점	분명한 의미전달	• 분명한 의미전달이 가능함
	정서적 자극	• 그림이나 사진으로 정서적 자극이 가능함
단점	입체성 X	• 평면적이어서 입체성 묘사 힘듦
	집단 교육 X	• 크기가 작으면 집단을 대상으로 교육할 때 제한됨

9 게시판

개념	• 전달하고자 하는 메시지를 명확하고 간결하게 시각화하는 게시판임	
특징	• 간결한 메시지 전달에 효과적 • 생동감 있는 전시	
장점	다양한 정보 제공	• 게시판으로 다양한 정보 제공 가능
	동기(흥미) 유발	• 동기유발, 흥미유발이 가능함
	반복학습	• 반복학습이 가능함
	경제적	• 교육자 없이 게시판으로도 교육이 되므로 경제적임
단점	정보전달의 제한성	• 메시지가 길거나 복잡할 경우 정보 전달이 제한됨
	정리, 정돈필요	• 게시물, 게시판에 대한 정리, 정돈이 필요함
	오래 부착시 관심 X	• 게시물을 교체하지 않고 오래 방치하면 관심을 가지지 않음

표. 게시판 설치 및 게시

설치	• 사람들의 왕래가 빈번한 곳에 설치 → 많은 사람들이 볼수 있도록 함
디자인	• 눈에 띄는 색과 디자인을 사용 → 사람들의 관심을 끌수 있도록 함
게시	• 1주일 정도 게시 후 떼어냄 → 1~2일 정도 게시판을 비워 놓으면, 다음 게시물 궁금해 함 　새로운 게시물이 게시될 때 관심 가짐

10 칠판, 화이트보드

특징	• 자유로운 설명 • 글자체의 영향 등	
장점	활용의 다양성	• 누구나 쉽게 활용할 수 있으며, 활용이 다양함
	대상자의 관심유도	• 판서로 대상자의 관심을 유도함
	쉽게 활용	• 특별한 기술 필요하지 않고, 쉽게 활용됨
	강조와 수정 용이	• 자유롭게 설명할수 있음 • 강조와 수정이 용이함
	수업참여 독려	• 대상자들의 수업참여를 독려할 수 있음
단점	시간 소모	• 많은 자료를 기록할 경우 시간적 소모가 큼
	이차원적인 매체	• 그림의 경우 현실감이 낮을 수 있음
	먼지, 반사광	• 분필가루, 먼지, 반사광 등이 발생함
	필체	• 필체에 따라 학습자에 전달이 어려울 수 있음

11 전자칠판

개념		• 컴퓨터와 연결된 보드위에 특별히 제작된 펜으로 수업 내용을 판서하고, 대형 스크린을 통해 학습자들에게 보여주는 시스템임
특징		• 소프트웨어 활용
장점	내용의 저장, 출력	• 교수자가 수업하는 내용을 동영상, 판서 내용과 함께 파일로 저장가능
	조작, 강조	• 컴퓨터의 프로그램, 동영상, 인터넷 등을 조작할 수 있고, 그 위에 판서 기능을 통해 글을 써서 강조할 수 있음
단점	활용 기술 사전 습득	• 사전에 매체를 이용하기 위한 기술을 습득해야 함
	고비용(유지·보수)	• 가격이 비쌈 • 유지·보수 비용이 지속적으로 발생함

12 투시물 환등기(OHP)

개념		• 투명필름지에 학습내용을 적거나 인쇄하여 투사장치를 통해 스크린에 비추는 기계임 → 컴퓨터 사용이 보편화되어 활용 감소
장점	암막없이 사용	• 밝은 장소에서도 사용 가능
	겹치기 가능	• 겹쳐쓰기 기법을 통해 추상적으로 복잡한 사실을 시각적으로 쉽게 설명 가능
	경제적	• 저렴, 반영구적 사용 가능
	간편	• 제작이 간편함
	포인터	• 포인터 사용으로 주의집중 시킬 수 있음
	강조, 첨삭	• TP 용지 위에 그림이나 글씨의 첨삭이 쉬움 • 펜이나 마커 사용으로 중요한 부분의 강조 가능
단점	키스톤 현상	• 이미지가 똑바로 나타나지 않고, 왜곡되는 키스톤 현상 나타날 수 있음
	전구 소모, 교체	• 전구 소모와 교체가 필요함
	주의집중 X	• 학생들을 수동적으로 만들 수 있으므로 장시간 주의집중은 어려움

13 실물 화상기

개념	• 책, 그림, 사진, 도표, 곤충, 물건 등 실물을 직접 투사하여 TV나 컴퓨터를 통해 영상으로 확대하여 보여주는 매체임	
특징	• 사실성 • 책, 그림 활용 가능 • 확대 투사 가능	
장점	자료의 확대	• 실물이 소량이거나 크기가 작은 경우 자료의 확대가 필요시 주로 사용
	현장성	• 인쇄물, 사진 등을 대형으로 투사하므로 현장성이 있음 → 교육효과 극대화
	고화질 영상 제공	• 화질이 선명하여, 고화질 영상을 제공함
단점	고비용	• 고비용임
	자료 크기	• 자료의 크기가 커서 자료대 안에 들어가지 못하면 투영할 수 없음
	단면	• 스크린에 보여주는 면은 입체가 아닌 단면만 제시됨
	투사장치 사용, 추가조명 요구	• 투사장치 사용, 추가조명 요구됨

14 동영상

특징	• 동적 자료 • 현장성	
장점	학습 동기유발	• 학습 동기유발하며, 주의집중 시킴
	태도 형성	• 태도형성, 정의적 영역에 효과적임
	사실성, 현장성	• 사실과 가깝게 보여줌 • 현장성 있음
	반복 사용	• 반복해서 사용할 수 있음
단점	일방적 교육자료	• 일방적인 교육자료임
	상호작용 어려움	• 상호작용은 어려움
	고비용	• 전문가 활용시 고비용임 • 제작, 구입 등 비용이 많이 듦

15 멀티미디어

개념	• 컴퓨터를 기반으로 문자, 그래픽, 음향, 애니메이션 등의 자료를 디지털 방식에 의해 통합시킨 복합 다중매체임
특징	• 복합다중매체 • 매체간 상호작용 가능
장점	• 다량의 정보수록 • 고질의 음향 등 • 색인과 검색 가능 • 반복학습
단점	• 고비용 • 관리의 어려움

16 인포그래픽(infographic)

개념		• 정보를 시각화하는 것으로 정보(information)과 그래픽(graphic)의 합성어임
사례		예 교통수단의 노선도 예 다양한 지도나 그래프 예 입체적인 조형물이나 제품이 구조 예 설문조사나 투표의 결과 등
장점	함축적 전달	• 복잡하거나 방대한 양의 정보를 함축적으로 전달
	구분, 비교	• 비교형, 대칭형의 경우 유사한 대상을 명확하게 구분, 비교해 줌
	쉽게 이해	• 프로세스형 인포그래픽 경우 복잡하고 긴 과정을 한눈에 쉽게 이해됨
단점	제작 기술	• 인프그래픽 제작 기술을 익혀야 함

2 교육매체의 기능(기여도, 필요성, 중요성, 효과, 목적) 99 임용

주의집중, 동기부여	• 시각적, 청각적 감각 등을 자극하여, 학습자의 주의를 집중하고, 학습동기를 유발함
교수활동의 표준화	• 학습자는 동일한 매체를 통해 학습내용을 보고 들음 → 교수자 개인의 특성차이에 따른 수업의 양과 질의 차이 감소 → 교수활동을 표준화 시킴
교수-학습과정 효율성 향상	• 학습자의 다양한 감각적 자극하여 신속하게 전달함 • 반복 설명의 부담, 시간 단축 등 교수-학습과정의 효율성을 높임
교수-학습과정 효과성 향상	• 학습내용 및 학습목표에 적합한 적합한 교육매체 선택시 교육의 효과를 향상시킴
시·공간 제약 감소	• 자신의 시간에 맞춰 언제든지 활용하여, 언제든지 교육내용을 전달할 수 있음
효과적인 상호작용	• 교육매체를 활용하여 교육할 때 교수자와 학습자 간의 상호작용이 이루어짐
학습의 질상승	• 표준화된 교육 활동 제공, 교수자와 학습자의 흥미증진, 효과적인 상호작용 등을 통해 학습의 질을 상승시키는 효과가 있음

3 교육매체 선정 및 고려사항

1 교육매체 선정시 고려사항(원리)

(1) 학습자 수준(특성)

기본적인 특성	• 학습자 나이, 성별, 학년, 지적 수준 등 기본적인 특성 파악함
요구, 흥미, 학습경험 등	• 학습에 대한 요구, 동기부여 수준, 학습자가 선호하는 매체, 교육내용이나 매체와 관련한 선수경험 등을 파악하여 적절한 매체를 선정함

(2) 교육자 특성

① 매체에 대한 교육자의 태도와 능력

교육자 태도, 능력	• 교육자의 매체에 대한 태도나 사용능력 등을 고려함 → 매체를 다룰 기술이나 지식의 확보 등
친숙, 용이 등	• 교육자가 사용하고자 하는 매체에 친숙한지, 매체 조작이 용이한지 등을 고려함

② **교육자의 활용가능성**

조작 가능성	• 교육매체를 쉽게 조작할 수 있는지 고려함
구입, 보관, 운반	• 교육매체의 구입, 보관, 운반이 용이한 지 확인함

(3) 집단의 크기 및 교육방법

• 집단의 크기, 주로 활용될 교육방법도 매체 선택에 영향을 미침

(4) 학습목표 및 내용

전달에 적합	• 학습목표와 학습 내용에 전달하기에 적합해야 함
효과적인 달성	• 학습목표나 내용이 인지적, 정의적, 신체적 영역인 것 인가에 따라 적합한 교육매체가 달라질 수 있음 → 효과적인 달성을 위해
주제 성격, 수준, 제시방법	• 동일한 영역이라고 해도 교육주제의 성격이나 수준, 제시방법에 따라 교육매체의 선택이 달라질 수 있음

(5) 교육매체 특성

• 교육매체의 물리적 속성과 기능에 따라 교육매체가 달라야 함

매체 속성	• 시각 매체인지 청각 매체인지, 시청각 매체인지 등의 속성에 따라 교수학습의 효과를 극대화 시킬 수 있는 방법이 다름
매체 기능	• 매체의 속성 뿐 아니라 기능, 안전성, 견고성 등도 함께 고려되어야 함

(6) 교육매체의 물리적 환경

장소	• 물리적 장소가 대상자의 규모에 적합한지 확인
시설, 장비	• 교육매체 활용을 휘한 특별한 시설이나 장비가 필요한지 확인 필요

→ 물리적 환경에 대한 사전 점검이 필요함

2 ASSURE 모형

- 교수매체 선정 및 활용 시 사용할 수 있는 가장 보편적인 모형으로 6단계 절차임
- 교육매체를 효과적이고, 체계적으로 선정하기 위한 절차적 모형임

A	Analyze Learners	• 학습자 분석
S	State Objectives	• 목표진술
S	Select Media and Material	• 매체 및 자료 선정
U	Utilize Media and Material	• 매체 및 자료 활용
R	Require Learner Participation	• 학습자 참여 유도
E	Evaluate	• 평가 및 수정

(1) 학습자 분석 (Analyze Learners)

일반적 특성	• 연령, 학력, 지위, 경제적 요인 등 인구학적 특성 확인
인지적 수준	• 지능, 선수학습, 선행학습 정도 등 확인
정의적 수준	• 동기수준, 태도 등 확인
신체발달수준	• 신체발달수준, 기능 등 확인
환경적 요인	• 학습자의 사회문화적 특징 등
선호도 확인	• 매체와 관련된 학습자의 선호도 파악 등

(2) 목표 진술 (State Objectives)

지식, 기술, 태도	• 수업 후 수업결과로 습득해야 할 지식, 기술, 태도를 명확하게 진술하는 것임

표. 메이거(Mager)의 ABCDE 목표진술 방법 | 17, 07, 93 임용

A	Audiences	대상	학습대상자	• 목표 진술의 대상자는 학습 대상자로 기술
B	Behaviors	행동	목표행동	• 목표의 핵심은 학습 후 성취하게 될 능력을 관찰가능한 행동적 용어로 진술할 것
C	Condition	조건	학업성취에 필요한 조건	• 목표 진술은 수행이 관찰되어야 할 조건 포함 • 목표도달에 사용하는 자원 및 자원의 조건, 시간을 제시
D	Degree	정도 (판단기준)	학업성취의 판단기준	• 바람직한 성과여부를 판단할 준거 제시 • 목표 도달 여부를 판단할 기준 제시

(3) 매체 및 자료 선정 (Select Media and Material)

학습목표 달성	• 학습자 분석, 학습 목표 달성을 바탕으로 적절한 매체 및 자료 선택함
학습 효과 등	• 매체 유형(영상, 텍스트, 오디오 등)과 자료의 내용, 학습 효과 등을 고려하여 선정
수정, 개발 여부	• 기존 자료를 이용, 수정 및 보완할 것인지, 새롭게 개발할 것인지 결정하여 실행

(4) 매체 및 자료 활용 (Utilize Media and Material)
- 교육매체의 효과적인 활용을 위해서 '5P'에 해당되는 내용을 고려해야 함

표. 매체와 자료 활용 5P

Preview	자료에 대한 사전 검토	• 학습자의 특성 및 목표와의 적합성 검토
Prepare the materials	자료 준비	• 교육매체나 자료 준비 및 사용순서 결정
Prepare the environment	환경 정비	• 매체와 자료사용에 알맞은 시설 준비 및 기자재 작동 확인
Prepare the learners	학습자 준비	• 전반적인 개요 제시, 매체 설명
Provide the learning experience	학습경험 제공	• 교육형태에 적합한 학습경험 제공

(5) 학습자 참여 유도 (Require Learner Participation)

능동적 반응 유도	• 학습효과를 높이기 위해 학습자의 능동적 반응을 유도하는 데 초점을 둠

(6) 평가 및 수정 (Evaluate)

교육효과·영향의 평가 및 수정	① 학습자가 학습 목표에 어느정도 도달하였는지에 대한 평가 ② 매체선정 및 활용에 관한 판단이 적절했는지 평가를 함

④ 교육매체 선정 및 사용 시 유의사항 99, 93 임용

교육주제	• 교육주제에 가장 적당한 방법을 사용함
학습자 적합	• 학습자에게 적합한 방법을 사용함
경제성	• 가격이 적절하고, 동일한 조건의 경우 경제성 고려하여 선정 • 유지와 수선비가 적게 들어야 함
위험성 X	• 견고하고 위험성이 없어야 함
문맹자 확인	• 학습 장 중 청각, 시각 장애자, 문맹자 유무를 확인함
교육 전 사용방법 확인	• 교육 전에 능숙하게 사용할 수 잇또록 사용방법 확인함
보관, 운반	• 쉽게 사용할 수 있어야 함 • 보관이나 운반하기 쉬워야 함
모든 대상자	• 교육자료는 모든 대상자들이 다 듣고 볼 수 있어야 함
문제 확인	• 매체 활용에 필요가 장비가 있는지 확인함 • 이용상에 문제가 없는지 확인함
신속히 대처	• 정전이나 수업 매체 사용 불능 등 예기치 못한 상황에 신속히 대처함
환경 조건 확인	• 덥고 습기 찬날, 냉방장치가 안되는 방에서는 슬라이드 등 암막장치가 필요한 자료는 사용하지 않는 것이 좋음

Part 05 보건교육 수행

① 도입단계

- 관계 형성하기, 주의 집중시키기, 교육동기 유발하기

1 관계 형성하기

- 학습자들이 즐거운 마음으로 교육에 참여하도록 관계를 형성하는 것이 우선되어야 함

긴장풀기	• 교육시작 전에 간단한 대화나 운동으로 긴장풀기
신뢰감	• 편안하고 자기확신에 대한 태도로 교육자에 대한 신뢰감 갖게 하기
관심과 애정	• 교육자 자신이 교육에 대한 깊은 관심과 애정을 갖음
사전 준비 등	• 교육시간 30분 전에 교육현장에 도착하여, 사전 준비 • 교육장에 오는 사람들을 웃으며 반갑게 맞이함
단정한 옷차림	• 교육자는 단정한 옷차림을 하기 • 정시에 교육을 시작하기 등

2 주의 집중시키기

- 학습자들이 교육에 관심을 가지고, 적극적으로 참여할 수 있도록 주의 집중시키기

연관성 제시	• 이전 강의와 관련된 주제, 앞으로 제시될 주제의 연광성을 제시하기
상호작용	• 퀴즈 유머, 질문 등으로 교육자와 학습자의 상호작용을 높임

3 교육동기 유발하기

- 교육의 주제, 목표, 개요, 교육내용 소개, 중요성 제시 등

교육 주제	• 주제에 관련된 질문을 함 • 주제에 대해 간단히 소개함
교육 목표	• 행동적 목표를 제시하며, 그 중요성을 설명함
교육 의의	• 본 교육이 현재의 생활이나 앞으로의 생활에 어떤 의의가 있는지 제시함 → 구체적인 예화를 통해 설득력 있게 의의를 제시함
교육 내용	• 본 교육에서 다뤄질 교육 내용을 소개함

2 전개단계

- 강의의 본론을 실제로 전달하여 본격적인 교육활동이 이루어지는 단계임

1 교육 자세

자신감, 열의	• 자신감과 열의를 가지고 교육함
다양한 연출	• 표정, 움직임 등을 다양하게 연출하고 변화함
이해, 관심	• 학습자에 대한 이해와 관심을 가지고 교육함
시선 안배	• 시선은 한 곳에 집중하지 말고, 전체에게 골고루 안배함
자유로운 분위기	• 자유롭고, 즐거운 분위기 속에서 교육함

2 교육 시 유의사항

학습자 수준	• 학습자 수준에 맞는 용어를 사용함
최신의 지식	• 최근의 지식을 제시함
간단 → 복잡	• 교육내용은 간단한것에서 복잡한 내용으로 진행함
구체적	• 구체적으로 이야기함
정확히 전달	• 교육내용은 정확히 전달함
학습자 참여 유도	• 학습자들이 능동적으로 교육에 참여하도록 유도함 • 질문 등을 통해 차며를 높임
중요점 강조	• 중요한 점은 강조하면서 반복함
어조, 목소리	• 어조에 변화를 줌 • 학습자에게 정확히 전달되도록 이야기함 • 목소리는 적당한 속도를 유지함
많은 내용 X	• 한꺼번에 많은 내용을 가르치지 않음 • 주요 개념은 3~4개 이상 가르치지 않음
예시 등	• 적절한 예를 제시하여 이해를 높임 • 속담, 우화, 유머, 삶의 경험 등을 적절하게 이용함
질문, 토론분위기	• 자유롭게 질문하고 토론할 수 있는 분위기를 조성함
질문에 명확한 답	• 학습자의 질문에 대해 성의있고 명확한 답을 제시함 • 모르는 질문인 경우에는 솔직하게 잘 모르겠다고 대답하고, 다음기회에 답을 함

3 요약 및 정리단계

- 교육을 요약하고 교육성과를 평가하는 교육 마지막 단계임
- 학습자들이 전 단계에서 습득한 내용을 정리할 수 있는 학습 기회를 갖게 함
- 질문을 통해 점검하는 것이 교육자가 요약해 주는 것보다 훨씬 효과적임

표. 질문 시 유의사항

질문 문항 작성	• 미리 질문할 문항을 작성함
수준에 맞는 질문	• 학습자 수준에 맞게 질문함
골고루 질문	• 조용히 앉아 있는 사람에게까지 골고루 질문함
간단한 질문 → 복잡한 질문	• 질문은 간단한 질문에서 시작하여 점차 복잡한 질문으로 함
한가지씩 질문	• 한 번에 한 가지 질문함
대답 강요 X	• 대답을 강요하지 않음
긍정적 강화 등	• 답변이 옳은 경우 즉시 칭찬과 격려로 긍정적 강화를 줌 • 틀린 대답시 명확한 답을 제시함

표. 보건교육 수행 단계

단계	구성
도입 전	• 교육에 필요한 물품 환경 및 상태 확인 • 보건교육 일정표 및 체크리스트 구성
도입	• 관계형성하기 • 학습 목표 소개 • 동기부여(유발) • 주의집중
전개	• 학습 개요에 따른 전개 • 학습 목표에 맞는 교육 방법 • 학습 목표에 맞는 교육 매체
종결	• 요약(질의응답) • 적용(재동기 부여) • 정리 및 마무리 • 다음 차시 예고

Part 06 보건교육 평가

1 보건교육 평가의 목적

목표달성 정도 파악	• 교육목표 달성 정도를 파악함
교육주제 확인	• 교육주제가 적절히 선정되었는지 확인함
교수-학습 방법 확인	• 교육자의 교수-학습 방법이 적절했는지 확인함
교육방법, 매체 확인	• 교육방법이나 매체가 적절했는지 확인함
학습요구 충족 파악	• 대상자의 학습요구가 충족되었는지 파악함
긍정적 요인, 방해요인 파악	• 교육에 도움이 되는 긍정적 요인과 방해요인을 파악함
교육 효과 증진 확인	• 교육의 효과를 증진하기 위한 접근 방법을 확인함
학습환경 파악	• 교육 시간, 장소, 비용 등 학습환경이 적절한지 파악함
우선순위 결정	• 우선순위를 결정함
학습자의 교육 요구 파악	• 학습과정에서 학습자들의 새로운 교육요구가 생겼는지 확인하고 반영함
다음 교육계획 활용	• 다음 교육계획의 기본적 자료로 활용함

2 보건교육 평가대상

학습자	• 학습자의 목표달성 정도 평가 • 학습자의 만족도, 참여도 평가 • 학습자의 지식, 태도, 행위 변화 평가
교육자	• 교육자의 교육내용, 교육방법, 교육매체 등이 학습에 미친 영향 평가 • 교육자의 교육경험과 경력, 기술 평가
교육과정	• 교육계획 자체의 효율성
교육환경	• 교육환경이 교육에 미친 영향 평가

③ 보건교육 평가단계

1단계	평가대상 확인 및 평가기준 설정	• 무엇을 평가할 것인지 평가 대상을 결정하는 과정에서 보건교육의 목적을 재확인함 • 목적달성 여부를 어떤 기준으로 평가할지 기준을 설정하는 단계임
2단계	평가를 위한 자료수집	• 평가대상과 관련된 다양한 자료를 수집하는 단계임 • 1차 자료(평가자가 직접 확인, 관찰하는 방법)과 2차 자료수집 중 가장 적절한 방법의 평가자료를 수집하는 단계임
3단계	보건교육 목적과 실제 교육과의 비교	• 설정된 보건교육의 목적과 현재 이루어진 상태를 비교하는 단계임 • 설정된 보건교육의 목적과 실제 보건교육의 차이나 성격을 비교함
4단계	평가결과에 대한 분석과 판단	• 평가결과에 영향을 미친 요인들과 직·간접적인 원인 등을 분석하여 명확히 하는 단계임
5단계	재계획	• 평가결과 분석으로 파악된 영향요인과 원인을 확인하여, 이를 해결하기 위한 방법을 모색하며, 향후 보건교육 계획에 반영하는 단계임

④ 평가기준에 따른 평가 분류

• 절대평가와 상대평가가 있음

1 절대평가(준거지향 평가)

개념	• 사전에 설정된 목표를 달성했는지를 그 기준에 비추어 평가함 → 목표지향 평가임	
	준거	• 학습자 개개인에게 성취시키려는 학습 목표달성도
	준거지향	• 목표달성 기준에 따른 평가임
	• 다른 사람과 비교하지 않고 그대로 기록함 → 학습자간 비교하지 않음	
평가도구	• 타당도 중시함	
사례	예 운전면허 시험, 간호사 국가고시 등	
평가 결과	성취율(%)	• 성취율(%)로 표시함
	패스, 탈락	• 패스와 탈락으로 구분함 → 기준 달성시 패스, 기준 달성하지 못하면 탈락함

장점	질적 향상	• 교육의 질적 향상을 도모하는데 필요한 일련의 자료를 제공함
	성취감	• 목표지향적 평가이므로 달성 시 성취감을 갖게 함
	학업 촉진	• 학습자 상호간의 학업을 촉진함
	교수-학습 활동	• 교수-학습활동의 개선에 도움을 줌
	의미있는 점수	• 의미있는 점수를 제공함
	불필요한 내용 배제	• 불필요한 지적 능력의 구분을 배제함
단점	절대기준 설명	• 절대기준을 설정하기가 난해함
	개인차 변별	• 개인차에 대한 변별이 곤란함
	집단 간 비교	• 개인차에 대한 변별이 곤란하므로 집단 간의 비교에 어려움이 많음
	외적 동기유발	• 내적 동기를 중시하므로 외적 동기유발에 적합하지 않음

2 상대평가(규준지향 평가)

개념		• 평가에 참여한 사람들의 상대적인 위치를 파악해주는 평가임 → 평가 집단에서의 상대적 위치 즉, 서열
평가 결과	상위 몇 %, 하위 몇 %	• 다른사람보다 더 잘했는지, 더 못했는지가 중요하기 때문에 상위 몇 %, 하위 몇 %로 표시함
사례		예 중등임용고시, 지능검사 등
장점	외적 동기	• 경쟁을 통한 학습 상호자간의 외적 동기를 유발함
	선의 경쟁	• 선의의 경쟁을 자극하는 자극제가 됨
	개인차 변별	• 개인차의 변별이 가능함
	교수자 편견 배제	• 교수자의 편견이 배제됨
단점	타 집단 비교	• 타 집단과의 비교가 불가능함
	지나친 경쟁의식	• 지난친 경쟁의식을 조장할 수 있음
	목표 달성여부	• 목표 달성여부의 기준적 판단 어려움
	교수 학습 개선 기능	• 교육학습의 개선기능을 악화시킬 우려 있음
	신념	• 발전가능성에 대한 신념이나 교육의 효과에 대한 신념을 흐리게 함

⑤ 참조기준에 따른 분류

- 능력참조평가와 성장참조평가가 있음

1 능력참조평가

개념		• 학습자가 지니고 있는 능력수준에 비추어 얼마나 최선을 다하였는가에 초점을 두는 평가임
예		• 우수한 능력을 지녔음에도 불구하고 최선을 다하지 않은 학습자와 능력수준이 낮더라도 최선을 다한 학습자가 있을 때, 후자가 좋은 평가결과를 얻음
장점	개별화된 평가	• 개인별 능력차이 고려해 평가 → 공정성(개별화) 확보 가능
	자기효능감 향상	• 자신의 능력 내에서 성취 인정받아 자기효능감 향상 가능
	성장	• 학습자의 특성과 강점을 살려 성장할 수 있도록 도움
단점	불공정	• 능력측정이 제대로 이루어지지 않으면, 오히려 불공정함
	도전의식	• 일정 수준 이하로 능력이 설정되면 도전의식이 약해질 수 있음
	능력수준이 높은 학습	• 능력수준이 높은 학습자는 진정한 성장을 경험하기 어려울 수 있음
	수행해석 한계	• 특정기능과 관련된 능력에 제한적으로 적용하므로 학습자의 수행을 해석하는데 한계있음

2 성장참조평가

개념		• 학습자의 성장과 변화에 관심을 두고, 초기수준에 비해 특정시점에서 얼마만큼 향상을 보였는가에 중점을 두는 평가임
예		• 중간시험과 기말시험의 성적 차이가 많이 향상된 학습자일수록 더 좋은 평가를 얻음
주의		• 평가결과가 타당하기 위해서는 사전에 평가한 점수와 특정시점에 평가한 점수가 신뢰할 수 있어야 하고, 두 점수 간 상관이 낮아야 함
장점	개인차 인정	• 개인차 인정
	개인성장	• 개인성장을 중시함
	개별화된 평가	• 개인에게 보다 의미 있는 개별화된 평가를 실시
	자존감, 학습동기	• 개별성장을 중시하므로 자존감과 학습 동기 유발
	노력 인정	• 출발점이 낮은 학습자도 노력, 진보 인정받음
	지속적 학습	• 실패에 대한 두려움을 줄이고, 지속적 학습을 유도함
단점	객관성 확보	• 평가의 객관성 확보 어려움 → 성장 정도를 정확히 수치화하기 어려움
	낙심, 역효과	• 성장이 없을 경우 낙심하거나 역효과 낼 수 있음

6 평가주체에 따른 분류

1 내부평가

- 내부 평가는 교수자 평가, 동료평가, 자가평가가 있음

(1) 교수자 평가

개념	• 교수자에 의한 평가임 • 교수자는 일차적 정보제공자로서 평가를 위한 자료를 수집, 해석·판단하는 근거가 됨	
장점	• 교육내용에 대한 전반적인 흐름과 잘 이해함	
단점	• 평가자의 주관성이 개입될 우려가 있음	

(2) 동료평가

개념		• 동료들에 의한 평가임
장점	타당도, 신뢰도, 객관성	• 평가자 1인보다 타당도, 신뢰도, 객관성을 높일수 있음
	피드백	• 동료들로부터 피드백을 받을 수 있음
	자신감, 긍정적 태도	• 동료평가가 거듭 될수록 자신감, 긍정적 태도가 증가됨
단점	갈등초래	• 평가 진행 중 동료간 갈등을 초래할 수 있음
	공정성, 일관성	• 평가의 공정성, 일관성의 문제가 생길 수 있음

(3) 자가평가

개념		• 학습자 자신에 의한 평가임
장점	교육 적극참여	• 교육에 적극적으로 참여 할 수 있음
	문제해결 접근도	• 문제해결에 대한 접근도를 높일 수 있음
단점	능력 과신	• 자신의 능력에 대한 과신 가능성이 있음
	객관성	• 평가자의 편견이 개입될 수 있어 객관성을 유지하기 어려움

2 외부평가

개념		• 교육에 참여하지 않은 외부기관 및 전문가에게 평가를 의뢰하는 것임
장점	객관성	• 평가의 객관성의 보장됨
	참신성	• 참평가의 참신한 관점을 반영할 수 있음
	편견 배제	• 편견을 배제할 수 있음
	포괄적, 전문적 평가	• 포괄적이고 전문성이 높은 평가자를 활용할 수 있음
단점	비용 발생	• 외부 평가자에 대한 비용이 발생함
	교육 이해 부족	• 교육의 특수성, 상황적 맥락, 환경에 대한 이해가 부족할 수 있음

7 평가시기에 따른 분류

- 평기시기에 따라 진단평가, 형성평가, 총괄평가로 구분됨

1 진단평가

개념	• 교육 시작 전 학습자의 능력 및 특성을 사전에 파악하여 교육을 위한 기초자료를 얻고, 최적의 교육방법을 선택하기 위한 평가임
평가시기	• 보건교육 전
목적	• 학습자 개인차 확인, 선수학습 정도 진단 • 적절한 교수방법 모색 • 학습 내용 중복 피함
사례	예 교육 전 퀴즈 예 사전 지식 질문 예 체크리스트

2 형성평가

개념		• 보건교육이 진행되는 동안 계획대로 진행되고 있는지 여부를 확인하고 점검하기 위한 평가임
평가시기		• 보건교육 중
특징		• 교육과정 동안 학습자에게 직접적인 피드백을 증진시킬 수 있음
목적	학습자	• 학습자의 학습능력 파악 → 학습자의 성취정도 확인 • 학습 동기 강화 (교육자의 긍정적 지지, 보상으로)
	교육자	• 교육단계의 결함을 진단하고, 교정, 보충함 → 학습장애요인 확인, 학습전략 수정 • 교육자의 교육과정 반성, 개선할 기회 제공
평가		• 절대평가(준거지향 평가)를 지향함 • 적절한 난이도로 평가함 (학습 곤란 정도를 파악하기 위함이므로) → 교육자가 지향하는 최저 성취기준 유사한 난이도의 문항들을 교수자가 자체 제작함
사례		예 교수자가 개발한 평가 도구 : 단답형, 선다형 등 예 쪽지시험 등

3 총괄평가

개념		• 보건교육이 끝난 시점에서 교육목표 달성 여부를 종합적으로 판정하는 평가임
평가시기		• 보건교육 후
목적	목표달성 정도	• 총괄평가로 목표달성 정도를 평가함 → 절대적인 수준에서 학습자의 성취수준을 판정함
	교수방법 개선	• 총괄평가의 결과는 교수방법의 개선의 자료가 됨
	진단평가 자료	• 다음 학습을 위한 진단평가의 자료가 됨
	다른 집단과 비교	• 다른 집단과 비교할 수 있는 정보를 제공함
평가		• 목적에 따라 절대평가(준거지향 평가)와 상대평가(규준지향 평가)를 선택함 • 총괄평가의 범위는 광범위하므로 교육목표를 대표할 수 있도록 평가내용 구성함 → 형성평가 문항에 비해 상위 수준의 목표달성 여부를 측정함
사례		예 기말고사, 졸업고사 등

8 보건교육 평가방법 21. 06 임용

평가 내용	평가 방법
인지적 영역의 내용 (지식)	• 질문지법, 구두 질문
정의적 영역의 내용 (태도)	• 관찰법, 태도 척도, 자가보고법
운동기술 영역의 내용 (기술)	• 직접 관찰, 실기의 시범

1 질문지법

(1) 선다형 (Multiple choice)

개념		• 하나의 질문에 대하여 몇가지 가능한 답 가운데 하나를 고르는 형식힘 • 흔히 5지 선다형
장점	채점 빠름	• 채점을 빨리 할 수 있음
단점	출제 시간	• 정답 이외에 매력있는 오답을 만들어야 한다는 점에서 출제 시간이 많이 걸림

(2) 진위형 (True/False)

개념		• 보통 하나의 문장으로 진술되고 학습자가 그 문장이 참인지, 거짓인지를 선택하는 방법임
장점	학습 심화	• 중요한 사실적 정보를 주는 문장을 제시하면, 학생들이 평가를 통해 학습을 심화할 수 있음
	채점 간편	• 채점이 간편하고 빠름
단점	정답 추측	• 정답을 몰라도 추측할 확률이 항상 50%나 됨

표. 진위형 예

예 척수손상 환자의 기도유지법은 하악거상법이다. (T/F)
예 심폐소생술 단계는 C-A-B이다. (T/F)
예 결핵은 법정 3군 전염병이다. (O, X)

(3) 결합형 (Matching)

개념		• 짝짓기, 즉 양쪽에 정보를 나열하고, 관련된 것을 연결시키도록 하는 테스트임
장점	상세한 지식습득	• 상세한 지식습득이 중요한 경우에 주로 사용됨
	쉽게 만듦	• 주로 짧은 시간에 쉽게 만들 수 있음
단점	시간 소요	• 학습자 입장에서는 선다형이나 진위형에 비해 푸는데 시간이 많이 걸릴 수 있음

표. 결합형 사례

예 각 문항에 맞는 특성을 서로 연결하시오.

1. A • • a) 음성과 통증에 전혀 반응하지 않음
2. P • • b) 의식 명료하고 말을 할 수 있음
3. V • • c) 통증에만 신음하거나 움직이는 등의 반응을 보임
4. U • • d) 음성 자극에 반응을 보임

(4) 단답형

개념		• 짧게는 한두 단어, 길게는 몇 개의 문장을 쓰도록 유도하는 문제형식임 • 기본지식이나 주요 사실 혹은 용어들을 테스트하기 위해 주로 사용함
장점	출제 쉬움	• 선다형보다 출제하기 비교적 쉽고 빠름
	간단, 객관적	• 평가가 간단하고 객관적임
단점	채점 시간	• 채점은 비교적 시간이 많이 걸림
	주관적	• 때로는 평가가 주관적임
	단편적 지식	• 단편적 지식만 평가하기 쉬움 • 사고력, 응용력 등 고차원 능력은 측정하기 어려움

표. 단답형 사례

예) 형성평가의 평가시기는 (   )이다.
예) 진단평가의 평가목적은 ?

개념		• 학습자의 창의성, 분석, 종합, 평가를 포괄하는 고등정신 능력을 평가할 수 있음
장점	심층적 이해, 고능사고능력	• 학습자의 심층적 이해, 고등사고 능력을 평가할 수 있음
단점	채점 시간	• 채점 시간과 노력이 많이 듦
	채점자 주관	• 채점자의 주관이 작용 될 수 있음
	공정성	• 채점기준을 명확히 세우지 않으면, 공정성 논란 발생 가능

(5) 논술형

표. 논술형 사례

예) 보건교육 방법 중 문제중심학습(PBL)과 액션러닝을 비교, 설명하시오.
예) 보건교육 평가에서 절대평가와 상대평가를 비교, 설명하시오.

2 구두질문

개념		• 말로 질문하여 교육의 효과를 알아보기 위한 방법으로 관찰법과 함께 사용할 수 있음
활용		• 심동적 영역의 기술을 수행하는데 기초가 되는 원리를 이해하고 있는지를 관찰하기는 어렵기 때문에 이럴 때 구두질문을 시도할 수 있음
질문시 유의사항	구체적 질문	• 광범위한 질문보다는 분명하고, 구체적으로 질문함
	유도성 질문 X	• 유도성 질문이나 사회적 기대가 포함된 질문은 피하기
	심리적 압박 X	• 질문 시 심리적 압박을 받지 않도록 유의함
장점	즉각적 피드백	• 즉각적인 피드백 →학습자는 자신의 답이 옳았는지를 즉시 알 수 있음 • 학습이해도를 바로 확인할 수 있음
단점	시간 소요	• 1:1로 행해진다면 시간이 많이 소요됨
	많은 사람 적용 X	• 집단 구성원이 많은 경우 적용 어려움
	주관적	• 주관적으로 평가할 위험 있음 (편견 개입)
	긴장, 불안	• 학습자가 긴장하거나 불안해하면 실력보다 낮게 평가될 수 있음

표. 구두질문 사례

예	흡연 관련 평가 예시	
	암기	• 담배에 포함된 유해물질은 무엇인가요?
	이해	• 니코틴이 우리신체에 미치는 영향은 무엇인가요?
	적용	• 만약 친구가 담배를 권유한다면, 어떻게 대처할 수 있을까요?
	분석	• 흡연이 심혈관계에 미치는 영향을 단계별로 나누어 설명해볼까요?
	종합	• 학교에서 흡연 예방 캠페인을 한다면 어떤 프로그램을 기획할 수 있을까요?
	평가	• 정부에서 추진하는 금연정책이 효과적인지, 근거를 들어 평가해보세요.

예 소화기계감염병 전파 예방을 위해 손을 꼭 씻어야 하는 경우를 말씀해보세요.

3 관찰법

개념		• 인간행동의 가장 기초적인 방법으로 학습자의 학습활동을 관찰하여 언제든지 학습자의 전반적인 변화를 평가할 수 있는 방법임
기록		• 관찰은 적절한 기록방법을 정하여 사실 그대로 관찰 즉시, 기록해야함
종류	직접 관찰법	• 학습자가 배운 내용을 실제 상황에서 직접 해보도록 하여 평가함 • 종류 : 일화기록법, 행동목록표(체크리스트)
	간접 관찰법	• 직접 관찰이 어려운 경우에 간접접으로 평가함 • 재시범, 행동시연, 모의법 등을 이용하여 평가함
장점	비언어적	• 비언어적 행동까지 평가할 수 있음
	학습 개선	• 즉시 학습의 개선에 활용할 수 있음
	정의적 영역	• 태도 변화와 같은 정의적 영역의 평가에 활용
	기술, 상호작용	• 기술, 상호작용 등의 평가에 유용함
	융통성	• 다양한 상황에 따라 융통성 있게 적용가능함
단점	객관성 X	• 평가자의 주관성 개입 가능성 있음 → 객관성 확보 어려움
	관찰자 능력	• 관찰자의 능력에 따라 평가의 질이 달라짐
	신뢰도	• 체계적 기록이 없으면 신뢰도가 낮아질 수 있음

표. 관찰법 사례

예 자동제세동기 방법을 시연하시오.

	성취기준	평가기준
상	• 원리를 알고 시연도 정확하게 할 수 있는 수준	• 자동세동기 사용의 원리를 이해하고, 자동세동기 사용방법을 순서대로 정확하게 시연할 수 있다.
중	• 원리를 알고 시연할 수 있는 수준	• 자동세동기 사용의 원리를 이해하고, 자동세동기 사용방법을 시연할 수 있다.
하	• 시연할 수 있는 수준	• 자동세동기 사용의 원리를 알고, 자동세동기 사용방법을 부분적으로 시연할 수 있다.

예 손씻기 교육 후 학생들의 손씻기 모습을 직접 관찰하여 올바른 순서와 방법인지 체크함

(1) 직접관찰법 종류

① 일화기록표

개념		• 학습자의 행동을 있는 그대로 상세하게 관찰하고, 기록한 자료를 활용하는 평가방법임 • 관찰 중 주목만할 행동이나 사건을 구체적으로 서술형으로 기록하는 방법임
장점	심층적 이해	• 서술형으로 행동의미, 감정까지 기록하므로 학습자의 심층적 이해가 가능
	자유롭게 기록	• 정형화된 틀이 없으므로 자유롭게 기록이 가능함
	특이 행동, 맥락 파악	• 개별 학습자의 특이행동이나 맥락까지 파악할 수 있음
단점	객관성 X	• 평가자의 주관성 개입 가능성 있음 → 객관성 확보 어려움
	시간, 노력	• 일일이 서술해야 하므로 시간과 노력이 많이 듦
	대표성 한계	• 상황 선택이나 기록하는 내용에 따라 대표성에 한계가 생길 수 있음

표. 일화기록표 사례

〈 예 손씻기 직접관찰법 일화기록표 〉

• 관찰일시 : 2025년 4월 26일
• 장소 : 보건실 옆 여자 화장실
• 관찰대상 : 초등학교 4학년 김OO 여학생
• 행동 내용
  1) 김OO은 물을 틀어 손을 충분히 적신 후, 비누를 2회 펌핑하여 덜어내고, 손바닥을 문지름
  2) 양 손바닥을 마주대고 10초간 비비며 거품을 낸뒤, 손등, 손가락 사이, 손톱 밑까지 꼼꼼히 문지름
  3) 물로 잔여 거품을 완전히 헹군 후, 종이타월 2장으로 손 전체를 눌러가며 물기를 제거함
  4) 종이타월을 수거함에 버리고, 수거함 손잡이를 종이타월로 잡고 문을 열어 교실로 복귀함

② **행동목록표(체크리스트)** 21, 06 임용

개념	• 관찰하려는 행동을 미리 예측하여 자세히 분류하고, 학습자를 관찰하여 나타난 행동을 체크리스트에 표시하는 방법임

표. 행동목록표 vs 체크리스트

	행동목록표	체크리스트
목적	• 관찰하고자 하는 여러 세부 항목을 '목록화'하여 빈도, 순서 등을 평가	• 수행여부(YES/NO)만 단순 확인
구조	• 각 행동별로 수준이나 빈도기재 • 다단계 척도 활용 예 전혀 하지 않음-가끔 수행-항상 수행	• 행동옆에 수행여부만 V 표시
세부성	• 세부화된 등급이나 횟수 기재 등	• 했음/안했음만 표시
분석수준	• 양적, 질적 분석 모두 가능	• 양적, 빈도 분석만 가능
적용	• 학습자 수준 진단, 피드백	• 현장 즉시, 간편하게 수행여부 확인
활용	• 단계별 정확도를 모니터링, 피드백	• 짧은 시간내 핵심행동의 이행여부만 빠르게 확인
장점	• 행동의 양적, 질적 변화 모두 포착 • 세밀한 피드백 제공	• 빠르고 간편 • 초보자도 쉽게 사용 • 객관적 비교, 분석 용이
단점	• 시간 소요 • 관찰자 훈련 필요함	• 행동의 수준, 빈도 파악 어려움 • 행동의 질적 차이 반영 어려움
예	예 손씻기, 심폐소생술, 자동 제세동기 사용 등	예 손씻기, 마스크 착용, 수면 위생 등

표. 체크리스트 사례

⟨ 예 가슴둘레 측정의 평가 ⟩

항목	예	아니오
1. 선 자세로 두 팔을 자연스럽게 펴게 한다.	V	
2. 줄자를 등부 견갑골 바로 아래를 지나 돌린다.		V
3. 두 팔을 내리게 한다.	V	
4. 유두 바로 위에 줄자를 고정한다.		V
5. 눈금을 읽는다.	V	
6. 측정기를 기록한다.	V	

표. 행동목록표 사례

예 〈 올바른 손씻기 절차 평가 〉 - 행동목록표

단계	평가항목	수행수준 (0=안함, 1=부분수행, 2=완전 수행)
1	• 손을 물에 충분히 적셨는가?	
2	• 비누를 손 전체(손바닥·손등·손가락 사이)에 골고루 발랐는가?	
3	• 20~30초간 손바닥 문지르기	
4	• 손등·손가락사이·손톱 밑까지 꼼꼼히 문지르기	
5	• 물로 깨끗이 헹구기	
6	• 깨끗한 수건이나 에어드라이어로 건조하기	

표. 행동목록표 작성 시 고려사항 (사전 준비)

목적·목표 명확화	• 무엇을, 왜 평가하는지 문서화 • 평가대상과 평가목표를 구체화함
충분한 지식	• 평가하려는 영역에 대해 충분한 지식을 갖추도록 함
행동 단위 도출	• 수행 단계별, 세부 행동을 핵심 행동 리스트로 작성 함 → 필요시 관련 문헌, 전문가 인터뷰, 전문가 자문 등을 활용함
평가 기준 명확화	• 평가기준(척도) 명확화, 구체화함 → 척도 유형, 기준 설정 (예, 아니오 / 0, 1, 2점 / 전혀 하지 않음-가끔 수행-항상 수행 등)
구체적 관찰 가능성	• 눈으로 구체적으로 확인가능한 형태로 기술
단일 행동 원칙	• 한문항에 두가지 이상 묶지 않기
간결, 명확한 용어	• 전문 용어는 최소화하고, 관찰자 모두 이해 가능한 명확한 용어로 간결하게 작성
긍정적 문장	• "하지 않았다."보다는 "~하였다."의 긍정적 문장으로 기술
객관적 문항	• 편견없이 행동만 판단하도록 객관적으로 서술함
표본행동의 적절성	• 항목에 포함한 행동은 실제 학습 목표달성에 중요한 내용으로 선정 • 표본행동이 전체행동을 대표하도록 구성함
학습자 특성	• 평가대상인 학습자의 특성을 이해함
시범 테스트	• 소수집단에 평가도구를 먼저 적용해보고, 중복 문항, 불명확 항목 등을 수정, 보완함
피드백 제공 계획	• 기록에 그치지 않고, 학습자에게 피드백할 방법을 미리 계획함
기록의 정확성	• 적절한 기록방법을 유지하고, 실시간 기록을 권장하고 기록은 정확해야 함
관찰자 훈련 및 지침서 제공	• 관찰자가 동일한 기준으로 체크할 수 있도록 사전에 훈련함 • 관찰자용 지침서(가이드라인) 작성 및 제공
신뢰도 및 타당도 확보	• 관찰가 간 신뢰도 확도, 내용 타당도 확보

표. 행동목록표와 체크리스트 공통 장·단점

장점		단점	
간편	• 실시방법, 기록방법 모두 간편함	행동단위 분류	• 행동단위분류가 어려움
양적처리	• 양적처리가 가능함	배타적	• 관찰할 내용을 모두 포괄하면서도 서로 배타적으로 만들기 어려움

③ 평정척도 (평정법, 서열척도)

개념		• 평가대상자의 행동, 태도, 수행 등을 정해진 척도(등급)을 이용해 평가하는 방법임 → 정도나 수준을 수치화하거나 서열화(순위, 등급)하여 측정하는 것임
종류		• 리커드 척도 등
장점	간편하고 빠름	• 많은 인원도 짧은 시간내에 평가 가능
	질적 특성도 양적 수치화	• 등급(척도)로 정리하여 질적 특성도 양적으로 수치화 가능
	다양한 영역	• 인지, 태도, 행위 등 여러 가지 다양한 특성도 측정이 가능함
	관찰	• 관찰법, 자기보고법에도 사용가능
단점	주관적 오류	• 평가자에 따라 오류 발생 (인상 오류, 관대 오류, 엄격 오류, 논리 오류 등)
	중앙집중 오류	• 애매할 시에 3점인 점수(중앙)에 집중하는 경향 발생
	평가결과 왜곡	• 명확하지 않은 문항은 평가 결과를 왜곡시킬 수 있음

표. 성교육(피임법) 평정법 사례

항목	전혀 그렇지 않다 (1점)	그렇지 않다 (2점)	보통이다 (3점)	약간 그렇다 (4점)	매우 그렇다 (5점)
나는 다양한 피임법에 대해 잘 알고 있다.					
나는 피임의 필요성에 대해 중요하게 생각한다.					
나는 상황에 맞는 피임법을 선택할 수 있다고 생각한다.					
나는 피임이 성 건강을 지키는데 도움이 된다고 생각한다.					
나는 피임법 사용에 대해 긍정적인 태도를 가지고 있다.					

표. 평정척도 시 고려할 사항

명확성, 구체성	• 명확하고, 구체적인 평정기준을 제시함
관찰가능성 (측정가능성)	• 관찰(측정)가능한 행동을 기준함 • 애매하거나 주관적인 문항은 배제함
객관성	• 평가자의 주관성 개입(편견 등)을 최소화하기 위해 객관성 평가기준 제시
평가자 교육	• 평가자에 대한 오류가 발생할 수 있으므로 평가자 교육실시
문항간 일관성	• 여러 문항일 경우 문항간 일관성이 높을수록 신뢰도, 타당도가 높아짐
타당도, 신뢰도	• 신뢰도와 타당도를 확보하기 위해 다양한 방법을 사용함

4 자가보고 및 자기감시법(자가평가법)

(1) 자가보고법

개념	• 척도법을 사용한 설문지, 개방식 질문지, 진술식의 보고서, 일지 작성 등의 양식에 따라 스스로 자가보고하는 것임 → 스스로 보고하는 것임
특징	• 주로 인지적·정서적 측면 평가

표. 흡연행위 자가보고법 사례

1. 내가 담배를 피우게 되는 상황은 어떠한가?
→

2. 내가 담배를 피울때의 감정은 어떠한가?
→

3. 지금까지 금연을 시도한 경험이 있었는가?
→

4. 금연을 방해하는 요인은 무엇이라고 생각하는가?
→

5. 내가 금연을 위해 실천할 수 있는 일은 무엇인가?
→

(2) 자기감시법

개념	• 일정기간 동안 건강행위 등의 행위를 한 후, 자신의 행위를 스스로 기록하게 하는 것임 → 자신이 행동을 스스로 모니터링 하는 것임
특징	• 행동 중심, 변화 추적 가능

표. 금연일지 자기감시법 사례

날짜	시간	장소	상황	흡연욕구			기분		
				보통	강함	아주 강함	나쁨	보통	좋음
/									
/									
/									
/									

9 평가도구가 갖추어야 할 조건 (평가도구의 기준, 평가도구의 조건)

1 타당도

개념	• 평가도구가 측정하고자 하는 내용을 얼마나 정확히 측정하는 가를 의미함 • 평가도구가 측정하려는 내용 즉, 교육목표나 기준을 제대로 측정하고 있는지를 의미함
평가	• '있다.', '없다.'라고 하기보다 '낮다.', '높다.'라는 정도를 평가하는 것임
사례	예 임부를 대상으로 산전관리 보건교육을 한 후 임부의 정기검진 시기와 횟수를 질문

2 신뢰도

개념	• 측정하고자 하는 내용을 얼마나 오차없이 정확하게 측정하는 가를 의미함 • 동일한 도구를 동일한 대상에게 반복 측정시 동일한 결과를 얻을 수 있는지를 의미함 → 반복측정할 때 얼마나 일치된 결과를 나타내는 냐를 의미함
사례	예 혈압을 두 번 측정했을 때 오차값 거의 없이 동일하게 결과가 나옴

표. 신뢰도 높이는 방법

문항 명확, 구체적	• 평가도구 문항을 명확하고 구체적으로 작성해야 함
충분한 문항수	• 평가 문항이 많아야 함 → 충분한 문항 수 확보
변별력	• 변별력이 높아야 함
쉽고, 어려운 문항 X	• 매우 어렵거나, 매우 쉬운 문항이 있으면 안됨 → 신뢰도 저하
채점기준 명확	• 채점기준 명확하고 일관성 있어야 함
다양한 상황에서 반복 측정	• 같은 내용을 다양한 조건에서 평가해 신뢰도 검증 가능
평가자 교육·훈련	• 평가자 간 편차를 줄이기 위해 평가자 교육 필요

3 객관도

개념		• 평가자의 주관에 흔들리지 않고, 검사횟수에 관계없이 평가의 결과가 얼마나 일치하는 지를 의미함 → 즉, 평가자의 일관성을 의미함 • 평가자에 의해 결정되는 일종의 신뢰도이므로 평가자 신뢰도라고도 부름 • 동일한 답안지를 동일한 사람이 시간이나 상황을 달리해서 평가한다 해도, 같은 결과가 나오면, 객관도가 높은 것임
종류	평가자 간 객관도	• 한 가지 결과에 대해 여러 사람의 평가가 일치하는 정도임 • 여러 명의 평가자 간에 같은 평가기준으로 일관된 결과가 나오는 정도
	평가자 내 객관도	• 한 명의 평가자가 시간적 간격이나 상황적 차이를 두고 반복 평가할 때 평가가 일치하는 정도임
사례	평가자 간 객관도	예 두명의 교사가 금연발표 평가를 해도 평가 점수가 거의 일치함
	평가자 내 객관도	예 한명의 교사가 3일 뒤에 피임발표 평가를 해도 평가 점수가 거의 일치함

4 실용도

개념	• 실제로 사용하는 것과 관련된 개념으로 평가도구의 경제성, 간편성, 편의성을 나타내는 것임 • 교육자가 대상자에게 얼마나 쉽게 평가도구를 적용할 수 있는지를 뜻함
사례	예 손씻기 교육 후 체크리스트로 빠르게 관찰 가능 → 간편하고, 비용 적음 예 스트레스 자가보고표로 간단히, 편리하게 스트레스 정도를 확인함

10 보건교육 평가오류 (채점오류)

- 주로 평정척도에 따른 오류임

1 집중화 경향의 오류

개념	• 평정시 극단의 평정치를 가능한 피하고, 중간 점수만 주는 오류임 • 최고점이나 최저점은 피하고, 평균에 가까운 중간점수만 주어, 중간에 과도하게 모이는 경향임 → 즉, 가장 무난하고 원만한 평균(중간점수)로 집중하려는 경향
문제점	• 학생들 간의 차이를 제대로 판별해 낼 수 없음
해결	• 중간에 선택할 수 있는게 여러개가 되도록 함 (4단계 → 7단계)
사례	예 학교에서 수행평가의 태도나 과제 점수를 매길 때 학생 개개인을 자세히 평가하기 보다는 최고점과 최하점의 학생을 제외하고, 나머지를 중간점수('보통이다')에 배치함

2 표준의 오류

개념	• 평가자가 표준을 잘못 정해서 발생하는 오류이 → 점수를 주는 표준이 평가자마다 달라 발생하는 오류 • 경험과 훈련이 부족한 평정자일수록 많이 범하는 오류임
문제점	• 채점자 간 점수 차이 발생
해결	• 여러 요소로 나누어 각 요소마다 점수를 배정하고, 점수마다 채점 기준을 제시하여 주관이 개입되는 것을 최소화하여야 함
사례	예 회사에서 직원들의 근무 성적을 평정할 때, 평정척도에서 가운데를 기준으로 삼는 것이 정상인데 A평가자가 중간이 아닌 값(2점, 4점)을 기준으로 하여 평정하는 경우

3 대비의 오류

개념	• 평가자 자신과의 특성을 비교하여 과대 혹은 과소평가하게 되는 오류임 • 학생의 답안 내용이 평정자의 견해와 일치하거나 배치되는 경우에 발생할 수 있는 것임 → 채점자가 정통하거나 숙달하고 있는 능력에 대해서는 과소평가되고, 평정자에게 생소하거나 미숙한 부분에 대해서는 과대평가되어 발생하는 오류
문제점	• 실제 능력에 대한 정확한 평가가 어려움
해결	• 여러 요소로 나누어 각 요소마다 점수를 배정하고, 점수마다 채점 기준을 제시하여 주관이 개입되는 것을 최소화하여야 함

4 근접의 오류

개념	• 평가 시점이 시공간적으로 가깝거나 먼 차이로 발생하는 오류임 • 즉, 평가 기간 전체의 결과가 아니라 전체 평가 기간의 처음이나 나중에 나타난 것을 중심으로 평가함으로써 발생하는 오류임 → 학생을 면담하거나 평가와 관련된 사건을 겪고 나서 바로 채점한 결과와 시간이 어느 정도 흐르고 나서 채점한 결과에 차이가 생기는 것임
종류	**첫머리 효과 (primacy effect)**: • 전체 평정 기간에서 초기의 업적에 영향을 크게 받는 것임 **막바지 효과 (recency effect)**: • 전체 평정 기간에서 후기의 실적이나 능력을 중심으로 평가하는 경향임
문제점	• 채점의 일관성이 떨어져, 올바른 평가가 이루어지지 않음
해결	• 평가를 해야 하는 기간을 적절하게 유지함 • 평가를 하는 기간이 길 경우 그것을 여럿으로 나누고 각각의 짧은 기간에, 해당하는 기간마다 평가함으로써 누적하여 평정하도록 함 • 또한 채점 기준을 요소별로 정하고 항목별로 채점하여 산출된 점수를 합산하도록 함
사례	예 학교생활기록부에 기재하는 사항은 대개 1년으로 된 전체 평정 기간에 걸쳐 관찰한 내용을 바탕으로 평가하여 기록하게 되어 있는데, 대체로 전체 평가 기간의 활동을 종합해 평정하지 못하고 기재할 당시에 가장 가까운 또는 가장 먼(평가 기간의 초기) 활동 내용에 대한 인상을 가지고 평정하는 경우

5 논리적 오류

개념	• 채점 기준에 모순된 논리가 포함됨으로써 발생 • 채점자 자체의 문제로서 채점자 자신의 논리가 스스로 옳다고 여기는 오류로 채점자 본인은 옳다고 믿지만 실제로는 옳지 않을 수 있음
문제점	• 올바른 채점 이루어지지 않음 • 아직 가치 판단이 확실히 확립되지 않은 학생들에게 잘못된 논리적 가치관을 심어줄 수 있음
해결	• 채점 기준 명확히 확립
사례	예 '사교적이면 명랑하다'거나 '정직하지 않으면 준법성도 없다' 등

6 인상의 오류(후광효과, hallo effect) 21 임용

개념	• 평정자가 학생에 대해 가지고 있는 선입견이나 사전 정보 때문에 발생하는 오류임 • 평정 대상에 대해 가지고 있는 인상을 토대로 좋게 나쁘게 평정하는 오류임	
종류	관대의 오류	• 사전 정보나 선입견 때문에 후한 점수를 주는 경우
	엄격의 오류	• 사전 정보나 선입견 때문에 박한 점수를 부여하는 경우
문제점	• 평정자의 주관이 강하게 작용함으로써 학생 개인에 대하여 아주 유리하게 채점하거나 불리하게 채점하게 될 수 있음	
해결	• 채점할 때 답안지에 기재되어 있는 이름과 같은 학생의 정보를 채점자가 알지 못하도록 함 • 학생별로 채점하는 것을 피하고 문항별로 채점하여 채점의 일관성을 잃지 않도록 함	
사례	예 어느 집단에서 '성실성'을 비교 평가할 때 지식·지능이 높고 판단력이 뛰어난 인물이 있을 경우, 전체적인 인상을 바탕으로 그 사람의 성실성을 실제보다 좋게 평가 하는 것임 예 "A학생은 1교시 수업 전 30분 전에 매일 오니 시험도 잘 봤겠지." 예 "B학생은 운동을 잘하니, 공부도 잘 하겠지."	

7 관대의 오류

개념	• 평정자가 평정 대상자의 평가에 있어서 실제의 능력이나 실적에 비해 관대하게 평정하여, 원만하게 처리하려고 함으로써 발생하는 현상임 → 지나치게 점수를 높게 줌
사례	예 대부분의 학생을 A학점 부여 예 김OO 팀장이 본인 팀원들에게 점수를 A,B만 주는 경우 ("내 팀원이니 잘줘야지")

8 엄격의 오류

개념	• 평가자가 어떤 기준을 너무 엄격하게 적용하여 점수를 낮추는 오류임 • 즉, 실제 학생들의 실력이나 수준보다 낮은 점수를 주는 경우를 의미함 → 지나치게 점수를 낮게 줌

Part 07 · 2022 보건교육과정

1. 2022 보건 교과 - 중학교 19 임용

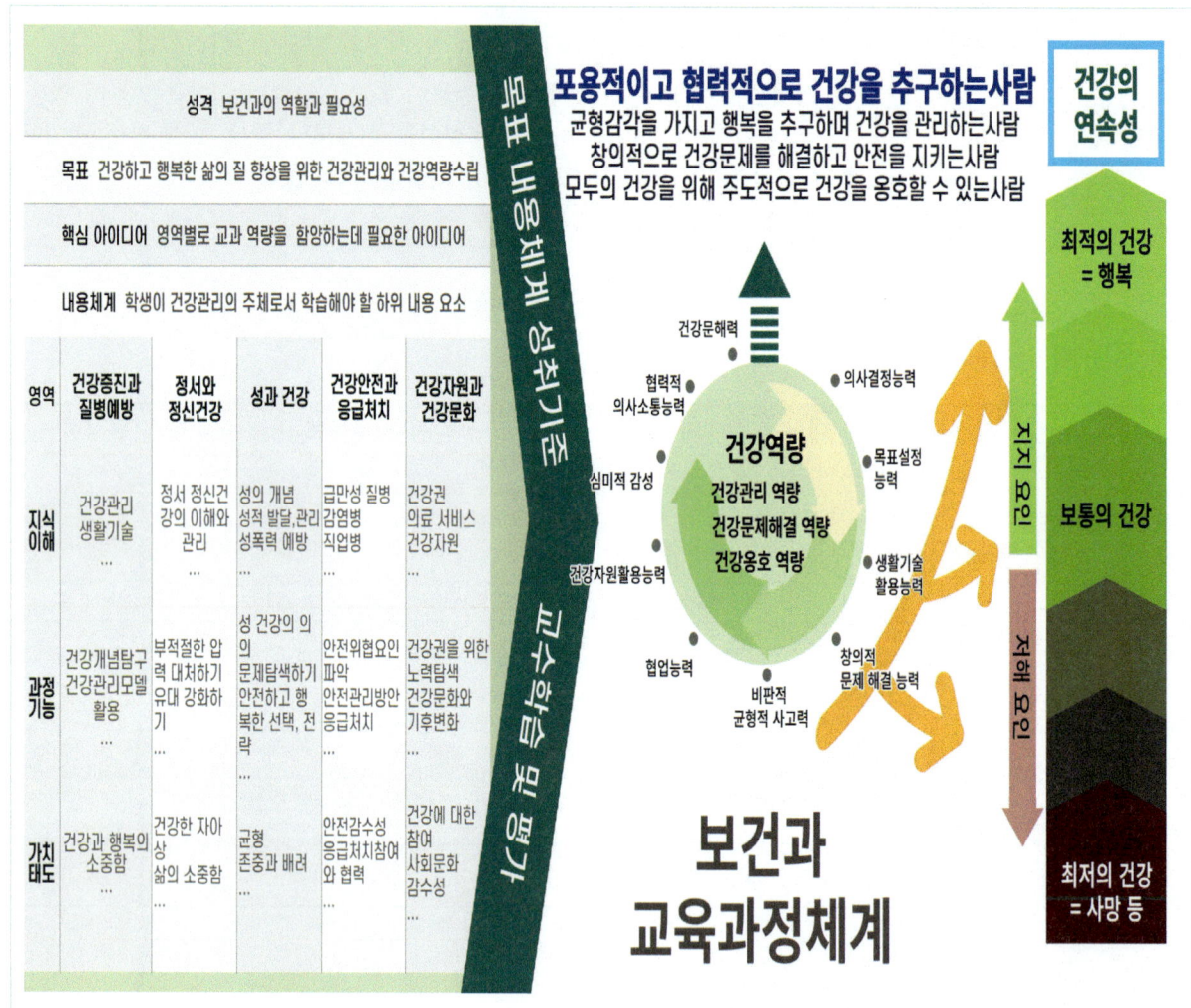

1 보건과 교육과정 체계 설계

설계	• 보건과의 성격 및 정체성에 기초하여 2022 개정 교육과정 총론을 반영함으로써, 학생들이 건강역량을 함양하여 생활 속에서 건강을 실천하며 건강하고 행복한 시민으로 성장하는 데 필요한 자질을 갖추도록 설계함
건강역량	**건강관리 역량** • 일상의 건강을 관리할 수 있는 역량임
	건강문제해결 역량 • 건강문제가 있을 때 이를 해결할 수 있는 역량임
	건강옹호 역량 • 자신만이 아니라 공동체의 건강을 함께 옹호하며 사회적 환경을 개선할 수 있는 역량임

2 보건과 교육과정 3범주

지식·이해	• 건강과 환경, 사회의 상호작용을 이해하고 건강역량을 함양하여 개인과 공동체의 건강을 유지 증진하는 데 필요한 지식으로 구성됨
과정·기능	• 이러한 지식을 습득하는 과정과 기능을 제시하되, 단순히 지식을 아는 데 그치지 않고 생활 속에서 개인과 공동체의 실천으로 이어질 수 있도록 건강영향요인을 분석하고 건강생활기술, 건강정보와 자원을 탐구하고 활용하여 일상의 건강관리, 건강문제해결, 건강옹호 등이 가능하도록 구성됨
가치·태도	• 건강과 행복의 가치와 삶의 소중함, 사회문화적 다양성을 존중하고 균형을 유지하려는 태도, 심미적 감성, 건강과 안전 및 성인지 감수성, 건강정보와 자원에 대한 사회적 책임과 권리의식, 생태 감수성, 환경과 인간의 공존 추구 등으로 구성됨

3 교육목표

• 건강의 가치와 개념, 지식을 바탕으로 몸과 마음에 대한 이해와 건강관리 능력을 높여 일상생활에서 건강생활을 실천할 수 있다. 이를 토대로 건강문제 상황에서 건강정보와 자원을 활용하여 건강문제를 해결하고 질병 상태에서도 친구와 가족, 공동체와 함께 위험을 관리하며 행복하고 안전하게 살아갈 수 있다. 나아가 서로의 건강을 옹호하며 개인과 공동체의 건강증진에 기여하고 급변하는 환경에 창의적으로 대응하며 건강역량을 함양하고 건강 지향적 환경을 추구하여 삶의 질을 높인다.

(1) 건강을 중시하고 건강 개념 및 몸과 마음의 신호를 이해하며 건강생활을 실천하고 삶의 질 향상과 행복을 추구하며 건강을 관리할 수 있다.
(2) 건강생활기술을 단련하여 약물, 성, 정서에 대한 조절 능력을 기르고, 건강문제 상황에서 행복하고 건강한 선택을 지지하는 한편, 창의적이고 협력적으로 문제를 해결할 수 있다.
(3) 건강 안전을 위협하는 각종 질병과 위험요인을 사전에 파악하고 대비하며, 질병이 있어도 함께 건강하게 살아가며 응급상황에 안전하게 대처할 수 있다.
(4) 건강권에 대한 이해를 바탕으로 다양한 건강정보와 건강자원을 탐색하고 건강 문해력과 디지털 문해력을 배양하며, 개인과 공동체의 건강증진과 환경 개선을 위한 건강옹호를 할 수 있다.
(5) 기후변화, 감염병 등 사회·문화적 환경 변화가 건강에 미치는 영향과 건강문제들을 탐색하고 건강에 유익하지 못한 관행 등 건강문화의 변화를 도모하며, 국제적이고 통합적인 건강역량을 기른다.

4 교육영역별 교육체계와 성취기준

교육영역	① 건강증진과 질병예방, ② 정서와 정신건강, ③ 성과 건강, ④ 건강안전과 응급처치, ⑤ 건강자원과 건강문화

(1) 건강증진과 질병예방

① **교육체계**

핵심 아이디어	• 우리 삶의 질에 중요한 건강을 유지, 증진하기 위해서는 건강의 연속성과 항상성 및 다양한 영향요인을 고려한 건강관리가 중요하다. • 건강관리의 생활화를 위해서는 몸과 마음의 신호를 알아차리고, 건강관리 모델과 전략, 건강생활기술, 정보, 자원을 활용할 수 있는 건강관리 역량과 사회적 지지가 중요하다.	
범주		**내용 요소**
지식·이해	건강과 건강증진	• 건강 개념과 영향요인 • 건강관리모델 • 건강에 대한 사회적 지지
	건강신호와 생활주기	• 몸과 마음의 신호와 건강지표 • 생활주기와 건강생활습관
	질병예방과 건강생활기술	• 건강문제 및 질병 예방과 건강관리 • 건강생활기술 • 건강옹호와 협력
과정·기능	건강이해	• 건강 개념 및 가치와 영향요인 탐색하기 • 몸과 마음의 신호 이해하기
	건강탐구	• 건강상태를 확인하고 건강관리 방안 제시하기 • 건강관리 모델을 알아보고 생활에 적용하기 • 건강관리 목표와 전략을 세우고 평가하기
	실천적용	• 건강문제와 건강생활기술을 탐색하여 건강관리 실천하기 • 건강옹호활동을 이해하여 사례에 적용하기
가치·태도		• 건강과 행복의 소중함 • 건강의 가치 내면화 및 건강을 관리하려는 태도 • 몸과 마음의 신호에 대한 민감성 • 건강생활기술 활용 및 옹호와 협력에 대한 적극성

② **성취기준**

[9보01-01] 건강의 개념과 영향요인, 건강관리 모델을 탐구하여 건강을 관리하는 태도를 갖는다.
[9보01-02] 몸과 마음의 신호와 건강지표를 통해 건강상태를 평가하여 건강관리에 적용한다.
[9보01-03] 건강한 수면, 식습관, 신체활동에 대해 알아보고 건강생활습관을 계획하고 실천한다.
[9보01-04] 건강문제와 건강생활기술을 탐색하여 질병을 예방할 수 있도록 건강을 관리한다.
[9보01-05] 건강에 대한 사회적 지지의 중요성을 인식하고 개인과 공동체의 건강옹호활동을 협력적으로 탐색한다.

(2) 정서와 정신건강

① 교육체계

핵심 아이디어	• 자신과 삶의 소중함에 대한 인식, 다양성 존중, 적절한 유대와 지지적 환경은 청소년기와 성인기의 건강하고 행복한 삶의 기초가 된다. • 흡연·음주 및 의약품의 오·남용은 개인과 사회의 건강 및 사회문제와 관련이 있으므로 내적인 힘과 생활기술 및 지지체계가 중요하다.	
범주	**내용 요소**	
지식·이해	중독과 건강	• 흡연·음주·약물 오·남용 • 행위 중독
	정서·정신건강	• 감정·공감 및 지지 • 자아 존중감 • 스트레스 관리 • 삶·죽음·상실의 의미
과정·기능	건강이해 건강탐구 실천적용	• 정서와 정신건강 및 영향요인 알아보기 • 약물과 중독의 기전을 이해하고 조절하기 • 건강하고 안전한 선택 지지하기 • 감정을 이해하고 적절하게 표현하여 행복한 관계 맺기 • 유혹과 압력 등에 대처 및 옹호하기 • 다양성을 존중하며 유대 강화 및 환경 개선하기
가치·태도		• 자신과 타인의 삶을 소중히 여기고 존중하는 태도 • 건강한 자아상·유대와 행복 추구 • 위험요인 감수성과 중독에 대한 비판적 태도

② 성취기준

[9보02-01] 약물 오·남용과 흡연, 음주의 유혹과 압력에 대해 안전하게 선택하고 대처·옹호한다.
[9보02-02] 행위 중독이 건강에 미치는 영향과 위험요인 및 대처방안을 탐색하여 예방하고 관리하려는 태도를 갖는다.
[9보02-03] 자아 존중감에 대해 이해하고 생활 속에서 자아 존중감을 높이는 상황과 저하시키는 상황을 탐색하여 대처하고 지지하여 건강한 자아상을 추구한다.
[9보02-04] 감정과 스트레스의 적절한 인식과 표현, 지지와 공감 및 다양성 존중을 통해 관계 속에서 행복함과 건강한 관계 맺기를 보여준다.
[9보02-05] 삶과 죽음, 상실의 의미에 대한 성찰을 바탕으로, 삶의 소중함을 깨닫고 죽음·상실에 건강하게 대처하는 자세를 지지한다.

(3) 성과 건강

① 교육체계

핵심 아이디어	• 성 건강은 개인과 가족의 행복, 국가 발전에 기본이 된다. • 성 건강관리는 성인지 관점 및 서로 다른 입장에 대한 균형 있는 접근과 이해를 필요로 한다.	
범주		**내용 요소**
지식·이해	성과 성 발달	• 성의 개념 • 성적 발달과 신체상
	사랑, 권리와 책임	• 성적자기결정권 • 이성교제와 경계 존중 • 성역할 및 임신과 피임
	성문화와 위험관리	• 성폭력·성매개감염병 등 성 건강위험 • 성 건강문제와 관리·옹호 • 성문화
과정·기능	건강이해 건강탐구 실천적용	• 성 건강에 관련된 생리와 주제, 제도, 권리 탐색하기 • 성적 발달과 관계에 대해 알아보고 건강하게 관리하기 • 디지털 미디어와 성문화를 탐색하여 개선하기 • 안전하고 행복한 선택을 위한 균형 있는 관점으로 대처전략 세우기 • 청소년 성 건강문제를 알아보고 예방·관리하기 • 성과 관련된 차별과 고정 관념, 평등과 존중에 대해 알아보고 평가하기
가치·태도		• 안전하고 행복한 성의식과 성문화 함양 • 성인지 감수성 및 차이를 존중하고 공감·배려하는 자세 • 성 건강을 근거를 가지고 관리하는 태도 • 성 미디어 문해력 함양

② 성취기준

[9보03-01]	성의 개념과 성역할 및 영향요인에 대해 성인지적 관점에서 탐색하여 안전하고 행복한 성문화와 성의식의 필요성을 이해한다.
[9보03-02]	청소년기 성적 발달과 관계, 신체상에 대해 알아보고 사회적 조건을 이해하며 건강하게 관리한다.
[9보03-03]	성적자기결정권을 균형 있게 탐색하여 안전하고 행복한 대처전략을 세우고 이성 교제 시 경계를 존중하고 배려하는 자세를 갖는다.
[9보03-04]	성폭력·성매개감염병 등 성 건강 위험요소를 미디어 문해력 및 성문화와 관련지어 탐색하고 건강하게 관리·옹호한다.
[9보03-05]	임신, 피임에 대한 이해를 바탕으로 십대의 임신과 미혼 부모 문제가 개인과 사회에 미치는 영향을 분석하고 건강에 유익한 선택과 자원을 지지한다.
[9보03-06]	청소년의 성 건강과 관련하여 사회적 쟁점이 있는 이슈들에 대해 다양한 입장의 근거와 맥락, 고정 관념, 차별, 불평등한 상황을 파악하여 균형 있고 평등한 성문화를 조성하려는 자세를 갖는다.

(4) 건강안전과 응급처치

① 교육체계

핵심 아이디어	• 생활 속에는 늘 위험이 있을 수 있고, 다양한 건강위험은 문제가 되기 전 대체로 신호가 있으며, 도미노처럼 주변의 건강문제로 이어질 수 있으므로, 개인과 공동체의 안전 감수성 및 참여와 협력에 기반한 예방과 관리가 중요하다. • 위급 상황에서 공동체의 준비된 안전수칙 및 응급처치의 적용과 협력은 개인과 공동체의 사망 및 손상 악화 방지와 질병 회복의 결정 요인으로 작용한다.	
범주	내용 요소	
지식·이해	건강 안전	• 건강 안전의 의미와 위험요인 • 급·만성 질병 및 관리 • 면역과 감염병 예방 및 관리
	사고예방 응급처치	• 공동체의 문화와 건강 안전 및 관리 • 건강수칙·응급처치·협력
과정·기능	건강이해 건강탐구 실천적용	• 건강 안전의 개념 및 위험요인을 탐구하여 예방·대처방안 탐색하기 • 질병과 면역의 원리를 이해하고 건강수칙 탐색하기 • 위급 상황에서 협력적 건강 안전 관리 방안을 탐색하고 실천하기 • 질병과 함께 건강하게 살아갈 방안을 탐색하여 생활에 적용하기 • 다양한 응급상황에서 협력적 응급처치와 심폐소생술·자동심장충격기 사용 방법을 익히고 실천하기
가치·태도	• 건강과 안전에 대한 감수성 내면화 • 건강안전 관리 방안에 대한 탐색적 태도 • 질병 예방과 응급처치에 대한 관심과 참여	

② 성취기준

[9보04-01] 건강안전의 의미와 위험요인을 탐구하여 질병과 사고를 예방하고 관리하며 건강안전 지향적 환경 개선에 적극적인 태도를 갖는다.
[9보04-02] 급·만성 질병의 위험요인과 건강에 미치는 영향을 탐색하여, 질병과 함께 건강하게 살아가기 위한 방안을 세우고 실천한다.
[9보04-03] 감염병과 면역의 원리를 이해하고 개인과 공동체가 지켜야 할 건강수칙을 탐색하여 근거와 함께 제안하고 실천한다.
[9보04-04] 상황에 따른 응급처치의 원리와 방법을 이해하고, 다양한 위기 및 응급상황에서 적절한 응급처치와 협력적 대응 방안을 탐색하여 적용한다.
[9보04-05] 응급의료체계의 활용 방안을 탐색하고 심폐소생술과 자동심장충격기의 원리와 사용법을 익혀 협력적으로 바르게 적용한다.

(5) 건강자원과 건강문화

① 교육체계

핵심 아이디어	• 건강 수준은 가정환경, 성, 경제 수준 등에 따라 차이가 있으므로 건강을 옹호하고 지지하는 건강지향적인 사회 환경이 필요하다. • 디지털 기술과 미디어, 인공지능 시대의 보건의료 환경 및 의료서비스의 변화는 사람들의 건강정보와 건강자원의 선택 및 활용에 영향을 미친다. • 인류의 건강을 위협하는 기후변화는 지속가능한 사회를 위한 건강문화 조성 및 공동체의 책임감과 연대를 필요로 한다.	
범주		**내용 요소**
지식·이해	건강권과 건강자원	• 건강권 • 건강정보와 보건의료서비스건강자원 • 디지털·인공지능 시대 건강자원의 변화·위험
	건강문화	• 건강 문해력과 디지털 문해력 • 기후변화와 사회적 건강문제 • 건강 신념과 규범·관행 등 건강문화와 지속가능한 환경
과정·기능	건강이해 건강탐구	• 건강권을 위한 노력과 자원 탐색하기 • 디지털·인공지능 건강정보와 보건의료서비스 및 건강자원의 변화와 활용 탐색하기 • 문화와 기후변화가 건강에 미치는 영향 탐색하기
	실천적용	• 건강옹호활동 주도하기 • 건강지향적 문화와 환경 지지·옹호하기
가치·태도		• 건강에 대한 권리와 책임 인식 • 건강한 문화와 환경 변화를 위한 참여 의식 내면화 • 건강의 가치화와 다양성 존중

② 성취기준

[9보05-01] 건강권 발전을 위한 노력과 건강자원을 탐색하여 공동체의 건강권 향상을 위한 활동에 관심을 가지고 참여한다.

[9보05-02] 디지털·인공지능 시대에 따른 보건의료서비스와 건강정보를 포함한 건강자원의 변화를 알아보고 건강에 유익하게 활용하며 개선방안을 탐색한다.

[9보05-03] 기후변화와 건강의 관계를 탐색하고, 지속가능한 사회를 위한 개인과 공동체의 건강옹호활동을 탐구하고 실천한다.

[9보05-04] 건강 신념과 규범·관행 및 미디어 등이 건강에 미치는 영향을 탐색하고 건강하게 개선하려는 태도를 발전시켜 건강관리와 건강문제 해결에 적용한다.

[9보05-05] 다양성 존중과 사회적 소수자 배려를 포함하여 건강지향적 문화와 환경을 지지·옹호한다.

2 2022 보건 교과 - 고등학교

1 교육목표

(1) 다양한 건강 개념을 토대로 몸과 마음의 상태와 건강 영향요인을 고려하여 건강생활을 실천하고 균형 있게 삶의 질 향상과 행복을 추구하며 건강을 관리할 수 있다.
(2) 건강생활기술을 단련하여 성, 정서, 중독 등 다양한 건강문제에 대해 안전하고 행복한 선택을 할 수 있고, 위험요인과 지지·협력 체계를 평가하여 창의적으로 건강문제를 해결할 수 있다.
(3) 건강 안전을 위협하는 각종 질병과 위험요인을 사전에 파악하고 대비하며 공동체의 대응 체계를 발전시켜, 질병이 있어도 함께 건강하게 살아가며 응급상황에 안전하게 대처할 수 있다.
(4) 건강권의 역사, 건강정보, 건강자원 및 법과 제도를 탐색하고 건강 문해력과 디지털 문해력을 배양하여, 개인과 공동체의 건강증진과 건강지향적 환경을 옹호할 수 있다.
(5) 건강문화와 기후변화, 감염병 등 사회·문화적 환경 변화가 건강에 미치는 영향 및 대응 방안을 비교·분석하고 건강문화를 건강지향적으로 개선하려는 태도로 개선방안과 국제연대를 탐색할 수 있다.

2 교육영역별 교육체계와 성취기준

교육영역	① 건강증진과 질병예방, ② 정서와 정신건강, ③ 성과 건강, ④ 건강안전과 응급처치, ⑤ 건강자원과 건강문화

(1) 건강증진과 질병예방

① **교육체계**

핵심 아이디어		• 건강은 우리 삶의 질에 중요한 가치를 가지며 총체적으로 행복한 상태를 추구하는 공통성이 있지만 여러 측면이 있으므로 해석과 수용이 다양하다. • 개인과 공동체의 건강증진은 건강에 영향을 미치는 다양한 요인을 고려한 포용성, 시민성을 토대로 건강관리 역량을 강화하고, 공동체가 함께 전략을 수립하며 협력적으로 실천할 때 가능하다.
범주		내용 요소
지식·이해	건강과 건강증진	• 다차원적 건강 개념과 건강영향요인 • 건강지표와 건강 평가 • 건강관리의 역사와 제도 및 모델 • 건강에 대한 사회적 지지와 역할 및 책임
	신호와 생활주기	• 몸과 마음의 신호와 변화 • 생애주기별 건강 특성과 건강관리 및 제도
	질병예방과 건강생활 기술	• 개인과 공동체, 국가의 질병예방과 건강관리 • 건강생활기술과 건강자원 • 개인·공동체·국가의 건강옹호와 협력 및 네트워크

과정·기능	건강이해	• 건강의 가치와 다차원적 개념 탐구하기 • 건강요구와 지지·장애요인 분석하기 • 생애주기별 건강 특성을 제도와 연관하여 이해하기
	건강탐구	• 몸과 마음의 신호를 평가하고 해석하기 • 건강상태 및 (건강관리 모델을 평가)하여 건강관리 계획하기 • 건강 지표를 분석하여 활용하기
	실천적용	• 건강관리하기 • 네트워크 활용 및 건강옹호하기
가치·태도		• 건강 가치화와 건강관리 및 건강증진 실천 의지 • 건강지향적 환경 개선 의지 • 소통과 협력하며 반성과 개선 인식 • 건강관리의 생활화

② 성취기준

[12보건01-01]	건강 개념과 건강영향요인을 다양한 관점으로 탐구하여 개인과 공동체의 건강 증진을 추구하는 태도를 갖는다.
[12보건01-02]	몸과 마음의 신호와 건강지표를 통해 개인적, 사회적 건강상태를 평가하여 건강관리를 계획하고 생활화한다.
[12보건01-03]	생애주기별 건강 특성을 고려한 건강관리 전략을 건강관리 제도와 연관지어 탐색한다.
[12보건01-04]	건강관리의 역사를 통해 건강관리에 대한 관점과 전략을 비판적으로 검토하여 건강관리 및 제도 변화 모색에 시사점을 적용한다.
[12보건01-05]	개인·공동체의 질병예방과 건강관리에 건강생활기술과 건강관리모델을 적용하여 평가하고, 국가적·국제적 수준의 건강문제와 이에 대한 건강옹호 방안을 탐색한다.

(2) 정서와 정신건강

① 교육체계

핵심 아이디어	• 물질 오·남용과 행위 중독은 개인과 사회의 건강 및 사회 문제와 관련이 있으므로 문제에 대처할 수 있는 내적인 힘, 생활기술과 지지체계 및 환경조성이 중요하다. • 감정, 성격, 유대 등 정신건강을 이루는 요소들은 개인적 특성과 사회, 문화, 환경적 요인의 상호 작용에 영향을 받으며 삶의 질에 영향을 준다.	
범주	**내용 요소**	
지식·이해	중독과 건강	• 의약품 오·남용 • 물질 및 행위 중독
	정서·정신건강	• 정서·정신건강 이해 • (감정과 성격의 이해와 관리) • 우울 및 불안과 스트레스 관리 • 삶과 죽음·상실의 개인적·사회·문화적 의미
과정·기능	개념이해 건강탐구 실천적용	• 정서·정신건강의 의의와 영향 요인을 탐색하여 관리하기 • (약물과 중독의 기전을 이해하고 조절하기) • 건강하고 안전한 선택을 지지하고 다양성을 존중하며 지지체계 및 제도 개선하기 • 정서·정신건강의 문제와 위험을 사회적 환경과 연계하여 관리하기 • 감정과 성격을 사회적 조건과 관련지어 이해하고 행복한 삶의 양식 발전시키기 • 내적인 힘, 생활기술 및 미디어와 자원을 활용하여 유혹과 압력, 폭력에 대처·옹호하기
가치·태도		• 건강한 자아상과 유대 및 행복 추구 • 자아 존중감과 (회복탄력성) • 위험요인 감수성 및 중독에 대한 사회적 관점과 비판적 태도

② 성취기준

[12보건02-01] 의약품 오·남용의 개인적, 사회적 위험과 영향요인을 분석하고 문화적 제도적 변화를 고려하여 의약품을 안전하게 선택할 수 있다.

[12보건02-02] 물질 및 행위 중독의 특성, 위험과 영향요인을 분석하고, 개인적, 사회적 측면에서 중독 예방과 지지체계를 탐색하여 제시한다.

[12보건02-03] 정서·정신건강을 이루는 요소와 관련된 개인적, 사회적 요인을 연계하여 탐구하고, 자아 존중감과 회복 탄력성 및 유대 증진 방안을 도출하여 건강을 관리한다.

[12보건02-04] 감정 및 정서가 삶에 미치는 영향과 행복 및 스트레스, 우울·불안·질병 등을 초래하는 상황의 조건과 의미를 탐구하여, 개인과 공동체의 행복한 삶의 양식을 지지한다.

[12보건02-05] 삶과 죽음 및 상실의 개인적, 사회적, 문화적 의미와 이에 대한 질문을 스스로 구성하고 응답하여, 삶의 소중함을 깨닫고 죽음·상실에 대한 쟁점에 대해 의사 결정을 할 수 있다.

(3) 성과 건강

① 교육체계

핵심 아이디어	• 성 건강은 개인과 가족의 행복과 국가 발전에 중요한 토대가 된다. • 성의 다양한 측면에 대해 사회적 맥락을 고려하여 평등하고 균형 있는 시각으로 이해하는 것이 성 건강관리의 기초가 된다.	
범주		내용 요소
지식·이해	성과 성 발달	• 성의 다양한 개념 • 생애주기별 성적 특성과 관리 • 성적 발달과 건강관리 • 신체상과 몸에 대한 권리
	사랑, 권리와 책임	• 사랑과 성적자기결정권 • 성 건강 및 권리와 임신·피임·미혼부모 • 성 역할과 성인지 감수성
	성문화와 성적 위험	• 성 건강문제와 성매개감염병 및 위험 이슈 • 성문화와 성폭력·성매매 예방대책 • 성미디어 문해력 • 성 건강 관련 제도와 정책
과정·기능	건강이해 실천적용	• 성 건강문제를 균형 있게 탐색하여 건강을 관리하고 개선하기 • 성과 건강, 발달, 사랑, 위험, 담론에 작용하는 요인 탐색하기 • 안전하고 행복한 선택이 가능한 조건을 탐색하여 관리하고 실천하기 • 성 건강 관련 제도와 정책 및 환경을 탐색하여 건강관리에 적용하고 개선·옹호하기
가치·태도		• 개인과 공동체의 행복과 안전·평등 추구 • 비판적이고 균형 있는 태도 • 공감과 객관화 및 균형 • 건강을 저해하는 편견과 차별 및 위험요인 감수성 • 취약성에 대한 주의

② 성취기준

[12보건03-01] 성의 개념과 생애주기별 성적 특성을 성인지적 관점에서 탐색하여 건강하고 행복한 성 의식과 성문화 및 환경을 추구한다.

[12보건03-02] 성적 발달과 신체상 및 몸에 대한 권리에 대해 알아보고 성 건강을 관리하며 개선방안을 제안한다.

[12보건03-03] 사랑과 성적 자기 결정권을 사회적 조건과 연계하여 균형 있게 탐색하여 안전하고 행복한 선택을 위한 대처전략을 세우고 실천·옹호한다.

[12보건03-04] 성 건강 및 권리의 사회적 맥락을 탐색하여 생리, 임신과 피임, 미혼부모 등 건강관리에 균형 있게 적용하고 대안을 모색하는 태도를 갖는다.

[12보건03-05] 성매개감염병을 포함하여 성 건강을 위협하는 문제들을 성문화 및 성역할과 관련지어 비판적으로 탐색하여 건강관리에 적용하고 성미디어 문해력 향상을 포함한 개인적·사회적 대안과 제도 개선을 제안한다.

[12보건03-06] 성폭력을 포함한 성 건강 관련 쟁점 이슈들에 대해 다양한 입장의 근거와 맥락, 고정관념, 차별, 불평등한 상황을 파악하여 건강관리에 적용하고, 법과 제도·문화 등 변화 방안을 제안·옹호한다.

(4) 건강안전과 응급처치

① 교육체계

핵심 아이디어	• 생활 속에는 늘 위험이 있을 수 있고, 이러한 건강위험은 문제가 되기 전에 대체로 신호가 있으며, 도미노처럼 주변의 문제로 이어질 수 있으므로, 건강 안전을 위해서는 개인과 공동체의 안전감수성, 사전 위험요인 평가, 참여와 협력에 기반한 예방 및 대비 체계가 필요하다. • 위급 상황에서 골든타임 내 안전 수칙 및 응급처치의 신속하고 정확한 적용과 적절한 자원 및 협력 체계는 사망 및 손상 악화 방지와 질병 회복의 결정 요인으로 작용한다.	
범주		**내용 요소**
지식·이해	건강안전	• 건강 안전과 개인적 사회적 위험요인 • 암·심혈관계 질환 등 주요 급·만성 질병과 직업병 안전관리·제도 • 면역과 감염병 관리체계 및 제도
	사고예방 응급처치	• 공동체 문화와 건강 안전 및 자원 • 안전수칙과 응급처치·협력체계 및 제도
과정·기능	건강이해	• 개인과 공동체의 위험요인을 평가하고 예방·대처방안 탐색하기 • 인체와 주요 급만성 질병의 기초 생리와 병리 이해하기 • 질병과 함께 건강하게 살아가며 건강한 환경 추구하기
	건강탐구 실천적용	• 위험 상황에서 협력적으로 건강과 안전을 지키는 수칙, 제도를 탐색하여 활용하기 • 다양한 응급처치와 심폐소생술 및 자동심장충격기 사용을 익히고 협력 체계와 자원을 탐색하여 다양한 응급상황에 대처하기
가치·태도		• 건강과 안전에 대한 공동체 감수성 • 공감과 협력적 소통 • 응급처치 및 협력적 대처 방안 탐색 및 실천 의지

② 성취기준

[12보건04-01] 건강안전의 의미와 사회적 영향요인, 위험요인을 평가하고, 개인·공동체·국가 수준의 예방과 대처, 안전 문화를 포함한 건강안전 지향적 환경 개선을 탐색하고 실천한다.

[12보건04-02] 인체의 기초 생리와 병리에 대한 이해를 바탕으로 주요 급·만성 질병의 위험요인을 사회적 조건과 관련지어 탐색하고 대비하여 질병이 있어도 함께 건강하게 살아갈 수 있도록 관리한다.

[12보건04-03] 감염병과 면역의 원리를 이해하고 개인과 공동체가 지켜야 할 건강수칙과 대응 방안을 사회적 차원에서 비판적으로 탐색하여 생활에 적용한다.

[12보건04-04] 직업병과 근로 조건, 작업 환경을 포함한 영향요인 및 법과 제도를 분석하여 안전 수칙을 포함한 예방관리 방안 및 개선방안을 제안한다.

[12보건04-05] 다양한 응급상황에서 심폐소생술 및 자동심장충격기 사용을 포함한 응급처치 방법을 익혀서 협력적으로 적용하며, 응급의료체계와 자원의 활용을 포함한 건강 안전 방안을 탐색하고 발전시킨다.

(5) 건강자원과 건강문화

① 교육체계

핵심 아이디어	<ul><li>건강 수준은 성, 가정환경, 경제 수준 등에 따라 차이가 있으므로 건강에 대한 권리의식과 책임의식, 균형 있는 가치관에 기반한 건강옹호와 사회적 환경 개선이 필요하다.</li><li>디지털 기술과 미디어, 인공지능 시대의 보건의료 환경 및 의료서비스의 급격한 변화는 사람들의 건강 정보와 건강자원의 선택 및 활용에 영향을 미친다.</li><li>인류의 건강을 위협하는 부적절한 관행 및 기후·생태환경의 변화는 지속가능한 사회를 위한 건강문화와 환경조성에 공동체의 책임감과 연대를 필요로 한다.</li></ul>	
범주		**내용 요소**
지식·이해	건강권과 건강자원	<ul><li>건강권의 역사와 의료보장</li><li>건강정보와 보건의료서비스 체계</li><li>건강자원과 건강정책 및 제도·건강지향적 환경</li><li>디지털·인공지능 시대 건강자원</li></ul>
	건강문화	<ul><li>건강 문해력과 건강 데이터·디지털 문해력</li><li>기후변화와 사회적 건강문제 및 국제 연대</li><li>건강 신념·규범·관행 등 건강문화와 지속 가능한 환경</li></ul>
과정·기능	건강이해 건강탐구 실천적용	<ul><li>건강권 보장을 위한 사회·제도적 노력과 건강지향적 환경 개선을 탐색하고 제안하기</li><li>디지털·인공지능 건강정보와 보건의료서비스를 포함한 건강자원의 변화와 활용 방안을 제안하기</li><li>건강문화와 기후변화가 개인과 공동체의 건강과 윤리에 미치는 영향을 탐색하여 지속가능한 발전을 위한 협력과 연대, 옹호하기</li></ul>
가치·태도		<ul><li>건강정보·자원의 비판적 탐색과 활용 생활화</li><li>건강과 상호 작용하는 사회적·문화적 요인에 대한 감수성</li><li>공동체 건강문제에 대한 심미적 감수성</li></ul>

② 성취기준

[12보건05-01] 건강권과 건강자원 관련 제도의 발전 과정을 이해하고 비판적으로 탐색한다.
[12보건05-02] 권리의식과 책임감을 가지고 건강증진을 위한 건강자원의 활용 가능성, 제도와 정책 개선 방안 제안 등 건강 지향적 환경을 탐색하고 옹호한다.
[12보건05-03] 디지털·인공지능 시대에 따른 보건의료 서비스 및 제도, 건강정보의 변화를 탐색하고 관련된 쟁점을 종합하여 균형 있게 활용하고 개선방안을 제안한다.
[12보건05-04] 기후변화가 건강에 미치는 영향을 탐색하고, 지속가능한 사회를 위한 개인·국가·세계의 협력과 연대, 옹호 활동의 실천 방안을 탐색한다.
[12보건05-05] 개인과 사회의 건강 인식·선택·행위에 미치는 건강 신념·규범·관행·미디어의 영향을 분석하여 개인과 공동체의 건강관리에 유익한 건강문화 형성과 확산 방안을 제시한다.

3 학교보건교육 법적 기준 및 차시 운영기준

표. 학교보건법 보건교육 차시 운영기준

학교급	법적 근거	보건교육 범위	연간 차시 기준
초등학교 5·6학년	교육부 고시 제 2022-33호 학교보건법 제9조, 제9조의2	보건교육 (창의적 체험활동 포함)	학년당 17차시 이상
중학교	2022 개정 교육과정 학교보건법 제9조, 제9조의2	건강 영역 내 통합 운영 (성교육, 약물예방, 정신건강 등)	별도 차시 기준 없음
고등학교	2022 개정 교육과정 학교보건법 제9조, 제9조의2	중학교와 동일 (건강 영역 중심)	별도 차시 기준 없음

표. 학교보건법 보건교육 법적 근거

학생의 보건관리 (학교보건법 제 9조)	• 학교의 장은 학생의 신체발달 및 체력증진, 질병의 치료와 예방, 음주·흡연과 마약류를 포함한 약물 오용·남용의 예방, 성교육, 이동통신단말장치 등 전자기기의 과의존 예방, 도박 중독의 예방 및 정신건강 증진 등을 위하여 보건교육을 실시하고 필요한 조치를 하여야 한다.
보건교육 등 (학교보건법 제 9조의 2)	• 교육부장관은 「유아교육법」 제2조제2호에 따른 유치원 및 「초·중등교육법」 제2조에 따른 학교에서 모든 학생들을 대상으로 심폐소생술 등 응급처치에 관한 교육을 포함한 보건교육을 체계적으로 실시하여야 한다. 이 경우 보건교육의 실시 시간, 도서 등 그 운영에 필요한 사항은 교육부장관이 정한다.

Part 08 보건실 운영

① 보건실의 설치기준 95 임용

1 위치 및 면적(학교보건법 시행령 제 2조)

위치	• 학생과 교직원의 응급처치 등이 신속히 이루어질 수 있도록 이용하기 쉽고 통풍과 채광이 잘 되는 장소일 것
면적	• 66제곱미터 이상. 다만, 교육부장관(「대학설립·운영 규정」 제1조에 따른 대학만 해당된다) 또는 교육감(「고등학교 이하 각급 학교 설립·운영 규정」 제2조에 따른 각급 학교만 해당된다)은 학생수 등을 고려하여 학생과 교직원의 건강관리에 지장이 없는 범위에서 그 면적을 완화할 수 있다.

• 보건실은 학생들이 건강상담을 위하여 자유롭게 출입할 수 있도록 개방하고, 적정한 실내온도를 유지하기 위해 반드시 냉, 난방시설이 설치되어야 함

② 시설 및 기구

〈 학교보건법 시행령 제 2조 〉
보건실에는 학교보건에 필요한 다음 각 호의 시설과 기구 및 용품을 갖추어야 한다.
1) 학생과 교직원의 건강관리와 응급처치 등에 필요한 시설과 기구 및 용품
2) 학교환경위생 및 식품위생검사에 필요한 기구

▮ 표. 보건실에 갖추어야 하는 시설과 기구 및 용품의 구체적인 기준 (학교보건법 시행규칙 별표 1) ▮

구분	기준
1. 일반 시설 및 기구 등	• 사무용 책상·의자, 건강기록부 및 서류 보관장, 약장·기기보관함, 소독(멸균)기, 냉·온장고, 물 끓이는 기구, 손전등, 가습기, 수도시설 및 세면대, 냉·난방시설, 통신시설, 컴퓨터·프린터기, 칠판·교육용 기자재 등
2. 환자안정용 기구	• 침대·침구류 및 보관장, 칸막이(가리개), 보온기구 등
3. 건강진단 및 상담용 기구	• 신장계·체중계·줄자·좌고계, 비만측정기, 시력표·조명장치·눈가리개·시력검사용 지시봉, 색각검사표, 청력계, 혈압계·청진기, 혈당측정기, 스톱워치(stopwatch), 검안경·검이경(귀보개)·비경, 펜라이트(penlight), 치과용 거울, 탐침·핀셋, 상담용 의자·탁자 및 진찰용 의자 등
4. 응급처치용 기구	• 체온계, 핀셋·핀셋통, 가위·의료용 쟁반·가제통·소독접시·상처소독용 이동식 수레, 부목·휴대용 구급기구·구급낭·들것·목발, 세안수수기·찜질기·켈리(지혈감자), 휴대용 산소기 및 구급처치용 침대 등
5. 환경위생 및 식품위생검사용 기구	• 통풍건습계, 흑구온도계, 조도계, 가스검지기, 먼지측정기, 소음계 및 수질검사용 기구 등
6. 기타	• 학생 및 교직원의 보건관리에 필요한 시설과 기구 및 용품 등

※ 비고 : 교육감은 학교의 실정에 따라 제5호의 규정에 의한 기준을 조정할 수 있다.

3 보건실 운영 원칙 및 이용절차

1 운영원칙

- 안정되고 쾌적한 분위기를 조성하여 아픈 학생이 최적의 안정을 취하여 빠른 회복으로 학습활동에 복귀할 수 있도록 한다.
- 안정실은 남·여로 구분하고, 학생의 관찰이 용이하도록 하며, 학생이 요양 중일때는 수시로 환자상태를 파악한다.
- 안정시 보건실 입실증 또는 온라인 메신저 등을 사용하여, 담임교사(교과교사)가 학생의 건강상태를 확인할 수 있도록 한다.
- 장시간 요양이 필요할 경우에는 보호자와 연락하여 전문진료를 받도록 한다.
- 응급상황의 경우 신속하고 적절하게 대처할 수 있도록 한다.
- 필요시 학교 인근의료기관과 가정과 긴밀하게 협조하도록 한다.
- 통상질환자에 대한 처치 및 투약을 실시하고, 상병자에 대해서는 지속적인 추후관리를 한다.

2 이용절차

- 보건교사가 학교보건실을 효율적으로 운영하기 위해서는 학생에게 보건실 이용절차를 안내할 필요가 있음

> - 보건실 이용가능한 시간
> - 학생 개인용 카드에 보건실 방문내용 기록
>   > - 방문 날짜와 시간
>   > - 보건실에 머물렀던 시간
>   > - 건상상의 문제들
>   > - 간호진단명
>   > - 치료와 처치 내용
>   > - 상담내용
>   > - 추후 보건실 방문예정일
>   > - 의뢰조치 했을 경우의 사항 등

4 물품관리

1 물품의 분류

- 보건실에 필요한 물품은 소모품과 비소모품으로 나누어 관리 할 수 있음

비품 (비소모품)	• 품질현상이 변하지 않고 비교적 장기간 사용할 수 있는 물품 　• 내용연수가 1년 이상의 비소모성 물품 　• 내용연수가 1년 미만인 경우 : 취득단가가 5만원 이상의 물품 　• 기타 교육감이 지정하는 물품
소모품	• 그 성질이 사용함으로써 소모되거나 파손되기 쉬운 물품과 공작물 • 기타의 구성부분이 되는 물품 　• 한번 사용하면 원래의 목적에 다시 사용할 수 없는 물품 (예.약품 등) 　• 내용연수가 1년 미만으로서 사용에 비례하여 소모되거나 파손되기 쉬운 물품 (예 시험용품, 사무용품, 공구 등) 　• 내용연수가 1년 이상으로 취득간가가 3만원 이하의 물품으로서 사용에 비례하여 　• 소모, 파손되기 쉬운 물품

2 물품의 구입절차

- 당해 학년도 보건부문 예산계획을 세우고, 절차에 의해 적절한 예산을 확보함
- 당해연도 집행가능한 예산이 있는지 확인함
- 물품의 재고량, 필요성, 소요량 등을 점검하여 구입, 또는 수리할 내역을 파악함
- 물품을 구입할때는 업무포털에서 기안 후 행정실과 학교장의 결재 후 물품을 구입함
- 물품이 납품되면 검수과정을 거쳐 인수하며 비품대장이나 약품 수불 대장에 목록화하여 등재함
- 비품일 경우는 비소모품 출납 및 운영카드(비품대장에 목록화하고 등재)
- 일반소모품일 경우에는 대장이나 카드에 등재 없이도 사용 가능함

학교장 (물품관리관)	• 물품의 취득과 보건, 사용관리 전환, 처분등의 결정은 물품관리관인 학교장이 행함
보건교사 (물품취급자)	• 물품출납원의 지휘·감독을 받아 청구, 반납, 수리 및 보관업무를 담당함

3 물품의 보관 및 유지관리

- 물품대장을 목록화하여 정확하게 기록함
- 물품의 출고시에 물품원장에 기록하고 서명한 후 출고하며, 출고 대장에 날짜, 품목, 수량, 사용처, 책임자, 사용책임자 서명 들을 기록함
- 물품 재고를 정기적으로 점검함
- 물품을 깨끗이 사용하고, 매 분기별 또는 월 1회 정기적으로 점검하여 보관, 저장함
- 결함이 발견되는 즉시 관련 부서에 보고하고, 정비와 보수를 함
- 사용 후에는 반드시 제자리에 둠
- 소모품인 경우, 필요시에 물품을 주문함
- 전근, 이동시에는 정확히 점검하여 인수·인계하고, 인수자와 인계자가 함께 확인·서명함

5 약품관리

- 약사법 제 50조, 동법 시행령 제 23조 5호에서는 학교보건실에서 의약품 조제는 불가하고, 일반의약(외)품만이 사용을 허용함 → 전문의약품 사용 불가

1 보건실 의약(외) 품의 목록화

- 목록에는 효능, 용법뿐 아니라 부작용 또는 투약시의 주의사항 등을 함께 기록하여 투약시 확인할 수 있도록 처치공간에 비치함

2 보건실에서 사용하는 의약(외)품의 종류

구분	내용
내복약	• 소화제, 제산제, 해열진통제, 지사·정장제, 종합 감기약, 소염제, 항히스타민제, 하제, 제산제 등
외용약	• 각종 연고류, 파스류, 안약 등 예) 항생제 연고, 소염진통제 연고, 항히스타민 연고, 피부완화제, 구강용 연고, 안연고, 글리세린, 바세린, 화상연고, 물파스, 파스 등
의약외품 등 (외상처치용 재료)	• 상처관리 및 고정을 위한 각종 드레싱 제품, 소독제, 반창고류 등 예) 거즈붕대(대, 중, 소), 탄력붕대(대, 중, 소), 소독솜(H_2O_2, 포비돈 등), 거즈, 알코올 스펀지, 부목, 지혈대, 들 것, 더운물주머니, 안대, 팔걸이, 반창고, 붕산수, 암모니아수, 생리식염수, 주사기, 생리대 등

3 의약품 선택기준

구분	내용
안전성	• 비슷한 증세에 사용하는 의약품이라면 복합성분의 약품보다는 알레르기나 부작용의 발현율이 적은 단일성분의 약품을 선택함
효율성	• 해마다 구입해 왔던 약물을 그대로 선택하는 방법보다 안전하면서도 효능이 개선된 새로운 의약품이 없는지 사전에 정보나 지식을 습득하여, 효과가 뛰어난 의약품을 보건실에 비치함
적합성	• 알약을 못먹는 초등학생은 시럽제 위주로 선택함 • 수업을 오래 받아야 하는 중고등학생은 졸음 등 수업에 지장을 주지 않으면서 쉽게 증상을 개선해주는 의약품을 사용하거나, 약효가 오래 지속되는 제품 등을 선택함
경제성	• 동일한 효능이라면 비용 부담이 적은 제품이 우선되어야 함

4 의약품의 유효기간 관리

- 약품장을 수시로 점검하여 변형, 변색되었거나 유효기간이 지난 약품은 약품명, 폐기일자, 수량, 폐기사유 등을 기재하여 내부결재를 받은 후 폐기함
- 폐기처분 후에는 보건일지에 그 내용을 기재함
- 폐기처분한 약은 휴지통에 버리지 말고 약품 구입처에 의뢰하여 폐기함

5 의약품의 보관, 관리방법

- 약품은 한꺼번에 많은양을 구입하여 장기간 보관하는 일이 없도록 분비기별 적정량을 구입함
- 약품에 따라 차광, 밀폐 용기, 밀봉 용기 등에 보관
- 약장은 건조하고 그늘진 곳에 배치함
  → 실온을 유지하고, 건조를 이용하여 습하지 않게 보관함
- 건조제는 약과 접촉하거나 섞이지 않도록 유의함
- 물약은 냉장고에 보관하며, 냉장보관시에는 얼지 않도록 주의함
- 약병에는 약품명을 분명하게 붙여놓음
- 불소 양치를 위한 불소는 외부 표면에 '극약' 표시가 된 약품 상자를 따로 제작하여 그 안에 넣고 반드시 자물쇠를 잠근 후, 약품보관장이나 캐비닛에 보관함
- 학생 또는 교직원이 임의로 약품을 취급하여 약물 오·남용 및 약물로 인한 사고가 발생하지 않도록 하기 위해 약품장은 보건교사가 관리하며, 약품 사용 시에만 약품장을 열고, 사용후 반드시 잠금장치를 함
  → 학생들의 손에 닿지 않도록 함
- 보건교사가 출장 시에는 응급처치할 수 있는 외상처치용 재료 및 소화제 등을 제외한 약품은 약품장 넣고 반드시 잠금

6 의약품 사용 시 확인사항

먹는약	• 주로 사용하는 약의 맛과 냄새 등을 반드시 익혀둠 • 육안으로 변색 유무, 맛과 냄새를 확인함
외용제	• 변색 유무를 확인함 • 용기에서 나왔던 부분을 다시 용기에 넣지 않음
안약	• 개봉 후 한 달 이내에 사용하는 것을 원칙으로 함

7 의약품 투여시 주의사항

투약 전 학생 상태 진단	• 투약 전 환자의 상태를 진단하며, 과민증, 특이체질 유무, 다른 질병 유무, 현재 복용하고 있는 약물 유무를 확인함
올바른 약물투여	• 약품명, 용량, 용법을 반드시 확인하고 학생에게 보건교사가 직접투여함 (5R 준수) • 침전이 가능한 약물은 반드시 흔들어 사용함
소량의 약물투여	• 의약품 사용에 있어서는 응급처치를 주 목적으로 하므로 모든 증상을 치유하기보다 심한 증상 1~2가지를 파악하여 여러 종류의 약품을 투여하지 않고, 소량의 약물투여를 원칙으로 함
공복 투여 X	• 약품은 가급적 공복 사용은 피하고, 충분한 물과 함께 섭취하도록 함

표. 약물 정확성 확인 (5R)

① 정확한 약 ② 정확한 대상자 ③ 정확한 용량 ④ 정확한 투여방법 ⑤ 정확한 용량

8 의약품 투여 후 관찰할 사항 및 추후관리

- 가능하다면 예후 등에 대해 학생에게 미리 알려 주는 것이 좋음
- 대다수의 약물은 복용 후 1~2시간 사이에 혈중 최대 농도가 되기에, 2시간 정도 지나서 알레르기와 같은 부작용이 있는지 살펴보고, 부작용이 있다면 즉시 알려달라고 함
- 의약품을 사용하고 난 후에는 증상이 개선되었는지, 부작용 등이 없었는지 확인하여 추후 해당 학생의 건강관리의 기초자료로 사용하도록 함
- 만약 부작용을 나타냈거나 약에 대한 민감반응을 발견하게 된 경우에는 가정통신문 등으로 가정에 안내하여 추후 발생할 수 있는 과민반응을 예방할 수 있도록 함

6 예산관리

1 예산의 중요성

- 구체적이고 종합적인 학교보건활동을 계획할 수 있음
- 업무분석이 이루어지므로, 업무의 시작과 진행 및 평가에 도움이 됨
- 자원의 적절한 사용을 위한 효과적인 지침이 됨
- 학교보건사업의 질 평가에 도움이 됨

2 예산 원칙

예산 공개의 원칙	• 학교보건예산의 편성, 결산의 결과가 공개되어야 함
예산 명료의 원칙	• 학교보건의 예산과 결산이 일치하여야 하며, 지출의 추계, 용도, 유래가 분명해야 함
사전 의결의 원칙	• 학교보건예산은 집행하기에 앞서 책임자의 의결을 거쳐야 함
한정성의 원칙	• 학교보건예산의 각 항목은 상호 한계를 명확히 함 • 예산이 정한 목적 이외의 이용, 전용의 금지, 초과지출의 금기, 회계연도의 경과 금지 등임
완전성의 원칙	• 학교보건예산에는 모든 수입, 지출이 기록되어야 함
단일성의 원칙	• 학교보건예산은 복수가 아니라 단일이어야 함
예산통일의 원칙	• 학교보건예산은 모든 수입이 하나로 합하여 지출되어야 함

7 문서관리 (각종 기록과 보고서 작성) 02 임용

- 보건실에 보관해야 하는 장부의 기준은 예산 사용과 관련이 있는 장부는 5년, 관련이 없는 장부는 통계 보고등으로 필요할 경우가 있으므로 3~5년간 보관하고, 기간이 지나면 폐기함
  → 폐기 시 개인정보를 위해 장부 종류와 절차에 따라 이관 또는 파쇄 처리함
- 보건일지, 학생기록부, 공문처 처리 등이 있음

과목 2. 보건교육

1 기록의 목적 02 임용

보건활동 근거자료	• 학교보건사업 활동에 관한 확실한 근거서류가 됨
계획시 근거자료	• 학교 건강문제 파악, 진단하는 도구로 차기년도 계획을 세우는게 유용한 근거자료 • 학교보건사업 활동에 관한 기초자료가 되므로 재계획 수립과 방침결정의 참고자료가 됨
평가도구	• 학교보건사업의 평가도구로 사용할 수 있음
의사소통 수단	• 학교와 보건의료전문인 사이의 정확한 의사소통 수단으로 활용할 수 있음
예산편성의 기준	• 예산편성의 객관적인 기준이 됨
교육적 도구	• 학생을 위한 교육적 도구로 활용할 수 있음
보고서 가치	• 기록은 보고서의 가치가 있음
연구활동 (통계자료)	• 학교보건사업에 관한 통계자료로 연구활동에 활용할 수 있음
정보제공	• 보건교사가 제공한 간호활동에 관한 기록은 학생의 건강상태에 관한 추가적이면서 계속적인 정보를 제공하게 됨

표. 학교보건 기록의 종류

보건봉사 관련 기록	• 보건일지, 학생기록부, 각종 병리검사 기록, 요건강관리 대상자 관리대장, 건강검사 통계 등
보건환경사업 기록	• 학교급식일지, 학교환경상태 점검일지, 학교시설 및 기구 안전점검일지 등
보건교육 및 상담관련 기록	• 건강상담일지, 요보호학생명단, 보건교육 계획 및 실행기록, 비품 및 소모품 대장, 가정통신문 관리대장 공문서 대장 등

2 기록유지의 조건

- 정확성
- 시간이 적절성
- 완전성
- 문제에 대한 타당성 및 합리성

표. 기안문 작성 시 유의사항

정확성	• 육하원칙에 의하여 명확한 표현을 사용하고, 애매하거나 과장된 표현을 피함
성실성	• 성의 있고 진실되게 작성하고, 적절한 경어를 사용함
용이성	• 읽기 쉽고 알기 쉬운 말을 사용함
경제성	• 서식을 통일하고, 용지의 규격, 재질을 표준화함

3 보건 일지

일별로 모든활동 기록	• 보건실 방문 학생의 건강문제와 처치 및 매일의 모든 업무 활동을 일별로 기록하여 놓음 (근거 : 의료법 제 2조, 제 22조)
약품소모관계	• 약품대장은 비치 약품표로 대신하고, 약품소모관계는 보건일지에 기록함
사본 교부 등	• 보험회사 등 보건일지 사본 요구시 개인정보호 관련하여 보건교사가 임의로 제공하지 않음 (근거 : 의료법 제 21조 1항) • 안전공제회에서 보건일지 요구 시에는 사본을 교부하여 내용을 확인할 수 있게 함 (근거 : 의료법 제 21조 2항 11)
요보호 학생 건강상담록	• 요보호 학생 상담의 누락방지 및 지속적인 건강상담을 위해 필요시 보건일지 전산프로그램 내 별도 양식에 기록 또는 '요보호 학생 건강상담록'을 활용하여 관리할 수 있음
응급 후송 및 사고 기록지	• 응급 후송 시에는 보건일지 저산프로그램 내 별도양식에 기록 또는 '응급환자 이송 및 사고기록지'를 활용하여 관리할 수 있음

4 학생건강기록부

전학이나 상급학교 진학시	• 전학이나 상급학교 진학 시 해당 학교의 장에게 이관하여 송부함
상급학교 미진학 등	• 고등학교 졸업 후 본인이나 보호자에게 필요시 교부, 휴학, 퇴학, 사망, 상급학교 미진학 시에는 해당학교에서 5년간 보관

5 공문서 처리

- 문서의 기안, 결재, 유통, 보관 등 업무처리는 전자적으로 관리하는 업무관리시스템을 통해 이루어짐
  → 교육행정정보시스템 나이스(NEIS), K-에듀파인(차세대 지방교육행재정통합시스템)

응급간호학

과목 **3**

PART 01 응급상황 이해 및 사정
PART 02 응급환자 분류
PART 03 재난간호
PART 04 심폐소생술 및 하임리히법
PART 05 내과적 응급처치
PART 06 외과적 응급처치

Part 01 응급상황 이해 및 사정

1 응급의료 관련 법률

1 응급의료 정의 (응급의료에 관한 법률(약칭: 응급의료법) 제 2조)

(1) 응급환자

- 질병, 분만, 각종 사고 및 재해로 인한 부상이나 그 밖의 위급한 상태로 인하여 즉시 필요한 응급처치를 받지 아니하면 생명을 보존할 수 없거나 심신에 중대한 위해가 발생할 가능성이 있는 환자 또는 이에 준하는 사람으로서 보건복지부령으로 정하는 사람을 말한다.

> 〈 보건복지령으로 정하는 사람 (응급의료에 관한 법률 시행규칙 제 2조, 응급환자 〉
> "보건복지부령이 정하는 자"란 다음 각 호의 어느 하나에 해당하는 증상이 있는 자를 말한다.
> 1. 별표 1의 응급증상 및 이에 준하는 증상
> 2. 제1호의 증상으로 진행될 가능성이 있다고 응급의료종사자가 판단하는 증상

표. 응급증상 및 이에 준하는 증상 (응급의료에 관한 법률 시행규칙 [별표 1])

구분	응급증상	응급증상에 준하는 증상
신경학적 응급증상	• 급성의식장애, 급성신경학적 이상, 구토·의식장애 등의 증상이 있는 두부 손상	• 의식장애, 현훈
심혈관계 응급증상	• 심폐소생술이 필요한 증상, 급성호흡곤란, 심장질환으로 인한 급성 흉통, 심계항진, 박동이상 및 쇼크	• 호흡곤란, 과호흡
중독 및 대사 장애	• 심한 탈수, 약물·알콜 또는 기타 물질의 과다복용이나 중독, 급성대사장애(간부전·신부전·당뇨병 등)	
외과적 응급증상	• 개복술을 요하는 급성복증(급성복막염·장폐색증·급성췌장염 등 중한 경우에 한함), 광범위한 화상(외부신체 표면적의 18% 이상), 관통상, 개방성·다발성 골절 또는 대퇴부 척추의 골절, 사지를 절단할 우려가 있는 혈관 손상, 전신마취하에 응급수술을 요하는 증상, 다발성 외상	• 화상, 급성복증을 포함한 배의 전반적인 이상증상, 골절·외상 또는 탈골, 그 밖에 응급수술을 요하는 증상, 배뇨장애
출혈	• 계속되는 각혈, 지혈이 안되는 출혈, 급성 위장관 출혈	• 혈관손상
안과적 응급증상	• 화학물질에 의한 눈의 손상, 급성 시력 손실	

구분	응급증상	응급증상에 준하는 증상
알러지	• 얼굴 부종을 동반한 알러지 반응	
소아과적 응급증상	• 소아경련성 장애	• 소아 경련, 38℃ 이상인 소아 고열(공휴일·야간 등 의료서비스가 제공되기 어려운 때에 8세 이하의 소아에게 나타나는 증상을 말한다)
정신과적 응급증상	• 자신 또는 다른 사람을 해할 우려가 있는 정신장애	
산부인과적 응급증상		• 분만 또는 성폭력으로 인하여 산부인과적 검사 또는 처치가 필요한 증상
이물에 의한 응급증상		• 귀·눈·코·항문 등에 이물이 들어가 제거술이 필요한 환자

표. 응급환자 및 응급상황 판단의 중요성

- 응급사고 발생 시 신속한 응급처치와 이송 등 후속 조치를 통해 전문적인 치료로 연계함으로써 손상을 최소화하고 빠른 회복을 도모함

(2) 응급의료 정의 (응급의료에 관한 법률 제 2조)

- 응급의료란 응급환자가 발생한 때부터 생명의 위험에서 회복되거나 심신상의 중대한 위해가 제거되기까지의 과정에서 응급환자를 위하여 하는 상담·구조·이송·응급처치 및 진료 등의 조치를 말한다.

(3) 응급처치 정의 (응급의료에 관한 법률 제 2조)

- 응급의료행위의 하나로서 응급환자의 기도를 확보하고 심장박동의 회복, 그 밖에 생명의 위험이나 증상의 현저한 악화를 방지하기 위하여 긴급히 필요로 하는 처치를 말한다.

표. 보건교사의 직무 (학교보건법 시행령 제 23조)

다음의 의료행위(간호사 면허를 가진 사람만 해당한다)
1) 외상 등 흔히 볼 수 있는 환자의 치료
2) 응급을 요하는 자에 대한 응급처치
3) 부상과 질병의 악화를 방지하기 위한 처치

2 응급의료에 관한 국민의 권리와 의무

(1) 응급의료를 받을 권리 (응급의료에 관한 법률 제 3조)

- 모든 국민은 성별, 나이, 민족, 종교, 사회적 신분 또는 경제적 사정 등을 이유로 차별받지 아니하고 응급의료를 받을 권리를 가진다. 국내에 체류하고 있는 외국인도 또한 같다.

(2) 응급의료에 관한 알 권리 (응급의료에 관한 법률 제 4조)

① 모든 국민은 응급상황에서의 응급처치 요령, 응급의료기관등의 안내 등 기본적인 대응방법을 알 권리가 있으며, 국가와 지방자치단체는 그에 대한 교육·홍보 등 필요한 조치를 마련하여야 한다.
② 모든 국민은 국가나 지방자치단체의 응급의료에 대한 시책에 대하여 알 권리를 가진다.

(3) 응급환자에 대한 신고 및 협조 의무 (응급의료에 관한 법률 제 5조)

① 누구든지 응급환자를 발견하면 즉시 응급의료기관 등에 신고하여야 한다.
② 응급의료종사자가 응급의료를 위하여 필요한 협조를 요청하면 누구든지 적극 협조하여야 한다.

(4) 선의의 응급의료에 대한 면책 (응급의료에 관한 법률 제 5조 2)

- 생명이 위급한 응급환자에게 다음 각 호의 어느 하나에 해당하는 응급의료 또는 응급처치를 제공하여 발생한 재산상 손해와 사상에 대하여 고의 또는 중대한 과실이 없는 경우 그 행위자는 민사책임과 상해에 대한 형사책임을 지지 아니하며 사망에 대한 형사책임은 감면한다.

1. 다음 각 목의 어느 하나에 해당하지 아니하는 자가 한 응급처치

    가. 응급의료종사자
    나. 「선원법」 제86조에 따른 선박의 응급처치 담당자, 「119구조·구급에 관한 법률」 제10조에 따른 구급대 등 다른 법령에 따라 응급처치 제공의무를 가진 자

2. 응급의료종사자가 업무수행 중이 아닌 때 본인이 받은 면허 또는 자격의 범위에서 한 응급의료
3. 제1호나목에 따른 응급처치 제공의무를 가진 자가 업무수행 중이 아닌 때에 한 응급처치

3 구조 및 응급처치에 관한 교육 (응급의료에 관한 법률 제 14조)

① 보건복지부장관 또는 시·도지사는 응급의료종사자가 아닌 사람 중에서 다음 각 호의 어느 하나에 해당하는 사람에게 구조 및 응급처치에 관한 교육을 받도록 명할 수 있다. 이 경우 교육을 받도록 명받은 사람은 정당한 사유가 없으면 이에 따라야 한다.

3. 「학교보건법」 제15조에 따른 보건교사
5. 「산업안전보건법」 제32조제1항 각 호 외의 부분 본문에 따른 안전보건교육의 대상자
14. 「유아교육법」 제22조제2항에 따른 교사

❷ 응급상황 발생 시 대처요령 및 행동지침

표. 응급상황 발생시 대처요령(대응단계의 요소 3C)

대처요령 (대응단계)	행동지침
Check (상황파악)	① 응급상황 여부 확인하기 (최초발견자) ② 환자상태 파악하기 (보건교사)
Call (도움요청)	① 보건교사 연락하기 ② 응급구조 요청하기 ③ 응급의료 관리체계 활성화(가동)하기
Care (응급처치)	① 필요한 경우 안전한 장소로 환자 옮기기 ② 응급처치 시행하기 ③ 병원으로 환자 이송하기 ④ 기록 및 추후 결과 확인

1 Check(상황파악)

응급상황 여부 파악하기	• 일차적으로 환자의 심폐소생술 필요 여부와 응급상태를 파악함 　→ 환자를 최초 발견한 학생 또는 교직원 • 최초발견자는 즉시 보건교사에게 연락을 취함 • 만약 반응이 없고, 비정상적인 호흡을 하는 경우(호흡이 없는 경우, 심정지 호흡 등) 직접 119에 신고하고, 심폐소생술 실시 　→ 응급인 경우 보고와 119 도움요청이 동시에 이루어져야 함 • 만약 심폐소생술 교육을 받지 않았거나 익숙하지 않은 경우에는 가슴압박 소생술을 실행함 　→ 환자 수, 주변 위험물 파악, 처치할 수 있는 자원을 파악함
환자상태 파악하기	• 보건교사는 즉시 현장으로 이동하여 환자의 상태를 파악하여 응급 여부를 확인함 • 환자의 상태파악은 전반적인 관찰, 의식수준의 측정, 기도·호흡·순환기능의 측정 순으로 진행하며 119 도움요청 여부를 파악함 • 보건교사는 활력징후(혈압, 맥박, 체온, 호흡, 산소포화도) 측정하고, 응급처치 및 이송준비

표. 보건실 업무대행자 지정

• 학교장은 학년 초에 보건교사 부재 시 업무를 담당할 대행자를 지정
• 업무분장에 명시함으로써 응급상황 예방 및 초기 대처

2 Call(도움요청)

응급구조 요청하기	• 환자의 상태가 위급하다고 판단되는 경우는 119 도움 요청 〈 119 신고요령 〉 ① 위치 ② 응급상황 내용 (심장발작, 사고 등) ③ 도움이 필요한 환자 수 ④ 환자의 상태 ⑤ 환자에게 처치한 응급처지 내용 (심폐소생술 등) ⑥ 다른 질문이 없는지 확인 ("끊어도 되겠습니까?") → 응급 의료원이 더 이상 지시사항이 없음을 확인할때까지는 통화를 유지함 ※ 통화를 마친 후 119 오기 전까지 휴대폰을 다른 용도로 사용하지 않도록 함 ※ 급이송, 응급처치지도, 응급이송 지도, 질병상담, 병원 안내 등의 도움을 받음
보건교사 연락하기	• 최초발견자는 응급상황이라고 판단되는 경우 즉시 보건교사에게 연락을 취함 • 보건교사는 수업 중 부득이한 사정으로 보건실을 비우는 경우 반드시 연락을 받을 수 있도록 적절한 조치를 취함 • 심폐소생술을 수행 중인 경우 주변의 도움을 받아 보건교사에게 최대한 빨리 연락하고, 주변에 도와줄 사람이 없는 경우는 본인이 최대한 빨리 보건교사에게 연락하여 심폐소생술을 멈춘 시간을 최소화함
응급환자 관리체계 가동하기	• 응급환자 발견, 보고체계, 환자관리, 담당자 역할관리 및 보호자 연락 등 학교응급환자 관리체계 지침 준수하여 응급처치와 관리를 수행 • 학교안전사고 피해자를 교원이 긴급 이송하다 사고가 발생할 경우는 공무상 재해에 해당「공무원 연금법」제34조,「사립학교교직원 연금법」제42조의 규정에 따라 보상 조치

3 Care(도움요청)

안전한 장소로 환자 옮기기	• 현장의 위험성 여부를 평가하여 특별한 위험성이 없다고 판단되면 119 구급대가 오기 전까지 환자를 옮기지 않는 것을 원칙으로 함 　특히 머리나 척추 손상이 의심되는 경우는 2차 손상 예방을 위해 무리한 이동은 삼가야 함 → 부동 유지 • 주변 환경이 위험한 경우는 가능하면 환자를 안전한 장소로 옮기되, 무리한 움직임을 피하고, 전문가의 응급처치 요령에 따름
응급처치 시행하기	• 구급차가 현장에 도착하기까지의 시간 동안 응급처치가 필요한 경우는 119에 연락하여 도움을 요청하고, 전화상담원의 지시에 따름 　→ 이는 추후 문제 발생 시 응급처치에 따른 수행에 대한 '응급의료정보센터'에 증빙 자료를 요구하여 법적 보호를 받을 수 있음 • 119 구조대가 오기 전에 생명에 위험이 초래될 것으로 판단되는 경우, 보건교사 및 심폐소생술 가능자가 응급 처치 실시 • 자동심장충격기가 근처에 있고, 자동심장충격기 교육을 받았다면 즉시 가져와 사용하고, 이후 자동심장충격기의 지시에 따라 심폐소생술을 계속 실시함
병원으로 환자 이송하기	• 학교에서 가까운 응급의료센터 및 증상에 따라 학교협약병원으로 또는 보호자가 원하는 병원으로 환자를 안전하게 이송함 • 병·의원으로 이송이 필요한 모든 응급환자들은 부득이한 경우를 제외하고는 교사가 반드시 동행하는 것을 원칙으로 함. 보건교사의 판단하에 이송에 참여할 담당교사 수와 이송방법을 결정함 • 간단한 상해는 보건실 방문 후 학교 자체 처치 후 장시간 안정을 요하는 경우 학부모에게 연락 후 귀가조치함
기록 및 추후 결과 확인하기	• 전문가 인계 및 병원 이송까지의 과정을 육하원칙에 따라 '응급환자 기록지'에 기록·보관 (당해년도 보관) ※ 응급환자 기록지는 보건일지에 포함하여 보관

표. 119에 응급구조 차량 이송을 요청해야 하는 경우

① 응급증상 및 이에 준하는 증상이 있는 경우

　기도폐쇄, 심한 호흡곤란, 맥박이 약하거나 없을 때, 출혈이 심한 경우, 의식이 없을 때, 개방골절, 응급수술을 요하는 경우

　※ 단, 응급증상 및 이에 준하는 증상환자를 일반차량으로 이송하여도 상태가 악화되거나 119구급차에 비해 시간이 지연되지 않는다고 판단되는 경우는 예외로 할 수 있음
② 병원이송 도중 증상이 지속적으로 악화될 우려가 있는 경우
③ 병원이송 도중 계속적인 의료처치가 필요한 경우
④ 병원까지의 거리가 멀거나 교통정체가 예상되는 경우
⑤ 기타 판단이 모호할 경우는 119에 전화 문의
※ 담임교사는 즉시 학부모 및 학교장에게 알리고 당해 학교 이송지침에 의거 이송 조치

• 이송에 동행한 교사 및 학교에서 치료비를 지불한 경우에는 「학교안전 사고 예방 및 보상에 관한 법률」 제 36조의 규정에 따라 학교안전공제회에 청구 가능

③ 응급환자 사정방법

- 응급환자 사정은 현장 사정, 속성 사정, 1차 사정, 2차 사정이 있음

1 현장 사정

- 응급환자 사정 전 혈액 등 체액이나 유해한 화학물질, 불안정한 구조물, 화재, 전선 등이 있는지 살펴보고 접근하기 안전한 상황인지 파악함
- 필요한 경우 보조 인력과 자동심장충격기(AED) 등 응급처치에 필요한 장비를 요청함

2 속성 사정(ABC)

- 직접적인 접촉 없이 한눈에 30초 이내로 대략적인 환자의 전반적인 건강상태를 사정함
- 보건실에 방문하는 학생의 경우 보건실에 들어오는 순간 속성 사정하여 보건실 방문 순이 아니라 위급한 학생부터 사정하고, 적절한 중재를 함

표. ABC (속성사정)		
A	Appearance	외양
B	Breathing	호흡
C	Circulation	피부순환

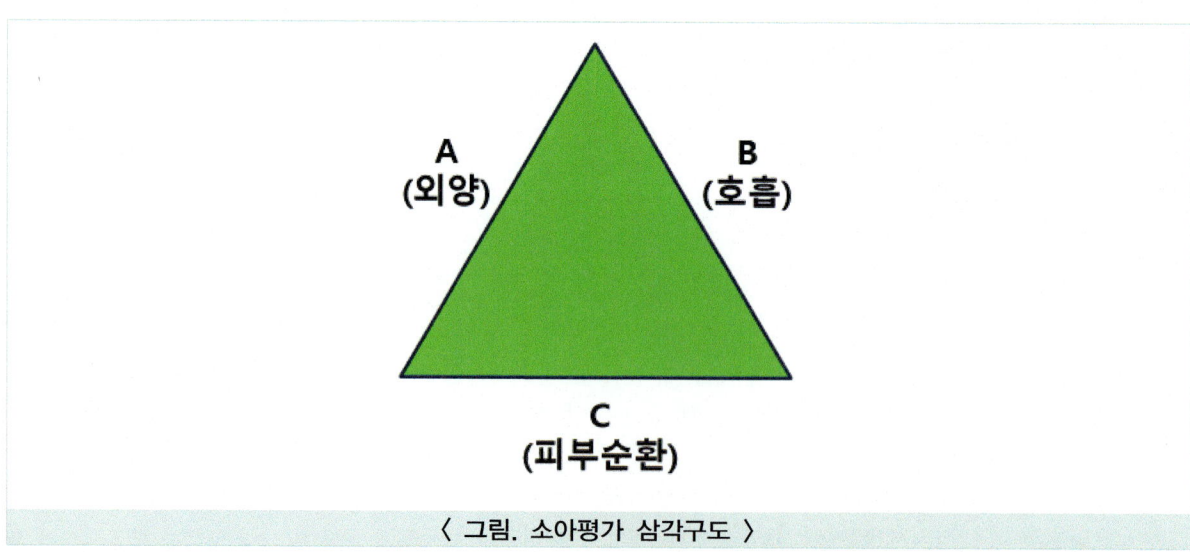

〈 그림. 소아평가 삼각구도 〉

(1) 외양 (Appearance)

| 표. 외양 평가를 위한 TICLS |

사정 항목		내 용
T	Tone (근육강도)	• 정상적으로 앉거나 서 있는가? • 축 늘어지거나 다리를 절룩거리는가?
I	Interaction (상호작용)	• 다른 사람의 말과 행동에 정상적으로 반응하는가? • 멍한 표정이나 무감동한 표정을 하고 있는가?
C	Consolability (심리적 안정도)	• 안절부절 못하거나 흥분한 상태인가?
L	Look (시선처리)	• 허공을 멍하니 바라보고 있는가? • 적절하게 눈맞춤이 되는가?
S	Speech/Cry (언어)	• 연령에 적절한 언어를 사용하고 있는가? • 쉰 목소리를 내거나 말을 더듬는가?

(2) 호흡 (Breathing)

- 호흡상태는 산소공급과 환기상태를 나타내며, 소아의 호흡노력은 호흡부전을 평가하는 지표임
- 비정상적인 호흡음, 비정상적인 자세(재채기 자세, 삼각자세, 똑바로 누우려 하지 않은 경우), 호흡근 견축(흉곽이 움푹 들어간 경우 등), 비익확장(코벌렁임, 흡기 시 코를 많이 벌려 들이마시는 경우) 등을 사정함 → 호흡부전 증상

(3) 피부순환 (Circulation)

- 심박출량의 적절성, 중심관류상태, 주요장기의 관류상태를 평가함
- 피부 창백증, 청색증을 확인함

3 1차 사정(조사)

목적	• 즉각적 생명의 위협을 신속히 확인하여 적절한 중재를 시작할 있도록 함 • 직접적인 접촉 없이 한눈에 30초 이내로 대략적인 환자의 전반적인 건강상태를 사정함
내용	• ABCDE, C-ABCDE임

〈 C(Control hemorrhage, 출혈의 지혈) 〉
미국심장협회는 대량출혈이 있는 경우는 환자의 상태를 사정하기 전에 최우선적으로 지혈을 하고 필요한 경우 CPR을 먼저 실시하도록 하고 있음

표. ABCDE

A	Airway	• 기도유지	• 기도폐쇄 확인, 기도개방성 확인
B	Breathing	• 호흡	• 호흡 확인
C	Circulation	• 순환	• 쇼크 평가
D	Disability	• 장애 (의식장애)	• 의식수준 평가
E	Exposure	• 노출 (신체노출, 환부노출)	

(1) 기도유지와 경추고정 (Airway)

① 기도유지

사정내용	• 기도가 확보되었는지(기도 개방성)에 대한 사정으로 자세, 호흡음, 이물질, 분비물, 부종, 대화 가능 여부를 평가함
기도폐쇄 원인	• 안면 외상, 후두 손상, 골절 등 외상 직후 사망은 기도폐쇄로 의해 발생함 • 침, 혀, 구토, 의치, 안면 외상, 후두 손상, 골절 등으로 기도가 폐쇄될 수 있음
사정방법 및 사정평가	• 대상자의 이름이나 느낌을 물어보는 것으로 기도 사정을 하고, 기도가 부분적으로 폐쇄된 경우 목소리가 거친 소리를 내거나 알아듣기 힘듦 • 심각하게 짧은 호흡(SOB)을 하면서 긴 문장을 말하는게 어려우며 혼란스러운 대답을 한다면 뇌관류와 산소공급이 감소되었음을 추측할 수 있음 • 만일 대상자가 의식이 없다면 가슴이 오르내는지 호흡이 있는지 확인함

표. 기도유지(Airway) 사정 및 중재 25 임용

사정	중재
• 기도확보와 청결 • 기도폐쇄 확인 • 호흡곤란 사정 • 흔들리는 치아나 이물질 확인 • 출혈이나 토물 또는 부종 확인	• 체위 : 입안 이물질 있거나 침 흘릴 시 측위 유지 25 임용 <table><tr><td>흡인 예방</td><td>• 구강분비물의 흡인 예방 → 침이나 구토물 등 구강분비물이 흡인되지 않도록 함</td></tr><tr><td>기도 유지</td><td>• 혀에 의한 기도 폐색 예방 → 혀가 뒤로 말려들어가 기도를 막을 수 있으므로 혀로 인한 기도 폐색 예방</td></tr></table> • 흡인 • 필요시 산소공급으로 기도개방 유지 • 신체선열을 유지하고 경추보호 • GCS 8점 미만이면 기관내 삽관과 기계적 환기 준비

표. 기도유지방법 | 22 임용

하악거상법(head tilt chin lift, 머리 젖히고 턱 들기)	하악견인법 22 임용 (jaw threst, 턱 들어올리기)
• 일반적인 기도유지 (경추손상X) • 대상자의 이마에 한손을 대고 손바닥으로 지긋이 눌러 환자의 머리를 뒤로 젖히며, 다른 손은 손가락 턱 가까이 하악을 잡고 턱을 들어올려 머리가 뒤로 기울어지게 하는 것임 　• 턱 아래 부위의 연부조직을 깊게 누르면 오히려 기도를 막을수 있으므로 주의함 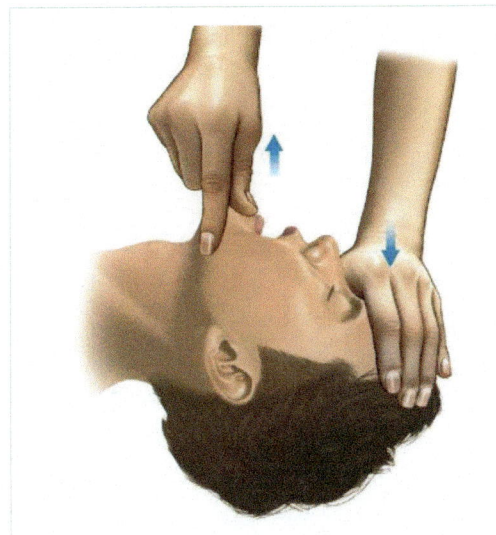 자료원. 질병관리청·대한심폐소생협회. 2020년 한국 심폐소생술 가이드라인	• 경추손상 의심 시 기도유지 • 경추를 보호하기 위해 대상자의 머리쪽에서 두 손을 각각 환자 머리의 양쪽을 두고 팔꿈치를 땅에 붙인 후 두손으로 아래턱 모서리를 잡아 위로 들어올림 → 이 방법은 경추 부상의 의심되는 경우 목을 과신전하지 않으면서 기도를 개방하는 안전한 방법임 　• 경추손상 의심시에는 반드시 경추를 고정한 후 하악견인법을 시행함 〈 경추 고정 방법 〉 • 두 명이 팀을 이뤄 수행해야 함. 한명은 경추가 움직이지 않도록 고정하고 있고, 다른 한명은 경부 고정기를 적용함 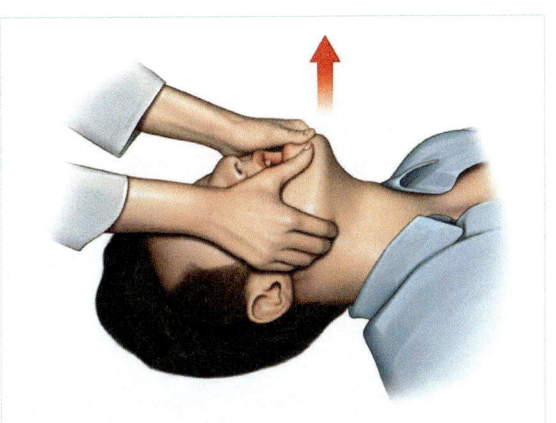 자료원. 질병관리청·대한심폐소생협회. 2020년 한국 심폐소생술 가이드라인

② 호흡 (Breathing)

사정내용	중재내용
• 가슴을 노출하여 흉곽상승과 호흡노력을 평가함 → 호흡을 하고 있는지, 호흡노력이 효과적인지 확인함 • 호흡수, 깊이, 호흡양상, 호흡음, 흉곽의 움직임, 흡기와 호기시 역리호흡(모순호흡) 관찰, 흉곽확장, 코와 입의 호기성 호흡소리와 공기배출, 냄새, 경정맥 팽대, 흉벽의 외상이나 신체변형 등 확인 (시진, 촉진, 타진, 청진 등) 〈 호흡부전의 지표 〉 ① 비정상적인 호흡음 ② 비정상적인 자세 (똑바로 누우려 하지 않는 등) ③ 호흡근 견축 (흉곽이 움푹 들어간 경우) ④ 코벌렁거림(비익확장) ⑤ 무호흡 등 • 말초산소포화도를 측정하여 적절한 산소공급이 이루어지는지 확인함 → 저산소증 확인	• 필요시 산소공급 • 호흡 부적절하면 마스크로 100% 산소공급(기관내 삽관시 백 마스크로 산소공급) • 호흡정지 시 기관내 삽관 • 기흉이나 혈흉 발생시 흉강천자술이나 흉관삽입술 등

표. 말초(맥박)산소포화도 측정기(Pulse oximetry)

• 저산소증의 측정과 감지에 유용함

SPO₂ (%)	해석	일반적 처치
95~100	• 정상 (95% 이상 정상)	-
91~94%	• 가벼운 저산소혈증	• 적정 농도의 산소투여
86~90	• 중간 정도의 저산소혈증	• 100% 산소투여와 환기보조
≤85	• 심한 저산소혈증	• 100% 산소투여와 환기보조, 필요시 전문기도유지술

※ 혈압이 낮아 말초까지 순환이 이루어지지 않으면 산소포화도 수치가 측정되지 않음

③ 순환 (Circulation) 99 임용

사정내용	중재내용
• 쇼크가 있는지를 평가하는 것으로 맥박수, 맥박양상, 혈압, 모세혈관 재충혈 시간, 피부상태(피부색, 온도, 습도), 출혈여부(출혈량), 의식수준 등을 확인함	• 맥박이 없을시 : CPR 시작 • 외출혈 : 직접압박, 처방시 수혈, 혈액제제 주입 • 쇼크나 저혈압 : 생리식염수 등 정맥수액 주입 (큰 구경 카테더) • 흉부손상 : 자가수혈 고려 • 골반골절로 저혈압 있을 때 : 골반부목이나 골기의복

	사정(평가)	쇼크시 변화
맥박	• 경동맥이나 대퇴동맥 맥박 확인 • 맥박의 수, 특성 확인	• 빈맥, 약한 맥박
혈압	• 혈압 측정	• 저혈압
모세혈관 재충혈(재충만) 시간	• 2초 이내가 정상	• 2초 이상
피부상태	• 피부 색, 온도, 습도	• 차고 축축한 피부 • 창백, 청색증
의식수준	• 의식수준 확인	• 의식수준 저하
소변	• 소변량 확인	• 소변량 감소

④ 장애(Disability, 의식장애)

신경학적 사정	의식	• 의삭장애가 있는지 신경학적 상태를 신속하게 사정 → AVPU, GCS로 의식수준을 평가
	동공	• 동공의 빛에 대한 반응(대광반사)으로 뇌간상태 확인
변형 확인		• 사지의 변형, 근력, 관절가동범위 확인 → 신체선열의 변형이 있으면 부목 등으로 고정
통증사정		• 통증 부위, 질, 악화요인, 완화요인, 강도, 시간 (PQRST) • 표준화된 척도로 주기적으로 통증 사정

표. AVPU 의식수준 사정

• 주로 응급환자의 의식수준을 사정할 때는 간편한 AVPU를 사용함

구분		내용
Alert (명료)	• 각성상태	• 의식 명료하고 말을 할 수 있음
Verbal (음성반응)	• 음성에 반응함	• 음성 자극에 반응을 보임
Painful (통증반응)	• 통증에 반응함	• 통증에만 신음하거나 움직이는 등의 반응을 보임
Unresponsive (무반응)	• 무반응(반응없음)	• 음성과 통증에 전혀 반응하지 않음

표. 글래스고 혼수척도(Glasgow coma scale, GCS) – 의식수준 사정 `15 임용`

구분	사정방법	점수
눈뜨기 반응 (eye Response)	• 자발적으로 눈을 뜬다.	4
	• 지시에 따라 눈을 뜬다.	3
	• 통증자극에 눈을 뜬다.	2
	• 전혀 눈을 뜨지않는다.	1
운동 반응 (motor Response)	• 지시에 따라 움직일 수 있다.	6
	• 통증 자극이 가해지는 곳으로 손을 갖다 댄다.	5
	• 통증 자극을 피하려는 움직임을 보인다.	4
	• 통증 자극에 굽힘 반응을 보인다.	3
	• 통증 자극에 신전 반응을 보인다.	2
	• 통증자극을 주어도 움직이지 않는다.	1
언어(구두) 반응 (verbal Response)	• 지남력이 있다.	5
	• 혼돈된 말을 한다.	4
	• 부적절한 단어로만 표현한다.	3
	• 알아듣기 힘든 소리를 낸다.	2
	• 소리를 내지 못한다.	1

표. GCS 의식수준 판정(해석)

15점	정상 의식수준	명료
13~14점	경도 의식주준	기면
9~12점	중등도 의식수준	혼미
8점 이하 (4~8점)	중증 손상, 혼수	반혼수
3점	깊은 혼수(생명위기 상태)	혼수

표. 의식수준

명료(alert)	• 정상적 의식상태 • 자극에 충분하고 적절한 자극을 보임
졸림(drowsy), 기면(lethargy)	• 졸음이 오므로 자극에 대한 반응이 느려짐 • 환자의 반응을 보기 위해 자극을 증가시켜야함 • 질문에 대한 혼돈이 있고, 외부 자극을 주지 않으면 수면상태
혼미(stupor)	• 지속적이고 강한 자극, 큰 소리나 통증 또는 밝은 빛 자극을 주면 반응 보임 • 간단한 질문을 하면 한두마디 단어로 대답하기도 함 • 통각자극에 대해 회피하는 것 같은 행동을 보이기도 함
반혼수(semi-coma)	• 자발적인 근육 움직임은 거의 없고, 통증자극을 가할 경우 어느정도 이를 회피하려는 반응을 보이기도 함
혼수(coma)	• 모든 자극에 반응을 하지 않음 • 반사반응도 없음 • 사지를 수동적으로 움직여도 저항을 보이지 않음

표. 정상적인 동공

정상적인 동공의 크기는 2~4mm 임

⟨ 표. PEREL – 동공의 정상소견 판정기준 ⟩

purpils equal	• 양쪽 동공의 크기가 같음(동공상태는 대칭임)
round	• 동공은 둥근 형태임
reactive to light	• 빛을 비추면 동공이 축소되는 대광반사를 보임

표. 비정상적인 동공

구분	비정상상태	건강문제
작은 동공, 동공축소 (pinpoint pupil)	• 동공의 크기가 작음 (2mm 이하) • 동공의 빛 반사는 일반적으로 정상	• 시상하부 손상, 대사성 뇌병변, • 아편류 중독(모르핀, 헤로인 등) 에서 나타남
중앙 고정 동공 (midposition fixed pupil)	• 동공의 중앙에 위치하며, 약간 확대된 상태 (4~6mm) • 동공의 빛 반사 없음	• 중뇌의 구조적 이상
큰 동공, 동공확대 (large pupil) 94, 92 임용	• 약간 모두 고정되고 확대되어 있음 • 동공의 빛 반사 없음	• 심한 저산소증, 심장마비 등에서 나타남 • 뇌사 가능성
한쪽만 큰 동공 (one largre pupil)	• 고정되어 있으며, 한쪽만 커져 있음	• 동안 신경, 중뇌의 압박, 제 3뇌신경 경색이 있는 당뇨병 환자등에서 나타남

⑤ 노출 (Exposure, 신체노출, 환부노출)

사정 내용		• 철저한 신체사정을 위한 의복제거 → 환자의 병변이나 외상 부위를 노출시켜 병변 부위의 상태, 외상의 정도, 부종, 출혈, 변형 등을 사정함
주의점	프라이버시 유지	• 프라이버시 보호와 보온을 위해 따뜻한 담요를 덮어줌 • 보온에 유의하여 사정이 끝난 후에는 신속하게 옷을 입혀 체온 손실을 최소화함 • 저체온증을 예방하기 위해 담요, 가열램프, 가온한 주사액을 주입함
	보온 (저체온증 예방)	⟨ 저체온증이 신체에 미치는 영향 ⟩ • 저체온증은 혈관을 수축시킴(정맥주입로 확보, 동맥사정 어려움) • 산소화와 환기의 손상 • 응고장애, 출혈의 증가 • 간의 약물대사 저하 등 초래
	증거물	• 증거물을 보존해야 하며, 기관의 정책에 따라 물품을 처리함

4 2차 사정(조사)

목적	• 모든 손상을 체계적으로 확인하기 위한 과정임
시기	• 환자의 활력징후가 정상화되었을 때 2차 사정함
내용	• 현병력, 활력징후, 통증사정, 신체사정 등 • 활력징후의 재평가와 머리부터 발끝까지 신체검사를 상세히 함

(1) 현병력

- 응급상황이 언제, 언디에서, 어떻게 일어났으며 환자의 주호소, 문제 발생 및 지속기간, 상해의 원인과 손상기전, 최초로 행해진 응급처치 등을 자세히 사정함
- 환자가 직접 응답하기 어려운 상황에서는 사고 현장에 있던 교직원이나 다른 학생에게 질문함

표. 체계적인 병력사정 SAMPLE / AMPLE

S	Symptoms (증상)	• 호소하는 증상이 무엇인지 확인함 • 통증의 양상은 어떤지 확인함
A	Allergics (알레르기)	• 알레르기(음식, 약물, 환경 등)가 있는지 확인함
M	Medications (약물)	• 최근 복용한 약물은 무엇인지 확인함 (현재 복용하는 약물)
P	Past health history (과거력)	• 과거병력은 있는지 확인함 • 이전에 수술이나 입원한 적이 있는지 확인함 • 파상풍 등 예방접종 상태를 확인함
L	Last food (마지막 음식)	• 마지막으로 먹은 음식은 무엇이며 언제 먹었는지 확인함
E	Events (직전 사건, 손상과 관련된 사건/환경)	• 손상이나 질병을 일으킬 만한 사건이 있었는지 확인함

(2) 통증

- 통증에 대한 정보를 수집하기 위해 다양한 도구를 활용할 수 있음

- 통증은 제 5의 활력징후라 할 만큼 거의 모든 손상이나 질병에서 나타남

① 통증 사정을 위한 OPQRST /PQRST 13 임용

O	Onset (발병상황)	• 어떤 상황에서 갑자기 또는 점진적으로 발생했는지 확인함 • 증상이 시작되었을 때 환자는 무엇을 하였는지 확인함
P	Provocation/Palliation (통증유발/완화요인)	• 통증을 악화 또는 감소시키는 요인은 무엇인지 확인함 • 식사, 운동, 근로, 스트레스, 자세 등이 증상 유발이나 완화를 초래하였는지 확인함 • 약물에 의해 유발, 완화되었는지 확인함
Q	Quility (통증 양상)	• 통증의 양상이 어떤지 확인함 • 칼로 베는 듯한, 둔한, 산통, 압박감 등
R	Region/Radiation (통증 위치(부위), 방사여부)	• 통증의 위치는 어디인지 확인함 • 통증이 한곳에 국한되어 있는지, 다른곳으로 이동하는지, 다른부위로 방사되는지 확인함 → 통증 방사여부를 확인함
S	Severity (통증 정도(심각성))	• 통증의 강도는 어느정도인지 확인함 • 증상이 얼마나 심각한지 확인함
T	Time (통증 시간)	• 통증이 언제 시작되는지, 얼마동안 통증이 지속되었는지 확인함 • 통증이 주기적인지, 간헐적인지 확인함

② 통증의 강도사정을 위한 도구

㉠ 시각적 통증 척도 (Visual analog scale, VAS)

개념	• 10cm(100mm) 선을 이용하여 한끝은 '통증 없음'으로 다른 한끝은 '통증이 아주 심함'으로 설정한 후 대상자에게 현재의 통증 정도를 선 위로 표시하도록 하고 거리를 측정함
해석	• 0점 : 통증 없음, 10점 : 상상할 수 있는 가장 심한 통증
대상	• 성인

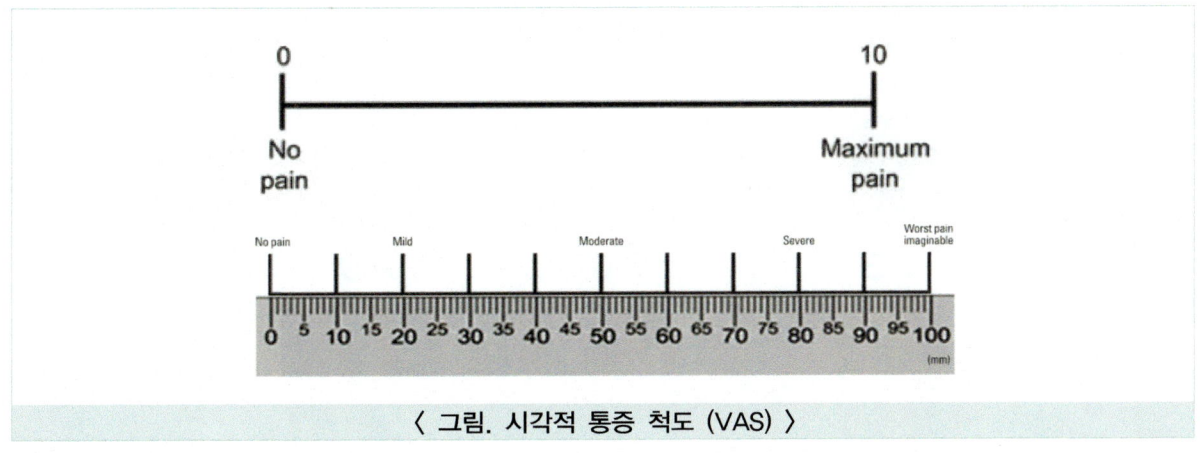

〈 그림. 시각적 통증 척도 (VAS) 〉

ⓛ 숫자통증 척도 (Numerical Rating Scale, NRS)

개념	• 0부터 10까지의 숫자를 이용하여 통증의 강도를 수치화한 척도임
해석	• 0점 : 통증 없음, 1~3점: 경도 통증, 4~6점: 중등도 통증, 7점~10점: 심한 통증 • 10점 : 상상할 수 있는 가장 심한 통증
대상	• 성인, 학령기 아동

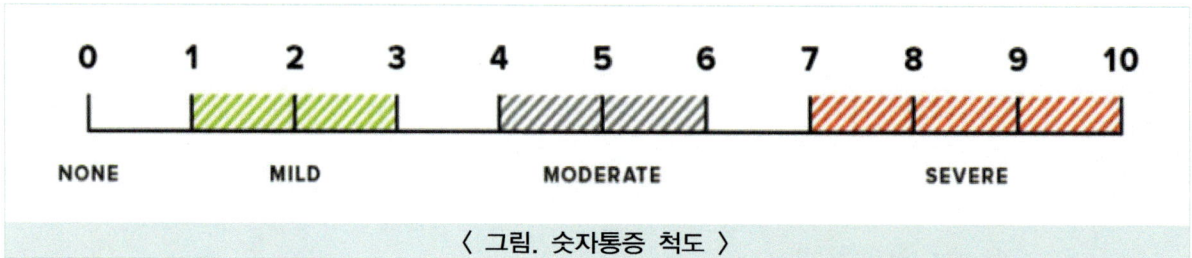

〈 그림. 숫자통증 척도 〉

자료원. Physio-pedia 및 Shirley Ryan AbilityLab (미국 임상 재활 기관)

ⓒ 얼굴표정척도(face pain rating scale, FPRS)

개념	• 0부터 10까지의 숫자를 이용하여 통증의 강도를 수치화한 척도임
해석	• 0점 : 통증 없음, 1~3점: 경도 통증, 4~6점: 중등도 통증, 7점~10점: 심한 통증 • 10점 : 상상할 수 있는 가장 심한 통증
대상	• 유아, 학령전기 아동 → 3세 이상 아동 • 의사소통 장애가 있는 성인이나 노인

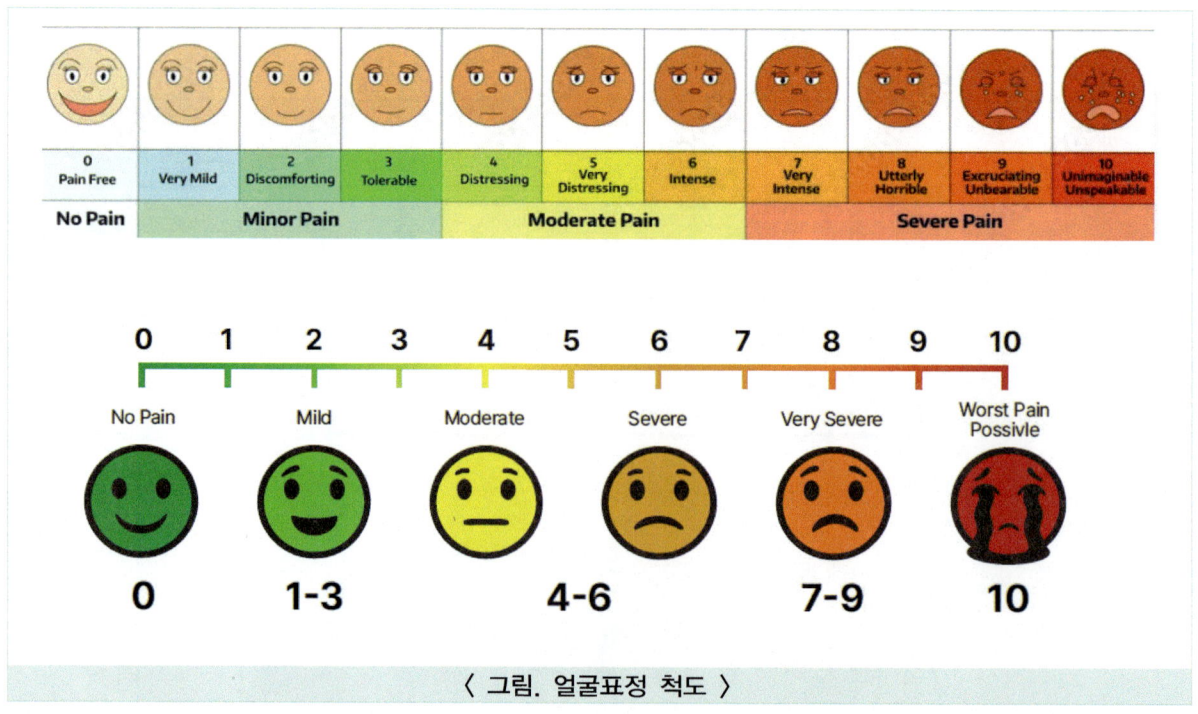

〈 그림. 얼굴표정 척도 〉

자료원. Donna Wong & Connie Baker, International Association for the Study of Pain (IASP)

㉣ FLACC (Face-Legs-Activity-Cry-Consolability)

개념	• 3세 이하 아동에게 적용
해석	• 0점 : 통증 없음, 1~3점: 경도 통증, 4~6점: 중등도 통증, 7점~10점: 심한 통증

표. FACC 측정

	0점	1점	2점
얼굴 (Face)	• 특별한 표정이 없거나 웃음	• 가끔 얼굴을 찡그림, 눈살을 찌푸림, 움츠림, 무관심함	• 자주 또는 지속적인 턱의 떨림, 이를 악물고 있음
다리 (Legs)	• 정상 자세	• 불안함, 거북함, 긴장됨	• 발로 차거나 다리를 끌어올림
활동 (Activity)	• 조용히 누워있거나 정상자세, 쉽게 움직임	• 꿈틀댐, 몸을 앞뒤로 뒤척거림, 긴장됨	• 몸을 구부리고 뻣뻣함 또는 경련
울음 (Cry)	• 울지 않음	• 끙끙댐, 흐느낌 또는 훌쩍댐	• 지속적인 울음, 소리침, 흐느낌, 작은 불편감 호소
마음의 안정도 (Consolability)	• 이완됨	• 가끔 안아주거나 접촉하여 안심을 시키는 것이 필요함 • 관심을 다른 곳으로 돌리기 위해 대화가 필요함	• 안정되기 어려움

(3) 활력징후

• 혈압, 맥박, 호흡, 체온, 산소포화도 확인

(4) 신체사정

• 대상자의 머리끝부터 발끝까지 차례대로 상세하게 전신 신체사정을 함

① 일반적 신체사정

변형	• 뼈가 비정상으로 틀어진 것이 있는지 확인
압통	• 만지거나 누울 때 반응 여부 확인
부종	• 조직이 부어오른 상태로 세포 공간에 액체 축적 상태 확인
출혈	• 피부 손상이 경우 개방성 출혈 유무 확인

② 세부 신체사정

머리, 목, 얼굴	전반적인 외모	• 피부색 등 전반적인 외모상태 확인
	머리(두부)	• 머리 변형, 열상, 부종, 통증, 출혈, 이물질 등 • 머리 염발음, 불안정 등 확인 • 눈 동공검사 확인
	눈, 코, 입, 귀	• 출혈, 뇌척수액, 이물질, 삼출물, 통증, 변형, 반상출혈, 열상 등 　귀 : 혈액 또는 맑은 조직(뇌척수액)이 흐르는지 관찰
	목	• 강직, 통증, 기도이탈, 경정맥확장(팽대), 부종, 연하곤란, 멍, 출혈, 피하기종, 뼈의 마찰음 등
흉부(가슴)	시진	• 호흡 수, 깊이, 노력호흡(흉벽의 움직임, 흡기보조근육의 사용) • 흉부의 통증, 변형, 출혈, 이물질, 외상 정도 확인 등
	청진	• 호흡음 청진
	촉진	• 뼈의 마찰음, 피하기종
	타진	• 과도공명음 : 기흉 • 탁음 : 혈흉
복부와 옆구리	시진	• 반상출혈, 출혈, 청색증, 복부변색, 멍, 찰과상, 열상 등 상처 확인 • 복벽과 뼈 구조의 대칭성 확인
	촉진	• 종괴나 대퇴동맥 사정 • 복부강직이나 복부팽만 사정 • 통증의 특성(유형과 부위), 긴장도 사정
	청진	• 장음 청진
골반과 회음부	골반	• 골반의 대칭성, 골반 촉진 등
	회음부	• 요도의 출혈, 반상출혈, 발기, 직장출혈, 괄약근 긴장도 등 • 배뇨능력 사정
사지	시진	• 기형, 변형, 반상출혈, 찰과상, 열상, 부종 • 피부색 확인
	촉진	• 맥박 : 유무, 특성, 대칭성 • 감각 사정 • 피부온도, 파열 촉진
	청진	• 염발음 등
	통증	• 통증의 특성 (양상과 부위)
	• 팔과 다리의 운동, 운동장애, 근력 감각, 경직 평가	
신체 뒷면	• 등을 확인할 때는 경추를 움직이지 않으면서 굴려서 확인함 　→ 척추손상이 의심되지 않는 경우 통나무 굴리기법 • 등에 반상출혈, 변색, 변형, 통증, 출혈 등을 확인 • 척추를 촉진할 때는 변형이나 통증이 있는지 확인함	

Part 02 응급환자 분류

1 응급환자 분류방법

- 환자가 응급실에 도착하면 부상이나 질병의 정도를 파악하기 위해 치료의 우선순위를 결정해야 함
- 이에 환자분류체계는 신속하게 의학적 중재를 받아야 하는 위중한 사람을 구분하기 위한 것임

1 관련 법령(한국 응급환자 중증도 분류기준 [보건복지부고시 제2023-287호], 시행 2024. 1.1.)

적용대상 (제 2조)	「응급의료에 관한 법률」에 따른 응급의료기관의 장은 응급실에 내원한 환자를 한국 응급환자 중증도 분류기준에 따라 분류하여야 한다.
중증도 분류 시행주체 (제 3조)	① 응급의료기관에서 응급환자 중증도 분류를 시행하는 자는 법 응급의료종사자 중 의사, 간호사 또는 1급 응급구조사의 면허 또는 자격을 갖춘 자이어야 한다. ② 제1항에 따른 중증도 분류 시행주체는 주기적으로 보건복지부장관이 정하는 별도의 교육을 이수하여야 한다. ③ 응급의료기관의 장은 중증도 분류를 감독하고 그에 따른 후속진료가 적절히 수행될 수 있도록 당일 근무하는 응급실 전담전문의 중 응급의료 책임자를 지정하여야 한다.
중증도 분류 절차 (제 4조)	① 응급환자 중증도 분류는 환자의 내원과 동시에 응급실 진입 전 환자분류소에서 1차로 시행하고, 환자의 상태가 변경되는 등 필요한 경우에 추가로 시행한다. ② 응급환자 중증도 분류는 별표1 및 별표2의 기준에 의해 환자의 연령(15세 이상(성인), 15세 미만(소아), 증상의 대분류, 증상의 소분류 및 세부판단기준의 4단계의 판정절차에 따라 시행되어야 한다.
중증도 등급기준 (제 5조)	1. 중증응급환자 : 중증도 분류결과 1등급 및 2등급 2. 중증응급의심환자 : 중증도 분류결과 3등급 3. 경증응급환자 및 비응급환자 : 중증도 분류결과 4등급 및 5등급

2 한국형 중증도(응급환자) 분류체계(Korean Triage and Acuity Scale, KTAS)

- 현재 우리나라는 응급실에 내원환 모든 환자를 대상으로 KTAS으로 응급환자(중증도) 분류체계를 사용하고 있음
- 환자의 긴급성 및 중증도를 포함한 응급도에 기반하여 환자를 평가하도록 구성하고 있음

단계	구분	분류 (법적)	단계별 정의	대표적인 증상	단계별 시간
KTAS 1	소생	중증 응급 환자	• 즉각적인 처치가 필요하며 생명이나 사지를 위협하는(또 악화 가능성이 높은) 상태	• 심정지, 무호흡, 음주와 관련되지 않은 무의식, 중증외상 등	즉시 진료 필요
KTAS 2	긴급		• 생명 혹은 사지, 신체기능에 잠재적인 위협이 있으며 이에 대한 빠른 치료가 필요한 경우	• 심근경색, 뇌출혈, 뇌경색, 호흡곤란, 토혈 등	10분 이내 진료 필요
KTAS 3	응급	중증 응급 의심환자	• 치료가 필요한 상태로 진행할 수도 있는 잠재적 가능성을 고려해야 하는 경우	• 경한 호흡부전 (산소포화도 90% 이상), • 출혈을 동반한 설사	30분 이내 진료 필요
KTAS 4	준응급	경증 응급환자 및 비응급환자	• 환자의 나이, 통증이나 악화/합병증에 대한 가능성을 고려할 때 1~2시간 안에 처치나 재평가를 시행하면 되는 상태	• 착란, 38도 이상의 발열을 동반한 장염, 복통을 동반한 요로감염 등	60분 이내 진료필요
KTAS 5	비응급		• 긴급하지만 응급은 아닌 상태, 만성적인 문제로 인한 것이거나, 악화의 가능성이 낮은 상태	• 감기, 장염, 설사, 열상(상처) 상처 소독, 약처방 등	120분 이내 진료 가능

〈 참고! 외상환자 중증도 평가기준 (119 구급대원 현장 응급처치 표준지침) 〉

1단계 생리학적 소견	2단계. 신체검사 소견	3단계. 손상기전

• 의식수준 AVPU 사정에서 V 이하
• 수축기혈압 〈 90mmHg
• 분당호흡수 10 미만 또는 29 초과
	• 관통 또는 자상 (머리/목/가슴/배/상완/대퇴부)
	• 흉곽의 불안정 또는 변형 (동요가슴)
	• 두 개 이상의 근위부 긴뼈 골절
	• 압궤/벗겨진/썰린/맥박이 소실된 사지
	• 손목 또는 발목 상부의 절단
	• 골반골 골절
	• 두개골의 열린 또는 함몰 골절
	• 외상성 마비
		• 추락 (성인 6m 이상/ 소아 3m 이상)
		• 고위험 교통사고
		  • 차량전복/차체 내부 30cm 이상 안으로 밀림/ 45cm 이상 차체 찌그러짐
		  • 자동차에서 튕겨져 나감
		  • 동승자의 사망
		• 자동차 대 보행자/개인형이동장치/자전거 사고
		  → 충돌후 나가떨어짐/치임/
		• 30km/h 이상 속도의 오토바이 사고

〈 그 외 구급대원 판단 〉 • 55세 이상, 10세 이하, • 머리 외상 환자에서 항응고 치료/출혈성 질환에 해당, • 화상과 외상이 동반, • 임신 20주 이상		

Part 03 재난간호

1 재난간호 정의 (재난 및 안전관리 기본법 제2조) 22, 17 임용

재난	• 국민의 생명·신체·재산과 국가에 피해를 주거나 줄 수 있는 것으로서 다음을 말함

자연재난	사회재난
• 태풍, 홍수, 호우, 강풍, 풍랑, 해일, 대설, 한파, 낙뢰, 가뭄, 폭염, 지진, 황사, 조류 대발생, 조수, 화산활동, 「우주개발 진흥법」에 따른 자연우주물체의 추락·충돌, 그 밖에 이에 준하는 자연현상으로 인하여 발생하는 재해	• 화재·붕괴·폭발·교통사고(항공사고 및 해상사고를 포함한다)·화생방사고·환경오염사고·다중운집인파사고 등으로 인하여 발생하는 대통령령으로 정하는 규모 이상의 피해와 국가핵심기반의 마비, 「감염병의 예방 및 관리에 관한 법률」에 따른 감염병 또는 「가축전염병예방법」에 따른 가축전염병의 확산, 「미세먼지 저감 및 관리에 관한 특별법」에 따른 미세먼지, 「우주개발 진흥법」에 따른 인공우주물체의 추락·충돌 등으로 인한 피해

다수 사상자 사고	• 다수사상자사고란 동시에 다수의 사상자가 발생하였거나, 추가로 사상자가 발생할 우려가 있어 응급의료의 제공을 위해 별도의 의료자원 동원 등의 조치가 필요한 사건·사고를 말함
해외재난	• 대한민국의 영역 밖에서 대한민국 국민의 생명·신체 및 재산에 피해를 주거나 줄 수 있는 재난으로서 정부차원에서 대처할 필요가 있는 재난을 말한다.
재난관리	• 재난의 예방·대비·대응 및 복구를 위하여 하는 모든 활동을 말한다.
안전관리	• 재난이나 그 밖의 각종 사고로부터 사람의 생명·신체 및 재산의 안전을 확보하기 위하여 하는 모든 활동을 말한다.
안전기준	• 각종 시설 및 물질 등의 제작, 유지관리 과정에서 안전을 확보할 수 있도록 적용하여야 할 기술적 기준을 체계화한 것을 말하며, 안전기준의 분야, 범위 등에 관하여는 대통령령으로 정한다.
긴급구조	• 재난이 발생할 우려가 현저하거나 재난이 발생하였을 때에 국민의 생명·신체 및 재산을 보호하기 위하여 긴급구조기관과 긴급구조지원기관이 하는 인명구조, 응급처치, 그 밖에 필요한 모든 긴급한 조치를 말한다.
긴급구조 기관	• 소방청·소방본부 및 소방서를 말한다. 다만, 해양에서 발생한 재난의 경우에는 해양경찰청·지방해양경찰청 및 해양경찰서를 말한다.
국가재난 관리기준	• 모든 유형의 재난에 공통적으로 활용할 수 있도록 재난관리의 전 과정을 통일적으로 단순화·체계화한 것으로서 행정안전부장관이 고시한 것을 말한다.
안전취약 계층	• 어린이, 노인, 장애인, 저소득층 등 신체적·사회적·경제적 요인으로 인하여 재난에 취약한 사람을 말한다.

❷ 재난사태 선포 (재난 및 안전관리 기본법 36조) 22 임용

① 행정안전부장관은 대통령령으로 정하는 재난이 발생하거나 발생할 우려가 있는 경우 사람의 생명·신체 및 재산에 미치는 중대한 영향이나 피해를 줄이기 위하여 긴급한 조치가 필요하다고 인정하면 중앙위원회의 심의를 거쳐 재난사태를 선포할 수 있다. 다만, 행정안전부장관은 재난상황이 긴급하여 중앙위원회의 심의를 거칠 시간적 여유가 없다고 인정하는 경우에는 중앙위원회의 심의를 거치지 아니하고 재난사태를 선포할 수 있다.
② 행정안전부장관은 제1항 단서에 따라 재난사태를 선포한 경우에는 지체 없이 중앙위원회의 승인을 받아야 하고, 승인을 받지 못하면 선포된 재난사태를 즉시 해제하여야 한다.
③ 제1항에도 불구하고 시·도지사는 관할 구역에서 재난이 발생하거나 발생할 우려가 있는 등 대통령령으로 정하는 경우 사람의 생명·신체 및 재산에 미치는 중대한 영향이나 피해를 줄이기 위하여 긴급한 조치가 필요하다고 인정하면 시·도위원회의 심의를 거쳐 재난사태를 선포할 수 있다. 이 경우 시·도지사는 지체 없이 그 사실을 행정안전부장관에게 통보하여야 한다
⑤ 행정안전부장관 및 지방자치단체의 장은 제1항 또는 제3항에 따라 재난사태가 선포된 지역에 대하여 다음 각 호의 조치를 할 수 있다.
  1. 재난경보의 발령, 재난관리자원의 동원, 위험구역 설정, 대피명령, 응급지원 등 이 법에 따른 응급조치
  2. 해당 지역에 소재하는 행정기관 소속 공무원의 비상소집
  3. 해당 지역에 대한 여행 등 이동 자제 권고
  4. 「유아교육법」 제31조, 「초·중등교육법」 제64조 및 「고등교육법」 제61조에 따른 휴업명령 및 휴원·휴교 처분의 요청
  5. 그 밖에 재난예방에 필요한 조치
⑥ 행정안전부장관 또는 시·도지사는 재난으로 인한 위험이 해소되었다고 인정하는 경우 또는 재난이 추가적으로 발생할 우려가 없어진 경우에는 선포된 재난사태를 즉시 해제하여야 한다.

3 위기경보의 발령 (재난 및 안전관리 기본법 38조)

① 재난관리주관기관의 장은 대통령령으로 정하는 재난에 대한 징후를 식별하거나 재난발생이 예상되는 경우에는 그 위험 수준, 발생 가능성 등을 판단하여 그에 부합되는 조치를 할 수 있도록 위기경보를 발령할 수 있다. 다만, 제34조의5제1항제1호 단서의 상황인 경우에는 행정안전부장관이 위기경보를 발령할 수 있다.
② 제1항에 따른 위기경보는 재난 피해의 전개 속도, 확대 가능성 등 재난상황의 심각성을 종합적으로 고려하여 관심·주의·경계·심각으로 구분할 수 있다. 다만, 다른 법령에서 재난 위기경보의 발령 기준을 따로 정하고 있는 경우에는 그 기준을 따른다.

표. 국가 위기경보 수준

구분	위기 유형		주요 대응활동
	해외 신종 감염병	국내 원인불명·재출현 감염병	
관심	해외 신종 감염병의 발생 및 유행	국내 원인불명·재출현 감염병의 발생	• 감염병별 대책반 운영(질병관리청) • 위기징후 모니터링 및 감시 대응 역량 대비 • 필요시 현장 방역 조치 및 방역 인프라 가동
주의	해외 신종 감염병의 국내 유입	국내 원인불명·재출현 감염병의 제한적 전파	• 중앙방역대책본부(질병관리청) 설치·운영 • 유관기관 협조체계 가동 • 현장 방역조치 및 방역 인프라 강화
경계	국내 유입된 해외 신종감염병의 제한적 전파	국내 원인불명·재출현 감염병의 지역사회 전파	• 중앙방역대책본부(질병관리청) 지속 • 중앙사고수습본부(복지부) 설치·운영 • 필요시 총리주재 범정부 회의 개최 • 유관기관 협조체계 강화 • 방역 및 감시 강화등
심각	국내 유입된 해외 신종감염병의 지역사회 전파 또는 전국적 확산	국내 원인불명·재출현 감염병의 전국적 확산	• 범정부적 총력 대응 • 필요시 중앙재난안전대책본부 운영

4 재난관리단계 17 임용

- 재난 전 단계(예방 및 대비 단계), 재난 단계(대응단계), 재난 후 단계(복구 단계)로 구성됨

1 재난 전 단계 : 예방 및 관리단계

재난 예방단계	• 지역사회에서 빈번하게 발생하거나 발생 가능성이 높은 재난유형에 대비하여 재난대책을 수립함 • 재난 발생시기를 사정하고, 해당 지역내의 위험요소를 파악하여 이를 지도에 표시하는 위험지도(risk map)를 작성함 〈 위험지도 〉 • 재난 위험지도는 특정 지역에 대한 재난 발생 가능성을 시각적으로 나타낸 지도임 • 재난 유형, 위험 정도, 대피 경로 등의 정보를 담고 있으며, 국민들의 안전 의식을 높이고, 재난 발생 시 신속한 대응을 지원하는 데 사용함 • 위험요인에 노출되어 있는 지역주민에게 이를 알리고, 이상발생 시 바로 신고하도록 경고하며 교육함
재난 대비단계	• 재난 대응 계획을 수립하며, 비상 정보체계 및 비상통신망을 구축함 • 지역사회 대응 네트워크에 참여하고 재난대비, 대국민 안전교육 및 홍보를 하고, 재난대응 전문인력을 교육함

2 재난 단계 : 대응단계 17 임용

즉각적인 대응의 중요성	• 재난이 발생하는 경우 3~6시간 이내에 현장에서 응급의료가 제공되어야 하며, 72시간 이내에 구조되지 못하면 생존률이 급격히 낮아짐 → 재난이 발생했을 때 즉각적인 대응이 필요함
현장처치	• 현장처치는 구조, 환자분류, 초기응급처치 및 이송의 단계를 거침 • 생존여부는 현장처치에서 많이 좌우되며, 중요한 부분은 손상정도와 소생가능성에 따른 중증도 분류임 • 현장에서의 초기 치료는 당장 생명을 구하기 위한 인명구조술 몇가지만을 시행가고 우선순위에 따라 적절한 병원으로 신속하게 이송해야 함
현장응급의료소 활동(3T)	• 중증도분류(T, Triage), 응급처치(T, Treatment), 이송(T, Transportation)

표. 현장응급의료소 운영	
현장응급의료소 설치 및 운영	• 재난 상황발생시 우선적으로 현장응급의료소(진료소)를 설치, 운영함 • 현장지휘소는 차량진입이 용이한 곳, 각종 현장에서 업무흐름을 한눈에 볼수 있는곳, 무선통신에 장애가 없는 곳이어야 함
환자수집소가 위치한 안전한 장소 선정	• 최초로 현장에 도착한 응급구조반 또는 의료팀은 재해 현장으로부터 안전한 곳에 환자수집소를 위한 장소를 선정함 • 현장에서 구출된 환자들의 중등도를 분류하고 기본적인 응급처치를 수행함
현장 진료소	• 다량의 환자발생으로 이송이 늦어지거나 재난현장이 의료시설과 멀리 격리된 곳이라면 응급처치소에서 응급처치를 시행 한 후 이송하게 됨
환자이송부	• 환자를 이송할 이송부는 응급차량의 진입과 헬기의 이착륙이 용이하고 무선통신이 원활해야 함

(1) 중등도 분류

목표	• 중등도 분류의 목표는 최대한 많은 수의 생존 가능한 사람들에게 최 진료를 제공하기 위함이며, 다수의 환자를 빠르게 분류해야 함

① 재난 등에서의 의료대응 단계

구분	판단 기준	비고
관심 (Blue)	1. 소방 대응 1단계 이상으로 다수사상자 발생 가능성이 있는 경우 2. 다수사상자 발생 가능성이 있는 사고/현상	징후활동 감시
주의 (Yellow)	1. 소방 대응 1단계 이상으로 다수의 사상자가 이미 발생한 경우 2. 다수사상자 발생으로의 전개가 예측되는 사고/현상	능동감시 경고전파
경계 (Orange)	1. 소방 대응 1단계 이상으로 10명 이상의 사상자가 이미 발생하고 추가 사상자 발생 위험이 현저히 높아 의료대응을 개시가 필요한 주의(Yellow)단계 해당 상황/사건 2. 다수의 중증환자가 이미 발생하였거나 5명 이상의 중증환자 발생 가능성이 현저히 높으며 상황이 장기화될 우려가 있어 현장에서 초기 의료대응이 중점적으로 필요한 경우 3. 다수사상자사고에서 재난관리주관기관 및 재난관리책임기관의 의료대응 요청	의료대응 개시
심각 (Red)	1. 일상적인 응급의료서비스로는 대응할 수 없는 명백한 재난 등	의료대응 확대

자료원. 보건복지부 재난응급의료 비상대응 매뉴얼

② 재난시 중증도분류(Triage) 09 임용
㉠ 재난시 중증도분류(Triage) 목적(효과)

목적	설명
치료 우선순위 결정	• 위급한 환자가 신속하게 치료를 받을 수 있도록 분류함
의료자원의 효율적 분배	• 의료 인력, 장비, 시간 등 제한된 자원을 가장 효과적으로 사용
대규모 재난 시 체계적 대응	• 현장 또는 병원 내 다수 환자를 빠르게 관리하기 위해 사용됨
사망률 감소, 생존률 향상	• 조기개입이 필요한 중증 환자 선별로 생존율 향상

㉡ 재난시 중증도분류(Triage) 방법

방법	• 분류된 사상자에게는 중증도 분류표를 가슴 부위 등 부상이 없는 잘 보이는 곳에 부착함 • 중증도 분류표를 부착한 사상자 중 긴급·응급환자는 응급처치반으로, 사망자와 비응급환자는 이송반으로 인계함

▮ 표. 재난시 중증도분류(Triage) 및 예시 ▮

분류	중증도	질병 예시
긴급 적색	• 생존률을 높이기 위해 즉각적인 처치가 필요한 환자	〈 ABC에 문제가 있는 경우 〉 A: • 상기도 폐쇄 B: • 심한 호흡곤란이나 청색증을 동반한 흉통, 호흡정지 • 개방성 흉부열상, 긴장성 기흉 • 연가향 흉곽, 지속적 천식 등 C: • 대량 출혈, shock, 즉각적인 지혈을 요하는 출혈 등 • 2~3도 신체 화상 • 심한 외상, 내과적 문제 등 외상: • 개방성 복부 열상, 다발성 외상, 골반골절을 동반한 복부손상 • 혼수상태의 중증 두부 손상 • 경추 손상이 의심되는 경우 내과: • 저체온증, 지속적 경련, • 인슐린 쇼크, 저혈당 증
응급 황색	• 생존에 영향을 주지 않는 범위에서 치료가 지연되도 안전한 환자	〈 중증 및 즉각적인 수술이 요구됨 〉 • 중증의 출혈 • 경추이외의 척추골절, 다발성 골절 • 중증의 화상, 감전 화상 • 안구 돌출성 외상

분류	중증도	질병 예시
비응급 녹색	• 치료가 필요한 손상이 있으나 치료여부와 상관없이 생존이 예상되는 환자	〈 경증 〉 • 소량 출혈, 단순 골절, 경증 화상, 경증 열상, 타박상, 동상, 정신과적 장애
사망예상, 사망 (지연) 흑색	• 생존해 있으나 사용가능한 자원으로는 생존시키기 불가능하다고 판단되는 환자 (사망예상) • 자발호흡의 증거가 전혀 없는 사망자	• 30분 이상 심장과 호흡이 정지된 경우 (호흡, 맥박 X) • 두부나 몸체가 절단된 경우

③ SALT(Sort, Assess, Life-saving interventions, Treatment/transport) 분류 체계

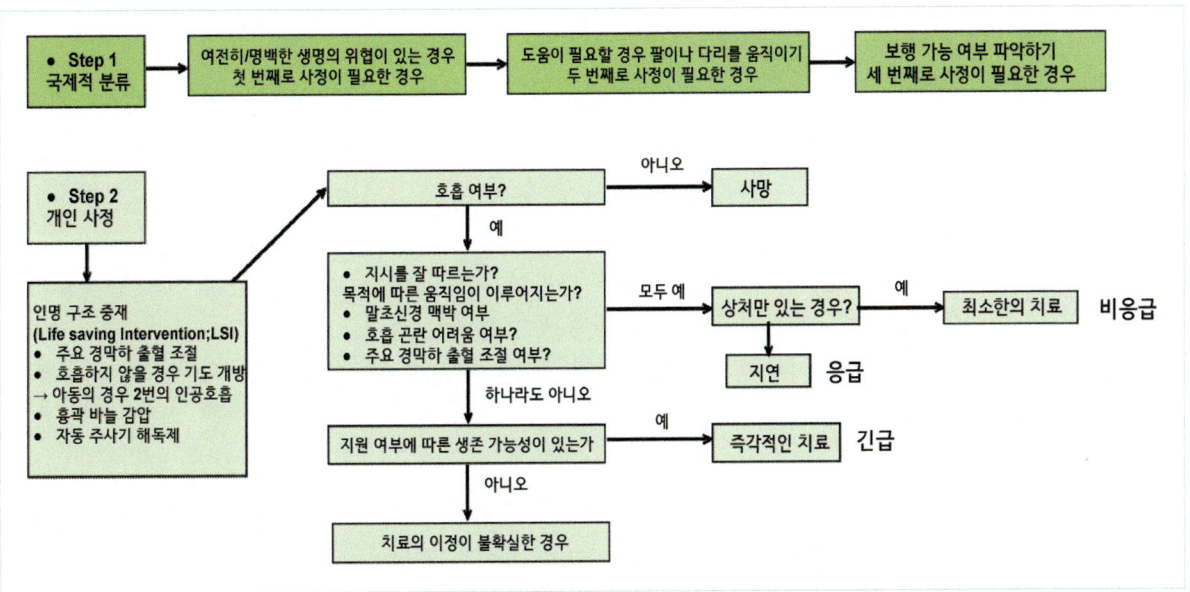

자료원. CHEMM(미국 보건복지부 산하 재난 의료관리 센터)

④ START (simple triage and rapid transport) 분류 체계 16 임용

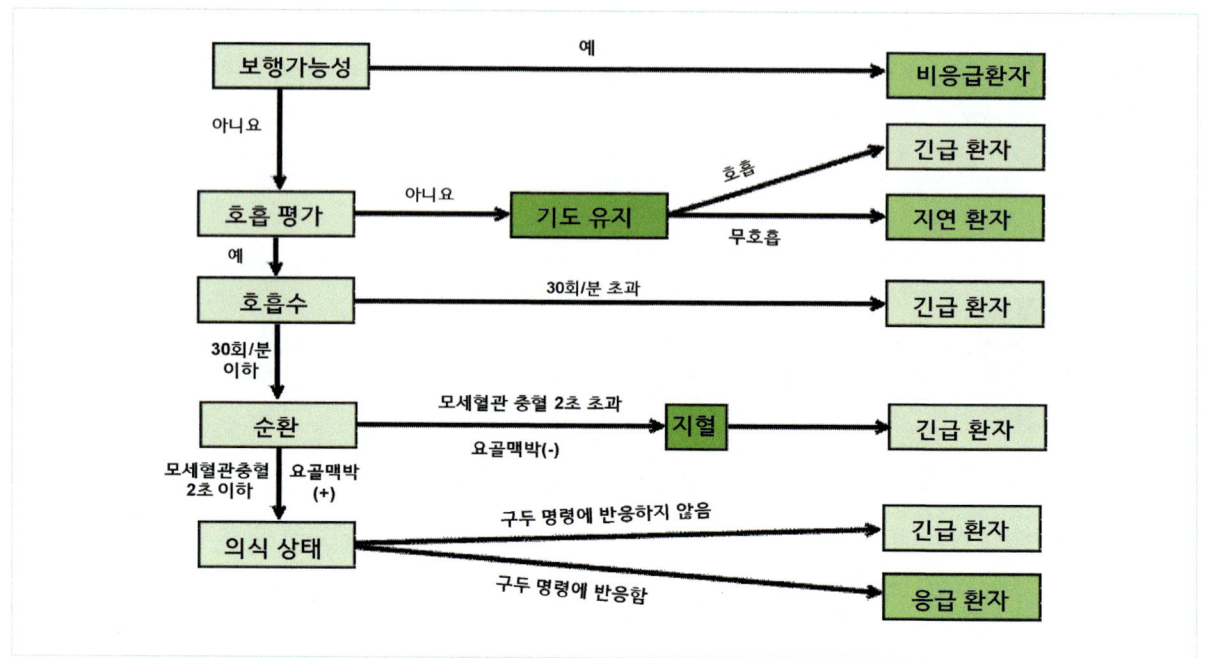

자료원. CHEMM(미국 보건복지부 산하 재난 의료관리 센터)

(2) 응급처치(T, Treatment)

원칙	• 병원 전 처치는 환자의 생명을 살리기 위한 기본적인 인명구조술 만을 시행함
내용	• 기본적인 기도 확보, 눈에 보이는 다량의 출혈에 대한 지혈, 긴장성 기흉에 대한 감압술이나 독성물질에 대한 해독제 투여 등 • 환자의 의학적 상태를 파악하고, 환자에게 시행한 응급처치 내용과, 환자의 이송병원 선정에 관련된 의학적 의견(예: 중환자실, 인공호흡기, 헬기 이송 등)을 중증도 분류표에 기재함 • 필요한 경우 중증도를 재분류하고, 중증도 분류표와 환자를 이송반에 인계함

(3) 이송(T, Transportation)

- 재난대상자의 중등도 분류 및 현장에서의 응급처치 후 환자를 의료기관으로 이송함
- 사상자의 이송 우선순위는 긴급환자, 응급환자, 비응급환자, 사망자 순임

3 재난 후 단계 : 복구단계

재난현장 정리	• 재난 잔해물을 제거하고 시설을 복구하는 등 재난현장을 제거함 • 이재민을 위한 임시거주지 마련, 의료구호, 예방접종, 방역, 감염병 발생 대비 등
정서적 문제 간호	• 재난현장에서 받은 심리, 정서적 건강문제 (상실감, 무력감, 공포 등), 심리적 충격에 대한 위기상황 스트레스, 급성 스트레스 장애에 대한 정서적 문제 간호

Part 04 심폐소생술 및 하임리히법

1 심폐소생술 23, 20, 17, 09, 99, 97, 94 임용

1 생존 사슬(chain of survival)

- 생존사슬은 심장정지가 발생한 사람의 생명을 구하기 위해 실행되어야 하는 가장 중요한 요소의 연결고리임
- 심장정지가 발생했을 때 생존사슬의 각 요소가 효과적으로 실행되면 심장정지 환자의 생존 가능성이 커짐

표. 생존사슬 단계

단계		내용
1단계	심장정지 인지·구조요청	• 환자를 발견한 목격자가 심장정지 발생을 인지하고 신속히 구조를 요청하는 과정으로 시작
2단계	목격자 심폐소생술	• 심장정지 환자에게 목격자가 가능한 한 빨리 심폐소생술을 하는 것임
3단계	제세동	• 자동제세동기를 사용하여 제세동하는 것임
4단계	전문소생술	• 관찰되는 심전도 리듬에 따라 제세동, 약물 투여, 전문기도유지술 등 치료를 하는 전문소생술 단계임
5단계	소생 후 치료	• 자발순환이 회복된 환자에게 원인을 교정하고 목표체온유지치료를 포함한 소생후 통합 치료와 생존자에 대한 재활치료를 하는 단계임

〈 그림. 병원 밖 심장정지 생존사슬 〉

자료원. 질병관리청·대한심폐소생협회. 2020년 한국 심폐소생술 가이드라인

2 심폐소생술 목적과 심정지

CPR 목적 94 임용	• 심폐소생술은 심장이 정지된 상태에서도 인공적으로 혈액을 순환시켜, 뇌의 손상을 지연시키고 심장이 마비 상태로부터 회복하는데 결정적인 도움을 주는 응급처치임 (심장과 뇌로 충분한 혈류를 전달) → 뇌는 혈액공급이 4~5분 중단돼도 영구적으로 손상을 일으킬 수 있음 • 심정지 상태에서 인공적으로 혈액 순환을 유지하여, 심장과 뇌 손상을 지연시키고 자발 순환 회복을 돕기 위함임
심정지	• 심장정지의 통상적인 임상 증상은 의식 소실, 무호흡, 무맥박이지만, 심장정지가 발생한 직후 심장정지 호흡(agonal gasp)이나 경련이 발생할 수 있음

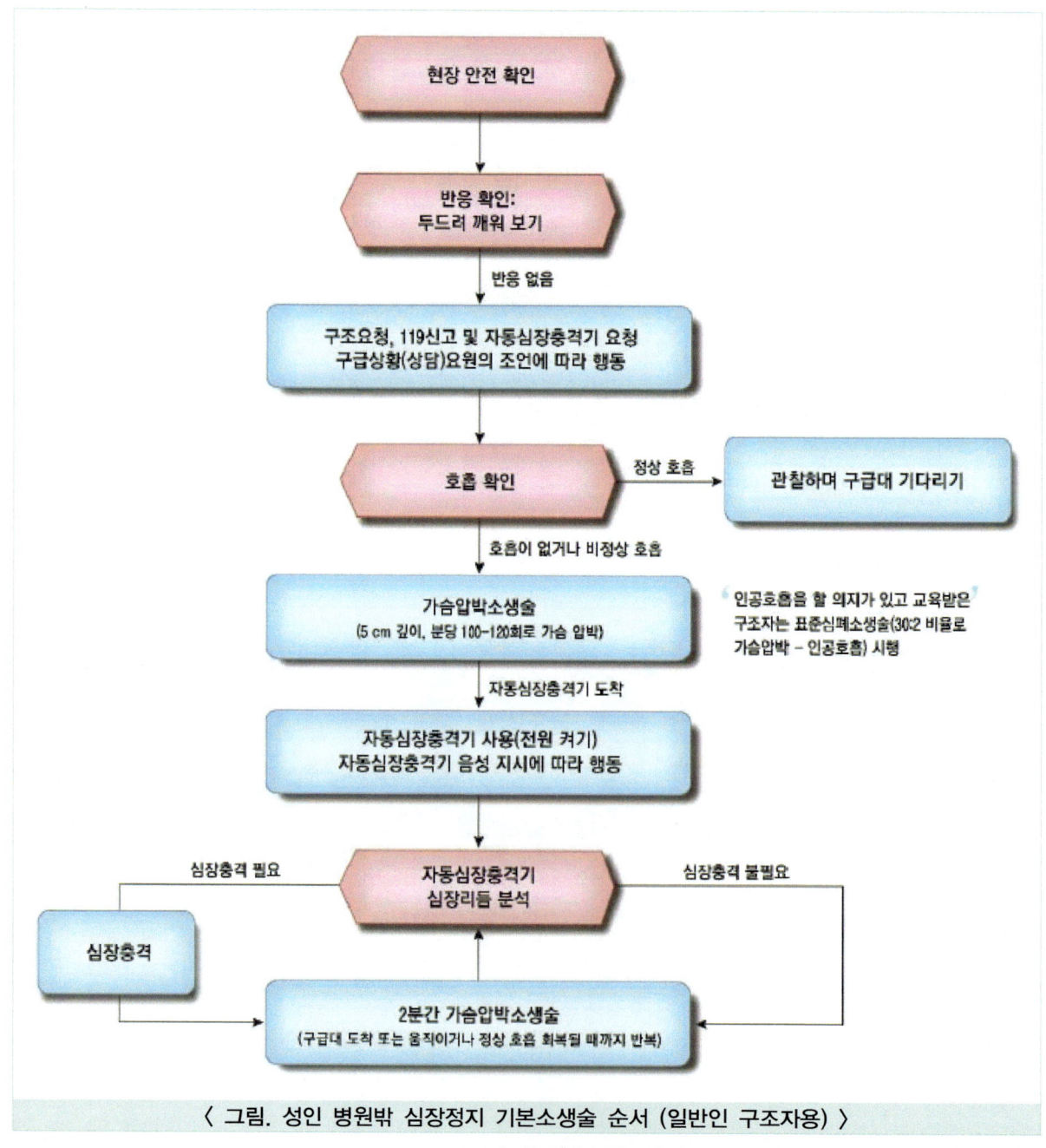

〈 그림. 성인 병원밖 심장정지 기본소생술 순서 (일반인 구조자용) 〉

자료원. 질병관리청·대한심폐소생협회. 2020년 한국 심폐소생술 가이드라인

3 심폐소생술 순서 24 17, 09, 97 임용

- 현장안전과 반응 확인 → 119 신고 및 심장충격기 요청 → 호흡과 맥박 확인 → 심폐소생술 실시 (가슴압박-기도유지-인공호흡(C-A-B)) → 심장충격기 사용 → 표준 심폐소생술 (2분)

(1) 현장안전과 반응 확인 20 임용

현장안전 확인	• 환자에게 접근하기 전에 구조자는 현장 상황이 안전한지, 감염의 가능성은 없는지 우선 확인함
반응 확인	• 안전하다고 판단되면 환자에게 다가가 어깨를 가볍게 두드리며 "괜찮으세요?"라고 물어봄

표. 심정지의 확인

① 무반응(반응없음)
② 무호흡(호흡 없음) 또는 심정지 호흡(비정상적인 호흡 (agonal gasp 등))

(2) 119 신고 및 심장충격기 요청 09 임용

119 신고	• 반응이 없는 환자를 발견하면 즉시 119에 신고함 • 목격자는 119에 전화 신고를 먼저 한 후에 심폐소생술을 시작하는 '전화 우선'을 하도록 권장함 09 임용
심장충격기 요청	• 현장주변에 자동심장충격기가 설치되어 있다면 심장충격기(자동제세동기)를 가져오도록 주변사람에게 요청함

(3) 호흡과 맥박 확인

일반인	• 호흡의 여부 및 비정상 여부를 판별해야 하며 호흡이 없거나 비정상이라고 판단되면 일반인은 즉시 가슴압박을 시작함 • 맥박 확인하지 않음
의료인	• 맥박과 호흡(무호흡 또는 비정상 호흡)을 동시에 10초이내에 확인함 • 맥박 확인은 의료인만 해당됨

표. 맥박 확인부위 20 임용

성인 (8세 이상)	소아(1~8세 미만)	영아(1세 미만)
경동맥	경동맥 또는 대퇴동맥	• 상완동맥 〈 경동맥에서 맥박이 촉지 않는 이유 〉 20 임용 • 목이 짧아 경동맥에서 맥박 촉지가 용이하지 않음

(4) 가슴압박 23, 20, 09, 96, 94 임용

- 심폐소생술의 순서 : C-A-B (가슴압박-기도유지-인공호흡)

표. 심폐소생술 나이의 정의

나이	정의
신생아	• 출산한 때로부터 4주까지
영아	• 만 1세 미만의 아기
소아	• 만 1세부터 만 8세 미만까지
성인	• 만 8세부터

표. CPR 가슴압박 부위, 깊이, 속도 등

연령	성인 (8세 이상)	소아 (1~8세 미만)	영아 (1세 미만) 20 임용
가슴압박 속도	• 분당 100~120회로 빠르게 압박, 압박된 가슴은 완전히 이완되게 함		
가슴압박 중단	• 가슴압박 중단시간은 10초 이내로 제한하고, 가슴압박사람은 2분마다 교체함		
가슴압박 부위 10, 09 임용	• 흉골 아래(하부) 1/2		• 유두선(젖꼭지) 연결선 바로 아래의 흉골
가슴압박 깊이	• 약 5cm 깊고, 강하게 압박	• 가슴 두께의 최소 1/3이상 (약 4~5cm)	• 가슴 두께의 최소 1/3이상 (약 4cm)
가슴압박 대 인공호흡 비율 23, 20, 09, 93 임용	• 30:2	• 30:2 (1인 구조자) • 15: 2 (2인 의료구조자)	

① 가슴압박 자세

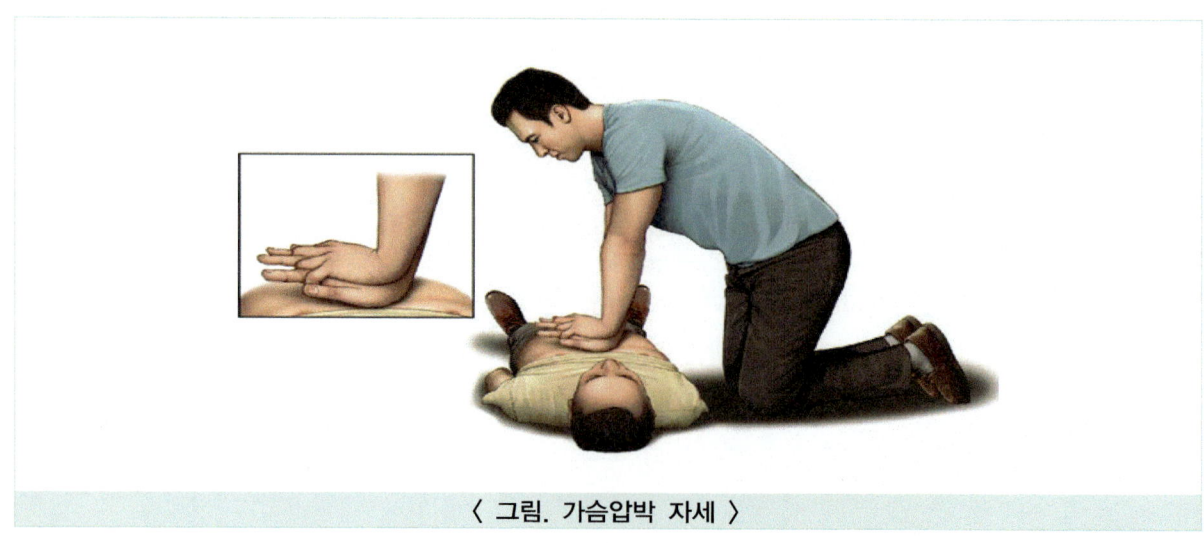

〈 그림. 가슴압박 자세 〉

자료원. 질병관리청·대한심폐소생협회. 2020년 한국 심폐소생술 가이드라인

표. 가슴압박의 위치와 자세

손 위치	• 구조자는 가슴 흉골하부 1/2에 한손의 손바닥 뒤꿈치를 올려놓고, 그 위에 다른 손을 올려서 겹친 후 깍지를 낀 자세
손가락 끝 닿지 않게	• 손의 손가락을 펴거나 깍지를 껴서, 압박할 때 손가락 끝이 심장정지 환자의 가슴에 닿지 않도록 함
팔꿈치 펴기	• 팔꿈치는 펴서 수직 방향으로 체중을 이용하여 압박함생

② 가슴압박 주의사항

가슴압박 2분마다 교대	• 가슴압박은 1.5~3분 사이에 깊이가 얕아지므로, 2분마다 교대하면 구조자의 피로를 줄이고 고품질의 심폐소생술을 유지할 수 있음
가슴압박 후 가슴이완	• 가슴압박 이후 다음 가슴압박을 위한 혈류가 심장으로 충분히 채워지도록 각각의 가슴압박 이후 가슴의 이완을 최대로 함 〈 가슴압박 후 완전한 이완이 되어야 하는 이유 〉 • 가슴이 완전히 이완되지 못하면 흉강 내 압력이 증가 → 정맥 환류, 관상동맥관류, 심박출량, 뇌동맥으로 관류 감소 • 가슴이 충분히 이완되어야 흉강 내 압력이 낮아져 정맥 환류와 관상동맥, 관류가 유지됨
가슴압박 깊이	• 압박 깊이가 6cm가 넘어가면 합병증이 발생함 (늑골골절 등)
가슴압박 속도	• 분당 100~120회로 빠르고, 강하게 압박
가슴압박 중단의 최소화	• 심폐소생술 중 심장 리듬을 확인할 때 맥박 확인 시간이 10초를 넘지 않도록 최소화함 • 제세동 전후 가슴압박 중단시간이 짧을수록 자발순환회복률이 높은 것으로 보고
바닥상태	• 매트리스처럼 부드러운 표면에서 심폐소생술을 시행할 경우, 가슴과 바닥이 함께 눌리게 되므로 가슴압박의 깊이를 감소시킴 → 가슴압박시 환자를 편평하고 단단한 표면에서 가슴압박 수행

③ 가슴압박에 의한 합병증

- 중대한 합병증을 초래할 가능성은 매우 낮음
- 가슴압박을 시행한 부위의 통증(8.7%), 골절(늑골 및 쇄골 등) (1.7%), 횡문근융해증(0.3%) 등이 초래될 수 있으며, 복강 내 장기손상은 보고되지 않음

④ 영아 가슴압박 20 임용

두 손가락 가슴 압박법	양손 감싼 두 엄지 가슴압박법
• 1인 구조자일 경우 실시	• 2인 의료구조자일 경우 실시
• 두 손가락 검지와 중지로 가슴압박	• 손을 펴서 영아의 가슴을 두손으로 감싸고, 두 엄지손가락으로 흉골 압박
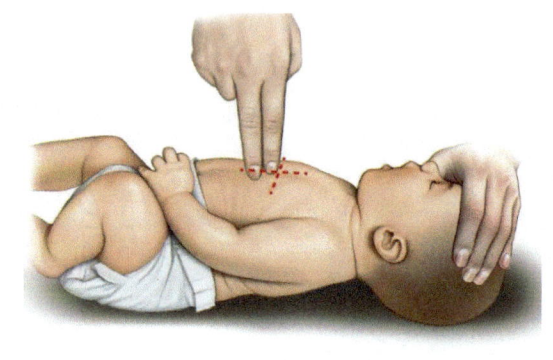	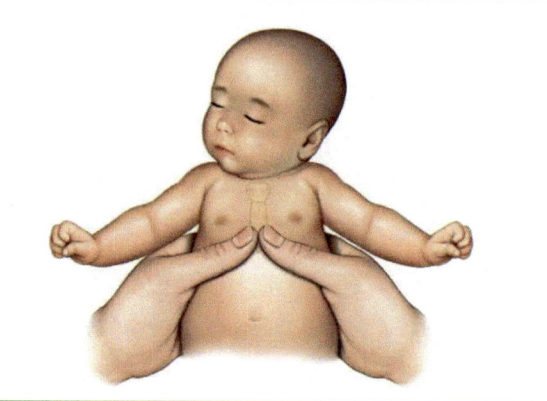

자료원. 질병관리청·대한심폐소생협회. 2020년 한국 심폐소생술 가이드라인

⑤ 소아 가슴압박

• 한 손 가슴압박법을 시행함

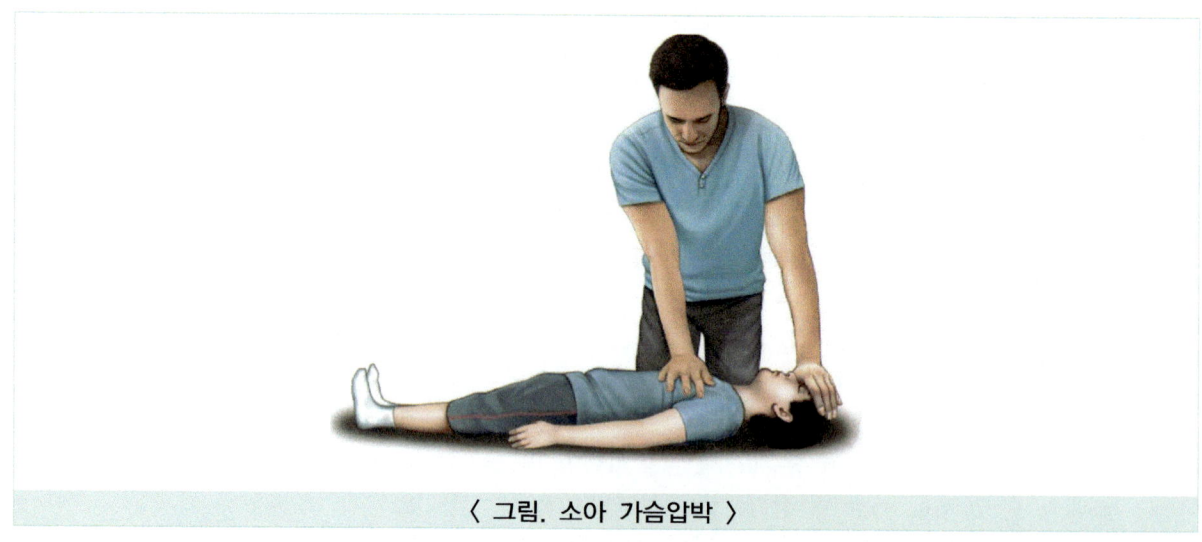

〈 그림. 소아 가슴압박 〉

자료원. 질병관리청·대한심폐소생협회. 2020년 한국 심폐소생술 가이드라인

⑥ 임산부 심폐소생술 (임신 20주 이상)
- 임신 20주 이전은 성인 심폐소생술과 방법 동일

임산부 자세	• 왼쪽 측방 자궁변위(LUD, left uterine displacement) 〈 임산부 체위변경 이유 : 앙와위 X 〉 • 자궁이 하대정맥과 복부 대동맥을 압박하여 심장으로 귀환하는 정맥환류 감소 → 심박출량 감소
가슴압박 부위	• 흉골 중간부위 → 임신부의 경우 점점 커지는 자궁의 영향으로 누운 상태에서 심장의 위치도 머리쪽으로 밀려 올라가게 됨 cf. 성인 : 흉골 아래 1/2 부위

표. 임산부 자세 (LUD, 왼쪽 측방자궁변위)

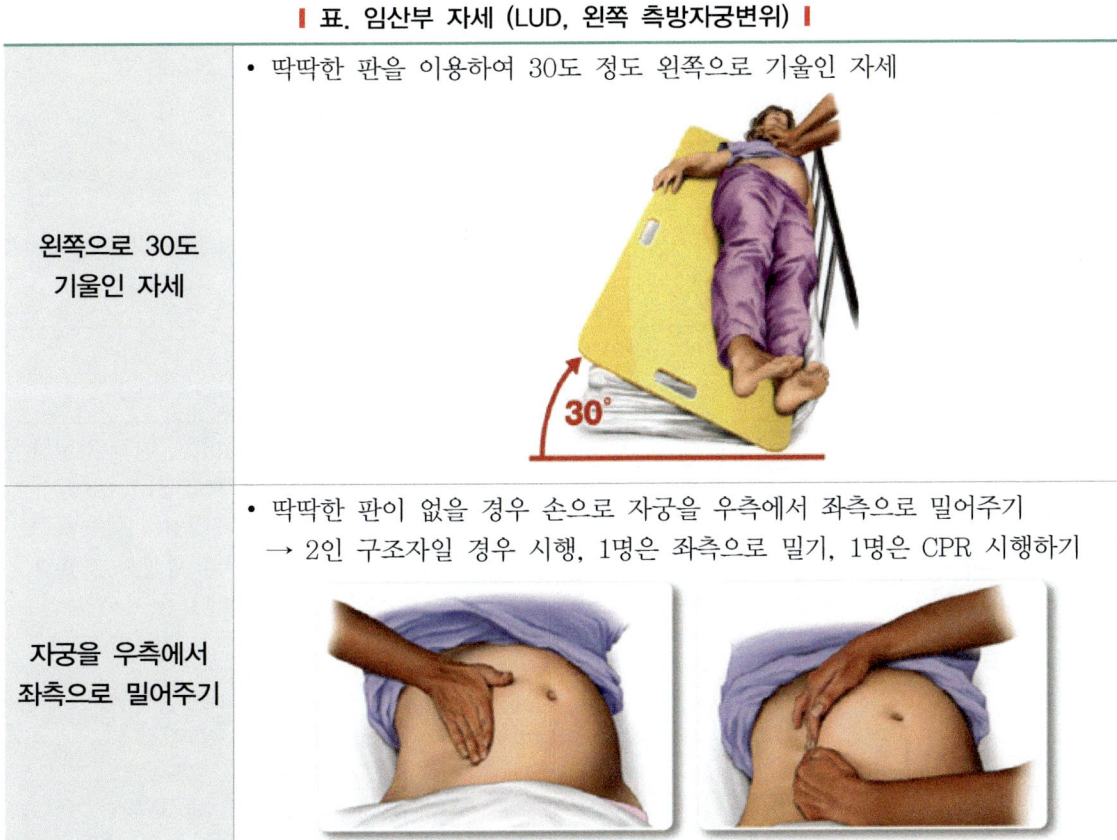

왼쪽으로 30도 기울인 자세	• 딱딱한 판을 이용하여 30도 정도 왼쪽으로 기울인 자세
자궁을 우측에서 좌측으로 밀어주기	• 딱딱한 판이 없을 경우 손으로 자궁을 우측에서 좌측으로 밀어주기 → 2인 구조자일 경우 시행, 1명은 좌측으로 밀기, 1명은 CPR 시행하기

자료원. 질병관리청·대한심폐소생협회. 2020년 한국 심폐소생술 가이드라인

〈 참고! 임산부, 태아 생존 초점 〉

임신 24주 미만 임산부	• 임신 24주 미만의 태아는 출생하여도 생존의 가능성이 희박함 → 아보다는 임신부의 생존에 초점을 두어야 함
임신 24주 이상 임산부	• 임신 24주 이상의 임산부는 심정지 발생 5분 이내에 제왕절개술을 통해 태아를 출산하여야 함

(5) 기도유지 22 임용

하악거상법 (head tilt chin lift, 머리 젖히고 턱 들기)	하악견인법 (jaw threst, 턱 들어올리기)
• 일반적인 기도유지 (경추손상 X)	• 경추손상 의심 시 기도유지

(6) 인공호흡 17, 09, 97

2회 실시	• 인공호흡은 가슴상승이 보일정도로 1초 간 2회 실시 • 1초에 걸쳐 가슴상승이 눈으로 확인될 정도의 일 회 호흡량으로 호흡 → 1초에 1회, 총 2회 실시
가슴압박 대 인공호흡 비율	• 가슴압박과 인공호흡은 30:2 비율로 실시
주의	• 가슴압박동안에 인공호흡이 동시에 이루어지지 않도록 주의함 • 인공호흡을 과도하게 하여 과환기를 유발하지 않도록 주의함 〈 과도한 환기 〉 • 위 팽창과 더불어 역류, 흡인 같은 합병증을 유발함 • 과도한 환기는 흉강 내압을 증가시키고 심장으로 정맥혈 귀환을 저하해 심박출량과 생존율을 감소

표. 인공호흡 방법 10 임용

입-입 인공호흡 (구강대 구강) 10 임용	• 입-입 인공호흡을 하는 방법은, 먼저 환자의 기도를 개방하고, 환자의 코를 막은 다음 구조자의 입을 환자의 입에 밀착시킴 (일반적인 호흡법) • 인공호흡은 '보통 호흡'을 1초 동안 환자에게 불어넣는 것임 • 보통 호흡이란 구조자가 숨을 깊이 들이쉬는 것이 아니라 평상시 호흡과 같은 양을 들이쉬는 것임 〈 깊은 호흡보다 보통 호흡을 하는 이유 〉 • 환자의 폐가 과다팽창 되는 것을 방지하고, 구조자가 과호흡할 때 발생하는 어지러움이나 두통을 예방할 수 있기 때문임
입-코 인공호흡 (구강대 비강)	• 입-코 인공호흡은 환자의 입을 통해 인공호흡을 할 수 없거나(구강손상, 안면손상 등) 입을 열 수 없는 경우, 입과 입의 밀착이 어려운 경우나 환자가 물속에 있는 경우에 입-입 인공호흡 대신으로 권장함

표. 회복자세

시기	• 환자가 반응은 없으나 정상적인 호흡과 효과적인 순환이 나타날 때는 회복자세를 취해주는 것이 권장함
목적	• 혀나 구토물로 인해 기도가 막히는 것을 예방하고 흡인의 위험성을 줄이는 방법임
방법	• 몸 앞쪽으로 한쪽 팔을 바닥에 대고 다른 쪽 팔과 다리를 구부린 채로 환자를 옆으로 돌려 눕힌다
이상적인 자세	• 환자를 옆으로 눕혀 머리의 위치는 낮게 하고 호흡을 방해할 수 있는 압력이 가슴에 가해지지 않아야 함
척수손상이 있거나 의심되는 경우	• 한쪽 팔을 위로 펴고 머리를 팔에 댄 상태로 양다리를 함께 구부린 자세가 더욱 적합

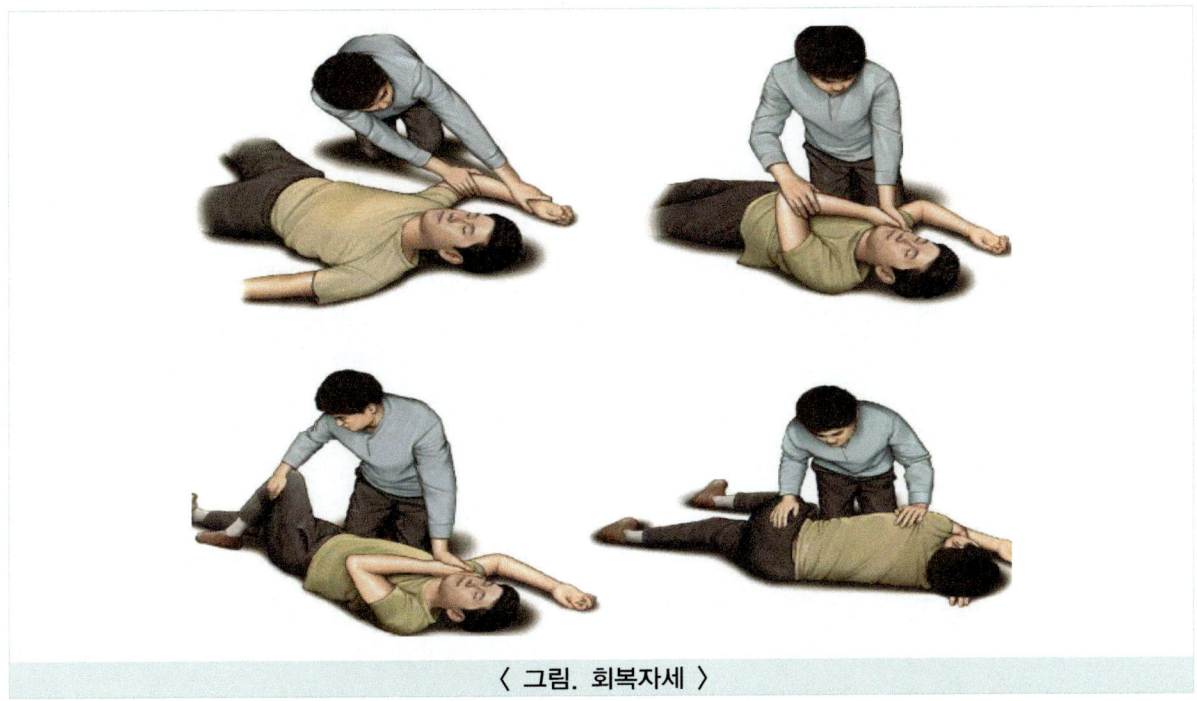

〈 그림. 회복자세 〉

자료원. 질병관리청·대한심폐소생협회. 2020년 한국 심폐소생술 가이드라인

표. 병원 밖 심장정지 환자에 대한 심폐소생술을 유보하는 경우

① 심폐소생술을 하는 구조자가 심각한 위해를 입을 위험에 처해 있는 상황
② 사망의 확실한 임상적 징후(예: 사후 경직, 시반, 참수, 신체 절단, 부패)가 있는 경우
③ 심폐소생술을 원하지 않는다는 의학적 지시 또는 소생술 시도 금지(DNAR) 표식이 있는 경우

표. 병원 밖 심장정지 환자에 대한 심폐소생술을 중단하는 경우

① 응급의료종사자에게 치료 인계
② 자발순환회복
③ 구조자가 지치거나, 위험한 상황에 빠진 경우
④ 심폐소생술 시행 중에 심폐소생술 유보의 조건이 확인된 경우

(7) 자동제세동기 (자동심장충격기) 23, 17, 10 임용

정의 (개념)	• 환자의 피부(흉벽)에 부착된 전극을 통하여 전기충격을 심장에 보내 심실의 세동을 • 제거하는 제세동기를 자동화하여, 환자의 심장리듬을 자동으로 측정하여 환자에게 제세동이 필요한 상황인지를 확인하고, 이를 음성, 문자, 점멸 등의 방법을 통해 사용자에게 안내할 수 있는 기기임	
원리	• 심실세동 환자에게 극히 짧은 순간에 강한 잔류를 심장에 통과시켜, 대부분 심근에서 활동전위를 유발하여 심실세동이 유지될 수 없도록 함으로써, 심실세동을 종료시키고 심장이 다시 정상적인 전기활동을 할 수 있도록 유도하는 것임	
적응증	① 심실세동 ② 맥박이 없고 무의식적인 심실빈맥	
성공	• 제세동의 성공이란 전기충격 후 최소한 5초이상 심실세동 리듬이 없어지는 것을 정의함	
주의점	안전확인 (환자 접촉 X) 17 임용	• 자동제세동기 전원을 켜기 전 환자와 접촉한 사람이 없는지, 모든 사람들이 환자로부터 물러났는지 안전 확인 확인 → 감전사고 위험
	이물질 제거	• 정상적인 가슴털은 문제되지 않지만 패드 부착에 방해가 된다면 면도 시행 • 패드 부착 부위에 땀이나 기타 이물질이 있으면 제거한 뒤에 패드를 부착
	금속제품 제거	• 패드 부착하는 곳은 금속제품 제거 (와이어가 들어있는 브래지어나 금속이 부착된 의복 제거)
	물, 땀	• 가슴에 묻은 물이나 과도한 땀은 전기충격을 감소시키므로 가슴을 건조
	중단 X	• 심장질환으로 심박조율기나 삽입된 심장제세동기(ICD)를 가지고 있는 환자라도 심장충격기 사용을 중단하지 않음 • 임신한 경우에도 심장충격기 사용 금기는 없음

표. 자동심장충격기(제세동기) 사용순서 24, 17, 10 임용

① 전원을 켠다. 	· 심폐소생술을 하는 동안 심장충격기를 도착하면 즉시 사용함 · 심폐소생술에 방해가 되지 않는 위치에 놓음		
② 2개의 패드 부착 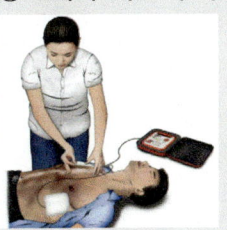 23, 10 임용	· 패드 부착 부위에 땀이나 기타 이물질이 있으면 제거한 뒤에 패드를 부착함 · 패드 부착중에도 가슴압박을 멈추지 않음		
	전외 위치법 (일반적)	· 패드 1 : 우측 쇄골(오른쪽 빗장뼈) 아래 · 패드 2 : 왼쪽 젖꼭지 아래의 중앙겨드랑이선 (흉골 왼쪽 유두와 가운데 겨드랑이 만나는 부위→ 중앙겨드랑이선)	
	전후 위치법	· 두 개의 패드를 가슴의 앞뒤로 부착 · 패드 1 : 가슴 중앙 (흉골 중앙, 양쪽 젖꼭지 사이) · 패드 2 : 등 중앙 (두 견갑골 사이)	
	기타	· 패드 1 : 흉골의 왼쪽에 부착 · 패드 2 : 등의 견갑골에 부착하는 방법	
③ 심장리듬 분석 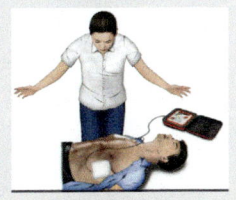	· '분석 중'이라는 음성지시가 나오면 심폐소생술을 멈추고 모두 환자로부터 물러나 있게 함		
④ 제세동 실시 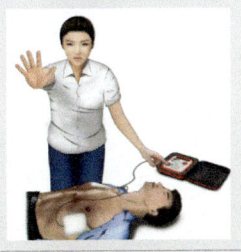	· '제세동이 필요합니다', '제세동 버튼을 누르세요' 하는 안내가 나오면 모두 환자에게서 물러나게 한 후 제세동 버튼을 누름 · '제세동이 필요하지 않습니다' 라고 분석한 경우에도 심폐소생술을 다시 시작함		
⑤ 즉시 심폐소생술 실시 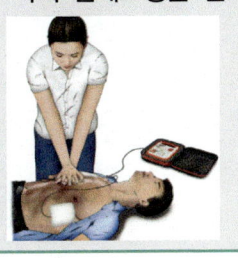	· 제세동 후 즉시 가슴압박을 실시함 · 심폐소생술 5주기(2분간)가 끝나면 자동으로 심장리듬 분석이 시작됨 · 위의 과정이 심폐소생술 매 5주기(2분)마다 반복된다. · 심장충격기는 2분마다 환자의 심전도를 자동으로 분석하여 제세동의 필요성을 판단함 21 임용		

자료원. 질병관리청·대한심폐소생협회. 2020년 한국 심폐소생술 가이드라인

2 이물질에 의한 기도폐색 (하임리히법) 11, 10, 09, 05 임용

1 기도폐쇄 증상과 중재 09, 05 임용

(1) 부분 기도폐쇄

① **증상**

① 대상자가 호흡할 수 있거나 스스로 기침이 가능한 경우
② 말을 할 수 있음
③ 안절부절 못하는 모습을 보임
④ 의식 있음

② **중재**

강한 기침 유도	• 대상자가 스스로 이물질을 배출할 수 있도록 기침을 계속 격려함
기침 방해하지 않기	• 환자가 자발적으로 이물질을 제거하려는 행동을 중단시키거나 방해하지 않기
기도폐쇄 악화 징후 관찰	• 기침 불가, 청색증, 무언증, 의식 저하 등의 증상이 나타날 경우 → 즉시 완전 기도폐쇄 응급처치로 전환 　　(등 두드리기 5회 + 복부 밀어올리기 5회)

(2) 완전 기도폐쇄

① **증상** 05 임용

① 촉킹 사인(chocking sign)

〈 촉킹 사인(chocking sign) 〉
• 기도가 완전히 폐쇄된 환자가 말을 못하고 한 손 또는 양손으로 목을 감싸 쥐는 전형적인 동작으로, 심한 기도폐쇄 상황에서 나타남

② 기침 X
③ 말을 하지 못함
④ 청색증
⑤ 의식소실

② 중재

등두드리기 5회	• 한 손으로 흉부를 지지하고, 다른 손바닥으로 환자의 견갑골 사이를 세게 5회 두드림
복부 밀어내기 (하임리히법) 5회	• 등 두드리기 후에도 이물질이 나오지 않으면, • 복부 밀어올리기를 5회 실시
이 두 동작을 번갈아 반복	• 기도폐쇄가 해소되거나, 환자가 의식을 잃을 때까지 등 두드리기 5회 + 복부 밀어올리기 5회를 반복
환자가 의식을 잃은 경우	• 의식 잃은 경우, 즉시 바닥에 눕히고 119에 신고한 뒤 즉시 심폐소생술(CPR)을 시작함

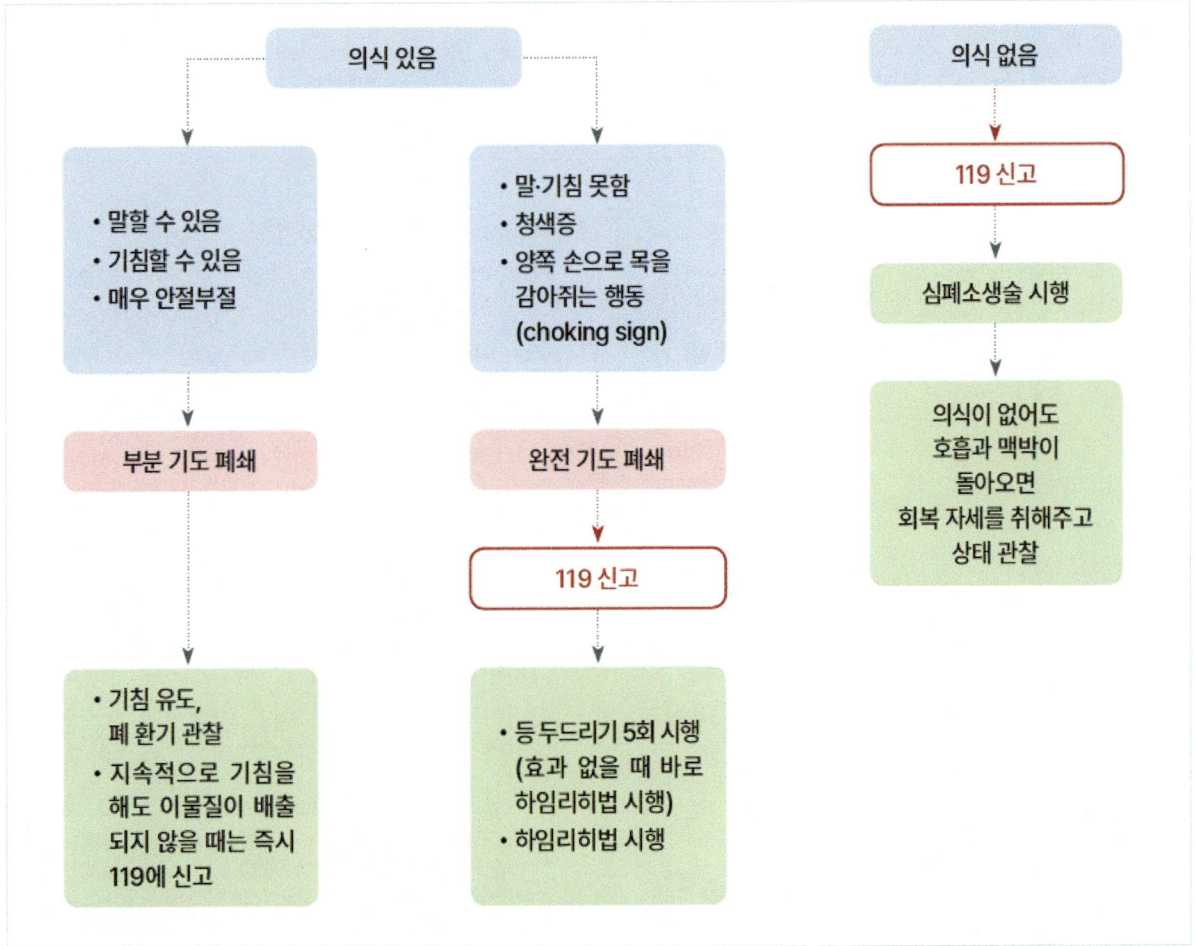

자료원. 질병관리청·대한심폐소생협회. 2020년 한국 심폐소생술 가이드라인
자료원. 중앙응급의료센터(E-GEN 통합홈페이지), 소방청, '119구급대원 현장응급처치 표준지침',
대전광역시교육청. 한눈에 보는 응급처치 가이드. 2023

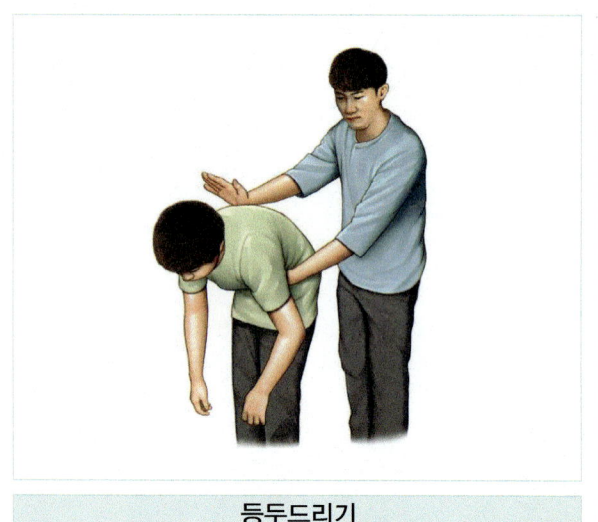
등두드리기

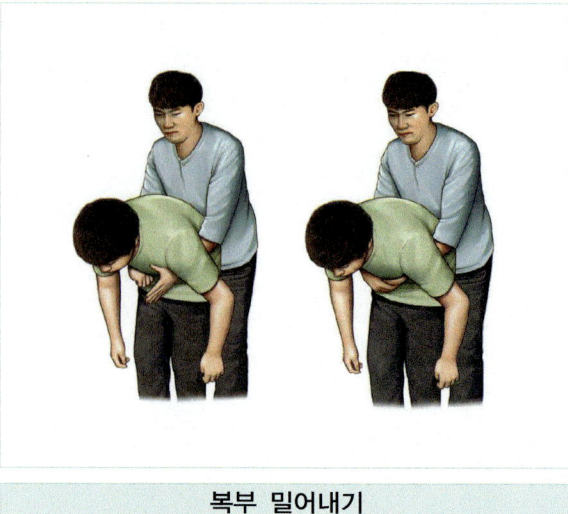
복부 밀어내기

자료원. 질병관리청·대한심폐소생협회. 2020년 한국 심폐소생술 가이드라인

표. 하이리히법 복부밀어내기 금지 = 가슴밀어내기 | 11, 10 임용

1세 미만의 영아 11 임용	임산부나 고도비만 환자 10 임용
• 1세 미만의 영아의 경우 복부 압박은 복부 장기손상의 우려로 권고하지 않음 • 영아에게는 5회의 등 두드리기와 5회의 가슴 밀어내기(chust trust)를 반복 시행함	• 임산부나 고도 비만환자의 경우에는 등 두드리기를 시행 후 이물질이 제거되지 않으면, 복부 밀어내기 대신 가슴 밀어내기(chust trust)를 시행함

표. 영아 기도폐쇄 시 | 11 임용

등두드리기 5회	가슴밀어내기 5회
① 손으로 영아의 머리와 얼굴을 지지함 ② 몸의 나머지 부분보다 머리가 낮게 오도록 유지함 ③ 손바닥의 도톰한 부위(손꿈치)를 이용하여, 양 견갑골 사이를 5회 침 (등두드리기)	④ 영아의 얼굴이 위로 오도록 뒤집고, 손을 영아의 머리와 등에 위치하고, 간호사의 두 손과 팔 사이에 영아의 몸을 샌드위치 처럼하여 허벅지에 바로 눕힘 ⑤ 영아의 양 젖꼭지를 이은 가상선과 흉골이 만나는 지점 바로 아래 위치에 두 손락으로 빠르게 5회 압박함
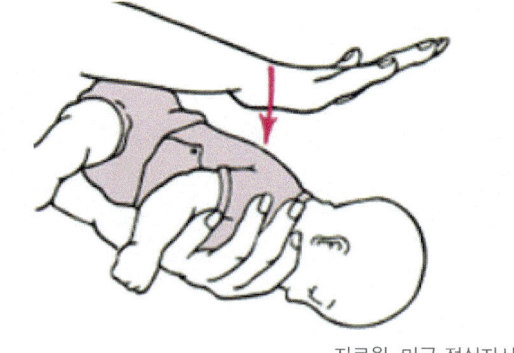 자료원. 미국 적십자사	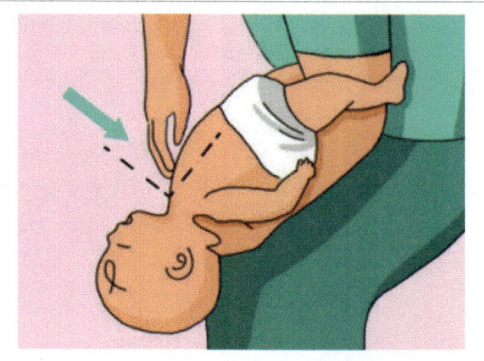 자료원. 미국 심장협회(AHA)

환자가 의식을 잃은 경우	혼자 있을 때 질식된 경우
• 기도를 막고 있는 물체가 있는지 환자의 입과 목안을 살펴보고 확인 한 후 이물질 존재하는 경우 이를 제거함 • 호흡이 없는 경우 기도를 막고 있는 혀를 올려주기 위해 환자의 머리를 살짝 뒤로 젖히고 턱을 올려 기도를 열어줌 • 숨을 쉬지 않으면 구강 대 구강 호흡법을 시행할 수 있음 • 가슴이 부풀어 오르지 않으면 기도가 여전히 막혀 있다는 것임	• 주먹을 쥐고 엄지를 배꼽 위 흉곽 아래 상복부에 댐 • 다른 손으로 주먹을 감싼 후 상복부를 빠르게 위로 밀어올림 • 이물질이 나올때까지 반복함 • 혹은 고정된 물건(책상, 의자, 난간)에 상복부를 갖다대고 빠르게 위로 밀어올림 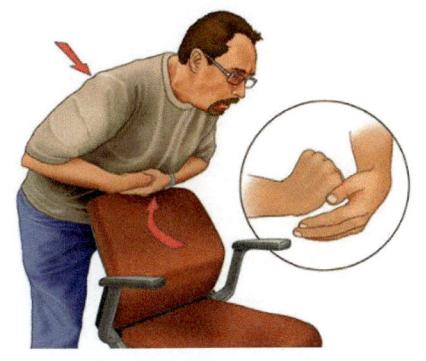 자료원. 미국 국립보건정보센터, 메이요 클리닉

표. 환자가 의식을 잃은 경우/혼자 있을 때 질식된 경우

2 하임리히법 05 임용

(1) 원리 및 주의사항

원리		• 기도 내 이물질로 인해 기도폐쇄 상황에서 복부의 급격한 밀어올리기 동작을 통해 폐에 있는 공기를 강제로 밀어내어 기도의 이물질이 밀려 나오게 하는 원리임
		복부 압박 → 횡격막 상승 → 폐 압력 증가 → 이물질 배출
		〈 복부를 빠르게 밀어 올려야 하는 이유 〉 • 복부를 빠르게 밀어 올려야 → 횡격막이 급격히 상승 → 폐 내 압력 순간 증가 → 이물질이 기도 밖으로 튀어나오듯 배출됨
주의사항	선채로 두드리지 X	• 선 채로 등 두드리지 X → 이물질이 더 아래로 내려가기 때문임
	구강섭취 X	• 물이나 음식을 먹이지 않음
	걷지 X	• 환자를 걷게 해서는 안됨. 이런 경우 이물질이 더 아래로 내려갈 수 있음
	손가락 X	• 의식이 있는 환자의 경우 이물질 제거를 위해서 입안에 손가락을 넣는 것은 위험함
	병원 방문	• 이물질이 제거된 후에도 기도 점막의 과민반응으로 인해 점액질이 과다분비되고, 기도 부종과 활력징후 이상이 나타날 수 있으므로 반드시 병원으로 이송해서 전문적인 검사를 받도록 함 • 특히 하임리히법을 사용했다면 이물질이 제거되었더라도 복부 장기 손상 위험이 있으므로 병원을 반드시 방문하도록 함

(2) 자세 및 위치

자세	① 환자의 등 뒤에 위치하여 실시한다. ② 두 다리는 어깨너비로 벌려 안정적인 자세를 취한다. ③ 한쪽 발은 환자의 발 뒤에 두어, 미끄러짐을 방지하고 균형을 유지한다. ④ 허리는 곧게 펴고, 무릎은 약간 굽혀 탄력 있게 자세를 유지한다.
손위치	① 한 손을 주먹 쥐고, 배꼽과 검상돌기(흉골 아래) 사이의 복부 정중앙에 댄다. ② 반대 손으로 주먹을 단단히 감싼다. ③ 팔꿈치를 곧게 펴고, 환자의 몸에 밀착시킨다.
압박방법	• 주먹을 쥔 손으로 복부를 후상방(뒤쪽 위 방향)으로 강하게, 빠르게 밀어 올림 • 5회 연속 시행하며, 이물질이 나올때까지 반복함

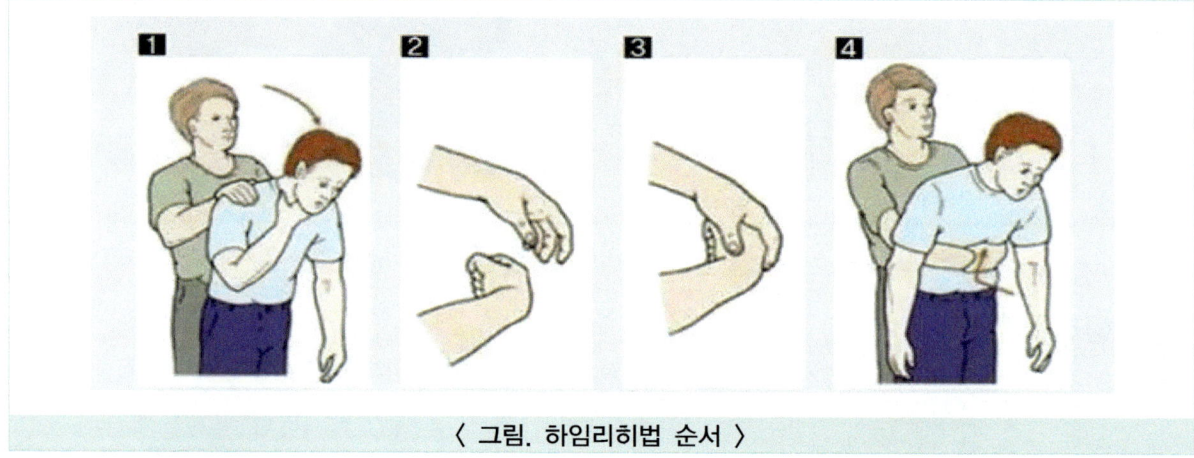

〈 그림. 하임리히법 순서 〉

자료원. 미국 국립보건정보센터, 메이요 클리닉

표. 하임리히법 4단계 절차 05 임용

1단계	기도폐쇄 여부 확인 및 도움 요청	• 대상자가 기침, 말하기, 호흡이 불가능한지 확인 • '촉킹사인(Choking sign)', 즉 한손 또는 양손으로 목을 감싸는 제스처가 있는지 관찰 • "기도가 막혔습니까?"라고 질문한 후, 119에 신고하거나 주변에 도움 요청
2단계	자세 취하기	• 환자의 뒤쪽으로 이동 • 환자가 서 있거나 앉은 자세에서 실시 • 자신의 한 다리를 환자의 두 다리 사이에 두어 지지 • 한 손으로 환자의 흉부 지지
3단계	복부 밀어올리기	• 주먹 쥔 손을 배꼽과 검상돌기 사이에 위치 • 반대 손으로 주먹을 감싸 쥐고 • 빠르고 강하게 후상방으로 밀어올리듯 압박 (5회 반복) • 이물질이 배출될 때까지 반복
4단계	이물 제거 여부 확인 및 후속 조치	• 이물질이 튀어나오는지 관찰 • 의식 소실 시 즉시 심폐소생술(CPR) 시작 • 이물 제거 후에도 호흡 곤란이 지속되면 즉시 병원 이송

Part 05 내과적 응급처치

① 아나필락시스 (아나필락시스 과민반응, 아나필락틱 쇼크, 아나필락시스 쇼크, 아나필락시스 반응)

24, 12, 11, 09 임용

1 정의

- 제 1형 즉시형 과민반응의 결과로 특정 알레르기원에 노출된후 IgE 항체가 생겨 항원-항체 반응으로 발생하는 염증반응과 쇼크반응

2 병태생리(기전)

- 수분내 저혈량, 전신 허탈 → 저혈압, 기관지 폐쇄 → 호흡곤란으로 사망할 수도 있음

1차 노출	• 알레르기원 노출 → IgE 항체 생성 → 비만세포와 호염기구 표면에 IgE 항체 부착		
2차 노출	• 알레르기원 두 번째 노출 → 비만세포 탈과립화 → 히스타민, 프로스타글란딘, 류코트리엔 화학 매개물질 방출 → 혈관확장, 모세혈관 투과성 증가 → 저혈량, 혈관허탈 → 순환계쇼크 → 점막부종 • 히스타민 등 화학매개물질 방출 → 기관지 평활근 수축 → 기관지 협착 → 기관지 폐쇄		
	히스타민	• 두드러기, 가려움, 콧물 등 두드러기 반응, 기관지 수축 등	
	프로스타글란딘	• 염증반응 등	
	류코트리엔	• 기관지수축, 기관지 협착, 점액분비 증가	

3 원인

- 50% 이상이 과거에 알레르기 질환(비염, 천식, 혈관부종 등)을 경험한 적이 있는 것으로 알려져 있음

식품	• 우유, 계란, 메밀, 땅콩 등의 견과류, 새우나 가재와 같은 갑각류, 생선, 우유, 달걀, 번데기 등
약물	• 페니실린, 비스테로이드성 소염 진통제(NSAIDs), 아스피린, 조영제, 백신 등
곤충독	• 벌에 쏘이거나 개미에 물림
꽃가루 등	• 집먼지진드기, 애완동물 털, 꽃가루, 곰팡이
흡연 등	• 흡연, 대기오염 등
환경	• 운동, 찬바람, 온도변화 및 라텍스 등
기타	• 화학제제 등

4 증상 12 임용

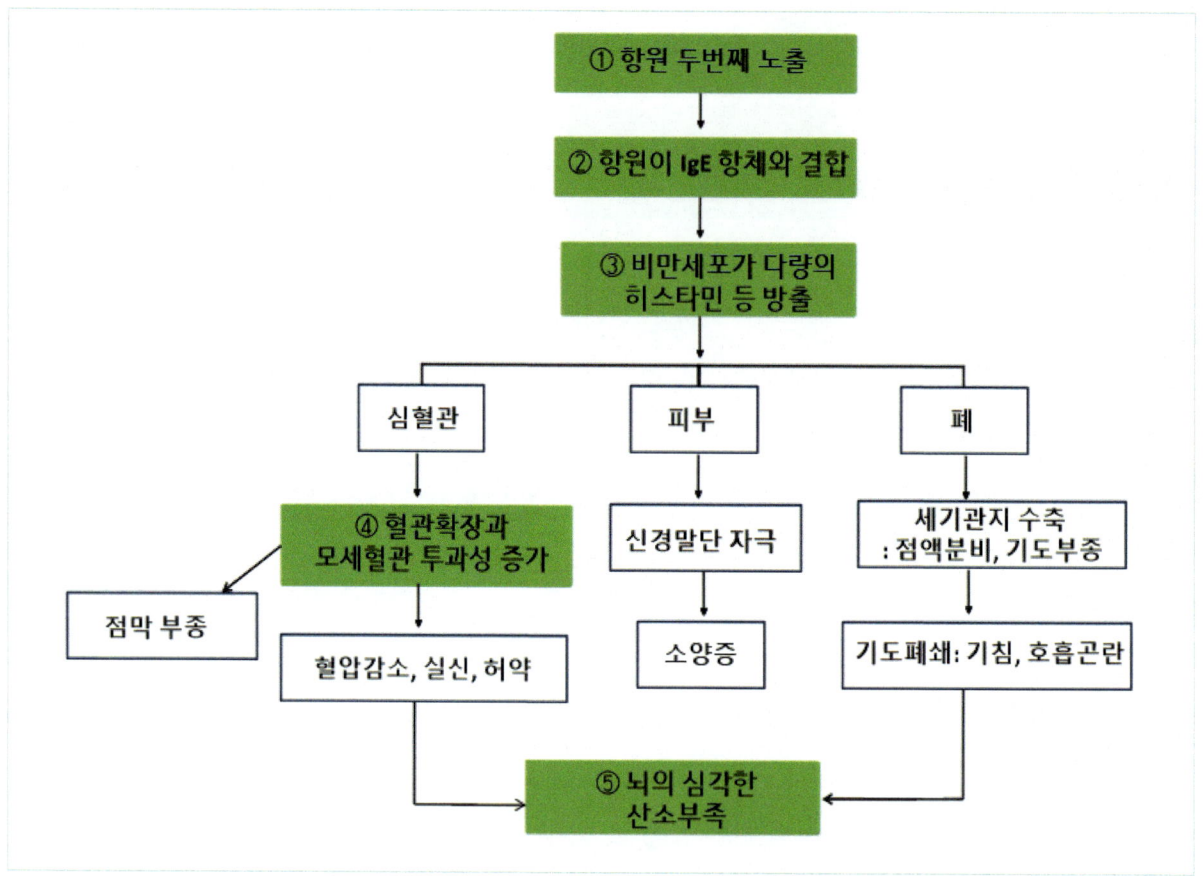

피부 (80~90%)	• 피부발진, 두드러기, 소양감, 팔다리 저린감, 화끈거림 • 부종 (특히 얼굴, 눈주위(안검), 입술, 혀 등이 부어오름) • 청색증
호흡기 (70%) 12 임용	• 코막힘, 콧물, 재채기 (초기) • 기침, 쉰목소리 • 천명음(쌕쌕거림), 협착음(그렁거림) • 후두부종으로 인두에 덩어리가 있는 느낌 • 호흡곤란, 가슴답답함
심혈관계 (45%)	• 저혈압, 약한 맥박, 부정맥 • 어지럼증, 실신 등
소화기 (45%)	• 오심, 구토, 복통, 설사
신경(10%) 및 기타	• 불안감, 죽을 것 같은 느낌(공황상태), 의식소실

표. 아나필락시스 판단기준

- 아래 3가지 항목 중 한 가지 항목에 해당되는 경우

① 갑자기 수분에서 수시간 이내에 피부 및 점막 증상(두드러기, 전신 소양감, 발진, 입술·혀·목젖·피부의 부종)과 아래 열거된 증상 중 한가지 이상 동반
   - 호흡관란, 저산소증, 저혈압, 심혈관 허탈, 장기부전증상(저혈압, 실신, 실금)
② 알레르기 유발 물질에 노출된 후 수분에서 수시간 이내에 아래 열거된 증상이나 징후 중 2가지 이상 발현
   - 피부나 점막 침범, 호흡부전, 저혈압 또는 관련 증상, 소화기통증, 소화기 통증 또는 구토
③ 알고 있는 알레르기 유발 물질에 노출된 후 저혈압 발생시

5 응급처치(행동요령)

① 원인제거, 중단	• 원인을 제거하거나 중단됨 → 벌침 제거, 피부에 남아있는 것은 비누로 씻어냄 • 옷을 느슨하게 함	
② 안정, 호흡확인	• 편평한 곳에 눕힘 • 5~10분 간격으로 의식 상태, 활력징후, 산소포화도 등을 평가함	
③ 119 신고, 도움 요청	• 빨리 119에 연락하고, 도움을 요청함	
④ 에피네프린 주사	• 자가주사용 에피네프린이 있으면 자가주사를 돕고 시간을 기록함	
⑤ 쇼크체위	자세	• 환자를 앙와위로 눕히고 다리를 15~30° 정도 올려 머리보다 다리를 높게 유지시키는 체위

	목적	• 순환 혈액량이 감소한 상황에서 중력의 도움을 받아 다리의 혈액을 중심부로 이동시켜, 뇌혈류와 심장 관류를 증가로 의식 저하나 실신을 예방하고, 혈압을 안정화시키기 위한 것임
		  • 뇌혈류 증가, 심장으로의 정맥 환류 증가 → 심박출량 유지
		    → 저혈압/실신 예방, 혈압 안정

⑥ 산소공급	• 산소가 있으면 마스크로 산소를 공급함	
⑦ 응급실로 이송	• 2차 반응을 예방하기 위해 응급실로 신속하게 이송함	

※ 119 신고, 에피네프린 투여, 쇼크 체위는 동시 수행

병원에서의 응급처치 09 임용

- 기관지경련 발작에 대비해 기도내 삽관을 준비함
- 에피네프린 주사

〈 학교 보건법 제 15조의 2 〉
① 학교의 장은 사전에 학부모의 동의와 전문의약품을 처방한 의사의 자문을 받아 보건교사 또는 순회 보건교사로 하여금 제1형 당뇨로 인한 저혈당쇼크 또는 아나필락시스 쇼크로 인하여 생명이 위급한 학생에게 투약행위 등 응급처치를 제공하게 할 수 있다.

6 약물투여

(1) 에피네프린 25, 12 임용

기전 (효과)	순환계	• 교감신경자극제로 혈관수축, 혈압상승
	호흡계	• 심근수축으로 심박동수 및 심박동 강도 증가 • 기관지 평활근 이완 → 기관지 확장, 기도 개방
즉시 투여		• 에피네프린을 소지하고 있는 학생이라면 과거 에피네프린 투여 시 증상을 확인하고 추후 증상 발생시 자가 투여할 수 있도록 자가투여법을 확인하고 격려함 • 에피네프린을 투여할 수 없는 상황이라면 최대한 빨리 에피네프린을 투여할 수 있는 의료기관으로 이송
투여상황		〈 다음 항목 중 1가지 항목이라도 해당될 경우 에피네프린을 투여함 〉 ① 수분에서 수시간 사이에 피부 증상과 함께 호흡기계 또는 심혈관계(저혈압) 증상 있음 ② 유발인자 노출 후 급작스럽게 피부-점막의 증상, 호흡기계 증상, 심혈관계 증상, 위장관계 증상 중 2가지 이상의 장기 증상이 있음 ③ 과거에 원인으로 진단된 알레르겐에 노출된 후 수분에서 수시간 경과 후 혈압저하가 발생한 경우
투여방법		• 대퇴부 바깥쪽(외측광근) 근육주사 (주사침이 튀어 나가도록 개발되어 옷 위에 주사해도 되는 근육주사)
투여용량		• 용량은 30kg이상이면 0.3mg, 15-30kg이면 0.15mg을 주사
보관		• 실온에서 보존(15-30℃)해야 하며 햇빛에 노출되면 안됨 • 유통기한을 확인하고 약물창을 통해 침전물이 없어야 하고, 변색이 되었을 경우 • 사용하면 안됨

표. 휴대용 에피네프린 대퇴부에 근육주사 이유

• 대퇴부는 저혈압 상태에서도 혈류량이 유지되고, 피하주사에 비해 작용이 빠르고, 오래 지속되며, 정맥주사보다 심혈관 합병증의 위험이 더 낮아 안전하기 때문임
• 쇼크가 진행될 경우 정맥혈관으로 에피네프린을 지속적으로 투여할 수 있음

〈 그림. 휴대용 에피네프린 (젝스트(에피펜)) 〉

표. 휴대용 에피네프린 투여(주사) 방법

- 사전에 학부모의 동의와 전문의약품을 처방한 의사의 자문을 받아 투여

① 노란색 (안전 팁) 제거	• 검은색 주입부을 아래로 향하게 주먹을 쥐듯이 한 손으로 잡고, 노란색(안전 팁)을 다른손으로 제거함 (엄지손가락으로 누르지 않음. 잘못하여 위아래가 바뀐 경우에는 주사 바늘에 찔릴 위험이 있음)
② 찌르기	• 주사 부위가 대퇴부 바깥쪽 부위에 가깝게 위치되도록 에피네프린을 잡고, 대퇴부 전외측(바깥쪽, 외측광근)으로 수직 방향으로 '딸깍' 소리가 날 때 까지 끝을 강하게 밀어서 넣기
③ 10초간 유지	• 딸깍 소리가 난 후부터 10초 동안 이 상태를 유지함 • 주사 부위를 약 10초 정도 마사지 함
④ 응급실 이동	• 에피네프린 주사 후 호전되었더라도 2차 반응이 올수 있으므로 반드시 응급실로 이동하여야 함

(2) 항히스타민제

기전(효과)	• 분비된 히스타민에 대한 조직의 반응 차단하기에 알레르기 반응의 초기 단계에 유용
주의	• 에피네피린 주사 후 투여 고려 12 임용

(3) 스테로이드제

기전(효과)	• 항염증 작용 • 심하거나 지연된 반응에 사용함 (후기반응)
주의	• 에피네피린 주사 후 투여 고려

② 저혈당 20, 16, 12, 11, 10, 97, 95 임용

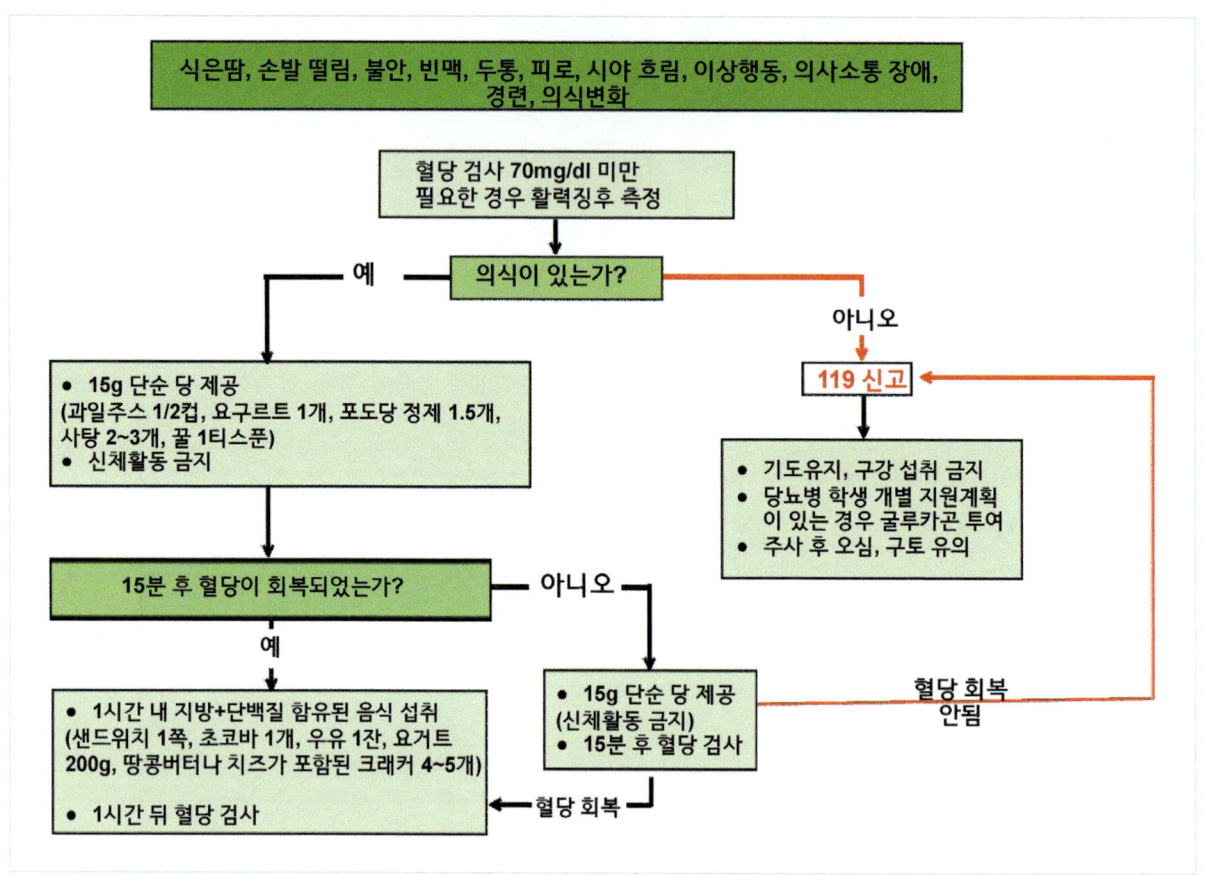

자료원. 대전광역시교육청. 한눈에 보는 응급처치 가이드. 2023

1 정의

- 혈당이 70 mg/dL 미만인 경우

혈당 (mg/dL) 범위	심한 인지장애	저혈당 대처	분류
54 ≤ 혈당 < 70 mg/dL	없음	스스로 가능	경증 저혈당
54 미만		스스로 가능	중등도 저혈당
개인마다 다름	있음	타인의 도움 필요	심한 저혈당

2 원인

① 과량의 인슐린 투여
② 처방된 양에 비해(인슐린 용량에 비해) 적은 양의 음식 섭취 (소량 음식섭취)
③ 인슐린 주사 후 식사나 간식 시간이 늦은 경우
④ 음식을 보충하지 않고, 과다한 운동을 한 경우 (평소보다 신체활동량이 늘어난 경우)

⑤ 저혈당 발생 위험이 있음에도 불구하고 저혈당 예방조치(추가 간식을 먹거나 인슐린 용량을 줄임)를 취하지 않은 경우
⑤ 오심, 구토로 인한 영양과 수분의 불균형이 있는 경우
⑥ 음주 등

3 증상

저혈당 단계	구분	증상
시작	자율신경계 증상	• 불안, 식은땀, 손과 발 떨림, 심계항진, 창백, 배고픔, 이상감각, 구토 등
진행	신경 저혈당 (뇌당결핍 증상, (신경당 결핍)	• 두통, 집중력 저하, 졸림, 판단력 저하, 피로, 정신이상, 느린말투, 흐린시야, 비정상적 행동, 혼돈 등
더 진행	심한 인지장애	• 경련, 의식소실, 혼수, 사망

4 응급처치 20, 16, 12, 11, 07, 05 임용

• 즉시 신체활동 금지, 즉시 혈당 측정, 저혈당 간식 투여

(1) 경미한 저혈당 (혈당 54~70mg/dl) – 의식 있는 경우

• 15g 단순당을 줌 → 15분 후 혈당체크 → 저혈당 시 15g 단순당 → 15분 후 혈당체크
※ 2~3회 저혈당 간식을 준 후에도 저혈당에서 회복되지 않으면 병원이송이 필요할 수도 있음

표. 15g 단순 당

• 과일쥬스 1/2컵, 요구르트 1개, 사탕 3~4개, 꿀 1티스푼 등

〈 부적절한 저혈당 간식 〉
• 우유, 아이스크림, 캐러멜, 초컬릿은 지방을 함유하기에 혈당을 천천히 올림

(2) 중등도(명백한) 저혈당 (혈당 54 미만) – 의식있는 경우

• 20~30g 단순당을 줌 → 15분 후 혈당체크 → 저혈당 시 20~30g 단순당 → 15분 후 혈당체크

표. 경증과 중등도에서의 저혈당 회복 후 처치

• 혈당이 정상으로 돌아오면 1시간 뒤 혈당검사를 함
• 1시간 이내에 식사가 예정되어 있다면, 추가 간식 없이 정해진 시간에 식사함
• 다음 식사까지 1시간 이상 남은 경우에는 저혈당 간식의 효과가 오래 지속되지 않으므로 우유나 샌드위치 같은 지방과 단백질이 포함된 음식을 섭취하여 혈당을 천천히 상승시키고 오래 유지하도록 함

(3) 심한 저혈당으로 의식이 없는 경우

① 의식이 없으면, 입으로 아무것도 먹이지 않음 (금식)

② 기도를 유지하고, 구토시 몸을 옆으로 돌려 눕힘 (측위)

> 〈 측위를 취하는 이유 〉 20 임용
> - 구강분비물의 흡인 예방
> - 혀로 의한 기도 폐색 예방 → 기도 유지

③ **글루카곤 투여** 20 임용

- 글루카곤은 보건교사가 투여함

기전(효과)	• 간의 글리코겐을 포도당으로 전환시켜 혈당을 올림
적용	• 심한 저혈당 증상이 있고, 의식이 없거나 입으로 음식을 먹을 수 없을 때 사용
주사용량	• 체중 25kg 미만 0.5mL, 25kg 이상 1mL
주사방법	• 근육주사 • 빠른 흡수를 위해 가장 큰 근육인 대퇴부 중간 또는 상완부 바깥쪽에 주사 (피하주사도 가능)
부작용	• 메스꺼움(오심), 구토
주의사항	• 의식이 회복될 때까지 옆으로 눕힌 자세를 유지(측위) → 글루카곤 주사투여로 메스꺼움(오심), 구토가 있을 수 있으므로 • 주사 후 남은 글루카곤은 재사용하지 않음 • 글루카곤 주사 후 의식이 돌아올때 저혈당이면, 구강으로 단순당 섭취 가능

┃ 표. 글루카곤 주사 ┃

- 흰색분말이 들어있는 유리병과 증류수가 들어 있는 주사기로 구성되어 있음
- 사용 전에 유통기간을 먼저 확인함

① 키트 열기, 증류수 섞기	• 유리병의 뚜껑을 제거한 뒤, 주사기의 바늘 뚜껑을 제거하고, 주사기 바늘을 유리병의 중앙에 수직으로 찔러 증류수 1 mL를 모두 밀어 넣기
② 분말녹이기	• 주사기 바늘을 꽂은 상태에서 병을 잡고, 흔들지 말고, 천천히 병을 돌려서, 모든 분말이 녹아 투명한 액체가 되도록 함
③ 용액 뽑기	• 분말이 모두 녹아 투명해지면 용액을 전부 뽑은 후 공기를 제거하며 주사용량 맞추기
④ 자세잡기	• 주사 후 구토 위험이 있어 몸을 옆으로 돌려 준비
⑤ 근육주사하기	• 글루카곤의 빠른 흡수를 위해서 가장 큰 근육인 대퇴부(허벅지)의 중간 또는 상완부 바깥쪽에 90°로 근육주사함

④ 의식이 없는 경우 119 신고(보호자 연락) 병원 이송하기

- 병원에서는 저혈당 치료로 50%포도당 20~50ml IV

5 평상시 저혈당 관리 09 임용

운동관리 (체육활동) 09 임용	• 운동을 하면 인슐린 흡수가 빨라지고, 혈당소비가 증가함 → 운동 전에 충분한 수분 보충과 저혈당 간식 미리 준비, 혈당 측정 • 운동 중간 30분 마다 혈당 체크를 권장 • 저혈당 의심시 휴식을 취하면서 혈당 체크
	• 체육활동 전/중/후 필요한 간식을 준비함 • 활동 전, 활동 중, 활동 후에 혈당을 스스로 측정함 • 혈당에 따라 적절한 조치를 수행함 • 상황을 고려하여 인슐린 용량을 변경함

〈 당뇨병 학생이 신체활동 시 고려하는 사항 〉
- 인슐린을 마지막으로 투여한 시간은 언제인가?
- 어떤 종류의 운동을 할 것인가?
- 운동을 시작하는 시점과 얼마나 오래할 것인가?
- 마지막 음식물 섭취 시간은 언제인가?
- 현재 혈당 수치는 얼마인가?

〈 참고! 혈당측정 〉

혈당 측정방법	
① 혈당을 측정하기 전에 따뜻한 물로 손을 씻거나 알코올솜으로 소독한 후 저절로 물기가 마르도록 기다림 ② 채혈기(채혈침 디바이스)에 채혈침(란셋)을 끼우고 바늘 깊이를 조정함 ③ 손에 물기가 마른 것을 확인한 후 혈당시험지(혈당스트립)를 혈당측정기에 끼우면 자동으로 켜짐 ④ 채혈기로 손가락 끝 가장자리를 채혈한 후 혈액이 충분히 나오도록 손가락을 부드럽게 눌러줌 ⑤ 혈당시험지에 혈액을 묻힌 후 결과가 나올 때까지 기다림 ⑥ 기록지에 혈당 결과를 기록함	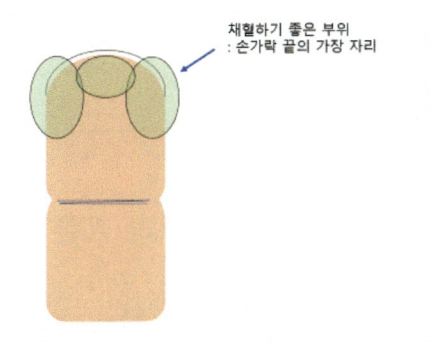 채혈하기 좋은 부위 : 손가락 끝의 가장 자리 ※ 혈당시험지통 안쪽은 습기가 없어야 함 손이 완전히 마른 상태에서 통에서 혈당시험지를 꺼내야 함

3 고혈당 (당뇨병성 케톤산증) 25, 09 임용

1 고혈당 원인 및 증상

(1) 고혈당 정의
- 목표 혈당 범위보다 높거나 180mg/dl를 넘는 경우를 말하며, 250mg/dl 이상이 혈당은 보통 너무 높다고 간주함

(2) 원인 09 임용

① 충분한 인슐린을 투여하지 않거나 적은 양을 투약시
② 너무 많은 양의 음식섭취
③ 질병, 감염 → 인슐린 요구량 증가
④ 정신적, 신체적 스트레스 → 인슐린 요구량 증가
⑤ 평소보다 활동량이 적은 경우 등

(3) 증상
- 수 시간에 걸쳐 증상이 나타남

경증~중등도 고혈당	• 갈증, 입이 마름, 소변량 증가, 식욕 감퇴, 시야 흐림, 피로 등
심한 고혈당	• 빠르고 힘든 호흡, 달콤한 과일향이 나는 호흡, 복통과 구토/설사, 극심한 갈증, 메스꺼움, 의식저하 증상 등

2 당뇨병성 케톤산증과 케톤

(1) 당뇨병성 케톤산증 원인
- 심각한 인슐린 부족(결핍)으로 발생함 (주로 1형 당뇨병)

① 질병, 감염 등 (특히 열성질환, 설사나 구토 동반 질환) → 인슐린 요구량 증가
② 급성 스트레스 → 인슐린 요구량 증가
③ 인슐린 주사를 맞지 않았을 때
④ 인슐린 항체로 인슐린에 저항이 생긴 경우
⑤ 인슐린펌프 또는 주입 세트 오작동

(2) 당뇨병성 케톤산증 발생기전

인슐린 심각한 부족 → 고혈당으로 세포 에너지 부족 → 지방 분해하여 에너지원 사용 → 지방 분해산물 케톤체 형성 → 축적된 케톤은 소변과 폐로 케톤체 배출 (소변검사를 통해 케톤 확인)

(3) 당뇨병성 케톤산증 확인(증상) 17 임용

① 쇼변검사를 통한 케톤 확인
② 호흡시 쿠스말 호흡(호흡 깊이, 호흡횟수 증가), 과일냄새, 아세톤 냄새
③ 소변량 증가로 탈수 및 심한 갈증, 오심, 구토, 심한 복통, 졸음, 무기력증 등 의식저하

(4) 케톤 측정 25 임용

① 케톤 측정해야 하는 상황

① 운동 전 혈당이 250 mg/dL 이상인 경우
② 혈당이 250 mg/dL 이상인 것을 인지 후 2시간 이상 지속되는 경우
③ 몸이 아플 때 (신체적 질병에 이환되어 있는 경우)
④ 복통, 오심, 구토 등의 인슐린 결핍 증상이 있을 때
⑤ 호흡이 빠르거나 숨이 찰 때

② 소변 케톤 측정과 결과 조치

㉠ 소변 케톤 측정법
- 시험지에 소변을 묻힌 뒤 1분 후 색상 대조표와 비교함
- 색상이 분홍색(1+), 연보라색(2+), 보라색(3+)으로 변하면 케톤이 나오는 것으로 해석함

㉡ 소변 케톤 결과 해석 및 조치
- 비타민C를 섭취하거나 케톤시험지의 유효기간이 지난 경우에는 케톤이 신체에 있더라도 마치 없는 것처럼 나옴

케톤 1+ 이상	인슐린 주사가 필요하며, 보호자에게 연락함
케톤 3+ 이상	3+ 이상은 즉시 응급실로 가야함 → 당뇨병성 케톤산증 의심

③ 혈액 케톤 측정법과 조치

㉠ 혈액 케톤 측정법
- 혈액케톤 측정기에 케톤스트립을 꽂은 다음 혈당측정과 동일한 방법으로 채혈하여 케톤스트립에 혈액을 묻힌 후 결과가 나올때까지 기다림

㉡ 혈액 케톤 결과 해석 및 조치

양성 (0.6)	• 0.6 (mmol/L) 이상이면 양성 • 인슐린 추가 주사가 필요하며, 보호자에게 연락함
3.0 이상	• 3.0 (mmol/L) 이상은 즉시 응급실로 가야함

3 고혈당 응급처치

(1) 무증상 또는 경한 증상의 고혈당 처치 25 임용

① 혈당검사	• 혈당검사를 시행함 • 혈당이 목표 혈당 범위까지 떨어지는지 2시간마다 확인
② 케톤검사	• 혈당이 250 mg/dL 이상인 경우 혈액 또는 소변으로 케톤 검사를 하도록 함
③ 인슐린 투여	• 케톤 양성(1+)이상시 인슐린 투여
④ 수분섭취	• 혈당상승으로 소변량 증가로, 탈수 위험있기에 충분한 수분섭취
⑤ 보호자 연락	• 소변이나 혈액검사 결과 케톤 양성(+1) 이상시 보호자 연락
⑥ 운동금지 (신체활동 제한) 25 임용	• 혈당조절이 되지 않은 상태서 운동시 글리코겐이 포도당으로 전환되어 혈당이 상승되므로, 신체활동(운동) 제한함

(2) 심한 고혈당 처치

① 고혈당 확인	• 빠르고 힘든 호흡, 달콤한 과일향이 나는 호흡, 복통과 구토/설사, 극심한 갈증, 메스꺼움, 의식저하 증상시 119 연락 • 심한 고혈당시 119 연락
② 케톤검사	• 케톤 양성(3+)이상시 119 연락, 보호자 연락

표. 당뇨 허니문 기간(honeymoon period) 25 임용

항목	내용
정의	• 제1형 당뇨병에서 인슐린 치료 시작 후 일시적으로 혈당이 안정되고 인슐린 요구량이 줄어드는 기간 → 인슐린 의존형 당뇨에서 인슐린 요법을 시행하고 나서 한동안 췌장이 정상적인 상태로 돌아오는 기간으로 인슐린 요구량이 줄고, 혈당도 정상 또는 거의 정상에 가까운 혈당치가 유지되어 당뇨가 호전되는 것처럼 보이는 기간임
대상	• 주로 소아청소년 제1형 당뇨병(인슐린 의존형) 환자
기전	• 췌장의 남아 있는 베타세포가 일시적으로 기능을 회복하여 자가 인슐린을 분비함 → 췌장의 랑게르한스섬의 베타세포가 완전히 파괴되기 전에 남아있는 베타세포가 일시적으로 혈당을 정상 또는 정상에 가까운 혈당치로 유지시키기 때문임
혈당 변화	• 혈당이 정상 또는 정상에 가까운 수준으로 유지되며, 당뇨병이 호전된 것처럼 보일 수 있음
지속 기간	• 수주에서 수개월 정도로 개인차가 있으며, 영구적인 회복은 아님
주의사항	• 베타세포는 점차 소멸되며, 결국 인슐린이 다시 필수적으로 필요해짐

4 과다환기증후군 (과호흡)

1 정의

- 어떠한 이유에서든 과도한 호흡으로 인해 이산화탄소가 과다하게 배출되어, 발생하는 질환을 의미함 → 동맥혈의 CO2 농도가 급감($PaCO$ 정상: 35-45mmHg)

2 원인

정신적 스트레스	정신적 스트레스가 주원인이며, 불안, 흥분, 긴장 등
신체적 원인	폐질환, 심장질환, 저산소증, 대사성 산증, 발열, 패혈증 등
약물	아스피린과 같은 계열의 소염진통제, 베타 항진제 등

3 증상

호흡량 증가		호흡의 욕구가 증가되어 호흡량이 과도하게 증가
어지럼증, 실신 등		수 분 이내 호흡이 빨라지고 어지러움, 시력장애, 의식저하, 심하면 실신함
전해질 불균형		전해질 불균형으로 어지러움, 팔 다리 감각 이상, 손발 경련, 근력 저하, 마비되는 느낌
알칼리증	심장	• 혈액이 점점 알칼리화되어 심박동이 불규칙해지는 부정맥 발생, 심장 • 혈관 수축으로 심근 허혈증상(흉통) 발생
	뇌	알칼리증에 대한 뇌혈관 수축으로 어지러움, 시각 이상, 실신, 경련 등이 나타남

4 응급처치

원인 확인	최근 불안증, 질환, 약물 과다 복용 유무 등을 확인함
안정	• 심신을 안정시킴 • 몸을 조일수 있는 물건 제거 • 편한한 체위를 취하도록 도움
심호흡	천천히 깊게 심호흡을 하도록 유도함
산소공급	• 지속적으로 산소포화도가 90% 이하인 경우 안면 마스크를 이용하여 6~10L/min 이상의 산소를 공급함 (필요시 산소공급) • 비닐봉지나 종이봉투를 이용한 재호흡 금기 비닐봉지나 종이봉투를 이용한 재호흡 요법은 이산화탄소 증가보다는 혈중 산소분압의 감소가 더 심하게 나타나므로 사용하지 않음
119 이송	호전되지 않으면 119를 이용해 병원으로 신속히 이송한다.

5 실신 07, 96 임용

1 정의

- 뇌혈류 저하로 의해 갑작스럽게 의식소실이 발생하여 똑바로 서 있지 못하는 경우임
- 일반적으로 혈액 공급이 회복되면 의식이 즉시 돌아옴 (수십초 이내)

> - 뇌혈류의 감소로 갑작스럽게 의식을 잃고 쓰러지지만 특별한 조치 없이 짧은 시간내 (수십초) 의식을 다시 회복하는 것임

2 종류와 원인

반사성 실신	미주신경성 실신 (가장 흔함)		• 공포, 통증, 스트레스 등
	경동맥동 실신 (경동맥 팽대)		• 목이 쪼이는 옷 등
	상황 실신	기침 실신	• 호흡기 질환 등으로 반복적으로 센 기침을 계속하는 경우
		배뇨 실신	• 방광에 소변이 가득차면 반사적으로 혈관수축이 되다, 소변 배출 시 혈관이 이완되어 혈압 떨어져 발생
		발살바 실신	• 대변시 힘주기, 무거운 물건 들기, 역도 등 계속 숨을 참고 힘을 주는 경우 부교감신경계가 과도하게 활성되어 발생 → 맥박, 혈압 감소)
기립저혈압 실신	정의, 진단		• 기립성 저혈압은 앉거나 누워 있는 상태에서 일어난 후(기립) 3분 이내에 • 수축기 혈압이 20mmHg 이상 감소하거나, 이완기 혈압이 10mmHg 이상 감소하는 혈압 조절 이상 상태임
	원인		• 고령, 당뇨병 등으로 인한 자율신경 이상, 탈수, 항고혈압제 복용, 심혈관 질환 등
심장성 실신	심장 부정맥		• 심한 대동맥판 협착증, 부정맥, 허혈성 심장 질환 등
	심장의 구조적 문제		

3 미주신경 실신

기전	• 감정적 스트레스 상황(불안, 긴장, 과도한 스트레스, 히스테리 등)에 대한 자율신경계 반응의 불균형으로 발생하며, 교감신경계의 활성화 후 과도한 부교감신경계의 보상작용으로 발생함
원인	• 공포, 불안, 긴장, 스트레스 등 〈 학교에서의 흔한 상황 〉 • 주사제 공포, 사고 후 출혈을 볼 때, 시험, 발표 등 • 다이어트 중인 여학생 흔함

특징	• 오심, 두통, 발한, 하품, 흐릿한 시야, 심한 피로감, 온몸에서 힘이 빠짐, 복부 불편감 등의 전구 증상이 나타나며, 실신은 바닥에 쓰러진 후 수십 초 내에 의식이 회복됨
증상	저혈압 / 서맥 • 교감신경계의 활성화 후 과도한 부교감신경계의 보상작용으로 일어남
	의식소실 • 바닥에 쓰러진 후 수십초 이내에 의식 회복됨

4 미주신경성 실신 응급처치 07, 96 임용

• 미주신경성 실신은 특별한 처치를 하지 않아도 의식이 회복됨

기도유지	• 기도가 막히지 않도록 옆으로 눕힘
쇼크 자세	• 앙아위로 눕힌 후 다리를 15~30도 상승
순환증진	• 조이는 옷은 느슨하게 함 • 머리는 따뜻하게 손발은 차게 함 • 필요시 산소공급 등
손상예방	• 쓰러지면서 외상 동반될 수 있으므로 전반적인 상태 확인
금식	• 의식 회복시까지 금식함
병력확인	① 실신 전의 자세 및 활동 상태 • 장시간 서 있는 경우, 갑작스러운 자세 변화, 배변, 기침, 운동 전후 등
	② 전구증상 • 오심, 구토, 복통, 발한, 어지럼증, 흐린 시야 등
	③ 관련 유발요인 • 복용한 약물, 사회·심리적 이전 사건이나 활동(스트레스 등), 월경력, 증상 이전 섭취한 음식이나 약물
	④ 관련 병력 • 심장질환, 정신질환, 뇌졸중, 알레르기력, 위장관 출혈, 당뇨병, 알코올 중독 등
	⑤ 과거력 • 실신 관련 과거력
	⑥ 동반증상 • 동반 증상을 확인함
응급이송	• 즉각적인 의식회복이 없거나 신경계 이상 증상이 있는 경우에 119 부르고, 응급이송함

5 미주신경성 실신 예방

① 실신을 유발하는 상황이 무엇인지 확인하고, 해당 상황을 피하기 위해 노력하기
② 전구증상이 나타나면 즉시 눕거나, 머리를 무릎 사이에 끼워서 머리로 가는 혈액순환 증가시키기
③ 운동을 통해 근육량을 늘리고, 심폐기능을 향상시킴

6 경련 (발작, seizure) 13, 02 임용

1 정의
- 뇌의 비정상적인 전기 활동으로 인해 일시적인 의식소실, 전신 혹은 부분적 근육경련, 운동장애, 감각이상, 행동이상 등의 증상이 나타나는 것임

2 종류 및 증상

종류	증상
대발작 (전신 긴장성-간대성 발작)	• 의식을 잃고 바닥에 쓰러지는 유형임 (의식소실) • 근육의 일시적 수축 또는 율동성 수축 (또는 두가지 동시) • 간혹 대변이나 소변을 볼 수도 있음 • 전형적으로는 발작이 1분 이하로 진행됨 • 의식이 돌아온 후 졸음증이나 정신 착란이 나타남 이때 근육통이나 두통을 호소하기도 함
소발작	• 아주 짧은 시간 동안 의식을 잃는 유형으로 일반적으로 자세의 변화가 없음 • 수 초간 멍하니 응시하거나, 빠르게 눈을 깜빡이기도 함 • 대개 아동기나 사춘기 초반에 시작함
간질 지속증	• 발작이 20분 넘게 지속되거나, 의식이 완전히 회복되지 않은 채 발작이 계속 반복되는 유형으로, 생명이 위급한 응급 상황에 해당됨
열성경련	• 아동기에는 발열로 인한 열성경련이 흔함

- 기타 뇌졸중, 두부외상에 의한 뇌손상, 뇌수막염, 대사이상 등에 의해서도 발생

표. 주관적 증상 및 객관적 증상

주관적 증상	• 전조증상(감각이상, 가슴 답답함, 공포감, 환청, 환시, 환각, 기시감, 미시감), 발작 후 졸음이나 근육통, 두통 호소
객관적 증상	• 의식수준 저하, 비정상적인 활력징후, 근육의 일시적 또는 율동적 경련, 대변이나 소변을 보기도 함, 저혈당, 호흡장애 증상(낮은 산소포화도, 청색증, 무호흡 등)

3 경련(발작)의 양상 사정

구분	사정방법
전조증상 유발요인	• 월경, 배변의 변화, 호르몬 치료 여부, 복용 중인 약의 변화 혹은 미복용, 마지막 복용 시간 등 • 불규칙한 수면양상, 수면부족, 수면장애 등 • 불충분한 식이, 영양부족, 특별히 섭취한 음식 • 과도한 운동 혹은 과호흡 여부 • 음주 혹은 다른 약물복용 여부 • 감정적인 스트레스, 걱정, 흥분 등 • 감각의 변화: 청력 변화, 번쩍이는 불빛, 눈부심 등 • 기타 질환 혹은 감염
발작동안 양상	• 의식수준 변화 여부 • 의사소통 여부 • 기억, 감정, 인식 변화 여부 • 감각 변화: 청력, 시선 변화, 눈 깜빡임, 침흘림, 비틀림 • 근육 강도변화: 몸의 강직 • 몸의 움직임: 경련, 비틀림, 움직일수 없음, 넘어짐 등 • 자동적이거나 반복적인 움직임: 반족적인 입술 깨물기, 씹기, 삼키기, 문지르기, 손가락 혹은 발로 두드리기, 옷에 문지르기 • 걸어다니거나 배회하거나 뛰는 동작 • 피부색의 변화, 발한, 호흡여부 등 • 요실금 혹은 변실금
발작후 증상	• 소리나 접촉에 대한 반응 • 지남력 확인 • 발작에 대한 기억 여부 • 의사소통 능력 정도 • 무딘 감각 혹은 허약감 여부 • 감각의 변화 여부 • 피곤, 졸음 등
지속시간	• 전조증상의 지속시간 • 발작 지속시간 • 회복단계에서 지속시간 • 완전히 회복된 시간

4 경련(발작)시 응급처치 13, 02 기출

기도유지		• 기도유지와 적절한 호흡을 위해 의복은 느슨히 풀어줌
		  → 옷의 단추, 넥타이, 허리띠 등을 풀어줌
		• 기도유지기를 이용할 수 있으나 구토여부를 확인 후 삽입
		  → 구역반사를 유발

측위	흡인예방	• 구강분비물의 흡인 예방 → 침이나 구토물 등 구강분비물이 흡인되지 않도록 함 • 혀에 의한 기도 폐색 예방
	기도유지	• 혀로 인한 기도 폐색 예방 → 혀가 뒤로 말려들어가 기도를 막을 수 있으므로 혀로 인한 기도 폐색 예방
머리에 쿠션		• 머리에 쿠션을 대어 발작 중 발생할 수 있는 부상, 특히 두부 손상을 예방함
위험한 물건 제거		• 주변의 위험 물질을 제거함 → 단단한 물건 또는 날카롭거나 위험한 물건은 치우기
금식		• 경련이 진행 중인 경우 입으로 아무것도 공급하지 않음
입안에 물건 X		• 발작 시에 입안(치아) 사이에 어떤것도 넣지 않기 (음식, 물, 설압자 등) → 질식 위험, 혀 상처, 기도 폐쇄
발작 제지 X		• 일단 발작이 시작되면 자연적으로 발작이 멎을 때까지 가만히 두며 옆에서 지켜봄 (주무르지 않기, 압박하지 않기) → 환자를 움직이지 못하게 억지로 누를 경우, 팔, 다리, 뼈, 근육 등이 다칠 수 있음
산소공급		• 저산소증인 경우 필요 시 산소공급
병원 이송(119)		• 발작이 5분 이상 지속 시, 최초 발작, 손상 있을 시 병원 이송

5 발작 후 처치

침상안정	• 발작 후 졸음이 오므로 침상안정하도록 함
의식상태 확인	• 경련이 끝나더라도 반복적으로 의식상태를 확인함 → 의식이 회복되지 않는 경우는 비 발작성 경련이 지속되는 것일 수 있음
신체상태 확인	• 발작 후 치아가 부러졌거나, 혀를 깨물지 않았는지 확인함

표. 학생 지도사항

- 평소 경련 증상이 있는 학생은 교실 자리 배치 시 맨 뒤에 앉히지 않음
  → 넘어져 뇌 손상 우려
- 평소 보건교육을 통해 낙인이나 수치심 등을 갖지 않도록 지도함

표. 열성경련

- 발열로 인한 단순경련(5분 미만의 1회성 발작)으로 판단되는 경우는 특별한 진단검사는 하지 않음
- 5분 이상 발작이 지속되거나 15초 이상 숨을 안쉬는 경우는 응급실 방문

표. 실신과 발작의 구분

종류	실신	발작
의식소실 전 증상	• 발한, 오심, 청각과 시각 기능 저하, 흉통, 쓰러질 것 같은 느낌(앞에 흐려지는 증상)	• 기시감, 미시감, 환시 등
	• 주로 서 있는 자세에서 발생	• 자세와 관계없이 발생
의식소실 중 증상	• 경련의 움직임은 거의 없으나 간대성 근경련이 있을 수 있음	• 머리 회전, 간대경련, 전신 경련, 혀 깨무는 증상
	• 앙아위에서 의식 바로 회복됨	• 의식소실 증상이 수분 이상 지속될 수 있음
	• 서맥, 저혈압, 창백	• 빈맥
의식소실 후 증상	• 혼돈 증상 거의 없음	• 혼돈 증상이 잇거나 상황을 기억하지 못함 • 심한 두통이나 근육통

7 내부출혈

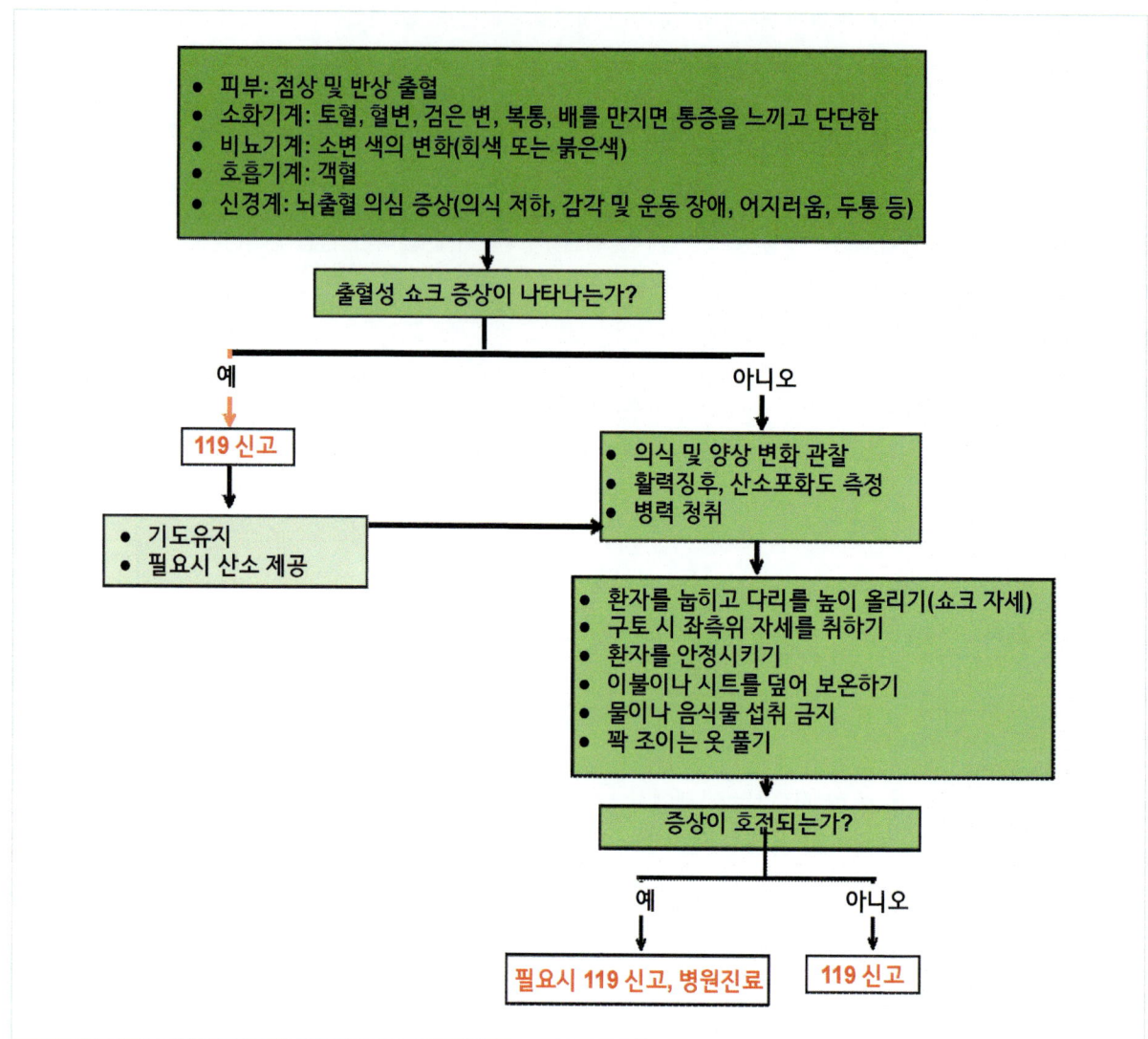

자료원. 대전광역시교육청. 한눈에 보는 응급처치 가이드. 2023

표. 출혈성 쇼크 증상

- 의식 소실 또는 앉거나 일어설 때 심한 어지럼증이 나타남
- 호흡과 맥박이 빨라짐
- 피부가 창백해지고 체온이 떨어짐
- 갈증 호소, 불안

8 열손상 24, 12, 11, 94, 93 임용

1 열성 경련(Heat Cramp) 12, 11, 94, 93 임용

정의 (원인)		• 고온 환경시 땀을 많이 흘릴 경우(지나친 발한으로) 염분과 수분소실로 전해질 불균형이 생겨 근육경련이 발생하는 질환 (가장 경미) • 특히 더운 환경에서 강한 노동이나 운동으로 발생
증상		• 근육경련 (팔, 다리, 복부 등), 경련부위 통증 〈 근육경련 발생 원인 〉 • 과도한 발한으로 인한 나트륨 손실
발한		• 심함
의식수준		• 의식 명료(정상)
활력 징후	중심체온	• 정상
	호흡	• 다양
	맥박	• 정상 혹은 통증으로 인한 일시적 빈맥
	혈압	• 정상 혹은 약간의 저혈압
피부		• 발한으로 축축함
응급처치	시원한 장소, 안정(휴식)	• 환자를 시원한 장소로 옮겨 휴식(안정)을 취함 → 고온으로부터 빨리 이동
	염분함유 음료	• 나트륨 포함된 이온음료로 수분 보충함 (0.1% 식염수 섭취)
	근육마사지	• 경련이 일어난 근육 마사지 함 (근육스트레칭도 도움됨) 경련이 멈추었다고 해서 바로 다시 일을 시작하지 말고, 근육 부위를 마사지하고 충분한 휴식을 취해야 함

2 열성 피로(Heat Exhaustion, 열성 탈진, 일사병) 12, 11, 04, 92 임용

정의 (원인)	<ul><li>고온환경에 오랫동안 땀을 많이 흘려(심한 발한) 수분과 염분이 적절히 공급되지 못하는 경우 발생</li><li>많은 수분소실(탈수)로 인한 경미한 저혈량성 쇼크가 발생함</li></ul><blockquote>고온 노출에 따른 심한 발한으로 수분, 염분의 소실로 탈수, 심박출량 감소. 심한 경우 쇼크</blockquote><ul><li>가장 흔한 열질환임</li><li>수분이 보충되지 않으면 열사병으로 진행할 수 있음 (열사병 직전단계)</li></ul>
증상	<ul><li>과도한 발한, 심한 갈증</li><li>어지럼증, 두통, 무력감, 전신쇠약, 피로</li><li>근육경련</li><li>오심 또는 구토</li></ul>
발한	• 심함
의식수준	• 의식 명료(정상)
활력징후	중심체온	• 체온은 크게 상승하지 않음(정상 또는 ≤40℃)
	호흡	• 빠르고 약함
	맥박	• 빈맥
	혈압	• 저혈압
피부	• 피부는 차고 축축함
응급처치	시원한 장소, 안정(휴식)	• 환자를 시원한 장소하고 공기가 잘 통하는 곳으로 옮겨 휴식(안정)을 취함 → 고온으로부터 빨리 이동)
	염분 함유 음료	• 나트륨 포함된 이온음료로 수분 보충함 (1~2L 생리식염수 공급)
	옷 느슨	• 꽉끼는 의복은 느슨하게 해줌, 의복 제거
	쇼크 체위	• 다리 상승하는 쇼크 체위 취함
	의료기관 방문	• 증상이 1시간 이상 지속되거나 회복되지 않을 경우, 의식소실이 동반되는 경우 의료기관 방문

3 열사병 24, 12, 11, 94 임용

정의 (원인)	• 뇌의 시상하부의 체온조절중추의 이상으로 고열로 인해 급히 치료해야하는 긴급한 질환임(응급상태) • 노인, 만성질환자, 아동에게 발생
증상	• 발한 없는 고체온(40℃ 이상)이 특징임 • 실신, 쇼크 • 발작, 신경학적 이상 증상 등
발한	• 없음
의식수준	• 혼수 또는 경련 (의식저하) 〈 열사병이 의식장애가 일어나는 이유 〉 24 임용 • 뇌의 시상하부 체온조절중추 기능장애로 전신의 발한이 정지되어 과열에 의한 세포 손상, 의식장애를 초래함
활력 징후 — 중심체온	• 고체온(40℃ 이상) • 42℃ 이상시 사망
활력 징후 — 호흡	• 빈호흡(주로) 이후 약해짐
활력 징후 — 맥박	• 빈맥(주로) 이후 서맥
활력 징후 — 혈압	• 저혈압
피부	• 뜨겁고 건조한 피부(붉은 피부)
저혈당	• 열사병일 경우 기초대사 증가로 저혈당 발생

표. 열사병 응급처치

119 신고	• 119로 즉시 신고함
기도 유지	• 기도 개방성 확인, 경동맥 맥박 유지 등
구강섭취 X	• 의식저하가 있으므로 구강으로 수분섭취 등 금지
시원한 장소, 안정(휴식)	• 환자를 시원한 장소하고 공기가 잘 통하는 곳으로 옮겨 휴식(안정)을 취함 (고온으로부터 빨리 이동)
옷 느슨	• 옷 느슨하게 함
빠른 체온하강 — 미온수 뿌리거나 닦기	• 미온수를 적신 스펀지로 몸을 닦음 • 미온수를 몸에 뿌리기 〈 미온수 사용 이유 〉 • 얼음물은 혈관 수축시켜 열반산 방해
빠른 체온하강 — 부채나 선풍기	• 부채나 선풍기 쐬기 • 미온수로 물을 뿌린 후 부채나 선풍기 등 바람 쐬기 (가장 효과적)

얼음주머니 적용	⟨ 얼음주머니 적용 방법 ⟩		
	부위	• 큰 혈관이 지나가는 목, 겨드랑이, 사타구니에 적용	
	직접 접촉 X	• 수건을 싸서 사용하고, 얼음주머니를 직접 피부 접촉하지 않기	
	짧은 시간	• 장시간 사용하지 않고, 10~15분 간격으로 확인하여 사용	
	자제	• 의식저하, 오한이 있으면 얼음주머니는 사용 자제	
해열제 X	• 체온조절중추 기능상실로 해열제 투여해도 효과가 없음		

┃ 표. 대류, 증발, 전도를 이용한 열 손실 ┃

대류	• 신체를 지나는 기류로의 열손실 • 선풍기, 부채질 하기
전도	• 신체의 표면과 차가운 물체간의 직접접촉으로 인한 열손실 • 냉찜질 • 피부에 차갑고 젖은 수건 대기
증발	• 액체가 기화되는 현상 • 미온수로 적신 스펀지로 몸을 문지름

⟨ 참고! 열실신(Heat Syncope) ⟩

정의	• 체온이 높아지면 말초혈관 확장으로 저혈압으로 일시적 뇌혈류량 감소로 의식을 잃는 경우임
주요증상	• 실신(일시적 의식소실) • 어지럼증
특징	• 짧은 시간 실신, 대게 후유증 없이 회복함
응급조치	• 시원한 장소로 옮겨 평평한 곳에 눕힘 • 안정 및 휴식을 취함 • 다리를 머리보다 높은 곳에 위치함 → 뇌로 가는 혈류 증가로 의식회복 위해 • 조이는 옷을 느슨하게 풀어줌 • 의식 돌아올 때 까지 금식 • 의식이 1~2분 이상 돌아오지 않을 경우 119 호출 및 병원 이송

9 한랭손상 24, 94 임용

1 저체온증 24 임용

정의		· 중심체온(심부체온)이 35℃ 이하로 떨어진 상태
원인		· 추운환경 노출, 젖은 옷 등 · 고령자 : 자율신경계 이상, 혈관의 방어기전 저하 · 내적 요인 : 외상에 의한 뇌신경계 기능 저하로 열 조절능력의 장애 · 외적 요인 : 과다출혈에 의한 쇼크시
증상	32~35℃ (경도)	· 오한(심한 떨림), 빈맥, 과호흡, 혈압 증가, 신체기능 저하, 판단력 저하와 건망증 등, 말을 정확히 할 수 없고, 걸을 때 비틀거림
	28~32℃ (중등도)	· 오한이 소실되고 온몸의 근육이 경직됨 · 극도의 피로감, 건망증, 기억 상실, 의식 장애, 서맥, 부정맥 등이 나타남
	28℃ 이하 (중증)	· 의식소실, 혼수, 반사 기능이 소실되고, 호흡 부전, 부종, 폐출혈, 저혈압, 혼수, 심실세동 등 · 이 체온이 지속될 경우 사망에 이름
응급 조치	따뜻한 장소	· 따뜻한 장소로 옮겨 담요로 담요나 이불로 몸을 감싸고 안정을 도움
	안정	
	물리적 자극 제거	· 젖은 물건, 꼭 조이는 의복 등 얼어있는 조직의 혈액순환을 저해하는 물리적 자극을 제거함
	감염 예방	· 감염 예방을 위해 수포를 터트리지 않고, 건조하고 소독된 거즈로 느슨하게 드레싱함
	마사지 X	〈 마사지 금기 이유 〉 · 조직 손상 및 괴사 촉진 · 세포 손상 및 파괴 · 혈관 손상 및 출혈 · 감각둔화로 통증 인식 어려워 심하게 자극시 상처입을 수 있음
	갑작스러운 열 X	· 찜질 등 국소적인 열, 뜨거운 물 담그기 등 갑작스러운 열 금기 · 따뜻하게 담요나 이불로 덮기 〈 갑작스러운 열 금기 이유 〉 · 피부 화상 위험 · 말초 혈관 확장 → 차가운 혈액이 중심부(심장, 뇌)로 몰리면서 (재순환성 저체온) 심장박동 느려지고, 부정맥, 심정지 위험

2 동상 94 임용

정의	• 심한 추위(한랭)에 노출됨으로써 신체 부위의 생리적인 보상 기전이 실패하여 국소적인 조직 손상이 발생하는 것을 의미
원인	• 아주 추운 날씨나 환경에 오랜 시간 노출되면(영하 2℃이하), 혈관이 지속적으로 수축함으로써 말초혈관 혈류가 감소하여 조직이 손상됨

증상	무감각	• 초기에는 가벼운 건드림, 통증, 온도에 대한 감각이 손실 혈관이 심하게 수축되어 손상되면 무감각증이 옴 (75% 증상)
	간헐적인 통증	• 조직이 부분적으로 손상될 때는 간헐적인 통증이 발생
	피부	• 발적, 창백, 수포, 피부온도 낮음, 궤양, 괴사

응급 조치 94 임용	따뜻한 장소	• 따뜻한 장소로 옮겨 담요로 몸을 감싸고 안정을 도움
	안정	
	물리적 자극 제거	• 젖은 물건, 꼭 조이는 의복 등 얼어있는 조직의 혈액순환을 저해하는 물리적 자극을 제거함
	감염 예방	• 감염 예방을 위해 수포를 터트리지 않고, 건조하고 소독된 거즈로 느스하게 드레싱을 함
	거상	• 부종완화를 위해 부종 부위를 거상함
	마사지 X	• 동상부위 문지르거나 마사지 금지 〈 마사지 금기 이유 〉 • 조직 손상 및 괴사 촉진 • 세포 손상 및 파괴 • 혈관 손상 및 출혈 • 감각둔화로 통증 인식 어려워 심하게 자극시 상처입을 수 있음
	물 가온	• 얼어 있는 신체부위를 37~39의 물에서 재가온함
	보온	• 저체온증 예방하기 위해 환자 담요나 이불을 덮어 중심체온 높임

합병증	저체온증	• 장시간 추운 환경에 노출되면 국소적인 증상외에 중심체온이 낮아져 저체온증 발생
	조직 괴사	• 신체 절단하거나 피부 이식

3 참호족

정의	• 차고 습한 환경에 발이 장시간 노출되었을 때 발생하는 비동결성 한랭손상 → 여러 날 동안 젖어서 차가운 양말과 신발 또는 장화를 신었을 때 발생하는 한랭 손상 (0~15도)	
증상	초기	• 발이 차고, 저리며 감각 둔화
	중기	• 발 부종, 창백하거나 붉게 변함, 통증, 따끔거림 등
	심한 경우	• 수포, 피부껍질 벗겨짐, 감염, 조직 괴사 등
응급조치	젖은 환경 벗어나기	• 젖은 신발, 양말 제거
	서서히 따뜻하게 하기	• 뜨거운 물, 불 직접 접촉 X (화상 금지) • 37~39도 정도의 환경에서 서서히 따뜻하게 하기
	문지르지 X	• 조직 손상, 세포 손상 일으킴
	거상	• 발 올리고 안정시킴 → 부종완화와 혈류 증진
	병원 이송	• 감염, 괴사, 수포 있을시 병원 이송
예방	양말 갈아신기	• 자주 양말 갈아신기
	통기성 있는 신발	• 통기성 있는 신발 착용
	정기적 발 확인	• 정기적으로 발 확인하기

Part 06 외과적 응급처치

1 외부 출혈 21, 99 임용

1 외부출혈 시 쇼크체위(Shock position) 21 임용

요소	설명
정맥 귀환 증가	• 다리 올림 → 중력에 의해 하지 정맥혈이 심장으로 돌아가는 것을 도움
심박출량 증가	• 심장으로 들어오는 혈액이 많아지면 심박출량 증가 → 장기관류 증진
장기 관류 유지	• 뇌·심장 등 중요 장기로의 산소 공급을 우선적으로 유지함
혈압 유지	• 결과적으로 혈압을 일시적으로 유지하여 쇼크 악화를 지연시킴

2 지혈방법

- 직접 압박, 간접 압박, 지혈대 압박이 있음 (순서 : 직접 압박 → 간접 압박 → 지혈대 압박)

(1) 직접압박

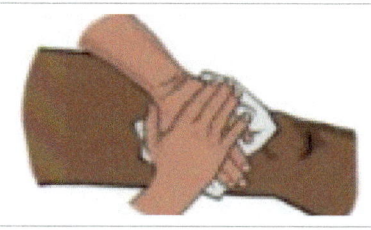

- 출혈 부위에 멸균거즈 또는 깨끗한 천을 대고 강하게 압박함
  피가 스며들면 천을 떼지 말고 다른 천을 덧대어 계속 압박
  상처 부위에 이물질이 있으면 직접 압박 대신 그 위쪽 부위에 압박

(2) 간접압박

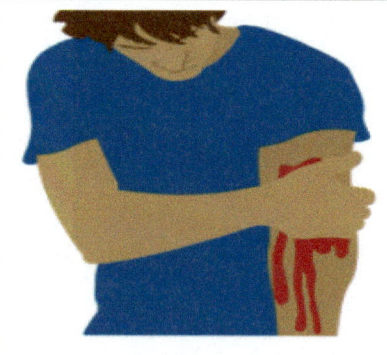

- 직접 압박으로 지혈이 어려운 경우 실시
  → 직접 압박으로 출혈이 조절되지 않을 때 보조 수단으로 사용
   출혈 부위에서 심장 쪽으로 가까운 동맥을 손가락 또는
   손으로 눌러 혈류 차단

(3) 지혈대 압박

사용 목적	• 직접 및 간접 압박으로 지혈되지 않는 경우, 사지(팔·다리)의 대량 출혈 시 최후 수단으로 사용	
적용 부위	• 사지(팔, 다리)에서만 사용 가능	
사용방법	출혈부위보다 심장쪽 위치	• 지혈대를 출혈 부위에서 심장 방향으로 5~10cm 위에 감고 단단히 조임 → 이유 : 효과적인 혈류차단 위해
	피부 위에 직접감기	• 지혈대는 피부 위에 직접 감기 → 옷 위에 X, 피부 위 O
	관절 위, 아래 X	• 관절 위·아래에는 지혈 효과 없음 → 관절을 피해 출혈 부위에서 심장 쪽으로 5~10cm 위의 평평한 부위에 감
	지혈시간(적용시간) 표시	• 지혈 시간(적용 시각)을 반드시 표시 → 이유: 장시간 압박으로 인한 조직괴사 예방하기 위함 (2시간 이내 적용)
주의사항	사지 외 부위 금지	• 지혈대는 사지에만 적용하며, 목·가슴·복부·머리 등에는 절대 사용하지 않음
	한 번 감은 지혈대는 의료인이 해제	• 임의로 풀면 출혈이 재개되어 쇼크 위험이 증가하므로, 반드시 의료인이 해제해야 함

표. 지혈대 사용법

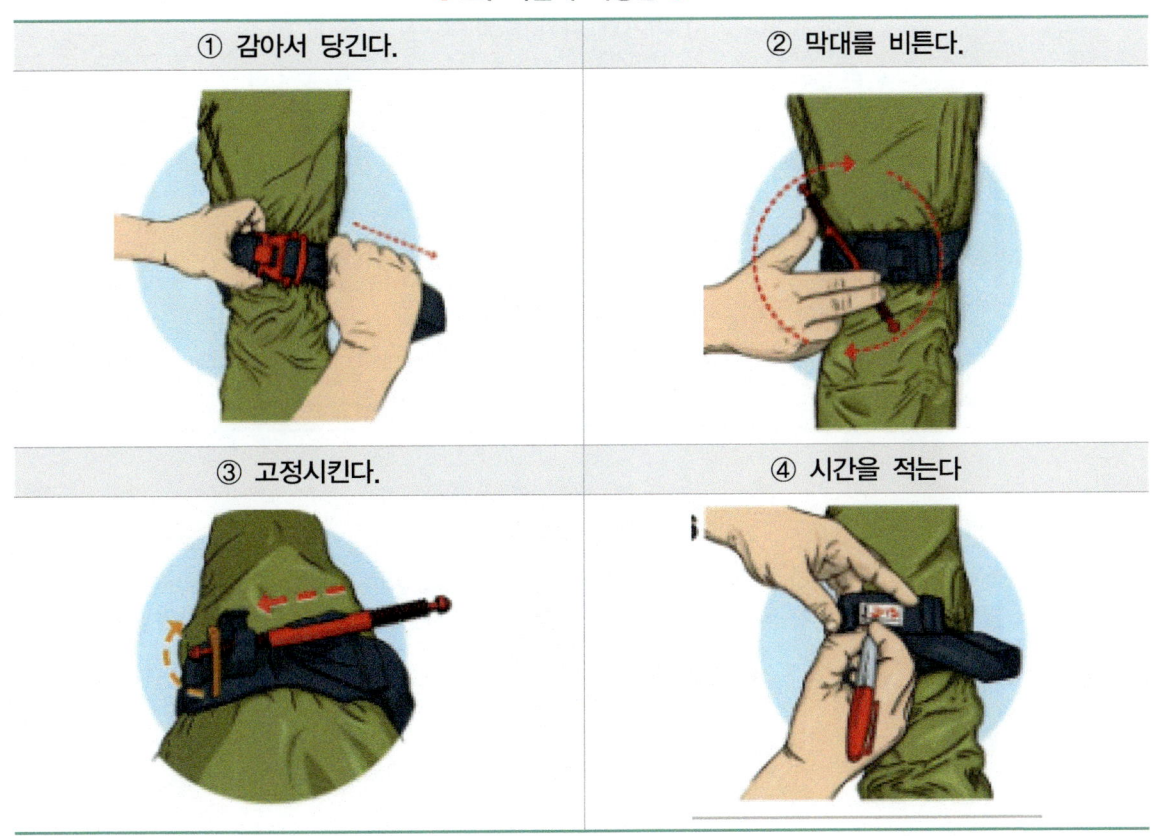

2 골절 24, 12, 10, 06, 01, 95 임용

1 골절 사정 24, 01 임용

혈관계 사정	• 맥박과 피부색 피부온도 사정으로 약하거나 없는 맥박, 창백한 피부, 차가운 피부는 혈류가 중단 되었음을 의미, 동맥의 손상 및 구획증후군 일수 있음
신경계 사정	• 피부감각을 사정하여 저림, 따끔거림 또는 무감각 등의 비정상적인 감각은 신경 손상을 의미함
6P 사정 (신경혈관계)	• 통증(pain), 맥박소실(pulseness), 창백(pallor), 감각이상(paresthesia) 마비(paralysis), 냉감(poikilothermia)

2 골절 증상 24, 12, 10, 01, 95 임용

(1) 주관적인 증상

- 통증, 손상부위에 체중부하 어려움

(2) 객관적인 증상

변형	• 비정상적인 외형상태, 건강한 사지와 비교했을 때 본래의 상태에 위치하지 않고, 짧아지거나 각이 지거나 사지가 회전하는 모습 보임
압통	• 손상부위를 손가락 끝으로 누르면, 심한 통증을 호소함
운동제한	• 손상부위를 움직일 수 없음 • 운동제한은 대부분 근골격계의 심한 손상을 의미하지만, 사지운동이 가능하다고 해서 골절이 없다는 것을 의미하지는 않음
골마찰	• 골절부위의 뼈 조각끼리 마찰되는 느낌이 있음
노출된 뼈조각	• 손상된 피부에서 뼈 조각이 관찰됨
부종/반상출혈	• 손상부위가 많이 부어있고, 피하출혈이 관찰됨
골가성 운동	• 관절이 아닌 부위에서 관절과 같은 운동이 관찰됨

3 골절(염좌, 타박상 포함) 응급처치 24, 06, 92 임용

표. RICE 응급처치

Rest(안정)	• 안정은 손상 부위를 움직이지 않도록 하여 추가 손상을 예방하고, 회복을 도움 • 일어나거나 움직이지 않도록 함
Ice(냉찜질) 24 임용	• 냉찜질은 통증과 부종을 감소시키고, 혈관수축을 유도하여 출혈과 염증을 억제함 • 손상 24~48시간 동안은 냉찜질을 적용함 〈 과도한 냉찜질 금지하는 이유 〉 • 지속적인 냉자극은 혈관 수축과 조직 손상을 유발할 수 있음 • 동상, 피부 괴사, 말초신경 손상 등의 부작용 위험이 있으므로 주의가 필요함
Compression (압박)	• 탄력붕대, 부목 등을 이용하여 환부를 적당한 강도로 압박 및 고정 • 압박은 손상 부위의 부종 형성을 억제하고, 출혈을 최소화하며, 조직을 안정화함 〈 압박시 주의점 〉 • 너무 느슨하면 효과가 없고, 너무 꽉 조이면 혈류를 차단할 수 있으므로 모세혈관 순환이 유지되는 범위 내에서 적절한 강도로 압박하는 것이 중요함
Elevation(거상)	• 손상 부위를 심장보다 높게 유지하면 정맥 및 림프 배액을 촉진하고, 부종과 통증을 감소시킴 (특히 초기부종 조절에 중요함) 〈 과도한 거상시 문제점 〉 • 동맥 순환이 제한되어 말초조직에 산소 공급이 저하될 수 있으므로 과도한 높이는 피하고 적절한 각도 유지가 필요함

표. 기타 골절 시 응급처치

- 골절 시 손상부위를 노출(가위로 자름)하고, 장신구 등을 제거 함
- 개방성 골절 시 고정에 앞서 상처를 지혈함 → 직접 압박
- 상처가 오염되었다면 멸균 생리식염수로 세척하고 드레싱함

4 부목 고정 06 임용

(1) 부목 효과

① 손상 부위의 고정 및 안정화	• 손상 부위를 움직이지 않게 하여 조직 손상과 추가 출혈, 통증 등을 예방
② 신경혈관계 손상 예방	• 골절 부위가 움직이며 혈관이나 신경을 압박하거나 절단하는 것을 방지
③ 부종 억제	• 고정을 통해 조직 내 출혈과 염증 반응을 최소화하여 부종 형성 감소
④ 통증 감소	• 움직임 제한을 통해 자극을 줄이고 통증을 완화
⑤ 개방성 골절로의 이행 방지	• 뼈 조각이 피부를 뚫고 나오는 이차적 손상을 예방
⑥ 지방색전증 및 쇼크 예방	• 대퇴골 골절 등에서 지방 색전이나 과다출혈로 인한 전신 합병증을 예방

(2) 부목 금지

① 구획증후군	• 구획증후군은 폐쇄된 근막 내 압력 상승으로 인해 혈류와 신경 전달이 차단되는 상태이므로 부목으로 고정하면 압력이 더 상승하여 손상 악화 가능 → 부목 금지 또는 즉시 해제 필요
② 조절되지 않는 출혈	• 지혈이 되지 않은 상태에서 부목 고정 시, 출혈 부위가 압박되지 않고 출혈량 증가 위험 → 먼저 지혈 우선, 이후 부목 적용
③ 이물질이 박힌 상태	• 관통상 또는 이물질이 상처에 박혀 있을 때 부목으로 고정하면서 이물질이 더 깊이 들어갈 위험 → 이물질을 제거하지 않고, 그 상태 그대로 고정하거나 전문가 판단 하에 조치

(3) 부목 적용방법

① 준비단계	• 고정 부위 완전 노출, 장신구 제거 • 손상된 피부는 멸균 드레싱으로 보호 • 부목은 상처 반대편 쪽에 대어줌 • 단단한 부목일 경우, 신체 접촉 면에 솜이나 패드 덧대기 • 부목은 골절 부위보다 충분히 넓고 긴 것을 사용
② 정렬 및 부복 고정	• 변형된 사지가 정렬되지 않으면 그대로 고정 → 함부로 정렬 X • 골절 부위를 포함하여, 근위부와 원위부 관절까지 모두 포함하여 고정
③ 붕대 감기 및 지지 고정	• 붕대는 원위부에서 근위부 방향으로 감기 • 삼각건 또는 붕대 고정 시, 지나치게 세게 감지 않도록 유의 • 다친 부위 및 관절 부위를 피해 매듭을 짓기 • 천이나 붕대로 부목을 감싸 피부를 보호하기
④ 순환, 운동, 감각 체크	• 부목 조정 전후로 손상 부위의 원위부에 대해 다음을 반드시 확인 → 순환(Circulation), 운동(Movement), 감각(Sensation) → 창백, 저림, 냉감, 움직임 제한 등 이상 여부 체크

5 골절 처치 시 유의사항

골절편 밀어넣지 X	• 노출된 골절편을 절대로 밀어 넣지 않기
임의조작 X	• 2차 손상을 유발할 수 있으므로 골절된 부위를 임의로 조작하지 않기
지혈대 X	• 신경혈관계 손상 가능성 있으므로 지혈대 사용하지 않기
개방성 골절시 감염 예방	• 개방성 골절 시 상처를 반복적으로 열어 보는 것은 감염의 위험을 높이므로 사진을 찍고 드레싱을 하면 추후 불필요한 노출을 줄일 수 있음
골절 의심	• 골절 의심된다면 골절에 준해 응급처치하고, 반드시 병원진료를 받도록 함

표. 냉요법과 온요법 | 24 임용

구분	온요법	냉요법
생리적 반응 (효과)	• 혈관확장 → 혈류증가 • 혈액 점도 감소 • 근육 긴장 완화 → 근육 이완 • 신진대사 촉진 → 회복 촉진 • 조직 대사 증가 • 모세혈관 투과성 증가 • 통증 감소	• 혈관수축 → 부종, 염증 감소 • 국소마취(신경자극 감소) → 통증 감소 • 세포대사 감소 → 조직손상 최소화 • 혈액 점도 증가 • 근육 긴장 감소
적용	• 만성통증, 오래된 근육통 • 만성 관절염 • 염증, 부종 • 퇴행성 관절질환 • 국소관절 통증, 요통 • 생리통, 치질 • 회음부 및 질 염증	• 급성 손상 후 24~48시간 이내 • 염좌, 타박상, 운동 후 근육통, 경축 • 경미한 화상후 • 표피 열상, 자상 • 골절, 근육경련 • 수술 후 부종 조절 • 열 동반된 관절염
금기사항	• 출혈 • 급성 염증 시 • 감각 소실, 혈액순환 장애 • 종양 부위(악성 종양) • 혈전증(DVT)	• 냉 알레르기 • 감각 소실, 혈액순환 장애 • 개방 상처 • 임산부 복부 • 고환, 음낭부위 금지

3 두부 손상 15 임용

1 증상

(1) 두개골 골절이나 뇌수막 파열 시 증상 15 임용

① 뇌척수액	• 코와 귀로 뇌척수액이나 혈액이 나올 수 있음
② 배틀징후 (battle's sign)	• 귀 뒤의 유양돌기에 반상출혈이 있음
③ 라쿤징후 (raccon's sign)	• 안와 주위의 반상출혈 (너구리 눈) • 일반적으로 외상(뇌손상) 후 24시간 이상 지난 뒤 나타남

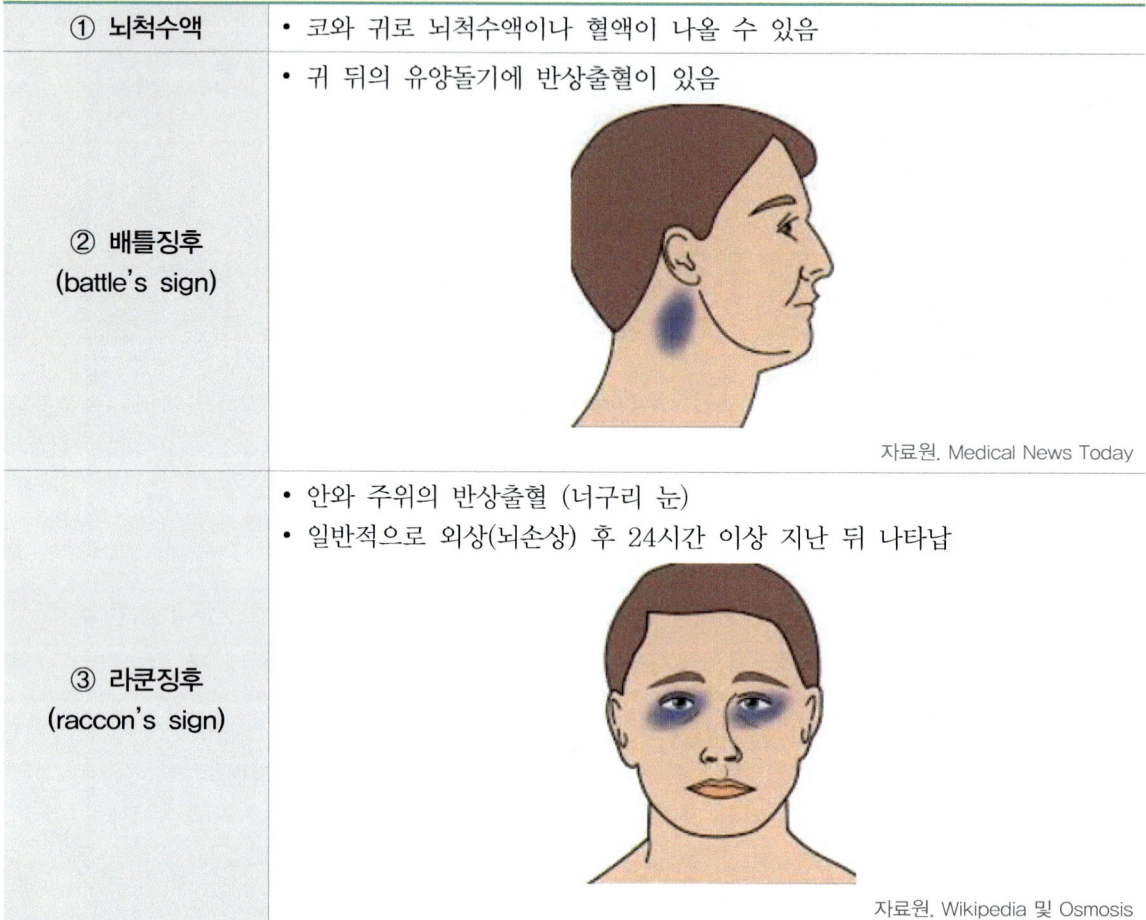

자료원. Medical News Today

자료원. Wikipedia 및 Osmosis

(2) 두개내압 상승, 쿠싱반사

• 두부외상으로 발생 → 두개내압 상승, 쿠싱반사

• 두부외상으로 인한 두개내압(ICP) 상승으로 쿠싱반사(cushing reflex) 같은 비정상적인 활력징후

〈 쿠싱 반사 〉
• 두개내압 상승이 지속되는 경우 뇌로 산소를 공급하는 일시적 보상기전으로 서맥, 수축기 혈압 상승(맥압 증가), 호흡수 감소

수축기 혈압 상승	• 대뇌 허혈 상태를 보상하기 위해 전신 혈관수축으로 혈압 상승
서맥	• 혈압 증가에 따른 경동맥의 반응으로 맥박 느려짐

• 지속적인 두개내압 상승 시 허혈, 손상으로 혈압 저하, 호흡장애 발생

(3) 수막자극 증상 (출혈이나 염증으로 발생) 25 임용

- 출혈이나 염증으로 발생 → 수막자극 증상

① **경부경직** 25 임용

검사방법	이상소견
• 환자를 똑바로 눕힌 뒤 손을 대상자의 머리 뒤로 넣어서 턱이 가슴에 닿을 정도로 목을 앞으로 구부림	• 몸을 굽힐 때 통증과 저항이 있으면 수막염이나 거미막하 출혈 의심

② **브루진스키 징후 (brudzinski sign)** 25 임용

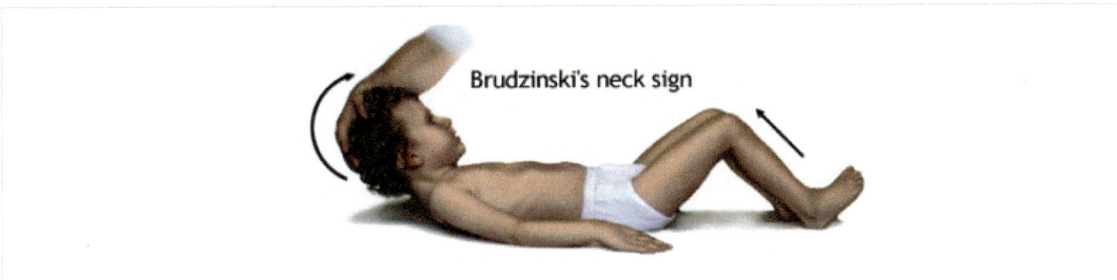

자료원. MedlinePlus (미국 국립의료정보센터, 국립보건원 산하 기관)

검사방법	이상소견
• 대상자의 목을 앞으로 구부릴 때 엉덩이와 무릎의 변화를 확인	• 무릎과 엉덩이가 구부러지면 양성으로 수막염 의심

③ **케르니그 징후 (kernig sign)** 25 임용

검사방법	이상소견
• 고관절과 무릎관절을 모두 굴곡한 후 무릎을 뻗음	• 구부린 무릎을 펴려고 할 때 통증과 저항이 있으면 양성으로 수막자극 의심

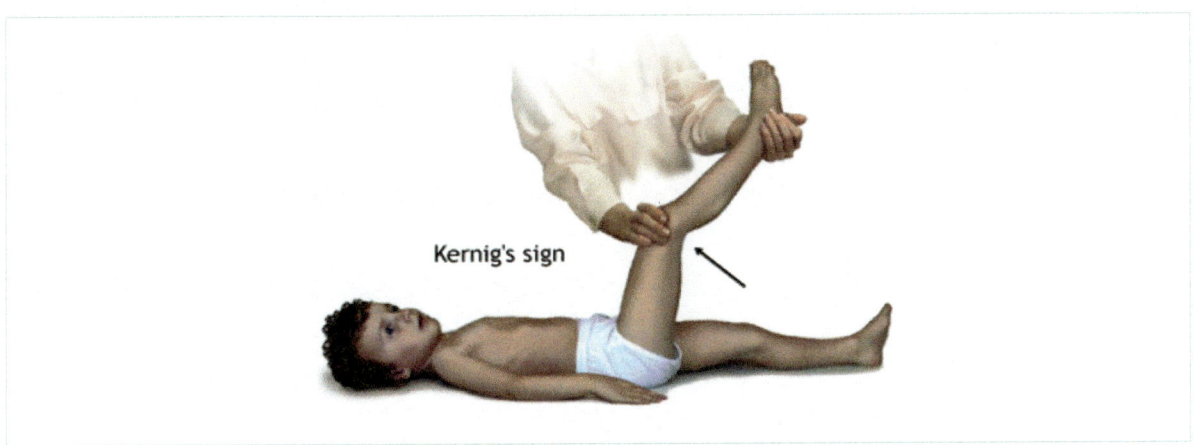

자료원. MedlinePlus (미국 국립의료정보센터, 국립보건원 산하 기관)

표. 두부외상 주관적, 객관적 증상

주관적 증상	• 두통, 오심, 어지럼증, 목부위 통증, 경부강직, 기억상실, 피로, 과민성, 집중력 저하
객관적 증상	• 의식수준 저하, 일시적인 의식 소실, 신경계 증상 이상, 비정상적인 동공상태, 비정상적인 활력징후, 발작, 수막자극 증상, 상처부위 변형, 구토, 케르니그 징후, 브루진스키 징후 등

2 응급처치

기도확보	• 기도확보, 기도폐쇄 위험성 사정(구토, 출혈, 타액 등) • 흡인기 있으면 이물질 신속하게 제거
산소공급	• 저산소증은 뇌 손상을 악화시키므로 산소 공급
발작 대비	• 두부외상 후 발작이 나타날 수 있기에 발작을 대비함
경추 손상	• 경추 손상이 의심되면 경추보호대 착용, 환자 이동 금지
15~30도 머리상승	• 뇌손상만 의심된다면 뇌부종을 예방하기 위해 15~30도 머리상승
다리 올리지 X	• 다리를 올리면 뇌압 상승되므로 다리 올리지 않기
개방상처	• 개방상처는 세척하지 않기 → 뇌의 감염 유발 • 개방상처는 압박하지 않기
누출부위 막지 않기	• 뇌척수액이나 혈액이 코나 귀로 흐르는 경우 완전히 막지 않기 • 완전히 막는 경우 누출되지 못해 뇌압이 상승될 수 있음 • 외부로부터 오염원이 뇌로 유입되는 것을 막기 위해 멸균 거즈로만 살짝 덮어둠
지혈	• 출혈부위는 직접압박하여 지혈 한 후 세척하고, 멸균 거즈로 압박 드레싱함 • 이송 도중 드레싱한 부위로 출혈이 지속되면 기존 드레싱 제거하지 않고, 그 위에 거즈를 덮어 줌 • 두개골 함몰이 있거나 개방된 상처는 압박하지 않음
이물질 제거 X	• 두개골에 박힌 이물질은 함부로 제거하지 않고 그대로 고정하여 이송함
냉찜질	• 경미한 두부외상 환자는 손상부위를 냉찜질하고 관찰하면서 재평가함 • 특이사항이 없더라도 24~48시간 동안 안정하면서 증상을 관찰함

❹ 봉합이 필요한 상처

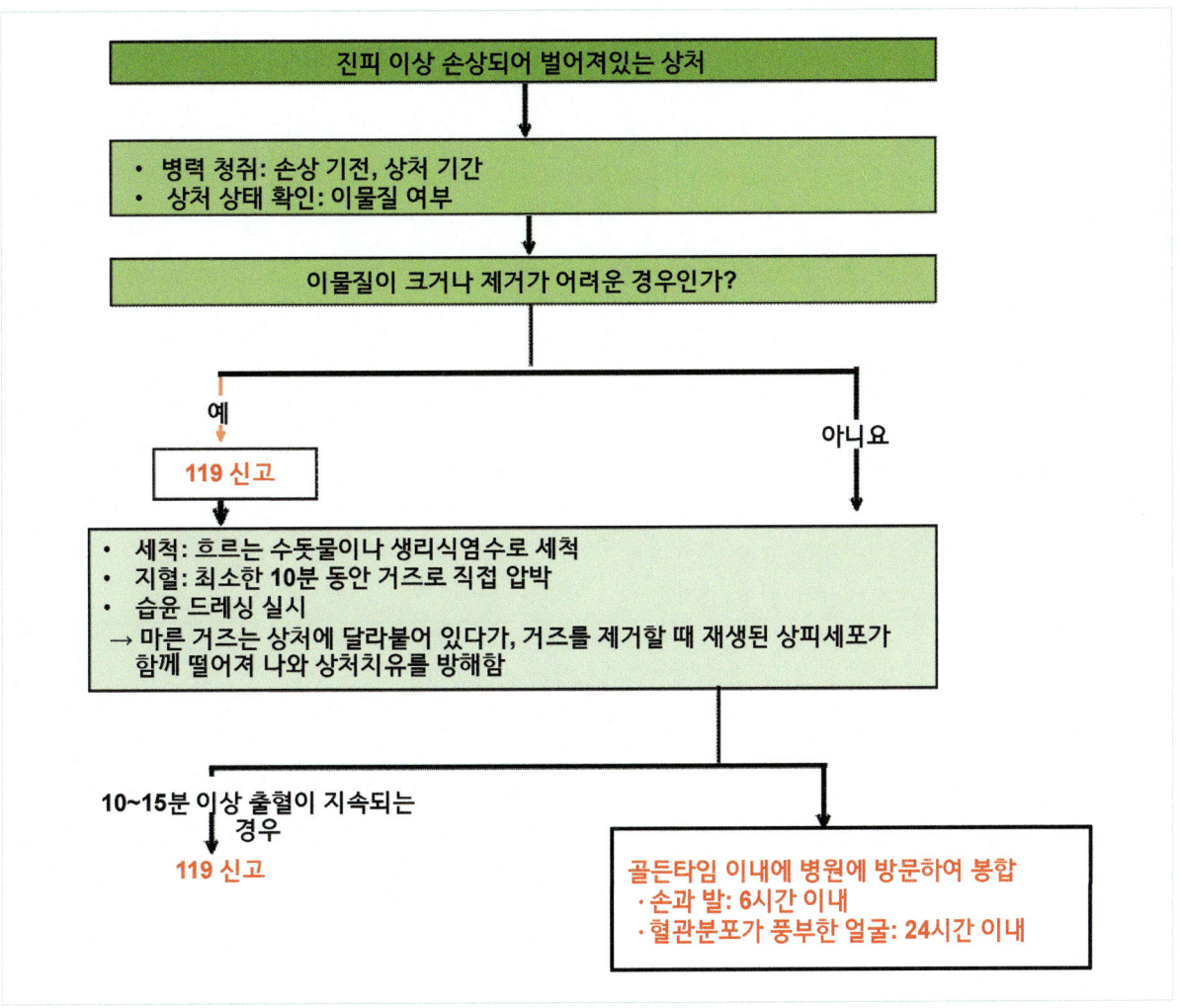

자료원. 대전광역시교육청. 한눈에 보는 응급처치 가이드. 2023

1 Steri-Strip(스테리 스트립) 적용 후 습윤 드레싱 실시

적용	• 벌어져 있거나 봉합이 필요한 상처 → 단, 깨끗하고 이물질이 없는 상처에 적용
순서	• Steri-Strip(스테리 스트립) 적용 후 습윤 드레싱 실시

2 Steri-Strip 목적과 효과

목적	• 봉합된 상처나 절개 부위를 고정하여 상처 벌어짐을 방지 • 표재성 열상(찢어진 상처) 봉합 대체
효과	• 상처 가장자리를 밀착시켜 치유 촉진 • 흉터 최소화 및 감염 예방 • 통증 감소 및 환자 불편감 완화

3 습윤드레싱의 효과와 건조드레싱 금지 이유

습윤 드레싱 효과	• 상피세포 이동 및 재생 촉진 → 상처 치유 가속 • 통증 감소 (신경 말단 보호) • 감염 위험 감소 • 흉터 최소화
건조 드레싱 금지 이유	• 마른 거즈 제거 시 상피세포까지 함께 떨어져나가 치유 지연 • 통증 유발 • 감염 위험 증가

4 Steri-Strip 사용방법

① 상처 주변 피부를 소독하고 건조시킨다.
② 테이프 끝이 말리지 않도록 한쪽 끝부터 제거한다.
③ 중앙부터 상처 양쪽 피부를 밀착시키며 부착한다.
④ 테이프를 2-3 mm 간격으로 상처 양쪽에 나란히 붙인다.
⑤ 필요 시 위에 드레싱을 덧대어 보호한다.

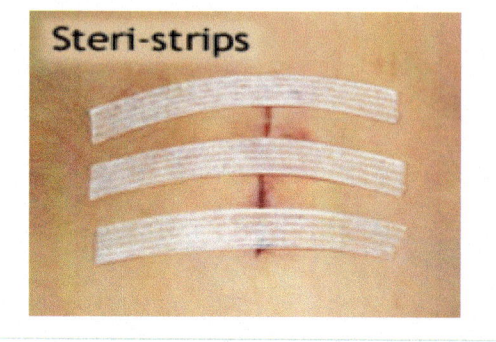

자료원. 미국 국립보건원(NIH) 산하 MedlinePlus

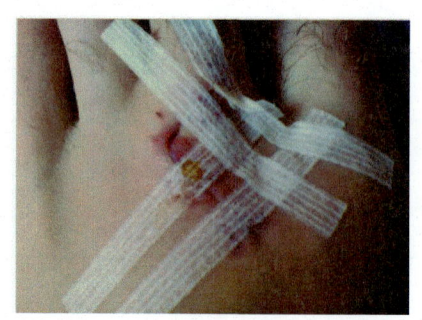

자료원. wikipedia

❺ 구강손상, 치아손상

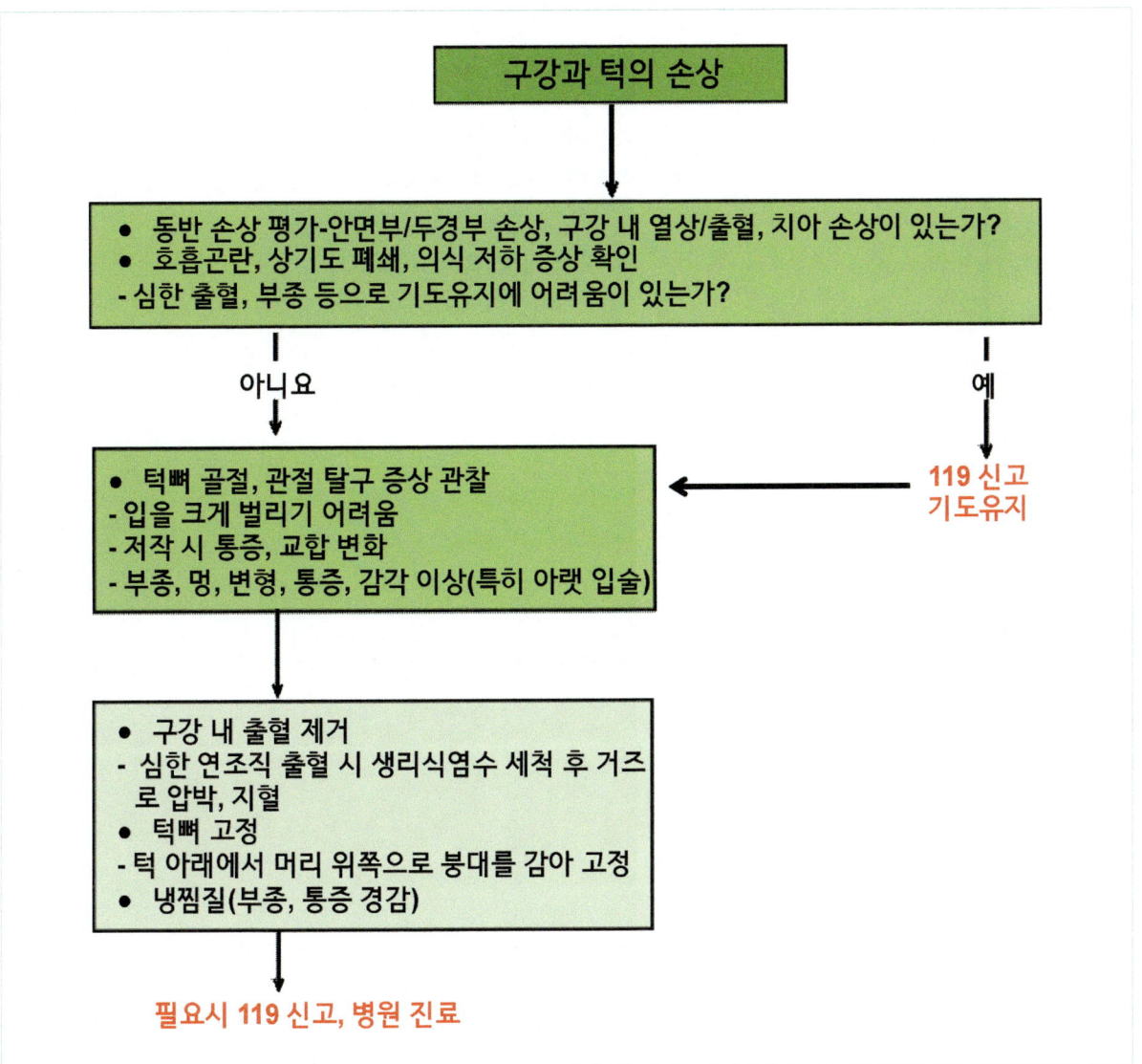

자료원. 대전광역시교육청. 한눈에 보는 응급처치 가이드. 2023

1 영구치가 빠졌을 때 09, 08 임용

빠진 치아 확인	• 치아오염 시 치관부를 잡고 흐르는 생리식염수나 우유에 가볍게 세척 • 치근부는 만지거나 문지르지 않기
구강내 출혈제거	• 출혈이 심한 연조직은 생리식염수 세척 후 거즈로 압박하여 지혈
이탈 치아운반 09, 08 임용	• 치근부가 마르지 않도록 우유나 생리식염수에 담가 이송 • 찬유와 생리식염수가 없을 시 삼킬 위험이 없는 경우 혀 밑에 넣고 이송 • 물은 세포 분해를 촉진하므로 사용 자제
30분 이내 병원 이송 09, 08 임용	〈 치아 탈구나 파절 시 병원에 빨리 가야 하는 이유 〉 • 외상으로 탈락한 영구치는 30분 이내에 재이식할 경우 이식확률이 높아짐 • 유치파절이라 해도 영구치에 영향을 줄 수 있기에 반드시 병원 진료를 받음

2 기타 구강 내 손상

유치가 빠졌을때	• 깨끗한 거즈로 15분 정도 지혈하고, 출혈이 멈추지 않는다면 치과 진료
흔들리는 치아	• 빼지 말고 치과 진료 권유
부러진 치아	• 거즈로 손상 부위를 가볍게 닦고 부러진 조각이 있다면 가지고 즉시 치과 진료
치아 변색	• 외상의 충격으로 혈관과 신경이 손상되고 염증이 생길 수 있어 즉시 치과 진료

6 비출혈 07, 02, 96 임용

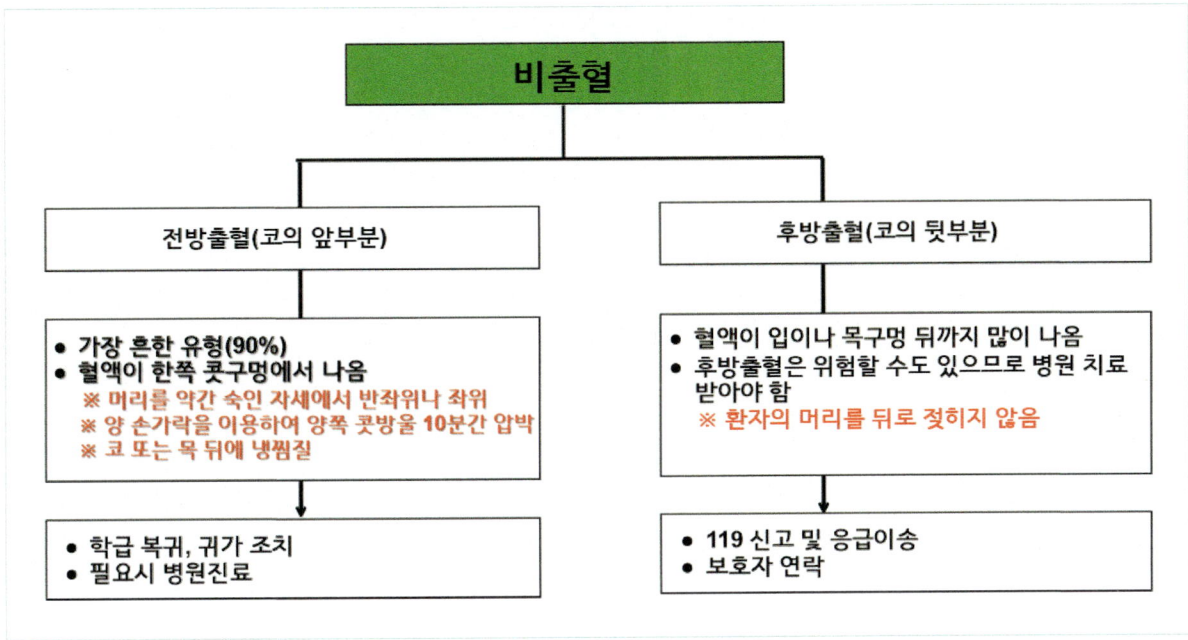

1 비출혈 원인 96 임용

국소적	• 코를 쎄게 풀거나 후비기, 외상, 점막 건조, 알레르기염 등
전신적	• 고혈압, 혈우병 등 출혈성 질환, 백혈병, 혈소판 감소증, 아스피린, 비조직의 염증성 변화(비염, 부비동염 등) 항응고제 복용, 신생물, 코카인 등 약물남용 등
환경적	• 건조한 공기, 급격한 온도, 급격한 기압변화

2 비출혈 부위 92 임용

- 대부분 전방출혈로 키셀바흐(kisselbach) 부위에 주로 발생

〈 키셀바흐(kisselbach) 부위 〉
- 코 앞쪽 중격부위로 혈관이 얕고 풍부해서 잘 터짐

3 후방출혈의 구분법

- 코의 앞쪽 1/3부위를 압박하고 고개를 15~30도 숙였을 때 코피가 나는 경우
- 기저병력으로 혈액응고장애가 있는 경우
- 비인두 후방으로 다량의 출혈을 보이는 경우
- 양쪽 콧구멍으로 피가 날 경우

4 비출혈(전방출혈) 응급조치 07 임용

좌위, 고개 숙임	• 좌위를 취하고 고개를 약간 앞으로 숙임 〈 고개 뒤로 젖히지 않아야 하는 이유 〉 • 기도흡인의 위험, 위장자극으로 구토 유발 가능성
10분 정도 압박	• 양쪽 콧구멍 앞부분(비중격쪽으로)을 검지와 엄지를 이용해 10분 정도 압박
냉찜질	• 코피가 멈추지 않으면 코, 이마, 양미간, 목덜미에 냉찜질 시행 → 혈관수축 → 출혈 멈춤
출혈 멈추지 않을 때	• 에피네프린(1:1000 또는 1:10,000)을 적신 멸균 거즈 또는 면봉을 출혈 부위에 삽입하고 5~10분간 압박하여 지혈 유도
피 뱉어냄	• 목뒤로 넘어가는 피는 뱉어내고, 입으로 숨을 쉬도록 함
지혈 확인	• 10분 정도 후에 지혈 여부 확인하고, 30분까지 재평가함
안정	• 출혈 멈춘 후에도 30분이상 안정취하기

5 비출혈 관리와 예방

- 코를 세게 풀거나 후비지 않기
- 1~2일간 머리를 높이는 자세를 취하고, 허리를 굽히거나 입 다물고 재채기는 피하기
- 갑작스러운 온도변화를 피하고, 실내 습도를 50% 이상 유지하기
- 과로와 긴장을 피하고, 코의 건조를 막기위해 물을 자주 마시기
- 코점막의 건조를 막기 위해 상처치료용 연구를 얇게 도포하기
- 자주 비출혈이 있으면 원인 질환에 대한 치료 및 관리를 위해 병원진료 보기

6 비출혈 시 병원진료가 필요한 경우

- 30분 이상 출혈이 멈추지 않을 때
- 후방출혈이 의심되는 경우
- 고혈압, 아스피린, 항응고제 복용자
- 코뼈 골절이 의심되는 경우

7 척추손상 22, 09, 95 임용

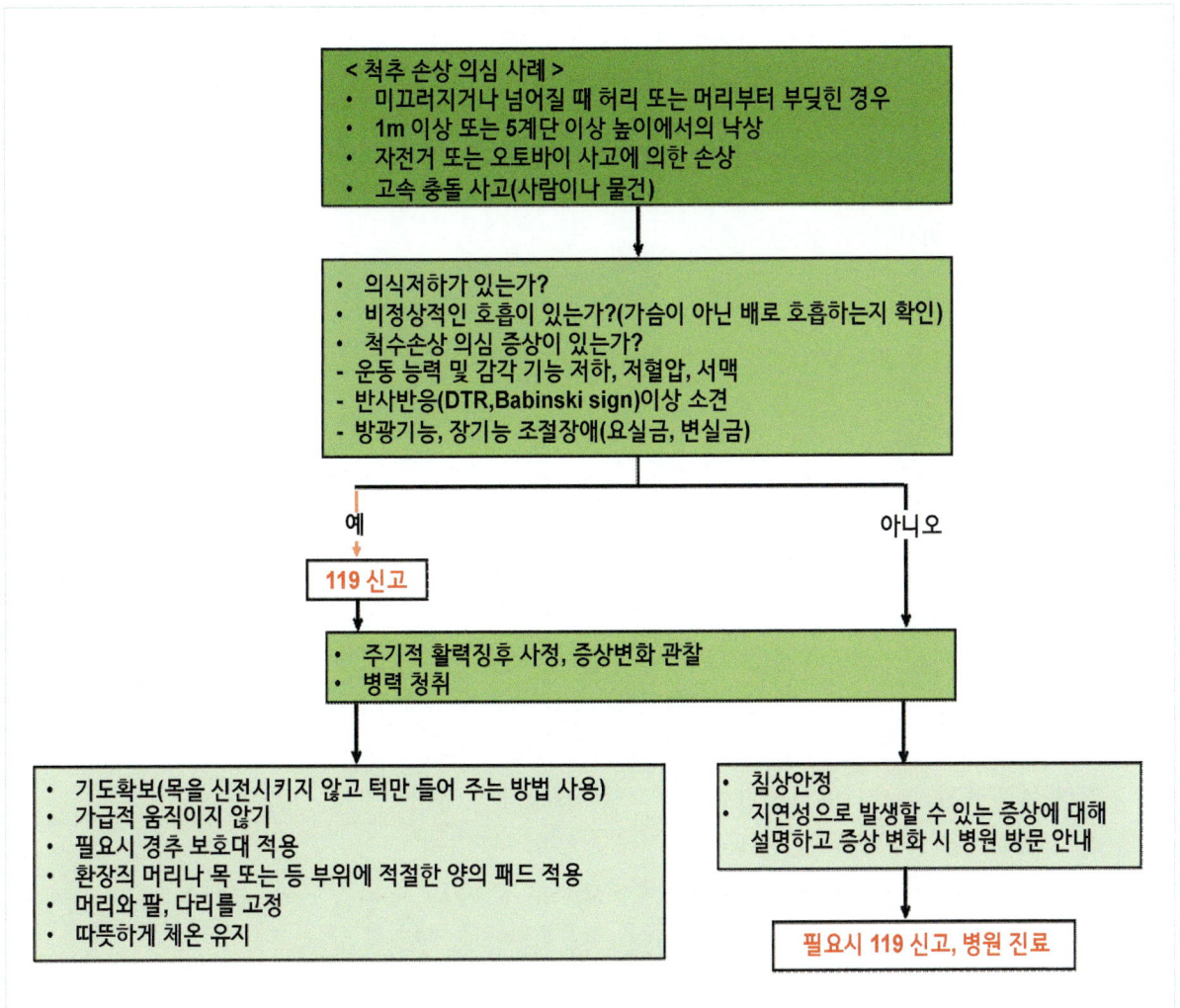

자료원. 대전광역시교육청. 한눈에 보는 응급처치 가이드. 2023

1 척추 손상 의심증상

① 척추 중앙의 통증 또는 압통
- 경우에 따라 팔 또는 다리로의 방사통 동반 가능
② 감각 이상
- 팔다리의 저림, 무감각, 화끈거림, 감각 차단, 등
③ 운동 장애 및 마비
- 팔 또는 다리의 운동장애, 마비
- 척추 주위나 사지의 근력 저하 또는 움직임 불가
④ 자율신경계 이상
- 대소변 조절 능력 상실 → 변실금, 요실금 등
⑤ 신체 변형
- 머리 또는 목이 비정상적 각도로 꺾이거나 기형적인 자세 유지

2 척추 손상 응급처지 22, 09 임용

환자 움직이지 X	• 환자 발견된 자세 그대로 유지하기 • 일으키거나 걷게하거나 목 돌리지 않기
머리, 목(경추) 고정	• 경추고정(손으로 환자 머리 양쪽 잡고 고정), 경추보조기(보호대) 착용 • 경추보조기가 없으면 수건, 의복으로 양옆 받쳐서 머리 움직이지 않기
기도유지	• 턱 밀어올리기 법으로 기도유지 22 임용
신체선열 유지	• 머리-몸-다리 직선으로 비틀림없이 유지
체위	• 등을 바닥에 대고 똑바로 누운자세 유지
통나무 구르기 22 임용	• 환자 이동 시 3명 이상 통나무 굴리기로 옮기기 → 여러명 협력해 몸을 옆으로 굴리는 방식임 • 통나무 구르기(log roll)를 이용하여 척추고정판에 환자를 옮긴 후 구급차로 응급실로 이동함

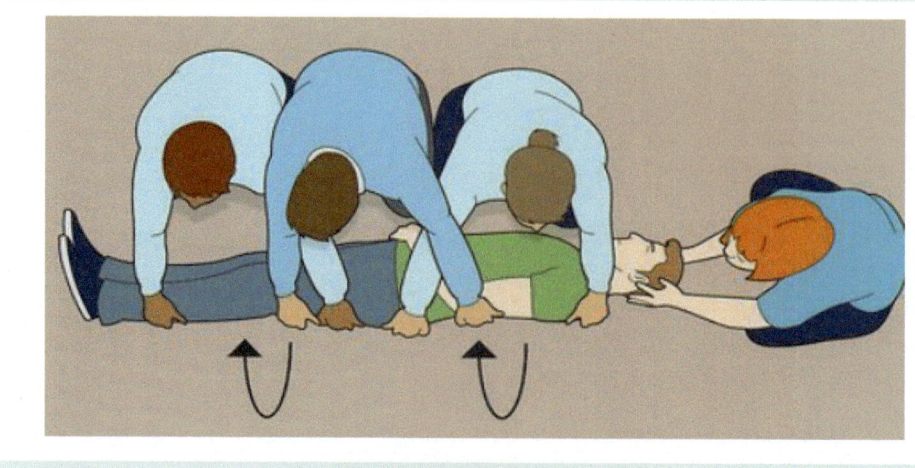

〈 그림. 통나무구르기 (log roll) 〉

출처. Osmosis - Log Roll Technique, ResearchGate - The log-roll maneuver

8 눈손상 (화학약품에 의한) 10, 95 임용

눈세척	• 즉시 흐르는 물이나 생리식염수로 눈세척 • 15~30분 이상 흐르는 물로 지속세척 • 세척시 방향 : 눈 안쪽 → 바깥쪽 방향으로 (다른눈으로 퍼지지 않기 위해) • 눈꺼풀 벌리고, 눈 돌리며 세척함 • 콘텍트 렌즈 제거 시도
하지 말아야 할 것	• 눈 비비기 X : 조직 손상 악화 • 세척안하고 병원가기 X : 시간지체로 시력손상 위험 • 약 넣기(안약) X : 악화 가능성 • 온찜질/냉찜질 X : 손상부위 악화우려

9 안구내 이물

1 증상

주관적 증상	• 눈의 이물감, 통증, 눈뜨기 어려움, 눈부심, 눈물 흘림, 흐린 시야
객관적 증상	• 결막충혈, 안검부종, 눈을 자주 깜빡임, 눈물흘림, 이물질 발견

2 응급처치

	콘텍트 렌즈 제거	• 콘텍트 렌즈는 가능하면 제거함
작은 이물	작은 먼지나 티끌	• 작은먼지나 티끌인 경우는 인공눈물이나 식염수를 몇방울 넣어주고 여러번 깜빡거려 자연스럽게 배출함
	하안검 이물질	• 눈에 보이는 하안검에 있는 느슨한 이물질은 젖은 소독 면봉으로 부드럽게 제거
	상안검 이물질	• 이물질이 상안검에 이물에 있는 경우 눈을 아래로 보게 하고 상안검을 뒤집은 후 소독된 면봉으로 제거함
	크거나 거친 이물질	• 이물질이 너무 크거나 거친 경우는 무리하게 시도하지 않고 병원 진료 받음

안구에 이물이 박힌 경우	• 박힌 물체가 움직이지 않도록 거즈나 붕대로 고정한 후 종이컵 등으로 눈을 덮어 보호하되 압박하지 않음 • 손상받은 눈의 움직임을 줄이기 위해 손상 받지 않은 눈과 함께 거즈 등으로 가볍게 가려줌 • 수술 필요할 수 있으므로 금식유지 • 추가 손상을 예방하기 위해 머리와 양쪽 눈을 모두 움직이지 않음

표. 안대 사용 목적 및 주의사항

안대사용 목적	① 눈 비비기 보호 ② 외부 자극으로부터 아픈 눈 보호 ③ 눈물이나 눈곱에 의한 타인의 전파 방지 등
안대 사용 주의사항	• 안대 착용시 눈 온도 높아져 세균 성장 촉진, 흐르는 눈물을 통해 분비물 배출시 안대로 불순물이 고여 결막의 방어기전이 깨지면서 눈병의 회복이 더딜 수 있음 → 안대는 가능한 착용을 삼가고, 꼭 필요한 순간에만 잠깐 사용하고, 장시간 착용 피하기

⑩ 안구둔상

• 충격의 종류에 따라 전방출혈, 안와골절, 안구파열, 망막출혈, 망막박리 등이 발생

1 전방출혈 94 임용

정의	• 전방출혈은 눈의 각막과 수정체 사이 전방이라는 공간에 혈액이 고이는 현상임 • 안구에 가해진 충격으로 홍채나 섬모체에 손상이 생기고, 그로 인한 출혈이 육안으로도 확인할 수 있는 경우도 많음 눈 외상 → 홍채나 섬모체 손상(혈관 터짐) → 전방 출혈
증상	**주요증상** • 눈의 통증, 시야가 흐려짐(시력감퇴), 안구출혈
	안압상승 증상 • 안압상승 증상 : 안통증, 오심, 구토, 두통, 시야 흐림(시력감퇴) • 녹내장, 시신경 손상으로 실명할 수 있음 안구출혈 → 안압상승 → 녹내장 → 시신경 손상 → 실명 위험

응급처치 94 임용	병원 치료	• 가벼운 증상의 경우 일주일내로 사라지기도 하지만, 재출혈이 있으면 안압상승으로 녹내장이 될 수 있으므로 즉시 치료가 필요함
	30도 상체 올리기	• 상체 30도 정도 올리고, 침상안정 취하기 〈 상체를 30도 정도 올리는 이유 〉 • 상체를 30도 정도 올리면, 중력에 의해 전방 내 출혈이 아래로 가라앉아 시야를 방해하지 않게 되며, 안압 상승을 예방할 수 있음
	침상안정	
	눈보호대 착용	• 외부압박이나 추가 손상을 방지하기 위해 눈에 눈 보호대를 부착함
	구강 섭취 금지	• 수술 가능성이 있으므로 물이나 음식물을 섭취하지 않기
	안압상승 행위 금지	• 안압을 상승하는 행위는 하지 않기 〈 안압 상승 행위 〉 • 눈 비비거나 압박하는 행위 • 코 푸는 행위 • 기침이나 허리 굽히기
	국소 스테이로드	• 염증 감소, 재출혈 예방
	β-차단제 안약	• 안압 감소 목적

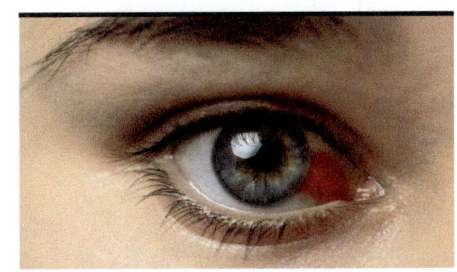 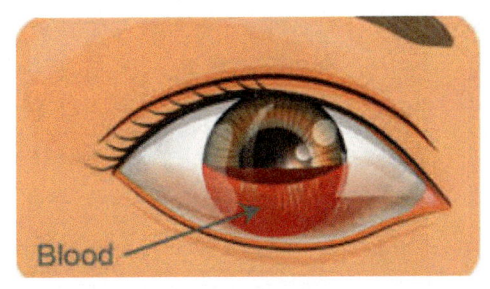

〈 그림. 전방출혈 〉

출처. 미국 NIH·NLM StatPearls

2 안와골절

정의		• 안와골이 골절되는 것으로, 안와골은 비교적 얇아서 작은 충격에도 쉽게 골절됨 • 주먹이나 야구공 등 안와보다 큰 물체에 의해 내부 압력이 순간적으로 급상승하여 손상되는 것임
증상	주요증상	• 통증, 골절 부위 부종(안와주변 부종), 멍든 눈, 일부 코피
	안구함몰	• 안구함몰은 처음에는 부종으로 구별되지 않을 수도 있음 〈 안구함몰 이유 〉 • 안와골절의 정도가 크면, 많은 양의 눈 조직들이 골절부위로 빠져나가기 때문에 눈이 함몰됨 • 안구함몰은 눈의 위치를 변화시켜 시각에 영향을 미치고 복시를 유발할 수 있음
	안구운동 제한, 복시	• 외인근 손상 외안근(눈 움직이는 근육)이 주변조직이 안와 골절 틈새에 끼어서 안구운동이 제한되고 복시가 발생 • 특히 위, 아래 방향으로 안구운동 제한됨 외안근이 안와골절 틈새에 낌 → 안구 운동(움직임) 제한 → 복시
	감각이상	• 안와 신경마비(신경손상)으로 아래 눈꺼풀에서 윗입술까지 감각이상이 나타나기도 함 → 아래 눈꺼풀, 뺨, 콧망울, 윗입술 등 감각이상
	미주신경 자극	• 외안근이 골절된 뼈 틈에 끼이면 미주신경이 자극 • 미주신경 자극 증상 : 오심, 구토, 서맥, 부정맥 등
	안와주변 부종, 코피 등	• 안와 주변 부종 • 피하출혈, 결막 밑 출혈, 코피 등
	중요한 후유증 (수술 필요)	• 복시와 안구함몰이 가장 중요한 후유증임 → 수술 필요한 증상
응급처치	안정	• 환자 안정
	구강 섭취 금지	• 수술 가능성이 있으므로 물이나 음식물을 섭취하지 않기
	병원 치료 및 수술	• 골절이 너무 크거나 복시와 안구함몰이 있으면 합병증 예방을 위해 수술 필요함
	안압상승 행위 금지	• 특히 코풀기 금지 → 공기가 눈 주변 피부 아래로 모여 부종을 유발할 수 있음
	눈보호대	• 안구 보호 위해 눈 보호대 착용
	냉찜질	• 골절 부위 얼음 찜질

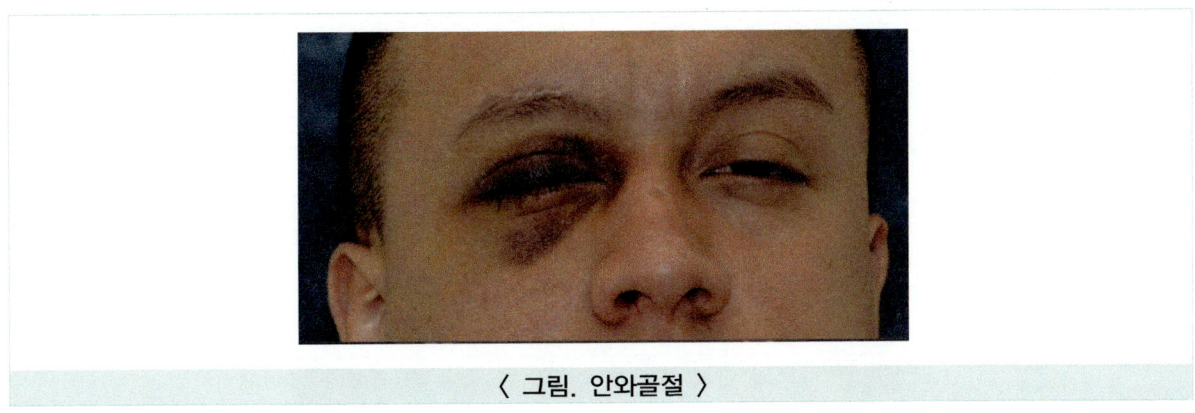

〈 그림. 안와골절 〉

자료원. Osborne Head & Neck Institute

11 교상 92 임용

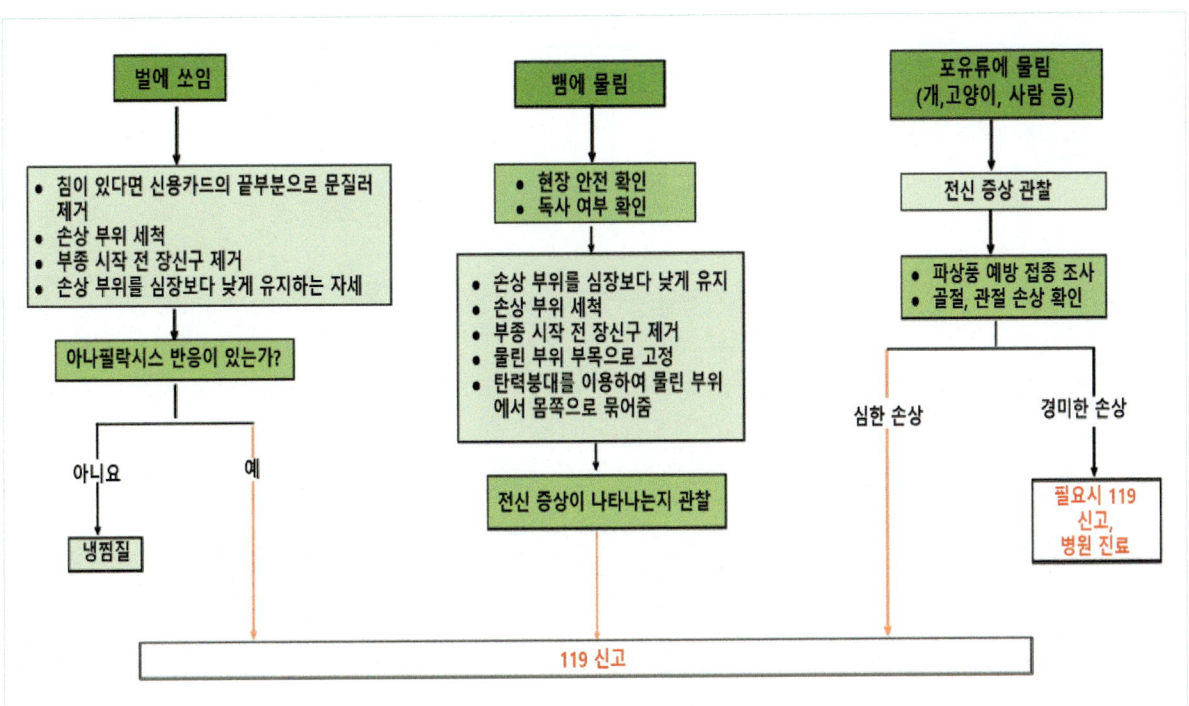

1 벌에 쏘임

(1) 증상

국소 증상	• 국소 통증, 부종, 발적 등
전신 증상	• 심한 경우 아나필락시스 반응 (전신 소양감, 두드러기, 호흡곤란, 쇼크 등)

(2) 응급처치

벌침 즉시 제거	• 벌침이 피부에 박혀 있으면 신용카드 등으로 긁어내듯이 제거 〈 핀셋 제거 X 〉 • 핀셋으로 제거 시 압착되어 독이 더 들어감
세척	• 손상부위 즉시 세척하기
장신구 제거	• 부종 시작 전 장신구 제거하기
냉찜질	• 냉찜질로 통증, 부종 완화하기
심장보다 낮게 위치	• 벌에 쏘인 부위는 심장보다 낮게 위치 〈 심장보다 낮게 두는 이유 〉 • 혈액순환 느려져 독의 퍼짐을 늦춤
아나필락시스 증상 확인	• 아나필락시스 증상 시 119 신고 및 병원 후송

2 뱀 교상

(1) 증상

국소증상	• 물린 부위 수분 내에 작열감, 통증 있고, 부종, 홍반, 자반, 반상출혈, 출혈성 수포 발생
전신증상	• 전신작용으로는 오심, 구토, 전신무력감, 근연축, 발한, 말초감각 이상, 신경계 증상, 혈소판 감소증, 혈액응고장애(DIC), 구강이나 입술에서 금속이나 고무 맛을 느낄 수도 있음 • 중증 경우 단시간 내에 쇼크(30분 내) 증상 발현 → 저혈압, 빈맥, 호흡곤란 등으로 사망까지

(2) 응급처치

독사여부 확인	• 뱀 머리가 삼각형이고, 물린자국이 두 개의 이빨자국이면 독사임	
안정	• 환자 움직이지 않게 안정시키기 〈 움직이지 않기 〉 • 움직일수록 독 확산 (전신에 퍼짐)	
세척	• 손상부위 즉시 세척하기	
구강 섭취 금지	• 의식저하 있을 수 있으므로 구강섭취 금지	
장신구 제거	• 부종 시작 전 장신구 제거하기	
심장보다 낮게 위치	• 물린 부위는 심장보다 낮게 위치 〈 심장보다 낮게 두는 이유 〉 • 혈액순환 느려져 독의 퍼짐을 늦춤	
고정 후 압박	부목 고정	• 물린부위 부목으로 고정하기
	압박 후 묶기	• 고정 후 물린 부위 윗 부분(심장방향)을 탄력붕대로 압박하기 → 물린부위에서 몸쪽(심장방향)으로 묶어줌 〈 압박하고 묶는 이유 〉 • 독이 심장으로 가지 않도록 함 • 묶을때는 손가락 1~2마디 들어갈 정도로 묶기 (꽉 조이지 않기) 〈 지나치게 꽉 묶기 X 〉 • 뱀독은 혈류가 아닌 림프계를 통해 운반 → 림프계 차단될 정도로만 압박 • 혈류차단의 위험 • 탄력붕대가 없다면 토니켓, 벨트, 스타킹, 양말, 옷가지 등으로 적용

표. 뱀 물릴 때 하지 말아야 할 행동

얼음 찜질 X	• 조직손상의 위험 때문임 혈관수축 → 혈액순환 저하 → 조직손상 → 괴사 위험성
지나치게 꽉 묶기 X	• 혈류차단
입으로 독빨기 X	• 입을 통해 독이 체내로 흡수 될 수 있음 • 입안의 세균 상처 들어감 → 2차 감염 위험
피부 절개 및 흡입 X	• 칼로 절개하는 것은 오히려 근육, 혈관, 신경 등 손상 줄 수 있음

3 포유류에 물림(개, 고양이, 야생동물, 사람)

(1) 증상

국소 증상	• 상처, 출혈, 부종, 통증
전신 증상	• 2차 감염 위험 (공수병, 파상풍 주의) → 발열 등 • 의식변화, 난폭한 행동, 공수증, 두근거림, 저혈압, 호흡곤란, 부정맥, 심정지

(2) 응급처치

표피상처	세척	• 상처 부위를 흐르는 물에 비누로 5~10분간 깨끗이 씻기
	덮기	• 말린 후 접착드레싱이나 작은 알코올드레싱으로 덮기
전신 증상	지혈	• 출혈시 직접 압박하기 → 소독된 거즈나 깨끗한 패드로 덮고 붕대 감기 • 상처부위 상승하여 지혈시키기
	손상확인	• 골절, 관절 손상 확인하기
	예방접종 확인	• 파상풍 및 공수병 예방접종 여부 확인
	병원 후송	• 항생제 치료, 항파상풍 주사 등

12 절단

1 절단 시 응급처치

즉시 119 신고		• 119 신고 • 신고시 반드시 절단 환자임을 밝힘
쇼크 체위		• 출혈 정도를 확인하면서 쇼크 체위 등을 시행
절단 부위 지혈		• 압박붕대로 직접 압박 → 상처부위 멸균거즈 대고, 그 위에 붕대로 감기 • 절단 부위에는 지혈제는 사용하지 않음
절단 조직 처치	① 세척	• 절단된 신체 부위는 생리식염수나 흐르는 물에 세척하기
	② 젖은거즈로 감싸기	• 절단 조직을 생리식염수로 적신 후 꽉 짠 거즈(wet gaze)로 감싸기 → 이때 조직이 얼지 않도록 주의함 출처. 미국 Mount Sinai Health Library, "Emergency care for accidental amputation"

	③ 밀봉, 냉장상태 유지	• 젖은 거즈로 감싼 부위 밀폐용기에 밀봉하기
		  → 플라스틱 용기나 비닐봉투 등 밀폐용기 사용
		• 밀봉 후 얼음물(얼음과 물 1:1)에 담가 냉장상태 유지하기
		  → 절단부위가 얼음물에 직접 닿지 않도록 함
		
		〈 밀봉과 얼음물 직접 접촉 방지 이유 〉
		• 절단된 부위가 얼음물에 직접 닿으면 조직이 손상
		  → 조직의 냉각 손상을 방지해 재접합이 가능함
		
		출처. 완주군 보건소 / 예손병원, "절단 부위 보존 지침"

병원 이송		• 접합 가능한 전문 병원으로 신속하게 이송함 → 근육이 많은 부분은 6시간 이내, 손가락 등 근육이 없는 부분도 12시간 이내에 수술해야 생착률을 높일 수 있음

2 절단처치 시 유의사항

물 스며들지 X	• 비닐 주머니나 플라스틱 용기는 외부로부터 물이 스며들지 않도록 하기
지혈대 X	• 절단 부위에는 지혈제를 사용하지 않기
얼음 닿지 X	• 절단 조직은 얼음에 직접 닿지 않도록 주의
금식	• 수술이 예상되는 경우 금식 시키기

13 중독

1 응급처치

독극물 정보 수집	• 복용한 독극물 종류 및 섭취량 등의 정보를 수집
의식, ABC 확인	• 의식이 없는 경우 ABC 확인 → 없으면, 기도확보, 심폐소생술 시행
회복자세	• 호흡 있고, 의식없는 경우 회복자세 유지 〈 회복 자세 이유 〉 • 기도확보 • 구토물이 기도로 넘어가 질식하는 걸 방지 • 혀가 목뒤로 넘어가 기도 막는 걸 방지
구토유발 X	• 억지로 구토 유발하지 않기 → 식도손상 유발, 흡인 위험
구강 섭취 X	• 의식 없는 경우 수분, 음식 섭취 금지 • 의식 있는 경우도 구강섭취 금지 → 자극 가능성 있음
글러브 착용하기	• 환자 처치 시 되도록 글러브 착용하기
세척하기	• 화학약품이나 농약 중독 시 즉시 15~30분정도 세척하기

14 화상 13, 11, 09, 96, 93, 92 임용

1 화상의 종류

열화상		• 열화상은 화상의 가장 흔한 형태임
	건열화상 (Dry heat burn)	• 화재나 폭발로 인한 화상 • 높은온도의 발화로 순식간에 화상 입음
	습열 화상 (Moist heat burn)	• 뜨거운 액체에 의한 화상임 • 엎지르는 경우 신체 상부나 앞쪽에 화상, 빠지는 경우 신체 하부에 화상입음
	접촉화상	• 뜨거운 금속이나 타르, 기름 등이 피부에 닿았을 때 발생함
화학화상		• 화학물질과 접촉하여 발생
	손상 심각도	• 접촉시간, 화학물질의 농도, 조직의 노출정도에 따라 다름
	산성 화학물질	• 조직의 응고괴사, 통증 초래
	알칼리 화학물질	• 액화괴사 더불어 피부 깊숙이 침투함 • 통증은 산성 화학물질에 비해 덜함
전기화상	원인	• 전류·전기 스파크, 고압선, 번개 등
	심부 조직 손상	• 심부조직과 기관에 손상 초래 • 사지의 일부 또는 전체가 손상될 수 있음 → 매우 위험함 → 사지 절단 등
	손상 심각도	• 전류, 전압, 저항, 접촉기간, 신체의 통과 경로 등에 따라 다름
	신경, 혈관, 근육	• 신경, 혈관, 근육은 전류에 대한 저항이 적은 조직임 → 심각한 손상 발생 → 척수 손상 등 신경학적 이상, 구획 증후군 등 → 전기 에너지에 의해 근육을 수축시켜 골절 및 탈골 위험
	건, 지방조직, 뼈	• 건, 지방조직, 뼈는 전류에 대한 저항이 상대적으로 큰 조직 → 상대적으로 경미한 손상
	피부, 연조직	• 간혹 초기에는 경미해 보이나, 곧 근막절개술이나 절단이 필요할 정도로 진행하는 경우도 있음
	심장	• 심장에 대한 전기의 영향으로 부정맥, 심근 손상, 심정지 등이 발생함
방사선화상	원인	• 암의 방사선 치료, 방사선에너지나 방사선동위원소 사용하는 산업현장 • 태양광 과다노출 등
	손상 심각도	• 방사선의 형태, 방사선 물질로부터의 거리, 노출기간, 흡수된 양, 체내의 침투깊이 등에 따라 다름

	원인	• 강한 열, 불꽃, 연기 등 뜨거운 공기를 흡입하여 발생
흡입화상	상기도 부종으로 기도폐쇄	• 기도폐쇄의 징후 확인 〈 기도폐쇄 징후 확인 〉 • 얼굴과 목의 깊은 화상 • 구강인두의 수포와 부종 • 천명음 (쌕쌕거림) • 호흡부속근의 사용 • 저산소증 • 호흡부전

2 화상의 깊이 따른 분류

구분	1도(표재성 화상)	2도(부분층 화상)	3도(전층 화상)	4도(심부 전층 화상)
손상깊이	표피층만 손상	표피 전층 & 다양한 범위의 진피 (진피 상당부분)	진피 전층 & 피하조직까지 손상	피부전층 (표피, 진피, 피하조직) + 근육, 뼈, 건까지 손상
피부	홍반(+) 수포(-) 부종(±) : 부종 대부분 없으나, 있더라도 경미	홍반(+) 수포(+) 부종(+)	피부 변색 (하얗거나 갈색, 검은색), 피부건조 피부가피 형성	갈색의 가피 형성 → 피부 검은색
	압력을 가하면 하얗게 변함 (창백해짐)		압력을 가해도 하얗게 변하지 않음 (창백 X)	
통증	통증(+) : 경미한 통증	심한 통증(+) → 신경말단의 손상, 노출로	통증(+)	통증(-) : 신경말단 파괴
감각	감각(+)	감각(+)	감각 감소 또는 감각 소실	감각(-)
치유기간	3~5일이면 회복	2~3주 소요	수주~수개월 후 치유	장시간 후 치유
치료 (자가이식)	별도 치료 X	심부 화상 : 화상 깊이, 감염여부에 따라 자가 피부이식 필요	자가 피부이식 필요	자가 피부이식 필요, 사지 절단 (사지 손상시)
흉터 (반흔)	흉터 X	옅은 경우 : 흉터 X 깊은 경우 : 약간 흉터 (+)	흉터 (+) : 구축 등	심한 흉터(+), 구축, 기능장애

표. 2도 (부분층 화상의 구분)		
구분	표재성 부분층 화상	심부 부분층 화상
손상깊이	표피 + 진피의 일부(상부층)만 손상	표피 + 진피의 상당부분(깊은 곳까지) 손상
피부	홍반, 습윤	창백, 흰색, 건조
수포	수포(+)	수포(±) : 수포가 있을수도 없을수도 있음 (수포 없는 경우가 더 많음)
통증	통증(+) : 심한 통증	통증(+) : 표재성보다 통증 덜함
치유기간	2주 이내 치유됨	3주 이후 (3~6주) 치유됨
치료	피부이식 X	치유 지연시 : 피부이식 필요하는 경우 있음
흉터 (반흔)	흉터 거의 남질 않음	흉터 남음
특징	–	3도 화상(전층화상)으로 악화될 수 있음 → 감염, 저산소증, 허혈 등 증가 시

3 화상의 범위 13, 94 임용

(1) 9분의 법칙(9의 법칙) 13, 94 임용

- 총체표면적을 100%로 하고, 신체 각 부위를 9%의 배수로 구분하여 화상범위 계산

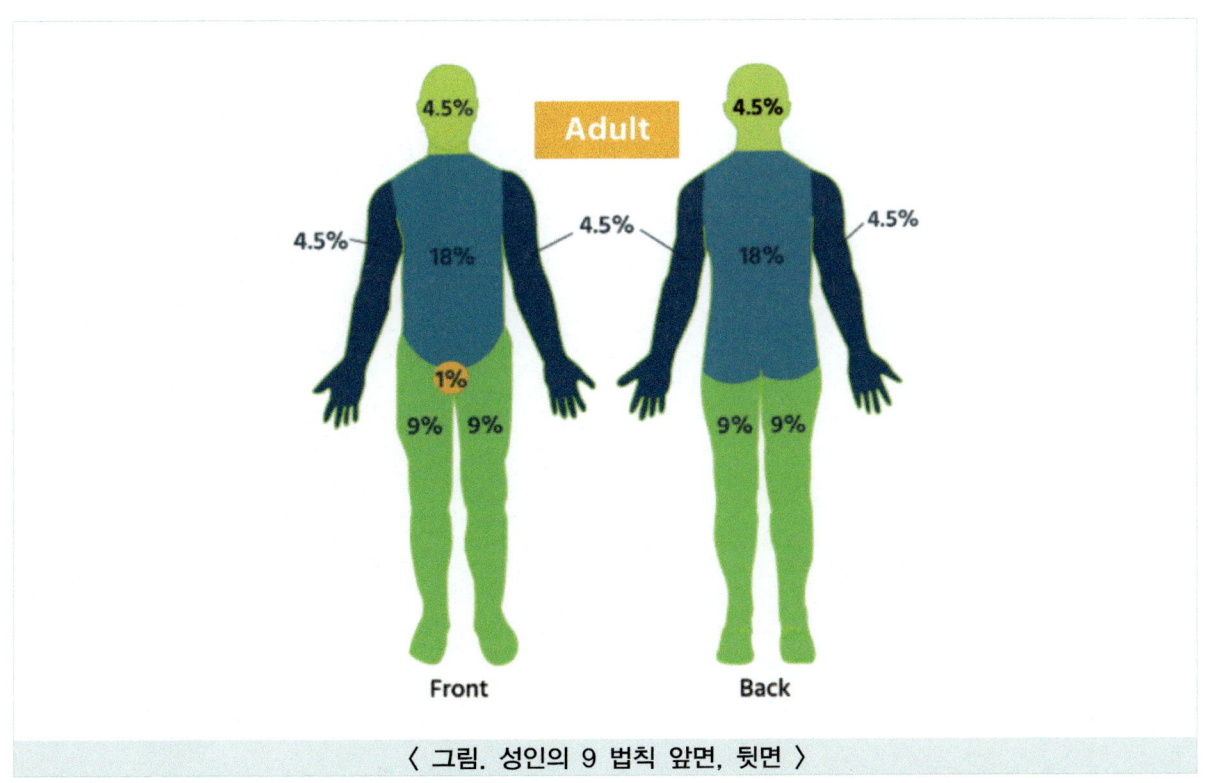

〈 그림. 성인의 9 법칙 앞면, 뒷면 〉

자료원. EMT Training Base, "Rule of Nines for EMS"

표. 성인의 9 법칙

신체부위	비율
머리와 목	9%
몸통 앞면	18%
몸통 뒷면	18%
왼쪽 팔	9%
오른쪽 팔	9%
왼쪽 다리	18%
오른쪽 다리	18%
회음부	1%
합계	100%

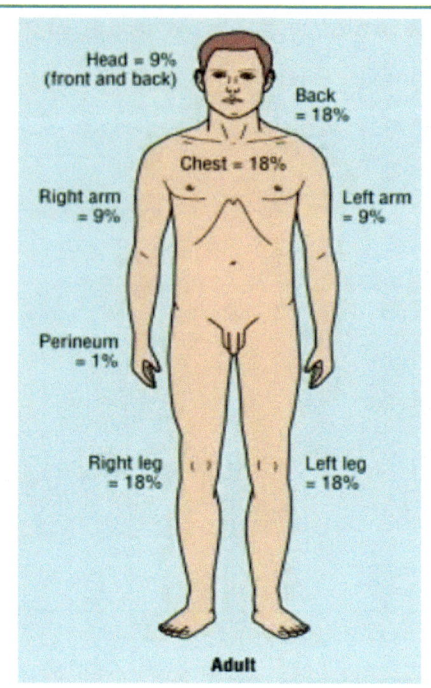

표. 아동의 9 법칙

신체부위	비율
머리와 목	18%
몸통 앞면	18%
몸통 뒷면	18%
왼쪽 팔	9%
오른쪽 팔	9%
왼쪽 다리	13.5%
오른쪽 다리	13.5%
회음부	1%
합계	100%

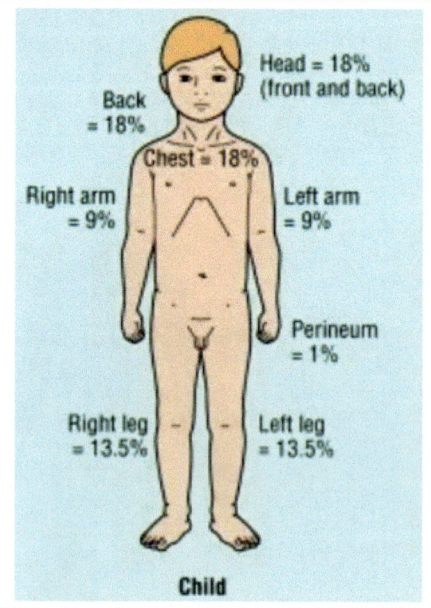

(2) 손바닥 법칙 (palmar Method)

- 환자의 손바닥 면적(손바닥 + 손가락)을 1%로 하여 화상의 면적을 평가 → 빠른 방법임

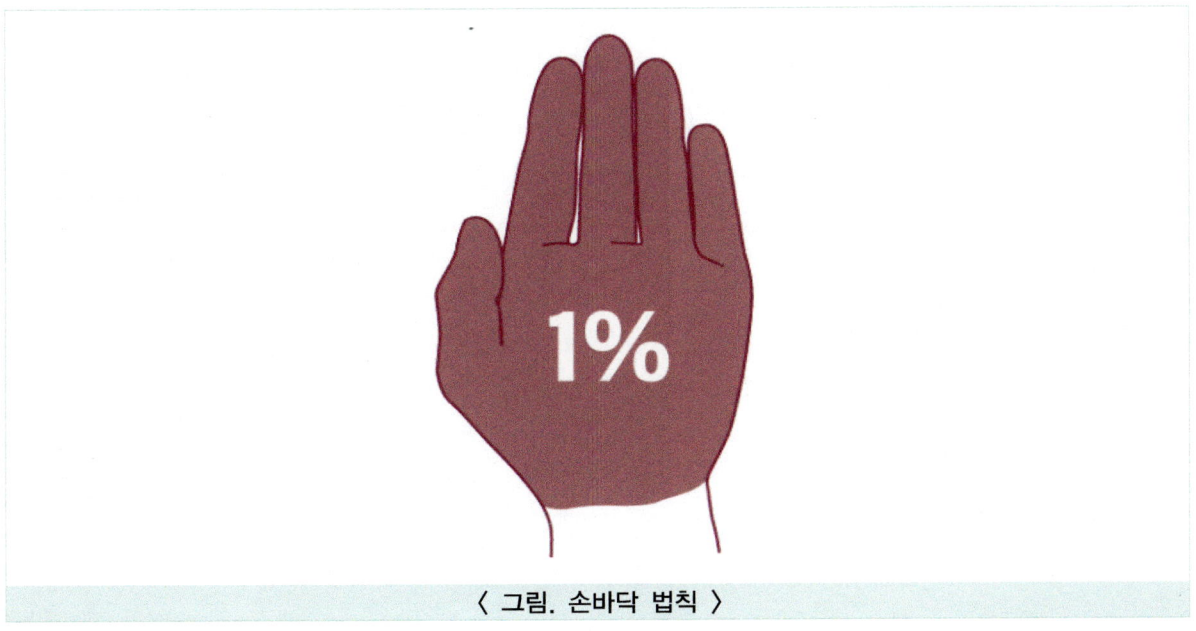

⟨ 그림. 손바닥 법칙 ⟩

4 화상의 중증도 분류(화상 정도에 따른 구분과 치료, American Burn Association) 98임용

화상 정도	기준	치료 방침
경증 화상	• 체표면적의 10% 미만의 화상 (성인의 2도 화상) • 체표면적의 5% 미만의 화상(어린이·노인의 2도 화상) • 체표면적적의 2% 미만의 전층화상(3도 이상)	외래 치료
중등도 화상	• 체표면적의 10~20% 화상 (성인의 2도 화상) • 체표면적의 5~10% 화상 (어린이·노인의 2도 화상) • 체표면적의 2~5% 전층화상 (3도 이상) • 고압손상 • 흡인성 손상이 의심 • 몸이나 팔다리 전체를 둘러싸는 화상 • 감염에 걸리기 쉬운 동반질환이 있을 때 (당뇨 등)	입원치료
중증 화상	• 체표면적의 20% 이상의 화상 (성인의 2도 화상) • 체표면적의 10% 이상의 화상 (어린이·노인의 2도 화상) • 체표면적의 5% 이상인 전층 화상 (3도 이상) • 고압전기 화상 • 얼굴, 눈, 귀, 성기, 관절부위 화상 • 골절과 같은 주요 손상이 동반 될 경우	화상센터로 이송

※ 어린이 : 10세 미만, 성인 : 10~50세, 노인 : 50세 이상

> **표. 학교에서 중증화상 구분 (119 호출, 화상전문병원 이송)**

- 체표면적의 15% 이상의 화상 (성인의 2도 화상)
- 체표면적의 10% 이상의 화상 (소아의 2도 화상)
- 체표면적의 3% 이상인 전층 화상 (3도 이상)
- 흡입 화상 의심
- 2세 미만 혹은 65세 이상
- 전기화상
- 심각한 기저질환 (당뇨, 심혈관계 질환 등)
- 급성 알콜 혹은 약물 남용
- 아동 학대 의심

5 화상 일반적인 응급처치 11, 09, 93, 92 임용

(1) 의식, ABC 확인

- 화상부위가 넓을 때, 흡입화상의 경우 ABC 확인함

A(airway)	• 기도 개방성 확인, 비강 주위의 그을림, 탄 콧털, 구강과 인두의 수포와 부종, 천명음(쌕쌕거림), 얼굴과 목의 깊은 화상 등 확인
B(breathing)	• 환기 적절성 확인, 호흡곤란 확인
C(circulation)	• 맥박 유무, 규칙성 확인

→ 무호흡, 심정지 호흡(심정지 상태) 시 CPR 시행

(2) 화상 원인물질로부터 분리

- 화상 원인물질로부터 안전한 곳으로 이동하여 분리함

(3) 의복, 장신구 제거하기

의복 제거	• 의복이나 물체가 몸에 화상부위의 피부에 붙어있으면 제거하지 않음 • 붙어있지 않으면 가위로 옷을 잘라 제거함
장신구 제거	• 장신구(안경, 손목시계, 반지, 목걸이 등) 신속하게 제거 → 화상은 부종이 생기므로 조이는 장신구 등을 제거하지 않으면 혈액순환에 방해됨

(4) 화상부위 식히기 (화기제거) 11, 09, 94 임용

① 화상부위 식히기 목적 11, 94 임용

조직손상 최소화	• 피부 속 열 존재 → 화상부위 면적, 깊이 심화되는걸 방지 → 조직손상 최소화
부종 억제	• 모세혈관 확장, 염증 감소 → 부종 억제
염증 감소	• 조직 손상 감소 → 혈관 확장억제, 염증매개물질 감소 → 염증 감소
통증 감소	• 신경말단 자극 감소 → 통증 감소
감염위험 최소	• 수포, 조직괴사 범위 감소 → 감염위험도 감소

② 화상부위 식히기 방법

10% 이하 화상 (1도, 2도 화상)	차가운 수돗물	• 흐르는 차가운 수돗물에 15~20분 정도 식히기 • 15~25℃ 시원한 수돗물 (너무 차가운 물 X)
	차가운 물에 담그기	• 최대 10분 이내로 차가운 물에 담그기 → 10분 이상은 저체온증 유발 (특히, 어린이)
	차가운 물에 적신 수건	• 차가운 물에 적신 수건으로 상처를 덮기
	얼음물 X	• 얼음물 사용 X, 얼음 직접 대지 않기 → ① 직접적인 피부손상, ② 동상 위험, 　③ 혈관 수축으로 화상부위 혈류 감소로 회복 지연
	보온	• 중심체온 떨어지지 않도록 담요, 외투 등으로 보온
광범위한 화상 (10% 이상의 1도, 2도 화상)	차가운 물 담그기 X	• 찬물에 담그기 X → 과도한 열손실 야기 → 저체온증 유발
	화상부위 물로 뿌리기	• 흐르는 물을 고르게 뿌려 식힘 (10분 이내) • 저체온증 주의
3도 이상 화상	• 3도 화상은 차가운 물 식히기 X	
	찬물 식히기 X, 찬물 담그기 X	• 감염 위험성 증가 → 피부 전층 파괴로 찬물 적용시 상처내 세균 침투, 감염 위험성
		• 저체온증 유발 • 조직손상 악화 (혈류감소로)
눈 화상	• 눈 안쪽에서 바깥쪽으로 흐르는 물로 식히기	

(5) 수포 제거하지 않기 96, 93, 92 임용

수포 제거 X	• 일반적으로 수포제거시 감염위험 있으므로 제거하지 않기
6mm 이상 수포, 관절부위 수포	• 예외적으로 6mm 이상 수포, 관절부위 수포는 감염 우려, 쉽게 터지므로 수포액 제거 → 피부를 벗겨내지 말고, 멸균 주사기 바늘로 수포액을 뽑아서 제거

(6) 화상환자 체위

사지(팔,다리)화상	• 화상 부위를 심장보다 높게 올리기 → 부종 감소, 순환 개선
안면 화상 (얼굴, 목 화상)	• 반좌위 자세 → 부종에 의한 호흡장애 발생의 가능성이 있으므로 (부종감소, 호흡보조)
의식 없는 환자	• 측위 → 기도 확보, 구토시 흡인 방지
호흡곤란 환자	• 좌위 → 폐활량 증가, 호흡보조

(7) 깨끗한 천이나 붕대로 화상부위를 감싼 후 병원에 방문하기

목적	① 상처오염 방지 → 감염예방 ② 보온 제공 ③ 통증 완화 : 공기접촉, 먼지 등에 의해 통증 심해지므로, 자극 줄어 통증 완화

(8) 경미한 화상도 병원치료 받아야 하는 경우

어린이 화상	• 피부 표피, 진피 얇아 깊은 화상 위험 • 감염 위험성 높음 • 체온조절 기능 저하 → 저체온증 위험 등
손, 발 화상	• 손가락, 발가락 화상시 움직임 제한과 구축위험으로 반드시 병원 진료보기
관절 화상	• 관절 부위 화상시 구축 위험으로 반드시 병원 진료 보기 → 관절 주변 피부·조직 손상 → 구축위험
얼굴 화상	• 기도 부종 발생 가능성 → 기도폐쇄 위험 → 기도확보 필요 • 안구 손상 위험 → 시력 저하 등 위험
생식기 화상	• 피부 얇아, 깊은 화상 위험 • 감염 위험성 높음 • 흉터, 기능손상 위험

(9) 드레싱 (dressing)

습윤 드레싱	목적	• 습윤 환경 → 상처치유 촉진, 피부 재생 촉진 • 삼출물 흡수 • 통증 완화 → 신경말단 보호 • 상처 보호 • 감염 예방
	적용	• 1도 화상, 2도 화상
	금지	• 감염된 상처에는 금지 → 습윤 환경으로 세균 번식 위험 → 감염악화
	제품	• 하이드로콜로이드, 폴리우레탄, 알지네이트 등
멸균 거즈드레싱 (건조드레싱)	목적	• 감염된 상처에 사용 → 상처 건조시켜 감염 억제 • 삼출물 흡수 → 삼출물 많은 상처에 사용 • 상처 보호 • 감염 예방
	적용	• 3도 이상 화상, 감염 위험 있는 화상

(10) 구강섭취

- 화상직후에는 원칙적으로 구강섭취(물, 음식물) 섭취 금지

의식 X	• 의식이 없을시 금식 (입으로 구강섭취 금지)
의식 O	• 의식이 있더라도 구토유발로 흡인 가능성, 응급수술 가능성, 장기손상 가능성 등으로 구강섭취 금지
	• 의식 있고, 안면 및 기도 화상이 확실할 경우 소량의 물을 주기도 함

(11) 감염예방

① 파상풍 예방접종

접종 목적	• clostridium tetani는 화상 상처에서 잘 성장 → 응급실에서 파상풍 예방접종 실시
면역글로불린	• 과거에 파상풍 예방접종 미접종 시 → 파상풍 면역글로불린을 투여

② 국소항균제 92 임용

- 국소항균제는 상처속의 세균 증식을 최소화하고, 전신 패혈증을 예방함 → 감염예방
- 2도 이상의 화상에 사용

silver sulfadiazine (실마진, 일바돈) → 가장 흔히 사용	효과	• 상처속의 세균 증식을 최소화하고, 전신 패혈증을 예방함 → 감염예방 • 통증 완화
	금기	• sulfonamide(sulfa제) 알레르기 시 금기 • G6PD (용혈성 질환) 시 금기 • 얼굴부위 화상은 금기 → 눈, 점막 등 자극
	주의 (부작용)	• 장기사용시 백혈구 감소증 등 전신부작용 있음
	도포	• 약 2~3mm로 도포함 • 하루 1~2회 닦아낸 후 다시 바름 → 기존에 도포해놓은 크림이 딱딱해지거나, 삼출물과 섞이므로, 생리식염수로 부드럽게 닦은 후 다시 도포

(12) 통증 간호

NSAIDs	• 통증 있을 때 비스테로이드성 소염진통제(NSAIDs) 투여 가능
의료진 처방 진통제	• 통증이 심한 경우 의료진 처방 마약성 진통제 등 투여

(13) 민간요법 (하지 말아야할 것)

알코올 X	• 소주 등 알코올 소독 X → 모세혈관을 확장으로 부종 악화, 통증 심화
기타	• 된장, 간장 X • 감자, 오이 X → 상처 염증이 깊어짐

6 화상 종류별 응급처치

(1) 열화상 응급처치

뜨거운 액체 화상	가위로 제거	• 옷을 벗기지 말고 가위로 제거함
	액체가 의복에 붙었을 때	• 무리하게 옷 제거하지 않기 • 옷을 벗기지 않고 냉각시키기 → 옷 위로 찬물 붓기
불에 의한 화상	몸에 불이 붙었을 때	• 바닥으로 구르기 〈 몸에 불이 붙었을 때 3 원칙 〉 • STOP 멈춘다, DROP 엎드린다, ROLL 구른다. → 뛰는 행동은 불이 더 번질수 있으므로 뛰지 않기 • 이불이나 담요로 불 끄기
	화재 진압이 안되어 있을 때	• 입과 코에 젖은 수건을 대기 • 신선한 공기 마시기 → 환자를 안전한 곳에 옮기고 의복을 느슨하게 하고, 신선한 공기를 마실 수 있도록 하기
	흡입 화상 관찰	• 흡입 화상을 의심할 수 있는 상황에서는 가능한 빨리 병원 이송 → 연기가 많이 발생한 지역, 밀폐된 공간에서 화재, 환자의 안면부에 화상의 흔적이 있는 경우, 숨소리가 거친 경우(천명음, 쌕쌕거림)나 호흡곤란이 있는 경우, 가래에서 검댕이가 나오는 경우 등
화상부위 식히기		• 차가운 수돗물, 차가운 물에 담그기 등 화상부위 식히기 → 10% 이하 (1도, 2도 화상)만 해당

(2) 화학화상 응급처치

액체 외 물질	가루물질	• 솔(브러쉬)로 충분히 털어내기 (제거 시 흡인 주의하기) → 이후 흐르는 물로 씻어내기
	고형의 화학	• 고형의 화학물질은 물로 씻기 전에 고형물질 제거하기 → 이후 흐르는 물로 씻어내기
액체물질	흐르는 물로 세척	• 20분 이상 흐르는 물로 씻어내기 • 세척물이 다른 곳으로 들어가지 않도록 주의
눈 화학화상		• 세게 흐르지 않은 물로 씻어내기 • 눈 안쪽에서 바깥쪽으로 씻기 : 다른 쪽 눈 오염되지 않게

(3) 전기화상 응급처치

현장 안전 평가	• 전원이 차단되지 않은 상태에서 환자를 옮기거나, 환자와 접촉하지 않기 → 구조자 감전 위험	
전원 차단	• 즉시 전원 차단 → 전기차단 스위나, 차단기 내려서 전원 끄기 → 전기가 통하지 않는 나무 막대기, 플라스틱 등으로 스위치 끄기	
	주의	• 젖은 손, 금속 등 전기가 통하는 물체로 만지지 X → 감전 위험
		• 전원을 제거하지 않은 상태에서는 환자와 접촉하지 않기 → 감전 위험
특징	심부조직 손상	• 외견상 보이는 손상보다 몸 안의 심부조직에 손상이 훨씬 심할 수 있음
	골절, 탈골	• 전기 에너지에 의해 근육을 수축시켜 골절 및 탈골 위험
	신경손상	• 척수 손상 등 신경학적 이상
	기도부종	• 기도 부종 위험
	심정지	• 전기 에너지에 의해 심장 부정맥 등으로 심정지 위험
	즉사 위험	• 전류가 심장과 호흡의 중추인 연수를 통하면 즉사할 가능성 있음
기도유지	• 기도부종 시 기도 유지(확보)	
호흡확인	• 호흡정지, 심정지 시 즉시 CPR 시행	
맥박확인	• 부정맥 등 확인 위해 맥박 확인	
부목고정	• 척추·머리 손상 및 심각한 골절이 있는 경우 부목고정	
전류 입구, 출구 확인	• 환자 몸에 전기가 들어가고 나간곳을 찾아 평가	
	전류입구	• 작고 둥글거나 함몰된 형태 • 검거나 탄 자국
	전류출구	• 부위 넓고, 조직파괴가 더 심한 경우 많음 • 출구의 손상이 입구보다 더 크고, 깊은 경우가 많음 → 열과 에너지가 빠져나가면서 더 큰 상처를 남김
화상부위 식히기	• 화상을 입은 부위(전류의 입구와 출구 부위)는 전원이 차단된 후 차갑게 식히기 • 너무 차가운 물 X, 얼음 X	
깨끗한 천으로 덮기	• 마른 거즈나 깨끗한 천으로 덮기 → 감염 예방, 상처부위 보호 등	
병원 조치	신경혈관 상태 관찰	• 손상받은 사지의 신경혈관상태 관찰
	마이오글로빈 뇨증	• 근육세포파괴로 인한 마이오글로빈 뇨증 확인을 위해 소변 관찰 → 신장에 독성 있어, 급성 신부전 위험 증가
	파상풍 예방접종	• 파상풍 예방접종 확인
	전체 손상 사정	• 골절, 탈구, 구획증후군, 심장, 호흡, 심부조직 손상 등 전체 손상 사정

(4) 흡입화상 응급처치

신선한 공기	• 환자를 안전한 곳으로 옮기고 의복을 느슨하게 하고, 신선한 공기를 마시도록 함
기도개방 유지	• 흡입화상의 경우 기도부종으로 인한 기도폐쇄 위험 → 기도 개방 유지가 최우선임
산소공급	• 100% 산소공급

(5) 방사선화상 응급처치

즉시 격리	• 피폭원으로부터 환자 즉시 격리
오염된 옷 제거	• 방사선 물질이 묻은 옷과 신발 제거시 보호용 장갑과 마른 막대기 이용하여 제거
피부 세척	• 방사선 물질이 묻은 피부는 10~20분 이상 충분히 세척하기
급성방사선 증후군 관찰	• 전구기 : 오심, 구토, 두통, 피로, 발열, 두통 등 • 발병기(심한 경우) : 혈액(골수억제), 위장관 (출혈르 궤양), 중추신경계 증상 등
의료기관 후송	• 방사선 전문 치료 가능한 병원으로 후송

7 화상 치료과정(화상대상자 관리)

• 응급기, 급성기, 재활기의 3단계로 구성

(1) 응급기

정의	• 화상을 입은 직후부터 48시간(72시간)까지로 화상으로 나타나는 문제를 즉시 해결하는 기간임
	• 입원, 상해의 심각성 사정, 응급처치, 상처관리 등이 제공되는 시기임

① 병태생리와 임상증상

피부	보호장벽 상실	• 진피가 남아있으면 피부재생 가능 → 진피 안에 피부기능을 유지하는 혈관, 감각신경, 림프관, 피지샘, 땀샘 등이 있음 • 피부 전층 화상 시 피부재생 X 〈 감염 위험 〉 • 피부 보호장벽 상실 → 세균 침입 쉬움 → 감염
	수분-전해질 불균형	• 화상 후 수분증발속도가 4배 이상 증가 • 과도한 수분소실로 인한 수분-전해질 불균형 발생 〈 탈수, 쇼크 위험 〉 • 과도한 수분 소실 → 탈수 → 저혈량성 쇼크(저혈압, 빈맥 등)

	체온조절장애 (저체온증)		• 정상피부는 체온조절 능력이 있음 (피하지방층 : 단열작용) → 화상시 피부손상으로 외부온도에 적응능력 파괴(체온조절능력 파괴)로 저체온증 발생
	발한기능장애		• 피부전층 화상 → 땀샘 파괴 → 발한기능 상실
	감각장애		• 피부는 가장 큰 감각기관으로 통각, 압각, 온각, 촉각을 느낌
		통증 O	• 부분층 화상(2도 화상) : 신경말단부위 노출로 민감성 증가 → 통증 발생
		통증 X	• 전층화상(3도 이상) : 신경말단부위 완전히 파괴 → 통증 X, 종종 둔한 통증, 압통은 느낄수 있음
	비타민D 합성장애		• 피부는 햇빛(UVB, 자외선B)를 받으면 7-디하이드로콜레스테롤(콜레스테롤 유도체, 피부에 존재)가 비타민 D3로 전환됨 • 비타민 D3는 간과 신장에서 비타민 D로 전환됨
			→ 비타민 D 부족 → 뼈 손상위험 증가(골감소증, 골절), 면역기능저하, 상처 회복 지연 등
		표피손상	• 비타민 D 활성화 감소
		진피손상	• 비타민 D 활성화 X
	신체성 손상		• 중증화상으로 외모변화 → 신체상 손상, 심각한 정신적 문제 발생
체액과 전해질 이상	〈 체액과 전해질 이상 발생 기전 〉 • 화상으로 조직손상 → 염증 매개물질 방출(히스타민, 브라디키닌, 프로스타글란딘 등) → 모세혈관 투과성 증가 → 혈관에서 조직, 간질강으로 수분, 나트륨, 혈장 단백질 (알부민) 이동 → 저혈량증(저혈량 쇼크), 조직 부종, 저나트륨혈증, 저 알부민 혈증		
	저혈량증, 저혈량 쇼크		• 모세혈관 투과성 증가 → 혈관에서 조직, 간질강으로 수분 이동 → 저혈량증 → 순환 혈액 부족 → 핍뇨, 저혈량증 쇼크 • 저혈량 쇼크 증상 : 저혈압, 빈맥, 핍뇨, 의식저하 등
	저나트륨혈증		• 모세혈관 투과성 증가 → 혈관에서 조직, 간질강으로 나트륨 이동 → 저나트륨 혈증
	저알부민혈증, 조직 부종		• 모세혈관 투과성 증가 → 혈관에서 조직, 간질강으로 수분, 단백질(특히알부민) 이동 → 교질삼투압 저하 →조직 부종 발생
	빈혈		• 적혈구 손실 및 파괴 • 적혈구 용혈 등으로 빈혈 발생
	고칼륨 혈증	세포파괴	• 화상으로 조직세포 파괴 → 세포내액에서 세포외액(혈장)으로 칼륨이동 → 고칼륨혈증
		적혈구 용혈	• 적혈구 용혈 → 적혈구 내 칼륨이 세포외액(혈장)으로 이동 → 고칼륨혈증
			• 고칼륨혈증으로 인한 부정맥, 심장마비 등 발생위험

	혈액농축	탈수	• 모세혈관 투과성 증가 → 혈관에서 조직, 간질강으로 수분 이동 → 저혈량증 → 탈수
		헤마토크릿 증가	• 모세혈관 투과성 증가 → 혈관 내 혈장량 감소(저혈량) → 혈액 농축(혈액 점도 증가) → 헤마토크릿 증가
		모세혈관 혈전	• 농축된 혈액 → 혈액점도 상승 → 혈류 정체 및 장애 → 모세혈관 내 혈전형성 • 모세혈관의 혈전으로 순환 적혈구의 추가 손실 발생 → 모세혈관 내 혈전 → 순환 장애 → 조직 괴사 → 적혈구 파괴 → 적혈구 추가 손실
면역계	산소, 영양분 감소		• 모세혈관 투과성 증가 → 혈관 내 혈장량 감소(저혈량) → 혈액 농축(혈액 점도 증가) → 산소, 영양분, 항체 감소 → 회복지연, 감염증가
	사이토카인 증가		• 화상 → 조직 손상 → 염증성 사이토카인(종양괴사인자[TNF], 인터루킨) 증가 → 면역세포 기능 저하(림프구↓, 대식세포 기능 억제) → 결국 면역기능 전반 저하 → 감염 위험 증가
	B 림프구 감소		• 체액성 면역단백질 감소 → 항체, 면역글로불린 감소 → 정상면역반응 감소 → 감염 위험 증가
	T 림프구 감소		• 세포매개성 면역활동 감소 → 세포독성 T세포, 보조 T세포 활동 감소 → 면역결핍 상태 → 감염 증가
호흡기계	저산소증		• 연기 등 독성물질 흡입 → 폐 산소교환 저하 → 저산소증
	호흡곤란		• 기도부종으로 호흡곤란 • 연기 등 기관지 수축, 경련으로 호흡곤란 • 저산소증 교정을 위해 보상기전으로 빈호흡 등

② 치료와 간호

㉠ 호흡증진

기도유지	• 의식환자, 무의식환자에 따라 기도유지 • 기도부종시 기관내 삽관 → 시간이 지나면 완화되므로 기관절개관 보다는 기관내 삽관 시행
환기 증진	• 호흡운동 관찰 후 환기 증진
가스교환 감시	• 동맥혈가스분압(ABGA), 산화헤모글로빈 수치 등 모니터링 • 청색증, 맥박수 증가, 지남력 상실 등의 증상 모니터링
산소요법	• 저산소혈증 시 산소요법 시행
폐렴 등	• 폐렴, 폐감염 시 균 배양검사, 균 민감성 검사 통해 항생제 투여 → 호흡 증진
체위변경, 심호흡	• 잦은 체위변경, 심호흡, 흉부 물리요법 등을 통해 호흡 증진

ⓛ 심박출량 증진
- 심박출량 증진을 위해 수액요법, 혈장교환요법, 이뇨제 투여 등을 시행함

표. 수액요법

적용대상	• 총 체표면적의 15~25% 화상의 경우 정맥 수액요법 필요
목적	• 적절한 정맥내 수분량 유지로 저혈량성 쇼크 예방 • 심한 화상 시 주요 장기의 관류 유지
수액량 시간 계산	• 수액공급시간은 병원도착시간이 아닌 화상 입은시간(손상된 시간)부터 계산함

표. Pakland/Baxter 공식 수액요법 | 13 임용

- 수액공급시간은 병원도착시간이 아닌 화상 입은시간(손상된 시간)부터 계산함

처음 24시간	수액종류	• lactated Ringer's : 수분과 전해질을 보충해주는 수액, 특히 lactate는 대사성 산증을 교정해줌	
	수액량	• 수액량 = 4ml/kg × % of TBSA → 4ml × 체중(kg) × 화상면적 % (TBSA, Total Body Surface Area)	
		• 처음 8시간 동안 처방된 수액량의 반을 투여하고, 나머지 반은 이후 16시간 동안 투여함	
		처음 8시간	• 처방된 수액량의 1/2
		다음 8시간	• 처방된 수액량의 1/4
		다음 8시간	• 처방된 수액량의 1/4
	〈 사례. 체중 70kg인 사람이 체표면적 30%의 화상을 입은 경우 수액량 〉 • 수액량 = 4ml × 체중(kg) × 화상면적 % = 4ml × 70kg × 30% = 8,400ml - 처음 8시간 : 8,400ml × 1/2 = 4,200ml - 다음 8시간 : 8,400ml × 1/4 = 2,100ml - 다음 8시간 : 8,400ml × 1/4 = 2,100ml		
다음 24시간	교질액 (알부민 등)	• 계산된 혈장량의 20~60%	
	포도당	• 증발로 인해 손실로 추정되는 양을 보충해줌	

표. 수정된 Brooke Army 공식 수액요법

처음 24시간	수액종류	• lactated Ringer's(하트만 용액) → 수분과 전해질을 보충해주는 수액, 특히 lactate는 대사성 산증을 교정	
	수액량	• 수액량 = 2ml/kg × % of TBSA → 2ml × 체중(kg) × 화상면적 % (TBSA, Total Body Surface Area)	
		• 처음 8시간 동안 처방된 수액량의 반을 투여하고, 나머지 반은 이후 16시간 동안 투여함	
		처음 8시간	• 처방된 수액량의 1/2
		다음 8시간	• 처방된 수액량의 1/4
		다음 8시간	• 처방된 수액량의 1/4
다음 24시간	교질액 (알부민 등)	• 0.3~0.5ml/kg/화상면적 % → 수액량 = 0.3~0.5 mL × 체중(kg) × 화상면적(%)	
	포도당	• 증발로 인해 손실로 추정되는 양을 보충해줌	

⟨ 사례. 체중 50kg인 사람이 체표면적 45%의 화상을 입은 경우 수액량 ⟩
- 수액량 = 2ml × 체중(kg) × 화상면적 % = 2ml × 50kg × 45% = 4,500ml
- 처음 8시간 : 4,500ml × 1/2 = 2,250ml
- 다음 8시간 : 4,500ml × 1/4 = 1,125ml
- 다음 8시간 : 4,500ml × 1/4 = 1,125ml

표. 혈장교환요법

적용	• 화상 쇼크에 대한 기존 수액요법이나 치료에 반응하지 않은(실패한) 중증 환자에게 시행
방법	• 혈장을 제거하고, 신선동결혈장(FFP)으로 대체하거나, 혈액을 제거하고 전혈을 수혈하는 방법임
목적	• 혈장 내 염증 매개물질, 독소, 조직괴사 산물 제거 → 염증완화, 장기 기능보호 등

ⓒ 급·만성 통증 경감
- 진통제 투여 등 약물요법, 화상부위 절제술 등 수술요법 등을 시행함

(2) 급성기 간호

정의		• 응급기 말부터 손상된 화상부위에 피부이식을 하거나 상처가 치유될때가지의 기간임 • 보통 몇주에서 몇 달까지 걸림 → 부분층 화상은 10~20일, 피부이식이 필요한 경우 수개월 소요됨
간호목표		• 화상부위 관리, 치유증진, 합병증 예방 등
병태생리		• 이뇨 → 부종 감소 • 장음 회복 • 상처치유 시작 → 백혈구가 화상주위에 모이고, 식작용 나타남
건강사정	영양상태	• 신진대사 항진 (스트레스, 체액소실, 열, 감염, 대사 등) → 산소, 열량 요구량 증가(평소보다 2~3배 증가)
	심폐기능	• 기도손상, 폐렴 위험 → 호흡부전 초래
	면역계	• 화상부위의 국소·전신 감염 • 감염으로 인한 패혈증 위험
	근골격계	• 관절가동범위 제한, 구축 위험 확인 • 통증을 줄이기 우해 다리를 구부리면 구축 악화 → 부목으로 구축예방
치료와 간호	피부통합성 관리	• 상처 세척, 상체 드레싱, 변연절제술, 피부이식 등
	감염예방	• 파상풍 예방접종 • 국소 항균제 → 피부이식부위에는 금지 : 세포 성장을 방해함 • 감염시 패혈증 예방을 위해 항생제 투여
	영양공급	**열량 공급** • 심한화상 시 3,500~5,000kcal 공급
		비타민, 무기질 • 비타민, 무기질은 성인 1일 필요량의 2~3배 투여
		비타민 C • 상처치유에 필요 • 하루 1~2g 투여
		비타민 B • 단백질, 탄수화물 대사를 위해 비타민 B 복합체 투여
		필요시 보충 • 비타민 A, E, K, 엽산 필요시 보충
		모니터링 • 혈청 칼슘, 인, 칼륨, 철분 농도 주기적으로 모니터링

(3) 재활기

정의	• 화상상처가 회복(화상부위가 체표면적의 20% 이하로 감소)되고, 어느정도 자가간호를 수행할 수 있는 시기임 • 사회복귀에 중점을 두는 시기로 피부흉터 관리, 관절의 기능회복, 정서적지지 등의 시기임 • 신체적·정서적으로 최적의 적응을 위해 2~5년까지도 시간 소요될 수 있음
간호목표	• 화상으로 손상된 외모와 기능 회복하여, 사회생활로 복귀하는 것임

치료와 간호	경축예방	• 근육, 관절, 피부 등의 경축 예방
	치료적 체위유지	• 경축형성을 예방하기 위해 규칙적으로 체위변경 실시
	부목고정	• 부목 고정 실시 → 경축 예방, 피부 이식 후 관절 고정 위해
	운동과 보행	• 경축의 교정이나 예방 위해 운동 실시 • 보행 전 하지에 탄력붕대 적용 : 정맥혈 정체, 부종, 기립 저혈압 등 예방 • 보행 효과 : 정맥혈전의 위험 감소, 최적 환기 증진, 관절가동범위운동의 유지 등
	반흔 예방	• 압박성 의복 착용 → 일정한 압력을 지속적으로 가해주면 비후성 반흔 예방
	• 독립성 증진(일상생활활동 수행 등), 정서적지지, 신체상 증진 등	

8 화상 합병증

심혈관계	저혈량증	• 저혈량증 → 교감신경계 자극 → 카테콜라민 분비 → 전신 혈관수축 → 전신 저항 증가 → 심장부담 증가 → 심박출량 감소 → 심부전 가능성
	고칼륨혈증	• 고칼륨혈증 → 심근 전기적 탈부극 장애 → 부정맥, 심정지
	저산소증 등	• 순환혈류량 감소, 심박출량 감소 → 조직으로 산소, 영양분 공급 저하 → 조직 조산소증 등
호흡기계	상기도 손상	• 열손상시 주로 발생 → 상기도 점막(기도, 후두 부종) → 기도 폐쇄, 질식 위험 • 증상 : 부종, 쉰목소리, 기침, 천명음, 기도 폐쇄 등
	흡입 손상	• 화학가스나 연기 흡입으로 주로 발생 • 연기, 독성 화학가스를 흡입하여 기관, 기관지, 폐포까지 손상 → 폐포손상, 염증 • 증상 : 호흡곤란, 쉰 목소리, 기침, 가래, 입술, 코 주변 그을림, 정신상태 변화(저산소증, 일산화탄소 증가로 인함)
	폐 부종	• 폐포-모세혈관 투과성 증가 → 폐 부종 • 세로토닌, 히스타민 등 염증매개 물질 분비 → 폐모세혈관 수축, 혈관 저항 증가 → 모세혈관내 정수압 증가 → 폐부종
	폐렴	• 흡입 손상 → 섬모 기능 저하, 점액 정체 등 → 폐렴 • 면역기능 저하 → 감염 노출 → 폐렴

위장관계	컬링 궤양 93 임용		• 화상 → 저혈량증 → 위 점막 혈류감소(허혈) → 위 점막보호기전 손상(점맥분비감소, 중탄산염 분비 감소, 프로스타글란딘 생성감소) → 위산에 의한 손상 → 소화성 궤양 발생 • 증상 : 무통성 위장관 출혈(천공시까지 통증 X, 토혈, 흑색변, 혈변 등), 출혈 관련 전신증상(빈혈, 저혈압 등)
	마비성 장폐색	장허혈	• 화상 → 저혈량증 → 장 허혈 → angiotensin Ⅱ 분비 증가 → 혈관 수축 → 장 운동저하 → 마비성 장폐색
		고칼륨혈증	• 화상으로 고칼륨혈증 → 장 평활근 활동 저하 → 장 연동운동 감소 → 마비성 장폐색
근골격계	구획증후군		• 심한 조직부종, 화상으로 형성된 두꺼운 가피 형성 → 근막 내 압력 증가 → 혈관 및 신경 압박 → 사지 통증, 말초맥박 약화·소실, 감각저하·소실 등 → 조직괴사, 영구적 손상 → 가피절제술, 근막절개술 시행
	근육, 관절 구축		• 화상으로 피부, 근육, 건 손상 → 섬유화 및 흉터(반흔) 형성 → 근육, 관절구축 → 관절 가동범위 감소, 움직임 제한 • 관절 구축예방을 위해 부목 사용
신장/ 요로계	단백질 대사물 증가		• 세포 손상 → 단백질 대사물 방출 → 요산 생성 → 신세뇨관에 요산 침전 → 신장기능 손상
	적혈구 용혈		• 손상된 적혈구 → 다량의 헤모글로빈(혈색소) 방출 → 신세뇨관 손상
	마이오글로빈 뇨증		• 전기화상 등 근육 손상 → 마이오글로빈(myoglobin) 혈액내로 유리(증가) → 신장통해 소변으로 마이오글로빈 배출 → 마이오글로빈뇨증 → 신세뇨관 손상 및 폐쇄 → 급성 신부전 위험
	횡문근 융해증		• 전기화상이나 깊은 열화상시 횡문근 손상 → 마이오글로빈뇨증, 고칼륨혈증 → 신세뇨관 손상, 신부전 위험
	저혈량 쇼크		• 저혈량 쇼크 → 신장관류 감소 → 허혈성 신장 손상
	급성 요세관 괴사		• 마이오글로빈 뇨증 → 마이오글로빈 요세관 침착 • 저혈량 쇼크로 인한 신장관류 감소 → 핍뇨증, 무뇨증 발생 → 급성 요세관 괴사

피부	반흔 형성,
	경축
			• 비후성 반흔 형성
			  → 피부 치유과정에서 콜라겐 과잉생성(조직 과잉 성장)
			• 경축 형성
			  → 반흔이 관절이나 움직이는 부위에 생기면, 경축 발생
			  → 관절가동범위, 움직임 제한

노인간호학

과목 4

PART 01 노인 건강문제 및 사정
PART 02 노인학대
PART 03 노인관련 법적제도
PART 04 노인증후군
PART 05 치매

Part 01 노인 건강문제 및 사정

① 노인 관련 지표

1 노인의 정의

- 노인복지법 및 관련 법령에 딸 65세 이상으로 정의

2 부양비 및 노령화지수 18 임용

	(총) 부양비 18 임용
산식	• 총부양비 = $\dfrac{0-14세 인구수(유년인구) + 65세 이상 인구수(노년인구)}{15-64세 인구수(생산가능인구)} \times 100$
정의	• 생산가능인구(15~64세)에 대한 비생산인구(유년인구(0~14세)+노년인구(65세 이상))의 비율
설명	• 부양비는 인구의 사회경제적 구성을 나타내는 지표임 • 부양비는 경제활동 연령인구가 비경제활동 연령인구를 개인당 몇 명을 부양해야 하는가를 나타내는 지수임
	유년부양비
산식	• 유년부양비 = $\dfrac{0-14세 인구(유년인구)}{15-64세 인구수(생산가능인구)} \times 100$
정의	• 생산가능인구(15~64세)에 대한 비생산인구 중 유년인구(0~14세)의 비율
	노년부양비
산식	• 노년부양비 = $\dfrac{65세이상 인구(노년인구)}{15-64세 인구수(생산가능인구)} \times 100$
정의	• 생산가능인구(15~64세)에 대한 비생산인구 중 노년인구(65세이상)의 비율
	노령화지수 (고령화지수) 18 임용
산식	• 노령화지수= $\dfrac{65세 이상 인구수(노년인구)}{0-14세 인구수(유년인구)} \times 100$
정의	• 유년인구(0~14세)에 대한 노년인구(65세 이상)의 비율
설명	• 국가나 특정지역의 노인 인구비율을 나타나며, 고령화 사회의 심각성, 그로 인한 사회적, 경제적 영향을 이해하는데 도움을 줌

3 고령인구 비율(고령화사회·고령사회·초고령 사회)

산식	• 고령인구비율 = $\dfrac{65세\ 이상\ 인구수}{전체\ 인구수} \times 100$	
정의	• 총인구에 대한 고령인구(65세이상인구)의 구성비율	
해석	고령화사회	• 전체 인구중 65세 이상 인구가 7% 이상인 사회
	고령사회	• 전체 인구중 65세 이상 인구가 14% 이상인 사회
	초고령사회	• 전체 인구중 65세 이상 인구가 20% 이상인 사회

4 평균수명과 건강수명

평균수명	• 출생시점을 기준으로 향후 생존할 것으로 기대되는 평균 생존연수임
기대수명	• 0세 출생자가 향후 생존할 것으로 기대되는 평균 생존연수임 (0세의 기대여명)
기대여명	• 특정연령의 사람이 얼마나 앞으로 살 것으로 기대되는 연수 (양적 지표)
건강수명	• 기대 수명 중 질병이나 장애를 경험하는 기간을 제외한 수명임 질적 지표) • 즉, 유병기간 제외 기대수명임

2 정상적인 노화과정 및 건강문제

1 노화로 인한 신체적 변화

(1) 피부 변화

노화로 인한 변화	노하 결과	건강증진 및 질병예방 전략
표비 수분감소, 피지선, 아크린선 감소	• 피부 건조 → 피부소양증	• 실내 습도 유지 • 잦은 목욕 X • 습윤제, 보습제 사용
콜라겐, 탄력성 섬유감소	• 피부탄력 감소 → 피부 쉽게 찢어짐 • 주름	• 외상 주의 등
진피 부착정도 감소	• 통증 역치 증가, 통증 민감도 감소	• 외상 등 상처 관찰 • 질병 시 통증이 없을수 있음을 주의함
표피 감소, 피부 세포재생 속도 감소	• 상처치유 능력 감소, 피부보호막 기능 감소 • 염증과 감염 증가	• 피부의 어떤 손상에도 주의를 기울임
멜라닌 세포 감소	• 자외선(UV)으로부터 덜 보호 (자외선 보호기능 약해짐) • 노인성 반점, 색소성 반점	• 자외선 차단제 • 창 넓은 모자 등
진피 혈관분포 감소, 혈관 취약성 증가	• 노인성 자반(출혈), 정맥 울혈 및 정체	• 외상 주의
피하조직 감소	• 저체온증	• 신체 보온에 유의
땀샘 기능저하	• 고체온증	• 더운날 외출 피함 (열사병 주의) • 목욕은 뜨거운 물보다 따뜻한 물로 하기
진피 및 피하조직 세포와 혈관 얇아짐	• 욕창 발생 증가	• 체위변경 자주 시행
랑게한스섬 세포 수 감소	• 면역 기능 감소	• 대상포진 예방접종 등
피부 양성 및 악성 종양 증가		• 자외선 차단
햇볕에 노출될 때 비타민 D 잘 형성 하지 못함 → Vit D 결핍증		

표. 노인 피부계 주요 건강 문제와 간호

피부소양증	• 피부 보습
대상포진	• 대상포진 예방접종 등
욕창	• 잦은 체위변경
피부 악성종양	• 자외선 차단

(2) 근골격계 변화

노화로 인한 변화	노화 결과	건강증진 및 질병예방 전략
칼슘 소실로 골밀도 감소	• 골다공증 증가 • 골절 증가 • 척추후만증	• 정기적인 골밀도 검사 • 외상 및 낙상 주의 • 체중부하 운동 (유산소 운동) • 칼슘 함유된 음식, 칼슘 보충제
결체조직과 결체 섬유 탄력 감소	• 관절 가동성 제한 • 어깨관절, 척추관절 등 손상	• 정기적인 스트레칭 • 관절가동범위 운동 (ROM) 등
근세포수 감소, 근세포 수분량 감소 → 근육량 소실	• 체지방률 증가 • 제지방률 감소 → 근력, 근지구력 감소	• 근력 운동 시행
추간판 탈수와 단축, 척추변형	• 요통 • 신장 축소	• 바른자세 유지
연골 닳고 뻣뻣해짐	• 골관절염 • 관절유연성 감소	• 체중 관리 (과체중 X)
뼈와 근육허약으로 무게 중심 변화	• 보행 이상 • 낙상 등	• 욕조 화장실에 미끄럼 방지 등

표. 노인 근골격계 주요 건강 문제와 간호

골다공증	• 체중부하 운동, 칼슘 섭취 등
골절	• 낙상 주의
관절염	• 정상 체중 유지 등

(3) 심혈관계 변화

노화로 인한 변화	노화 결과	건강증진 및 질병예방 전략
동맥혈관 탄력성 저하 (동맥혈관경화), 말초혈관 저항력 증가	• 고혈압	• 정기적으로 혈압 측정 등 • 비만시 체중감소 • 나트륨 섭취 감소
동맥혈관 탄력성 저하, 내벽의 플라크 저하	• 죽종 증가 • 혈류흐름 제한	• 정기적인 혈압 측정 • 고지혈증 예방
노화로 인한 기동성 장애, 활동 저하	• 하지정맥 혈전 발생 촉진	• 규칙적인 운동
정맥 혈관의 탄력성 감소	• 하지정맥류, 심장으로의 정맥귀환 감소로 하지부종	• 조이는 바지나 하의 금지 • 장시간 서 있거나 앉아 있지 않기

압수용기의 민감도 감소	• 체위성 저혈압
	  (위치변화에 따른 적응 어려움)
		• 천천히 자세바꾸기
		  (누운자세 → 앉기 → 일어서기)

표. 노인 심혈관계 주요 건강 문제와 간호

- 고혈압
- 관상동맥질환
- 부정맥 (특히 심방세동)
- 울혈성 심부전
- 말초동맥질환
- 하지정맥류 등

(4) 호흡기계 변화

노화로 인한 변화	노화 결과	건강증진 및 질병예방 전략
폐 탄력성 저하 → 잔기량 증가 → 폐활량 감소	• 가스교환 장애 • 산소공급 감소, 이산화탄소 증가	• 규칙적인 유산소운동 등으로 폐활량 증진
호흡근 약화 (늑간근, 횡경막 근육)	• 깊은 숨을 쉬기 어려움	• 심호흡 운동
호흡성 섬모 운동 감소	• 감염과 흡인 위험성 증가 → 폐렴 등	• 폐렴 예방접종 • 독감 예방접종 • 수분섭취 증가
흉곽 술통형 모양, 늑골의 연골 강직과 교원질 증가	• 흉곽 운동성 감소	
코 점막 건조, 섬모수 감소	• 흡기시 가습과 이물질 제거능력 감소	
기침반사, 구토반사, 점액섬모 청소기능 저하	• 폐 분비물 증가 → 흡인성 • 폐렴 등	• 연하곤란 환자 등 흡인 되지 않도록 주의

〈 공통 예방관리 〉
- 금연, 수분섭취 증가, 규칙적인 유산소 운동, 호흡기 감염 예방(예방접종 등), 실내공기질 관리 등

표. 노인 호흡기계 주요 건강 문제와 간호

- 폐렴
- 폐결핵
- 만성폐쇄성 폐질환

(5) 소화기계 변화

노화로 인한 변화	노화 결과	건강증진 및 질병예방 전략
잇몸 및 치근막 약화	• 저작 어려움 → 음식섭취 감소 → 체중감소	• 음식을 작은 조각으로 주기
침 생산 감소	• 구강건조 • 음식 삼키기 어려움 • 소화지연	• 식사 전 찬물 넣기 • 얼음조각 먹기 등
식도 운동성 저하	• 연하곤란, 역류 위험 증가	• 부드럽고 잘 넘길수 있는 음식 • 뜨겁거나 찬 음식 주의(적당한 온도) • 앉은자세에서 머리를 약간 숙인 자세로 식사
위산 분비 감소	• 영양 불량 (단백질 소화, 철, 칼슘 흡수 저하)	• 비타민 B12, 철분, 칼슘 흡수저하에 주의하여 필요한 경우 보충제 사용
위 평활근 상실로 배출시간 지연	• 식후 팽만, 식후 포만감 → 식욕부진, 체중감소	• 적은 양 여러번 식사
장 연동운동 감소	• 변비, 복부팽만, 복부 가스 등	• 섬유질 충분히 섭취 • 수분섭취 증가 • 적절한 운동
담즙산 생성 감소	• 콜레스테롤 증가	• 저 콜레스테롤 식이 등

표. 노인 소화기계 주요 건강 문제와 간호

- 구강건조증
- 연하곤란
- 위염, 소화성 궤양
- 장 게실 등

(6) 조혈기계

노화로 인한 변화	노화 결과
흉선 감소로 T 림프구 기능 감소, 억제 T 림프구 증가(항체생산에 억제)	• 감염 위험 증가 • 면역 감소 • 외부물질에 대한 항체 반응 낮아지고, 자가면역 반응으로 자가면역 질환 증가 • 잠재되어 있던 수두바이러스 재활성화로 대상포진 증가
체온 낮음 (특히 80세 이상) (대사율 감소, 체온감지능력 소실 등)	• 고령에서 체온 항상성 유지 어려움 → 감염시 열, 오한, 통증 증상 발현되지 않은 경우 흔함
혈구 증가 상황시 골수기능 저하	• 빈혈, 감염, 출혈 발생 시 골수는 신체의 요구에 대한 반응으로 혈액 세포의 생산을 잘 증가시키지 못함

(7) 신경계 변화

노화로 인한 변화	노화 결과
신경세포 수 감소, 뇌 무게, 크기 감소	• 대뇌 피질의 용적 감소, 뇌 혈류량 감소, 뇌대사율 감소
말초신경계의 신경전도속도감소, 신경전달물질 감소 등	• 반응하거나 작업하는 것이 느림 (행동 느려짐, 반응시간 지연) → 시간을 주면 정확히 처리함 • 반사운동 약해짐 • 협응운동 느려짐

┃ 표. 노인 신경계 주요 건강 문제와 간호 ┃

- 뇌졸중
- 파킨슨병
- 치매

(8) 감각기계 변화

노화로 인한 변화	노화 결과
눈의 분비기능 감소	• 세균과 먼지 제거 X → 결막염 증상 빈번
눈을 윤활하게 하는 체액을 생산하는 세포의 수가 감소	• 안구 건조증
수정체 경직, 혼탁, 굴절	• 가까이 있는 물체 보기 힘듦 → 노화로 인한 근시 • 백내장 (수정체 혼탁) • 수정체 변화로 색 지각능력(인지)의 변화, 밝은 빛의 필요(20대의 3배)
안구 내 수액의 재흡수 기능 저하	• 안압증가, 녹내장
암 순응 능력 약화	• 빛에 대한 적응력 감소로 사고, 상해 위험성 큼 → 밝은 곳으로 들어갈 때 일시적으로 눈이 안보일수 있음) • 눈부심
노인성 난청	• 고음의 소리 듣는데 어려움 • 자음과 모음 중 자음 듣는게 어려움 (모음: 저음, 자음: 고음)

┃ 표. 노인 감각기계 주요 건강 문제와 간호 ┃

- 백내장
- 녹내장
- 황반변성
- 이명, 청력 상실

(9) 내분비계 변화

노화로 인한 변화	노화 결과
말초조직의 인슐린에 대한 민감도 저하	• 제 2형 당뇨병
멜라토닌 감소	• 수면장애
성장호르몬 수치 감소	• 근력 저하
알도스테론 감소	• 탈수 (물과 나트륨 재흡수 X)
여성 : 에스트로겐 감소 남성 : 테스토스테론 감소	• 여성은 털 증가, 생식기 위축 등
갑상선 약간 감소	• 갑상샘 기능 저하증

표. 노인 내분비계 주요 건강 문제와 간호

- 제 2형 당뇨병
- 갑상샘 기능저하증
- 수면장애

(10) 비뇨생식기계 변화

노화로 인한 변화	노화 결과
신사구체 네프론 수 감소 등 → 사구체 여과율 감소	• 노폐물과 많은 약물을 배출하는 능력이 떨어짐
항이뇨호르몬에 대한 민감도 감소	• 나트륨과 수분 재흡수 줄어들어, 소변 농축 기능 감소
방광 용적 감소	• 잦은 요의
방광근 긴장 소실, 요도괄약근 긴장 저하	• 요실금
전립선 비대	• 남성의 경우 전립선 비대증 발생

- 여성 : 질 건조, 질 탄력성 저하, 질 산도 저하 등 → 질염 등
- 남성 : 고환 위축, 정자 수 감소 등

표. 노인 비뇨생식기계 주요 건강 문제와 간호

- 전립선비대증
- 요실금
- 질염 등

2 노화에 따른 인지적 변화

(1) 인지기능 정의

- 인지기능은 인간이 외부 세계의 정보를 인식하고 이해하고 판단하여 행동하는 과정에서 필요한 모든 기능을 말하며, 인지, 사고, 기억, 판단 기능 등을 포함함
- 인지는 주의집중력, 기억력, 언어능력, 시공간 구성능력, 실행기능 등으로 나눌 수 있음

(2) 인지적 변화

지각과 반응시간의 지연	• 신경전달물질의 변화와 감소, 뇌신경 기저핵의 위축으로 감각자극은 중추신경 내에서 처리될 때 많은 시간이 걸림 • 운동능력의 속도저하와 행동수행 능력저하로 지각과 반응시간이 느려짐 • 업무수행 속도가 느려지지만 능력이 떨어진 것은 아님
학습능력 저하와 문제해결시간의 지연	• 과업수행이나 작업성취 같은 학습능력이 저하된다고 보고되고 있지만, 학습과 반응의 기간이 충분하면 노년층이라도 청년층보다 더 많이 학습을 할 수 있음
기억력 저하	• 정상적인 노인성 기억장애를 양성 노인성 건망증이라고 함

3 노화에 따른 심리적 변화

- 우울의 경향 증가
- 내향성 및 수동성 증가
- 조심성의 증가
- 경직성의 증가
- 생에 대한 회고의 경향 증가
- 친근한 사물에 대한 애착심
- 의존성의 증가
- 양성화 경향 증가

3 포괄적 노인사정

1 포괄적 노인사정의 정의
- 노쇠한 노인의 복잡한 건강문제를 다루기 위해 노인에 대한 정보를 다각도에서 수집, 분류, 이용하는 것으로 노인의 건강을 다차원적으로 평가함으로써 건강상태를 총체적으로 이해할 수 있음

2 포괄적 노인사정의 효과

① 건강문제에 대한 총체적 이해
② 드러나지 않은 건강문제들 및 잠재적 위험요소 파악
③ 합병증 및 부작용에 대한 예측과 예방
④ 개인 맞춤형 치료계획 수립 및 다학제적 중재
⑤ 병원 입원일수 감소, 재입원률, 사망률 감소, 요양시설 입소 감소, 의료비 감소

3 포괄적 노인사정 구성요소

신체적 영역	질병력	• 진단명, 만성질환 중증도 • 스크리닝	• 중증도 검사
	복용약물	• 다약제 복용 여부	• 다약제 스크리닝 검사
	시력	• 보기검사	• Snellen 시력표
	청력	• 듣기 검사	• 속삭임 검사, 오디오 스코프
	영양	• 영양불량, 비만 등	• 간이 영양평가
	요실금	• 실금 여부	• 문진 및 설문
	변실금	• 변비, 설사 여부	• 문진 및 설문
	건강습관	• 흡연/음주 여부, 예방접종 여부	• 문진
	통증	• 통증 여부 및 중증도	• 문진
심리,인지적 영역	인지기능	• 치매, 지남력, 수행능력 정도	• 간이정신상태검사(MMSE) 등
	심리적 상태	• 기분질환(우울, 조증, 불안), 불면증	• 노인우울평가, 우울증 선별검사
기능상태 평가	기능상태	• 개인 독립생활 유지 • 사회적 독립유지	• 일상생활 활동(ADL) • 도구적 일상생활 활동(IADL)
	낙상, 균형, 이동능력	• 낙상위험도 • 균형과 보행	• 낙상위험 설문, 신체활동 평가, 균형검사, 보행시간 검사
사회, 환경 능력	환경	• 주거의 안전도	• 설문
	사회적 지지	• 사회안전망, 가족, 보험	• 사회적지지, 보험, 돌봄제공자 유무
	재정	• 재정자원 정도	• 설문

표. 일상생활활동 측정도구 (ADL)

문항	혼자서 할 수 있음 (1)	약간의 도움 필요 (2)	전적으로 도움 필요 (3)
① 옷입기 : 옷장이나 서랍장에서 옷을 꺼내어 입기			
② 세수하기 : 세수, 양치질, 머리감기			
③ 목욕하기 : 욕조 내에서 목욕이나 샤워하기			
④ 식사하기			
⑤ 이동하기 : 침자리에서 눕고 일어나고 의자에 앉고 일어나기			
⑥ 화장실 사용하기 : 화장실에 가서 용변을 보고 뒤를 닦고 옷을 추스르기			
⑦ 대소변 조절하기			

표. 도구적 일상생활활동 측정도구 (IADL) 예시

항목	0 (혼자 가능)	1 (약간 도움 필요)	2 (많은 도움 필요)	3 (불가능)	해당 없음
1. 시장보기 • 상점에 가서 계획한 물건들을 잊지 않으며 돈 계산에 실수 없이 구입합니까?					
2. 교통 수단 이용 • 대중교통 이용하거나 스스로 운전해서 길을 잊지 않고 목적지에 도착합니까?					
3. 돈 관리 • 용돈을 관리하고, 은행에 가서 저축을 하는 등의 돈과 관련된 일을 처리합니까?					
4. 기구 사용과 집안일 하기 • 전자레인지, 다리미 등의 기구들을 잘 다루고 일상적인 집안일 (예: 세탁, 청소, 물주기, 설거지)을 어렵지 않게 해냅니까?					
5. 음식 준비 • 점심과 저녁을 계획하여 재료를 고르고, 예전과 같이 맛있게 음식을 만듭니까?					
6. 전화사용 • 필요한 전화번호를 수첩에서 찾아내 기억하여 전화할 수 있습니까?					

Part 02 노인학대

1 노인학대 정의 (노인복지법 제1조의 2)

- 노인에 대하여 신체적·정신적·정서적·성적 폭력 및 경제적 착취 또는 가혹행위를 하거나 유기 또는 방임을 하는 것을 말한다.

2 노인학대의 특성

지속성	• 노인학대 행위는 단발성에 그치지 않고 오랫동안 지속되는 경우가 많음
복잡성	• 학대피해노인의 가족 및 관계 내 복합적이고 상호 원인에 의해 발생하게 됨
반복성	• 노인학대는 일회성에 그치지 않고 반복하여 발생하는 경우가 많음
은폐성	• 묵인되고 은폐되는 경우가 흔함 • 학대피해노인이 남에게 알리고 싶어 하지 않는 태도(그래도 내자식)에서 기인

3 노인학대 유형

1 공간에 따른 분류

가정학대	• 노인과 동일가구에서 생활하고 있는 노인의 가족구성원인 배우자, 성인자녀 뿐만 아니라 노인과 동일가구에서 생활하지 않는 부양의무자 또는 기타 사람들에 의하여 행해지는 학대
시설학대	• 노인복지시설 및 의료기간 등의 장소에서 돌봄과 보호를 실행하고 책임을 지는 자 또는 시설장의 감독하에 돌봄 서비스를 제공하는 자에 의한 학대
기타	• 가정 및 시설 외에서 발생하는 학대

2 형태에 따른 분류

(1) 신체적 학대

정의	• 물리적인 힘 또는 도구를 이용하여 노인에게 신체적 혹은 정신적 손상, 고통, 장애 등을 유발시키는 행위
사례	예 신체 구타·억압·위협, 밀치거나 넘어뜨림, 강제로 가둠, 이동을 통제함, 생존유지를 위한 식사·장치·약물 등 단절, 약물 및 주사 강제 복용·투입, 강제노동 등 예 주먹 등으로 때린다. 예 밀어서 넘어뜨린다. 예 침대 등에 묶어서 움직이지 못하게 한다. 예 집 밖으로 나가지 못하게 하거나 집으로 들어오지 못하게 한다. 예 칼 등의 흉기로 위협한다. 예 꼭 드셔야 할 약물을 못 먹게 한다. 예 불필요한 약물을 강제로 먹게 한다. 예 강제로 일을 강요한다.

(2) 정서적 학대

정의	• 비난, 모욕, 위협 등의 언어 및 비언어적 행위를 통하여 노인에게 정서적으로 고통을 유발시키는 행위
사례	예 반말, 눈을 맞추지 않음, 욕설 등 예 고함을 지르거나 욕을 한다. 예 말이나 행동을 통해 지속적으로 무시한다. 예 이성교제나 사회활동을 방해한다. 예 자신에 대한 주요 결정에 소외시킨다.

(3) 성적 학대

정의	• 성적수치심 유발행위 및 성폭력(성희롱, 성추행, 강간) 등의 노인의 의사에 반하여 강제적으로 행하는 모든 성적 행위
사례	예 성관계 강요 및 시도, 원하지 않는 신체 접촉, 성폭행, 성적 수치심을 주는 표현이나 행동 등 예 원하지 않는데 강제로 성관계를 강요하거나 몸을 만진다. 예 성적수치심을 주는 성적인 농담이나 희롱을 한다. 예 사람들이 보고 있는데 성적부위를 드러내고 옷이나 기저귀를 교체한다.

(4) 경제적 학대

정의	• 노인의 의사에 반하여 노인으로부터 재산 또는 권리를 빼앗는 행위로서 경제적 착취, 노인 재산에 관한 법률 권리 위반, 경제적 권리와 관련된 의사결정에서의 통제 등을 하는 행위
사례	예 노인의 통장을 동의 없이 갈취, 생활비를 주지 않거나 노인의 재산사용을 통제함 등 예 허락없이 재산을 가로챈다. 예 허락없이 인감을 사용하여 피해를 준다. 예 자신의 돈을 마음대로 사용하지 못하게 한다.

(5) 방임

정의	• 부양의무자로서의 책임이나 의무를 거부, 불이행 혹은 포기하여 노인의 의식주 및 의료를 적절하게 제공하지 않는 행위 (필요한 생활비, 병원비 및 치료, 의식주를 제공하지 않는 행위) 〈 자기 방임 〉 • 방임의 형태로 노인 스스로가 최소한의 자기보호 관련 행위를 하지 않거나 자신을 관하지 않음으로써 자시의 건강이나 안전을 위협하는 행위힘
사례	예 노인이 계절에 맞지 않는 옷을 입음, 노인 끼니를 계속 걸러 야윔 등(자기 방임: 스스로 식사 거부, 비위생적인 집안 환경 등) 예 거동이 불편한 어르신에게 돌봄을 제공하지 않는다. 예 생활비가 없는 어르신에게 경제적 도움을 주지 않는다. 예 의료적 치료가 필요한 어르신을 방치한다. 예 자신을 돌보지 않고 자해하거나 돌봄을 거부해서 생명이 위협받는다. (자기방임)

(6) 유기

정의	• 보호자 또는 부양의무자가 노인을 버리는 행위
사례	예 노인의 시설입소 후 보호자와 연락 두절, 낯선장소에 버림 등 예 연락을 두절하고 왕래하지 않는다. 예 시설이나 병원에 입소시키고 연락을 두절한다. 예 낯선 장소에 버린다.

4 노인학대 신고자

1 노인학대 신고의무(노인복지법 제 39조의 6)

① 누구든지 노인학대를 알게 된 때에는 노인보호전문기관 또는 수사기관에 신고할 수 있다.
② 다음 각 호의 어느 하나에 해당하는 자는 그 직무상 65세 이상의 사람에 대한 노인학대를 알게 된 때에는 즉시 노인보호전문기관 또는 수사기관에 신고하여야 한다.

> 의료인 및 의료기관의 장, 방문요양과 돌봄이나 안전확인 등의 서비스 종사자, 노인복지시설의 장 및 종사자, 노인복지 상담원, 장애인복지시설에서 장애노인에 대해 상담, 치료, 훈련 또는 요양업무를 수행하는 사람, 가정폭력 관련 상담소 및 가정폭력피해자 보호시설의 장과 종사자, 사회복지전담공무원, 사회복지관, 부랑인 및 노숙인 보호를 위한 시설의 장과 종사자, 장기요양기관 및 재가장기요양기관의 장과 종사자, 119구급대의 구급대원, 건강가정지원센터의 장과 종사자, 다문화가족지원센터의 장과 그 종사자, 성폭력피해상담소 및 성폭력피해자 보호시설의 장과 그 종사자, 응급구조사, 의료기사, 국민건강보험공단 소속 요양직 직원, 지역보건의료기관의 장과 종사자, 노인복지시설 설치 및 관리 업무 담당 공무원

2 노인학대 신고방법

- 국번없이 1577-1389(노인보호전문기관), 보건복지상담센터(129), 정부민원안내콜센터(110), 수사기관(112), 노인학대 신고앱 "나비새김(노인지킴이)"을 통해 신고

Part 03 노인관련 법적제도

1 노인장기요양보험제도 22, 12 임용

- 65세 이상 또는 65세 미만 노인성질환자(치매, 중풍, 뇌혈관 질환, 파킨슨병 등)로 6개월 이상의 기간 동안 혼자서 일상생활을 수행하기 어려운 노인에게 등급판정 기준에 따라 장기요양서비스 수급자로 판정하여 서비스를 이용할 수 있도록 지원하는 제도임

1 목적(노인장기요양보험법 제1조)

- 고령이나 노인성 질병 등의 사유로 일상생활을 혼자서 수행하기 어려운 노인등에게 제공하는 신체활동 또는 가사활동 지원 등의 장기요양급여에 관한 사항을 규정하여 노후의 건강증진 및 생활안정을 도모하고 그 가족의 부담을 덜어줌으로써 국민의 삶의 질을 향상하도록 함을 목적으로 한다.

2 정의(노인장기요양보험법 제1조)

노인 등	• 65세 이상의 노인 또는 65세 미만의 자로서 치매·뇌혈관성질환 등 대통령령으로 정하는 노인성 질병을 가진 자를 말한다.
장기요양급여	• 6개월 이상 동안 혼자서 일상생활을 수행하기 어렵다고 인정되는 자에게 신체활동·가사활동의 지원 또는 간병 등의 서비스나 이에 갈음하여 지급하는 현금 등을 말한다.
장기요양기관	• 지정을 받은 기관으로서 장기요양급여를 제공하는 기관을 말한다.
장기요양요원	• 장기요양기관에 소속되어 노인등의 신체활동 또는 가사활동 지원 등의 업무를 수행하는 자를 말한다.

표. 대통령으로 정하는 노인성 질병의 종류 (노인장기요양보험 시행령 [별표 1])

구분	질병명	질병코드
한국표준질병·사인분류	가. 알츠하이머병에서의 치매	F00*
	나. 혈관성 치매	F01
	다. 달리 분류된 기타 질환에서의 치매	F02*
	라. 상세불명의 치매	F03
	마. 알츠하이머병	G30
	바. 지주막하출혈	I60
	사. 뇌내출혈	I61
	아. 기타 비외상성 두개내출혈	I62
	자. 뇌경색증	I63
	차. 출혈 또는 경색증으로 명시되지 않은 뇌졸중	I64
	카. 뇌경색증을 유발하지 않은 뇌전동맥의 폐쇄 및 협착	I65
	타. 뇌경색증을 유발하지 않은 대뇌동맥의 폐쇄 및 협착	I66
	파. 기타 뇌혈관질환	I67
	하. 달리 분류된 질환에서의 뇌혈관장애	I68*
	거. 뇌혈관질환의 후유증	I69
	너. 파킨슨병	G20
	더. 이차성 파킨슨증	G21
	러. 달리 분류된 질환에서의 파킨슨증	G22*
	머. 기저핵의 기타 퇴행성 질환	G23
	버. 중풍후유증	U23.4
	서. 진전(震顫)	R25.1
	어. 척수성 근위축 및 관련 증후군	G12
	저. 달리 분류된 질환에서의 일차적으로 중추신경계통에 영향을 주는 계통성 위축	G13*
	처. 다발경화증	G35

비고
1. 질병명 및 질병코드는 「통계법」 제22조에 따라 고시된 한국표준질병·사인분류에 따른다.
2. 진전은 보건복지부장관이 정하여 고시하는 범위로 한다.

3 장기요양제급여 제공의 기본원칙(노인장기요양보험법 제 3조)

① 장기요양급여는 노인등이 자신의 의사와 능력에 따라 최대한 자립적으로 일상생활을 수행할 수 있도록 제공하여야 한다.
② 장기요양급여는 노인등의 심신상태·생활환경과 노인등 및 그 가족의 욕구·선택을 종합적으로 고려하여 필요한 범위 안에서 이를 적정하게 제공하여야 한다.
③ 장기요양급여는 노인등이 가족과 함께 생활하면서 가정에서 장기요양을 받는 재가급여를 우선적으로 제공하여야 한다.
④ 장기요양급여는 노인등의 심신상태나 건강 등이 악화되지 아니하도록 의료서비스와 연계하여 이를 제공하여야 한다

4 장기요양인정의 신청

(1) 장기요양인정의 신청자격 (노인장기요양보험법 제 12조)

장기요양인정을 신청할 수 있는 자는 노인등으로서 다음 각 호의 어느 하나에 해당하는 자격을 갖추어야 한다.
1. 장기요양보험가입자 또는 그 피부양자
2. 「의료급여법」 제3조제1항에 따른 수급권자(이하 "의료급여수급권자"라 한다)

(2) 장기요양인정의 신청 (노인장기요양보험법 제 13조)

① 장기요양인정을 신청하는 자는 공단에 보건복지부령으로 정하는 바에 따라 장기요양인정신청서(이하 "신청서"라 한다)에 의사 또는 한의사가 발급하는 소견서(이하 "의사소견서"라 한다)를 첨부하여 제출하여야 한다. 다만, 의사소견서는 공단이 제15조제1항에 따라 등급판정위원회에 자료를 제출하기 전까지 제출할 수 있다.
② 제1항에도 불구하고 거동이 현저하게 불편하거나 도서·벽지 지역에 거주하여 의료기관을 방문하기 어려운 자 등 대통령령으로 정하는 자는 의사소견서를 제출하지 아니할 수 있다.
③ 의사소견서의 발급비용·비용부담방법·발급자의 범위, 그 밖에 필요한 사항은 보건복지부령으로 정한다.

5 장기요양인정 신청의 조사 (노인장기요양보험법 제 14조)

① 공단은 제13조제1항에 따라 신청서를 접수한 때 보건복지부령으로 정하는 바에 따라 소속 직원으로 하여금 다음 각 호의 사항을 조사하게 하여야 한다. 다만, 지리적 사정 등으로 직접 조사하기 어려운 경우 또는 조사에 필요하다고 인정하는 경우 특별자치시·특별자치도·시·군·구에 대하여 조사를 의뢰하거나 공동으로 조사할 것을 요청할 수 있다.

1. 신청인의 심신상태
2. 신청인에게 필요한 장기요양급여의 종류 및 내용
3. 그 밖에 장기요양에 관하여 필요한 사항으로서 보건복지부령으로 정하는 사항

② 공단은 제1항 각 호의 사항을 조사하는 경우 2명 이상의 소속 직원이 조사할 수 있도록 노력하여야 한다.
③ 제1항에 따라 조사를 하는 자는 조사일시, 장소 및 조사를 담당하는 자의 인적사항 등을 미리 신청인에게 통보하여야 한다.

〈 그림. 장기요양인정 및 이용절차 〉

출처. 국민건강보험공단 장기요양보험

표. 개인별 장기요양 계획서 (노인장기요양보험법 시행규칙 제 6조)

③ 공단은 개인별장기요양이용계획서를 작성할 때에는 다음 각 호의 사항을 고려해야 한다.
1. 수급자의 심신 기능상태
2. 수급자와 그 가족의 욕구 및 선택
3. 수급자의 생활환경 및 자립적 일상생활 수행

6 등급판정

(1) 등급판정 등 (노인장기요양보험법 제 15조)

① 공단은 제14조에 따른 조사가 완료된 때 조사결과서, 신청서, 의사소견서, 그 밖에 심의에 필요한 자료를 등급판정위원회에 제출하여야 한다.
② 등급판정위원회는 신청인이 제12조의 신청자격요건을 충족하고 6개월 이상 동안 혼자서 일상생활을 수행하기 어렵다고 인정하는 경우 심신상태 및 장기요양이 필요한 정도 등 대통령령으로 정하는 등급판정기준에 따라 수급자로 판정한다.
③ 등급판정위원회는 제2항에 따라 심의·판정을 하는 때 신청인과 그 가족, 의사소견서를 발급한 의사 등 관계인의 의견을 들을 수 있다.
④ 공단은 장기요양급여를 받고 있거나 받을 수 있는 자가 다음 각 호의 어느 하나에 해당하는 것으로 의심되는 경우에는 제14조제1항 각 호의 사항을 조사하여 그 결과를 등급판정위원회에 제출하여야 한다.
  1. 거짓이나 그 밖의 부정한 방법으로 장기요양인정을 받은 경우
  2. 고의로 사고를 발생하도록 하거나 본인의 위법행위에 기인하여 장기요양인정을 받은 경우
⑤ 등급판정위원회는 제4항에 따라 제출된 조사 결과를 토대로 제2항에 따라 다시 수급자 등급을 조정하고 수급자 여부를 판정할 수 있다.

(2) 등급판정기준 등 (노인장기요양보험법 시행령 제 7조)

① 등급판정기준은 다음 각 호와 같다.
  1. 장기요양 1등급 : 심신의 기능상태 장애로 일상생활에서 전적으로 다른 사람의 도움이 필요한 자로서 장기요양인정 점수가 95점 이상인 자
  2. 장기요양 2등급 : 심신의 기능상태 장애로 일상생활에서 상당 부분 다른 사람의 도움이 필요한 자로서 장기요양인정 점수가 75점 이상 95점 미만인 자
  3. 장기요양 3등급 : 심신의 기능상태 장애로 일상생활에서 부분적으로 다른 사람의 도움이 필요한 자로서 장기요양인정 점수가 60점 이상 75점 미만인 자
  4. 장기요양 4등급 : 심신의 기능상태 장애로 일상생활에서 일정부분 다른 사람의 도움이 필요한 자로서 장기요양인정 점수가 51점 이상 60점 미만인 자
  5. 장기요양 5등급 : 치매환자로서 장기요양인정 점수가 45점 이상 51점 미만인 자
  6. 장기요양 인지지원등급 : 치매환자로서 장기요양인정 점수가 45점 미만인 자

② 제1항에 따른 장기요양인정 점수는 장기요양이 필요한 정도를 나타내는 점수로서 보건복지부장관이 정하여 고시하는 심신의 기능 저하 상태를 측정하는 방법에 따라 산정한다.

(3) 등급판정기간

① 등급판정위원회는 신청인이 신청서를 제출한 날부터 30일 이내에 제15조에 따른 장기요양등급판정을 완료하여야 한다. 다만, 신청인에 대한 정밀조사가 필요한 경우 등 기간 이내에 등급판정을 완료할 수 없는 부득이한 사유가 있는 경우 30일 이내의 범위에서 이를 연장할 수 있다.
② 공단은 등급판정위원회가 제1항 단서에 따라 장기요양인정심의 및 등급판정기간을 연장하고자 하는 경우 신청인 및 대리인에게 그 내용·사유 및 기간을 통보하여야 한다.

7 장기요양인정 유효기간(노인장기요양보험법 제 19조) 12 임용

① 제15조에 따른 장기요양인정의 유효기간은 최소 1년 이상으로서 대통령령으로 정한다.
② 제1항의 유효기간의 산정방법과 그 밖에 필요한 사항은 보건복지부령으로 정한다.

표. 장기요양인정 유효기간 시행령 제 8조

① 법 제19조제1항에 따른 장기요양인정 유효기간은 2년으로 한다. 다만, 법 제20조에 따른 장기요양인정의 갱신 결과 직전 등급과 같은 등급으로 판정된 경우에는 그 갱신된 장기요양인정의 유효기간은 다음 각 호의 구분에 따른다.

> 1. 장기요양 1등급의 경우: 4년
> 2. 장기요양 2등급부터 4등급까지의 경우: 3년
> 3. 장기요양 5등급 및 인지지원등급의 경우: 2년

② 법 제52조에 따른 장기요양등급판정위원회는 제1항에도 불구하고 장기요양 신청인의 심신상태 등을 고려하여 장기요양인정 유효기간을 6개월의 범위에서 늘리거나 줄일 수 있다. 다만, 이 경우에도 장기요양인정 유효기간을 1년 미만으로 할 수 없다.

표. 장기요양인정의 유효기간 산정방법 (노인장기요양보험법 시행규칙 제 7조)

- 장기요양인정의 유효기간은 장기요양인정서가 수급자에게 도달한 날부터 산정한다.
  다만, 제 27조 제 2항에 해당되는 수급자(돌볼가족이 없는 등의 수급자)의 경우에는 장기요양인정신청서 제출일부터 산정한다.

표. 장기요양인정 유효기간 정리

최초인정 시	갱신 시		등급변경 시
	동일등급 판정	다른 등급 판정	
2년	• 장기요양 1등급 : 4년 • 장기요양 2등급 ~ 4등급 : 3년 • 장기요양 5등급, 인지지원등급 : 2년	2년	2년

8 장기요양인정의 갱신(노인장기요양보험법 제 20조)

① 수급자는 제19조에 따른 장기요양인정의 유효기간이 만료된 후 장기요양급여를 계속하여 받고자 하는 경우 공단에 장기요양인정의 갱신을 신청하여야 한다.
② 제1항에 따른 장기요양인정의 갱신 신청은 유효기간이 만료되기 전 30일까지 이를 완료하여야 한다.

표. 장기요양 등급판정 절차

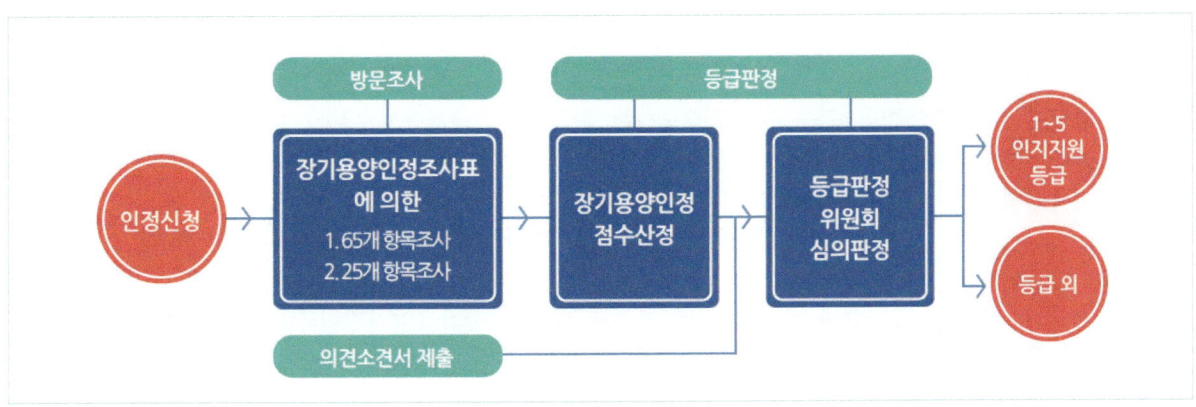

출처. 중앙치매센터 치매공동교육책자

9 장기요양급여의 종류(노인장기요양보험법 제 23조) 22 임용

1. 재가급여
   가. 방문요양 : 장기요양요원이 수급자의 가정 등을 방문하여 신체활동 및 가사활동 등을 지원하는 장기요양급여
   나. 방문목욕 : 장기요양요원이 목욕설비를 갖춘 장비를 이용하여 수급자의 가정 등을 방문하여 목욕을 제공하는 장기요양급여
   다. 방문간호 : 장기요양요원인 간호사 등이 의사, 한의사 또는 치과의사의 지시서(이하 "방문간호지시서"라 한다)에 따라 수급자의 가정 등을 방문하여 간호, 진료의 보조, 요양에 관한 상담 또는 구강위생 등을 제공하는 장기요양급여
   라. 주·야간보호 : 수급자를 하루 중 일정한 시간 동안 장기요양기관에 보호하여 신체활동 지원 및 심신기능의 유지·향상을 위한 교육·훈련 등을 제공하는 장기요양급여
   마. 단기보호 : 수급자를 보건복지부령으로 정하는 범위 안에서 일정 기간 동안 장기요양기관에 보호하여 신체활동 지원 및 심신기능의 유지·향상을 위한 교육·훈련 등을 제공하는 장기요양급여
   바. 기타재가급여 : 수급자의 일상생활·신체활동 지원 및 인지기능의 유지·향상에 필요한 용구(소프트웨어를 포함한다)를 제공하거나 가정을 방문하여 재활에 관한 지원 등을 제공하는 장기요양급여로서 대통령령으로 정하는 것 (2024. 12. 20 개정, 2025. 6. 21 시행)
2. 시설급여 : 장기요양기관에 장기간 입소한 수급자에게 신체활동 지원 및 심신기능의 유지·향상을 위한 교육·훈련 등을 제공하는 장기요양급여
3. 특별현금급여
   가. 가족요양비 : 제24조에 따라 지급하는 가족장기요양급여
   나. 특례요양비 : 제25조에 따라 지급하는 특례장기요양급여
   다. 요양병원간병비 : 제26조에 따라 지급하는 요양병원장기요양급

표. 시설 급여

노인요양시설	장기간 입소한 수급자에게 신체활동 지원 및 심신기능의 유지·향상을 위한 교육·훈련 등을 제공하는 장기요양급여 ※ 입소정원 : 10명 이상
노인요양공동생활가정	장기간 입소한 수급자에게 가정과 같은 주거여건에서 신체활동 지원 및 심신기능의 유지 향상을 위한 교육·훈련 등을 제공하는 장기요양급여 ※ 입소정원 : 5~9명

표. 특별현금급여의 가족요양비 (노인장기요양보험법 제 25조)

① 공단은 다음 각 호의 어느 하나에 해당하는 수급자가 가족 등으로부터 제23조제1항제1호가목에 따른 방문요양에 상당한 장기요양급여를 받은 때 대통령령으로 정하는 기준에 따라 해당 수급자에게 가족요양비를 지급할 수 있다.
  1. 도서·벽지 등 장기요양기관이 현저히 부족한 지역으로서 보건복지부장관이 정하여 고시하는 지역에 거주하는 자
  2. 천재지변이나 그 밖에 이와 유사한 사유로 인하여 장기요양기관이 제공하는 장기요양급여를 이용하기가 어렵다고 보건복지부장관이 인정하는 자
  3. 신체·정신 또는 성격 등 대통령령으로 정하는 사유로 인하여 가족 등으로부터 장기요양을 받아야 하는 자

표. 특별현금급여의 특례요양비 (노인장기요양보험법 제 26조)

① 공단은 수급자가 장기요양기관이 아닌 노인요양시설 등의 기관 또는 시설에서 재가급여 또는 시설급여에 상당한 장기요양급여를 받은 경우 대통령령으로 정하는 기준에 따라 해당 장기요양급여비용의 일부를 해당 수급자에게 특례요양비로 지급할 수 있다.

표. 특별현금급여의 요양병원간병비 (노인장기요양보험법 제 27조)

① 공단은 수급자가 「의료법」 제3조제2항제3호라목에 따른 요양병원에 입원한 때 대통령령으로 정하는 기준에 따라 장기요양에 사용되는 비용의 일부를 요양병원간병비로 지급할 수 있다.

표. 단기보호 급여기간 (노인장기요양보험법 시행규칙 제 11조)

① 단기보호 급여를 받을 수 있는 기간은 월 9일 이내로 한다. 다만, 가족의 여행, 병원치료 등의 사유로 수급자를 돌볼 가족이 없는 경우 등 보건복지부장관이 정하여 고시하는 사유에 해당하는 경우에는 1회 9일 이내의 범위에서 연간 4회까지 연장할 수 있다.
② 제1항에도 불구하고 2017년 12월 31일 이전에 지정을 받은 장기요양기관 또는 설치 신고를 한 재가장기요양기관에서 단기보호 급여를 받는 경우에는 단기보호 급여를 받을 수 있는 기간을 월 15일 이내로 한다. 다만, 제1항 단서의 사유에 해당하는 경우에는 1회 15일 이내의 범위에서 연간 2회까지 그 기간을 연장할 수 있다.

▎표. 복지용구 (복지용구 급여범위 및 급여기준 등에 관한 고시 제 1조) ▎

① 복지용구 제공의 기본원칙

> 복지용구는 수급자의 일상생활·신체활동 지원 및 인지기능의 유지·향상에 필요한 용구로서 다음 각 호의 사항을 충족하는 제품이어야 한다.
> 1. 수급자의 재가생활 자립을 지원하거나 수발자의 돌봄 부담을 완화시키는데 도움이 되는 제품
> 2. 수급자 또는 수발자가 손쉽게 조작하고 사용하기에 편리하여, 가정에서 사용하는 것이 적합한 제품
> 3. 질병이나 질환의 치료, 재활 훈련, 신체 결손 보완 등의 목적이 아닌 요양 목적의 제품
> 4. 일회성이 아니며 지속적으로 사용 가능한 제품
> 5. 설비, 수도 공사, 구조 변경 등의 설치 공사 없이 사용 가능한 제품
> 6. 사용 시 신체상해 등 안전과 건강을 해칠만한 위험도가 낮은 제품

▎표. 복지용구 급여품목 ▎

구입품목	대여품목	구입 또는 대여품목
이동변기 목욕의자 성인용보행기 안전손잡이 미끄럼 방지용품 (미끄럼방지매트, 미끄럼방지액, 미끄럼방지양말) 간이변기(간이대변기·소변기) 지팡이 욕창예방 방석 자세변환용구 요실금팬티	수동휠체어 전동침대 수동침대 이동욕조 목욕리프트 배회감지기	욕창예방 매트리스 경사로(실내용, 실외용)

② 급여방식 및 급여품목 (복지용구 급여범위 및 급여기준 등에 관한 고시 제 2조)

> ① 복지용구 급여는 「노인장기요양보험법 시행령」제9조에 따른 기타재가급여를 제공하는 기관(이하 "복지용구사업소"라 한다)에 의하여 제공된다.
> ② 「노인장기요양보험법」(이하 "법"이라 한다) 제15조제2항에 따라 장기요양급여를 받을 자(이하 "수급자"라 한다)에 대한 복지용구의 급여방식은 구입방식과 대여방식으로 하며, 구체적인 사항은 다음 각 호와 같다.
>> 1. 구입방식 : 수급자가 「구입품목」에 대해 본인부담금을 부담하고 구입
>> 2. 대여방식 : 수급자가 「대여품목」을 일정기간 대여하고 당해 제품의 대여가격에서 본인부담금을 부담
>
> ③ 복지용구 분류체계별 급여품목은 별표 1과 같다.

🔟 장기요양급여 중복수급 금지(노인장기요양보험법 시행규칙 제 17조)

① 수급자는 재가급여, 시설급여 및 특별현금급여를 중복하여 받을 수 없다. 다만, 가족요양비 수급자 중 기타재가급여를 받는 경우에는 그러하지 아니하다.
② 수급자는 동일한 시간에 방문요양, 방문목욕, 방문간호, 주·야간보호 또는 단기보호 급여를 2가지 이상 받을 수 없다. 다만, 방문목욕과 방문간호, 방문요양과 방문간호는 수급자의 원활한 급여 이용을 위하여 부득이한 경우 동일한 시간에도 불구하고 각각의 급여를 받을 수 있다.

1️⃣1️⃣ 본인부담금(노인장기요양보험법 시행규칙 제 40조) 12 임용

① 제23조에 따른 장기요양급여(특별현금급여는 제외한다.)를 받는 자는 대통령령으로 정하는 바에 따라 비용의 일부를 본인이 부담한다. 이 경우 장기요양급여를 받는 수급자의 장기요양등급, 이용하는 장기요양급여의 종류 및 수준 등에 따라 본인부담의 수준을 달리 정할 수 있다.
② 제1항에도 불구하고 수급자 중 「의료급여법」 제3조제1항제1호에 따른 수급자는 본인부담금을 부담하지 아니한다.
③ 다음 각 호의 장기요양급여에 대한 비용은 수급자 본인이 전부 부담한다.

> 1. 이 법의 규정에 따른 급여의 범위 및 대상에 포함되지 아니하는 장기요양급여
> 2. 수급자가 제17조제1항제2호에 따른 장기요양인정서에 기재된 장기요양급여의 종류 및 내용과 다르게 선택하여 장기요양급여를 받은 경우 그 차액
> 3. 제28조에 따른 장기요양급여의 월 한도액을 초과하는 장기요양급여

④ 다음 각 호의 어느 하나에 해당하는 자에 대해서는 본인부담금의 100분의 60의 범위에서 보건복지부장관이 정하는 바에 따라 차등하여 감경할 수 있다.
  1. 「의료급여법」 제3조제1항제2호부터 제9호까지의 규정에 따른 수급권자
  2. 소득·재산 등이 보건복지부장관이 정하여 고시하는 일정 금액 이하인 자. 다만, 도서·벽지·농어촌 등의 지역에 거주하는 자에 대하여 따로 금액을 정할 수 있다.
  3. 천재지변 등 보건복지부령으로 정하는 사유로 인하여 생계가 곤란한 자
⑤ 제1항부터 제4항까지의 규정에 따른 본인부담금의 산정방법, 감경절차 및 감경방법 등에 관하여 필요한 사항은 보건복지부령으로 정한다.

❙ 표. 본인부담금 (노인장기요양보험법 시행령 제 15조의 8) ❙

법 제40조제1항에 따라 장기요양급여를 받는 자가 부담해야 하는 비용은 다음 각 호와 같다.
1. 재가급여: 해당 장기요양급여비용의 100분의 15
2. 시설급여: 해당 장기요양급여비용의 100분의 20

⑫ 급여제공의 일반 원칙

(등급별 서비스 이용)(장기요양급여 제공기준 및 급여비용 산정방법 등에 관한 고시 제 2조) 22 임용

① 장기요양급여는 수급자가 가족과 함께 생활하면서 가정에서 장기요양을 받는 재가급여를 우선으로 제공한다.
② 수급자 중 장기요양등급이 1등급 또는 2등급인 자는 재가급여 또는 시설급여를 이용할 수 있고, 3등급부터 5등급까지인 자는 재가급여만을 이용할 수 있다. 다만, 3등급부터 5등급에 해당하는 자 중 다음 각 호의 어느 하나에 해당하여 등급판정위원회로부터 시설급여가 필요한 것으로 인정받은 자는 시설급여를 이용할 수 있다.

> 1. 주수발자인 가족구성원으로부터 수발이 곤란한 경우
> 2. 주거환경이 열악하여 시설입소가 불가피한 경우
> 3. 치매 등에 따른 문제행동으로 재가급여를 이용할 수 없는 경우

③ 수급자 중 인지지원등급 수급자는 주·야간보호급여(주·야간보호 내 치매전담실 포함) 제36조의2제1항에 따른 단기보호급여 및 종일 방문요양급여와 기타재가급여만을 이용할 수 있다.

2 호스피스·완화의료(호스피스)

(연명의료결정법 (호스피스·완화의료 및 임종과정에 있는 환자의 연명의료결정에 관한 법률 제 1조))

> 1. "임종과정"이란 회생의 가능성이 없고, 치료에도 불구하고 회복되지 아니하며, 급속도로 증상이 악화되어 사망에 임박한 상태를 말한다.
> 2. "임종과정에 있는 환자"란 제16조에 따라 담당의사와 해당 분야의 전문의 1명으로부터 임종과정에 있다는 의학적 판단을 받은 자를 말한다.
> 3. "말기환자"란 적극적인 치료에도 불구하고 근원적인 회복의 가능성이 없고 점차 증상이 악화되어 보건복지부령으로 정하는 절차와 기준에 따라 담당의사와 해당 분야의 전문의 1명으로부터 수개월 이내에 사망할 것으로 예상되는 진단을 받은 환자를 말한다.
> 6. "호스피스·완화의료"(이하 "호스피스"라 한다)란 다음 각 목의 어느 하나에 해당하는 질환으로 말기환자로 진단을 받은 환자 또는 임종과정에 있는 환자(이하 "호스피스대상환자"라 한다)와 그 가족에게 통증과 증상의 완화 등을 포함한 신체적, 심리사회적, 영적 영역에 대한 종합적인 평가와 치료를 목적으로 하는 의료를 말한다.
>
>> 가. 암
>> 나. 후천성면역결핍증
>> 다. 만성 폐쇄성 호흡기질환
>> 라. 만성 간경화
>> 마. 그 밖에 보건복지부령으로 정하는 질환

1 연명의료결정제도(연명의료결정법)

(호스피스·완화의료 및 임종과정에 있는 환자의 연명의료결정에 관한 법률)

(1) 제도 정의

- 환자의 의향에 따라, 임종 과정에 있는 환자가 의학적으로 무의미한 연명의료를 받지 않거나 중단할 수 있는 기준과 절차를 마련하여 환자가 삶을 존엄하게 마무리할 수 있도록 도와주는 제도이다.

(2) 목적

- 호스피스·완화의료와 임종과정에 있는 환자의 연명의료와 연명의료중단 등 결정 및 그 이행에 필요한 사항을 규정함으로써 환자의 최선의 이익을 보장하고 자기결정을 존중하여 인간으로서의 존엄과 가치를 보호하는 것임

(3) 추진방향

- 사전연명의료의향서와 연명의료계획서를 통해 의학적으로도 무의미하고, 환자도 원치 않는 연명의료는 시행하지 않을 수 있도록 함
- 환자에 대한 연명의료 시행 여부를 결정할 책임이 가족에게 넘겨져 가족들이 심리적·사회적 부담을 갖지 않도록 보호하고자 함

(4) 정의 (연명의료결정법 제 1조)

4. "연명의료"란 임종과정에 있는 환자에게 하는 심폐소생술, 혈액 투석, 항암제 투여, 인공호흡기 착용 및 그 밖에 대통령령으로 정하는 의학적 시술로서 치료효과 없이 임종과정의 기간만을 연장하는 것을 말한다.

   〈 대통령으로 정하는 의학적 시술 (시행령 2조)
   1. 체외생명유지술(ECLS)
   2. 수혈
   3. 혈압상승제 투여
   4. 그 밖에 담당의사가 환자의 최선의 이익을 보장하기 위해 시행하지 않거나 중단할 필요가 있다고 의학적으로 판단하는 시술

5. "연명의료중단 등 결정"이란 임종과정에 있는 환자에 대한 연명의료를 시행하지 아니하거나 중단하기로 하는 결정을 말한다.
8. "연명의료계획서"란 말기환자등의 의사에 따라 담당의사가 환자에 대한 연명의료중단등결정 및 호스피스에 관한 사항을 계획하여 문서(전자문서를 포함한다)로 작성한 것을 말한다.
9. "사전연명의료의향서"란 19세 이상인 사람이 자신의 연명의료중단등결정 및 호스피스에 관한 의사를 직접 문서(전자문서를 포함한다)로 작성한 것을 말한다.

(5) 서비스 대상

구분	사전연명의료의향서	연명의료계획서
대상	• 19세 이상의 성인	• 말기환자 또는 임종과정에 있는 환자
작성	• 본인이 직접	• 환자의 요청에 의해 담당의사가 작성
설명의무	• 상담사	• 담당의사
등록	• 보건복지부 지정 사전연명의료의향서 등록기관	• 의료기관윤리위원회를 등록한 의료기관
내용	• 19세 이상인 사람이 자신의 연명의료중단등결정 및 호스피스에 관한 의사를 직접 문서로 작성한 것 (변경 및 철회가능)	• 말기환자 또는 임종과정에 있는 환자의 의사에 따라 담당의사가 환자에 대한 연명의료중단등결정 및 호스피스에 관한 사항을 계획하여 문서로 작성한 것 (변경 및 철회가능)

(6) 서비스 선정기준

- 「연명의료결정법」의 요건을 충족하는 사람은 사전연명의료의향서와 연명의료계획서를 통해 연명의료에 관한 본인의 의사를 남겨놓을 수 있음. 단, 사전연명의료의향서나 연명의료계획서로 연명의료를 받지 않겠다는 의사를 밝혔다 하더라도, 실제로 연명의료를 받지 않으려면 다음과 같은 절차를 밟아야 함

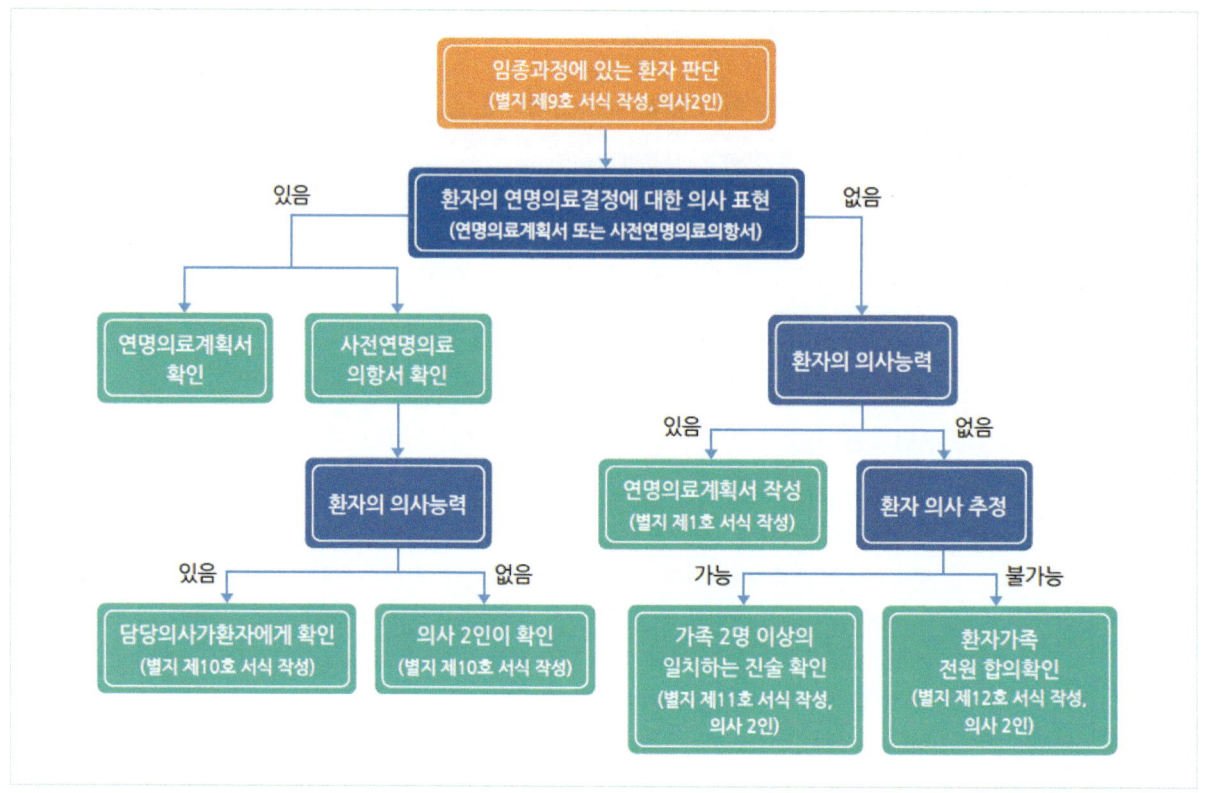

출처. 중앙치매센터 치매공동교육책자

1. 담당의사와 전문의 1인이 해당 환자가 임종과정에 있는 환자(의학적으로 회생 가능성이 없고, 치료를 받더라도 회복되지 않으며, 급속도로 증상이 악화되어 사망에 임박한 상태)인지 판단
2. 해당 환자의 연명의료에 대한 환자 또는 환자가족의 의사를 확인(다음 중 어느 하나의 방법)
   ① (사전에 작성된)사전연명의료의향서로 확인
   ② (사전에 작성된)연명의료계획서로 확인
   ③ 환자의 의사에 대한 환자가족 2인 이상의 일치하는 진술로 확인

   • 위(①, ②)의 방법으로 환자의 의사를 확인할 수 없고, 환자도 자신의 의사를 표현할 수 없는 의학적인 상태인 경우, 담당의사와 해당 분야 전문의 1명은 환자의 연명의료중단등결정에 관한 의사로 보기에 충분한 기간 동안 일관하여 표시된 연명의료중단등에 관한 의사에 대하여 19세 이상의 환자가족 2명 이상의 일치하는 진술을 확인하면 환자의 의사로 간주함

   ④ 친권자 및 환자가족 전원의 합의를 통한 환자의 연명의료중단등결정 : 연명의료계획서나 사전연명의료의향서 또는 환자가족의 진술 등으로 환자의 의사를 확인할 수 없고, 환자가 자신의 의사를 표현할 수 없는 의학적 상태일 때에는 환자가족 전원의 합의로 연명의료중단등 결정의 의사 표시를 하고, 이를 담당의사와 해당 분야 전문의 1명이 확인
3. 담당의사는 확인된 환자의 연명의료중단등결정을 존중하여 이행

▎표. 연명의료 정리 ▎

1. 연명의료란?

- 연명의료란, 임종과정에 있는 환자에게 하는 의학적 시술로서 치료효과 없이 임종과정의 기간만을 연장하는 것을 의미합니다(연명의료결정법 제2조제4호 및 동법 시행령 제2조)

심폐소생술 / 혈액투석 / 항암제 투여 / 인공호흡기 착용 / 체외생명 유지술 / 수혈 / 혈압상승제 투여 / 그 밖의 연명의료

* 그밖의 연명의료 : 담당의사가 환자의 최선의 이익을 보장하기 위해 시행하지 않거나 중단할 필요가 있다고 의학적으로 판단하는 시술

※ 연명의료를 시행하지 않더라도, 통증완화를 위한 의료행위와 영양분 공급, 물 공급, 산소의 단순 공급은 지속됨

2. 연명의료 절차(유보 또는 중단)

(1) 1단계 : 임종과정에 있는 환자 판단

누가	담당의사와 전문의 1인
어디서	의료기관윤리위원회가 있는 의료기관
무엇을	해당 환자가 의학적으로 회생 가능성이 없고, 치료를 받더라도 회복되지 않으며, 급속도로 증상이 악화되어 사망에 임박한 상태임인지 판단합니다.

(2) 2단계 : 환자 또는 환자가족의 결정 확인

누가	담당의사 또는 담당의사 및 전문의
어디서	사전연명의료의향서, 연명의료계획서, 환자가족 2인이상 진술, 환자가족 전원합의로 결정 가능
무엇을	해당 환자의 연명의료에 대한 환자 또는 환자 가족의 의사를 확인함

(3) 3단계 : 연명의료 유보 또는 중단

내용	해당 환자에 대한 연명의료를 시행하지 않거나(유보), 중단함

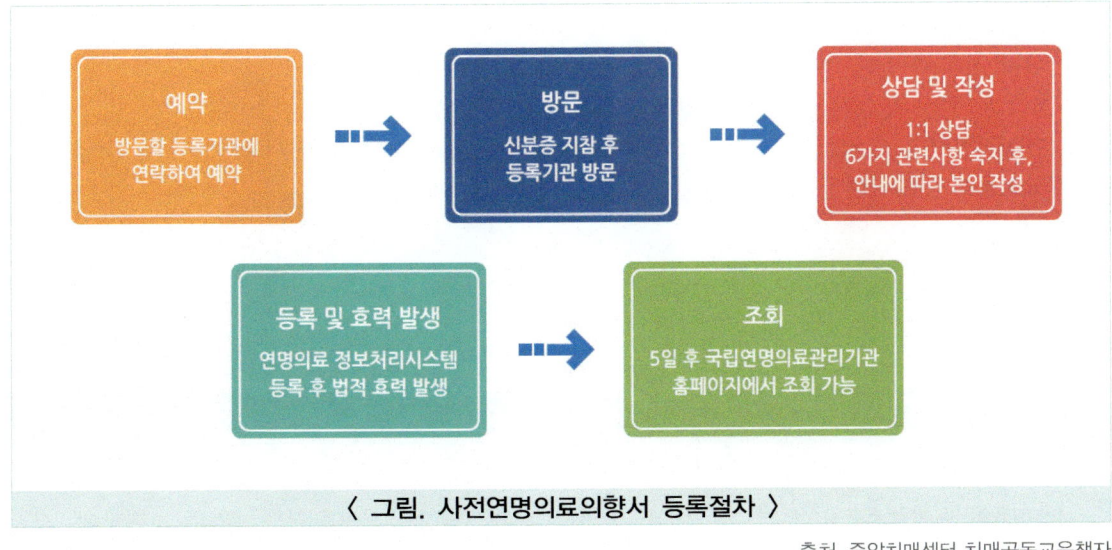

〈 그림. 사전연명의료의향서 등록절차 〉

출처. 중앙치매센터 치매공동교육책자

Part 04 노인증후군

1 정의

- 특정 질환 범주에는 맞지 않지만 노인 건강상태의 독특한 질환의 특징을 포괄적으로 포함하는 용어로 여러기관의 병리학적 다양한 문제로 인해 유발된 잠자적인 특정 기능의 손실임

2 의미

- 노인의 기능변화에 영향을 미쳐 삶의 질 저하, 건강관리 비용 증가, 장애, 입원, 장기노인요양시설의 입소, 사망률 증가와 같은 부정적 예후와 관련 있음

3 원인

- 여러 가지 원인이 영향을 미쳐 한가지의 단일 현상을 나타냄
- 수많은 원인에 의해 발생하며, 낮은 학력, 어성 노인에게 흔함
- 만성질환(당뇨, 관절염, 치매, 만성통증 등)과 관련 있고, 이로 인한 다중약물 복용이 영향을 미침
- 노인증후군과 관련있는 수많은 원인들을 "공유 원인"이라고 고 함

4 분류

- 일반적인 노인증후군의 분류로는 요실금, 낙상, 욕창, 섬망, 기능의 저하, 치매, 청력장애, 시각장애, 근감소증, 허약, 부동, 보행장애, 욕창 등이 있음

Part 05 치매

❶ 치매의 정의

정의 (개념)		• 기억력을 비롯한 여러 가지의 인지기능의 장애(감퇴)가 나타나 이로 인해 일상생활에 장애가 발생한 상태임 • 주요신경인지장애라고도 불림
WHO 정의	인지기능 장애	• 뇌의 만성 또는 점진적 진행성 특징을 가진 인지기능에 장애를 보이는 증후군이며, 주로 기억력, 사고력, 지남력, 이해, 계산, 학습능력, 언어 및 판단력 등의 인지기능 장애를 보이고, 의식의 혼탁 없이 일상생활 활동이 손상될 정도의 장애가 최소 6개월 이상 지속되어야 한다고 규정함
	일상생활 장애	
	6개월 이상	

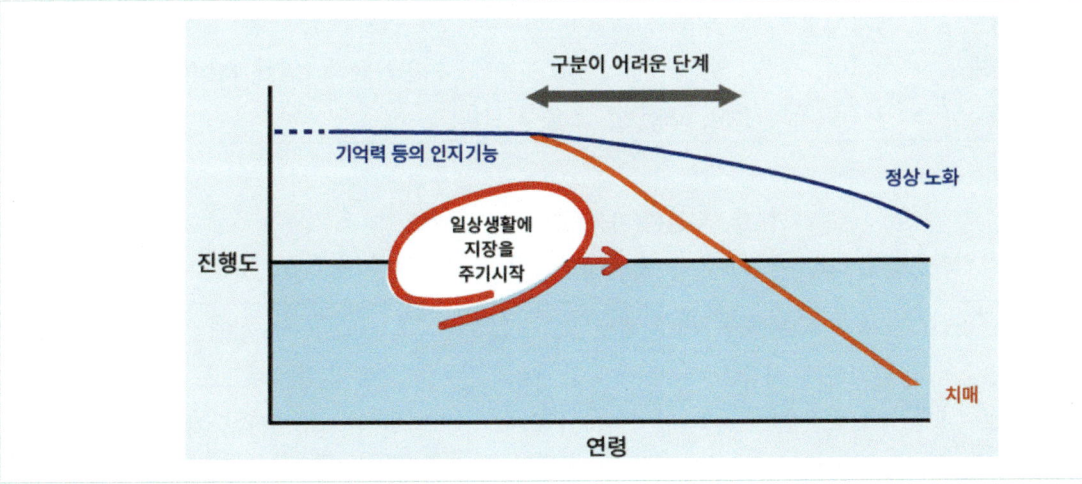

자료원. 국가정신건강정보포털

│ 표. 주요 신경인지장애 진단기준 │

• 주요 신경인지장애 진단기준 (DSM-5-TR)

A. 하나 또는 그 이상의 인지 영역(복합적 주의, 집행 기능, 학습과 기억, 언어, 지각-운동 또는 사회 인지)에서 인지 저하가 이전의 수행 수준에 비해 현저하다는 증거는 다음에 근거한다.
  1. 환자, 환자를 잘 아는 정보 제공자 또는 임상의가 현저한 인지 기능 저하를 걱정
  2. 인지 수행의 현저한 손상이 가급적이면 표준화된 신경심리 검사에 의해, 또는 그것이 없다면 다른 정량적 임상평가에 의해 입증
B. 인지 결손은 일상 활동에서 독립성을 방해한다.
  (즉, 최소한 계산서 지불이나 치료약물 관리와 같은 일상생활의 복잡한 도구적 활동에서 도움을 필요로 함)
C. 인지 결손은 오직 섬망이 있는 상황에서만 발생하는 것이 아니다
D. 인지 결손은 다른 정신질환(예, 주요우울장애, 조현병)으로 더 잘 설명되지 않는다.

2 가역성 치매

- 가역성 치매의 경우 원인을 조기에 확인하여 적절히 치료하면, 증상의 완화나 치료가 가능하고 이전의 정상 인지기능으로 돌아올 수도 있음

구분	세부 원인
신경계 구조적 병변	• 수두증, 만성경막하혈종, 뇌종양, 뇌전증, 다발경화증
영양 결핍	• 비타민 B12 결핍증, 비타민 B1 결핍증, 엽산 결핍증, 펠라그라(니아신 결핍증)
내분비 질환	• 갑상선 기능저하증, 뇌하수체 질환, 조절되지 않는 당뇨병, 인슐린종
자가면역·교원성 질환	• 전신 홍반성 루프스, 혈관염, 사르코이드증
감염성 질환	• 만성뇌수막염, 신경매독, AIDS 관련 뇌병증, 뇌염
기타 전신질환	• COPD, 수면무호흡증후군, 심부전, 악성빈혈, 요독증, 방사선 치료후, 저산소증후유증, 전해질 장애
약물중독	• 항콜린성약, 항정신병약, 항고혈압약물, 마약류 진통제 등
독성물질 중독	• 알코올, 수은, 망간, 비소, 납, 톨루엔, 이황화탄소, 일산화탄소
정신질환	• 우울증(가성치매), 조현병, 조울증, 섬망

표. 우울증(가성치매) vs 치매

- 공통점 : 기억력 감퇴, 집중력 저하 등의 인지기능에 문제 → 인지기능 저하

구분	우울증(가성치매)	치매
발병양상	• 급격하게 시작	• 서서히 진행
인지기능 저하	• 주관적으로 느끼는 인지저하가 큼 → 본인이 심각하게 느끼고 호소함	• 본인이 인지저하를 자각하지 못하고, 가족이 먼저 인지
환자의 태도 (문진반응)	• 기억력 저하를 강조하며 도움을 요청함 → "모르겠어요. 못하겠어요."	• 기억력 저하 등 인지장애를 감추려고 함 → 작화증 등 꾸며내기 등
인지기능장애	• 시시각각 변화 보임 → 어려운 과제 수행시 어려워함	• 비교적 일관된 인지기능장애 → 최근 사실에 대한 기억력 장애 등
기분변화	• 비교적 일관된 우울	• 변화무쌍한 기분과 행동
우울감	• 본인이 느끼는 우울감이 큼	• 보일수도 있으나 핵심증상은 아님
항우울제 반응	• 항우울제 투여시 인지장애 회복 → 가역성	• 반응 X

표. 섬망 vs 치매

구분	섬망	치매
발병시기	• 갑작스럽게 발생 • (수시간~수일)	• 서서히 진행
원인	• 감염, 약물, 대사이상, 수술 등의 외부 요인에 의해 발생 → 급성 스트레스	• 뇌의 노화, 알츠하이머병 등 신경퇴행성 질환
경과	• 일시적이고, 변동성이 큼	• 지속적이고, 점진적으로 악화
의식수준	• 의식저하, 의식혼란 있음	• 의식수준 변화 없음
지남력 장애	• 지남력 장애 있고, 빠르게 발생함	• 치매 후기(말기)에 지남력 장애 있음
환각	• 흔함 (환시, 환촉 등)	• 치매초기는 드물고, 치매후기에도 환각보다는 망상이 더 흔함
회복가능성	• 원인 치료시 회복함 → 가역적	• 비가역성, 진행성

❸ 건망증과 치매

항목	건망증	치매
기억장애 정도	• 일부분만 잊음	• 전체 경험 자체를 잊음
기억의 특징	• 일시적이고 단편적인 기억력 저하	• 지속적이고 진행적인 기억력 상실
기억 회복	• 힌트를 주면 기억을 떠올림	• 힌트를 줘도 기억 못함
영향 범위	• 사소한 일 위주	• 중요한 일까지 영향 줌
자각 여부	• 본인이 기억력 저하를 인지하고 걱정함	• 본인이 기억력 저하를 인지하지 못하거나 부인함
특징	• 노화에 따른 정상범주	• 병적 상태, 치료 필요
일상생활(ADL)	• 일상생활 정상적으로 유지가능	• 일상생활 지속적으로 손상

4 치매의 종류

종류	정의	원인	증상
알츠하이머병	• 뇌 신경퇴행성 질환으로 발생하는 치매 (60~70%)	• 신경반(아밀로이드반), • 타우단백질 등 이상 → 신경세포 파괴 등	• 서서히 진행되는 기억력저하 → 언어장애, 지남력저하, 판단력 저하 등 인지기능저하
혈관성 치매	• 뇌혈관 손상 후 발생하는 치매 (15~20%)	• 뇌경색, 뇌출혈 • 고혈압, 당뇨병, 고지혈증, 관상동맥질환, 뇌졸중, 비만, 흡연 등	• 갑작스러운 인지기능 저하 → 계단식 악화 • 증상은 뇌혈관 손상부위와 손상정도에 따라 다름 • 감정기복이나 정서적 변화가 크고, 뚜렷함 • 예방이 중요(고혈압, 당뇨, 고지혈증 등)
루이소체 치매	• 루이소체라는 단백질 침착으로 발생하는 치매 (10~15%)	• 대뇌피질에 루이소체 축적 → 신경전달장애	• 3대 증상 : 환시, 파킨슨증, 인지기능저하 • 인지기능 변동성 큼 → 시간이나 날마다 • 심하게 변동할 수 있음 • 파킨슨 증상은 운동서행과 강직 나타나마, 휴식시 진전은 덜 나타남
전두측두엽 치매	• 전두엽, 측두엽 위축으로 나타나는 치매	• 뇌의 타우(tau)와 TDP-43 단백질 축적 → 전두엽, 측두엽 손상	• 갑작스러운 성격변화(행동장애 등)가 가장 큰 특징임 • 인지장애보다 행동장애가 나타남 → 기억력저하보다 성격변화 먼저 나타남 • 언어능력 저하
파킨슨병 치매	• 파킨슨병 환자에게 발생하는 치매	• 도파민 전달이상 등으로 나타남	• 운동, 인지기능 장애 같이 나타남
알코올성 치매	• 만성음주로 인한 치매	• 비타민B1 결핍 → 코르사코프 증후군과 관련	• 금주, 영양치료 중요

⟨ 참고! 초로기 치매 ⟩

정의	• 65세 이전에 발병한 치매임
영향	• 젊은 연령층에 나타나 일과 사회생활에 큰 영향을 미침

표. 알츠하이머병 vs 혈관성 치매

구분	알츠하이머병	혈관성 치매
시작	• 서서히, 점진적	• 갑작스러운 시작
진행 양상	• 서서히, 점진적으로 악화	• 계단식(불규칙) 진행
기억력 저하	• 초기부터 뚜렷	• 초기에는 덜 뚜렷할 수 있음
감정 기복	• 초기에는 무관심, 위축 등이 나타남 → 후기에 초조, 공격성, 불안 등 정신행동증상 나타남	• 감정기복, 정서적 변화 큼
혈관성 질환 과거력	• 흔하지 않음	• 고혈압, 당뇨, 고지혈증, 심혈관질환, 뇌졸중 등 과거력 병력 흔함
MRI/CT 소견	• 대뇌위축, 해마위축, 뇌실확장 등	• 뇌경색 흔적, 백질 변성 등

5 알츠하이머병(Alzheimer's disease)

• 뇌의 신경퇴행성 질환으로, 치매를 유발하는 가장 흔한 원인 질환임

1 원인

• 알츠하이머 치매는 유전적, 화학적, 바이러스, 환경적 인자 등으로 발생함

(1) 구조적(병태생리)

신경반 (아밀로이드반)	구성	• β-아밀로이드 단백질과 아밀로이드 전구체 단백질에서 잘라진 조각으로 구성 → 뇌세포 바깥에 형성됨
		• 아밀로이드 전구체 단백질 → β-아밀로이드 단백질 → 아밀로이드반(신경반)
	영향	• 콜레스테롤이 아밀로이반 형성에 영향을 줌
	작용	• 산화반응과 염증변화 → 신경독성 유발 → 신경세포 사멸 → 인지기능 저하
	• 뇌의 해마, 대뇌피질에 작용	

신경원 섬유덩어리 (신경원 섬유의 엉킴)	타우(tau) 단백질	• 타우 단백질의 변성 → 타우 단백질이 비틀어지고, 서로 엉겨서 섬유소 덩어리를 형성 → 타우 단백질의 과 인산화 → 뇌세포 괴사, 사멸 〈 타우 단백질 〉 • 건강한 신경세포의 유지를 도움
해마, 대뇌 피질 위축 등		• 뇌의 해마, 대뇌피질에 작용
	해마	• 해마 현저한 위축
	대뇌피질	• 대뇌피질의 광범위한 위축
	뇌실	• 뇌실 확장

(2) 유전적 요인

apolipoprotein E (ApoE)	• ApoE 유전자가 알츠하이머 치매 위험을 높임 → 유전자가 있다고 모두 치매에 걸리는 것은 아니며, 치매 위험이 증가함

2 위험요인

- 노화 : 가장 중요한 위험요인임 (가장 영향 큼)
- 유전/가족력 : apolipoprotein E (ApoE)
- 동맥경화증, 고콜레스테롤증
- 다운증후군 : 아밀로이드 전구체 단백질이 21번 염색체에 위치 → β-아밀로이드 단백질 과다생성
- 경도인지장애(MCI)
- 낮은 교육수준 등

3 단계별 증상

- 증상은 3(5)~20년 간 걸쳐 서서히 발현됨
- 단계 및 증상은 개인마다 다름
- 신경원(신경세포) 퇴행은 해마에서 시작됨 → 단기기억 장애 발생 (최근기억 장애)
- 증상은 단기기억에서 인지, 판단, 행동, 신체행동 등을 조절하는 다른부위로 퍼져 나감
- 알츠하이병의 기본 4단계는 알츠하이머병 전단계(경도인지장애, MCI) → 경증 → 중등도 → 중증으로 진행됨

표. 4단계 증상 특징

구분	인지기능	일상생활능력	기타 증상
알츠하이머병 전단계 (경도인지장애, MCI)	• 주로 기억력 저하 등 인지기능 저하 있음	• 일상생활수행능력은 대체로 독립적으로 유지 (정상)	• 수년 후 알츠하이머병으로 진전 가능성 있음
경증 알츠하이머병	• 단기 기억력 저하 등 (장기기억은 비교적 유지) • 판단력, 문제해결 능력 저하 등 인지기능 저하	• 일상생활수행능력 일부 상실 → 일부 도움 필요	• 시간, 장소 지남력 상실 • 단순한 작업수행의 지연 • 사회적 위축(진취성, 자발성 상실) • 성격변화 • 의심, 반복질문 등
중등도 알츠하이머병	• 인지기능 전반적 저하 → 점진적 기억상실, 혼돈 등	• 일상생활수행능력 상실 → 일상생활전반에서 도움 필요	• 언어장애 • 지남력 상실 (가족까지 못알아봄) • 정신행동증상(망상, 환각, 공격성, 배회, 파국행동) 등 증가
중증 알츠하이머병	• 모든 인지기능 심하게 손상 → 의사소통 불가능	• 일상생활수행능력 완전 상실 → 전적인 간호 필요	• 근육강직 • 삼킴장애 → 체중감소 • 변실금, 요실금 • 욕창, 폐렴 등 합병증 증가

표. 경도신경인지장애(Mild Cognitive Impairment, MCI) 진단기준

• 경도신경인지장애 진단기준 (DSM-5-TR)

A. 하나 또는 그 이상의 인지 영역(복합적 주의, 집행 기능, 학습과 기억, 언어, 지각-운동 또는 사회인지)에서 인지 저하가 이전의 수행 수준에 비해 경미하게 있다는 증거는 다음에 근거한다.
  1. 환자, 환자를 잘 아는 정보 제공자 또는 임상의가 경도 인지 기능 저하를 걱정
  2. 인지 수행의 경미한 손상이 가급적이면 표준화된 신경심리 검사에 의해, 또는 그것이 없다면 다른 정량적 임상평가에 의해 입증
B. 인지 결손은 일상 활동에서 독립적 능력을 방해하지 않는다.
  (예, 계산서 지불이나 치료약물 관리와 같은 일상생활의 복잡한 도구적 활동은 보존되지만 더 많은 노력, 보상 전략 및 조정이 필요할 수 있다).
C. 인지 결손은 오직 섬망이 있는 상황에서만 발생하는 것이 아니다.
D. 인지 결손은 다른 정신질환(예, 주요우울장애, 조현병)으로 더 잘 설명되지 않는다.

4 증상

(1) 인지기능저하 증상

기억력 저하		• 가장 초기증상이자, 핵심증상임
	초기	• 단기 기억장애 : 몇시간 전, 수일 전의 기억력이 감소 • 장기기억 : 수년전 기억은 남아있으나 점차 저하됨
	후기	• 장기기억도 손상됨
언어장애	말하는 능력 (표현 능력)	• 초기부터 적당한 단어를 찾는데 어려움을 겪음 • 말수가 갈수록 감소하고, 치매가 진행되면 대화 이어갈 수 없음
	이해하는 능력	• 단어의 뜻이나 상대방의 말을 이해할 수 없어 간단한 질문조차도 이해할 수 없게 됨
	작화증 10, 96, 95 임용	• 자신이 기억하지 못하는 부분을 무의식적으로 조작해 결손된 부분을 메우는 현상임 • 즉, 기억손상이 있는 부분에 대해서 그럴듯한 얘기를 꾸며서 메꾸는 현상임
지남력 장애 (시공간능력 장애)	손상 순서	• 시간 → 장소 → 사람 순으로 지남력 손상됨
	• 시간장애 → 밤낮 구분 못함 → 길 잃음, 집 못찾음(실종), 집안에서 화장실 못찾음 → 배우자, 가족 등 못알아봄 • 사람에 대한 장애는 치매가 상당히 진행된 후에 발생함	
주의집중력 장애	• 한가지 일에 집중할 수 있는 시간이 짧음 → 쉽게 흥미 상실 • 작업을 끝까지 하지 못함 • 대화 흐름 따라가지 못함 등	
실행능력 장애	〈 실행기능 〉 • 계획을 세워 일을 추진하는 능력임 → 어떤 일을 처리하기 위해 무엇이 필요하고 어떤 순서로 하는 것이 좋을지 계획하고, 실제로 수행하면서 문제를 해결하는 능력임	
	• 치매 초기에는 재정관리 등 복잡한 일을 계획하고 추진하는 데 어려움 보임 → 이후 도구사용(전기밥솥 사용 등)이나 일상적 수행(칫솔에 치약 묻히기 등) 간단한 일상생활동작 수행도 어려움을 보임	
실인증 10 임용	• 감각기능은 정상이지만, 그 감각정보를 인지하고 해석하지 못하는 장애임 • 자극의 중요성을 파악하거나 의미를 이해하는 능력이 상실되어, 사물을 인지하지 못하는 현상임	
	시각 실인증	• 사진이나 그림을 보여줬을 때, 사물이나 사진의 의미를 이해하지 못함
	청각 실인증	• 소리는 들리지만, 소리의 의미를 인지하지 못함
	촉각 실인증	• 물건을 만져도 무엇인지를 인지하지 못함
	사례	• 시력장애가 없음에도 불구하고 의자나 연필같은 물건을 지각하지 못하거나 결국은 가족까지도 알아보지 못함 10 임용
추상적 사고저하	• 비유나 속담을 이해하지 못하고, 단순 사고에 머무르는 됨	

(2) 정신행동증상(BPSD) 증상 22 임용

1) 행동증상

① 배회

개념	• 부적절하고 목적 없는 보행임 → 목적 없이 돌아다니거나 걷는 행동임
사례	예 집을 나가서 헤매거나, 집을 나가려고 반복적으로 시도함
문제	• 길을 잃거나 실종, 사고 위험성

② 초조행동

개념	• 불안이 아주 심해서 안절부절 못하고, 불안정한 상태로 타인에 의해 관찰이 될 정도의 행동임 → 내적불안이나 혼란의 외현적 행동으로, 반복적이고 목적 없는 반복적 움직임, 공격성 등으로 표현됨
사례	예 의자에 앉기 못하고 계속 움직임, 반복적으로 말하거나 질문함 예 손을 계속 만지작 거림, 문을 열고 닫음을 반복함

③ 공격행동 (공격성)

개념	• 타인 또는 자신에 대한 적대적인 행동으로 언어적 공격성과 신체적 공격성 나타남 → 초조증상을 보이는 치매환자에게서 주로 나타남	
종류	언어적 공격성	• 소리 지르기, 욕하기 등
	신체적 공격성	• 때리기, 할퀴기, 물건 던지기 등

④ 탈억제

개념	• 충동조절 능력과 사회적 억제력이 저하되어, 상황에 맞지 않거나 사회적으로 부적절한 행동이나 언행을 보이는 경우임
사례	예 공공장소에서 성기를 노출하거나 만지는 경우임 예 낯선사람에게 이유없이 외설적인 말을 함 예 아무데서나 옷을 벗기, 장소불문하고 대소변 보기

⑤ 파국행동 22 임용

개념	• 치매환자가 감당할 수 없는 스트레스나 자극을 받았을 때, 심한 초조감과 함께 갑작스럽고, 과도한 감정반응을 보이는 상태임 → 공격행동으로 이아질수 있으므로 응급상황으로 간주함
사례	예 때리기, 깨물기, 물건던지기, 침 뱉기 등 → 신체적 공격행동 예 욕설하기, 상대방에게 말싸움 걸기, 소리지르기, 화내기, 울분터트리기 등 → 언어적 공격행동

⑥ 일몰증후군 22 임용

개념	• Sundown syndrome, 석양증후군이라고도 불림 • 낮에는 비교적 안정적이고 명료한 정신상태를 보인 치매환자가 해가 지면서 갑자기 방향감각 상실, 혼란, 불안, 초조증상, 과민 반응 등 정신행동증상이 심해지는 현상을 말함	
원인	감각자극 감소	• 원인은 명확히 밝혀지지 않았으나, 해가 지면 감각자극이 감소하여 자극을 분명하게 구분하기 어려워짐
	피로누적	• 낮동안의 활동과 피로누적으로 인지와 정서조절 어려워짐
예방	낮 휴식, 피로감소	• 낮동안 적절히 휴식 취해 피로를 줄이기
	충분한 조명	• 저녁에는 충분한 조명유지해 감각자극이 부족하지 않도록 함

⑦ 거부행동

개념	• 도움이나 돌봄을 강하게 거부하는 경우임
사례	예 식사 거부, 활동 거부, 목욕 거부, 옷 갈아입기 거부, 진료나 처치 거부 등

⑧ 반복행동

개념	• 같은 말이나 행동을 반복함 공격성 등으로 표현됨
사례	예 같은 질문 반복, 같은 말 반복, 같은 행동 반복 등

⑨ 수면장애

개념	• 수면-각성 주기로 밤에 잠을 못자고, 주간에 잠을 잠

2) 심리증상

우울증상	• 우울증상은 치매환자에게 약 40~50% 정도 보일수 있음	
무감동	• 무감동은 치매환자의 초기 또는 중기에 약 50% 정도에서 나타남 • 의욕저하, 일상생활이나 주변일, 개인적인 관리에 대한 관심 부족 • 자발성이 떨어지고, 수동적으로 변함	
망상	• 사실과 다른 잘못된 망상 • 치매환자에서는 도둑망상, 오인 망상, 배우자의 부정 망상 등이 자주 나타남	
환각	• 외부의 자극이 없음에도 실제 있는 것으로 지각하는 현상임 • 환청이 가끔 있고, 루이소체 치매는 환시가 흔함	
불안	• 뚜렷한 외부의 자극이 없는데도 초조해하거나 두려워하는 것임	
오인	개념	• 외부의 자극을 잘못 인식하는 것임
	사례	예 거울속 자신의 모습을 보면서 타인으로 인식하면서 계속 대화는 경우 예 막내딸을 타인으로 잘못 인식함

▮ 표. 오인 vs 착각 ▮

구분	오인	착각
정의	• 외부의 자극을 잘못 인식하는 것임	• 실제 자극을 왜곡되게, 다르게 인식함
원인	• 인지기능 저하, 인지기능 장애로 발생	• 감각정보 처리의 오류 → 지각 왜곡
사례	• 아들을 모르는 사람으로 잘못 인식함	• 커튼을 귀신으로 착각함 • 지팡이를 뱀으로 착각함

5 진단

병력 청취	• 환자 및 보호자 면담 : 증상 시작 시기, 진행 양상, 약물 복용력, 과거력 등 확인
인지기능 평가 검사	• MMSE 등 : 간이정신상태검사 • CDR : 치매의 중증도 평가 • GDS : 치매 진행단계를 1~7단계로 구분
신경심리검사	• SNSB, CERAD-K 등 신경심리검사 평가 → 전문 심리사에 의한 평가
일상생활능력 평가	• ADL(기본 일상생활수행능력), IADL(도구적 일상생활수행능력) 평가
뇌영상 검사	MRI	• 뇌의 구조와 기능 확인 → 대뇌 위축, 해마 위축, 뇌실 확장 등 확인
	CT	• 뇌출혈, 뇌종양 등 확인
	PET/SPECT	• 뇌 대사저하 부위 확인 • 알츠하이머병 시 특이적인 측두엽, 두정엽 대사 저하
혈액 검사	• 가역성 치매와 구별하기 위해 시행 → 갑상샘 기능저하증, Vit B12, 엽산 부족 등

6 약물치료

(1) 인지기능개선제

① 아세틸콜린에스테라제 억제제((Acetylcholinesterase Inhibitors, ACEIs)

기전	아세틸콜린을 분해하는 아세틸콜린에스테라제 효소를 억제하여 시냅스 간극 내 아세틸콜린 농도를 높여, 인지기능 개선에 도움을 줌		
	〈 아세틸콜린 저하 〉		
	아세틸콜린	• 기억의 등록에 관여, 주의집중 관여	
	치매와 관련성	• 아세틸콜린을 분비하는 신경세포가 점차 파괴 → 아세틸 콜린 분비와 농도 감소 → 기억력을 포함한 인지기능 저하	
적응증	• 경증~중등도 알츠하이머병		
종류	• 도네페질(Donepezil, 아리셉트(Aricep))	• 1일 1회 복용, 취침 전 (경구)	
	• 리바스티그만(Rivastigmine, 엑셀론(Exelon))	경구	• 하루 2회 투여
		액상	• 희석하지 않고 그냥 그대로 마시기 • 물이나 쥬스에 섞어서 마시기
		패취	• 24시간 마다 부착, 흉곽 또는 팔위쪽 부착 → 위장부작용 줄어듦
	• 타크닐(Tacrine, 코그넥스(cognex))	• 현재 사용 X : 간독성	
부작용	위장관 장애	• 오심, 구토(가장 흔함), 식욕감퇴, 설사 등	
	심장작용	• 서맥, 부정맥, 심장전도 장애 등 → 아세틸콜린 증가 → 부교감신경 활성 → 심박동수 감소(서맥)	
	신경계	• 불면, 피로 등	

② NMDA 수용체 길항제 22 임용

기전	• 글루타메이트(glutamate)에 의해 과활성화된 NMDA 수용체에 길항함으로써 수용체의 과도한 자극을 막고, 신경세포 보호 및 인지기능 유지	
	〈 NMDA 수용체 〉	
	글루타메이트	• 글루타메이트 과다 자극 → 세포내 Ca+ 농도 증가 → 신경세포기능 파괴(신경독성)
	치매와 관련성	• NMDA 수용체가 글루타메이트에 의해 과도하게 자극될 경우, 세포내 칼슘 증가로 신경세포 파괴
적응증	• 중등도~중증 알츠하이머병	
종류	• 메만틴(Memantine, 에빅사(Ebixa))	경구
		액상

종류		경구	• 하루 2회 복용
	• 메만틴(Memantine, 에빅사(Ebixa))	액상	• 하루 1회 복용
부작용	신경계	• 불면, 피로, 초조, 혼란, 공격성 등	
	위장관	• 변비, 설사, 오심, 식욕감퇴 등	
	비뇨기계	• 요실금, 빈뇨 등	

(2) 정신행동증상 치료제
- 정신행동증상에 따라 처방 → 항정신병약(정형, 비정형), 항우울제, 벤조디아제핀 항불안제 등

7 비약물치료

- 인지자극 치료, 인지훈련, 인지재활, 회상요법, 광선치료(일몰증후군, 수면장애) 등

회상요법	• 과거의 경험, 활동 등을 통해 삶의 의미를 제공 → 긍정적이고, 유쾌한 경험 회상 → 우울, 삶의 질, 정신행동증상에 효과적임
인지자극, 인지훈련	• 기억력, 지남력, 판단력 등 다양한 인지영역을 대상으로 인지자극, 인지훈련 → 인지기능 저하를 늦추고, 잔존 인지기능의 유지 및 향상

참고문헌

- 경기도교육청, 경기 학교 응급의료 관리 매뉴얼, 2022
- 교육(지원)청 감염병 실무매뉴얼. 2024
- 교육부. 학교감염병 예방·위기대응 매뉴얼 2023
- 교육부. 이화여자대학교 학교폭력예방연구소(2024). 학교폭력 사안처리 가이드북
- 교육부·보건복지부·대한소아내분비학회, 당뇨병 학생 지원 가이드라인, 2020
- 국가법령정보센터 (https://law.go.kr)
- 국민건강보험공단 장기요양보험공단 (https://www.longtermcare.or.kr)
- 김증임 외(2022). 노인간호학. 수문사
- 노인전문간호사 교육과정협의회(2022). 노인전문간호 총론 및 건강증진. 현문사
- 대전광역시교육청. 한눈에 보는 응급처치 가이드. 2023
- 박정모 외(2024). 지역사회간호학 Ⅰ,Ⅱ. 수문사
- 법제처 (https://www.moleg.go.kr)
- 변혜선 외(2023). 지역사회보건간호학 1,2. 현문사
- 보건교사회, 응급처치 MASTER, 대한의. 2021
- 보건복지부 (https://www.mohw.go.kr)
- 서울시특별시교육청, 손에 잡히는 응급 관리. 2018
- 서울특별시교육청. 2024학년 학교보건기본방향. 2024.
- 소방청, 119 구급대원 현장응급처치 표준지침. 2020
- 연세대학교 원주의과대학 응급의학교실. 응급 구조와 응급 처치. 군자출판사. 2020.
- 인천광역시교육청. 응급처치 레시피. 2022
- 정덕유 외(2020). 노인과 건강. 현문사
- 중앙응급의료센터(https://www.e-gen.or.kr)
- 중앙치매센터 치매공동교육책자
- 질병관리청(https://www.kdca.go.kr)
- 질병관리청·대한심폐소생협회. 2020년 한국 심폐소생술 가이드라인.
- 최인희 외(2023). 제 2판 보건교육학. 정문각
- 학교안전공제중앙회(http://www.ssif.or.kr)
- 함옥경 외(2023). 제 5판 보건교육학. 현문사

2026학년도 김이지+ 보건임용 03

학교보건(보건교육) 및 응급간호학·노인간호학

초판 1쇄 발행 2025년 07월 10일

편저 김이지
발행인 공태현 **발행처** (주)법률저널
등록일자 2008년 9월 26일 **등록번호** 제15-605호
주소 151-862 서울 관악구 복은4길 50 (서림동 120-32)
대표전화 02)874-1144 **팩스** 02)876-4312
홈페이지 www.lec.co.kr
ISBN 979-11-7384-040-1 (13510)
정가 41,000원